KB243051

전체성과 무한 강해

전체성과 무한 강해

지은이 **김동규**

연세대학교 연합신학대학원 객원교수로 일하고 있다. 총신대학교 신학과에서 신학을, 서강대학교 대학원 철학과에서 철학을 공부했으며, 벨기에 루뱅대학교(KU Leuven[Louvain]) 신학&종교학과, 같은 학교 후설문서보관소, 네덜란드 암스테르담 자유대학교에서 종교철학, 종교학, 신학, 현상학을 연구했다. 주요 저작으로 『선물과 신비: 장-뤽 마리옹의 신-담론』, 『장뤽 마리옹』, 『미술은 철학의 눈이다』(공저) 등이 있으며, 주요 논문으로 「『전체성과 무한』에서 '나(들)'의 다원주의」, 「진리의 초과, 주어진 자기: 마리옹의 아우구스티누스 해석에 대한 비판적 고찰」, 「상호성을 넘어서: 폴 리쾨르에게서 주어짐과 선물」 등이 있다. 옮긴 책으로는 장-뤽 마리옹의 『과잉에 관하여』, 레비나스의 『후설 현상학에서의 직관 이론』, 『탈출에 관해서』, 『윤리와 무한: 필립 네모와의 대화』, 『히틀러주의 철학에 대한 몇 가지 반성』, 리처드 카니의 『재신론』, 메롤드 웨스트폴의 『초월과 자기-초월: 아우구스티누스부터 레비나스/키에르케고어까지』 등이 있다.

전체성과 무한 강해

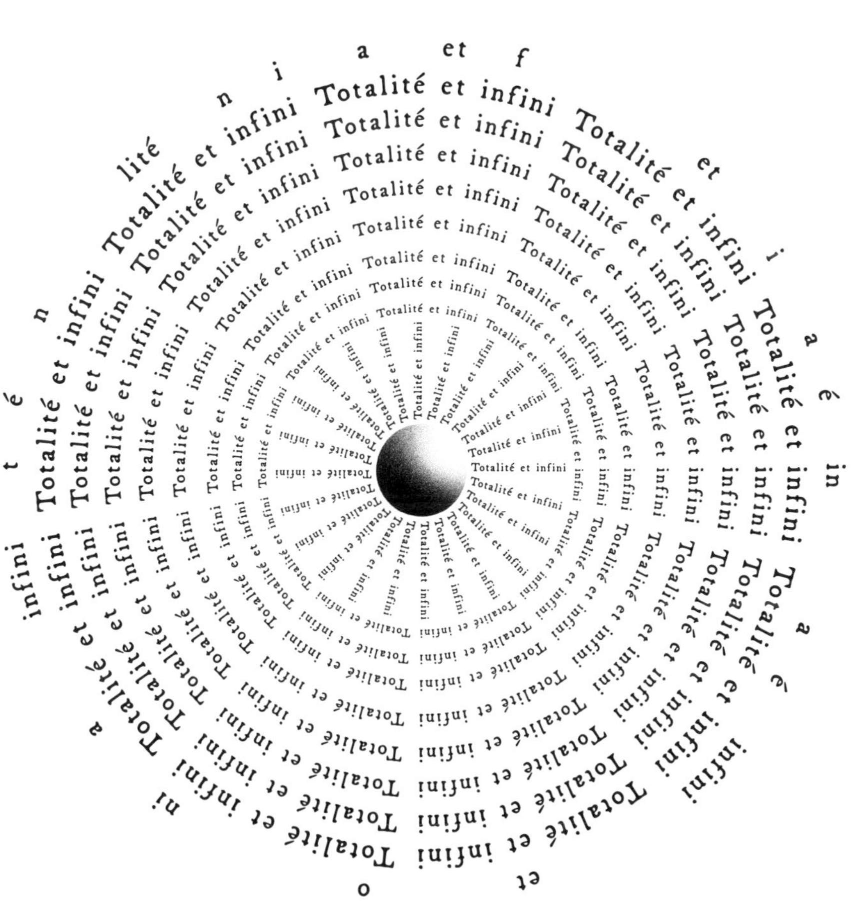

김동규 지음

철학의 정원 78
전체성과 무한 강해 —나의 드라마와 절대적 다원주의

초판1쇄 펴냄 2026년 02월 05일

지은이 김동규
펴낸이 유재건
펴낸곳 (주)그린비출판사
주소 서울시 서대문구 이화여대2길 10, 1층
대표전화 02-702-2717 | **팩스** 02-703-0272
홈페이지 www.greenbee.co.kr
원고투고 및 문의 editor@greenbee.co.kr

책임 편집 민승환
편집 이진희, 문혜림, 전혜빈 | **디자인** 심민경, 조예빈
독자사업 류경희 | **경영관리** 장혜숙

ISBN 979-11-94513-45-2 93160

독자의 학문사변행學問思辨行을 돕는 든든한 가이드 _(주)그린비출판사

사랑하는 나의 아내 김행민 님에게 이 책을 바칩니다.

사랑하는 나의 아내 김행민 님에게 이 책을 바칩니다.

감사의 말

이 책의 초고는 '인문학&신학연구소 에라스무스'에서 후원자들에게 매월 발송하는 연구 노트 『주간 에라스무스』의 한 꼭지인 「클래식 리뷰」의 일환으로 작성되었다. 이 기획을 맨 처음 제안해 주고, 편집과 발송 등으로 수고해 준 '인문학&신학연구소' 주간 에라스무스 담당자들에게 감사드린다. 또한 이 책은 여러 대안적 연구 및 강의 공간에서 이루어진 『전체성과 무한』 강의를 다듬은 것이기도 하다. 2018년 10월 23일부터 같은 해 12월 18일까지, 2019년 1월 8일부터 같은 해 3월 5일까지는 '철학학교 짓다'에서, 2020년 1월 6일부터 같은 해 3월 9일까지는 '다중지성의 정원'에서 『전체성과 무한』을 강해했다. 가장 최근에는 2023년 8월 22일부터 같은 해 12월 12일까지 ('철학학교 짓다'를 계승하고, 발전시킨) '틈을 내는 사유와 실천 짓;다'에서 타인들과 함께 『전체성과 무한』을 읽었다. 이 모든 시간들이 이 책을 쓰는 데 더할 나위 없는 큰 도움을 주었다. 강좌를 기획하고, 홍보해 준 각 단체의 관계자들과 부족한 강의를 들어 주신 모든 분에게 이 지면을 빌려 감사의 뜻을 전한다.

이 책의 3강, 12강, 13강은 각각 '인천대학교 인문학연구소', '숙명여자대학교 숙명인문학연구소', '전남대학교 인문학연구원'에서 간행하는 학술지에 게재한 논문을 바탕으로 삼아 작성되었다. 논문을 재사용할 수 있게 허락해 준 위 기관들에 감사드린다(텍스트의 원출처는 일러두기에 기록했다). 무엇보다도 이 책의 출간 제안을 수락한 것은 물론이고, 편집, 제작, 디자인 등 본서의 출간을 위해 갖은 고생을 아끼지 않은 그린비 출판사의 선생님들에게 고마운 마음을 전한다. 책을 내기가 점점 어려워지는 이 시절에 두꺼운 철학 책을 끊임없이 내는 일은 보통 용기와 소신으로 가능한 일이 아닐 것이다. 특히 편집 과정 중 나의 무수한 요구를 견뎌주시고 끝까지 수고해주신 그린비 출판사 민승환 선생님께 감사드린다. 민 선생님의 인내심과 노력 덕분에 더 완성도 높은 책이 나올 수 있었다.

또한 레비나스 철학의 진면목을 제일 처음 가르쳐 주신 강영안 선생님께 감사의 뜻을 표하고 싶다. 선생님이 아니었으면 레비나스의 사상을 그냥 지나쳤을지도 모를 일이다. 본서를 쓰면서 선생님의 영향이 내게 깊이 자리하고 있음을 다시 한번 느꼈다. 대학원 박사과정 중에 『전체성과 무한』 강독 수업을 열어 주신 서동욱 선생님께도 감사드린다. 덕분에 레비나스의 텍스트를 조금이나마 꼼꼼하게 읽는 시간을 가질 수 있었다.

아울러 인간과는 또 다른 방식으로 나에게 타자로 다가온 고양이 선생 폴리, 주디, 한나에게도 고마움을 표한다. 이들은 나에게 레비나스의 타자론 그 너머를 보게 해 주었다. 끝으로 사랑하는 아내 김행민 님에게 감사드린다. 그녀는 소중한 삶을 함께하며 날마다 많은 것을 가르쳐 주고, 나의 부족함을 덮어 주는 고마운 사람이다. 언젠가 그녀에게 바치는 책을 꼭 쓰자고 다짐한 후 한참의 시간이 지났는데, 이제야 그 결심을 이행하게 되어 무척 다행스럽게 생각한다.

들어가는 말

20세기의 문화, 역사, 담론을 수놓은 여러 철학적 대작이 있다. 선호하는 작품에 대해서는 각자의 취향이나 안목에 따라 의견의 차이가 있을 것이다. 유럽대륙철학에 한정해서 볼 때, 그 대작의 목록에 누군가는 에드문트 후설(Edmund Husserl)의 『논리연구』(*Logische Untersuchungen*)를, 누군가는 마르틴 하이데거(Martin Heidegger)의 『존재와 시간』(*Sein und Zeit*)을, 누군가는 미셸 푸코(Michel Foucault)의 『말과 사물』(*Les mots et les choses*)을, 또 다른 어떤 이는 질 들뢰즈(Gilles Deleuze)의 『차이와 반복』(*Différence et répétition*)을 올릴 것이다. 에마뉘엘 레비나스(Emmanuel Levinas)의 『전체성과 무한』 역시 이런 대작의 목록에 들어가기에 부족함이 없는 책이다. 현상학적 사유의 전통에 한정해서 말하자면, 『전체성과 무한』은 현상학의 역사 속에 매우 큰 파고를 일으키고 새로운 사유의 돌파구 역할을 한 여러 저술, 곧 앞서 언급한 후설과 하이데거의 책과 더불어 에디트 슈타인(Edith Stein)의 『공감의 문제에 관하여』(*Zum Problem der Einfühlung*), 장 폴 사르트르(Jean-Paul Sartre)의 『존재와 무』(*Être et néant*), 모리스 메를로-

퐁티(Maurice Merleau-Ponty)의 『지각의 현상학』(*Phénoménologie de la perception*), 알프레드 슈츠(Alfred Schutz)의 『사회적 세계의 의미 구성에 관하여』(*Der sinnhafte Aufbau der sozialen Welt*) 등과 어깨를 나란히 하는 책이라 해도 과언이 아닐 것이다. 또한 일반적 인식과 달리 윤리학적 철학의 빈곤에 시달리는 전통 서양 철학계의 현주소를 고려할 때, 『전체성과 무한』은 윤리학적 철학 전통에서도 색다른 사유의 모험을 보여 준 독창적 성취라는 평가를 받기에 손색이 없는 책이다.

혹자는 왜 윤리학적 철학이 서양에서 빈곤했느냐고 물을지도 모르겠다. 하지만 레비나스가 잘 지적한 것처럼, 서양 철학에서는 옳건 그르건 간에, 또 좋건 싫건 간에 존재론 또는 이론적 의미의 형이상학이 통상 제일철학의 지위를 점유했다. 그리고 과학 기술의 발전과 더불어 과학적 인식과 진리의 가능성을 정당화하기 위한 인식론적 철학이 특히 근대 이후 꾸준히 심화되어 왔다. 물론 칸트처럼 도덕철학을 자신의 가장 중요한 철학적 과제 중 하나로 삼은 철학자가 없지는 않았지만, 이 쾨니히스베르크의 현자를 제외하면 윤리학은 보통 존재론, 인식론의 뒤를 이어 나중에 탐구되어야 할 과제로 여겨졌고, 더 극단적인 경우에는 굳이 탐구되지 않아도 되는 것으로 간주되었다. 말하자면 존재론적 물음이 해명되면 자연스럽게 윤리적 문제도 존재론의 뒤를 따라 해결될 수 있다는 식으로, 윤리학은 사유의 뒷전으로 밀려나기까지 하는 경우도 있었다.[1]

---

1 이를테면 하이데거의 경우, 우리가 그에게서 윤리학을 추출해 볼 수는 있겠으나 그가 직접 윤리학에 해당할 만한 저작을 쓰지는 않았다. 아울러 그토록 많은 철학 저술과 강의록을 남긴 그였지만, 윤리학 저술만은 거의 찾아볼 수 없다. 이는 하이데거가 존재론적 물음을 해

이런 철학의 분위기를 고려할 때 레비나스의 시도는 매우 참신한 것이다. 잘 알려진 대로, (어쩌면 이제는 진부하게 여겨질지 모르겠으나) 그는 제일철학은 윤리학이라는 대담한 주장을 기반으로 하여 철학의 근본 물음의 방향 자체를 전환하는 모험을 감행했다. 그 성패 여부를 떠나 이 도전은 서양 철학이 오랫동안 매혹되었던 세계나 존재에 대한 경이가 아니라 인간의 인간성에 대한, 인간들 사이의 관계에 대한 경이로부터 철학을 할 수 있다는 점을 보여 주었다는 데서 우리의 사유 방식, 더 나아가 삶의 방식 자체를 재고하게 하는 힘을 내포한다.

이러한 모험의 정점을 이루는 한 지점에 『전체성과 무한』이 있다. 국가박사학위(doctorat d'État) 논문으로 제출된 이 책에서, 레비나스는 이전부터 조금씩 갈고닦아 온 무한으로서의 타인과 형이상학적 초월, 그리고 이로부터 연역된 주체의 주체성을 전면적으로 제시한다. 이로써 주체성과 타자성을, 또 인간의 삶과 책임이라는 논지를 사유의 중심축으로 삼아 제일철학으로서의 윤리학을 전개할 수 있는 길이 열렸다. 하지만 1961년 초판이 출간된 이 책은 지금으로부터 불

명하는 과정에서 현존재가 자기 존재의 초월, 곧 자유를 성취할 수 있는지를 밝히면 윤리학적 쟁점도 자연스럽게 해결될 것이고, 그러한 해명 자체가 일종의 윤리로 기능할 것이라고 믿은 결과로 보인다. 프랑수아즈 다스튀르가 하이데거와 윤리의 관계에 대해 지적한 말을 눈여겨보자. "하이데거의 관점에서 분리된 윤리의 영역은 존재하지 않는다. (…) 기초존재론으로서 존재의 진리에 대한 사유가 이미 그 자체로 근원 윤리학이다." Françoise Dastur, "Levinas and Heidegger: Ethics or Ontology?" in *Between Levinas and Heidegger*, eds. John E. Drabinski and Eric S. Nelson(Albany, NY: State University of New York Press, 2014), 153. 이 주제와 관련해서 다음 문헌도 참조하라. 이유택, 「하이데거의 전통윤리학 비판과 근원윤리학의 이념」, 『현대유럽철학연구』 제13호(2006년 1월), 129-155.

과 몇 년 전인 2018년에 이르러서야 비로소 한국어로 출간되었다. 그 전까지 이 책은 레비나스의 그 어려운 프랑스어 원문이나 다른 외국어 번역본을 읽을 수 있는 일부 사람들을 제외하면, 그가 국내에 알려진 지 짧게는 30여 년, 길게는 50여 년이 넘는 세월이 흐르는 동안 일종의 암호문처럼 우리 앞에 놓여 있었다.[2]

그런데 이렇게 우리말로 출간되었음에도, 『전체성과 무한』이 여러 사람에게 여전히 저 멀리 있는 미답지로 느껴지는 현실은 크게 바뀌지 않은 것 같다. 이 책에는 다양한 철학 전통을 넘나드는 레비나스의 화려한 사유의 곡예, 그 특유의 현상학적 기술, 심지어 여러 문학적 비유와 신학적, 종교적 용어 등이 논증의 중요한 대목마다 스며들어 있다. 독자들에게 당혹감을 주는 이러한 난맥을 고려하여, 나는 이 책을 깊이 있게 풀이하는 작업을 시도하게 되었다. 실제로 탄탄하면서도 현란한 논증을 담은 한 권의 철학서, 더 나아가 이미 명실상부한 고전으로 인정받고 있거나 언젠가 고전의 반열에 오를 만한 철학서를 이해하는 작업은 쉬운 일이 아니다. 하지만 좋은 길잡이가 있다면, 독자들은 한결 수월하게 명저에 접근할 수 있을 것이며, 더 나아가 그 책에 대한 색다른 해석을 접하면서 새로운 사유의 계기를 마련할 수도 있을 것이다.

---

2   한국에서 논문으로 나온 글 가운데 레비나스를 직접적으로 다룬 최초의 글은 다음과 같다. 강영안, 「레비나스 철학에서 주체성과 타자: 후설의 자아론적 철학에 대한 레비나스의 대응」, 『철학과 현상학 연구』 제4집(1990년 11월), 243-263. 학술논문이 아닌 시론적 성격의 글로는 다음 글이 아마도 레비나스에 대한 최초의 연구일 것이다. 손봉호, 「레비나스의 철학」, 『현대정신과 기독교적 지성』(서울: 성광문화사, 1978), 152-167. 이 글은 본래 『문학과 지성』 제15호(1974년 봄호)에 「레비나스의 철학: '다른 이'의 얼굴」이라는 제목으로 실렸다.

등산을 생각해 보자. 아무 도움 없이 산에 오르는 것은 분명 의미 있는 일이며, 이는 등반가 본인의 잠재력을 최대한 끌어내는 시도일 수 있다. 그런데 막상 산에 오르고자 하는 이들은 저마다 무언가에 의존하기 마련이다. 과도하게 다리에 무리를 주는 힘을 분산시켜 주고, 오르막을 더 쉽게 오르게 해 주는 지팡이, 햇빛을 가리는 모자, 잠깐이라도 갈증을 없애 주는 물이나 음료, 엉뚱한 방향으로 가지 않게 해 주는 나침반이나 지도, 등산용 칼이나 비상 식량 등을 아예 소지하지 않고 높은 산에 오르기란 어렵다. 더 나아가, 내가 오르고자 하는 산을 먼저 등반해 본 사람의 조언을 얻는다면 목적지까지 더 쉽게 갈 수 있을 것이다. 도움을 받았다고 해서 내가 산에 오르지 않은 것인가? 전혀 그렇지 않다. 우리는 에베레스트산 정상에 오르기 위해서 먼저 그 봉우리에 오른 전문 산악인이나 산세를 잘 아는 현지인('셰르파'라고 불리는 가이드)의 도움을 받는 전문 등반가들이 있음을 알고 있다. 그들이 다른 이의 도움을 받았다고 해서 산에 오른 수고가 폄훼되는 것은 아니다. 오히려 그런 도움 덕분에 올바른 목적지에 안전하게 오를 수 있게 되는 것이고, 정확히 자신이 가고자 한 산봉우리를 향해 갈 수 있게 된다. 또한 여러 가지 다양한 안내를 따르게 되면 산을 오르는 길도, 등반의 방식도 배가될 것이다. 곧 하나의 산을 오르는 데는 여러 다른 길이 있다. 각기 다른 길을 경유해서 각기 다른 방식으로 산에 오른다면, 그 산을 즐기는 즐거움 역시 배가될 것이다. 지름길을 통해 오르는 산과 어려운 길을 따라 오르는 산은 그 경로와 풍경에 있어 차이를 보인다.

이처럼 본 작업이 조금 먼저 어렵게 산을 탄 사람이 안내하는 친절하면서도 색다른 하나의 길잡이가 되면 좋겠다. 책 역시 산만큼이나, 어떤 점에서는 산보다 더 복잡한 지형을 가지고 있다. 산 정상에 올랐다 해서 결코 그 산을 다 안다고 할 수 없듯이, 한 권의 책을 마지막 페이지까지 나름대로 샅샅이 읽는다고 해서 해당 작품의 모든 내용을 다 안다고 할 수도 없다. 다만 먼저 산에 오른 사람이 산을 오르는 특정한 방식을 알게 되고 이를 다른 이에게 알려 주면, 또 그 지침을 들은 사람은 산을 쉽게 오를 수 있을 뿐 아니라 어느 시점에서는 자기만의 고유한 등산로를 개척할 수도 있다. 나 역시 나의 고유한 방식으로 『전체성과 무한』 전체를 드문드문 알게 되었을 뿐이다. 오히려 독자들은 나와 함께 『전체성과 무한』이라는 산을 올라 보면서, 어느 순간에는 이 책을 이해하는 더 나은 길, 또는 색다르게 이해하는 또 다른 길이 있음을 깨닫고 자신만의 독자적 해석 작업을 펼칠 수도 있을 것이다. 아마도 이것이 내가 궁극적으로 소망하는 바일 것이고, 명저가 담고 있는 매력을 만끽하는 길일 것이다. 여느 철학 고전과 마찬가지로 『전체성과 무한』에 담긴 레비나스의 심원한 사유는 내가 여기서 펼치는 강해의 안목보다 더 깊고 넓으며, 세심한 독자들은 그러한 넓고 깊은 사유를 또 다른 방식으로 이해할 가능성을 저마다 품고 있다. 이 책은 그런 독자들을 위한 조금은 전문적인 길잡이이다.

본서를 쓰면서 나름 친절한 안내를 하겠다고 결심했지만 그렇다고 해서 전문적인 개념이나 맥락을 피해 갈 생각은 없다. 다소간의 가지치기와 단순화는 어쩔 수 없는 일이지만 지나친 가지치기는 볼품 없이 앙상해진 나무를 남길 뿐이다. 이에 나는 『전체성과 무한』의 내용 자체를 과도하게 단순화하지 않으면서, 이 책에 담긴 고유한 개념

들어가는 말

들이나 쟁점들을 오롯이 마주하고자 했다. 그 마주함의 과정에서 이 책에 대한 내 나름의 고유한 해석과 이해, 비판적 대화를 시도했다. 이를 위해 나 또한 타자에 의존할 수밖에 없었다. 말하자면 『전체성과 무한』을 더 심층적으로 이해하고 해석하고 비판하기 위해 레비나스의 철학, 『전체성과 무한』, 현상학, 유럽대륙철학에서 뛰어난 연구를 남긴 다양한 학자의 견해를 중요한 대목마다 참조하고, 이를 본서의 맥락에서 전유하는 일이 본 작업의 중요한 부분을 이룰 것이다. 다만 이것은 어디까지나 전유이다. 중요한 문헌들에 대한 참조는 해당 문헌의 논지를 답습하는 것이 아니라 내가 펼치고자 하는 전체 논지를 강화하고, 확장하며, 심화하는 방식으로 이루어질 것이다.

그렇다면 이 책에서 『전체성과 무한』을 이해하는 나의 핵심 논지 또는 관점은 무엇인가? 그것은 다름 아닌 **나의 드라마**와 **절대적 다원주의**이다. 혹자는 타자성의 철학자인 레비나스에게 왜 '나'를 읽으려 하느냐고 따질 수도 있다. 서문을 읽어 나가면서, 또 본서의 중요한 대목을 해설할 때마다 더 상세히 밝히겠지만, 『전체성과 무한』에서 레비나스는 기본적으로 주체성을 변호 또는 옹호하는 논지를 전개한다. 즉 그는 이 책에서 다른 무엇보다도 '나'라는 존재를 새롭게 정당화하는 일에 몰두한다. 이를 위해 레비나스는 특정 이념이나 체제를 강화하기 위한 의도를 위장한 채로 고귀하고 강렬한 함의를 담은 것처럼 남용되는 말인 소위 '역사'로부터 분리된 '나'를 상정하고, 급기야 이 '나'의 정립을 시발점으로 삼아 주체가 이기적 삶으로부터 윤리적 삶으로 이행하는 과정을 기술하는 논증을 펼쳐 간다. 물론 『전체성과 무한』은 타인의 타자성을 적지 않게 이야기한다. 하지만 타인의 타자성은 언제나 그 누구도 넘볼 수 없는 내면성의 비밀을 간직한 나와 바로 그 비밀스러운 내면성의 장소인 나의 집을 향한다. 즉 타인의 타자성은 머무를 집을 가진 주체의 주체성 없이는 성립하지 않는다. 그러므로 레비나스가 드높이고자 하는 무한으로서의 타인은 어떠한 이념, 신앙, 전통으로부터도 전적으로 분리된 주체에게, 바로 그 얼굴을 맞이함으로써만 비로소 변형될 주체에게 자신을 계시한다. 즉 타인의 얼굴이 그 자체로 자신을 드러낼 때, 그 얼굴을 보고 얼굴의 윤리적 명령을 듣고 따르는 이가 있어야 한다. 자기 집 문을 열고 타인을 맞이하는 자가 바로 그러한 얼굴과 관계를 맺는 존재이며, 이 자아가 어떻게 존재했고, 타인과 만난 후에는 또 어떤 식으로 변형되는지를 다루는 것이 이때 주요한 쟁점이 된다. 이런 점에서 레비나스의 타자성의 철학은 적어도 『전체성과 무한』에서는 주체성에 대한 옹호와 더불어서만 그 진면목을 드러낸다.

이러한 주체성의 정립과 이 주체의 삶을 나타내는 것이 적어도 『전체성과 무한』에서는 다른 그 어떤 주제보다 더 중요하게 다루어지며, 이는 특별히 드라마적 전개와 더불어 고양된다. 또한 한 걸음 더 나아가 레비나스는 4부 "얼굴 저편"과 결론에 이르러 환대의 주체와 타자와의 만남에서 비롯하는 바람직한 사회적 삶까지 전망하는데, 이것이 바로 절대적인 의미의 다원주의 또는 다원론으로 수렴된다. 이때 레비나스의 다원주의는 심지어 타인과의 만남을 성취하기에 앞서 자기의 정립과 삶을 살아가는 것 자체만으로도 전체성에 균열을 일으키는 나, 곧 모든 것으로부터 분리되어 자기만의 삶을 향유하고 결국 타인을 향해 문을 열어 주는 나라는 존재의 고유함을 일차적으로 지시한다. 그런 다음 독립된 나와는 전적으로 다른 타자의 등장으로 인해 주체와 타자가 서로 다른 자로서 존재하는 것이 사회의 기초로 제시되며, 이런 주체들과 타자들이 수적 다수성으로 환원되지 않은 채로 각기 고유한 존재로서 관계를 맺는 것이 레비나스가 내다보는 사회의 다원주의의 골자를 이룬다. 게다가 레비나스는 더 궁극적인 차원에서, 다원주의가 국가로 환원되지 않는 둘만의 에로스와 그 에로스에서 탄생하는 나의 자식이 이루는 가족을 기초로 삼아, 미래의 다원화된 사회를 전망한다. 에로스로 성립한 가정에서 태어나 유일무이한 존재들로 정립된 아이들이 번식성과 가족의 돌봄, 우애의 연대로 나아가는 것이 레비나스가 엿보는 사회의 다원주의의 이상인 것이다. 이처럼 『전체성과 무한』은 나의 존재를 일종의 드라마적 전개 속에서 펼쳐 가는 가운데 사회의 다원주의까지 전망하는 독특한 전개를 보여 준다.

　나중에 더 자세히 논하겠지만, 레비나스가 의도하는 다원주의는 단순히 수적 의미의 주체들이나 개인들이 하나의 체제 아래 나열되는 다원주의가 아니다. 또한 가치들이나 견해들의 다양성을 단지 긍정하는 의미에서의 다원주의도 아니다. 그는 나와 타자, 말하자면 나와 나에게 가르침을 주는 대화 상대자들, 나와 나의 대화 상대자들 너머에서 도래하는 존재자들(아이들)이 전체성으로 환원되지 않은 채 그 자체로 존재의 고유성을 확보하는 절대적 의미의 다원주의를 의도한다. 즉 이 강해는 『전체성과 무한』이 분리된 나의 존재를 긍정적으로 정립하고 기술하는 데서 논의를 본격적으로 전개한다는 작업가설을 기초로 삼는다. 다음으로, 나는 나와 타자, 그리고 각기 고유한 존재인 인간들을 그 자체로 긍정하는 절대적 다원주의에 관한 전망이, 나의 드라마의 전개와 더불어『전체성과 무한』 전체를 포괄하는 주제를 이룬다는 논지로 책 전체를 해설한다.

이것이 바로 기존에 출간된『전체성과 무한』에 대한 다른 여러 해설과 본서 간의 차별점이기도 하다. 물론 본서는 이미 출간된『전체성과 무한』에 관한 세심한 해설을 담은 책으로부터 긍정적인 영향을 받았다. 지금까지 단행본 형태로 출간된『전체성과 무한』 해설서 가운데 가장 대표적인 저작으로 다음 두 권을 꼽을 수 있는데, 하나는 레비나스의 논증을 일종의 실존론적 분석으로 간주하여『전체성과 무한』 전체를 읽어 내는 제임스 멘쉬의『레비나스의 실존론적 분석: 『전체성과 무한』 해설』이고,[3] 다른 하나는 레비나스의 책이 빛의 인식과 대조를 이루는 밤의 존재 사건을 다룬다는 점을 강조하는 라울 모아티의『밤의 사건들: 『전체성과 무한』에 관한 시론』이다.[4] 나는 이 두 권의 탁월한 해설서의 논지를 큰 틀에서 긍정적으로 수용하면서,『전체성과 무한』에 대한 상세한 해명을 위해 종종 이 책들을 참조하고 인용할 것이다. 하지만 이러한 참조는 나의 드라마와 절대적 다원주의라는 본서의 고유한 논지 전개 아래에서만 이루어지게 될 것이다. 언급한 책들은 나의 논지 전개를 강화하는 데 크게 이바지했고, 내가 미처 보지 못했던『전체성과 무한』의 여러 요점에 주목하는 데

---

3   James R. Mensch, *Levinas's Existential Analytic: A Commentary on Totality and Infinity* (Evanston, IL: Northwestern University Press, 2015).

4   Raoul Moati, *Événements nocturnes: Essai sur Totalité et infini* (Paris: Hermann, 2012).

크게 도움을 주었다.[5] 하지만 나의 드라마와 절대적 다원주의라는 관점에서 『전체성과 무한』 전체를 톺아보는 것은 전적으로 나의 입장이고, 논증의 부담도 내가 져야 할 몫이다.

이제 이 강해 작업에서 인용될 『전체성과 무한』이 어떤 저본인지 알아보자. 이는 독자들이 앞으로 레비나스를 더 전문적으로 이해하거나 학술적으로 인용하기 위해 곁에 두고 참조해야 할 텍스트들이라는 점에서 해당 서지 사항을 기억해 두면 좋겠다. 우선 『전체성과 무한』의 프랑스어 텍스트로는 다음 문헌을 사용한다. *Totalité et infini: essai sur l'extériorité*, Phaenomenologica 8(La Haye: Martinus Nijhoff, 1961; deuxième édition, 1965). 앞서 말했듯이 『전체성과 무한』은 원래 레비나스가 (지금은 폐지된) 국가박사학위를 취득하기 위해 제출한 논문으로, 논문 심사를 통과한 뒤 그는 해당 원고를 네덜란드 헤이그(네덜란드어로는 덴 하흐Den Haag)에 소재한 마르티누스 네이호프 출판사의 현상학 총서 여덟 번째 권으로 출간했다. 내가 사용하는 『전체성과 무한』의 1965년 판본은 1961년 초판의 재판본에 해당하는데, 초판과 면수나 내용에서 차이가 없다. 이후 훨씬 더 저렴하게 구매할 수 있는 문고판이 르 리브르 드 포슈(Le Livre de Poche) 총서의 일환으

---

5   이에 더하여 주로 『전체성과 무한』의 서문에 초점을 맞추고 있기는 하지만, 국내에서 단행본으로 나온 다음과 같은 『전체성과 무한』 해설서가 있다. 문성원, 『타자와 욕망: 에마뉘엘 레비나스의 『전체성과 무한』 읽기와 쓰기』(서울: 현암사, 2017). 또한 영어권에서 나온 문헌 가운데에서도 매우 간략하게 『전체성과 무한』의 논증을 요약한 윌리엄 라지의 다음과 같은 연구서가 있다. William Large, *Levinas' Totality and Infinity: A Reader's Guide*(London: Bloomsbury Academic, 2015). 이 책은 아주 쉽게 레비나스의 『전체성과 무한』에 접근한다는 특징은 가지고 있지만, 지나치게 짧은 분량 탓에 본문에서 언급한 모아티와 멘쉬의 책만큼 심도 있는 내용을 담고 있지는 못하다.

로 리브레리 제네랄 프랑세즈(Librairie Générale Française, 약칭 LGF) 출판사에서 1990년에 출간되었다. 이 문고판은 현재까지도 쇄를 거듭하며 널리 읽히고 있으나, 페이지 수가 원본과 다르므로 학술적 인용 시 주의가 필요하다. 지금까지 학술적으로 가장 널리 인용되는 판본은 바로 위에서 언급한 1961년 판본과 그 연장선상에서 출간되는 판본이다. 이 판본은 현재 네덜란드의 스프링거(Springer) 출판사를 통해 계속 나오고 있는데, 이 역시 1961년 판본과 면수나 편집 등에서 차이가 없다.

이와 더불어 이 책에서는 다음의 한국어 번역본을 함께 인용한다.『전체성과 무한: 외재성에 대한 에세이』, 김도형·문성원·손영창 옮김(서울: 그린비, 2018). 이 번역서는 번역자들이 오랫동안 대학원 세미나, 번역 독회 등 오랜 정성을 들인 결과물이다. 조금 읽기 어려운 대목이나 나와 견해를 달리하는 번역어 선택과 번역이 있으나, 이는 단순히 오역이라기보다 레비나스의 텍스트 자체가 지닌 번역 불가능성에서 비롯한 일일 것이다. 레비나스의 어려운 문장들을 이 정도로 번역해 낼 수 있다는 사실 자체가 너무나도 대단한 일이며, 이한국어판이 우리의 레비나스 및 현상학 연구에 얼마나 크게 이바지하고 있는지는 더 말할 필요가 없을 것이다. 나는 이 책의 4쇄에 해당하는 판본을 사용할 것이며, 본문에서는 먼저 프랑스어판 면수를 기재한 다음 한국어판 면수를 기입할 것이다. 인용할 때마다 번거롭게 각주를 달지는 않을 것이고, 인용한 본문마다 괄호를 사용하여 두 권의 인용 면수를 병기할 것이다. 나의 고유한 해석과 앞서 언급한 나의 논지로 맥락화된 인용을 위해 나는 여러 대목에서『전체성과 무한』

번역본을 그대로 옮기지 않았다. 언급한 프랑스어판을 재번역하여 인용한 곳이 더러 있는데, 일일이 번역을 수정했다는 표기는 하지 않았다. 이러한 인용 방식은 오역을 일일이 지적하기 위함이 아니라 나의 해석 작업을 원활하게 하기 위한 재번역 인용에 불과하다.

아울러 각 장의 해설은 레비나스가 기재한 부와 장의 구분을 따라 이루어질 것이다. 레비나스는 『전체성과 무한』을 서문, 총 4부로 이루어진 본문, 그리고 결론으로 구성했다. 각 부 안에는 A, B, C 등으로 표기된 하위 항목이 있으며, 국역본 역시 이 구분을 따르고 있다. 이를테면 1부 A는 "형이상학과 초월"이라는 제목을 달고 있고, 1부 B는 "분리와 대화"라는 제목을 단 채로 전개된다. 굳이 양 판본 사이의 차이를 밝히자면, 이런 A, B, C로 이어지는 구분법이 프랑스어판 본문의 구성을 이루고 있지만, 목차에는 그러한 구분이 기재되어 있지 않고, 한국어판에는 친절하게 목차에도 해당 구분을 해 놓았다는 점뿐이다. 이 순서를 따라 본서의 강해가 차근차근 전개될 것이다.

이런 식으로 프랑스어판과 한국어판을 함께 인용하면서, 나는 '나의 드라마와 절대적 다원주의'라는 주제 의식을 기반 삼아 『전체성과 무한』을 각 부와 장별로 강해할 것이며, 쟁점이 되는 주제를 최대한 비판적으로 검토하는 가운데 책의 전체 내용을 할 수 있는 한 '빠짐없이' 해명할 것이다.

일러두기

1. 단행본·정기간행물 등의 제목에는 겹낫표(『 』)를, 단행본의 개별 장에는 겹따옴표(“ ”)를, 논문·단편·영화·드라마 작품 등의 제목에는 낫표(「 」)를 사용했다. 국외 문헌의 경우 단행본·저널의 제목에는 이탤릭체를, 논문·단편에는 쌍따옴표(“ ”)를 사용해 구분했다.

2. 외래어 표기는 2017년 국립국어원에서 개정한 외래어 표기법을 따르되, 관례가 굳어서 쓰이는 것들은 그에 따랐다.

3. 본문의 인용문에서 강조된 부분은 원문 강조이며, 그 외에는 강조자를 밝혔다.

4. 본문의 성서 인용은 『공동번역 성서』(성서공동번역위원회 편찬, 서울: 대한성서공회, 1977; 1999)를 따랐다.

5. 본서에 사용된 기출간된 논문의 서지 사항은 아래와 같으며, 본서의 논의 전개를 따라 수정·보완을 거쳐 수록되었다.

   3강: 「『전체성과 무한』에서 ‘나(들)’의 다원주의」, 『人文學硏究』 제36집(2021년 12월), 201-224.

   12강: 「둘만의 에고이즘: 『전체성과 무한』에서 에로스의 역설적 의미」, 『횡단인문학』 제17호(2024년 6월), 203-238.

   13강: 「레비나스에게 가족의 의미: 『전체성과 무한』 4부 C “번식성” 및 D “에로스 속의 주체성”에 대한 한 가지 해석」, 『가족과 커뮤니티』 제10호(2024년 8월), 269-291.

1부 프롤로그와 발단

1부 프롤로그와 발단

1강. 서문 읽기

: 레비나스의 철학적 도전과 방법에 관한 물음

철학서라면 어느 책이나 서문이 대체로 중요한 역할을 담당한다. 서문에서 저자들은 흔히 자신의 문제의식과 연구 방법, 심지어 책의 결론까지도 잠정적으로 제시한다. 『전체성과 무한』도 예외는 아니다. 이 1961년 작품의 서문에는 저자의 문제의식과 연구 방법, 잠정적 결론이 매우 첨예하게 드러나 있고, 그 서술 방식도 매우 생동감 넘친다. 사이먼 크리츨리는 이러한 레비나스의 『전체성과 무한』을 두고, "1983년 초 콜체스터에서 런던으로 가는 기차에서 '이것이 내가 하고 싶은 철학이야!'라고 생각하게 한 책"으로 회상하기도 했는데,[1] 그 감동은 아마도 서문을 읽는 순간부터 일어났을 것이다.

여기서 나는 서문의 내용을 해명하면서, 독자들이 앞으로 『전체성과 무한』의 전체 내용에 조금 더 손쉽게, 또 특정한 관점을 가지고

---

[1] Simon Critchley, *The Problem with Levinas*, ed. Alexis Dianda(Oxford, UK: Oxford University Press, 2015), 94.

접근할 수 있도록 나의 고유한 독해의 방향을 제시하려 한다. 특별히 내가 제시하는 방향은 지금까지 레비나스를 이해하기 위한 여러 탁월한 접근 방식을 전유하는 가운데 설정되었다는 점에서 그저 일방적으로 제안되는 것이 아니다. 이 독법은 무엇보다도 '나의 드라마'로 요약될 수 있고, 그 드라마의 결론은 절대적 다원주의라는 전망으로 치닫는다. 이 관점에서 서문과 1부 A는 작가의 문제의식과 작품 전체의 실마리가 제시된다는 의미에서 드라마의 프롤로그에 해당하고, 다음으로 등장할 1부 B부터는 『전체성과 무한』이라는 장편 드라마의 주인공과 배경이 전체적으로 도입된다는 점에서 발단 부분에 해당할 것이다.

대립을 통해 문제의식을 드러내기
: 정치 대 도덕, 전쟁 대 평화

우선 서문의 내용을 살펴보자. 『전체성과 무한』이라는 제목 자체가 나타내듯, 레비나스는 일종의 대립 구도를 설정함으로써 자신의 문제의식을 매우 첨예하면서도 다소간 직설적으로 드러낸다. 여기서 등장하는 대립 관계는 크게 다음과 같다. (1) 정치 대 도덕 (2) 역사 대 종말론 (3) 전쟁 대 평화.[2]

---

2   메롤드 웨스트폴은 여기에 '이성 및 철학 대 계시'라는 대립항 하나를 더 기술한다. Merold Westphal, *Whose Community? Which Interpretation?: Philosophical Hermeneutics for the Church* (Grand Rapids, MI: Baker Academic, 2009), 151; 국역본: 『교회를 위한 철학적 해석학: 누구의 공동체? 어떤 해석?』, 김동규 옮김(고양: 도서출판 100, 2019), 244 참조.

우선 정치와 도덕의 대립부터 살펴보자. 레비나스의 이런 대립 구도 설정은 일견 지나친 것처럼 보이기도 한다. 아리스토텔레스가 인간을 "정치적 동물"이라고까지 규정한 데서 보듯,[3] 우리의 존재와 삶에서 정치는 매우 자연스러운 것이며, 또한 공동체의 좋음 내지 최선의 삶을 이루기 위한 기획으로 작동한다. 하지만 레비나스는 이런 정치에 대한 일반적인 이해와 통념마저 거부하고 "철학이 어리석음에 맞서듯, 정치는 도덕에 맞선다"(ix/6)라고 선언한다. 어떻게 이러한 규정이 가능한가? 다소 과도해 보여도, 전쟁과 맞닿아 있는 우리의 통상적인 정치적 현실을 들여다보면 우리는 이내 이 말을 수긍할 수 있다.

실제로 전쟁에서 선과 악의 경계는 매우 흐릿해져 버린다. 물론 침략자이자 가해자의 위치에 선 국가나 특정 세력의 잘못을 밝히고, 누가 더 전쟁에 책임이 있는가를 따지는 일은 중요하지만, 전쟁 상황이 극에 달하면 사실 그렇게 책임 소재를 따지는 일조차 사치스럽게 여겨질 정도로 도덕과 윤리가 붕괴하는 상황이 우리 눈앞에서 벌어진다. 전쟁 상황에서 살해는 정당화되고, 누구를 얼마나 더 많이 죽였는가 하는 것이 포상의 근거가 되며, 더 나아가서는 전시 상황에서의 '선'(善)이 된다. 말하자면 더 많은 사람을 죽인 이가, 특정 지역이

---

3   "이로 미루어 도시는 자연의 산물이며, 인간은 본성적으로 정치적 동물(zōion politikon)임이 분명하다." Aristoteles, *Politika*, 1253a2. 인용 면수는 관례를 따라 임마누엘 벡커(Immanuel Bekker)의 판본을 따랐고, 인용을 위해 참조한 번역본들은 다음과 같다. *Politics*, trans. Ernest Barker, revised and with an introduction and notes, R. F. Stalley(New York, NY and Oxford, UK: Oxford University Press, 1995); 국역본: 『정치학』, 천병희 옮김(서울: 숲, 2009).

나 마을에 더 심대한 타격을 준 이가 더 큰 훈장을 받고 영웅으로 추앙받게 된다. 그런 작전을 수행하기 위해 고안된 전쟁의 전략과 전술은 또 어떤가? 상대방을 기만하여 속이고, 거짓 정보를 유포하여 교란하는 행위가 전략과 전술이라는 이름으로 칭송받는다. 그리고 그 배후에는 이런 전략과 전술을 추동하는 정치가 자리하고 있다. 총을 들고 싸우는 이들은 병사이지만, 전쟁을 결정하고 전투를 위한 기만적 전술을 포함한 크고 중대한 결정을 내리는 것은 정치이다. 즉 정치인의 정치 행위가 전쟁을 결의하고, 전투를 촉진한다. 물론 혹자는 전쟁의 막을 내리고, 평화를 여는 것도 정치라고 반론할 수도 있겠다. 하지만 막을 내린다는 것은 이미 그 막이 열려 있었고, 전쟁이라는 부도덕한 드라마가 진행되었음을 전제로 하는 말이다. 전쟁의 막을 연 정치가 또한 그 전쟁의 막을 내리면서 정치의 정당성을 내세우는 것, 이것 자체가 부조리가 아닐까? 평화를 위해 온갖 희생이나 살육을 정당화하는 전쟁과 정치 행위가 스스로의 모순을 입증하지 않는가?

사족이겠지만, 마이클 베이가 감독한 영화 「더 록」의 장면 하나를 상기해 보자.[4] 국가의 희생양으로 소모된 군인 동료들이 겪은 부당함을 알리고자 험멜(에드 해리스 분)이라는 장군은 정부를 상대로 알카트라즈 수용소에 인질들을 가두고, 도심 한복판에 화학무기 로켓을 쏘겠다고 협박한다. 인질을 구출하고자 특수부대가 편성되어 알카트라즈 수용소에 잠입하지만, 대부분의 부대원들은 사망하고, 두 명의 대원만 생포된다. 이에 험멜은 생포된 두 명 중 한 사

---

4 Michael Bay, dir. *The Rock* (Hollywood Pictures, 1996).

람, 존 메이슨(숀 코너리 분)에게 토머스 제퍼슨의 말로 자신의 정당성을 설파한다. "대저 자유의 나무는 애국자와 독재자의 피를 마시고 자라는 법"(The tree of liberty must be refreshed from time to time with the blood of patriots and tyrants). 이에 메이슨은 통상 오스카 와일드의 말이라고 알려진 경구로 응수한다. "애국심은 사악한 자의 미덕이다"(Patriotism is the virtue of the vicious). 폭력을 불러오는 애국심은 온갖 정치적 수사와 도덕적 언사처럼 보이기까지 하는 선동 구호를 동원하지만, 그런 애국은 어떤 수식어로도 정당화될 수 없다. 메이슨의 말을 듣자 험멜은 화가 났는지 그를 폭행하고, 이에 메이슨은 다시 험멜의 기만을 지적한다. "고맙소. 스스로 증명해 주는구면."

제퍼슨의 말은 가혹한 부채와 조세에 시달리던 농민들이 다니엘 셰이스(Daniel Shays)를 중심으로 일으킨 '셰이스의 반란'(Shays' Rebellion)에 대해 옛 독립전쟁 동지인 윌리엄 S. 스미스에게 전한 말이다. 제퍼슨은 민주주의를 지키기 위해서는 때로 반란이나 폭동에서 흘리는 피가 필요하다는 뜻으로 이 말을 했다. 하지만 실제로 수많은 사람이 죽고 다치는 상황을 두고 한 이 발언은 지나치게 안이해 보인다. 흥미로운 점은 오늘날 제퍼슨의 이 말이 "민주주의는 피를 먹고 자란다"라는 식으로 다소 미화되어 회자된다는 사실이다. 그러나 역사적 맥락을 살펴보면, 당시 프랑스 대사로서 반란과 진압의 현장에서 멀리 떨어져 있던 제퍼슨의 이 발언은 (자신은 제외한) 무고한 이들의 희생을 민주주의의 필요조건인 양 당연시하는 기만적인 말이기도 하다. 참된 정치나 정치인의 덕목은 폭력과 희생 없이도 민주주의를 유지하는 것이 아닌가? 레비나스가 서문을 시작하며 한 말

도 이러한 기만적인 도덕적 언사나 태도를 염두에 둔 것일지 모르겠
다. "도덕에 속고 있는 것은 아닌지를 아는 것이 지극히 중요하다는
점에는 누구나 쉽게 동의할 것이다"(ix/6).

　　이렇게 도덕과 무관하고, 심지어 도덕을 우습게 만들면서 전쟁
과 폭력을 정당화하는 상황은 정치적 갈등이 극에 달했을 때 이루어
진다. 하지만 그런 극단을 염두에 두지 않고서, 평시의 정치 현실만
고려해도 레비나스의 저런 대립 구도 설정은 충분히 이해할 수 있다.
카를 슈미트가 잘 지적한 대로, "정치적인 행동이나 동기의 원인으
로 여겨지는 특정한 정치적 구별이란 **적**과 **동지**의 구별이다."[5] 우리
는 이를 흔히 '피아식별'이라는 말로 줄여 부르기도 한다. 정치에서
는 적군과 아군을 나누고 아군 진영에 도움이 되는 일이라면, 그것이
어떤 일이라도 비도덕적 결단과 행위를 대체로 용인하기 마련이다.
심지어 자기 진영에 득이 된다면, 정당한 피해자의 호소를 외면하는
것은 물론이고 가해 책임이 있는 정치 집단이 피해자를 되레 비난하
는 일도 볼 수 있다. 자신이 속한 진영의 부도덕함을 냉정하게 꾸짖
고 도덕적 책임을 환기시키는 조언은 '피아식별도 하지 못한다'는 책
망을 듣기 일쑤이고, 선거는 유사 전쟁 상황으로까지 치닫게 된다.
이런 상황에서 각 정치 진영은 승리를 위해 온갖 부도덕한 전략과 전
술을 구사하고 가짜 뉴스를 퍼뜨리며 상대방을 비방하는 데 열을 올
린다. 이런 행위는 적어도 자신이 속한 진영 안에서는 칭찬과 칭송의

5　Carl Schmitt, *Der Begriff des Politischen*(Berlin: Duncker & Humblot, 1932), 14; 국역본: 『정치적
　　인 것의 개념: 서문과 세 개의 계론을 수록한 1932년 판』, 김효전·정태호 옮김(서울: 살림,
　　2012), 39.

대상이 되기까지 한다. 여기서 도덕적 의무를 준수하라는 요구에는 '도덕주의'라는 달갑지 않은 낙인이 찍히는 일도 쉽게 목격한다. 레비나스는 이런 상황을 그의 시대에 이미 목도한 것인지, 다음과 같은 한탄 어린 말을 남긴 적이 있다. 소위 "윤리를 도덕주의라는 이름으로 비난하면서, 이성적 담론 안에서 윤리의 자리를 찾지 못하는 현대인들의 그릇된 성숙함에 현혹되지 말아야 합니다".[6]

이처럼 "도덕을 가소로운 것으로 만드는"(ix/6) 전쟁과 정치의 특성을 고려해서 레비나스는 도덕과 정치를 대립시키는 한편, 이렇게 정치를 기반으로 삼아 형성되는 전쟁의 상황에 주목하는데, 이런 전쟁과 전쟁을 이끄는 정치를 작동시키는 논리를 서양 철학이, 특히 존재론이 제공했다고 보는 것이 이 유대인 철학자의 핵심 통찰이다. 물론 레비나스도 모든 서양 철학의 이론이 전쟁을 정당화하는 논리로 작동했다고 생각하지는 않는다. 하지만 중요한 철학사의 대목마다 서양 철학은 전쟁의 논리에 일정하게 정당성을 부여했으며, 이런 정당화 작업이 고대에는 특히나 헤라클레이토스에게서,[7] 근대와 현

---

6 Emmanuel Levinas, "Dialogue sur le penser-à-l'autre"(1987), in *Entre nous: Essais sur le penser-à l'autre*(Paris: Éditions Grasset & Fasquelle, 1991), 237; 국역본: 「타자에-대한-사유에 관한 대화」, 『우리 사이: 타자 사유에 관한 에세이』, 김성호 옮김(서울: 그린비, 2019), 307.

7 전쟁에 대해 헤라클레이토스는 다음과 같이 말한다. "전쟁(polemos)은 공통된 것이고 투쟁 (eris)이 정의이며, 모든 것은 투쟁과 필연(chreōn)에 의해 생겨난다는 것을 알아야만 한다." DK 22B80. 인용 표기는 관례대로 딜스-크란츠(Diels-Kranz)의 표기를 따랐고, 인용을 위해 참조한 번역본들은 다음과 같다. Heraclitus(Herakleitos), F22 in *The First Philosophers: The Presocratics and Sophists*, trans. Robin Waterfield(New York, NY and Oxford, UK: Oxford University Press, 2009); 국역본: 『소크라테스 이전 철학자들의 단편 선집』, 김인곤·강철웅·김재홍·김주일·양호영·이기백·이정호·주은영 옮김(서울: 아카넷, 2005).

대로 넘어오는 길목에서는 근대성의 정점에 있다고도 할 수 있는 헤 겔과 20세기 유럽대륙철학의 선구자격인 하이데거에게서 현저히 드 러난다. 서문에서 레비나스가 헤라클레이토스를 거론하기는 하지만, 근현대 철학과 관련해서 레비나스가 그보다 더 주목하는 철학자는 헤겔과 하이데거이다. 이 맥락에서 도덕에 대립하고 도덕에 앞서는 전쟁과 정치를 정당화하는 데 사용될 수 있는 헤겔의 전쟁론을 살펴 보자.

전쟁(Krieg)은 유익한 상투어가 되곤 하는 물건들과 사물들의 공허함 을 진지하게 만들어 버리는 상황이고, 이에 전쟁은 **특수자**의 이념성 **이 그 권리를 보유하며** 현실이 되는 계기이다. 전쟁은 고차적 의미를 지닌다. 즉 내가 다른 데서 표현했던 것처럼, "전쟁을 통해 인민들의 인륜적 건강함은 유한한 규정들의 고착화에 대해 냉담한 상태로 유지 되는데, 이것은 마치 바람의 운동이 바다를 부패로부터 막아 주는 것과 같다. 지속적인 고요가 바다를 부패하게 만들 듯이, 지속적이거나 영구 적인 평화는 인민들을 부패하게 할 수 있다". 어떤 식이건 이것은 철학 적 이념일 뿐이며, 또한 사람들이 종종 그것을 다르게 표현하듯이 **섭 리**(Vorsehung)의 정당화라는 점, 그리고 현실의 전쟁들은 여전히 또 다른 정당화를 요구한다는 점에 대해서는 나중에 논의할 것이다.[8]

---

8   Georg W. F. Hegel, *Grundlinien der Philosophie des Rechts*(1821), Gesammelte Werke 14/1, hrsg. von Klaus Grotsch und Elisabeth Weisser-Lohmann(Hamburg: Felix Meiner, 2009), § 324; 국 역본:『법철학(베를린, 1821년)』, 서정혁 옮김(서울: 지식을만드는지식, 2020), 577-578.

여기서 헤겔은 인간과 사회가 특별한 동요 없이 굳어지는 것처럼 보일 때, 전쟁이 그런 사회와 인간 삶의 고형화를 막아 주는 긍정적 계기로 작동한다고 주장한다. 전쟁 자체가 평화에 대립하는 것으로 보일지 모르나 오히려 이런 부정적 계기가 지속적 평화 속에 나태해질 수 있는 인간을 각성시키고 사회의 부패를 막아 주며 현실에 대한 경각심을 일깨워 주는 역할을 할 수 있다는 것이다. 심지어 이런 전쟁의 기능에 대해 헤겔은 "섭리"라는 종교적인 표현까지 쓰고 있다. 물론 여기서 섭리란 신의 섭리를 절대자와 절대 이성의 간계로 치환한 철학화된 종교적 용어겠지만 말이다. 이런 헤겔의 전쟁에 대한 찬사를 들여다보면 철학이 전쟁에 이론적 추동력을 제공했다는, 레비나스의 서양 사상에 대한 비판은 과장이기만 한 것은 아님을 알 수 있다. 무엇보다 헤겔에게 부재한 것은 바로 지금 그리고 여기에서의 삶/생명의 사라짐이다. 전쟁의 순기능을 그럴듯하게 포장하면, 역사와 문명의 발전이라는 명목 아래 사람들이 전쟁터에서 억울하게 목숨을 잃는 상황마저 용인하거나 정당화할 우려가 있다. 이런 헤겔의 전쟁관에서 개별화된 존재자 한 사람 한 사람의 삶에 초점을 맞추는 윤리와 도덕이 끼어들 자리는 잘 보이지 않는 것 같다.[9] 이런 점

---

9 이런 헤겔의 전쟁관에 대해서는 헤겔 연구자들 사이에서도 평가가 나뉜다. 베린은 조심스럽게 다음과 같이 평한다. "전쟁은 평화에 대한 우리의 개념의 약점이나 우리가 국제 질서를 느리게 채택하는 것 때문에 존재하는 것이 아니다. 국가의 경계를 넘어 법의 과정을 시행하지 못하는 것은 전사의 존재에 달려 있다. 전사의 삶의 양식은 인간의 자유 문제에 대한 특정한 방향성을 구성하는데, 이는 의식이 자신을 구성하는 근본적 방법의 하나로 발견되는 주인-노예의 관계에 뿌리를 둔다. 헤겔의 철학은 전쟁의 기저에 놓여 있는 전사의 자기 위험 행위가 어떻게 극복될 수 있는지에 대한 구체적 해결책을 제시하지 못한다." Donald Phillip Verene, "Hegel's Account of War," in *Hegel's Political Philosophy problems and per-*

때문에 레비나스나 그의 정신을 따르는 학자들만이 아니라 헤겔 전문가인 군나르 힌드리히스 같은 철학자도 헤겔의 이런 전쟁관에 대해 비판적인 견해를 피력한 바 있다. 특히 우리는 비교적 최근에 그가 헤겔 철학의 맹점을 우크라이나 전쟁에 견주어 비판한 대목을 눈여겨봐야 한다. "우크라이나 전쟁은 세계사적 사건이므로 헤겔의 등식에 대입될 수 있을 것이다. 하지만 그것은 헤겔의 등식을 의아스럽게 만든다. 이 전쟁이 국가와 개인의 행복과 불행, 개인과 국민의 삶의 영광보다 우선하는 역사적 과정을 정하는 데 동참할 것이기 때문이다. (…) 이것이 바로 헤겔 등식의 스캔들이다. 전쟁에서 인간에게 가해지는 상해가 과연 세계사의 한 요소로 이해될 수 있는가?"[10] 우리가 전쟁에서 목도해야 할 것은 인간의 참혹한 죽음과 이런 상해를 정당화하는 "전쟁 상태는 도덕을 중지시킨다"(ix/6).

하이데거는 또 어떤가? 『형이상학 입문』에 나오는 전쟁에 관한 언급을 보자. 그는 아예 헤라클레이토스의 폴레모스, 곧 전쟁 또는 투쟁을 직접 인용하면서,[11] 이에 대한 자신의 논지를 전개한다.

---

spectives, ed. Z. A. Pelczynski(Cambridge, UK: Cambridge University Press, 1971), 179-180. 헤겔의 전쟁론이 지닌 의의를 고찰한 논의로는 다음 글을 참조할 수 있다. 최동민, 「헤겔의 전쟁론과 영구평화의 문제」, 『동서사상』 제9집(2010년 8월), 231-256. 하지만 나는 뒤이어 인용한 군나르 힌드리히스의 접근이 헤겔 전문가의 헤겔에 대한 냉철한 접근이라고 본다.

10 Gunnar Hindrichs, *Abseits des Krieges: Ein philosophischer Essay*(München: C.H.Beck, 2024), 12; 국역본: 『철학은 왜 전쟁을 부정하는가: 전쟁에 관한 열 가지 철학적 고찰』, 이승희 옮김(서울: 두리반, 2025), 17.

11 하이데거가 인용한 헤라클레이토스의 말은 그의 단편 53에 해당한다. "투쟁($\pi\acute{o}\lambda\epsilon\mu o\varsigma$, 폴레모스)은 모든 있는 것의(있는 것들의) 아버지이다. 그러나 모든 것을(역시) 다스리며 보존한다. 그것은 어떤 것을 신들처럼, 어떤 것은 인간처럼, 어떤 것은 노예처럼, 어떤 것은 자유인으로 나타나게 한다." 다음 문헌에서 재인용했다. Martin Heidegger, *Einführung in*

여기서 말해지고 있는 전쟁(πόλεμος, 폴레모스)은 다른 무엇에 앞서 신적, 인간적 다스림을 위한 투쟁을 말하는 것이며, 인간들이 행하는 양상의 전쟁을 말하는 것은 아니다. 헤라클레이토스에 의해서 사색된 전쟁은 있는 것들을 최초로 서로 구분 지어 주며, 서로 부딪히게 하는 것이며, 그래서 그것들의 위치, 신분, 품위를 그 자리에 있음(im Anwesen)에 맞추어 있도록 해 주는 것이다. 이와 같이 서로서로 구별되어지는 것 속에서, 갈라진 틈, 간격, 폭, 연결이 그 스스로를 열어 보이는 것이다. [이 전쟁은 결코 그 통일성을 파괴하는 것도, 분열시키는 것도 아니다. 그것은 이 통일성을 성립시켜 주는 것이며, 이것이 바로 모음(Sammlung), λόγος(로고스)이다. πόλεμος(폴레모스/전쟁)와 λόγος(로고스/모음)는 동일한 것이다.] (…) 이 전쟁은 지금까지 사색되지 않은, 말해지지 않은, 엄청난 것을 최초로 초안하고 발전시키는 것이다. 그래서 이 전쟁은 창조적인 사람들로부터, 시인(詩人)들로부터, 사색하는 사람들로부터, 그리고 위대한 정치가들(Staatsmänner)로부터 이끌어지는 것이다.[12]

이 대목에서 하이데거는 일단 헤라클레이토스의 전쟁을 인간들이 보통 시행하는 전쟁과는 다른 의미로 받아들이려 한다. 즉 그것은 인간들 사이에 벌어지는 대규모 전투가 아니다. 전쟁은 오히려 사유

---

die Metaphysik(Sommersemester 1935), Gesamtausgabe 40, hrsg. von Petra Jaeger(Frankfurt am Main: Vittorio Klostermann, 1983), 66; 국역본: 『하이데거의 형이상학 입문』, 박휘근 옮김(서울: 그린비, 2023), 117.

12 Heidegger, *Einführung in die Metaphysik*, 66; 국역본: 『하이데거의 형이상학 입문』, 117-118.

의 투쟁을 통해 모종의 통일성을 시인, 사유가, 정치가의 선도 아래 구축하는 사건이다. 특히 개별자들의 아우성을 하나의 통일성 안에 밀어 넣는 것, 그것이 다름 아닌 시인, 사유가, 정치가가 이끄는 전쟁 활동의 요체이다. 만일 그러한 모아들임이 궁극적이고, 근원적인 것이라면, 개별자들의 유일무이함은 슬며시 사라지는 것이 아닐까? 하이데거 자신이 말했듯이 정치가들의 정치술이 그러한 통일성의 모음을 구현한다면, 개별자들은 정치술 아래 자신의 독자성을 주장할 길이 없어지는 것이 아닐까? 만일 그렇다면, 하이데거가 전쟁을 철학적으로 세련된 언어로 논했다 하더라도, 그의 사유는 정치적 투쟁을 통한 질서 부여 과정에서 개별자들의 고유성을 말소시키는 결과를 낳지는 않을까? 비록 무기를 통한 폭력에 대한 언급은 여기에 없지만, 부드러운 폭력으로서의 정치술이 전쟁 도구나 무기처럼 개별자에게 상해를 입히는 것으로 작동하는 것은 아닌가? 바로 이런 점에서 하이데거는 자기 시대 정치의 새로운 양상 안에 전투나 전쟁의 정당화 논리를 편입시키는 사유를 구축한 것은 아닐까? 더군다나 그는 이를 존재론의 사유 속에서 전개한다는 점에서 문제적이다. 특히 하이데거에게 존재자의 존재는 단적으로 현전하는 것이 아니다. 그것이 역동적 존재로 전개되기 위해서는 전쟁과 투쟁을 그 본질적 계기로 삼아야 한다. "전쟁이 사라진 곳에는 존재하는 것들이 사라지는 것은 아니라 할지라도, 세계는 그로부터 등을 돌린다."[13] 그러면

13 Heidegger, *Einführung in die Metaphysik*, 67; 국역본: 『하이데거의 형이상학 입문』, 118. 지금까지의 하이데거의 폴레모스에 대한 이해가 조금 일방적인 것으로 여겨질 수도 있겠다. 이에 하이데거의 폴레모스, 곧 전쟁 또는 투쟁 이론을 조금 더 다양한 각도에서 이해하려

    1부 프롤로그와 발단

세계가 등을 돌리지 않도록 치열한 전쟁을 벌이는 이들이 필요한데, 바로 이 일에 참여하는 이들이 시인, 사유가, 정치가들이다.

이런 식으로 전쟁을 존재나 역사의 성취를 위한 필수불가결한 요소처럼 전유하는 서양 철학의 성격을 두고 레비나스는 이렇게 말한다. "전쟁은 누구도 거리를 둘 수 없는 하나의 질서를 만들어 낸다. 전쟁은 외재성을 현시하지 않으며, 타자로서의 타자를 현시하지 않는다. **전쟁은 동일자(Même)의 동일성을 파괴한다.** 전쟁에서 자신을 보여 주는 존재의 얼굴이 서양 철학을 지배하는 전체성 개념 속에 자리 잡는다"(ix-x/7, 강조는 필자).

전체성의 철학적 의미에 대해서는 프란츠 로젠츠바이크(Franz Rosenzweig)를 언급하며 다시 다룰 것이기 때문에 여기에 별도로 언급하지 않을 것이다. 다만 이 대목에서 주목해야 할 것은 **전쟁**과 **정치**의 전체성이다. 이것은 그 누구도 전쟁이나 정치적 격변으로부터 거리를 두고 개별 존재자의 삶과 영역을 보존할 수 없게 만든다. 다시 말해 전쟁과 정치의 전체성 아래에서는 동일자로서의 나의 비밀스러운 내면, 나의 영역이 전혀 지켜지지 않는다. 차후 상세하게 다루겠지만, 레비나스에게 "타자의 외재성"(37/84)은 나의 비밀스러운 내면성이 굳건하게 정립되었을 때 비로소 도래한다. 전쟁의 논리에만 갇히면 나로서의 동일자는 없고, 타자도 동일자에게 나타날 여지가 없다. 타자는 언제나 동일자에게 전적으로 다른 자로, 규정할 수

면 다음 문헌을 참조하는 것이 좋다. Gregory Floyd, *Heidegger's Polemos: From Being to Politics* (New Haven, CT: Yale University Press, 2000).

없는 자로 나타나야 하는데, 그렇게 타자를 맞이할 동일자가 전체성에 포섭되어 있다면 타자는 누구에게 자신의 아픔이나 고통을 호소하고, 도움을 청할 것인가? 동일자와 타자는 공고화된 정치적 전체성 안에서는 그저 적 아니면 동지가 될 뿐이다.

레비나스가 보기에 전체성의 이념이 기본적으로 가장 크게 훼손하는 것은 다름 아닌 나 또는 각기 고유한 정체성을 가진 (수적 의미가 아닌) 나'들'(moi's)이다. 각각의 '나'가 자기 삶을 향유하고 행복을 추구하는 삶의 순간을, 평범하게 누리던 일상을 송두리째 앗아가는 것이 바로 전쟁과 전체성이다. 전쟁의 침략으로 죽은 이들은 두말할 나위 없고 설령 운 좋게(?) — 운과 재수에 맡겨진 삶은 얼마나 비참한가?[14] — 전쟁에 알리바이를 제공하는 정치 세력의 비호 아래 생명을 보존할 수 있다고 하더라도 그때의 나는 온전히 동일자로서의 자아로 살기 어렵다. 제2차 세계대전 당시 자기도 모른 채 히틀러-유겐트(Hitler-Jugend)에 속했던 아이나 청소년들을 생각해 보자.

---

14 운과 재수라는 말로 전쟁과 같은 비극적 상황을 덮는 언사 역시 지독할 정도로 정치적인 경우가 많지 않은가? 소설가 김훈은 세월호 참사를 둘러싼 공방을 되새기며 이런 말을 남긴 바 있다. "2016년 봄, 이 사건의 중요한 부분에 대한 대법원의 선고가 끝났다. 이때부터, 문제가 모두 일단락되었다며 '일상으로 돌아가자'라는 목소리는 더욱 커졌다. 이 참사는 대형 '교통사고'이며 그 희생자들은 재수 없이 그 사고에 얽혀든 불운한 소수의 사람들(the unlucky few)이므로 적절한 보상과 조문과 위령의 의전을 베풀어 줌으로써, 이 우연한 사태가 산 사람들의 평온한 일상의 영역으로 넘어오지 않도록 하고, 소비경제에 미치는 심리적 악영향을 막아 경기를 활성화하자는 것이 세월호 '극복' 움직임의 핵심적 논리였다. 이 '극복' 움직임의 상당한 부분이 정치권력에 의해 작동되고 있었다는 것은, 증명할 수는 없지만, 다들 알고 있었다." 김훈, 「[김훈 기고] 참사 10년… '세월호'는 지금도 기울어져 있다」, 『한겨레』, 2024년 4월 4일, https://www.hani.co.kr/arti/society/society_general/1134618.html(최종 접속일: 2026년 1월 18일).

  1부 프롤로그와 발단

그들만의 삶, 고유한 비밀스러운 내면성의 자아는 소멸되다시피 하고, 유겐트 소속이라는 오명이 그들에게 부여되었으며, 이것이 그들 각자의 동일성을 대체한다.

장-미셸 살랑스키는 이런 식으로 개별적 자아를 전체화된 집단이나 역사로 환원하는 일련의 시도를 "나는 무엇인가의 논리"라고 부르며, 이렇게 나를 특정한 존재로 규정하는 것은 다름 아닌 "역사적 논리, 즉 역사적 세계가 나를 위치시키는 노선"이라고 본다.[15] 히틀러와 나치에게 역사는 인종 간 생존을 위한 투쟁의 시간이고, 유겐트에 속한 아이들은 이 투쟁을 위해 봉사하는 존재로 규정된다. 멀리 갈 것도 없이 우리의 과거 교육은 어떠했는가? 한때 그것은 국가와 민족의 중흥이라는 역사적 사명을 감당할 개인들을 길러 내기 위한 것이 아니었던가?[16] 앞으로 살펴보겠지만, 레비나스가 의도하는 바는 동일자인 자아의 내면적 비밀과 그 "내면적 삶의 불연속성"을 거치는 가운데 "역사 바깥에서 나에게 도래하는 타인"으로 향하는 것이다.[17]

이 지점에서 한 가지 환기해야 할 사안이 있다. 그것은 레비나스가 사용하는 동일자라는 말의 의미 규정 문제이다. 흔히 현대 프랑

15　Jean-Michel Salanskis, "Levinas contre l'historicisme," in *Le concret et l'idéal: Levinas vivant* III (Paris: Klincksieck, 2015), 172.

16　레비나스는 자신의 초창기 사유에서부터 이렇게 역사를 통해 개인을 규정하는 방식에 대항한다는 의사를 명확히 밝혔다. "자유주의적 세계의 인간은 역사(Histoire)의 무게 아래에서 자신의 운명을 선택하지 않는다." Emmanuel Levinas, *Quelques réflexions sur la philosophie de l'hitlérisme* [1934](Paris: Éditions Payot & Rivages, 1997), 12.

17　Salanskis, "Levinas contre l'historicisme," in *Le concret et l'idéal*, 172.

스 철학이나 탈근대적 성격을 강하게 갖춘 철학에 관해 우리는 통념상 동일자 또는 동일성과 타자 또는 차이를 대립시키는 경향이 있다. 하지만 레비나스가 『전체성과 무한』에서 동일자에 대해 우선 뜻하는 바는 동일자로서의 자아이다. 전쟁으로 인해 파괴되는 것이 바로 이 동일자의 동일성이다. 이런 점에서 그가 먼저 관심을 두고 긍정하려는 것은 전쟁의 질서로서의 전체성과 거리를 둘 수 있는 동일자의 동일성이다. 우리는 이를 유념하여 현대 프랑스 철학에 대한 일각의 통념과 달리 레비나스가 동일자를 거부하거나 완전히 벗어나는 것을 목표로 삼지 않는다는 점을 인지해야 한다. 이에 거듭 강조하건대, 그가 주로 말하는 동일자는 일단 나로서의 주체를 뜻한다 — 이 점은 『전체성과 무한』의 "동일자와 타자"라는 주제를 다루면서 다시 논의될 것이다. 『전체성과 무한』에서는 동일자로서의 주체를 변호하는 논증이 제시되고, 타자를 맞이하는 동일자인 '나'와 나의 삶에 관한 기술이 윤리적 환대의 조건처럼 펼쳐진다. 이때 동일자가 절대 부정적인 방식으로만 기술되지 않는다는 점이 우리에게 각인되어야 한다. 로제 부르흐라브의 다음과 같은 진술이 레비나스의 동일자를 이해하는 데 도움을 준다. "『전체성과 무한』에서 레비나스는 자아를 탁월한 의미에서의 '동일자'(le Même)로 특징짓는다. (…) 주목할 점은 이 동일성이 외재적이 아닌 내재적 동일성이라는 것이다. (…) 자아는 자신의 성격을 정의하거나 특정한 지시 체계 내에 자신을 위치시킴으로써가 아니라, 내부에서 외부로 발전하는 동일성으로서 자

　　　　　　　　　　　　　　　　　　　　　　1부 프롤로그와 발단

신을 실현한다."[18] 이처럼 레비나스의 철학은 타자의 철학이기 전에, 적어도『전체성과 무한』에서는 동일자인 자아의 철학으로 펼쳐진다는 점을 반드시 염두에 두어야 한다..

　　이제 다시 논의하던 주제, 대립 구도를 제시함으로써 철학적 문제를 제기하는 레비나스의 문제 설정으로 돌아가자. 우리는 레비나스를 따라 정치와 도덕이 왜 대립하는지를 해명했고, 전쟁은 정치의 알리바이를 등에 업고 나온다는 그의 주장을 확인했다. 그러면 이제 또 다른 대립항인 전쟁과 평화에 대해 살펴보자. 전쟁은 앞서 계속 언급했으므로, 여기서는 레비나스가 의도하는 평화가 무엇인지 알아보자. 국제 질서와 정치의 맥락에서 평화는 자칫 전쟁과 더불어 오는 것처럼 여겨지는 경향이 있다. 오랜 전쟁의 참상에서 누군가가 승리를 거둔 다음 비로소 우리는 평화가 도래했다고 기뻐한다. 물론 어떤 치열한 전투가 끝난 상황에서 비롯하는 안도감은 자연스러운 것이다. 하지만 이는 전투가 중단된 상황에서의 일시적 안도감이지 평화 자체가 아니다. 그래서 레비나스는 "전쟁에서 흘러나오는 제국의 평화는" 여전히 "전쟁에 근거를 두고 있다"(x/9)라고 본다. 20세기의 두 차례 세계대전 이후에도, 소위 강대국이 상대적으로 작고 약한 나라를 침공하여 전투에서 이기고 승리 선언을 하면서 평화를 말하는 광경을 흔히 본다. 그것은 과거 팍스 로마나(Pax Romana)나 팍스 아메리카나(Pax Americana) 정도 수준의 제국주의적 평화에 불과하

18　Roger Burggraeve, *The Wisdom of Love in the Service of Love: Emmanuel Levinas on Justice, Peace, and Human Rights*, trans. Jeffrey Bloechl (Milwaukee, WI: Marquette University Press, 2002), 45.

다.[19] 전쟁의 영원한 종식은 없고, 단기적인 전투의 끝에서 말해지는 기만적 평화 선언만 있을 뿐이다.

레비나스가 의도하는 평화는 그런 기만적 의미의 평화가 아니다. 위에서 언급한 기만적 평화 개념은 언제나 힘에 입각한 국제 질서나 정치의 격동에 의존해서만 이루어지는 것 같다. 그런데 개별 존재자들이 그 격동에 휘말릴 때, 역설적으로 그들은 평화와는 저만치 거리를 두는 상황이 발생한다. 왜냐하면 소위 정치적 평화가 나와 내 집의 평화마저 오롯이 확보해 주는 것은 아니기 때문이다. 이런 점에서 레비나스는 참된 "평화란 나의 평화(ma paix)여야 한다"(283/462)라고 주장한다. 이 말은 불의한 현실은 외면하고서 오로지 나와 나의 가족만 안온한 상태를 영위하면 된다는 말이 아니다. 레비나스의 이 논지는 어떤 한 개별자에게까지 이르지 못한 평화는 참된 평화가 아니라는 뜻이다. 말하자면 개인의 개별성이 전체성으로 환원되지 않은 채로 내가 동일자인 자아로 있으면서 타자를 마주하는 가운데 성취되는 선이 곧 참된 평화라는 말이다. "그러니까 평화는 한 편이 승리하고 다른 편이 패배하여 전투원의 부족으로 인해 휴전된 전투의 종말, 다시 말해 묘지나 미래의 보편적 지배력과 동일시될 수 없다. (…) 평화는 자아로부터 출발해서 타자로 나아가는 관계 속에, 욕망

---

19 철학사적 맥락에서 보면, 홉스의 만인의 만인에 대한 투쟁 상태를 통제하는 강력한 국가를 기반으로 삼는 평화론 역시 레비나스에게는 기만적 평화가 될 것이다. 이 주제에 대해서는 다음 문헌들을 참조하라. 김영걸, 『우리는 박해자를 위해서도 책임질 수 있는가?: 레비나스가 답하다』(서울: 어문학사, 2022), 특히 1장; Jean-François Rey, "Le maître absolu: Hegel et Hobbes dans la pensée d'Emmanuel Levinas," *Revue internationale de philosophie* 235(2006/1), 75-89.

                                        1부 프롤로그와 발단

과 선함 속에 있다. (…) 평화는 도덕성과 현실의 수렴을 확신하는 자아, 즉 번식성을 거쳐 자신의 시간이 되는 무한한 시간을 확신하는 한 자아로부터 출발해서 받아들여지는 것이다"(283/461-462). 이러한 레비나스의 평화론에 대해서는 이론의 여지가 있을 수 있다. 하지만 기존의 평화 이념에 대한 도전이라는 측면에서 우리에게 충분히 고민해 볼 여지를 주는 것이 바로 '나'의 평화에 입각한 레비나스의 평화론이다. 후반부에 가서 살피겠지만, 이때 평화는 한 인격이자 존재자로서의 자아가 타자와 마주하는 삶에서, 더 나아가서는 가족과 번식성 안에서 펼쳐지는 일이다.[20]

역사에 대립하는 종말론

계속해서 이어지는 서문의 논의를 짚어 보자. 전쟁에 대립하는 평화에 관한 레비나스의 이념은 그의 시간론 — 역사적 시간보다 더 구체적이고 근원적인 나와 타자의 시간 — 과도 결부된다. 특별히 레비나스는 전쟁 및 정치의 논리와 더불어 전체성을 구성하는 또 하나의 요소가 역사라고 본다. 이 역사의 이념에 휘말리지 않는, 휘말릴 수 없는 시간을 모색하는 것이 그의 또 하나의 중요한 철학적 문제의식이고, 이에 레비나스는 역사에 대립하는 종말론을 제안하기에 이른다.

20　레비나스의 평화론에 관한 가장 탁월한 연구로는 앞서도 인용한 부르흐라브의 다음 작품을 꼽을 수 있다. Burggraeve, *The Wisdom of Love*. 또한 다음 글도 참조하라. Hanoch Ben-Pazi, "Messianism's Contribution to Political Philosophy: Peace and War in Levinas's *Totality and Infinity*," *International Journal for Philosophy of Religion* 81:3(2017), 291-313.

그런데 왜 역사가 문제인가? 이것은 다시 헤겔을 떠올려 보면 이해하기 쉽다. 헤겔에게 역사는 정신의 보편사로 이해된다. 그러니까 정신의 현시를 통해 이성적인 것이 현실화되는 이성적 계기의 점진적 전개라는 보편 정신이 역사라는 개념 속에 아로새겨져 있는 것이다. 실제로 헤겔은 이렇게 말한다. "오히려 정신은 즉자대자적으로 이성이며 정신에서 이성의 대자 존재는 앎이기 때문에, 세계사는 오직 정신의 자유라는 개념으로부터 비롯되는 필연적 전개이다. 그리고 이 전개는 이성과 정신의 자기의식과 정신의 자유라는 계기들의 전개이며, 보편 정신의 펼침이자 실현이다."[21] 그런데 이를 달리 이해해 보자. 이런 역사의 이념 속에서 개인들은 그 역사의 전체성에 입각하여 진보를 위해 헌신하는 자로 '기록'될 뿐이고, 역사 발전에 이바지하지 못하는 개인들은 그 '기록'에서조차 철저히 배제되는 것이 아닐까?[22] 아니 어쩌면 나름의 진보에 이바지한 이들도 거의 모두 익명화되거나 유일무이한 고유한 인격적 존재보다는 이념화된 영웅으로 처리되는 경우가 허다하다. 이때 나는 자기만의 내밀한 비밀을 가

---

21   Hegel, *Grundlinien der Philosophie des Rechts*, §342; 국역본: 『법철학(베를린, 1821년)』, 594-595.

22   알렉상드르 코제브도 이렇게 이야기한다. "그러므로 세계 안에서의 현실적 현전은 인간이라고 불린다. 『정신현상학』에서, 헤겔은 이에 대해 많은 말을 하지 않는데, 이는 그가 거기서는 '인간'이라는 말을 회피하기 때문이다. 그런데 『예나 강의』에서 헤겔은 이렇게 말한다. '**정신**(Geist; Esprit)은 시간이다.' 그런데 헤겔에게 '정신'은 (특별히 이 맥락에서) **인간**(humain) 정신이나 **인간**(Homme)을 의미하고, 더 구체적으로는 집단적 인간, 말하자면 국민이나 국가, 결국에는 그 공간-시간적 현존의 전체성, 즉 보편사의 전체성 안에서의 인간성이나 총체적 인간을 의미한다." Alexandre Kojève, *Introduction à la lecture de Hegel*, réunies et publiées par Raymond Queneau(Paris: Éditions Gallimard, 1947; 1968), 370.

진 내면의 주체성을 보존하지는 못한다. 더 근본적인 차원에서 묻는다면, 과연 나라는 한 존재는 역사의 진보에 이바지할 때만 유의미한가?

이 맥락에서 수전 벅모스의 헤겔에 관한 비판적 연구를 들여다보면 레비나스의 역사에 대한 비판적 태도를 조금 더 쉽게 이해할 수 있을 것 같다. 잘 알려져 있다시피, 헤겔은 주인과 노예의 변증법에서 양자의 대립과 투쟁을 통해 주인-노예 관계의 역전이 일어나는 것을 궁극적인 화해와 진보로 나아가는 하나의 사태라고 보았다. 그렇다면 헤겔의 활동 시기 한복판에 일어난 아이티의 노예 혁명은 노예와 주인의 관계가 역전되는 사례가 된다는 것이 벅모스의 문제의식이다.

> 의심할 여지없이 헤겔은 현실의 노예들과 그들의 혁명적 투쟁에 관해 알고 있었다. 그의 지적 이력을 두고 볼 때 어쩌면 가장 정치적인 표현이라고 할 만한 곳에서 그는 아이티의 그 충격적 사건을 『정신현상학』에서 전개한 주장의 요체로 이용했다. 카리브해 연안 지역 노예들이 자기 주인을 상대로 일으킨 이 실질적이고 성공적인 혁명이야말로, 인정의 변증법의 논리가 세계사를 관통하는 주제, 곧 자유의 보편적 실현의 이야기로 가시화되는 순간이다.[23]

---

23 Susan Buck-Morss, *Hegel, Haiti, and Universal History* (Pittsburgh, PA: University of Pittsburgh Press, 2009), 59-60; 국역본: 『헤겔, 아이티, 보편사』, 김성호 옮김(파주: 문학동네, 2012), 90.

벅모스에 의하면 헤겔은 이 혁명의 사건을 인지하고 있었지만, 결국에는 외면한다. 정신의 현시 아래에서 역사의 진보를 전망한 이 철학자는 이런 혁명의 도래를 접했으면서도 인종차별적 관점을 계속 유지했고, 독일이나 프랑스를 의식하여 식민지에서 일어난 혁명적 궐기를 눈여겨 보려 하지 않았다. 벅모스는 헤겔이 아이티의 상황을 잘 분석하여 이 혁명의 사건에 자신의 철학적 정신을 적용하기를 주저했던 것과 더불어 헤겔과 아이티의 관계를 더 크게 부각하지 못한 여러 헤겔 연구자들이 유럽중심주의의 편견에 사로잡혀 있다고 비판한다. 즉 유럽 바깥의 소위 제3세계 지역에서 일어나는 진보의 결정적 사건에서는 사건을 그들은 "헤겔이 기각한 '비역사적 역사들'에" 귀속시킨다고 지적한 벅모스는 서구 "헤겔주의"의 한계를 이렇게 비판한다. 이러한 서구의 이념에서 "아이티 혁명의 사건들은 역사적 구원 이야기 안에 담겨질 수 없다는 점을 인정하자. (…) 실상 노예 봉기의 한복판에서 보면, 어떤 종류의 명확한 역사적 이야기도 출현하지 않는다".[24] 이런 점에서 우리는 보편사의 이념이 서구 정신의 보편화가 아닌가 하는 의구심을 가질 수 있다. 그렇다면 이런 식의 역사 이해에서 개인들의 정신이나 혁명적 행위는 어디에 위치하는가? 그것은 오직 (서구중심적) 보편사 안에서만 유의미할 뿐이다. 이런 식이면 구체적 개별자나 시대와 민족을 가로질러 나타나는 인민의 시간은 없고 보편사라는 이념의 역사만 남을지 모른다.

---

24 인용 순서대로 Buck-Morss, *Hegel, Haiti, and Universal History*, 148, 144; 국역본: 『헤겔, 아이티, 보편사』, 202, 198.

비록, 벅모스의 예시가 구체적인 한 개인보다는 아이티 혁명이라
는 사건에 초점에 맞추어져 있기는 하지만, 이런 식의 역사의 이념에
대한 벅모스의 비판은 레비나스의 역사 비판과 어느 정도 공명한다.
정신의 진보가 펼치는 역사의 구원 이야기 속에 과연 개별자인 나와
타자는 독자적으로 존재하면서 그 고유한 의미를 발할 수 있는가?[25]

　레비나스는 이런 식의 이념에 파열을 내는 것이 다름 아닌 종말
론이라고 지적하며, 철학과 서구 문명이 위선 속에서 종말론을 외면
하고 전쟁과 역사를 긍정했다고 주장한다. "종말론이 평화와 전쟁을
대립시킨 이래, 전쟁의 명백함이 계속 유지된 것은 본질적으로 위선
적인 문명 속에서였다. 이 문명은 서로 적대적인 관계가 된 진(Vrai)
과 선(Bien) 모두에 달라붙어 있다. 이제는 이 위선을 단지 인간의 우
연적인 추악한 결함으로만 볼 것이 아니라, 철학자들과 예언자들 양
쪽 모두에 얽매여 있는 세계의 심층적 분열로 인식해야 할 때가 아닌
가 한다"(xii/11). 레비나스에 의하면, 위선적인 서구 문명은 조화하
기 힘든 두 가지 요구, 곧 진리와 선의 요구에 단번에 충실할 수 있다
고 믿는 태도에서 비롯한다. 그 대표적인 철학자의 목록에 헤겔을 넣
을 수 있을 것이다. 실제로 헤겔은 참, 곧 진리의 이념에 선의 이념을
종속시킨다. "그러므로 선의 이념은 오직 참의 이념 안에서만 그 완

25　이와 관련해서 힌드리히스는 헤겔의 맹점을 다음과 같이 표현한다. "세계사를 세계 법정으
로 보는 것은 특정 사건을 정당화하는 것이 아니라, 역사적 과정을 전체 맥락 안에 통합하
는 것이다. 이런 통합에서 '개인과 국민이 삶에서 누리는 영광'과 '국가와 개인의 행복과 불
행'은 두 번째 줄로 밀려난다. 이것들은 부정적인 것이고, 마지막 말을 갖지 못한다." Hin-
drichs, Abseits des Krieges, 14; 국역본: 『철학은 왜 전쟁을 부정하는가』, 20.

성을 찾을 수 있다.”[26] 이런 식으로 윤리적 선을 역사적 이성의 전개 속에 통합적으로 구현할 때 위선이 생긴다. 레비나스는 오히려 참과 선의 분열이 있을 수 있음을 인정하는 것이 위선에서 벗어나는 길이라고 보고 있다. 리처드 코헨의 말처럼, “이른바 양자에 동시에 그리고 동등하게 매진하는 것은 위선 속에서 분열되는 것이며, 결국에는 양자 모두에 대한 잘못된 봉사가 된다. 선을 향한 위선적 가장이나 공허한 굴종보다는 선의 우선성, 즉 전쟁이 강요하는 평화에 대해 진정한 평화가 우위에 있음을 인정하는 것이 더 나을 것이다”.[27] (헤겔이 그러했듯) 전쟁을 역사의 소용돌이 속에서 주어져야 할 평화를 위해 필요한 것으로 여기고 이를 철학으로 정당화하기까지 하면서 진리와 윤리를 동시에 취하려는 위선적 문명 대신에, 레비나스는 예언적 종말론이 위선적 문명이나 진보의 역사를 거슬러 참된 평화를 추구할 수 있게 해 준다고 본다.

사실 이런 식으로 역사를 문제시한 사상가는 레비나스 이전에도 있었다. 레비나스가 직접 언급하지는 않지만 발터 벤야민(Walter Benjamin)을 예로 들어 보자. 그는 서양 사상사에서 매우 선구적으로 역사의 진보가 아닌 파국을 말한 철학자이다. 저 유명한 파울 클레의 「새로운 천사」(*Angelus Novus*)라는 그림을 두고서 그는 이렇게 말한다.

---

26 Georg W. F. Hegel, *Wissenschaft der Logik. Zweiter Band: Die subjektive Logik oder die Lehre vom Begriff* (1816), Gesammelte Werke, Bd. 12, hrsg. von Friedrich Hogemann und Walter Jaeschke (Hamburg: Felix Meiner, Verlag, 1981), 233.

27 Richard A. Cohen, *Out of Control: Confrontations between Spinoza and Levinas* (Albany, NY: State University of New York Press, 2016), 66.

이 그림의 천사는 마치 자기가 응시하고 있는 어떤 것으로부터 금방이라도 멀어지려고 하는 것처럼 묘사되어 있다. 그 천사는 눈을 크게 뜨고 있고, 입은 벌어져 있으며 또 날개는 펼쳐져 있다. 역사의 천사도 바로 이렇게 보일 것임이 틀림없다. **우리들** 앞에서 일련의 사건들이 전개되고 있는 바로 그곳에서 그는, 잔해 위에 또 잔해를 쉼 없이 쌓이게 하고 또 이 잔해를 우리들 발 앞에 내팽개치는 단 하나의 파국(Katastrophe)만을 본다. 천사는 머물고 싶어 하고 죽은 자들을 불러 일으키고 또 산산이 부서진 것을 모아서 다시 결합하고 싶어 한다. 그러나 천국에서 폭풍이 불어오고 있고 이 폭풍은 그의 날개를 꼼짝달싹 못하게 할 정도로 세차게 불어오기 때문에 천사는 날개를 접을 수도 없다. 이 폭풍은, 그가 등을 돌리고 있는 미래 쪽을 향하여 간단없이 그를 떠밀고 있으며, 반면 그의 앞에 쌓이는 잔해 더미는 하늘까지 치솟고 있다. 우리가 진보라고 일컫는 것은 바로 **이러한** 폭풍을 두고 하는 말이다.[28]

벤야민도 분명 진보를 말하기는 한다. 하지만 앞서 헤겔이 제안한 역사적 진보의 문명과는 사뭇 그 성격이 다르다. 그에게 진보는 오직 파국의 잔해 위에서 이루어진다. 문명이라는 질서 아래 저질러진 폭력으로 부서져 조각난 현실 위에서 이 현실 너머로 나아가기 위

---

28 Walter Benjamin, "Über den Begriff der Geschichte"(1942), in *Gesammelte Schriften*, Bd. 1-2, hrsg. von Rolf Tiedemann und Hermann Schweppenhäuser(Frankfurt am Main: Suhrkamp, 1974), 697-698; 국역본:「역사의 개념에 대하여」,『역사의 개념에 대하여/폭력비판을 위하여/초현실주의 외』, 최성만 옮김(서울: 길, 2008), 339.

해 비로소 우리는 날갯짓을 할 수 있다. 이때 천사의 날갯짓은 문명사의 진보에 대한 낙관을 덧입은 날갯짓이 아니라 파국에도 불구하고 일어나는 몸부림일 것이다.[29] 문명의 직선적 진보가 아닌 파국의 잔해에서 진보를 사유했다는 점에서 벤야민은 레비나스보다 앞서 종말론적 사유를 보여 준 철학자이다.[30]

종말론과 역사의 진보가 아닌 파국을 벤야민만큼이나 깊이, 또 예언자적으로 사유한 이는 또 여럿이 있겠지만, 여기서는 보통 이러한 논의에서 간과되는 이 한 사람을 도입하고 싶다. 신학자 가운데 벤야민과 같은 예언자적 목소리를 냈던 당대의 사상가가 있으니, 그가 바로 칼 바르트(Karl Barth)다. 그 또한 역사의 진보라는 이념이 횡

[29] 김홍중은 벤야민의 역사와 진보에 대한 사유를, 천사로 상징되는 역사가의 이미지를 따라 이렇게 설명한다. "이처럼 진보의 역사철학을 급진적으로 비판하는 벤야민에게 역사가란 문서고에서 사료의 더미에 묻힌 채 작업하는 자가 아니다. 그가 역사가의 이미지로 제시하는 (…) 이 천사는 오직 과거만을 바라보고 있다. 그러나 그가 보는 과거는 고정된 사실들의 집합이 아니라, 역사의 힘이 늘 파괴시켜 새롭게 구성하는 징후들의 과거이다. 그는 파편의 더미들이 뒤섞이고 요동치는 폐허의 파국적 상황을 바라보면서, 그 과거에 묻힌 사자(死者)들을 다시 살리고 싶어 하고, 폐허를 다시 일으키고자 한다." 김홍중, 『마음의 사회학』(파주: 문학동네, 2009), 315.

[30] 벤야민의 이런 사유를 김진영은 다음과 같이 설명한다. "즉 고대는 영원성을 꿈꾸지만 결과적으로 고대가 증명하는 것은, 모든 영원성은 사실은 소멸성이었다는 점입니다. 근대 역시 똑같은 꿈을 가지고 있습니다. 그러나 여전히 근대의 영원성이 내적으로는 소멸성에 굴복당하고 있다는 점을 깨닫지 못하고 있습니다. 이것이 진보 이데올로기입니다. 벤야민은 누구도 읽지 못했던 방식으로 근대를 읽어 내려 합니다. 역사는 근본적으로 발전하는 것입니다. 하지만 근대를 고대와 대응시켜 벤야민식으로 읽으면, 우리가 이제까지 역사라고 생각해 왔던 문명사는 발전하는 것이 아니라 오히려 과거로 되돌아가려고 한다는 것, 퇴행한다는 것을 알 수 있습니다. 벤야민에 따르면 사실 우리에겐 이제까지 한 번도 역사라는 것이 존재한 적이 없습니다." 김진영, 『김진영의 벤야민 강의실: 희망은 과거에서 온다』(서울: 포스트카드, 2019), 91.

행하던 때에 벤야민처럼 파국을 사유했던 사상가이다.[31] 그의『로마서』를 단순히 성서 강해 정도로만 보지 말고, 일종의 시대 비판으로 읽을 수 있다면, 우리는 바르트에게서 누구 못지않게 준엄하게 시대를 성찰하며, "세계의 깊은 균열"을 감지하는 사유를 발견할 수 있다. 바르트가 보기에 자신의 시대는 신 없는 인간이 오직 자기 자신만의 능력으로 역사의 진보를 이룰 수 있다고 믿는 시대였다. 그는 이런 거짓 믿음에 종속된 인간과 교회의 파국을 직시해야만 구원의 가능성을 엿볼 수 있다고 믿었다. 이렇게 낙관적인 진보 이데올로기로 점철된 역사는 심판과 종말의 대상이지 진보의 신화를 이룰 수 있는 통로가 아니다.

역사는 어떤 한 사람의 정신과 능력이 다른 사람보다 자칭 우월하다고 떠들어 대는 놀이이며, 공의와 자유의 이데올로기(Ideologie von Recht und Freiheit)로 가장한 현존에의 투쟁이며, 과거 인간의 의(義, Menschengerechtigkeiten)와 새로운 인간의 의가 서로 장엄함과 무상함을 겨루면서 치솟아 오르거나 가라앉는 것이다. (…) 신의 심판은 역사의 시작이 아니라 역사의 **최후**(Ende)다. 역사는 끝났으며, 더는 지속되지 않는다.[32]

31　바르트의 정치신학적 의의에 대해서는 다음 작품을 참조하라. Jacob Taubes, *Die politische Theologie des Paulus*, hrsg. von Aleida Assmann und Jan Assmann(München/Paderborn: Wilhelm Fink Verlag, 1993), 86-97; 국역본:『바울의 정치신학』, 조효원 옮김(서울: 그린비, 2012), 147-164.

32　Karl Barth, *Der Römerbrief 1922*, Zweite Fassung(Zürich: Theologischer Verlag Zürich, 2005), 56; 국역본:『로마서』, 손성현 옮김 · 신준호 감수(서울: 복있는사람, 2017), 235.

이처럼 바르트의 『로마서』는 그저 신학 이론서이기만 한 것이 아니라 소위 역사의 진보를 성취한다고 믿어 의심치 않던 서구 유럽 문명의 파국과 몰락을 경고하는 예언자적 시대 비판을 담고 있다.[33] 모든 이가 진보를 말하고, 낙관적으로 세계를 바라볼 때, 그리고 그런 소박한 태도가 인간의 정신에 스며들었을 때, 심지어 신조차 우리의 진보를 위해 도래하는 자로 여겨졌을 때, 바르트는 신의 심판을 통한 역사의 종언과 최후를 말했던 것이다.

조금 에둘러 온 감은 있지만, 여기서 말하고자 하는 바는 레비나스의 종말론은 바로 이런 벤야민이나 바르트와 같은 종말론적 사유, 파국에 대한 인식을 일정 부분 계승하고 있다는 점이다.

레비나스의 종말론을 이해하기 위해, 우리는 다소간 종교적 용어로 보이는 종말론이라는 명칭 때문에 레비나스의 사상을 곧장 종교적인 것으로 치부하지 말아야 한다. 그의 종말론은 역사라는 이름으로 저질러지는 폭력의 신화를 깨뜨리기 위해 그 대척점에 있는 또 다른 시간의 의미 — 신시아 코의 말을 빌리자면, "**현재에서의** 도덕

---

33 야콥 타우베스는 벤야민이 이런 바르트의 사상과 유사한 성격을 가지고 있다고까지 이야기한다. 매우 극단적인 초월을 말하면서 내재성 안에서의 세계는 해방의 계기를 발견하기 어려울 정도로 파국에 처했다는 문제의식을 공유했다는 것이다. "벤야민-텍스트를 칼 바르트의 『로마서』에 입각해서 이해하는 것은 매우 그럴듯한 일이다. 그것은 그리스도교 교회 외부에서 이루어진 변증법적 신학이다. (…) 벤야민에게는 칼 바르트적인 완고함이 있다. 여기에는 내재적인 어떤 것이 전혀 없다. 내재성에서 나오는 것은 아무것도 없다. 다리는 건너편에서 도래하는 것이다. 그리고 우리가 이 다리를 건널 수 있을지 어떨지는, 가령 카프카가 썼듯이, 그 성공 여부는 우리 자신에게 달린 일이 아니다. (…) 우리에게 너는 해방되었다라는 말은 다른 곳(anderen Seite)에서부터 말해져야만 한다." Taubes, *Die politische Theologie des Paulus*, 104-105; 국역본: 『바울의 정치신학』, 177-178.

                    1부 프롤로그와 발단

적 심판"[34] — 를 제시한 것이라고 해도 좋을 것이다. 역사를 중단시키는 현재의 시간 말이다. 해당 주제에 관한 레비나스의 언급을 더 자세히 들여다보자.

> 종말론의 참된 함의는 다른 데 있다. 종말론은 목적론적 체계를 전체성에 도입하지 않으며, 역사의 방향을 가르쳐 주는 것으로 나타나지 않는다. 종말론은 **전체성 저편**에서 또는 역사 **저편**에서 존재와 관계하는 것이지, 과거와 현재 저편에서 존재와 관계하는 것이 아니다. 종말론은 **언제나 전체성에 외재적인 과잉**과 맺는 관계이다. 이것은 이를테면, 객관적 전체성이 존재의 참된 척도를 채우지 못하고, 어떤 다른 개념 — **무한**(infini) 개념 — 이 전체성에 대한 이 초월을 표현해야 하는 것과 같은 사태이다. (xi/9)

이 대목에서 레비나스는 이른바 **무한**을 도입한다. 앞서 말했던 것처럼, 그가 의도하는 종말론은 진보의 완성으로서 종말론이 아니고 아예 역사와 **달리** 도래하는 것이다. 이는 전체성의 형식을 가진 것으로 말해지는 역사와 전혀 다르다. 우리는 흔히 정치적 투쟁의 장에서 '역사의 심판'이라는 표현을 거침없이 사용하는 것을 자주 보게 된다. 그때의 심판은 어떤 정치 투쟁의 상황에서 한 진영이 다른 진영을 향해 가하는 말인 경우가 대부분이다. 이때 '역사'는 일종의 이

34　Cynthia D. Coe, *Levinas and the Trauma of Responsibility: The Ethical Significance of Time* (Bloomington, IN: Indiana University Press, 2018), 91.

데올로기화된 것으로서 이런저런 방식으로 구성된 역사 이해를 기반으로 삼아서 다른 모든 가치나 인간의 목소리를 잠식하는 효과를 내기도 한다. 하지만 레비나스는 자신의 종말론이 그런 전체성의 이념으로 담기지 않는 어떤 과잉과 관계를 맺는 것이라고 이해한다. 이처럼 전체성 너머, 역사 저편과의 관계가 레비나스가 말하는 종말론적 의미의 초월이며, 바로 이 맥락에서 무한과의 관계가 역사 너머의 종말론과 맞닿는 과잉을 일으킨다.

조금 더 구체적으로 말하자면, 이때 종말론은 무한과의 관계에서의 윤리적 심판이다. 레비나스는 "종말론의 첫 번째 '비전'(따라서 실정 종교들의 계시된 억견과는 구별되는 비전)은 종말론의 가능성 자체에, 다시 말해 전체성의 파열에, **맥락 없는 의미작용**의 가능성에 이른다"(xii/10)라고 말한다. 여기서 우리는 "**맥락 없는 의미작용**"이라는 말에 주목해야 하는데, 바로 이 특이한 의미작용에서 레비나스의 종말론은 윤리적 성격을 가진다. 다시 말해 그가 말한 전체성의 파열은 결국 동일자와 타자의 윤리적 관계에서 성취되는 것이다. 전체성에 대해 외재적인 것, 곧 전체성을 깨뜨리는 것은 전체성으로 환원되지 않는 동일자인 주체와 그 주체와도 전적으로 다른 타자의 만남에서 빚어지는 윤리적 의미작용이 바로 종말론의 가능성이다.

바로 이 만남, 더 정확히는 얼굴 대 얼굴의 대면과 대화의 관계에서 역사로 환원되지 않는 인간관계가 생겨날 수 있고, 이런 관계를 새로이 정립하는 종말론의 가능성은 역사 속에서 우리를 옭아매는 맥락을 무효화한다. 다시 말해 이것은 어떤 정치적 맥락이나 경제적 맥락, 역사적 맥락이나 문화적 맥락이 우리의 윤리적 사건을 미리 규정하지 않는다는 말이다. 예를 들어 만일 정치적 맥락 속에 어떤 이가 자기와 다른 어떤 이를 마주한다면 이들은 곧장 정치적 동지나 적이라는 맥락 속에 빠지게 될지 모른다. 우리는 이런 식으로 맥락화된 관계를 윤리적 초월이라고, 전체성 너머에서 이루어진 관계라고 부를 수 있는가? 레비나스는 이에 매우 부정적이며, **"맥락 없는 의미작용"**이라는 종말론의 가능성 안에서 미리 주어진 맥락 너머의 윤리적 관계를 엿보고 있다.

그런데 이것은 재론할 소지가 있는 대목이기도 하다. 과연 우리는 아무 맥락 없이 윤리적 사태를 오롯이 마주할 수 있는가? 세계라는 지평 가운데 그물망처럼 얽히고설킨 맥락을 파헤쳐야만 정치적, 윤리적 문제가 무엇이고, 또 그 해결책이 무엇인지 헤아릴 수 있지 않은가? 예를 들어 어떤 아시아인 성소수자가 서양의 한 나라에서 그 인종과 성적 정체성 때문에 차별받게 되었다면, 이 사람의 소수자성이나 아시아인이라는 정체성이 가지는 맥락과 그가 차별을 경험한 서구 사회의 맥락이 함께 고려되어야 하지 않는가?[35] 이 점은 앞

---

35 레비나스의 **"맥락 없는 의미작용"**에 반대하여 세계의 맥락과 지평의 중요성을 재소환하는 작업 가운데 하나로 루디 비스커의 연구를 참조할 수 있다. Rudi Visker, *The Inhuman Condition: Looking for Difference after Levinas and Heidegger*(Dordrecht/Boston/London: Kluwer Academic Publisher, 2004). 또한 로버트 버나스코니도 이 주제와 관련해서 다음과 같은 의문을 제기한 바 있다. "이제 물음은 이런 것이다. 타자성-내용의 개념이 수정되어야 할 것인가? 누군가가 타자에 관해 쓴다고 할 때 이를 피할 수 있는가? 또 마지막으로, 차이의 다른 형태들, 특별히 인종적 차이도 하나의 타자성-내용을 가지는가?" Robert Bernasconi, "Who is my Neighbor Who is the Other?: Questioning 'the generosity of Western Thought,'" in *Emmanuel Levinas: Critical Assessments of Leading Philosophers*, eds. Claire E. Katz and Lara Trout(London, UK and New York, NY: Routledge, 2005), 11. 또한 김정현은 다음과 같이 비판한다. "레비나스의 타자 철학이 문화적 타자를 고려하지 않음으로써 발생하는 것은 무엇일까? 그것은 (…)

으로 레비나스의 논지를 따라가는 와중에 그를 비판적으로 바라보게 하는 계기로 이해될 수 있다. 우리는 여전히 우리의 정체성을 말할 때, 그리고 그것이 정치적, 윤리적 의미와 연결될 때, 어떤 맥락을 지니는지 샅샅이 살필 필요가 있다.

하지만 다른 한편으로는 "맥락 없는 의미작용"이 가능한 경우, 다시 말해 모든 맥락에도 불구하고 이루어지는 어떤 윤리적 관계의 성취가 내포하는 이점을 고찰하는 일도 필요하다. 자칫 우리는 특정한 정치적 맥락을 따라 미리 도덕적 결론을 내 버리거나 적대적 관계를 설정하는 경우도 있다. 하지만 레비나스의 종말론적 사건으로서의 "맥락 없는 의미작용"은 그런 집단 대 집단의 투쟁이나 정치적 맥락의 적대 관계 설정과는 다소간 거리가 있다. **왜냐하면 근원적 윤리는 언제나 동일자와 타자의 관계에서 비롯하기 때문이다.** 내가 서 있는 자리나 맥락이 나의 도덕적 의사를 모두 결정하지 않는다. 지금 내 앞에 쓰러져 있는 사람, 또는 어떤 피해를 입어 도움을 요청하는 이가 있다고 해 보자. 성서의 표현을 가져오자면, 이때 내 눈앞에 쓰러진 이가 사마리아인인가 또 유대인인가 내 적인가 동지인가 하는 것은 나의 도덕적 책임과는 아무 상관이 없다. 누가 내 이웃인지 묻는 것보다 내가 고통받는 이의 이웃이 되는 것이 중요하며(루가의 복음서 10: 25-37), 이는 모든 맥락을 초월하여 나타날 수 있다. 나는 지금 내게 도움을 요청하는 누군가에게 응답할 책임이 있으며, 이는 역

자신을 더 온전히 성찰할 수 있는 기회의 상실이다." 김정현, 「타자의 철학자와 자문화 중심주의」, 『레비나스 철학의 맥락들』, 김정현 엮음(서울: 그린비, 2017), 312.

사적, 정치적 맥락을 넘어 제기되는 것이다. 이것이 바로 레비나스가 의도하는 윤리적 의미작용과 도덕적 의미의 종말론이다.

레비나스는 이렇게 맥락을 무효화할 만큼 강력한 윤리적 종말론의 비전을 발전시키기 위해 자신의 고유한 논지를 이어간다. 그에 따르면, 맥락 없는 의미작용에 들어가게 하는 "무한의 관념이 주체성을 역사의 심판으로부터 해방시켜서, 이 주체성이 모든 순간 심판에 대해 준비되어 있음을 밝혀 주며, (…) 이 심판에 주체성이 참여하도록 부름을 받고 있음" 자체가 바로 "전쟁의 객관주의에 대립하는" 역사 너머의 "종말론의 비전"(xiv/14)을 성취한다. 즉 무한과의 — 차후 더 자세히 밝혀지겠지만 타인과의 — 관계는 모든 맥락을 무효화함으로써 나를 타인을 향한 책임이라는 도덕성의 심판대 앞에 불러 세운다. 이런 점에서 만일 종말론에 심판의 의미가 있다면, 이 때 종말론은 바로 타인의 도덕적 명령에 소환되어 나 자신이 심판의 대상이 되는 것을 시사한다. 그것은 역사라는 이름 앞에 펼쳐지는 이데올로기에 의한 심판이 아니라 지금 여기 살아 숨 쉬는, 피와 살을 가진 타인과의 구체적인 접촉 아래 이루어지는 종말론적 심판이다. 이와 관련하여 레비나스의 생각이 직접적으로 드러나는 서문의 한 대목을 보자.

역사의 '저편'이 역사와 미래의 법정에서 존재를 떼어 내는 한, 종말론적인 것은 그 존재들이 책임으로 충만하기를 바라고 존재들을 그러한 책임으로 불러낸다. 종말론적인 것은 역사를 총체적으로 심판에 맡김으로써, 역사에 종말을 새기는 전쟁들 자체의 외부에서 매 순간, 이 순간 자체에 충만한 자신의 의미작용을 복원한다. (…) 중요한 것은 최후 심판이 아니라, 살아 있는 자들을 심판하는 시간의 매 순간 행해지는 심판이다. (xi/9-10)

여기서 보듯, 종말론적인 것은 매 순간 일어나는 나 자신의, 살아 있는 자들이 져야 할 심판으로 귀결된다. 다시 말해 살랑스키의 탁월한 표현대로, "역사는 전체성의 시간적 명칭"으로서,[36] "헤겔이 부당하게 합리화한" 전체화된 시간으로서, "역사의 심판과는 반대로"(xi/10) 종말론적 심판은 매 순간 이루어지는 나의 윤리적 책임, 타자 앞에서의 도덕적 심판이 이루어지는 시간을 의미한다.

결국, 이 종말론은 다시 주체성을 소환한다. 역사와 전체성으로부터 해방된 주체, 무한 앞에 선 그 주체 말이다. "우리는 종말론의 비전에서 비롯한 주체성을 전쟁의 객관주의에 대립시킨다. 무한의 관념은 주체성을 역사의 심판으로부터 해방시켜서, 이 주체성이 모든 순간 심판에 대해 준비되어 있음을 밝혀 주며, (…) 이 심판에 주체성이 참여하도록 부름을 받고 있음을 밝혀 준다"(xiv/14).

---

36 Jean-Michel Salanskis, "Horizons de Totalité et infini," in *Le concret et l'idéal: Levinas vivant III* (Paris: Klincksieck, 2015), 224.

주체성에 대한 변호와 절대적 다원주의

흔히들 레비나스를 타자성의 철학자라고 명명한다. 이 규정은 그 자체로 옳지만, 앞서도 잠시 언급했듯이 간과되지 말아야 하는 것은 그의 철학, 특히 『전체성과 무한』의 무게중심이 우선 그리고 대개 주체성에 있다는 점이다. 이는 레비나스가 타자성의 철학자이면서 동시에 주체성의 철학자라는 점을 가르쳐 준다. 달리 말하자면, 루돌프 베르넷의 표현대로, 레비나스는 "최소한의 형태로 주체를 보존하는" 데 심혈을 기울임으로써 "윤리적 책임의 주체"를 내놓은 철학자이다.[37] 심지어 이 책임의 주체가 나오기까지 주체는 여러 여정을 거쳐야 한다. 『전체성과 무한』에서 그는 명시적으로 이 주제를 언급한다. "이 책은 주체성에 대한 변호(défense de la subjectivité)로 제시된다. 그러나 이 책은 전체성에 맞서는 주체성의 순전한 이기적 항의 같은 차원에서나, 죽음 앞에 느끼는 주체성의 불안에서가 아닌, 무한의 관념에 토대를 둔 것으로서의 주체성을 파악해 볼 것이다"(xiv/14). 사실 포스트-휴먼(Post-Human)이나 트랜스-휴먼(Trans-Human)을 논의하는 우리 시대에 레비나스의 주체성 변호는 시대착오적인 것처럼 보일지도 모르겠다. 하지만 우리가 폴 리쾨르의 다음과 같은 철학적 물음을 진지하게 고려한다면 주체 물음은 여전히 우리에게 회피할 수 없는 철학적 주제로 남아 있음을 이해할 수 있다. "누가 말하는가? 누가 행동하는가? 누가 자신을 이야기하는가? 누가 책임 귀속의

---

37 Rudolf Bernet, "Gadamer on the Subject's Participation in the Game of Truth," *The Review of Metaphysics* 58(June 2005), 785.

도덕적 주체인가?"[38] 이 "누가?"에 대한 물음 앞에 우리는 '나' 또는 '자기'를 밀어 넣지 않고서 해당 주제를 풀어낼 수 있는가? 다시 말해 말하고, 행위하고, 도덕적 책임을 지는 나의 존재에 대한 탐구 없이 나의 말함, 행위, 도덕적 책임을 논할 수 있는가? 물론 이것이 모든 것을 아래에서 떠받치는 나, 곧 자기 자신이 다른 것들의, 더 나아가서는 세계의 토대가 되는 것으로서의 주체를 다시 세우자는 말은 아니다. 오히려 그 구체적 전개는 다르지만 레비나스도 리쾨르처럼 "스스로를 정립하는 — 또는 탈정립되는 **나**" 사이에서 형성되거나 재형성되는 주체를 다룬다.[39] 중요한 것은 우리 삶에서 여전히 말하고 행위하며, 도덕적으로 책임을 전가할 수 있고, 전가해야 하는 주체가 누구인지를 물어야 하는 경우를 회피할 수 없다면, 인간 주체에 대한 물음은 그간의 철학사적 논의에서처럼 우리에게 근본 물음 가운데 하나로 계속 자리하지 않을까?

『전체성과 무한』에서 레비나스가 의도하는 주체성을 이해하려면 앞서 언급된 것처럼, 무한의 관념을 이해해야 한다. 이것은 형식적으로는 데카르트의 무한 또는 무한자 개념에서 빌려 온 말이다. 데카르트에게 무한은 주체가 스스로 생각해 낼 수 있고, 자기의 사유 안에 담아낼 수 있는 것이 아닌, 자기 바깥의 창조자가 나에게 심어 준 것이다. 그러므로 데카르트의 무한이야말로 외재적이고, 내 사유

---

38 Paul Ricoeur, *Soi-même comme un autre* (Paris: Éditions du Seuil, 1990), 28; 국역본: 『타자로서 자기 자신』, 김웅권 옮김 (서울: 동문선, 2006), 33–34.

39 Ricoeur, *Soi-même comme un autre*, 30; 국역본: 『타자로서 자기 자신』, 36.

  1부 프롤로그와 발단

로 담아낼 수 없는 것으로 간주될 수 있다. 바로 이런 사유에 착안하여 레비나스는 타인을 내 바깥에서 도래하는 자로, 사유로 담아낼 수 없기에 표상할 수도 없으므로, 다른 식으로 주체가 맞이해야 하는 자로 간주한다. 그래서 레비나스는 자신이 제기하고자 하는 주체성의 밑그림을 다음과 같이 명확하게 제시한다. "이 책은 주체성을 타인(Autrui)을 맞아들이는 것으로, 즉 환대(hospitalité)로서 제시할 것이다"(xv/16).

요컨대 이 **환대의 주체성**이 전체성에 대항하는 레비나스 특유의 대안적 사유이다. 그런데 한 가지 반드시 언급되어야 할 것이 있는데, 이렇게 주체를 옹호함으로써 전체성을 극복하려는 시도는 바로 프란츠 로젠츠바이크에게서 온 것이라는 점이다. 이 점이 해명되면 레비나스의 사유가 급작스럽게 이루어진 것이 아니라 서양 철학의 주류적인 전체성의 이념을 반대하는 중요한 흐름에서 나온 것임을 알 수 있다. 로젠츠바이크는 자신의 대작 『구원의 별』을 전체성에 대한 명시적 반대로 시작한다.

전체에 대한 모든 인식은 죽음의 공포 속에서 비롯된다. 철학은 사물에 대한 공포를 지상으로 떨쳐 버리고, 독침의 죽음을 강탈하며, 그 역병적 입김을 하데스가 스스로 취하게 한다. 죽음에 대한 두려움 속에서 필멸하는 모든 것이 살아가고, 모든 새로운 탄생은 하나의 새로운 이유를 따라 죽음의 공포를 증대시킨다. 왜냐하면 그것은 필멸하는 것을 증대시키기 때문이다. (⋯) 그러나 철학은 지상에 대한 이러한 두려움을 부정하고 있다. (⋯) 참으로, **전체**는 죽을 수 없고 **전체** 안에서 죽을 수 있는 것은 아무것도 없을 것이다. 개인만이 죽을 수 있고 필멸하는 모든 것은 고독하다. 철학이 개인을 없애야 한다는 사실은, 그것이 관념론적인 것이 되어야만 하는 이유이기도 하다. 왜냐하면 전체로부터 개인을 분리하기를 부정하는 관념론은 철학이 안개로 휩싸인 하나이며 **전체**인 개념에 대한 저항을 더는 제공하지 않을 때까지 완고한 소재로 작용하는 도구이기 때문이다. (…) 철학은 무의 밤(Nacht des Nichts)까지 삼켜 버렸을 법도 하지만 독침을 뜯어낼 수는 없었다. 그리고 인간의 공포는, 이 독침을 맞기도 전에 부들부들 떨면서, 철학의 온정적인 거짓말을 잔인한 거짓말이라고 비난하고 있다.[40]

여기서 볼 수 있듯이, 로젠츠바이크는 레비나스보다 앞서 서양 철학의 전체성 이념에 대항했다. 바로 이런 생각이 레비나스의 사유와 공명하고 있는데, 이는 다른 무엇보다도 로젠츠바이크가 전체로 환원될 수 없는 동일자로서 개인의 자리를 만들려고 하기 때문이다. 전체성의 가장 큰 문제는 전체에서 분리된 개인을 상정하지 않는다는 점이다. 개인은 죽음 앞에서 연약하고 나약한 자이다. 연약한 한 인간이, 하이데거가 말하듯이 죽음을 향한 존재인 현존재가 죽음에 직면하여 역설적으로 주체의 자유를 달성한다고 할 수는 없는 노릇이다. 한 인간은 죽음 앞에서 우선 그리고 대개 공포에 떨 뿐이다. 그

---

40 Franz Rosenzweig, *Der Stern der Erlösung* [1921] (Frankfurt am Main: Suhrkamp, 2018), 3-5. 강조는 필자.

    1부 프롤로그와 발단

런데 전체성은 이런 개인의 죽음조차 개인의 내밀한 죽음으로 놔두지 않는다. 죽음 앞에서 우리는 어떤 의미 있는 행동을 하기를 강요받는다. 그것은 국가를 위해서, 집단을 위해서, 자신의 이름을 남기기 위해서 시행하는 모험으로 간혹 나타난다. 이렇게 되면 나의 삶은 어떤 체제나 집단의 유익을 위해 나를 희생하는 방식으로 채워질 수 있다. 로젠츠바이크가 위에서 지적했듯이, 이처럼 전체성은 개인들의 죽음마저 하나의 체계가 자신의 완전성을 유지하는 데 걸림돌이 되지 않게 관리한다. 그는 이렇게 개별 인간의 공포를 마치 없거나 관리될 수 있는 것처럼 사고하게 만드는 관념론의 전체성을 "잔인한 거짓말이라고 비난하고 있다".

실제로, 로젠츠바이크의 이런 통찰은 그의 헤겔 비판에서도 상세하게 나타난다. 특히 『헤겔과 국가』에서 그는 헤겔의 국가관이 가진 전체성에 대해 다음과 같이 일갈한다.

헤겔에게 국가 개념은 이제 개인과 공동체 간 관계의 무조건성이 모든 관계에 내재되어 있다는 사실에 의해 규정된다. 개인은 이런 종류의 공동체만을 당면한다. 도덕적 인간(sittlicher Mensch)으로서 개인은 그런 공동체와의 관계를 저버릴 수 없고 (…) 개인과 국가 일반과의 관계와 그 개인이 자신의 자리에서 자기 국가에 빚지고 있는 특별한 의무는 '애국심'(Patriotismus)이라는 동일한 신념과 딱 들어맞게 된다. 이 개인은 자신의 특별한 위상이 갖는 '우연'(Zufall)과 국가 일반에 속하는 '필연성'(Notwendigkeit) 사이를 구별하지 말아야 한다. 따라서 국가와 인간 사이의 관계는 무조건적 관계이다.[41]

레비나스가 로젠츠바이크의 사유로부터 발전시키려고 하는 것이 바로 이러한 — 국가 이념을 포함한 — 전체성 비판의 통찰이다. 이 구절에서 보듯, 헤겔에게 개인은 국가와 애국심으로부터 완전히 분리된 자아로 상정되기 어려워 보인다. 레비나스는 맹목적으로 전체성에 반대하는 것이 아니라 이런 식의 전체성에 파열을 일으키기 위해 전체성에서 분리된 개별자인 나, 곧 자아를 정립하는 데 힘을 쏟으며, 그것이 무한인 타인의 얼굴에 자기 집의 문을 여는 환대의 주체성으로 나아가는 이야기를 작성한다.

이렇게 타자를 향한 환대의 주체성으로 전체성에 대항한다는

---

41 Franz Rosenzweig, *Hegel und der Staat*(1920), hrsg. von Frank Lachmann(Berlin: Suhrkamp, 2010; 2021), 441. 레비나스의 헤겔 이해는 주로 로젠츠바이크의 헤겔 비판을 따른 것으로 보인다. 데이비드 트레이시가 이런 지적을 한 바 있다. "여기서 레비나스는 아마도『헤겔과 국가』에서 (…) 헤겔의 전체성으로서의 국가를 비판한 프란츠 로젠츠바이크의 영향을 받았을 것이다." David Tracy, "God as Infinite: Ethical implications," in *God and the Moral Life*, eds. Myriam Renaud and Joshua Daniel(London, UK and New York, NY: Routledge, 2018), 152, n. 24. 이와 관련해서 마리옹은 헤겔 독해와 관련한 프랑스의 풍경에 대해 다음과 같이 전하고 있다. "1960년 파리에서 읽혔던 것은 무엇이었나? 당연히 헤겔이다. 그의 작품은 프랑스 대학교의 세속적 신칸트주의를 추월하고 있었다. 레비나스에게 전체성의 사상가로 남아 있는 헤겔. 또 당시 헤겔은『헤겔과 국가』(1920)의 프란츠 로젠츠바이크의 논증에 맞서 에릭 베이유가『헤겔과 국가』(1950)에서 강력하게 옹호했던 헤겔이기도 했다. (…) 헤겔은 (페사르, 라캉, 바타이유, 그리고 클로소프스키에게서) 당대 널리 퍼져 있었던 폭력적이고 부분적인 해석, 곧 코제브의 해석으로 말미암아 개혁되거나 변형되어 있었다." Jean-Luc Marion, "A Long Road to Escape," *Levinas Studies* 13(2019), 4; 20세기 프랑스 철학계의 헤겔 수용에 관한 연구로는 다음 글을 보라. Michael S. Roth, Knowing and History: Appropriations of Hegel in Twentieth-Century France (Ithaca, NY: Cornell University Press, 1988).

것이 로젠츠바이크와 차이를 보이는 지점이기도 하다. 다니엘르 코헨-레비나스가 잘 지적한 것처럼, 레비나스에게 "주체성의 의미는 더 이상 로젠츠바이크에게서처럼 자아의 이의제기 수준에 머물지 않는다. 주체성의 의미는 (…) 인간을 정치, 역사, 철학의 보편적 전체성으로 환원하는 일을 금지하는 타자로의 열림에 머문다".[42] 그리고 이 타자를 향한 환대의 주체성 역시 주체의 주체성이며, 바로 이 주체성에 대한 해명과 옹호가 철학과 정치의 전체성, 그리고 더 나아가서는 전체주의에 대항하는 작업의 근간이다. 더 거슬러 올라가면 이는 그의 최초의 독창적인 철학적 사유가 엿보이는 『탈출에 관해서』, 또 1940년대의 『존재에서 존재자로』, 『시간과 타자』 등에서부터 시작된 것으로, 레비나스는 직접적으로 타자성을 도입하기에 앞서 분리된 주체의 주체성에 관한 고찰부터 시도한다. 이에 향유, 무신론, 분리를 포괄하는 내면성의 주체에 관한 논의가 『전체성과 무한』의 분량에서도 상당한 지면을 차지한다. 이런 점에서 로젠츠바이크로부터 영감을 받아 해명된 레비나스의 주체 물음은 곧 전체성에서 분리된 비밀스러운 내면성을 갖춘 개별자에 대한 정립 작업과 그 의미에 대한 기술로부터 전개된다. 레비나스 철학의 이러한 양상이 이해되지 않으면 무한한 타인의 얼굴은 그저 뜬금없이 하늘에서 뚝 떨어진 천사처럼 여겨지기 쉽다. 다시 말해 그는 타인의 얼굴을 일상 안에서 마주할 조건이 되는 나와 그 삶의 방식을 제시함으로써 타인

---

42   Danielle Cohen-Levinas, "La caresse et la guerre: Critique de la Totalité chez Rosenzweig et Levinas," in *Lire Totalité et Infini d'Emmanuel Levinas: Études et interprétations*, sous la direction de Danielle Cohen-Levinas(Paris: Hermann, 2011), 89.

의 타자성을 그렇게 기이하게 등장시키는 오류를 피한다.[43] 앞으로 우리는 이 점을 상당한 공을 들여 고찰할 것이며, 이것은 결국 나의 드라마와 그 드라마에서 펼쳐지는 절대적 다원주의라는 레비나스의 중대한 철학적 지향을 보여 주는 쪽으로 전개될 것이다.

나의 드라마에 대해서는 잠시 후에 더 설명하기로 하고, 우선은 본서를 이끌어 가는 또 다른 주제 의식이자 결론적 전망인 절대적 다원주의에 대해 살펴보도록 하겠다. 이 말은 내가 아무런 텍스트적 전거 없이 제시하는 것이 아니다. 실제로, 레비나스는 그의 다른 저작에서 "절대적 다원주의"(pluralisme absolu)라는 말을 사용한 적이 있고, 본서의 부제도 바로 그의 다음과 같은 말에서 도입한 것이다. "로젠츠바이크에서, 우리는 절대적 다원주의의 '긍정성'을 엿본다."[44] 이처럼 절대적 다원주의 역시 로젠츠바이크에서 착안한 것이며, 이것이 『전체성과 무한』의 주요 논지를 이루지만 많은 경우 간과되는 주제이기도 하다.

『전체성과 무한』에서 레비나스는 이 다원주의를 같은 항이나 수로 헤아려지지 않는 주체와 타자라는, 복수를 긍정하는 의미로 사

---

43 로젠츠바이크와 레비나스를 비교하고 둘의 관계를 논한 연구로 다음 작품들을 참조할 수 있다. Luc Anckaert, *A Critique of Infinity: Rosenzweig and Levinas* (Leuven: Peeters, 2006); Richard Cohen, *Elevations: The Height of the Good in Rosenzweig and Levinas* (Chicago, IL: University of Chicago Press, 1994); Robert Gibbs, *Correlations in Rosenzweig and Levinas* (Princeton, NJ: Princeton University Press, 1992); Stéphane Habib, *Levinas et Rosenzweig: Philosophies de la Révélation* (Paris: Presses Universitaires de France, 2005). 또한 국내 문헌으로 김영걸, 『우리는 박해자를 위해서도 책임질 수 있는가?: 레비나스가 답하다』, 2장 참조.

44 Emmanuel Levinas, "La philosophie de Franz Rosenzweig (Préface à Système et Révélation de Stéphane Mosès)," in *À l'heure des nations* (Paris: Éditions de Minuit, 1988), 182.

용함과 동시에 나와 다른 나들을 긍정하는 표현으로도 사용한다. 실제로 레비나스는 '나들'(moi's)이라는 표현을 쓰고 있다. "나들은 전체성을 형성하지 않는다"(270/441). 이것은 『전체성과 무한』의 결론부에 등장하는 말로서 레비나스가 자기 책에서 결론적으로 제시하고 싶어 하는 요점을 담고 있다. 여기서 '나들'은 하나의 항에 묶이지도 않고, 심지어 타자에 종속되지도 않고, 그 자체로 스스로 실존하는 '나들'이다. 타자와의 만남에서 비롯하는 선함의 관계 속에서도, 고유한 삶을 꾸려 가는 '나'는 변형될 뿐 사라지지 않는다. 그리고 이러한 '나들'의 삶의 비밀이 보장되는 사회가 좋은 사회이며, 이 '나'가 타자들을 마주하고, 나와 닮아 보이지만 결국 고유한 존재인 자식들을 통해 미래를 조망하는 사회가 참된 다원주의 사회의 요체이다. 이런 의미에서 다음과 같은 레비나스의 말은 아주 중요하다.[45]

> 역사의 우위성을 내세우는 것은 존재 이해를 위한 하나의 선택이지만 그 선택 안에서 내면성은 희생된다. (⋯) 실재적인 것은 실재적인 것의 역사적 객관성 안에서 규정되어야 할 뿐만 아니라, 역사적 시간의 연속성을 중단시키는 **비밀**로부터, 내적 지향들로부터 규정되어야만 한다. 사회의 다원주의(pluralisme)는 이러한 비밀에서 시작하기 때문에 가능하다. 사회의 다원주의가 이 비밀을 입증한다. 우리는 인

---

45 '나들'의 다원주의를 레비나스 철학 전체, 또는 『전체성과 무한』 전반으로 확장하여 해석하지는 않았지만, 비교적 이른 시기 루디 비스커는 레비나스의 이러한 다원주의에 대한 통찰을 잘 알아차리고 있었다. "레비나스가 말하기를, 다원주의는 헤아림을 둘러싼 순전한 다수성에 영향받지 않고, 헤아림의 과정 바깥에 그 자체로 머물러 있는 한 주체가 '헤아릴' 수 있는 것이다." Visker, *The Inhuman Condition*, 286.

간의 전체성 관념을 형성하는 것이 불가능하다는 점을 오래전부터 알고 있었다. 인간들은 내적 삶을 가지고 있기 때문이다. (28-29/69)

여기서 말하듯이 사회의 다원주의는 나, 그리고 나와 다른 존재들의 내적 삶을 해치지 않는다. 나는 분명 타인을 맞이하는 환대의 주체성으로 거듭나야 하지만, 그 과정에서도 나는 변화된 내면성을 가지는 것이지, 이 내적 삶 자체를 소실하는 것은 아니다. "고독의 향유에 의해서 — 또는 향유의 고독에 의해서 — 성취되는 전체성의 파열은 근본적이다. 타인(Autrui)의 비판적 현전이 이 에고이즘을 문제 삼을 때라도, 그 현전은 에고이즘의 고독을 파괴하지는 않을 것이다"(91/169). 물론 이 주체는 타인의 얼굴을 맞이함으로써 환대의 주체성으로 변혁되어야 하며, 아이를 낳아 기르는 번식성 안에서 미래와 사회를 전망하는 데 이르러야 한다. 바로 이런 과정을 거쳐 레비나스의 철학은 나의 드라마로부터 절대적 존재들의 다원주의를 긍정하는 방식으로 전개된다.

레비나스의 다원주의에 대해서는 지금까지의 언급만으로도 충분할 것 같다. 하지만 해당 논지를 강화하기 위해서, 한 편의 텍스트를 더 언급하고자 한다. 실제로 나 또는 주체에 준거한 다원주의는 레비나스가 『전체성과 무한』을 쓰기 이미 오래전부터 구상했던 바이다. 1948년에 발표한 「다원주의와 초월」에서 레비나스는 이렇게 적고 있다.

　　　　　　　　　　　　　　　　　　　　　1부 프롤로그와 발단

이 '나는 존재한다'(je suis)에서 존재는 더 이상 엘레아 학파적 통일성을 가지지 않는다. **존재함** 그 자체에는 다수성(multiplicité)과 초월(transcendance)이 있다. 나의 번식성이 초월 그 자체이다. (…) 성애의 범주들은 (…) 다원주의 존재론(ontologie pluraliste), 존재들의 수를 헤아릴 뿐만 아니라 사건을 구성하는 다원성(pluralité)의 범주들이다. 빛의 범주로 환원될 수 없는 이러한 성애의 범주들을 상세화하는 것이 초월의 철학으로, 또 이러한 수준에서 정신의 철학으로 우리에게 나타난다.[46]

이처럼 레비나스는 『전체성과 무한』 4부에서 구체적으로 기술하는 얼굴 너머의 타자성, 가족과 사회에서의 타자성을 일찌감치 예시한 바 있으며, 그것은 다름 아닌 번식성의 초월로 요약될 수 있다. 즉 비밀스러운 내면을 가진 주체가 자신의 고유한 삶을 살고, 에로스 안에서 사랑하는 사람을 만나게 되며, 사랑으로 아이를 가지는 일련의 사태에서 존재의 다수성이 그저 이념적인 것이 아니라, 삶 속에서 실제적으로 긍정되는 관계와 사회를 그는 일찌감치 전망했고, 1961년 작품에서는 이것이 바로 사회의 다원주의로 구체화된다. 요컨대, 레비나스의 다원주의는 주체와 타자라는, 서로가 서로에게 환원되지 않는 존재들의 윤리적 관계와 더불어, 나의 가족 안에서 미래를 여는 아이들과 다른 가족들의 아이들까지 포괄하는 비전이다. 즉

---

46 Emmanuel Levinas, "Pluralisme et transcendance," in *Proceedings of the Tenth International Congress of Philosophy,* vol. 1(Amsterdam, August 1948), eds. E. W. Beth, H. J. Pos, and J. H. A. Hollack(Amsterdam: North-Holland, 1949), 383.

국가로 환원되지 않는 가족의 삶 속에서 현재의 '나'와 '나들', 그리고 미래의 타자들이 펼치는 다원성이야말로 레비나스가 구상한 사회의 다원주의의 핵심이다. 이런 점에서 우리는 레비나스의 작업을 코린 펠뤼송의 표현을 따라 "다원주의에 대한 변호"라고 부를 수도 있을 것이다.[47]

앞으로 전개될 강해를 통해 우리는 이러한 다원주의적 전망으로 치닫는 나의 드라마의 요체를 구체적으로 탐구할 것이다.

방법에 관한 물음
: 레비나스의 현상학과 그 안에 담긴 긴장

나의 드라마에 관한 논의에 앞서, 서문의 전개 순서상 레비나스가 언급하는 『전체성과 무한』에서 활용된 철학적 접근 방법에 대해 알아보자. 그는 자신의 논지를 펴기 위한 철학적 접근 방식으로 현상학을 도입한다. "그런데 우리가 도입하고 발상들을 제시하며 발전시키는 데는 모두 현상학적 방법이 사용되었다. 지향적 분석은 구체적인 것에 관한 탐색이다. 자신을 정의하는 사유의 직접적 시선에 포획된 개념은, (…) 그 사유가 생각지도 못했던 지평들 속에 뿌리를 내리고 있는 것임이 드러난다. 이 지평들이 그 개념에 의미를 부여한다. 이것이 바로 후설의 본질적 가르침이다"(xvi/18). 현상학은 개념이나 상

---

47 Corine Pelluchon, *Pour comprendre Levinas: Un philosophe pour notre temps* (Paris: Éditions du Seuil, 2020), 153.

식, 사변적 전제들로 채색되기에 앞서 우리에게 주어진 것들과 그 주어진 것들을 받아들이는 자 사이의 **"경탄할 만한 상관관계"**를 파헤치는 작업이다. "주어짐은 언제나 그 안에서 한갓 표상된 것이 나타나건, 참되게 존재하는 것이 나타나건, 실재적인 것이 나타나건, 이념적인 것이 나타나건, 가능적인 것이 나타나건, 불가능한 것이 나타나건, **인식 현상에서의 주어짐**이며, 가장 넓은 의미에서 사유 현상에서의 주어짐이다. 그리고 이러한 주어짐은 **언제나 우선은 매우 경탄할 만한 상관관계의 본질 고찰 속에서 탐구되어야 한다."**[48]

그런데 이런 주어짐으로서의 현상을 탐구할 때, 레비나스는 후설의 현상학을 곧이곧대로 따라가지 않는다. 오히려 그는 — 다른 새로운 사유를 감행한 현상학자들도 그랬던 것처럼 — 일종의 변형을 거친 현상학적 방법을 사용한다. 앞선 인용에서 보듯 레비나스는 "지평"을 언급했다. 현상학에서 주어짐/주어진 것은 언제나 이론적인 것과 더불어 실질적으로, 또 실천적인 맥락에서 나타나는 것이다. 즉 내 앞의 펜은 그저 펜만이 추상적으로 표상화되는 것이 아니라 그 펜을 둘러싼 주위세계(Umwelt), 이를테면 펜을 떠받치는 책상과 그 옆에 놓인 책과 더불어 나에게 주어진다. 그러므로 펜은 그렇게 펜을 둘러싼 지평과 더불어 나타나고, 나는 그 펜을 그런 의미의 맥락 속에서 인식한다. 현상학자는 이렇게 구성되는 상관관계의 본질을 밝히기 위해서 고찰한다. 이런 주어짐을 둘러싼 상관관계의 본질을 밝

---

48 Edmund Husserl, *Die Idee der Phänomenologie: Fünf Vorlesungen*, Husserliana II, hrsg. von Walter Biemel(Den Haag: Martinus Nijhoff, 1973), 74; 국역본: 『현상학의 이념』, 박지영 옮김(서울: 필로소픽, 2020), 133-134.

히기 위해서는 에포케(Epoche)를 수행해야 한다. 이는 우리가 전제하고 있던 관념이나 형이상학적 사변들을 통해 우리에게 자명하게 보였던 것들에 관한 판단을 중지하고, 우리의 태도를 현상을 있는 그대로 보기 위한 태도로 변경하는 것을 의미한다. 이 과정을 통상 현상학자들은 현상학적 환원이라고 부른다.[49]

이런 현상학적 사유 과정을 서술하려면 더 장황한 서술이 동반되어야 할 것인데, 우리의 목적은 레비나스의 방법으로서 현상학이 무엇인지를 확인하는 것이므로 그런 서술을 피하고자 한다. 여기서는 레비나스가 수용하고 도입한 현상학에만 초점을 맞추자. 레비나스가 현상학을 연구할 때, 그것은 순전한 후설 현상학에 못지않게 하이데거의 현상학에 가까웠다는 점이다. 실제로 레비나스는 하이데거를 거쳐 자신만의 현상학을 벼리어 냈다. 이것은 그의 초기 현상학 연구부터 형성된 것인데, 그의 박사학위 논문이기도 한 『후설 현상학에서의 직관 이론』 자체가 하이데거의 시각으로 후설을 해석한 것이다.[50] "한 예로 책의 현존은 우리 앞에 있는 일련의 물리적 속성

---

49 현상학적 환원에 관한 일반적이면서도 유용한 해명으로는 다음 글을 참조하라. 이남인, 「현상학적 환원과 현상학의 미래: "현상학적 환원의 현상학"을 위한 하나의 기여」, 『현상학과 현대 철학』 제54집(2012년 9월), 89-121. 또한 프랑스 현상학에서 현상학적 환원의 의미를 잘 해명한 연구로 다음 글을 참조하라. François-David Sebbah, "French Phenomenology," trans. Robert J. Hudson. in *A Companion to Phenomenology and Existentialism*, eds. Hubert L. Dreyfus and Mark A. Wrathall (Malden, MA: Blackwell Publishing, 2006), 48-67.

50 나중에 쓰인 『전체성과 무한』의 독일어판 서문도 하이데거를 언급하며 시작한다. "현상학적 영감에 속하기를 바라고 그 영향을 받은 이 책은 후설 텍스트에 대한 오랜 탐독과 『존재와 시간』에 대한 지속적인 관심에서 비롯한 것이다. Emmanuel Levinas, *"Totalité et Infini*: Préface à l'édition allemande"(1987), in *Entre nous: Essais sur le penser-à l'autre*(Paris: Éditions Grasset & Fasquelle, 1991), 249; 국역본: 「『전체성과 무한』 독일어판 서문」, 『우리 사이: 타자 사

으로서의 현존재의 사실로 환원될 수 없다. 책은 오히려 그 현존을 이루는 실천적이면서 일상적인 성격을 그 자체로 갖는다. 예를 들어 책은 돌과는 매우 다른 방식으로 우리에게 주어진다. 세계의 현존의 원천인 구체적 삶은 순수한 **이론**이 아니다. 후설에게는 그것이 특별한 지위를 가지겠지만 말이다."[51] 요약하자면, 이 시기 레비나스에게 더 근원적인 현상학적 삶은 이론적 삶이 아니라 실천적 삶이다. 물론 후설의 유고들이 레비나스의 시대 이후 지금까지도 계속 발간되어서 그의 평가가 후설 현상학의 여러 양상을 가릴 수도 있지만, 적어도 레비나스가 자신의 시대에 펼쳐진 현상학 가운데 그 스스로 매료된 것은 하이데거의 현상학이었다.[52] 레비나스의 관점에서 하이데거에게 현상은 이 세계의 무수한 의미연관 속에서 나와 행동관계(Ver-halten)를 맺는 가운데 의미를 드러내게 된다. 이런 실천적 관계 안에서 책은 '여기 책이 있다'는 객관화하는 작용을 넘어서 그 책이 나와 관련해서 실천적으로 어떤 의미가 있는지를 세계 내 체험의 지평 가운데에서 드러내게 된다. 쉽게 말해서 책은 이론적으로 여기 있는 것

유에 관한 에세이』, 김성호 옮김(서울: 그린비, 2019), 323.

51 Emmanuel Levinas, *Théorie de l'intuition dans la phénoménologie de Husserl*(Paris: Alcan, 1930; J. Vrin, cinquième édition, 1984), 75; 국역본: 『후설 현상학에서의 직관 이론』, 김동규 옮김(서울: 그린비, 2014), 96.

52 특히 『탈출에 관해서』에서 그런 면모가 두드러진다. 레비나스의 제자 자크 롤랑은 방법론적으로는 하이데거적 의미에서 현사실성의 해석학의 면모가 이 책에서 드러나고 있다고 지적한다. 물론 그 결론과 지향은 하이데거와 다르다. "어쩌면 『탈출에 관해서』를 현사실성의 해석에 관한 논고로 이해하는 것이 적절할 것인데, 다만 그럼에도 그것은 (⋯) 내던져져 있음에 머무르기를 멈춤으로써 하이데거의 방식과는 직접적으로 차별화될 것이다." Jacques Rolland, "Sortir de l'être par une nouvelle voie," in Emmanuel Levinas, *De l'évasion*(1935), introduit et annoté par Jacques Rolland(Montpellier: Fata Morgana, 1982), 21.

을 넘어 그 실제 내용으로 나에게 삶의 의미를 발생시킨다.

레비나스가 현상학을 활용하는 방식은 이처럼 원래 하이데거에 더 가까웠고,[53] 초기에 그는 분명 이러한 하이데거의 현상학을 일정 부분 계승했다. 하지만 그가 박사학위 논문을 출간하고 불과 5년 남짓 후에 발표한 『탈출에 관해서』에서부터 『전체성과 무한』에 이르는 시간 동안 그는 이런 하이데거의 현상학과는 확연하게 다른 자기만의 고유한 현상학적 방법을 적용하여 사태를 기술하고자 한다.[54] 한 예로 『전체성과 무한』에서 그는 "향유의 지향성"(100/183) 안에서의 삶과 "감각의 초월적 현상학"(163/277)을 제시한다. 이것은 현상과 나의 실천적 행동관계보다 더 근본적인 주어진 것의 요체가 사실은 감각적인 것에 있다는 것을 의미하며, 이 감각적 삶이야말로 우

---

[53] 베티나 베르구는 이런 레비나스 사유의 특성을 다음과 같이 설명한다. "『존재에서 존재자로』와 『시간과 타자』에서 1961년의 『전체성과 무한』으로 이어지는 14년 동안 우리는 연속성과 차이를 모두 볼 수 있다. 하이데거가 후설의 현상학적 의식에 대한 해석학적 탈형식화, 즉 현상 아래에 '숨겨진 것'을 찾는 데서 논의를 시작했다면 레비나스는 이미 1947년에 이 탈형식화의 몸짓을 확장하여, 빛 자체가 잠재적인 의미를 지니고 있으며, 이것이 선험적인 것과 후험적인 것의 대립을 중단시킨다고 주장했다." Bettina Bergo, "Emmanuel Levinas," *The Stanford Encyclopedia of Philosophy* (Fall 2019 Edition), ed. Edward N. Zalta, URL = ⟨https://plato.stanford.edu/archives/fall2019/entries/levinas/⟩; 국역본: 『에마뉘엘 레비나스』, 김동규 옮김(서울: 도서출판 에라스무스, 2023), 57.

[54] 레비나스가 그의 초기 사유부터 『전체성과 무한』에 이르기까지 하이데거의 현상학을 어떻게 전복해 가는지를 잘 논증하는 논고로 자크 타미니오의 다음 문헌들을 참조하라. Jacques Taminiaux, "The Presence of *Being and Time* in *Totality and Infinity*," in *Levinas in Jerusalem: Phenomenology, Ethics, Politics, Aesthetics,* ed. Joëlle Hansel(Dordrecht: Springer, 2008), 3–22; "Lévinas and Heidegger: A Post-Heideggerian Approach to Phenomenological Issues," *Journal of Chinese Philosophy* 35:1 (December 2008), 31–46. 또한 장-미셸 살랑스키의 다음 글 역시 이 주제와 관련해서 큰 도움을 준다. Jean-Michel Salanskis, "The Early Levinas and Heidegger," *Levinas Studies* 5(2010), 43–64. 특히 이 글은 레비나스의 초창기 사유와 『전체성과 무한』 출간 이전까지의 그의 하이데거 독해를 상세하게 해명한다.

리가 향유하는 일상적 세계에서의 삶의 본질이라는 것을 함축한다. 레비나스의 관점에서 후설의 세계는 지나치게 이론적이고, 하이데 거의 세계는 이런 감각 세계 그 자체보다 현존재의 존재 의미 이해를 위해 일상 세계를 비본래적인 것으로 치부함으로써 근본적인 삶의 세계에 온전히 다다르기도 전에 그것으로부터 후퇴하는 결과를 가 져온다. 반면에 레비나스는 하이데거처럼 실천적 삶의 관계에 더 집 중하기는 하지만, 그보다 더 일상적인 감각 세계의 의미에 초점을 맞 추기 위해 바로 이 감각적 삶 자체로의 환원을 수행한다. 이것이 후 설과 하이데거의 현상학을 수용하면서도 레비나스가 자기만의 방식 대로 그것을 전유하고 변형하는 방식이다. 우리는 향유의 자아를 다 룰 때, 이런 새로운 현상학적 사유의 진수를 보게 될 것이다.

다음으로, 레비나스의 현상학과 관련해서 반드시 짚고 넘어가 야 할 사항이 있는데, 그것은 그가 최소한 전통 현상학에 충실하게 논의를 전개하지는 않는다는 점이다. 왜냐하면 레비나스에게는 그 의 가장 중요한 강조점 가운데 하나인 타인의 얼굴이 통상적 의미의 현상이 아니기 때문이다. 얼굴이 현상으로 얼굴이 현상으로 환원된 다는 것은 곧 얼굴이 지향적 체험 관계로 포섭될 수 있다는 뜻이다. 곧 얼굴이 지향적 체험 관계로 포섭될 수 있다. 이렇게 되면 얼굴 또 한 인식의 현상이 되거나 실천적 행동관계에서의 존재 의미로 환원 되고 만다. 얼굴은 지향적 체험 관계를 넘어 윤리적 의미부여를 일으 키는 수수께끼의 계시이지 통상적 의미의 현상이 아니다. 이 점을 레 비나스는 말년에 내놓은 중요한 대담집 『윤리와 무한』에서 확증한 바 있다.

현상학은 나타나는 것을 기술하는 것이기 때문에, 얼굴의 '현상학'이라는 것을 말할 수 있을지 저는 잘 모르겠습니다. 이처럼, 저에게는 우리가 얼굴을 향해 나의 시선을 돌리는 것에 대해 말할 수 있을까 하는 의구심이 있습니다. 왜냐하면 시선은 인식, 지각이기 때문입니다. 저는 오히려 얼굴에 접근하는 것이 곧 윤리적이라고 생각합니다. 당신이 코, 눈, 이마, 턱을 보고서 그것들을 기술할 수 있을 때, 당신은 어떤 대상을 향하듯이 타인을 향하는 것입니다. 타인을 마주하는 제일 좋은 방식은 타인의 눈동자 색조차 알아채지 못하는 것입니다![55]

이처럼 레비나스에게 얼굴은 현상 저편에서 도래하는 것이다. 디디에 프랑크는 이런 점에서 그에게 — 나 역시 동의하는 바 — 일종의 "현상에 대한 변절"이 확인된다고 주장한다. 곧 레비나스에게는 현상이 아닌 "수수께끼"라는 용어가 현상성을 이탈하는 계기로 작동한다고 이해하면서, 결국 이런 이탈이 곧 맥락 없는 "의미작용 자체"를 고양하고, 레비나스에게 얼굴로서의 "수수께끼에 응답하는 것이 결과적으로 무한의 관념에 응답하는 것"으로 귀결된다는 것이다.[56] 물론 이런 해석은 『전체성과 무한』 이후 『존재와 달리 또는 존

---

55 Emmanuel Levinas, *Éthique et infini: Dialogues avec Philippe Nemo* (Paris: Fayard, 1982), 89; 국역본: 『윤리와 무한』, 김동규 옮김(고양: 도서출판 100, 2020), 93-94.

56 Didier Franck, *L'un-pour-l'autre: Levinas et la signification* (Paris: Presses Universitaires de France, 2008), 122, 125. 현상과 다른 것으로서의 얼굴의 수수께끼에 대한 레비나스의 사유는 『전체성과 무한』에서 『존재와 달리 또는 존재성을 넘어』로 넘어가는 이행기에 등장하는 중요한 글인 「수수께끼와 현상」에서 구체적으로 전개된다. Emmanuel Levinas, "Énigme et phénomène"(1965), in *En découvrant l'existence avec Husserl et Heidegger* (Paris: J. Vrin, 1949; 1967), 203-216.

재성을 넘어』에 이르는 레비나스 사유의 변형을 포괄하면서 형성된 해석이고, 프랑크가 말한 것처럼 현상학을 벗어나는 구체적 계기가 되는 수수께끼에 대한 언급이 『전체성과 무한』에서는 잘 나타나지 않는다. 그럼에도 불구하고 『전체성과 무한』에서도 "얼굴은" 지향적 관계가 아닌 "그 자신에 의해 의미화한다. 얼굴의 의미작용은 **의미부여**에 선행한다"(238-240/395)라는 식으로 이해되는 것을 보면, 레비나스가 1961년에 이미, (전형적인 의미의) 지향성 안에서 주어지는 현상의 현상성 너머를 엿보고 있었다고 해도 과언은 아닐 것이다.

이런 점에서, 현상학이 분명 『전체성과 무한』을 전개하는 근본적인 철학적 방법이기는 하나 무한인 타인의 얼굴의 현현과 더불어 이 책의 모든 논의를 오롯이 포괄하는 방법은 아니라는 점을 인지해야 한다. 물론 베른하르트 발덴펠스나 장-뤽 마리옹이 해석했던 것처럼,[57] 레비나스의 현상학을 완전히 새로운 또 하나의 현상학으로 규정함으로써 그가 그 나름의 현상학적 방법으로 『전체성과 무한』의 논증을 펼쳤다고 해석할 수는 있겠다.[58] 다만 그렇다고 해도, 그때의 레비나스의 현상학은 후설과 하이데거의 현상학과는 결을 달

---

[57] 발덴펠스와 마리옹 모두 현상학을 다루는 방식은 다르지만, 얼굴을 "탁월한(par excellence) 현상"으로 간주하거나 봄으로 환원되지 않는 유일무이한 현상으로 해석함으로써 현상학의 구도 안에서 레비나스를 해석한다. Bernhard Waldenfels, "Levinas and the Face of the Other," in *The Cambridge Companion to Levinas*, eds. Simon Critchley and Robert Bernasconi(Cambridge, UK: Cambridge University Press, 2002), 74. "얼굴은 정확히 절대로 보여지지 않는 것을 현상화하기 때문에 드러난다." Jean-Luc Marion, "D'autrui á l'individu," in *Positivité et transcendance: suivi de Lévinas et la phénoménologie*, éd. Jean-Luc Marion(Paris: Presses Universitaires de France, 2000), 296.

[58] 설민, 「레비나스와 얼굴의 현상학」, 『철학』 제151집(2022년 5월), 85-112 참조.

리하는 그만의 고유한 현상학적 사유의 감행이라 해야 할 것이다. 즉 그가 후설과 하이데거를 자신의 자양분으로 삼은 것은 분명하나 지향적 관계를 깨뜨리는 얼굴을 도입하는 순간부터 전통 현상학을 넘어섰거나 아예 다른 현상학으로 이행했다고 하는 편이 좋을 것이다.[59] 다시 말해 이론적인 표상이나 인식을 우위에 두는 현상학만큼은 분명하게 그 스스로 선을 긋고 있으며, 이는『후설 현상학에서의 직관 이론』에서부터『전체성과 무한』에 이르기까지 — 또한 그 이후로도 — 그가 일관적으로 견지한 입장이다.

　　이런 점에서 우리는 레비나스가 현상학적 방법에 의존하고 있음을 인지하면서도, 도미니크 프라델이 지적한 것처럼, 그의 현상학에는 일종의 애매성과 긴장이 서려 있음을 살펴야 한다.

　　현상학과 관련한 레비나스의 애매성은 (…) 궁극적으로 의미 개념 자체에 영향을 미치는 애매성에서 비롯한다. 윤리적 의미의 애매성은 세계에 대한 이중적 관계에 놓여 있다. 이웃은 내게 세속적, 문화적, 시간적 맥락을 가지지 않는, 기억할 수 없는 태고의 정언명령을 의미

---

[59] 프랑수아-다비드 세바는 이런 레비나스의 현상학과의 단절과 계승을 이렇게 표현한다. "레비나스의 윤리학은 현상학과의 단절이 또 현상학과 결부되고, 현상학에 관심을 두는 데 다시 도달하게 되는 그런 방식으로의 현상학을 전제한다. 레비나스는 윤리학이 현상학을 중단시키는 것이라고 우리에게 가르치지만, 동시에 그는 우리에게 현상학의 중단이 현상학 자체의 핵심이라고 가르친다. (…) '현상학적 계기'가 곧 '윤리적 계기'에서 지양되는 과정의 이념은 레비나스의 철학에서도 마찬가지로 낯선 개념이다." François-David Sebbah, *Levinas: ambiguïtés de l'altérité*(Paris: Les Belles Lettres, 2000), 132. 세바의 이런 말은 레비나스 철학에서 현상학이 작동하는 방식은 (전통) 현상학과의 단절과 새로운 방식으로 현상학을 전개하는 레비나스의 고유한 현상학적 방법의 활용이 뒤섞여 있는 혼돈을 반영하고 있다.

한다. 이 명령의 의미는 언제나 세속적, 역사적, 문화적 맥락에서 분출되고, 특정한 시간화의 방식을 따라 분출된다. 이 현상학은 궁극적으로 세속적 맥락성에서의 윤리적 명령의 뒤틀림과 그 명령이 침투하는 세속적 상황에서 그것을 기술하려는 요구 사이의 역설적 긴장 안에서만 가능하다.[60]

말하자면, 우리는 현상의 세계 안에서 삶을 살아가는 세속적 의미의 주체이다. 하지만 얼굴의 계시는 이 세속적 세계의 맥락에 침투하여 일상적 지평의 초월을 일으킨다. 레비나스는 이 두 양태를 차례대로, 또는 교차적으로 기술하고 논증한다. 우리는 이 과정을 따라가는 가운데 세속적 맥락과 계시의 초월 사이의 긴장이 있음을 인지해야 한다. 바로 이 긴장 가운데 현상학과 그 너머를 오가는 레비나스의 방법적 실천이 나타난다.

앞서도 인용했던 것처럼, 레비나스는 타인과의 만남에서 비롯하는 종말론적 심판의 상황에서 **"맥락 없는 의미작용"**(xii/10)이 일어난다고 보는데, 이것이 바로 윤리적 명령과 관련하는 의미이다. 하지만 현상학은 기본적으로 맥락 또는 우리 삶과 세계의 맥락이 얽혀 있는 지평들 안에서의 체험을 기술하는 철학적 사유 방식이다. 다시 말해 주체와 타자의 만남에서 일어나는 의미는 세계의 맥락을 일소하거나 무화하면서 일어난다고 하더라도, 우리는 어떤 식으로든 삶

---

60 Dominique Pradelle, "Y a-t-il une phénoménologie de la signifiance éthique?" in *Emmanuel Levinas et les territoires de la pensée*, éd. Danielle Cohen-Levinas et Bruno Clément(Paris: Presses Universitaires de France, 2007), 97-98.

의 구체적 맥락과 지평으로 돌아올 수밖에 없다. 다른 말로 하면, 후설이 강조한 "경탄할 만한 상관관계"로서의 지향적 체험 속의 주체-현상 관계와 레비나스가 말하는 동일자와 타자의 절대적, 비대칭적 관계가 어떻게 서로 연관될 수 있는가? 레비나스는 "…늘 동일시하는 지식을 거부하는 타자와의 관계. 그렇게 상관관계가 되지 않는 관계. (…) 다시 말해 포섭되지도 않고, 만져지지도 않는 상관관계의 파열",[61] 곧 이렇게 파열을 일으키는 무한과의 관계가 자신이 다루는 관계라고 말한다. 이러한 관계와 달리, 프라델의 지적처럼 "지향적 상관관계는 대칭적 관계이다. 왜냐하면 의미는 의미부여하는 주체의 능력을 초과하지 않으면서 (심지어 유비적이라고 해도) 직관으로 흡수될 수 없는, 파악 불가능하고 선취할 수 없는 의미를 현전하지 않으면서 의미부여를 지시하기 때문이다".[62] 그러므로 레비나스의 말을 따라 그가 현상학적 방법에 의존하여 『전체성과 무한』의 논증을 전개하고 있음을 긍정하더라도, 우리는 그가 정당화하려고 하는 윤리적 관계가 대칭적 관계의 파열과 지평의 초과를 일으키면서 — 곧 현상학과 대립하고 현상학 바깥을 향하는 — 초월과 현상성 사이의 긴장 상태를 유발함을 감안해야 한다.[63]

---

61 Emmanuel Levinas, "Herméneutique et au-delà"(1977), in *Entre nous: Essais sur le penser-à-l'autre* (Paris: Éditions Grasset & Fasquelle, 1991), 89; 국역본: 「해석학과 너머」, 『우리 사이』, 김성호 옮김(서울: 그린비, 2019), 117-118.

62 Pradelle, "Y a-t-il une phénoménologie de la signifiance éthique?" in *Emmanuel Levinas et les territoires de la pensée*, 95.

63 이런 점에서 역시나 한 가지 유의미한 해법은 마리옹처럼 아예 타인의 얼굴을, 직관에서 초과를 일으키는 아이콘으로서의 포화된 현상으로 이해하는 것이다. 그는 레비나스의 현상학

경험적인 것과 초월적인 것 사이

이렇게 방법에 내재한 긴장을 염두에 두는 가운데, 이제 나는 나의 드라마라는 독법을 독자들에게 소개해야 할 것 같다. 하지만 이를 곧장 소개하기 전에 독자들이 다양한 독법을 참조하도록 그동안 레비나스 연구에서 『전체성과 무한』을 읽을 때 활용된 두 가지 독법을 소개하고, 그런 다음 내가 사용한 독법을 안내하고자 한다. 로버트 버나스코니는 조금 오래전 이 책을 읽는 두 가지 방식으로, 이전의 연구들을 종합하여 "경험적 독해"와 "초월적 독해"를 안내한 바 있다. 전자는 레비나스가 핵심적으로 제시하는 얼굴 대 얼굴의 관계를 "우리가 우리의 삶에서 인식할 수 있는 구체적 형성으로 이해하는" 가운데 『전체성과 무한』 전반을 파악하는 것이며, 후자는 그 관계를 "윤리의 가능성을 위한 조건"으로 파악하며 책 전체를 읽어 나가는 것이다.[64] 즉 한편으로 레비나스가 『전체성과 무한』에서 제안한 얼굴 대 얼굴의 관계는 우리의 경험의 구체적 반영이고, 또 다른 한편

을 이런 초과와 과잉, 의미부여나 지향적 체험에 포섭되지 않는 타인을 기술하는 데 초점을 맞추는 새로운 의미의 현상학으로 이해한다. 이 역시 두말할 나위 없이 전통 현상학의 문법과 거리를 두고 레비나스의 현상학을 이해하려는 시도이다. Jean-Luc Marion, *De surcroît: Études sur les phénomènes saturés* (Paris: Presses Universitaires de France, 2001), 133-143; 국역본: 『과잉에 관하여』, 김동규 옮김(서울: 그린비, 2020), 193-210 이하 참조. 또한 앞서 인용한 마리옹의 다음 글도 참조하라. Marion, "D'autrui à l'individu," in *Positivité et transcendance: suivi de Lévinas et la phénoménologie*. 마리옹의 현상학에 관한 전체적인 이해를 위해서는 다음 문헌을 참조하라. 김동규, 『선물과 신비: 장-뤽 마리옹의 신-담론』(서울: 서강대학교출판부, 2015), 특히 6장; 『장뤽 마리옹』(서울: 커뮤니케이션북스, 2025), 6-9장 참조.

64 Robert Bernasconi, "Rereading *Totality and Infinity*," in *The Question of the Other: Essays on Contemporary Continental Philosophy*, eds. Arleen B. Dallery and Charles E. Scott(Albany, NY: State University of New York Press, 1989), 23.

으로 우리는 이 1961년 작품을 윤리의 초월적 가능 근거를 마련하는 작업으로 읽을 수도 있다.

"경험적 독해"와 관련해서 우리는 그 근거를 어렵지 않게 찾을 수 있다. 실제로 레비나스는 서문에서 "그런데 만일 경험이 뜻하는 바가 다름 아닌 절대적 타자와 맺는 관계라면, 다시 말해 언제나 사유를 넘어서는 것과 맺는 관계라면, 무한과 맺는 관계야말로 탁월한 경험을 성취하는 것이다"(xiii/13)라고 말하고 있기 때문이다. 이것은 분명 옳은 독법이다. 타인은 레비나스에게 어떠한 관념도 추상도 아니다. 그것은 나에게 직접적으로 자신을 표현하는 인간 타자이고, 이 타자와의 만남은 우리의 상상이 아닌 실제 경험에서 이루어진다. 그러므로 우리는 얼굴 대 얼굴의 만남과 그 관계를 우리 삶에서 갑작스럽게 도래하는, 우리의 일상을 초월하는 타자와 만나는 구체적 경험으로 간주하고, 『전체성과 무한』을 그런 근원적 경험을 정당화하고 기술하는 시도로 이해할 수 있다.

그런데 이것만으로는 부족한 면이 있다. 이 책이 분명 얼굴 대 얼굴의 관계를 탁월한 경험으로, 그리고 구체적인 삶의 사건으로 간주하는 것은 맞지만, 우리가 이 점에만 초점을 맞출 경우, 『전체성과 무한』의 여러 주제 중 타인과의 만남의 경험만이 특권화될 소지가 있다. 이렇게 되면 우리는 우리 삶을 재구성하는 것이 곧 이 경험 자체이며 다른 삶의 요소는 부차적이라고 과소평가하는 잘못을 범할 수 있다. 이는 전형적으로 레비나스의 철학을 특정한 경험적 사례를 특권화하는 철학으로 만드는 것이 된다. 물론 이 특권화의 소지는 레비나스가 제공한 것이다. 즉 어떤 근원적 경험, 곧 타인과의 만남이 그에게 특권화되는 것은 분명 사실이다.

조금 에둘러 가 보도록 하자. 데리다는 이 특권화의 위험성을 실제로 그의 「폭력과 형이상학」에서 논의한 바 있다. "타자의 무한한 외재성이라는 주제를 철저화하면서, 레비나스는 마침내 철학에서 **경험론들**이라고 불려 온 모든 철학적 활동에 다소간 은밀하게 활력을 불어넣는 임무를 수행한다."[65] 문제는 이 경험론이 데리다에 의하면 현전의 형이상학에 불과하다는 것이다. 현전의 형이상학이란 철학에서 자신도 모르게 이분법적 대립항을 상정하고, 그 대립항에서 우리 눈앞에 생생하게 존재하는 어떤 한쪽에 근거 없는 특권을 부여하는 형이상학적 사유를 말한다. 데리다에 의하면 어떤 구체적 경험을 특권화하는 것은 현전의 형이상학의 변형된 한 형태에 불과하며, 이런 사유는 매우 임의적으로 구성된 것일 뿐만 아니라 특정한 현전의 순간을 우리 존재와 삶의 기원처럼 간주하는 잘못을 범할 수 있다. 레비나스의 경우, 주체와 타자의 만남에 윤리와 도덕의 근원이라는 지위를 부과함으로써, 이때 다른 모든 것이 이 근원적 경험으로부터 일종의 질서를 부여받게 된다. 이렇게 되면 기원을 중심으로 한 위계적 질서가 우리 삶과 사유에 개입하게 될지 모른다. 타자는 계시와 같은 절대적 명령을 부여하기 때문에 절대자가 되고, 이런 타자와 마주하는 경험을 추구하는 것은 "환원 불가능한 현전을 마주하기"

---

65 Jacques Derrida, "Violence et métaphysique: Essai sur la pensée d'Emmanuel Levinas"(1963), in *L'écriture et la différence*(Paris: Éditions du Seuil, 1967), 224–225; 국역본: 「폭력과 형이상학」, 『글쓰기와 차이』, 남수인 옮김(서울: 동문선, 2001), 243.

위한 노력이 된다.[66]

  이런 비판은 어떤 점에서 유의미한가? 타자는 명령의 말을 하는 자이기 때문에, 어떤 식으로건 나는 윤리를 일으키는 생생한 언어의 경험과 연결된다. 그런데 레비나스에게 타자는 전통적인 존재론적 의미의 존재가 아니므로 기존의 존재론적 언어나 개념적 언어와는 다른 생동하는 언어를 듣는 일이 필요할 것인데, 레비나스가 이 지점에서 그리스인이기를 포기하고 유대주의적인 초월의 언어 경험에 근거 없이 의존하려고 한다는 것이 데리다가 비판하는 중요한 한 가지 요점이다. 즉 그는 레비나스가 서구 존재론을 거부함으로써 존재론의 언어를 벗어나려고 하는데, 이것이 과연 가능한지, "동일자의 언어로 타자를 말하는 것이 필연적이라는" 사실에 어떻게 대처할 수 있는지 묻는 것이다.[67] 이런 점에서 탁월한 경험으로서의 무한에 대한 경험은 일견 순수 경험으로 보이지만, 순수한 것으로 계속 남아 있을 수 없고, 어떤 기호나 존재론적 언어에 의존하면서 나타날 수밖에 없다는 것, 레비나스를 비롯하여 그리스적인 것을 벗어나려는 모든 이들이 항상 "그리스인의 타자"로서의 순수한 "비-그리스인"이 있을 수 없다는 것이 데리다의 레비나스적 현전의 형이상학에 관한 비판의 중요한 요지이다.[68] 요컨대 존재론의 언어와 성스러운 윤리

---

66 Derrida, "Violence et métaphysique," in *L'écriture et la différence*, 225; 국역본: 「폭력과 형이상학」, 『글쓰기와 차이』, 244.

67 Derrida, "Violence et métaphysique," in *L'écriture et la différence*, 165; 국역본: 「폭력과 형이상학」, 『글쓰기와 차이』, 181.

68 Derrida, "Violence et métaphysique," in *L'écriture et la différence*, 122; 국역본: 「폭력과 형이상학」, 『글쓰기와 차이』, 136. 이런 비판의 날카로움에도 불구하고, 레비나스 역시 (적어도 그

의 언어는 첨예하게 구별될 수 없는데, 순수한 타자의 명령과 그 절대적 언어를 도입하려는 순간 존재론적 언어 대 윤리적 초월의 언어라는 대립이 생겨난다는 것이다.

이 비판은 분명 유의미하다. 실제로 레비나스 스스로도 1987년에 쓴 『전체성과 무한』의 독일어판 서문에서 "『존재와 달리 또는 존재성을 넘어』에서는 『전체성과 무한』이 (…) 끊임없이 의존한 존재론적 언어를 이미 피하고 있다"라고 고백하기 때문이다.[69] 그러니까 레비나스는 『전체성과 무한』에서 존재론적 언어에 의존했다는 사실을 그 스스로 인정했으며, 이는 그가 그리스인의 타자이기만 한 것이 아니라 그리스인의 전통에 속한 채로 자기의 사유를 펼쳤음을 잘 보여 준다. 물론 레비나스는 데리다의 비판을 의식하면서,[70] 향후 말해진 것(le Dit)과 말함(le Dire)이라는 개념을 도입함으로써 언어적 경험의 복잡한 얽힘을 드러내는 방식으로 자신의 철학을 더 세심하게

의 생애 후반기를 보면서) 그리스적인 것과 비그리스적인 것으로서의 유대-히브리적인 것의 교차성과 혼종성을 인지하고 있었음을 잊어서는 안 된다. 다만 그는 그리스적인 것이 일방적 우위를 점하는 상황에서 이의를 제기한 것이다. "인간의 인간성이 보편적인 지평 안에 되돌려 놓여야만 한다. 오, 그리스에서 온 메시지를 환영하라! 그리스인들 사이에서 교육받고, 그들의 언어와 지혜를 배우는 것을. 그리스어는 유럽의 피할 수 없는 담론으로 성서 자체가 추천하는 것이다." Emmanuel Levinas, "La Bible et les Grecs" (1986), in *À l'heure des nations* (Paris: Éditions de Minuit, 1988), 156.

69 Levinas, "*Totalité et Infini*: Préface à l'édition allemande," in *Entre nous*, 249; 국역본: 「『전체성과 무한』 독일어판 서문」, 『우리 사이』, 324.

70 스테판 모제스는 레비나스가 『고유명』(*Noms propres*)에서 데리다를 한 꼭지로 다루며 「폭력과 형이상학」에 대한 응답을 시도했다고 주장한다. "레비나스의 이 텍스트는 어떤 점에서, 『전체성과 무한』 출간 3년 후에 나온, 이 위대한 작품에 할애된 첫 번째 총체적 연구였던 「폭력과 형이상학」에 대한 뒤늦은 응답으로 읽힐 수 있다." Stéphane Mosès, "Levinas lecteur de Derrida," *Cités* 25 (2006/1), 77.

다듬었다. 다만 최소한 『전체성과 무한』은 데리다가 지적한 것처럼, 순수한 경험의 언어와 존재론적 언어의 대립과 불가분한 유착이 뒤섞인 채로 논지가 전개되고 있다.[71]

하지만 존재론 또는 존재에 관한 고려는 레비나스를 읽을 때 우리에게 새로운 해석의 과제를 부여한다. 왜냐하면 레비나스가 그의 고유한 존재 또는 존재들의 사건에 관한 사유를 『전체성과 무한』에서 전개했기 때문이다. 우리는 흔히 레비나스가 존재론의 종언과 존재론 너머의 형이상학을 개진했다고 생각한다. 이는 분명 레비나스에 대한 훌륭한 이해 방식이다. 하지만 또한 이런 식의 이해는 레비나스가 시도한 하이데거와는 다른 의미의 존재 사건, (레비나스가 의

---

71 물론 우리는 레비나스가 『전체성과 무한』 이후의 그의 작업에서 존재론을 점점 더 지워 가는 방향으로 논의를 전개함을 잊지 말아야 한다. 이러한 사유 이행의 면모를 잘 보여 주는 레비나스의 작품으로 앞서 언급한 「수수께끼와 현상」과 다음 작품을 빼놓을 수 없다. Emmanuel Levinas, "La trace de l'autre"(1963), in *En découvrant l'existence avec Husserl et Heidegger*(Paris: J. Vrin, 1949; 1967), 187-202. 데리다의 레비나스에 대한 평가 역시, 그의 근본적인 비판의 내용은 변하지 않지만 『전체성과 무한』 출간 이후의 이런 작품들의 출현과 더불어 점진적으로 보완되고 변형된다. 한 예로 그는 『철학의 여백들』에서 자신의 사유와 레비나스의 흔적 및 수수께끼 개념이 교차하고 공명하고 있음을 명시적으로 나타낸다. "결코 현재였던 적이 없는 과거라는 이 규정은, 에마뉘엘 레비나스에 의해서, 분명 정신분석에 속하지 않는 길을 따라 타인(autrui)이라는 절대적 타자성의 흔적과 수수께끼라는 성격을 부여하는 것으로 나타난다. 이 한계들 안에서 그리고 최소한 이러한 관점에서, 차이(différance)의 사유는 레비나스가 시작한 고전적 존재론에 대한 모든 비판을 함축하고 있다." Jacques Derrida, "La différance"(1968), in *Marges de la Philosophie*(Paris: Éditions de Minuit, 1972), 22. 데리다는 "그러므로 레비나스의 '계획'을 정면에서 반대하거나 항상 믿어 왔던 그 계획의 필요성을 부정한다기보다" 레비나스의 사유의 "결과와 모순을 밝히려고 했다". Jacques Derrida, "Derrida avec Lévinas: entre lui et moi dans l'affection et la confiance partagée(Entretien réalisé par Alain David)," *Magazine Littéraire* 419(avril 2003), 32. 이처럼 데리다와 레비나스의 관계는 일방적 비판의 관계도, 우호적 동지의 관계도 아니다. 아울러 존재론을 중심으로 레비나스가 데리다로부터 입은 영향을 언급하는 연구로 다음 글을 참조하라. 심상우, 「존재와 해석: 레비나스에게서 존재론의 의미」, 『해석학연구』 제29권(2012년 3월), 53-80.

     1부 프롤로그와 발단

도하는) 다원주의적 존재에 대한 접근을 도외시한다는 약점을 가진다. 실제로 레비나스는『전체성과 무한』을 쓰기 전에 중립자로서의 존재나 진리로 환원되지 않는 존재의 사건이라는 개념을「힘들과 기원들」이라는 글에서 도입했으며, 이는 1961년에 더욱 발전된 형태로 전개되었다.「힘들과 기원들」의 한 대목을 보자.

> … 의식 자체 내에서 의식을 넘어서면서도 더 이상 힘의 용어로는 정식화되지 않는 하나의 사건을 찾아야만 한다. 여기서 중요한 것은 예외적인 내용을 찾는 것이 아니라, 의식의 새로운 양태를 찾는 것이다. 즉 새로운 내용이 아닌 새로운 방식을 찾는 것이다. 여기서 존재의 사건과 존재론, 존재의 사건과 진리를 분리하는 것이 과제가 되며, 동시에 존재의 일반 경제 속에서 진리에게 제자리를 할당하는 일이 요구된다.[72]

여기서 말하는 존재의 일반 경제는 이후 논의될 다른 것으로부터 분리된 무신론자, 삶을 향유하는 자아의 존재 방식을 말한다. 그리고 존재의 일반 경제 속에 자리한 진리는 전통적인 인식론적 의미의 빛의 진리가 아니라 자아와 타자라는 복수인 존재들의 만남에

---

[72] Emmanuel Levinas, "Pouvoirs et origines"(1949), in *Œuvres complètes: Tome 2, Parole et silence et autres conférences inédites au Collège philosophique,* publié sous la responsabilité de Rodolphe Calin et de Catherine Chalier(Paris: Éditions Grasset & Fasquelle, IMEC Éditeur, 2009), 134. 다만 이것이 데리다의 레비나스 비판을 입증해 주는 진술인지에 대해서는 또 다른 탐구가 필요할 것이다. 차후 또 언급하겠지만, 이것은 레비나스가 서문에서 언급하는 "밤의 사건들"(xvi/17)과 관련한다. 인식과 현진과는 다른 존재 사건으로서의 "밤의 사건들" 말이다. 모아티의 『전체성과 무한』독해가 바로 이 점을 포착하여 확장한 것이다.

서 성취되는 선함의 진리를 뜻한다. 그리하여 이런 존재에 대한 새로운 이해는 중립적 존재가 아니라 자기의 삶으로부터 존재를 구축하는 분리된 나와 타자의 다원성으로 귀결된다. "초월 또는 선함은 다원주의로 생산된다. 존재의 다원주의(pluralisme de l'être)는 하나의 가능한 시선 앞에 펼쳐지는 성좌의 다수성으로 생산되지 않는다"(282/461). 요컨대, 1961년의 레비나스에게는 존재가 그 자체로 무시되는 것이 아니라 윤리적 의미에서 갱신된 채로 새로운 의미를 적절하게 부여받게 된다. 심지어 레비나스는 『전체성과 무한』의 결론에서 "존재는 외재성이다"(266/435)라는 표현까지 서슴없이 쓰고 있다. 존재를 전적으로 부정한다면 "외재성은 존재가 아니다"라고 해야 하지, "존재는 외재성이다"라고 할 수는 없을 것이다.

이런 의미에서 우리는 데리다의 비판을 경유하면서 살펴본 것처럼, 레비나스가 분명 순수한 경험적인 것을 그리스적 존재의 언어와 무관한 것처럼 보는 경향이 있지만, 다른 관점에서 보면 그가 새로운 방식으로 존재 또는 존재 사건의 의미를 수립했다는 점에도 주목해야 한다. 이는 레비나스가 타인의 절대적 타자성만을 제시하기 위해 『전체성과 무한』을 쓰지 않았다는 점을 보여 준다. 더 나아가 그는 버나스코니가 지적한 것처럼, 경험만을 강조하는 것이 아니라 "초월적인 것과 경험적인 것 사이의 상호 관계를 다룬다".[73] 즉 단지 어떤 경험을 특권화하는 것 자체만이 아니라 윤리적 삶을 가능하게 하는 초월적 조건을 마련하기 위한 작업이 레비나스에게는 병행된다.

[73] Bernasconi, "Rereading *Totality and Infinity*," in *The Question of the Other*, 27.

이것이 바로 초월적 독해의 의미이다.『전체성과 무한』을 입체적이고 포괄적으로 읽기 위해 소위 초월적 독법을 조금 더 살피자. 이는 특별히 "윤리적 초월철학"이라는 주제 아래 테오도르 드 부르에 의해 제시된 것으로, 레비나스의 철학을 윤리의 가능 조건을 마련하기 위한 시도로 보는 독법이다.

이 조건은 이론적이고 실천적인 측면에서 사유가 '깨질' 때, 타자의 부름이 자아의 자기-충족적 존재에 훼방을 놓을 때 스스로를 드러낸다. 이러한 역행의 방법은 실제로 초월철학의 아버지인 칸트의 방법과 유사하다. 이것이 아마도 레비나스가 여기서 현상학적 용어인 **환원**을 사용하지 않고 칸트의 용어인 **연역**을 사용하는 이유일 것이다. 그가 제시한 주장은『순수이성비판』의 그것과 유사하다. 경험의 우연성과 학(science)의 사실은 칸트의 범주의 타당성을 정당화한다. 마찬가지로, 인간의 이기주의는 (자기) 비판적 지식과 공동체가 가능하다는 사실(전체성이 '깨지는' 상황)과 함께 타자의 얼굴의 현현을 가리키는 표지이다. 만일 우리가 이 철학을 윤리적 초월론(ethical transcendentalism)이라고 부른다면, 형용사 구실을 하는 윤리적이라는 말이 강조되어야 한다.[74]

---

[74] Theodore de Boer, "An Ethical Transcendental Philosophy," in *Face to Face with Levinas*, ed. Richard Cohen(Albany, NY: State University of New York Press, 1986), 108. 드 부르가 제안한 "윤리적 초월철학"이라는 주제에 관한 더 상세한 논의로 그의 다음 작품을 참조할 수 있다. *The Rationality of Transcendence: Studies in the Philosophy of Emmanuel Levinas*(Amsterdam: J. C. Gieben, 1997).

드 부르가 말하는 것처럼, 레비나스의 사유는 단지 타자의 부름과 응답이라는 경험의 구조만이 아니라 그러한 윤리적 초월의 사건이 나타나는 조건을 해명하는 철학이며, 이를 통해 새로운 윤리의 출현과 전개 방식의 정당성을 검토하는 연역 작업이라고 이해할 수 있다.[75] 실제로 레비나스 역시 드 부르가 언급한 사유의 깨짐, 파열을 추적한다는 맥락에서 **연역**이라는 말을 사용한다. "중요한 것은 대상화하는 사유가 그것이 의지하고 있는 망각된 경험에 의해 넘쳐흐른다는 관념이다. 사유의 형식적 구조 — 노에시스의 노에마 — 의 파열은 이러한 구조가 은폐하는 사건들 속에서 (…) 일어난다. 이러한 파열은 일종의 **연역**(*déduction*)을 구성한다"(xvii/18-19). 드 부르의 통찰을 따라 『전체성과 무한』을 이런 관점에서 읽는다면 우리는 타인과의 만남이라는 경험의 탁월성만이 아니라 이런 경험을 가능하게 하는 조건들에 초점을 맞추어, 타인의 얼굴의 계시라는 윤리적 사건이 어떤 조건에서 나타나고, 어떻게 해서 정당성을 가질 수 있는지를 검토할 수 있다. 타인과의 만남이라는 경험이 지닌 절대성을 염두에 두면서도 이런 초월적 독해를 시도한다면, 우리는 『전체성과 무한』을 부분적이 아니라 통전적으로 이해할 수 있으며, 이 책이 가진 여

<hr>

75 이 말은 드 부르도 언급했듯이 칸트적 의미에서 사용되는 말이다. 칸트는 자신이 사용하는 연역의 의미를 다음과 같이 설명한다. "권한과 월권을 논할 때 법이론가들은 권리적 문제(quid juris)와 사실의 문제(quid facti)를 구별하고, 이 양자에 대한 증명을 요구하면서, 권한 내지는 정당한 권리를 밝혀내야 하는 전자의 증명을 연역이라 일컫는다." Immanuel Kant, *Kritik der reinen Vernunft* (1781/1787), in *Kants gesammelte Schriften*, Band III & IV, hrsg. von der Königlich Preußischen Akademie der Wissenschaften(Berlin: Georg Reimer, 1911), A84/B116; 국역본: 『순수이성비판 1』, 백종현 옮김(서울: 아카넷, 2006), 306.

러 다양한 사유의 가능성에도 주목할 수 있을 것이다.

나는 앞에서 인용한 드 부르의 말 가운데, "형용사 구실을 하는 윤리적이라는 말이 강조되어야 한다"라고 한 것을 특별히 재차 강조하고 싶다. 이것은 레비나스의 초월철학과 칸트적 의미의 초월철학의 차이를 보여 준다.[76] 칸트의 초월철학은 어떻게 선험적 종합 인식이 가능한지를 묻는 가운데 이성의 가능성과 한계를 따져 묻고, 그러한 인식의 기반 위에서 어떻게 형이상학이 가능한지를 정립해 내려고 한다는 점에서 초월적이다.[77] 반면에 레비나스의 초월철학은 전통 형이상학의 틀을 넘어서는 형이상학, 윤리적 형이상학, 더 정확히는 윤리학이 제일철학이 되게 하는 차원에서 형성된다. 멘쉬의 말을 빌리자면, 『전체성과 무한』에는 "임마누엘 칸트의 '초월적 연역'에 대한 암시가 있다. 칸트는 『순수이성비판』에서 객관적 지식의 가능성을 범주(categories)로, 궁극적으로는 우리 주체성의 통일성으로 거슬러 올라가 추적한다. 레비나스의 연역은 그 가능성을 윤리학을 활성화하는 '초월적 지향'의 사건으로부터 연역할 것이다".[78] 이런 점에서 우리는 레비나스가 윤리의 가능 근거를 밝히고 그 정당성을 검

---

76 "나는 대상들이 아니라 대상들 일반에 대한 우리의 선험적 개념들을 다루는 모든 인식을 초월적이라고 부른다. 그러한 개념들의 체계는 초월-철학(Transzendental-Philosophie)이라고 불릴 것이다." Kant, *Kritik der reinen Vernunft*, A11-12/B25; 국역본: 『순수이성비판 1』, 211.

77 "사람들이 형이상학을 이제까지 한갓 시도되기만 했으나 그런데도 그것이 인간 이성의 본성에 의해 불가결한 학문이라고 본다면, **형이상학에는 선험적 종합 인식들이 포함되어 있어야 한다.**" Kant, *Kritik der reinen Vernunft*, A10/B18; 국역본: 『순수이성비판 1』, 228.

78 Mensch, *Levinas's Existential Analytic*, 24.

토하는, **윤리적** 초월철학에 준하는 작업을 시행했다는 점을 감안해야 한다. 독자들은 이러한 초월적 독법이 레비나스의 1961년 저작을 읽어 내는 유효한 접근 방식임을 기억해 두면, 해당 작품을 더 풍성하게 이해할 수 있을 것이다.

실제로 레비나스 역시 드 부르와의 대화에서 이런 초월철학이란 규정에 긍정적으로 반응한 바 있다. 그는 『전체성과 무한』에서 "비록 후설이 요구한 규칙을 따르는 환원이 없고, 후설의 방법론 전부를 존중하지도 않았지만, 내가 행한 것이 현상학이라고 생각한다"라고 하면서도, "나는 이 공식에 전적으로 동의한다. 초월적이라는 말이 어떤 선재성을 의미한다면 말이다. 따라서 그것은 윤리에서 시작하는 초월론(transcendantalisme)이다"라고 말함으로써,[79] 드 부르의 해석을 일정하게 수긍했다. 다시 말해 그는 후설의 현상학적 방법을 빌렸지만, 앞서도 확인한 것처럼, 그것을 후설에게 오롯이 충실한 형태로 사용하지 않았다. 오히려 그는 전통 현상학과는 다른 방식으로 삶의 체험을 나타내려고 했으며, 윤리적 초월철학의 기획이라는 것을 ― 최소한 부분적으로 ― 레비나스 스스로 수용한 것을 볼 때, 『전체성과 무한』의 탐구는 현상학적 기술을 통해 존재론에 앞서는 윤리의 조건을 마련하는 기획임에 분명하다. 이 점에서 레비나스의 현상학은 윤리적 초월철학으로 가는 길을 놓기 위한 철학적 방법으로 활용된 측면이 있다.

---

79 Emmanuel Levinas, "Questions et réponses"(1977), in *De Dieu qui vient à l'idée*(Paris: J. Vrin, 1982; deuxième édition revue et augmentée, 1986), 141-142, 143.

이처럼 "경험적 독해"와 "초월적 독해"라는 두 가지 독법은『전체성과 무한』과 레비나스의 철학을 이해하는 데 좋은 길잡이가 되어줄 독해 방식이며, 독자들은 이 레비나스의 1961년 작품을 읽을 때 이런 식의 독법을 얼마든지 활용할 수 있을 것이다.

나의 드라마

레비나스의『전체성과 무한』을 읽어 나갈 때 나 역시 위 두 가지 독법을 염두에 두긴 할 것이다. 하지만 이 책의 작업은 나의 고유한 주제 의식과 새로운 독법을 따라 전개될 것이다. 비교적 근래에 레비나스 전문가들 사이에서는『전체성과 무한』을 일종의 이야기, 또는 드라마로 읽을 수 있다는 견해가 주목받고 있으며, 본서는 바로 이러한 흐름에 합류한다. 이를테면 크리츨리는 "레비나스"가『전체성과 무한』에서 "한 편의 드라마, 한 편의 성스러운 이야기(a drama, a holy story)를 쓰고자 한다"라고 주장한다.[80] 이런 견해의 근거는 레비나스가『전체성과 무한』서문에 제기한 드라마에 대한 언급 덕분이다.

> 이 책의 마지막에 이르러 우리가 얼굴 너머에 놓이는 관계들을 다룰 때, 우리는 노에마를 향하는 노에시스로도, 기획투사를 실현하는 능동적 개입으로도, 질량으로 방출되는 물리적 힘으로도 묘사될 수 없는 사건들을 만나게 된다. 거기서 문제가 되는 존재의 국면에 가장 적

80　Critchley, *The Problem with Levinas*, 10.

합한 것은 아마 드라마라는 용어일 것이다. 니체가 『바그너의 경우』 끝부분에서 사람들이 이 말을 언제나 행위로 잘못 옮긴다고 불평하면서 사용하고자 했던 그런 의미의 드라마 말이다. 다만 우리는 그 말에서 비롯하는 애매함 때문에 이 용어를 쓰지 않는 것뿐이다. (xvi, n. 1/17-18, 각주 3)

여기서 레비나스는 이 용어의 애매함 탓에 그 말 자체는 계속 쓰지 않지만, 자신의 작업이 사건 또는 드라마에 해당한다고 명시적으로 밝히고 있다. 그리고 이 드라마는 니체의 용례를 따른다고 했는데, 그렇다면 니체는 『바그너의 경우』에서 드라마에 관해 무슨 말을 했던 것일까? 조금 에둘러 가는 것 같지만, 명확한 이해를 위해 레비나스가 지적한 것, 곧 니체가 불평한 행위로서의 드라마가 아닌, 다른 의미의 드라마가 무엇인지 본 다음, 레비나스의 드라마 개념으로 나아가자. 니체는 『바그너의 경우』에서 행위를 설명하는 각주에 이런 말을 써 놓았다.

드라마(Drama)라는 단어가 항상 '행위'(Handlung)라고 번역되는 것은 미학에서 진정한 불행이다. (…) 고대의 드라마는 거대한 '격정의 장면'을 주시했다. 그것은 행위를 배제했다(시작하기 **전**이나 장면이 끝난 **뒤**에 행위를 배치했던 것이다). 드라마라는 단어는 '도리아'(Doria)에서 유래했다. 그리고 도리아의 언어 용례에 따르면, 그것은 '사건'(Ereignis), '이야기'(Geschichte)를 뜻한다. 두 단어에는 성직자들이 사용하는 의미가 들어 있다. 가장 오래된 드라마는 장소에 관한 전설을 표현했다. 즉 제식의 기초가 되는 '성스러운 이야기' 말이다(말하자면 행위가 아니라 사건이다. δρᾶν은 도리아 말로 '행위하다'가 절대 아니다).[81]

니체는 본디 드라마라는 말이 조명이 비치는 무대에서 행위를 재현하는 것이 아니라 사건이나 이야기를 뜻한다고 명시적으로 말한다. 레비나스는 이 말을 받아들여 자신이 전개하는 주체성의 변호가 "밤의 사건들"(xvi/17)에 해당한다는 점을 명시적으로 밝힌다. 즉 그것은 나중에 더 자세히 보겠지만, 하이데거가 말하는 중립자로서 존재 진리 사건의 빛 비춤 아래 조명되는 사건이 아니다. 그것은 '성스러운 이야기'로서의 밤의 사건, 곧 내가 진리의 빛으로 환원되지 않고, 그 자체로 분리된 존재로 정립되고, 타인을 만나며, 레비나스가 언급했듯이 4부 "얼굴 저편"에서 비로소 내가 사랑을 하게 되고, 아이를 낳는 미래의 무한으로 나아감으로써 유한한 삶을 끊어 내는 성스러운 이야기로서의 드라마이다. 다시 말해 니체는 행위로서의 드라마 개념에서 이탈하여 사건으로서의 드라마 개념을 도입했고, 레비나스가 이어받은 것이 바로 후자의 개념이다. 하인리히 데터링이 잘 지적했듯이, "니체는 드라마를 더 이상 행위의 재현으로 이해하기를 거부하고, 명시적인 대립 속에서 사건의 재현으로 이해하

---

81 Friedrich W. Nietzsche, *Der Fall Wagner*(1888), in *Kritische Studienausgabe*, Band 6, hrsg. von Giorgio Colli und Mazzino Montinari(München: Deutscher Taschenbuch Verlag/Berlin: Walter de Gruyter, Neuausgabe 1999), 32 Fußnote; 국역본:『바그너의 경우/니체 대 바그너』, 이상엽 옮김(서울: 세창출판사, 2020), 47-48, 각주 27.

고자 함으로써, 실로 가능한 한 가장 급진적인 반아리스토텔레스적 전환을 수행한다. 이제 더 이상 '나는 행위한다'가 아니라 (내게, 나에 게서, 나를 통해) '그것이 일어난다'고 해야 한다".[82] 여기에는 단순히 나를 행위 주체로 설정하여 나를 자칫 영웅적 개인으로 묘사하는 드라마를 그리지 않겠다는 의도가 담겨 있다. 실제로 레비나스는 그런 영웅적 개인이 자신이 그려 내는 주체와는 정확히 반대되는 것임을 명시적으로 밝힌다. "번식성의 무한한 시간 속에서 살아가는 주체의 정반대 편에 국가가 자신의 남성적 덕목을 통해 생산하는 영웅적이고 고립된 존재가 자리한다"(284/463). 여기서 '나'는 사건을 만드는 자로서 영웅적 개인이 아니라 사건을 겪으면서 변화되는 자라 할 것이다. 즉 레비나스의 나의 드라마는 행위의 주체로서 영웅적 개인이 아니라 나에게 벌어지는 외재성 안에서의 존재 사건을 겪으면서 변화되는 나를 그려 내는 성스러운 이야기이다.

다시 말해 레비나스는 분리된 존재인 나의 삶과, 타인을 환대하는 주체성을 차례대로 다룬 다음, 『전체성과 무한』 4부에서 얼굴 너머의 관계들, 이를테면 에로스적 관계와 이 관계에서 빚어지는 자녀와 아버지라는 가족 안에서의 관계, 다원화된 사회의 관계에 대해 논하는 지점까지 나아간다. 이런 전개를 고려할 때 『전체성과 무한』은 나에게 일어나는 사건을 묘사한 나의 드라마로 재편될 수 있다. 비록 그가 위 인용문에서 드라마라는 말이 내포한 애매함 때문에 이 용어

---

82 Heinrich Detering, "'Das Ich wird zum Wortspiel': Nietzsche, Ibsen, Strindberg und das Drama der Abstraktion," in *Widersprüche: Zur frühen Nietzsche-Rezeption,* hrsg. von Andreas Schirmer und Rüdiger Schmidt(Weimar: Hermann Böhlaus Nachfolger, 2000), 94.

를 쓰지 않겠다고 했지만, 자기 철학의 전개가 드라마의 형식을 취한다는 것만큼은 분명하게 밝히고 있으며, 실제로 그 스스로 "나의 드라마"라는 말을 본문에서 명시적으로 사용하기도 한다.[83] "번식성이 **나의 드라마**(drame) 자체를 이룬다"(251/415, 강조는 필자). 즉 나는 독립된 존재에서 시작하여 타인과의 만남, 그리고 죽음 너머로 무한을 열어 주는 타자들의 존재를 내다보는 번식성으로까지 펼쳐지는 드라마적 삶 속에 있으며, 이것이『전체성과 무한』전체를 가로지른다. 곧 "나는 (…) 여러 막으로 된 드라마이다"(258/428).

이에 나는 앞서 살펴본 경험적 독해나 윤리적 초월철학을 제시하려는 초월적 독해의 읽기 방법을 염두에 두면서도, 결국 이 1961년 작품의 논지가 드라마 또는 이야기로 재편된다는 관점에서 논의를 이어 갈 것이다. 이것은 분명하게 레비나스의 의도에 가담하는 것이면서,『전체성과 무한』이 담고 있는 낯설고도 독특한 철학적 서술 방식을 부각하는 일이기도 할 것이다. 사실 이러한 독법은 내가 처음 제안한 것이 아니고, 엄밀하게 말하자면 크리츨리만이 제시한 것도 아니다. 살랑스키 역시 레비나스의『전체성과 무한』의 이야기를 다음과 같이 요약한 바 있다. "우리는『전체성과 무한』을 인간 경험에 대한 장편 소설로, 행복하고 선한 인간 경험에 대한 교훈적 소

---

83 이러한 레비나스의 드라마 개념에 대해서는 다음 글을 참조하라. Critchley, *The Problem with Levinas,* 8-10. 또한 크리츨리와 조금 다르게 종교적 맥락에서 레비나스가 제안한 드라마의 의미를 이해한 연구로 다음 글을 보라. Michael Fagenblat, "The Genesis of Totality and Infinity: The Secret Drama," in *Levinas and Literature: New Directions*, eds. Michael Fagenblat & Arthur Cools(Berlin/Boston: Walter de Gruyter GmbH, 2021), 93-116.

설(roman édifiant)로 읽을 수 있다. 이 소설은 향유, 삶에 대한 자기 충족에서 시작하고, 거주와 노동을 통해 세계에 이치에 맞게 거주하는 일을 거쳐, 얼굴과의 만남이라는 모든 것에 의미를 부여하는 절정의 에피소드에 도달한다. 뒤이어 주인공은 사랑의 행복을 알고 아이라는 축복을 얻는다."[84] 즉 『전체성과 무한』은 나라는 주인공의 드라마의 막이 펼쳐지는 가운데 내가 정립되고, 삶을 살고, 타인과 마주하며, 결론적으로 가족과 가족 안의 아이(들)와 더불어 더 나은 미래를 전망하는 이야기이다. 이는 레비나스의 드라마 개념을 크게 강조한 크리츨리의 이해와도 공명한다. 크리츨리에 의하면, "레비나스의 탈출은 비극에서 희극으로의 탈출이 될 것이다. 말하자면, 레비나스는 희극을 쓰고 싶어 한다. 삶과 지속성에 대한 관념으로서의 희극을 쓰고자 하는 것, 그것이 바로 그의 사유이다. (…) 이것이 레비나스에게 아이라는 등장인물이 그토록 중요한 이유이다".[85] 특히 우리는 4부를 읽을 때 레비나스의 비극이 아닌 희극으로서 드라마의 성격이 오롯이 만개한다는 점을 확인하게 될 것이다.

또한 희극이자 일어나는 일로서의 이야기라는 드라마 개념은 앞서 언급한 레비나스의 존재 사건에 대한 초점을 잃지 않게 만든다. 레비나스는 존재 자체를 우선적으로 정당화하는 존재론과는 거리를 두려고 하지만, 1961년 작품에서는 여전히 존재 사건에 관심을 둔다. 이때 존재 사건은 나에게 일어나는 일로서의 사건으로, 분리된

---

84 Salanskis, "Horizons de Totalité et Infini," in *Le concret et l'idéal*, 219–220.

85 Critchley, *The Problem with Levinas*, 27.

자아의 삶으로서의 존재 방식과 나의 존재 경제를 해체하고 재구성하는 무한의 외재성에 개방된 존재 사건이다.모아티가 잘 짚어 준 것처럼 이런 존재 사건은 존재 이해의 빛 가운데 밝혀지는 진리가 아니라 나의 존재 경제로부터 외재성에 개방됨으로써 일어나는 삶이다. "따라서 존재에 대한 근원적 관계는 존재의 진리로 요약되지 않는다. 표상과 이해라는 한낮의 동기들 안에 갇히지도, 환원되지도 않는 존재의 체제가 존재한다. 요컨대 존재가 의식이나 존재자가 그것에 대해 가질 수 있는 파악과 일치하지 않는다는 것, 이것이 레비나스가 얼굴, 에로스, 그리고 번식성의 범주들을 통해 해명하는 한밤에 전개되는 존재의 심원한 의미이다."[86] 이러한 사건의 전개가 비극으로 환원되지 않는 나의 삶의 이야기를 채울 것이다.

내가 읽고자 하는 방식, 곧 나의 드라마라는 독법은 이처럼 나의 삶에서 일어나는, 결국 해피 엔딩의 희극으로 귀결되는 이야기로 전개된다. 본서는 살랑스키와 크리츨리가 제공한 실마리를 따라 구체적으로, 더 꼼꼼하게 『전체성과 무한』에서 펼쳐지는 나의 드라마를 해명하여, 그 결론이 사회의 절대적 다원주의를 전망하는 것으로 갈무리됨을 보여 줄 것이다. 더 구체적으로 말하면, 우리는 '나'라는 주인공이 전체성에 균열을 내고 급기야 그것을 파열시킴으로써 성립된 '나들', 그리고 나와 전적으로 다른 존재들로 다원화된 세상을 전망하는 이야기로 채워질 것이다.

『전체성과 무한』 1부에서 이 이야기의 전체 밑그림이 조망되

---

86 Moati, *Événements nocturnes*, 47.

며, 2부에서는 전체성에 균열을 내는 자아가 어떤 존재이며, 전체성을 벗어나려는 동일자로서의 자아의 삶이 무엇이고, 이 삶이 타자와의 만남을 예비하는 방식이 그려진다. 3부에서는 전체성으로 환원되지 않고, 자기만의 행복한 삶을 살아가는 내가 타인과의 만남을 통해 환대의 주체성으로 이행하는 모습이 서술된다. 마지막으로 4부에서는 이러한 환대의 주체성이 단지 자신의 유한한 삶으로 종결되지 않게 하는 계기가 드러날 것이다. 즉, 유한을 넘어선 무한의 시간을 여는 에로스, 가족(부모와 자식)이 나와 어떤 식으로 결부되는지가 4부에서 입증된다. 결론에서 레비나스는 이러한 계기들을 통해 '나들'과 타자(들)를 어떤 이념이나 사유의 평면 위에 병렬하지 않고 그 자체로 긍정하는 절대적 다원주의의 사회를 전망한다. 다시 말해 전체성에 균열을 내는 '나', 이 '나'가 타자와 마주함으로써 환대의 주체성을 형성하고, 이러한 주체와 타자의 만남이 오롯이 등장하는 삶의 양식과 그러한 삶의 주체로 채워진 사회가『전체성과 무한』의 이야기, 선한 인간(들)의 사회를 전망하는 드라마의 내용이 된다 — 이것은 특히 얼굴 너머를 다루는 4부에서 극화된다. 이렇게『전체성과 무한』은 '나의 드라마'로 특징지어질 것이며, 이 드라마는 결론적 전망으로 사회의 절대적 다원주의라는 행복한 미래를 내다보며 막을 내릴 것이다. 이런 시도는 살랑스키와 크리츨리의 통찰 덕분에 이루어진 것이지만, **'나의 드라마'라는 독법으로『전체성과 무한』전체를 남김 없이 읽어 내는 것은 본 강해의 독자적 기획이다.**

이러한 기획은 앞서 언급한 경험적 독해나 초월적 독해와 유리되어 나타나는 것이 아니라 그것들과 일정하게 공명하는 가운데 전개될 것이다. 나의 드라마의 펼쳐짐은 중요한 대목, 이를테면 나의 향유의 주체성이 윤리적 환대의 주체성으로 이행되는 과정에서 타인과의 만남이라는 탁월한 경험을 긍정하는 가운데 중요한 굴곡을 맞이한다. 그러므로 이 탁월한 근본 경험이 본 드라마의 한 장면에서 중요한 사건으로 등장한다고 말할 수 있겠다. 또한 이 드라마는 분명 윤리적 초월철학의 쟁점을 담고 있으며, 그 안에는 윤리의 초월적 근거를 마련하는 작업이 포함된다. 이런 점에서 나의 드라마는 그 드라마가 펼쳐지는 과정에서 윤리가 가능해지는 조건도 자연스럽게 열어 줄 것이다. 다만 앞서 살펴본 두 가지 독해가 『전체성과 무한』을 이해하는 데 핵심적인 주제를 담을 수는 있지만, 그 두 독법이 지향하는 바를 모두 포괄할 수 있는 큰 틀은 나의 드라마가 될 것이다.

이제 이 드라마가 어떤 행복한 결말에 이를지 기대하면서 처음부터 마지막까지 전체 내용을 세세하게 살펴보도록 하자.

2강. 1부 A

"형이상학과 초월" 읽기

모든 드라마나 소설에 해당하는 것은 아니겠지만, 적지 않은 수의 드라마나 소설이 프롤로그와 더불어 펼쳐진다. 프롤로그란 그리스 어 prologos에서 온 것으로 여기서 접두어 pro는 '~앞에'를 의미하고, logos는 익히 알려져 있듯이 '말'이라는 의미를 가진다. 즉 무엇인가의 '앞에 오는 말'이 그 어원을 고려했을 때 프롤로그의 의미인 것이다. 그러므로 소설이나 드라마에서 해당 작품에 대한 관심을 끌고, 그 작품의 배경이나 기본 전개 방향, 분위기를 설정하기 위해 작품 맨 앞에 위치시켜 도입부 역할을 하는 것이 프롤로그인 셈이다.

『전체성과 무한』을 '나의 드라마'로 간주할 때, 1부 A의 내용은 일종의 프롤로그로 제시된다. 프롤로그는 그야말로 소설이나 영화 내용을 인도하는 설명 정도의 역할만 담당하기도 하지만, 때로 프롤로그는 본 이야기만큼이나 중요한 내용을 담고 있는 경우가 많으며, 전개될 이야기의 내용 전반을 예고하거나 주요 등장인물의 기본 정보를 최대한 상세히 알려 주는 역할까지 하는 경우도 더러 있다. 영화판『반지의 제왕』은 프롤로그에서 작품의 핵심적 역할, 곧 절대반지를 운반하고, 파괴하는 역할을 맡은 프로도의 족속인 호빗족 이야기를 하는 데 크게 공을 들인다. 더 나아가 영화『반지의 제왕』은 해당 이야기의 전사(前史)는 물론이고, 이야기의 핵심이 되는 갈등과 앞으로 등장할 주인공들이 당면할 과제 전반을 충실하게 담고 있다. 그 프롤로그를 통해 영화로 해당 작품을 접하는 관객들은 빠르게 작품 한가운데로 들어갈 수 있게 된다.

『전체성과 무한』 1부 A가 바로 그런 역할을 하고 있다. 물론 서문 역시 프롤로그의 역할을 하지만, 거기서는 주로 레비나스의 문제의식과 방법에 관한 이야기가 주를 이루었다. 반면, 여기서는 레비나스 철학이 무엇을 지향하는지, 곧 존재론을 넘어서는, 또는 존재론에 앞서는 제일철학으로서의 윤리학 또는 윤리적 의미의 형이상학이 무엇인지에 관한 전반적인 안내가 이루어지며, 그 주요 개념과 내용이 설명된다. 다시 말해 앞으로 빈번하게 사용되거나 전제될 여러 개념들의 새로운 의미, 곧 형이상학, 초월, 무한, 타자, 분리, 무신론, 대화, 진리, 정의 등에 관한 레비나스 자신의 고유한 이해와 그 개념 출현의 배경이 소상하게 1부에서 설명되어 있다.

서문과 1부 A를 함께 프롤로그로 간주하는 이유는 내가 처음부터 피력한『전체성과 무한』에 대한 접근 방식, 곧 '나의 드라마'라는 관점과 관련한다. 나의 드라마라고 할 때, 실제로 나라는 인간 주체가 본격적으로 등장하는 내용은 1부 B에서부터 전개된다. 따라서 나는 서문과 1부 A가 1부 B에서부터 펼쳐질 나의 드라마를 예비하는 내용으로 채워져 있다고 보았고, 이에 그 둘을 드라마의 프롤로그로

　　　　　　　　1부 프롤로그와 발단

간주했음을 밝혀 둔다. 1부 B는 당연히 이야기의 발단으로 간주될 것이다.

이제 내용으로 들어가자. 『전체성과 무한』의 다른 모든 부분도 마찬가지이겠지만, 1부 A는 특히 제목을 유념해서 보아야 한다. 레비나스는 '형이상학'과 '초월'이라는 철학의 주요 분야와 핵심 개념을 자신의 고유한 방식으로 전유하여 논지를 전개한다. 이에 우리는 이 두 용어에 초점을 맞추어 내용을 살펴볼 것이다. 이는 형이상학과 초월에 관한 이해가 1부 A를 가장 잘 이해할 수 있는 하나의 길일 뿐만 아니라 레비나스 철학의 전체 구도, 적어도 『전체성과 무한』의 전체 구도를 온전히 파악할 수 있는 첩경일 수 있기 때문이다.

형이상학과 타자

우선 형이상학에 대해 알아보자. 이 말 자체는 아리스토텔레스의 『형이상학』에서 유래한 것이다. 하지만 이 형이상학이라는 말이 처음부터 지금 사용되는 방식의 어떤 독특한 의미를 가진 것은 아니었다. 형이상학은 '자연학 다음에 오는 것'(Ta meta ta physika) 정도의 의미를 내포한 용어였지만, 아리스토텔레스 이래로 점차 우리의 삶과 세계에서 가장 궁극적이고 으뜸가는 것이 무엇인지를 다루는 제일 철학으로 간주되었으며, 결국 서양 철학 역사 속에서 가장 중요한 탐구 영역으로 자리하게 된다. 이때 서양 철학에서 가장 궁극적인 것으로 여겨지는 것은 대체로 실체로서의 존재 또는 존재자 일반, 그리고 최고 존재자로서의 신이다. 즉 존재자 일반을 다루는 일반 형이상학과 최고 존재자를 다루는 신학으로서의 특수 형이상학이 오랫동안 철학에서 가장 중요한 주제로 자리 잡았다.

아리스토텔레스를 통해 실체로서의 존재 또는 존재자 일반, 최고 존재자(신)를 우리가 인식할 수 있는 진리 이해의 차원에서 다루는 학문인 형이상학이 수립되었지만,[1] 그 이전에도 형이상학 또는 형이상학적 사유가 없었던 것은 아니다. 이를테면 우리는 '존재'와 존재의 궁극적 근거 역할을 하는 '좋음의 형상'에 초점을 맞추면 플라톤의 형이상학에 대해서도 논할 수 있다. 한 예로, 그 유명한 『국가』 6권에서 플라톤은 실체로서의 존재(*ousia*)를 언급하면서도, 그것을 넘어서는 좋음(*agathon*)을 또 언급한다. "그러므로 인식되는 것들의 '인식됨'이 가능하게 되는 것도 '좋음'으로 인해서일 뿐만 아니라, 그것들이 '존재하게'(*einai*) 되고 그 '본질'(실재성: *ousia*)을 갖게 되는 것도 그것에 의해서요, '좋음'은 [단순한] '존재'(*ousia*)가 아니라, 지위와 힘에 있어서 '존재'를 초월하여 있는 것이라고 말하게나."[2]

여기서 플라톤은 존재하는 것을 실제로 존재하게 하고, 존재 인

---

1 김상봉의 다음과 같은 정리가 형이상학의 의미를 이해하는 데 도움을 줄 것이다. "첫째, 도대체 있다는 것은 무엇을 의미하는가? 이것은 존재론적 물음이라 할 수 있다. 둘째, 형이상학은 그런 존재의 궁극적 근거를 묻는 학문이다. 어떤 것을 단적으로 있게 만드는 원인과 근거는 무엇인가? 형이상학은 그 원인과 근거에서도 최고의 원인과 근거를 묻는 학문이다. 셋째, 존재의 최고의 원인과 근거가 신인 한에서 형이상학은 신에 대한 학문이다. 마지막으로 형이상학은 존재를 보편적 인식의 지평에서 다루는 한에서 진리의 보편적 원리를 탐구하는 학문이다." 김상봉, 『아리스토텔레스의 신학 1: 아리스토텔레스 『형이상학』 제12권에 대한 번역과 주석』(서울: 도서출판 길, 2025), 143-144.

2 Platon, *Politeia*, 509b. 번역은 다음 역본을 따랐다. 『국가(政體)』, 박종현 역주(서울: 서광사, 1997; 2005), 438-439.

    1부 프롤로그와 발단

식을 가능하게 하는 것이 존재 저편의 선 또는 좋음의 이데아라고 말한다. 이렇게 "좋음은 플라톤의 형이상학에서 유일무이한 신적 지위를 지닌다".[3] 레비나스의 형이상학에 대한 이해도 일차적으로 아리스토텔레스보다는 이런 플라톤의 형이상학적 좋음의 초월이라는 맥락에서 이해되어야 한다. 레비나스가 "형이상학과 초월" 부분을 시작하는 말을 주의 깊게 들여다보자.

> "참된 삶은 부재한다." 그러나 우리는 세계 안에 있다. 형이상학은 이런 알리바이에서 출현하고, 이러한 알리바이 속에서 자신을 유지한다. 형이상학은 '다른 데'(ailleurs)로, '다르게'(autrement)로, '다른 것'(autre)으로 향한다. 사유의 역사 속에서 형이상학이 취했던 가장 일반적인 형태로 볼 때, 형이상학은 우리에게 친숙한 세계 — 세계를 경계 짓거나 세계가 숨기고 있는 아직 알려지지 않은 땅들이 무엇이건 간에 — 로부터 출발하여, 우리가 사는 '자기 집'(chez soi)으로부터 출발하여 낯선 자기-의-바깥(hors-de-soi)으로 나아가는, 저-편(là-bas)으로 나아가는 운동으로 나타난다. (3/26)

아르튀르 랭보(Arthur Rimbaud)의 「지옥에서 보낸 한 철」의 한 구절로 시작하는 대목,[4] 곧 책의 본격적 시작을 알리는 1부 A "형이

---

3   Andrea Nightingale, *Philosophy and Religion in Plato's Dialogues* (Cambridge, UK: Cambridge University Press, 2021), 46.

4   "'참된 삶은 부재한다.' 그러나 우리는 세계 안에 있다"라는 『전체성과 무한』 1부를 시작하는 이 말의 원문은 다음과 같다. "'La vraie vie est absente.' Mais nous sommes au monde."

상학과 초월"의 위 대목은 플라톤이 존재의 이편이 아닌 다른 곳, 곧 존재 저편의 좋음에서 존재의 근거가 되는 가장 궁극적이고 고귀한 것을 찾았던 것처럼, 형이상학이 우리가 존재하는 여기가 아닌 다른 데를 향한다는 점을 강조한다. 그리고 이 다른 데, 다른 곳을 향한 운동은 몇몇 신학 담론에서처럼 성급하게 내세를 향하기보다 여전히 세계 안에서 벌어지는 일이다. 이는 레비나스에게 우리 삶의 근원적 욕망이 되는 "타자를 향하는 욕망"으로 이어진다. "이러한 운동의 도달점인 다른 데 있는 것 또는 다른 것이 탁월한 의미에서 **타자**(Autre)라 불린다. 어떠한 여행도, 어떠한 기후의 변화와 환경의 변화도 **타자**를 향하는 욕망을 만족시키지 못한다"(3/26). 즉 형이상학은 일종의 지형학, 즉 존재 영역과 비존재 영역, 존재 영역과 존재 너머의 영역을 가르는 영역 구별의 문제로 그치지 않는다. 그것은 존재와는 다른 데를 **욕망하는** 문제로서, 현재의 이편(ici), 곧 내가 사는 여기 ―

이 말은 아르튀르 랭보의 『지옥에서 보낸 한철』 2부에 실려 있는 「착란 I: 어리석은 처녀」(Délires I: Vierge folle)의 한 구절이다. 이 대목에서 레비나스가 쓴 두 번째 문장은 랭보의 말을 비튼 것이다. "La vraie vie est absente. Nous ne sommes pas au monde." 김현의 번역을 따르자면, 두 번째 문장은 이러하다. "우리는 세상에 없어요." 「착란 I: 어리석은 처녀」, 『지옥에서 보낸 한철』, 김현 옮김 · 황현산 해설(서울: 민음사, 1974), 53. 또는 다음과 같이 번역될 수도 있겠다. "우리는 세계에 없다." 또는 "세계 안에 없다." 원문의 출처는 다음과 같다. Arthur Rimbaud, *Une Saison en enfer*(Bruxelles: Alliance typographique. M. J. Poot et Compagnie, 1873), 22. 참고로 곽민석은 이 랭보의 시 제목을 「헛소리 1. 분별없는 처녀 ― 지옥의 남편」으로 번역했고, 인용한 구절을 이렇게 번역했다. "진정한 삶은 없어요. 우리는 세상에 있지 않아요." 「헛소리 1. 분별없는 처녀 ― 지옥의 남편」, 『지옥에서 한 철/투시자의 편지』, 곽민석 옮김(서울: 지식을만드는지식, 2023), 26. 우리는 여기서 레비나스가 랭보의 시를 인용하면서도 자신의 형이상학에 대한 주제 의식을 따라 랭보의 말을 비틀어 사용하고 있음을 알 수 있다. 레비나스의 의도는 지금 여기에 없는 참된 삶, 참된 것을 다른 곳 ― 이곳이 세계 안이건, 세계 너머건 간에 ― 에서 찾는 인간의 형이상학적 초월을 향한 욕망을 나타낸다.

1부 프롤로그와 발단

존재론적 세계 — 에 이전과 같은 방식으로 머무는 것으로는 도무지 성취되지 않는 운동이다. 그래서 우리는 더 나은 삶을 위해, 더 좋은 것을 향해 나아가는, 결국 (세계 속에 있다고 하더라도) 여기가 아닌 다른 데를 지향하는 욕망의 **운동**을 의도한다.

언급했듯이, 우리는 여기서 레비나스가 형이상학적 초월과 관련해서 플라톤에 가까이 서 있다는 점을 알 수 있다. 레비나스는 앞서 인용한 플라톤의 선 또는 좋음의 이데아에 관한 생각을 이어받고 있다. 즉 플라톤이야말로 이렇게 자신이 설정한 형이상학적 욕망의 운동을 선취한 사람이라는 것이다. "플라톤은 어떤 방식으로든 선 (Bien)으로부터 연역하지 않는다. 그는 초월을 전체성을 넘어서는 것으로 놓는다"(76/145). 플라톤에게 이런 참된 것 또는 아름다운 것을 갈구하는 것은 인간에게 궁극적이고 근원적인 초월의 욕망으로 이해된다. 이를테면 플라톤은 에로스를 인식의 대상이 아닌 욕망의 대상으로 놓는다. "그렇다면 이 자도 그리고 욕망하고 있는 다른 모든 자도 갖추어져 있지 않은 것과 곁에 있지 않은 것을 욕망하는 것이네. (…) 욕망과 사랑이 바로 이런 것들에 대한 것이네. (…) 다름 아니라 에로스는 우선 어떤 것들에 대한 것이고, 그다음으로는 **그**에게 그것들에 대한 결여가 있다고 할 때의 바로 그것들에 대한 것 아닌가?"[5] "내 곁에 있지 않은 것을 욕망하는 것"이 욕망의 본질이고, 내 곁에 있지 않은, 나에게 없는 것을 향한 에로스가 인간의 궁극적 욕

5　Platon, *Symposion*, 200e. 인용은 다음 우리말 번역본을 따랐다. 『향연』, 강철웅 옮김(서울: 이제이북스, 2010), 120-121.

망의 표현으로 간주된다. 이런 점에서 플라톤이 의도하는 에로스에
대한 형이상학적 욕망도 레비나스가 이야기한 것처럼, 지금 그리고
여기의 존재와는 다른, 내가 아닌 타자에 대한 욕망이다.[6]

다만 레비나스는 형이상학적 욕망을 어떤 결여 때문에 생기는
것으로 보지는 않는다는 점에서 플라톤의 에로스에 대한 사유와 그
결을 달리한다.[7] 그에게 형이상학적 욕망이란, "우리가 만족시키는
허기, 우리가 해소하는 갈증, 우리가 가라앉히는 감각 바깥에서 (…)
충족을 넘어선 타자를 욕망한다"(4/29)라는 말에서 보듯, 결여를 채
우는 욕구 충족의 문제를 넘어서 있다. 레비나스가 형이상학적 욕망
에서 충족의 대상이 아닌 것으로서의 타자성을 전면에 드러내며, 이
"형이상학적 욕망은 **전적으로 다른 것, 절대적으로 다른 것**을 향한
다"(3/27)라고 할 때, 그 다른 것은 "절대적으로 타자인 타인(Autrui)
이다"(9/36). 이런 점에서 우리는 레비나스가 플라톤을 계승할 때, 자
신에게 결여된 것을 욕망하는 플라톤의 에로스적 욕망이 아니라 존

---

6   안드레아 나이팅게일은 플라톤의 "형이상학적 욕망"을 외부적인 신적 타자를 향하는 것으
로 말한다. "… 오직 철학자만이 충만하게 형이상학적 욕망을 경험한다. 이런 식의 욕망은
자신보다 존재론적으로 더 높은 외부적이고 신적인 존재에게로 그를 향하게 한다." Night-
ingale, *Philosophy and Religion in Plato's Dialogues*, 35.

7   사실 플라톤의 에로스에 대한 설명은 다소 애매해서, 레비나스의 플라톤 수용이나 이해도
덩달아 애매해지는 부분이 있다. 플라톤이 한편으로는 에로스를 결여에 근거한 것으로 본
다는 점에서 욕망과 구별하는 욕구와 에로스가 비슷한 선상에 놓일 수 있지만, 다른 한편
으로 에로스를 아름다운 것 안에서 출산을 이루는 것이라고 본다는 점에서 그것은 이 유대
인 철학자가 의도하는 사랑과도 가까워진다. 이런 레비나스의 에로스에 대해서는 본서 12-
13강에서 구체적으로 논의한다. 레비나스의 플라톤과 플라톤의 에로스에 대한 복잡하면
서도 애매한 이해 방식과 수용 방식에 대해서는 다음 글을 참조하라. Francisco J. Gonzalez,
"Levinas Questioning Plato on Eros and Maieutics," in *Levinas and Ancients*, eds. Brian Schroed-
er and Silvia Benso(Bloomington, IN: Indiana University Press, 2008), 40-61.

재하는 것들과 아예 다른 초월로서의 좋음에 대한 사유를 계승하고 있다고 봐야 할 것이다. 플라톤에게 선 또는 좋음은 결여가 아니라 그 자체로 욕망되는 신적인 것에 가깝다는 점에서, 레비나스의 형이 상적 욕망과 — 곧이어 살펴볼 — 초월의 이념과 맞닿아 있다. "선 은 **그 자체로** 선이지, 선이 결여하고 있는 욕구와 관련해서 선인 것 이 아니다"(76/145-46).

이에 다음과 같은 물음이 자연스럽게 따라온다. 우리가 욕망하 는 타자가 결여, 즉 우리에게 빠져 있는 것을 그저 갈구하는 것이 아 니라면 그 형이상학적 욕망은 구체적으로 어떤 것일까? 이 지점에서 레비나스의 타자 이론의 독특성이 드러난다. 레비나스가 타자를 절 대적이라고 한 이유는 그것이 절대 내가 소유할 수 없는 것이고, 그 점에서 나의 만족이나 충족의 대상이 되지 않기 때문이다. 즉 레비나 스에 의하면 우리가 참된 삶의 부재가 아닌 참된 삶의 현전 또는 현 실화를 의도한다고 하더라도, 그 현실화는 무엇인가를 소유해서, 그 런 참된 삶을 위한 욕구 충족의 대상을 내 안에 혹은 내 영역 안에 흡 수한다고 해서 성취되는 성질의 것이 아니다. 더 자세히 말해서, 레 비나스의 형이상학적 욕망이란 "충족되지 않는 욕망", 곧 "타자의 타 자성과 외재성에 **귀를 기울이는** 욕망"(4/29)이기 때문이다. 이렇게 "귀를 기울이는" 것은 어떤 것을 소유함으로써 사물화하는 것도 아 니고, 어떤 상태에 고정된 부동성도 아니며, 오히려 수동적 행위에 가깝다. 특히 이것은 레비나스가 시종일관 극복하려고 하는 "관념과 사물의 일치"로서의 인식론적 "봄"과 "이해"(4/28)와 대조를 이루는 것이기도 하다. 즉 우리가 욕망하는 타자는 우리의 봄 안에 포섭되는 자가 아니라 우리를 부르는 자이다. 우선 타자가 나를 불러야 나는 무언가를 들을 수 있으며, 여기에 응답하는 것이 욕망하는 자에게 주어진 의무처럼 제기될 것이다. 즉 레비나스에게 욕망은 소유나 채움이 아니라 들음과 응답이라는 대화 속에서 실현되는 것이다.

이처럼 형이상학적 욕망은 **"귀를 기울이는"** 것과 같은 어떤 행위들 안에서 실현된다. 단, "이 행위들은" 욕구 충족을 위한 "소비도 아니고 어루만짐도 아니며 전례도 아니다"(5/29). 만일 형이상학적 욕망을 실현하는 행위가 "소비", "어루만짐", "전례"와 같은 것이라면, 그것은 필연적으로 대상을 내 존재 영역 안에 가두는 결과를 낳을지도 모른다. 소비의 대상, 어루만짐의 대상, 예배의 대상으로 말이다. 하지만 그렇게 되면 타자는 나의 굶주림을 채우고, 나의 필요를 채우는 대상으로 전락하고, 나의 욕구는 일종의 정복욕이나 경배감과 같은 숭배의식을 채워 주는 어떤 것이 되고 말 것이다. 타자는 타자로 남지 않고 동일자와의 상관성 안에서 존재하게 되는데, 이 경우 동일자에 **대한** 타자는 그 자체로 절대적인 타자로 남을 수 없다. 플라톤의 존재 저편에 있는 좋음의 이데아가 결코 존재와 같은 것이 될 수 없는 것처럼, 레비나스의 타자도 오직 절대적으로 동일자로 환원되지 않는 타자로 남을 뿐이다. 그의 형이상학적 사유는 바로 이런 절대적 타자성을 훼손하지 않는 가운데 구체적으로 전개될 것이다. 이런 점에서 "형이상학적인 자와 타자(Autre)는 **전체화되지** 않는다. 형이상학적인 자는 절대적으로 분리된다"(5/31). 바로 이런 점에서 부름과 귀 기울여 들음은 이런 분리된 관계 안에서 성취되는 독특한 의미의 대화로 제시될 것이다.

1부 B와 2부에서 상세하게 다루겠지만, 여기서 언급된 "분리"(separation)가 레비나스의 전체 논증을 이끌어 가는 핵심 용어 중 하나로 작동한다. 레비나스가 언급한 "형이상학적인 자"는 형이상학적 욕망을 품은 자라고 할 수 있을 것이다. 그런데 이 "형이상학적인 자"는 철저히 다른 것으로부터 분리된 자로 남게 되고, 바로 그래서 타자도 "형이상학적인 자"에게 포섭되지 않은 채로 남는다. 다시 말해 그것들은 절대 서로 섞이거나 결합되지 않으며, 바로 이 때문에 그 어느 것도 전체화되지 않은 채로 한 존재자의 고유함을 보존하기에 이른다. 그렇다면 이렇게 상관성이나 공통성으로 한데 묶이는 것으로 분류될 수 없는 이 절대적인, 형이상학적인 분리는 레비나스의 철학 구도에서 구체적으로 어떻게 전개되는가?

앞서 레비나스의 서문을 살펴보면서 함께 보았듯이, 『전체성과 무한』의 중요한 의도가 "주체성을 변호하는" 것임을 기억해야 한다. 즉 타자를 욕망하는 (형이상학적인) 자는 타자와 분리된 동일자로서의 나이다. 이 나는 "상대적으로가 아니라 절대적인 면에서 동일자(Même)로 존재하는 것이다". 여기서 동일자인 **하나의 항은 그 관계의 출발점에 자아(Moi)로서 남을 수 있다**(6/31). 레비나스에게 동일자는 다름 아닌 나, 곧 자아이다. 그리고 형이상학은 이 동일자로부터 출발하여 타자를 향하는 운동으로 간주되어야 한다. 하지만 이것이 레비나스의 형이상학이 동일자 중심의 철학이 된다는 말은 아니다. 레비나스가 말하는 동일자는 헤겔 철학의 동일자에 대한 사유나 A=A와 같은 형식적 동일률에서의 동일자와는 완전히 다르다. 이를테면, 헤겔의 동일자와 동일자 대 타자의 사유에서는 절대적 의미의 분리가 작동하지 않는다. 이 경우 타자는 정신의 운행 가운데 일어나는 동일자의 놀이 안에 머무른다. 즉 타자는 자기정립의 과정에서 일어나는 나의 부정성으로서 이해되기 쉽다. 이 경우 타자는 분리된 타자도, 그 자체로서 타자도 아니고 나의 자기의식의 부정성을 결코 벗어나지 못한다. 이 타자에 대한 부정과 부정을 통한 자기 긍정 및 고양 가운데에서 자아의 동일성은 자기의식의 진리에 이른다. 이와 관련해서 헤겔의 『정신현상학』을 살펴보자.

> 처음에 자기의식은 단순한 대자 존재이며, 모든 **타자를 자신으로부터** 배제함으로써 자기동일적으로 존재한다. 자기의식에게 그의 본질이자 절대적 대상은 **자아**(Ich)이다. 그리고 자기의식이 이런 직접성 속에서는 또는 이런 자신의 대자 존재의 **존재** 속에서는 **개별자**이다. 자기의식에 대해 타자인 것은 비본질적인 것으로서 부정적인 것이라는 성격으로 특징지어진 대상이다. 그러나 이 타자 역시 하나의 자기의식이다. 한 개인이 한 개인에 맞서 등장한다. 그들은 이렇게 **직접적으로** 등장하면서 서로에 대해 통상적인 대상이라는 양상을 띠게 된다. (…)
>
> 각자는 자신의 생명을 거는 일 못지않게 또한 타자의 죽음을 겨냥할 수밖에 없다. 왜냐하면 그에게 타자는 더는 그 자신으로 간주되지 않기 때문이다. 그에게는 자신의 본질이 타자로 나타나며, 그는 탈자화되어 있다. 그는 이런 자신의 탈자 존재를 지양해야만 한다. 타자는 여

러모로 속박되어서 존재하는 의식이다. 그는 자신의 타자 존재를 순수한 대자 존재로서 또는 **절대적 부정**으로 직관해야만 한다.[8]

한편으로 헤겔은 자기의식을 절대적 동일자로 얘기하면서, 다른 한편으로 타자를 자기에 대해 "비본질적인 대상"으로 상정한다. 이 비본질성은 철저히 동일자에게 상대적으로, 동일자에 대립해서 나온 성격이므로, 이것을 레비나스가 말하는 절대적 분리와 같다고 할 수는 없다. 타자는 내가 **아닌** 자이고, 나는 타자가 **아닌** 자이므로, 이 대립하는 개별자로서의 양자 사이에는 서로를 부정하는 관계가 생겨나고, 이에 둘은 투쟁 관계로 돌입할 수밖에 없다. 이것이 바로 저 유명한 주인과 노예의 인정 투쟁이 등장하는 배경이 된다. 물론 헤겔은 이런 투쟁만을 기술하는 것이 아니라 주인-노예 관계의 역전을 통해 일어나는 대립과 갈등의 해소 및 화해와 더불어, 이 화해를 통해 더 고양된 동일자와 타자의 상호 인정을 재정립하는 데까지 나아간다. 하지만 『전체성과 무한』의 저자에게 "이런 타자성은 동일자의 놀이에 불과하다"(7/33). 아무리 동일자인 자기의 욕망이 타자에 대한 인정으로 치닫는다 하더라도, 그 타자는 타자 자체로 있을 수 없으며, 더 만족스러운 자기의식과의 상호 인정 안에서만 유의미하다. 그런데 나의 인정이 없으면 타자의 타자성이 온전하게 있을 수

---

8   Georg W. F. Hegel, *Phänomenologie des Geistes*(1807), Gesammelte Werke, Bd. 9, hrsg. von Wolfgang Bonsiepen und Reinhard Heede(Hamburg: Felix Meiner, Verlag, 1980), 110-111; 국역본: 『정신현상학 1』, 김준수 옮김(서울: 아카넷, 2022), 181-184. "절대적 부정"의 강조는 필자.

없는가?[9] 그래서 레비나스가 보기에 이처럼 "타자에 대한 부정을 통해 이루어지는 — 인간 또는 신인 — 타자의 초월은 여전히 부정하는 자에 의해 제한된 초월이다".[10] 따라서 참된 "**초월은 부정성이 아니다**"(11/39).

이와 더불어 파르메니데스를 따르는 전통 형이상학에서 말해지는 A=A의 동일률은 그저 뼈만 있을 뿐 살과 피가 없는 형식 논리에 불과하다. 헤겔만 하더라도 생사를 건 투쟁이 주체와 타자의 대립 속에서 등장한다. 그것이 폭력으로 이어질지언정 거기에는 삶과 죽음이라는 우리의 생을 이루는 살과 피의 투쟁이 있다. 하지만 형식 논리에는 형식만 있을 뿐 삶을 채우는 내용은 없다. 또한 여기서도 타자는 그저 비-A, 비-동일자와 같이 부정성 개념으로만 생각될 뿐이다. "이런 식으로는 A는 A라는 형식주의로 환원될 수 없는 동일화의 본래성에 주목할 수 없을 것이다"(7/33).

이렇게 동일자에 비추어 부정성 안에서 사유되는 타자성을 극복하기 위해서 레비나스는 그 특유의 초월 개념을 도입한다. 그리고

---

9 메롤드 웨스트폴은 이런 헤겔적인 타자성의 성격을 잘 설명한다. 그것은 분명 상호 인정 안에서 보존되지만, 그 절대적 낯섦의 성격을 잃어버린 채로 존속된다. "유한한 자기들의 타자성은 상호 인정을 기초로 하는 관용의 공동체에서 극복된다. 무한한 자기의 타자성은 신적인 것이 '사랑으로 서로 관계 맺는 인간들의 민족' 이외에 다른 것이 아니라는 발견에서 극복된다. 여기서도 타자성은 단순하게 사라지지 않는다. 하지만 그 타자성은 타자 앞에서 인간이 집에 있는 듯한 편안함을 느끼기보다는 소외되게 만들었던 그 낯섦(strangeness)을 상실하게 된다." Merold Westphal, *History and Truth in Hegel's Phenomenology* (Bloomington, IN: Indiana University Press, 1998), 213.

10 Jeffrey Bloechl, *Levinas on the Primacy of the Ethical: Philosophy as Prophecy* (Evanston, IL: Northwestern University Press, 2022), 173, n. 41.

이 초월 개념을 거쳐 다시 그의 형이상학에 대한 사유를 개진하는데, 우리도 이 경로를 따라 그의 "윤리적 형이상학"의 성격을 알아볼 것이다.[11] 요컨대 초월은 형이상학적 욕망으로서의 타자를 향한 것이고, 이때 타자는 높음, 높은 데 자리한 것이 될 것이다.

초월: 상향초월과 초월의 윤리적 의미

레비나스의 초월을 사고할 때 고려되어야 하는 — 또한 많이 간과되는 — 것이 바로 장 발의 초월 개념이다. 이는 레비나스 본인이 "형이상학적 운동은 초월적이고 초월이며, 욕망과의 불합치로서, 상향초월(transascendance)이 아닐 수 없다"(5/30)라고 하면서, 이 초월 개념을 "장 발에게서 빌려 온다"(5 n. 1/30 각주 3)라고 명시적으로 언급하기 때문이다. 『전체성과 무한』에서 장 발의 글이 인용되지 않기 때문에, 우리는 여기서라도 해당 개념의 정확한 이해를 위해 그의 말을 직접 들여다보아야 한다. "우리는 초월의 위계나 심지어 위계들을 상상할 수 있다. 말하자면 아래를 향하는 (⋯) 위계가 있다. 거기에는 상향초월만이 아니라 하향초월(transdescendence)도 있다."[12] 장 발의 두 가지 개념에서 주목할 만한 것은 그가 초월에 방향을 설정한다는 것이다. 그에게 초월은 아래를 향하는 것과 위를 향하는 것으로

---

11 "윤리적 형이상학"이라는 용어는 다음 문헌에서 가져온 것이다. Edith Wyschogrod, *Emmanuel Levinas: The Problem of Ethical Metaphysics*(New York, NY: Fordham University Press, 1974; 2000).

12 Jean Wahl, *Existence humaine et transcendance*(Neuchâtel: Éditions de la Baconnière, 1944), 37.

나뉘는데, 여기서 위/아래는 무엇을 뜻하는가? 사실 장 발의 초월에 대한 언급도 상세하지 않다는 점에서, 그 진상을 파악하기가 그리 쉽지는 않다. 하지만 이런 두 가지 초월의 대립을 이해할 수 있는 실마리가 그의 텍스트에 나타나기는 한다. 여기서 실마리란, 우선 이 초월을 주체성과 연관시킨다는 사실과 그가 키에르케고어를 언급한다는 사실에서 찾을 수 있다.[13] "확실히, 내가 '상향초월'과 '하향초월'에 대해 말할 때, 나는 초월이라는 말을 키에르케고어가 말했던 것에 결부함으로써, 악마적 힘의 관념과 연결했고, 그런 다음 이로부터 도덕적 측면과 비도덕적 측면을 취했다."[14] 장 발이 키에르케고어를 취하는 이유는 주체성에 대한 그의 깊은 이해와 반-헤겔적 태도 때문이다. 그에 의하면, 키에르케고어는 헤겔의 목적론적 변증법을 거부할 뿐만 아니라 논리적 체계성이나 추상적 사유를 통해 도달하는 보편성 또한 뛰어넘는다. 오히려 키에르케고어는 주체성이 개인의 내면에서 일어나는 정서의 분출 가운데 형성된다고 보는데, 장 발은 그 분출되는 정서가 바로 내 바깥에 외재성의 존재인 신적 타자를 향한다는 점에서 자기-초월로서의 성격을 지닌다고 본다. 다시 말해 장 발은 이런 식으로 분출되는 정서를 안고 있는 주체성이 자기 너머의 신이나 윤리적 선을 향하는 것을 상향초월로서의 자기-초월이라고 이해하면서, 이러한 "주체성과 초월 관념이 철학의 관점에서 키

---

13   "주체성과 초월 관념이 철학의 관점에서 키에르케고어의 사유를 특징짓는 두 가지 본질적 관념이다." Wahl, *Existence humaine et transcendance*, 39.

14   Wahl, *Existence humaine et transcendance*, 117.

에르케고어의 사유를 특징짓는 두 가지 본질적 관념"이라고 강조한
다.[15] 이와 관련한 부르흐라브의 해명은 장 발의 초월 개념을 더 명
쾌하게 이해할 수 있게 해 준다. 그의 초월은 "존재로부터 출발하여
이 운동 속에서 자기 자신을 자기 뒤로 남기고자 하는 운동이다. 어
떠한 우회로 없이 타자와 접촉하게 되는 감정 속에서, 주체는 자신을
넘어 자신과 다른 것을 향해 도달한다. 이런 측면에서, 감정은 또한
갈망이자 긴장이며, 문자 그대로 '초-긴장'(hyper-tension)이다. 왜냐
하면 이는 바로 자신 안에서 자신 안에는 없는 것, 즉 타자에게로 이
르는 것이기 때문이다".[16]

이런 점에서 상향초월은 내 바깥에 있는 것을 향하는 초월을 의
미한다고 할 것이다. 그런데 왜 상향인가? 바깥이 반드시 위를 의미
할 필요가 있는가? 타인은 현실 속의 인간 타자가 아닌가? 여기서 우
리는 레비나스 특유의 동일자와 타자의 비대칭적 관계에 관한 사유
를 엿볼 수 있다. 주체와 타자 관계에서 일어나는 형이상학적 운동의
상향초월이 곧장 신이나 신적 우주로 올라감을 의미할 필요는 없다.
그렇게 체계를 거부하는 내가 저 높은 신에게로 올라가는 것은 레비

---

15 Wahl, *Existence humaine et transcendance*, 39.

16 Roger Burggraeve, "Affected by the Face of the Other: Levinasian Movement from the Exterior-
    ity to the Interiority of the Infinite," in *Emmanuel Levinas: Prophetic Inspiration and Philosophy* (at-
    ti del convegno internazionale per il centenario della nascita, Roma 24-27 maggio 2006), eds. Irene
    Kajon, Emilio Baccarini, Francesca Brezzi, Joëlle Hansel(Firenze: Giuntina, 2008), 276. 이 글은
    내가 아는 한 레비나스에게 미친 장 발의 영향, 또는 레비나스의 장 발 수용을 가장 잘 해명
    한 글이다. 부르흐라브의 다음 글도 장 발과 레비나스의 관계를 잘 해명한 글로 꼽힌다. "De
    Immanentie van Gods Transcendentie. De Uitdaging van Levinas' Ethisch Denken naar-God-
    toe," *Tijdschrift voor Theologie* 47:3(2009), 260-280.

나스에게는 키에르케고어에게나 해당하는 말이다. "키에르케고어가
생각했던 것처럼 체계를 거부하는 것은 내가 아니다. 그것은 타자이
다"(10/39).[17]

레비나스는 나보다 더 높은 자와 나의 관계 맺음을 초월로 의미
하려 한다.[18] 다시 말해 그는 이렇게 동일자가 자신보다 더 높은, 존
중받아 마땅한 인간 타자를 향한다는 의미로, 장 발의 상향초월로서
의 초월 개념을 도입하여 자기의 고유한 형이상학적 초월 개념을 발
전시켰다.[19] 이것은 형이상학적 욕망이 반영된 초월이면서, 궁극적

---

17 이런 레비나스의 키에르케고어 비판은 단선적이라는 지적들이 있으며, 오히려 둘의 유사
성을 부각하는 연구가 있다. 대표적으로 다음 문헌들이 있다. Claudia Welz and Karl Verst-
rynge(eds.), *Despite Oneself: Subjectivity and Its Secret in Kierkegaard and Levinas*(London: Turnshare,
2008); J. Aaron Simmons and David Wood(eds.), *Kierkegaard and Levinas: Ethics, Politics, and
Religion*(Bloomington, IN: Indiana University Press, 2008); Merold Westphal, *Levinas and Kierke-
gaard in Dialogue*(Bloomington, IN: Indiana University Press, 2008); Patrick Sheil, *Kierkegaard and
Levinas: The Subjunctive Mood*(London, UK and New York, NY: Routledge, 2017).

18 물론 레비나스도 타자를 신의 흔적으로 간주하고, 타자를 거쳐 신을 찾아가 볼 가능성을 언
급하지만, 타자가 신은 아니다. 이것이 바로 인간 타자에게 머무르려는 레비나스와 신적 타
자를 향하고자 하는 키에르케고어 사이의 차이일 것이다. 장 발은 타자를 향한 초월이 키에
르케고어에게서는 곧장 신으로 경도된다는 점을 지적한다. "존재란 자기 자신 이외의 무언
가와의 관계이다. (…) 키에르케고어는 분명히 '타자'를 완전히 부정하지는 않지만, 종종 그
는 (항상 그런 것은 아니지만) 존재를 신이라는 유일한 타자에 대한 성찰로 축소한다." Wahl,
Existence humaine et transcendance, 29

19 그렇다면 하향초월은 무엇인가? 논지의 전개를 위해서 본문에서 다루지 않겠지만 여기서
간략하게 언급하자면, 자기 바깥이 아닌 자기 내부 저 아래 자리한 내면, 곧 심연으로 들어
가는 일을 말한다. 브루흐라브는 이를 나의 내면의 감각적 느낌의 심연으로 나아가는 초월
이라고 탁월하게 설명한다. "주체 저편에(au-delà) 이르는 '상향초월'과는 대조적으로, 느낌
이라는 대상-축을 거치는 것에 대해 (…) 우리는 이를 주체 자체의 심연 그 자체로 도달하
는 '하향초월'이라고 부를 수 있다." Roger Burggraeve, "The Bible Gives to Thought: Levinas
on the Possibility and Proper Nature of Biblical Thinking," in *The Face of the Other and the Trace
of God: Essays on the Philosophy of Emmanuel Levinas*, ed. Jeffrey Bloechl(New York, NY: Fordham
University Press, 2000), 171.

　　　　　　　　　　　　　　　　　　　　　1부 프롤로그와 발단

으로는 윤리적 초월을 수립한다. 레비나스는 이렇게 말한다.

우리는 타인의 현전이 나의 자발성을 문제 삼는 것, 이를 윤리라고 부른다. 타인의 낯섦 — 타인을 나로 환원할 수 없음, 나의 사유와 소유로 환원할 수 없음 — 은 바로 나의 자발성을 문제 삼는 것으로, 윤리로 성취된다. 형이상학, 초월, 동일자에 의한 타자의 맞아들임, 나(Moi)에 의한 타인의 맞아들임은 구체적으로 타자로 말미암아 동일자를 문제 삼기, 즉 지식의 비판적 본질을 수행하는 윤리로서 생산된다. (13/43)

여기서 매우 명확하게 레비나스가 말하고 있는 것처럼, 형이상학과 초월은 "윤리로서 생산된다". 바로 이런 점에서, 반복해서 말하건대, 레비나스의 형이상학은 윤리적 형이상학이고 그 초월도 윤리적으로 이해되어야 한다. 말하자면 레비나스가 의도하는, 이른바 상향초월은 높은 데서 도래하는 타자를 욕망하고 이 타자를 낮은 자인 내가 모시고, 섬긴다는 의미의 윤리와 결합된다. 이것은 특별히 『전체성과 무한』 출간 이듬해 나온 「초월과 높음」이라는 글에서 조금 더 명확하게 나타난다.

이제 이것은 타인에게 스스로 복종하는 도덕으로 전환하는 경우에만, 곧 직접적으로 높음(hauteur)에 순종하고 복종하는 일로 일어나는 경우에만 가능하다. 또는 더 정확히 말하자면, 타인에 대한 복종이 자발적인 움직임의 그 존엄한 행위를 앗아가지 않는다면, 이는 타인이 **바깥**에 있을 뿐 아니라 이미 높은 데 있기 때문이다. **높음**의 관념은 자발성과 복종을 대조하는 모순을 조화롭게 한다. 타자로 말미암아 동일자를 문제 삼는 것은 긍정적 운동, 타인을 위한 그리고 타인 앞에서 자아의 책임이라는 운동에서 성취된다.[20]

순종하고 섬기는 자가 낮은 자이며, 내가 섬겨야 할 타자는 높은 데서 도래한다. 이러한 타자는 동일자로 환원되지 않으면서, 동일자 바깥에 자리하는, 동일자와 절대적으로 다른 나보다 더 높은 자이다.[21] 즉 높음은 헤겔이 한 것처럼 타자를 부정성으로 이해하는 시도를 극복하는 말로서, 타자는 윤리적 차원에서 내가 섬겨야 할 나보다 더 높은 자이다. 나는 이 높음을 동일자에 대한 부정이나 대립의 항으로서 내 앞에 반성의 대상으로나 내 옆에 나란히 서는 관계적 항으로 세울 수 없다. 달리 말하면 타자의 높음은 이 타자를 헤겔이 하듯 나의 사변적 반성의 대상으로 삼을 수 없음을 뜻한다. 그것은 나의 체험과 반성의 지평으로 환원되지 않는 윤리의 차원에 있다는 의미에서 높다. 이처럼 윤리적 차원에서 **높은 데** 있는, 내가 아래에서부터 떠받치고 섬겨야 할 타자를 맞아들일 때 윤리적 초월의 사건이 성취될 것이다.

---

20 Emmanuel Levinas, "Transcendance et hauteur"(1962), in *Cahiers de l'Herne: Lévinas, dirigé par* Catherine Chalier et Miguel Abensour(Paris: L'Herne, 1991), 103.

21 이 점에서 레비나스는 자신이 내놓은 주체-타자 관계가 마르틴 부버의 나-너 관계와 다르다는 점을 명시한다. "나는 항상 타자보다 나 자신에게 더 많은 것을 요구해야 하며, 이것이 바로 내가 [마르틴] 부버가 대칭적 공동현전으로 나-너 윤리적 관계를 기술하는 것에 동의하지 않는 이유이다." Emmanuel Levinas and Richard Kearney, "Emmanuel Levinas: Ethics of the Infinite," in *Debates in Continental Philosophy: Conversations with Contemporary Thinkers*, ed. Richard Kearney(New York, NY: Fordham University Press, 2004), 82.

여기서 잠깐 멈추어 서서, 더 분명한 철학적 이해를 위해 서양 철학의 역사에 아로새겨져 있는 초월 개념의 다채로운 의미를 간략하게 짚고 이를 레비나스의 초월과 비교해 보자. 레비나스가 지향하는 상향초월로서의 초월 개념은 가깝게는 장 발의 초월 개념에 빚지고 있지만, 멀리 보면 앞서 거론했던 플라톤의 존재 저편의(*epekeina tēs ousias*) 좋음 또는 선의 이데아에서 저편으로의 초월 개념, 존재하는 세계를 넘어선 초월 개념과 맥을 같이 한다고 할 것이다. 다만 레비나스는 플라톤의 초월에 대한 사유를 나름의 방식으로 계승한 신플라톤주의에서의 일자의 초월과는 거리를 둔다. 왜냐하면 일자의 초월에는 분리가 없기 때문이다. 신적 지성과 영혼, 그리고 자연 사물까지 일자에서 발출되는데, 이것들은 발출되었기에 더는 일자처럼 단순하고 충만하지 않지만 일자를 어느 정도 함유하고는 있다. 하지만 이렇게 발출된 것은 충만하게 일자가 되지 못한 채로 발출된 정도를 따라 일자에 대한 결핍을 안고 있고, 이 결핍이 다시 일자로 회귀할 운동의 근거가 된다. 이런 점에서 플로티누스에게 일자의 타자들은 모두 동일자와 분리되지 못한 채로 회귀의 운동성 아래 머무를 수밖에 없다. 레비나스를 따르자면, 이런 사유 체계에서 타자는 그 자체로 타자일 수 없다. 타자는 "일자와의 합일이 가능한 일자를 향한 초월"을 희구할 뿐이며, 이런 초월의 사유에서 "가장 가치 있는 것은 일자의 이런 초월적인 불가분성, 모든 다수성과 모든 수가 폐기되는 순수한 동일성이다".[22] 레비나스는 이런 신플라톤주의의 초월이

<hr>

22 Emmanuel Levinas, "Philosophie et transcendance"(1989), in *Altérité et transcendance*(Mont-

심지어 헤겔과 후설에게까지 나타난다고 보며, 이 경우 초월은 동일자의 내재성 안에서만 사유된다.[23]

중세 스콜라철학에서는 존재자의 초월범주, 즉 존재하는 것이라면 존재하는 것 모두에 부과할 수 있는 서술 양식을 일컬을 때, 바로 그 범주에 대해 초월이라는 말을 사용한다. 이를테면, 하나(*unum*), 참(*verum*), 선(*bonum*), 미(*pulchrum*)와 같은 것이 존재하는 모든 것에 공통적으로 사용될 수 있는 초월범주인 것이다.[24] 칸트에게 초월적(transzendentale)이라는 말의 의미는 또 바뀌는데, 이미 서문을 다루면서도 인용했듯이, 그는 **"우리의 선험적 개념들**을 다루는 모든 인식을 초월적이라고 부른다".[25] 즉 인식론의 맥락에서 인식을 가능하게 하는 경험 독립적이고, 경험에 앞서는 조건을 다룰 때 초월적이라는 말을 쓰는 것이다. 이 외에도 하이데거 역시 현상학적 맥락에서

pellier: Fata Morgana, 1995), 31-32; 국역본: 「철학과 초월」, 『타자성과 초월』, 김도형 · 문성원 옮김(서울: 그린비, 2020), 31-32.

23　"내재성으로의 — 지각되며 포괄되며 나의 것인 세계로의 — 복귀. 헤겔과 후설의 근대적 주제 속에서 우리는 신플라톤주의 도식들의 매우 광범위하고 거의 형식적인 구조들의 윤곽을 여전히 분명하게 식별할 수 있다." Levinas, "Philosophie et transcendance," in *Altérité et transcendance*, 34; 국역본: 「철학과 초월」, 『타자성과 초월』, 34. 찰스 테일러도 헤겔과 플로티노스에게 확실한 유사성이 있다고 말한다. "따라서 헤겔의 이론은 '만유재신론적' 또는 발출론적이라 불렸고, 이런 점에서 플로티노스와 연관되었다. 확실히 유사성이 있다." Charles Taylor, *Hegel*(Cambridge, UK: Cambridge University Press, 1975), 102; 국역본: 『헤겔』, 정대성 옮김(서울: 그린비, 2014), 193.

24　흥미로운 사안 하나는 이런 초월범주 개념이 하이데거에게도 일정하게 영향을 미쳤다는 점이다. 오토 푀겔러에 의하면, 하이데거의 "존재자의 존재는 그것의 발견되어 있음, 그것의 진리이다. **존재와 진리는 치환 가능하다**(*Ens et verum convertuntur*)". Otto Pöggeler, *Der Denkweg Martin Heideggers*(Pfullingen: Verlag Günther Neske, 1963; 1983), 88; 『하이데거 사유의 길』, 이기상 · 이말숙 옮김(서울: 문예출판사, 1993), 101.

25　Immanuel Kant, *Kritik der reinen Vernunft*, A11-12/B25; 국역본: 『순수이성비판 1』, 211.

초월이라는 말을 사용하는데, 이 초월 개념은 레비나스의 그것과 대조해서 살펴볼 만하다. 하이데거의 현존재는 세계-내-존재로서 자기 안에 머무는 존재가 아니라 근원적으로 자신이 세계로 넘어간다는 점에서 초월하는 존재이다. 이 자기 바깥으로 자신을 투사하는 가운데 자기의 본래성을 구체적으로 현실화하는 작용 일체를 하이데거는 현존재의 자유의 실현이라고 본다. 그러므로 하이데거가 말하는 현존재의 자유가 실현되는 운동을 곧 초월이라고 할 수 있을 것이다.

> 주체는 주체로서 초월하며, 그것이 초월하지 않는다면 주체가 아닐 것이다. 주체 존재는 초월함을 의미한다. 다시 말해 현존재는 어쩌다가 실존하거나 때에 따라 넘어가는 것이 아니다. 오히려 실존한다는 것은 근원적으로 넘어감을 의미한다. 현존재 자체가 넘어감이다.
>
> (⋯)
>
> 초월은 현존재의 근본 구성틀을 형성하고, 일차적으로 현존재의 존재에 속하며, 이후에 비로소 거기에 귀속하는 어떤 태도가 아니기 때문에, 이러한 현존재의 근원적 존재는 넘어감으로서 세계로 넘어가기 때문에 우리는 현존재의 초월에 속하는 근본 현상을 세계-내-존재라는 표현으로 특징짓는다.
>
> (⋯)
>
> 현존재의 초월과 자유는 동일하다.[26]

<hr>

26 Martin Heidegger, *Metaphysische Anfangsgründe der Logik im Ausgang von Leibniz* (Sommersemester 1928), Gesamtausgabe 26, hrsg. von Klaus Held (Frankfurt am Main: Vittorio Klostermann, 1978), 211, 213, 238; 국역본: 『논리학의 형이상학적 시원근거들』, 김재철 · 김진태 옮김 (서울: 길,

이처럼 하이데거에게 초월은 주체성의 자유를 실존론적으로 구
현하는 사건 자체이며, 이것은 세계-내-존재로서 현존재가 실체로
고정되지 않고, 자유로서 세계에 가담하는 가운데 성취된다. 곧 이
초월은 세계로의 개방성과 열림 그 자체라 해도 과언은 아니다. 알렉
산더 슈넬이 잘 말한 것처럼, "초월되는 것은 확실히 존재자이지만,
주체가 **그것을 향해** 초월하는 바로 **그것**은 대상도 아니고, 주체 자신
도 아니고, 존재자도 아닌, 바로 **세계**이다."[27]

2017), 245, 246, 272.

27 Alexander Schnell, *De l'existence ouverte au monde fini: Heidegger* 1925-1930 (Paris: J. Vrin, 2005),
170; 사실 이러한 세계에의 열림이나 현존재가 자유로서 세계에 참여한다는 초월의 의미는
일정 부분 후설의 초월철학적 기획과 맥을 같이하는 것이다. 하이데거는 후설에 관한 별다
른 인용을 하지는 않지만, 그의 철학을 탐구해 보면 우리는 핵심적인 부분에서 — 특히 그
의 현상학적 사유에서 — 후설의 사유를 비판적으로 계승하고 있음을 알게 된다. 후설에
게 초월은 현상학적 의식의 주체가 의식 바깥에 있는 것(초재)이 아닌, 의식에 주어진 것과
의 상관관계에 집중하게 되는 것을 말한다. 의식에 주어진 것으로서의 현상으로 우리의 시
선을 옮긴다는 이러한 초월의 의미는, 후설에게서 세계에의 열림이나 개방성을 추구하는
작업으로 이어진다. 새롭게 주어지는 것이 나타날 때마다 바로 그렇게 나타나는 것과의 상
관관계로 나의 의식을 집중시키고, 그렇게 주어지는 것에 나를 온전히 개방시키며, 그렇게
나타나는 것의 의미를 기술하고 파악하기 위해 진력하는 것이 바로 초월적 기획의 일환이
다. 최우석은 이를 다음과 같이 설명한다. "칸트의 초월론이 보편인식의 가능성을 정합적으
로 해명하는 작업이었다면, 후설의 초월론은 본질추구 속에서 세계에 대한 이해를 개방적
으로 탐색하는 작업이라고 규명할 수 있다. 개방성이라는 특징은 보편적 본질을 파악하기
위해 대상에 대한 이해를 폐쇄적으로 가두는 성질의 것을 말하는 것이 아니다. 후설의 초월
론은 본질 규명을 위해 '열림' 가운데 있다고 할 수 있는데, (…) 후설은 프라이부르크 강연
에서 자신의 초월론적 현상학은 '여전히 건설적으로 수립되기 위한 상황 속에 있다'(noch in
Fortbildung begriffen ist)라고 말한다. (…) 우리는 삶 속에서 세계를 체험하며 살아가는데, 우
리가 경험으로서 체험하는 그 세계는 충전적으로 파악되는 것이 아니라 '끊임없이 불충분
한 것으로 남아 있는 것이다'. (…) 여기서 말하는 불충분한 것으로 세계가 체험된다는 것은
초월론적 현상학이 미규정적이라는 성질을 지닌다는 뜻이 아니라, 새로운 현상의 출현 가
능성을 열어 둔다는 의미이다. 새로운 것의 출현을 열어 두고 기대하는 것이 후설 현상학의
본질이라고 볼 수 있다. (…) 이러한 사정에 따라 체험은 불완전한 것이지만, 동시에 통일적
인 체계로서 완전성을 조화롭게 추구하는 것으로 볼 수 있다. 후설의 초월론은 그러한 완전

그런데 레비나스의 관점에서 이런 식의 초월은 여전히 주체를 중심에 놓는 사유이다. 그가 자신의 고유한 형이상학적 초월을 내세우면서 염두에 두는 것도 바로 이런 주체중심의 초월론을 극복하는 것이다. 이와 관련해서 자유의 초월에 반대하는 『전체성과 무한』의 한 대목을 들여다보자. "타자를 동일자로 가져오는 존재론은 동일자의 동일화인 자유를 증진한다. 이 자유는 스스로가 타자에 의해 소외되도록 하지 않는다"(13/42-43). 마치 하이데거를 염두에 두기라도 한 것 같은 이 말은 바로 실존론적 현존재 개념의 창시자에게 적용되기에 안성맞춤이다. 현존재의 목적은 존재 이해이지 타자의 이해가 아니다. 물론 현존재의 존재함에서 이런저런 타자들은 있다. 하지만 현존재는 결코 레비나스가 의도하는 인간 타자와 대면하지 않으며, 인간 타자를 나보다 (윤리적으로) 높은 자로 보지 않는다. 인간 타자는 그에게 그저 곁에 있는 공동존재(Mitsein)이고, 하이데거는 그런 타자와 나란히 있음을 현존재의 존재 방식 중 하나로 볼 뿐이다. 즉 공동존재로서의 타자는 현존재의 존재 방식의 한 계기이고, 그러한 타자들은 동일자의 동일화, 현존재의 자유의 가능성 실현이라는 구도 안에서만 이해될 뿐이다.[28]

성을 추구하는 철학인 것이다." 최우석, 「칸트와 후설의 '초월성' 비교: 후설의 초월론적 현상학의 개방성의 가능성」, 『철학논총』 제88집(2017년 4월), 315-316.

28 물론 이에 대한 반론도 있을 수 있다. 하이데거의 초월이라는 도식에서 타자가 현존재의 자유를 일깨우는 목소리로서의 역할을 할 수 있다는 진지한 반론이 있다. 하지만 그렇다고 해서 이 목소리에 대한 응답과 반응이 윤리적 책임으로 나타나는 것은 아닐 것이다. 다시 말해 그런 목소리의 타자성에도 불구하고 여전히 현존재의 관심은 자기 초월로서의 자유가 지닌 가능성의 실현으로 국한된다고 보아야 할 것이다. 그렇지만 조금 더 입체적인 탐구를 위해 우리는 하이데거의 편에서 이루어지는 반론 제기에도 관심을 두어야 한다. 이 주제에

그럼 이제 레비나스의 초월 개념을 요약해 보자. 레비나스가 제안한 것이 이런 현존재의 존재론적 초월과는 다른 형이상학적 초월이다. 타자는 저 높이 있으며 형이상학적 초월은 바로 내 바깥에 있는, 외재적인 것을 향하는 형이상학적 욕망의 — 대상성 없는 — 대상을 향함이다. "이 타자성은 타인의 타자성이고, 지-고(Très-Haut)의 타자성으로 받아들여진다. 높이의 차원 자체가 형이상학적 욕망(Désir)에 의해 열린다. 이러한 높이는 더 이상 천국과 같은 것이 아니라 보이지 않는 것(l'Invisible), 높이의 고양 자체이자 높이의 고귀함이다"(4-5/29). 이렇게 높은 것, 내가 볼 수 있는 것이 아닌 타자는 나의 시선으로 파악되지 않으므로 인식할 수 있는 대상이 아니다. 인식이 가능하려면 내가 인식할 수 있는 인식 체험의 지평 아래 있어야 한다. 하지만 레비나스에게 타자는 동일자와 절대적으로 다른 것으로 간주된다는 점에서, 심지어 저 높이 있다는 점에서 나의 체험과 인식 지평 아래 놓일 수 없다. 주의할 것은 레비나스도 말한 것처럼 여기서 높다는 말은 절대 초감각적인 존재자로 이해되지 말아야 한다. 레비나스는 "황홀경을 따라 피안(l'Au delà)으로 들어가는 것을 배제한다"(18/51). 피안으로의 초월은 앞서 언급한 신플라톤주의의 (신비적인) 일자의 초월로 다시 회귀하는 것에 불과하다. 타자는 나

대해서는 다음 연구를 참조하라. Frank Schalow, "Freedom, Finitude, and the Practical Self: The Other Side of Heidegger's Appropriation of Kant," in *Heidegger and Practical Philosophy*, eds. François Raffoul and David Pettigrew(Albany, NY: State University of New York Press, 2002), 29-40; Reinan Ramos dos Santos, *Être soi-même avec les autres: Ipséité et altérité chez Heidegger*(Paris: L'Harmattan, 2023).

　　　　　　　　1부 프롤로그와 발단

의 인식의 시선을 넘어서 있다는 점에서, 내 지평을 넘어서 있으므로 초월적이다. 그리고 이 초월과의 관계는 앞서도 언급했듯 높은 자에 대한 순종과 섬김이라는 윤리적 의미의 형이상학적 관계를 의미한다.

그렇다면 여기서 말하는 윤리적 관계에서의 섬김이란 구체적으로 무엇을 의미하는가? 윤리적 관계라는 것은 자연스럽게 내가 타자를 책임지는 관계를 말하는 것 같기도 하지만, 그 전에 그 관계를 성취하는 구체적 실현 방식에도 주목해야 한다. 여기서 레비나스가 제시하는 관계 수립의 방식은 앞서 나온 **"귀를 기울이는 욕망"**이라는 표현에서도 제시된 것처럼 언어적 대화이다. "실제로 언어가 한 관계를 성취한다. 이 관계에서 항들은 인접해 있지 않으며, 타자는 동일자와 맺는 관계에도 불구하고 동일자에 초월적인 채로 남는다. 동일자와 타자의 관계, 즉 형이상학은 근원적으로 **대화**(discours)로 시행된다. 거기서 특별하고 독특하며 토착적인 존재자인 '나'의 자기성 가운데 압축된 동일자는 자기를 벗어난다"(9/37, 강조는 필자).

형이상학적-윤리적 초월의 관계가 왜 대화여야 하는지 의아할 수 있다. 그런데 이것은 타인이 나에게 말을 걸어온다는 점을 고려하면 쉽게 이해할 수 있는 부분이다. 레비나스에게 타인은 **"얼굴 대 얼굴의 대면"**(face-à-face, 9/37)으로 나에게 다가온다. 이렇게 대면한다는 것은 "윤리는 광학이다"(xii/11)라고 한 데서 보듯, 일차적으로 가시성의 영역에 속하는 나의 시선에 도래한다는 말이다. 하지만 이미 살펴본 대로, 레비나스는 타인이 나의 인식하는 시선에 합치하는 방식으로 주어지지 않는다고 본다. 오히려 타인은 나의 체험 지평을 초

과하는 가운데 주어지고, 이때 시선에서 일어나는 초과는 내가 귀를
기울여야 할 말로 나를 부른다. 우리는 이렇게 등장하는 말을 레비나
스를 따라 명령의 언어로 이해할 수 있다. 한 가지 중요한 예로, 레비
나스는 "너는 살해하지 말지니라"라는 명령을 "무한인 타인의 얼굴"
이 하는 "최초의 말"(173/294)로 간주한다. 마리옹의 다음과 같은 말
은 레비나스 철학이 주체와 타자가 서로 대면하는 만남에서 봄으로,
봄에서 들음의 말로 이행하는 성격을 가진다는 점을 잘 나타내고 있
다. "형식적으로 말해, 현상성은 이처럼 시각에서 말로, 즉 자아에 의
해 산출된 보는 시각에서 자아에 의해 수용되는, 들려진 말로 이행한
다고 할 것이다."[29] 결국, 타인인 누군가가 나에게 다가온다는 것은
어떤 말을 건네는 것이고, 이 말은 내가 단지 듣고 흘려버릴 수 있는
것이 아닌, 윤리적 명령으로서의 말이다. 그리고 이 말에 내가 어떤
식으로 응답한다(répondre)는 것은, 타인에 대해 책임(responsabilité)
을 지는 응답을 하게 됨을 뜻한다. 즉 타인과 나의 관계는 윤리적 차
원에서의 대화이며, 이를 우리는 높은 자와 낮은 자 간의 윤리적 소
통의 관계로 이해할 수 있다.

　이렇게 대화로 성립하는 관계에서도 자아는 여전히 자아로 남
고, 타자는 여전히 타자로 남는다. 즉 윤리적인 대화의 관계만이 동
일자와 타자를 뒤섞지 않으면서 윤리적 초월을 가능하게 한다. 타
자에게 책임을 지는 것은 다른 이가 아니라 오직 나이기 때문에, 나

29　Jean-Luc Marion, "La voix sans nom: Hommage-à partir-de Levinas," *Rue Descartes* 19(1998),
　13.

는 나로서 타자의 초월에 복종하고, 타자는 여전히 주체를 부르는 자로서, 섬김을 받는 자로서 "자신의 초월을 보존한다"(10/39). 이처럼 "대화는 나와 타인(Autrui) 사이의 거리를 유지하며, 전체성의 재구성을 방해하는 근본적 분리를 유지한다"(10/38). 그리고 이렇게 새롭게 성립된 관계를 레비나스는 특이하게도 종교라는 말로 정의한다. "우리는 전체성을 구성하지 않으면서, 동일자(Même)와 타자(Autre) 사이를 맺어 주는 그 끈을 종교라고 부르자고 제안한다"(10/38). 그런데 왜 하필 종교일까? 여기서 우리는 종교의 어원적 의미를 상기해야 한다.

보통 종교는 신이나 신적 대상을 향한 믿음의 체계나 교의, 특정 공동체의 숭배 대상을 향한 전례, 그리고 이것들의 일련의 집합 정도로 이해되는 경우가 많다. 하지만 철학적 차원에서 종교는 일차적으로, 제임스 멘쉬가 잘 지적한 것처럼, "라틴어 *ligare*, 곧 '묶기', 또 '재빨리 묶기'를 의미하는 *religare*로 거슬러 올라가는 '종교'라는 말의 어원학적 뿌리"를 기반으로 삼는다.[30] 즉 레비나스에게 종교는 교의나 믿음의 체계, 예배나 전례가 아니라 관계의 재설정과 관련한다. 이런 점에서 동일자와 타자의 관계는 종교, 곧 두 인간이 불균형한 비대칭적 관계로 (윤리적으로) 새로이 묶이는 것을 의미하며, 그 관계의 구체성이 바로 대화로 구현된다. 즉 이것은 절대자로서 신과의 관계에서 벗어나게 한 다음 나와 절대적으로 다른 타인과 나의 관계를 재정립한다는 뜻에서 새로운 의미의 종교이다. 이에 대해 제프

---

30 James R. Mensch, *Selfhood and Appearing: The Intertwining* (Leiden: Brill, 2018), 282.

리 블뢰클은 다음과 같이 말한다. "우리는 '절대'(absolute), 곧 스스로를 관계로부터 방면하고, '종교'(religion), 곧 그럼에도 불구하고 관계를 수립하게 된다는 이 두 말의 고전적 의미에 대한 새로운 성찰을 인식한다."[31] 타인은 나로부터도, 다른 모든 것으로부터도 분리되어 있는 절대적 존재이고, 나 역시 마찬가지로 분리되어 있다. 그러므로 타인과 관계를 맺을 때 나는 나와 전적으로 다른 존재와 관계를 맺게 되는 것이다. 즉 나와 절대적으로 다른 타자와 새로이 묶이는 것, 서로 분리되어 있으면서도 결속하게 되는 종교로서의 관계, 이것이 곧 레비나스가 의도하는 (비신학적 의미의) 종교의 의미이다.

새롭게 형성되는 동일자와 타자의 초월 관계를 논하며, 마지막으로 한 가지 중요한 요점을 더 짚고자 한다. 지금까지 우리는 주로 장 발의 상향초월 개념을 중심으로 초월을 다루었다. 그러나 장 발에 따르면, 상향초월은 하향초월이라고 부를 수도 있을 내면으로의 돌아감을 동반한다. 상향초월이 나보다 높은 지고의 타자를 향한 욕망, 타자에 대한 이끌림과 책임의 순종으로 이어지는 선의 운동을 의미한다면, 하향초월은 그 타자의 부름 앞에 선 자아가 자신의 내면 깊숙이 향하는 성찰적 운동을 나타낸다. "초월은 도달점(terminus *ad quem*)으로 나타나며, 어원학적으로는 앞서 살펴보았듯이 '향함'의 운동으로 드러난다. 절대적인 것과 관련해서는, 그것은 분리된 것이면

---

31 Bloechl, *Levinas on the Primacy of the Ethical*, 70. 부연하자면 absolute의 어원이 되는 absolvo가 묶인 데서 풀어 주다, 사면하다, 해방하다 등의 뜻을 지닌다. "절대적으로 타자"(absolument autre, 20/54)라는 말은 어디에도 종속되지 않고, 독립적으로 있는 자라는 말을 가지며, 종교는 바로 이러한 자와 관계를 수립함을 뜻한다.

 1부 프롤로그와 발단

서 동시에 통일시키는 것이다. (…) 우리가 초월을 잃지 않으면서 내재성으로 되돌아가는 것이 가능할까? (…) 철학자는 마침내 초월 자체를 초월하고 자신의 초월 노력의 가치를 잃지 않으면서 용감하게 내재성 속으로 떨어질 힘을 가질 수 있을까?"[32] 장 발이 자신의 책 결론부에 던진 이러한 위/아래로의 운동은 레비나스에게 구체화된 형태로 나타난다. 타인과의 대면에서 우리는 단순히 타인을 향하는 것에 그치지 않는다. 타인과의 만남은 나의 불의를 부끄러워하거나, 내가 타인의 것을 부당하게 취하고 있지는 않은지를 깊이 성찰하게 만든다. 따라서 초월은 위로 상승하는 동시에 아래로, 나의 내면성으로도 하강하는 이중적 운동을 수행한다. 우리는 이러한 하향초월의 운동에 대해서도 레비나스의 논의를 따라가는 과정에서 계속해서 마주하게 될 것이다. 분리된 내면성은 분명 고독하고 비밀스러운 자아의 내면을 의미하지만, 그 내면은 변형될 가능성을 갖는다. 이때 변형은 향유의 주체에서 정의의 주체로의 심화일 것이다. 다음과 같은 말이 이런 변형을 나타내는 대표적인 언급일 것이다. "무한한 책임에 대한 호명은 주체성을 그 변호론적 지위에서 확증해 준다. 주체성의 내면성의 차원은 주체적인 것의 지위로부터 존재의 지위로 귀착

---

32 Jean Wahl, *Traité de Métaphysique*(Paris: Payot, 1957), 721. 해당 주제를 김영걸은 다음과 같이 표현한다. "이것은 또한, 나를 무한히 넘어서는 타자의 높음을 향한 초월(상향초월)일 뿐만 아니라 망각된 자기 기원의 성찰을 통한 자아의 심층을 향한 초월(하향초월)을 의미한다. 달리 말해, 무한의 관념을 갖는 것, 이것은 타자의 맞아들임 그리고 자기에 대한 문제제기의 사건이다. 자아는 성찰 능력을 넘어선 성찰을 실행할 수 있어야 한다. 자아의 문제제기는 자기-자신에 대한 최초의 무지를 자각하고 여기서 빠져나가는 한에서 '가르침'으로 규정될 수 있다." 김영걸, 「레비나스: 부한의 관념과 가르침의 의미」, 『철학논고』 제5집 (2022년 12월), 74.

된다. 심판은 더 이상 주체성을 소외시키지 않는다. 왜냐하면 심판이 주체성을 객관적 도덕성의 질서 속으로 편입시켜 해체시키는 것이 아니라, 주체성에게 자기 내부로의 심화라는 차원을 남겨두기 때문이다"(223/372-373).

제일철학으로서의 윤리학

이렇게 새롭게 설정된 종교로서의 관계, 곧 대화의 윤리적 관계가 레비나스가 지향하는 윤리적 형이상학의 요점을 이룬다. 또 이것이 그 이전까지 서구 철학을 대체로 주도했던 존재론에서 비롯하는 이론적 주체-대상 관계를 해체하여 재구성하는 계기가 된다. 레비나스에 의하면, 서구 전통 형이상학, 존재로서의 존재를 다루는 학문은 언제나 이론적 앎을 우선시한다. 왜냐하면 전통적으로 존재로서의 존재는 내게 알려지는 한에서의, 내게 인식되는 한에서의 존재이기 때문이다. 그래서 "앎 또는 이론은 우선 존재와의 관계를 의미한다"(12/41). 이러한 점에서 존재의 타자는 그 자체로 타자성을 유지하지 못한 채로 바로 이러한 이론적 앎으로 환원되어 그 자신의 고유성을 상실하기 쉽다는 것을 의미하는데, ──"다시 말해 이론은 인식되는 존재에게 접근하여 그것의 타자성이 인식하는 존재와 관련해서 사라지게끔 하는 그러한 방식을 의미한다"(12/42) ── 레비나스는 이런 식의 사유의 기원이 형이상학을 이론적으로 정립한 아리스토텔레스보다 더 오래되었다고 본다. 한 예로 소크라테스가 있다.

     1부 프롤로그와 발단

서양 철학은 대체로 존재론이었다. 존재에 대한 이해를 보증하는 중립적인 매개항을 통해 타자를 동일자로 환원하는 것이었다. 동일자의 이러한 우위는 소크라테스의 가르침이었다. 내 안에 있는 것이 아니라면 타인으로부터 어떤 것도 받아들이지 마라. 마치 밖에서 내게 온 것을 내가 태곳적부터 소유하고 있었던 것처럼. 어떤 것도 받아들이지 마라. 또는 자유로워라. 이 자유는 자의적 자유의 변덕스러운 자발성과 유사한 것이 아니다. 자유의 궁극적 의미는 동일자 속에 있는 이러한 영속성에 있다. 이 영속성이 바로 이성이다. 인식은 이러한 동일성의 전개이다. 인식이 자유이다. (13-14/43-44)

일차적으로 소크라테스를 염두에 둔 말이기는 하지만, 여기에는 레비나스가 존재론 일반을 이해하는 특유의 사유 방식이 담겨 있다. 소크라테스에게도 이해는 대화를 통해 이루어진다. 그런데 그때의 대화는 내 바깥의 어떤 것이 나에게 도래하는 것이라기보다 내 안에서 잠재되어 있던 어떤 것이 일깨워지는 것이다. 한 예로 플라톤의 『메논』에서의 소크라테스를 떠올려 보자. 그 대화편에서 소크라테스는 기하학에 대한 아무 지식도 없는 아이에게 정사각형의 한 변의 길이를 계산하는 문제를 내고, 해당 문제를 처음 접한 아이는 별다른 기하학에 대한 학습 없이 그 문제에 대한 정확한 해답을 제시한다. 이에 소크라테스는 참된 인식과 배움이 상기에 있다는 결론을 내기에 이른다. "단 하나를 상기한 사람이 (…) 다른 모든 것을 스스로 발견하지 못할 이유는 전혀 없기 때문이지. 탐구와 배움은 모두 상기이니까 말일세."[33] 그러므로 진리에 대한 인식은 외부에서 온 것이 아니라 내 안에 숨겨져 있는 것을 상기해 냄으로써 앎에 이르는 것이고, 때마다 그것을 현실의 인식 가운데 불러내는 것이다. 이렇게 상기를 통해 소환된 것은 내 안에서 언제나 동일한 영속적 진리로 머무르게 된다. 이성적 인식인 에피스테메의 바로 이러한 특징이 확신 또는 의견보다 우위에 있는 영혼의 앎의 영속성을 입증한다. 실제로 소크라테스는 내 안에서 변하지 않는 인식인 추론의 가치를 다음과 같이 칭송한다. "참된 확신들도 머물러 있는 동안에는 훌륭한 것이고 온갖 뛰어난 일들을 해내기 때문이지. 하지만 그것들은 오랫동안 머물러 있으려고 하지 않고, 인간의 영혼으로부터 달아나 버리네. 그래서 그것들은 크게 가치 있는 것들이 아니네. 누가 그것들을 원인의 추론에 의해 묶어 놓기 전까지는 말이야. (…) 그리고 묶여진 후에 그것들은 먼저 인식들이 되고, 그 다음으로 머물러 있게 되네."[34] 마이클 모건은 레비나스가 이런『메논』의 "상기"를 "관념론과 전체성의 표현으로" 보면서 "플라톤의 배움에 관한 이론을 비판한다"라고 평하는데,[35] 아마도 이는 영혼의 추론작용을 통해 나와 다른 것을 한 영혼 안에 묶어 내려는 태도에 대한 비판을 뜻할 것이다.

또 여기서 우리는 소크라테스가 제안한 가르침과 배움이 레비나스가 비판한 어떤 중립적 매개항을 전제하고 있음을 본다. 이를테

---

33 Platon, *Menon*, 82d. 번역은 다음 한글 번역본을 따른다.『메논』, 이상인 옮김(서울: 이제이북스, 2009), 68.

34 Platon, *Menon*, 98a; 국역본:『메논』, 104.

35 Michael L. Morgan, "Plato, Levinas, and Transcendence," *Levinas Studies* 13(2019), 86.

면 이데아는 인식하는 자로서의 인간들 모두가 인식을 위해 참여하고 있는 존재자들의 형상이다. 다시 말해 인간은 인식에서 감각적 사물들을 넘어서 아니라 존재자의 참된 형상인 이데아를 인식하는 것이고, 그 이데아를 매개로 삼아 타자를 동일자로 환원할 수 있다. 이를테면 소크라테스는 "건강의 형상은 어디에서나 동일한가?"라고 물으며 메논에게 "적어도 건강은 남자의 것이든 여자의 것이든 동일하다고 전 생각합니다"라는 답을 끌어낸다.[36] 이런 식으로 『메논』에서 서로 다른 사태들은 동일한 형상이라는 제3의 항, 일종의 중립자를 매개로 삼아 인식된다. 이에 레비나스는 이렇게 말한다. "여기서 타자와의 관계는 내가 내 안에서 발견하는 제3의 항을 통해서만 성취된다. 소크라테스적 진리의 이상은 동일자의 본질적인 자기 충족에, 동일자가 이루는 자기성의 동일화에, 동일화의 에고이즘에 의존한다. 철학은 자아론(égologie)이다"(14/45). 이런 말이 가능한 이유는, 중립항에 매개된 서로 다른 사태들이 그 자체로 고유한 타자성을 상실하게 되기 때문이다. 이렇게 되면 인식하는 나는 어떤 이질성도 경험하지 않은 채로 나와 다른 것을 자유롭게 인식할 수 있다. 즉 "인식 과정은 이 단계에서 인식하는 존재의 자유와 혼동되는데, 인식하는 존재에 대해 타자인 그 어떤 것도 만나지 않기에 인식하는 존재는 제한될 수 없다"(12/42). "철학은 자아론"이라는 말은 이처럼 타자성이 제거된 중립항으로 매개된 사태나 사물에 대해 무차별적 인식 과정을 수행하는 자아의 우위성을 함축한다.

---

36 Platon, *Menon*, 72d-e; 국역본: 『메논』, 49.

　　이런 식의 강고한 자아론, 즉 동일자로 타자를 흡수하는 진리론에서는 레비나스가 의도하는 동일자와 타자의 분리된 관계에서 비롯하는 형이상학적 초월이 들어설 길이 없다. 그런데 레비나스가 보기에 더 큰 문제는 현대의 존재론, 더 정확히 말하자면, 레비나스가 살았던 시대를 대변하는 현시대의 존재론이 이런 소크라테스의 중립적 매개를 거치는 존재의 진리와 인식에 대한 이념을 더 극단적으로 성취하고 있다는 점이다. 그리고 그러한 극단적 성취를 이룬 이가 다름 아닌 하이데거이다. 레비나스에 의하면, 하이데거 역시 소크라테스의 존재의 진리에 대한 이상이 남긴 에고이즘을 벗어나지 못한다. 그는 익명적인 존재의 진리를 인간의 자기 이해의 준거점으로 삼기 때문에, 중립적인 제3항을 따라 인간 주체를 이해하는 "동일화의 에고이즘"의 철학이라는 구조를 벗어나지 못한다. 여기서 타자는 여전히 동일자와 분리된 절대적 타인으로 상정되지 않으며, 존재라는 중립자의 관계 속에서만 파악된다.

　　이런 점에서 레비나스가 하이데거에 대해 내리는 다음과 같은 혹독한 비판은 좀 가혹해 보일지라도 분명 일정하게 정당하다. "타인과 맺는 관계를 존재 일반과 맺는 관계에 종속시키는 하이데거의 존재론은, 그것이 존재자에 의해 은폐된 존재 망각에서 비롯되는 기술적 열정에 대립한다고 할지라도 익명적인 것들에 대한 복종 아래 머물고, 어쩔 수 없이 또 다른 힘에, 제국주의적 지배에, 전제정치에 이르게 된다"(17/49). 하이데거도 당대의 기술 지배에는 비판적인 사유를 견지했다. 하지만 레비나스는 그런 통찰에도 불구하고 하이데거에게 존재는 언제나 익명적인 것이고, 그 익명적 부름 앞에 현존

　　　　　　　　　　　　　　　　　　1부 프롤로그와 발단

재 또는 인간 존재가 복종해야 한다는 점에서 일종의 전체성에 입각한 사유를 펼쳤다고 비판한다. 어떤 점에서 이런 정도의 비판이 가능할까? 올바른 이해를 위해 하이데거의 전-후기 철학을 레비나스적 시각에서 살펴보자. 『존재와 시간』에서는 앞서 소크라테스를 언급하며 레비나스가 비판적으로 바라본 중립적인 것을 강조하는 대목이 등장한다. 『존재와 시간』에서 존재자가 아닌 존재를 이해하려는 관점에서 인간의 실존범주를 논하는 현존재 분석론에서부터 시간성 안에서의 현존재의 자유를 논하는 데 이르기까지, 하이데거는 일관되게 현존재를 **중립적**이고 익명적인 존재를 이해하는 여정 안에 있는 인간 존재로 설정한다. "그 외에도 주제화가 존재 이해를 변양하고 분류하여 파악한다면, 주제화하는 존재자, 즉 현존재는, 그가 실존하는 한, 존재와 같은 것을 이미 이해해야 한다. 이러한 존재 이해는 **중립적인** 것으로 남겨진다."[37] 여기서 하이데거가 주장하는 존재 이해의 중립성을 구체적으로 어떻게 이해해야 하는가? 레비나스는 이러한 중립성에 인간 삶의 살과 피가 충분히 반영되지 않을 수 있다고 본다. 왜냐하면 현존재는 자기가 마주하는 사물과 타인을 모두 존재자의 '존재'라는 중립적 항을 따라 이해하고 관계 맺는 태도 속에 살아가기 때문이다. 이런 중립적 항으로서의 존재를 통해 이해되는 현존재의 삶은 나와 다른 것이 지닌 이질성을 중립자로 환원하여 인식하는 태도에 이른다. 이런 중립적 형식에 붙들린 우리의 삶은 타자

---

37 Martin Heidegger, *Sein und Zeit* (Tübingen: Max Niemeyer Verlag, 1927; 2006), 364; 국역본: 『존재와 시간』, 이기상 옮김(서울: 까치출판사, 1998), 478.

로부터 비롯하는 혼동과 어지러움, 먹고, 마시고, 잠자고, 그 가운데에서 고통을 겪고, 행복감을 느끼기도 하는 삶의 역동성을 반영하지 못한다. 특히 이웃과의 관계에서 현존재는 타인과 공동존재라는 밋밋한 관계로 다루어진다. "하이데거의 경우는 공동존재를 객관적 인식으로 환원될 수 없는 타인과의 관계로 놓고 있음이 분명하다. 그러나 결국에는 공동존재 역시 존재 일반과의 관계에, 이해에, 존재론에 의존한다. 무엇보다 하이데거는 존재의 이 바탕을 모든 존재자가 출현하는 지평으로 설정한다"(39/87). 따라서, 레비나스가 보기에, 이렇게 중립적인 존재 이해에 갇힌 인간은 존재로 전유된 자기 이해라는 틀 속에 스스로를 가둠으로써, 이질성에 노출된 피와 살을 가진 자아의 삶을 반영하지 못한다. 요컨대, "**현존재**는 결코 배고프지 않다"(108/195).[38]

더 나아가 하이데거의 후기 철학에서는 레비나스가 언급한 익명성이 훨씬 더 두드러진다. 후기 하이데거 철학에서는 현존재가 현상학적 해석학의 틀 안에서 존재 이해를 할 수 있는 구조를 탐구하는 것을 넘어 익명적 존재의 부름에 수동적으로 응답하는 인간 존재의 운명이 그려진다. 이를테면 후기 하이데거 철학의 중요한 면모를 알려 주는 「휴머니즘 서간」에서, 하이데거는 "인간이 다시금 존재의 가까움에 순응해야 한다면, 인간은 이름 없이(Namenlosen) 실존하는

---

38 레비나스 이외에도 사르트르나 마르쿠제 등이 하이데거의 존재 이해의 중립성을 비판한 바 있다. 그들 모두 중립적일 수 없는 주체의 삶의 구조를 의식하며 하이데거를 비판한다. 이와 관련해서 다음을 보라. Simon Critchley and Reiner Schürmann, *On Heidegger's Being and Time*, ed. Steven Levine(London, UK and New York, NY: Routledge, 2008), 128, n41.

것을 우선 배워야 한다. (…) 인간은, 스스로 말하기 전에, 존재가 자신에게 다시 말을 건네게끔 해야 한다"라고 말하면서, "오직 이렇게 할 때만 (…) 인간에게는 존재의 진리 안에 거주하기 위한 집이 다시 선사된다"라고 주장한다.[39] 여기서 "이름 없이 존재하는 것"은 익명적인 존재의 말 건넴에 개방된 존재로 머무는 것을 말하며, 이에 인간 존재는 자기 자신의 고유한 인격성이나 인격적 관계보다 비인격적 존재의 말을 듣는 자로 그려진다. 그런데 과연 인간의 인간다움이 다른 인간과의 관계가 아닌 비인격적인 것과의 관계 안에서 성취될 수 있는가? 하이데거는 「휴머니즘 서간」에서 자신이 서구의 전통적인 인간중심주의를 반대하지만, 존재에 근접해 있음을 기반으로 삼아 더 인간다운 인간이 성취될 수 있다고 여기는 것처럼 보인다. 하지만 비인격적 존재와의 관계가 어떻게 참다운 인간으로 가는 첩경이 될 수 있을까? 레비나스에게는 이 점이 너무나 비인격적인 것으로 보였으며, 이 비인격적 "존재와의 관계에 복종하는" 나의 "자유의 우위성"(16/47)만 어색하게 남겨질 뿐이다. 따라서 하이데거에게는 인간 대 인간의 대면은 없고, 비인격적 존재를 매개로 삼는 인간 자유의 실현만 남는다. "존재자의 존재가 바로 진리의 **매개**"이고, 여기서 윤리적 "정의는" 현존재 또는 존재를 이해하는 인간 "자유에 종속된다"(15/46). 이렇게 익명적 존재에 의거한 자유가 윤리적 관계의 근원성을 은폐한다.

39 Martin Heidegger, "Brief über den Humanismus"(1946), in *Wegmarken*, Gesamtausgabe 9, hrsg. von Friedrich-Wilhelm von Herrmann(Frankfurt am Main: Klostermann, 1976), 319; 국역본: 「휴머니즘 서간」, 『이정표 2』, 이선일 옮김(파주: 한길사, 2005), 130.

레비나스는 윤리를 무력화하는 이런 존재의 비인격성을 벗어나기 위해서는 윤리적 형이상학이 존재론에 앞서야 한다고 믿는다. 즉 존재가 주체에게 말을 건네기를 기다리는 것, 존재가 주체에게 말함이 아닌, "타인에게 말함 — 대화 상대자로서의 이러한 관계, **존재자**와의 이러한 관계 — 이 모든 존재론에 앞선다"(18/51). 그리고 바로 이 관계를 구축하는 철학은 존재론이 아니라 윤리적 형이상학으로서의 윤리학이며, 이런 점에서 "제일철학이 윤리학이다".[40] 그리고 이때의 윤리는 주체와 타자의 관계에서 타자가 나를 문제 삼는 것을 말한다. "우리는 타인의 현전이 나의 자발성을 문제 삼는 것을 윤리라고 부른다"(13/43). 즉 제일철학을 윤리 또는 윤리학이라고 부르는 것은 주체와 타자의 윤리적 관계, 나의 자유를 의문시하는 타자와 나의 관계의 근본적 의미를 따져 묻는 것이 철학의 으뜸가는 물음이자 주제가 된다는 말이다. 레비나스가 시간이 흘러 제일철학으로서의 윤리에 관해 한 말을 그대로 옮기면, 그것은 "존재와 삶이 인간적인 것으로 깨어나는 물음이다".[41]

요컨대, 이렇게 존재론에 앞서는 윤리적 대화를 제기함으로써 레비나스는 자기 시대 서구 존재론을 대표하는 하이데거를 위시하여 그 전의 서구 존재론의 일반적 경향인 존재나 존재 이해에 궁극적 지위를 부여하는 것과 절연하고자 한다. 그는 존재보다 더 원초

---

40 Levinas, *Éthique et infini*, 81; 국역본: 『윤리와 무한』, 86.

41 Emmanuel Levinas, *Éthique comme philosophie première*(1982), préfacé et annoté par Jacques Rolland(Paris: Éditions Payot & Rivages, 1998; 2015), 99.

       1부 프롤로그와 발단

적인 윤리의 근원성을 제안하고 있으며, 이것이 바로 윤리학을 제일 철학으로 삼는 것으로 귀결된다.[42] 근원적인 차원에서 볼 때, 레비나스의 관점에서 익명적으로 부른 존재의 부름이 굶주림 가운데 나에게 대화를 요청하는 타인의 목소리보다 앞설 수 없다. 이 목소리에 응답하는 "책임은 거부될 수 없다. 얼굴은 원초적 대화를 열어 주는데, 그 대화의 첫 번째 말은 어떤 '내면성'으로도 피할 수 없는 의무이다. 이 대화는 대화에 들어가도록 강제하며, 이성주의가 열망하는 대화의 시작이자 '듣기를 원하지 않는 사람들'조차 설득하는 '힘'으로써, 이에 이성의 진정한 보편성이 확립된다. 존재 일반의 드러남, 즉 인식의 기반이자 존재의 의미로서의 드러남에 앞서 있는 것은 자신을 표현하는 존재자와의 관계이다. 존재론의 차원에 앞서 윤리적 차원이 있는 것이다"(175/297). 이처럼 거부될 수 없는 요구로 다가오는 말이 우리의 삶에서 존재의 익명적 부름과 존재 이해보다 더 근원

---

[42] 하이데거만이 아니라 철학의 초창기부터 제일철학은 존재 또는 존재자와 관련하는 것이었다. 한 예로 아리스토텔레스에게 존재는 이론적인 것이자 "보편적인" 것이며, "운동하지 않는 어떤 실체"이다. 그는 바로 이러한 것들을 다루는 학문을 형이상학, 곧 제일철학으로 규정한다. 그렇다면 아리스토텔레스의 제일철학은 존재자 일반을 다루는 것이지만, 아마도 존재 가운데에서도 최고 존재로서 운동하지 않는 실체를 다루는 신학을 제일철학의 이름에 가장 부합하는 것으로 여길 것이다. "어떤 사람은 제일철학이 보편적인지 아니면 어느 하나의 유, 즉 특정한 자연물에 대한 것인지 의문을 가질 수도 있을 것이다. (…) 그런데 만일 자연적으로 이루어진 실체들과 떨어진 다른 어떤 실체가 있지 않다면, 자연학이 첫째 학문이 되겠지만, 만일 운동하지 않는 어떤 실체가 있다면, 이것에 대한 학문이 (자연학에) 앞서고 제일철학이 될 터이니, 그것은 첫째라는 이유에서 보편적이기도 하다. 존재로서의 존재를 이론적으로 고찰하는 것, 즉 존재하는 것이 무엇인지, 그리고 존재로서의 존재에 속하는 것들을 고찰하는 것도 그 학문이 할 일이다." Aristoteles, *Metaphysica*, 1026a. 번역을 위해 다음 판본들을 참조했다. *Metaphysica*, in *The Works of Aristotle*, vol. VIII, trans. W. D. Ross, ed. W. D. Ross and J. A. Smith, 2nd ed.(Oxford: Clarendon Press, 1928); 국역본: 『형이상학』, 조대호 옮김(서울: 도서출판 길, 2017; 2021), 244-245.

적이라면, 제일철학이 윤리학이 되지 못할 이유가 없다는 것이 레비나스의 생각이다. 위 구절에 레비나스의 도발적 사유의 특성이 드러나 있는지도 모른다. 그는 "'듣기를 원하지 않는 사람들'조차 설득하는 '힘'"으로서의 윤리적 대화가 존재 부름과 이해보다 더 근원적이라고 보는데, 이는 아마도 서양 철학 전반을 향해 하는 말일 것이다. 그가 보기에, 서구 존재론은 타자의 말, 윤리적 가르침을 듣고자 하는 의지가 거의 없었다. 그래서 그는 다른 글에서 말한 것처럼, 존재론 일변도의 철학에 각성을 일으키고자 아예 새로운 대화의 사유를 제기하는데, ─ "존재 사유보다 더 사유하는 사유, (⋯) 넌지시 비집고 들어가는 언어로만 소통하고자 하는 사유"[43] ─ 이는 "듣기를 원하지 않는 사람들"마저도, 곧 나의 존재나 전체로서의 존재 이외의 것에는 무관심한 이들까지도 듣게 하는 준엄한 말을 투입시킴으로써, "윤리적 물음이 존재론적 담화 속에 비집고 들어가 응집해 있는 로고스의 형태를 산산조각 내는" 과감한 도전이다.[44] 달리 말하면, 이는 언어적 가르침으로 구체화될 "무한을 통해 사유를 의문시하는 것"이다.[45]

---

43 Emmanuel Levinas, "La pensée de l'être et la question de l'autre"(1978), in *De Dieu qui vient à l'idée*(Paris: J. Vrin, 1982; deuxième édition revue et augmentée, 1986), 188.

44 Jean Greisch, "Éthique et Ontologie: Quelques considérations 'hypocritiques',", in *Emmanuel Levinas: L'éthique comme philosophie première*, Colloque de Cerisy-la-Salle, sous la direction de Jean Greisch et Jacques Rolland(Paris: Éditions du Cerf, 1993), 32.

45 Levinas, "La pensée de l'être et la question de l'autre," in *De Dieu qui vient à l'idée*, 188.

  1부 프롤로그와 발단

무한

레비나스는 윤리적 형이상학이 왜 존재론에 앞서는지를 보여 주면서, 내재성의 초월을 극복하는 — 앞서 자신이 내세운 — 상향초월로서의 형이상학적 초월이 결국 "무한의 관념으로서의 초월"이라는 점을 명시하며 1부 A를 마무리한다. 데카르트의 무한 관념에서 가져온 레비나스의 무한의 초월은 『전체성과 무한』의 핵심을 다룬다. 데카르트에 대한 구체적 인용은 이후에 레비나스가 더 자세히 언급하는 대목에서 다루고, 여기서는 그 사유의 근간만 살펴보자.[46] 무한은 통상 유한의 단순한 부정으로 다루어지거나 추상적인 수학적 개념으로 다루어진다. 그러나 데카르트에게 "무한의 관념은 예외적이다. 왜냐하면 무한의 **관념의 대상**(ideatum)이 무한의 관념을 넘어서기 때문이다"(19/53). 데카르트에게 사물은 언제나 내가 사유하는 한에서 사유된 대상으로 존재한다. 하지만 무한의 관념은 다르다. 데카르트는 다른 존재자들이 나의 사유를 통해 그 동일성을 보증받는다고 여긴다. 그런데 그는 생각하는 나 자신의 존재는 대체 누가 보증하느냐고 물으면서 창조주인 무한한 신이 자신의 존재를 보증한다고 본다. 그리고 창조주인 신에 대한 무한의 관념은 내가 파악할 수 있는 것이 아니라 나의 사유를 초과하는 것으로 주어진 것이다.

물론 데카르트에게 무한한 타자는 신이다. 레비나스는 그런 데카르트의 제안을 곧이곧대로 수용하는 것이 아니라 그 형식을 빌려 타인이 나의 사유의 표상작용을 초과해서 주어진다는 점에서 타

---

46 이는 1부 C에서 더 상세하게 탐구될 것이다.

인의 얼굴을 무한이라고 본다. "타자가 **내 안에 있는 타자의 관념**을 넘어서면서 자신을 제시하는 방식을 우리는 얼굴이라고 부른다"(21/56). 나는 이런저런 타자에 대한 관념을 가질 수 있다. 하지만 그 관념이 자신을 그 자체로 보여 주는 타인인 타자의 실제 모습과 일치하는 것은 아니다. 내가 가지고 있던 이미지, 내가 예상하는 얼굴의 외관을 넘어서, 타인의 얼굴은 그 자체로 언어로서 나에게 말을 건다. 이 말 건넴, 곧 윤리적 명령으로 "**스스로를 표현한다**"(21/57)라는 점에서,[47] 타인의 얼굴은 나의 표상작용으로 환원되지 않으며, "나의 주도권과 나의 능력으로부터 독립된 의미 개념으로 이끌어 준다. 이 얼굴이라는 개념이 존재에 대해 존재자의 철학의 선행성을, 능력에도 소유에도 호소하지 않는 외재성을 표시한다"(22/58).

그러므로 내가 무한과 관계한다는 것은 나의 인식 능력이나 파악 능력과는 무관하게 무한인 타인과 관계한다는 것이다. 바로 그렇기 때문에 타인은 표상화되는 것이 아니라 스스로를 타인 그 자체로 표현하고 있다. 여기서 레비나스는 우리가 앞서 주목한 "**귀를 기울이는** 욕망"(4/29)을 구체화한다. 타인이 나의 인식론적 시선으로 환원되는 것이 아니라면 이런 타인과의 관계는 내가 타인의 말을 듣는, 그 말에 귀를 기울여 무언가를 배우는 관계로 재정립된다. 물론 이때 가르치고 배운다는 말의 의미는 플라톤의 '상기'가 알려 주는 가르침과 배움이 아니다. 타인의 표현은 여전히 절대적으로 거리를 유지

---

47 레비나스의 표현 개념은 표상 또는 재현을 극복하기 위해 제안된 개념으로 향후 — 특별히 2부 B에서 — 더 중요하게 논의될 것이다. 따라서 차후에 레비나스의 표현 개념을 더 상세하게 설명할 것이므로 여기서는 더 다루지 않는다.

한 채 나에게 침투하는 가르침이지 나의 영혼 속에서 재생되는 어떤 것이 아니다. 이를 레비나스는 다음과 같이 명쾌하게 정리하고 있다. "대화 안에서 타인에게 접근한다는 것은 (…) 타인의 표현을 맞아들임이다. 그러므로 이것은 자아의 능력을 넘어선 타인으로부터 받아들임이다. 이것이 의미하는 바는 엄밀하게 말해서 무한의 관념을 갖는다는 것이다. 하지만 이것은 또한 가르침을 받는다는 것을 의미하기도 한다. 타인과의 관계, 즉 대화는 비-알레르기적 관계이며, 윤리적 관계이다"(22/57). 또한 "바로 이러한 관계가 형이상학 자체이다"(23/59).

이러한 무한에 대한 새로운 이해 방식이 다름 아닌 레비나스가 데카르트로부터 배운 것이다. 우리의 사유를 초과하는 무한의 관념은 우리의 인식과 체험의 내재성을 뒤흔드는 절대적인 타자로 도래한다. 레비나스가 타자를 타인으로, 데카르트가 타자를 신으로 보았다는 차이는 있지만, 데카르트가 무한을 내재성에 파열을 일으키면서 내가 복종의 형태로 맞이해야 하는 자로 설정한 것은 레비나스에게 참된 형이상학을 위한 원천으로 자리하게 된다.[48]

이제 자신을 어떤 매개 없이 표현하는 무한으로서의 타인의 얼굴과 이에 응답하는 나 사이에서 재정립되는 관계, 동일자의 내면성과 이 얼굴의 외재성이 맺는 종교로서의 관계가 이 책 전체의 주요 내용 중 하나로 펼쳐질 것이다. 아울러 바로 동일자와 타자의 새로운

48　레비나스의 데카르트 수용과 활용에 대해서는 장-프랑수아 라비뉴의 다음 논고를 참조하라. Jean-François Lavigne, "L'idée de l'infini: Descartes dans la pensée d'Emmanuel Lévinas," *Revue de Métaphysique et de Morale* 92:1(1987), 54-66.

관계를 통해 내가 다음 장에서부터 『전체성과 무한』을 가로지르는 주제로 제시할 새로운 의미의 다원주의도 함께 드러날 것이다. 이것을 우리는 절대적 다원주의로서 **나들의 다원주의**로 부를 수 있다. 그런데 이렇게까지 나를 앞세워서 논증하는 것은 무리가 아닌가? 절대 그렇지 않다. 이는 우리의 논의가 "타자성은 **나**(moi)로부터 출발해서만 가능하다"(10/38)라고 한 레비나스의 말에 준거하기 때문이다. 이렇게 타자성을 가능하게 하는 나에 대한 논의가 본격적으로 다음 장에서 이어지며, 이것이 나의 드라마의 발단을 이룬다.

3강. 1부 B

"분리와 대화" 읽기 I

『전체성과 무한』을 읽을 때, 또는 레비나스의 철학 전체를 이해할 때 그의 철학을 타자성의 철학이라거나 무한의 윤리, 책임의 윤리 등으로 정의하는 것은 분명 올바른 규정이다. 하지만 이런 방식으로**만** 그의 철학을 규정하여 독해한다면 그의 형이상학적 윤리학이 지닌 또 다른 중요한 차원, 곧 『전체성과 무한』 전체를 아우르는 주제인 주체성에 대한 변호 내지 옹호라는 주제를 간과하는 오류를 저지르게 된다. 이 점에서 우리는 적어도 『전체성과 무한』에서 레비나스가 우선 동일자로서 주체의 입지를 견고하게 설정한다는 점을 명확하게 이해해야 한다. 또한 이렇게 동일자를 정립함으로써, 주체와 타자의 관계를 재구축하는 레비나스의 시도는 결국에는 '나들'의 다원주의라는 독특한 의미의 다원주의로 전개되는 사회철학적 함의를 가진다. 1부 B는 바로 이런 '나들'의 다원주의가 레비나스의 사유에서 처음으로 오롯이 드러나는 부분이라는 점에서 매우 중요하다. 레비나스에 의하면, 타인을 만나기 위해서는 우선 내가 분리된 존재로 서야

한다. 그러므로 나의 드라마가 타자와의 만남, 환대의 주체성과 그
너머의 사회적 비전을 그린다고 할 때, 이 이야기에서 발단의 중심에
는 분리된 무신론자인 나 또는 자아가 놓여 있다. 그리고 1부의 발단
에서 등장하는 무신론적 자아는 2부의 전개에서 본격적으로 나의 삶
으로, 곧 행복을 추구하는 삶의 주체로 그려질 것이다. 요컨대, 드라
마나 소설의 발단 부분에서는 주요 등장인물이 소개되고, 그들의 배
경이 설명되며, 이야기의 기본 방향이 구체적으로 제시된다. 이에 따
라 1부 B와 C에서는 핵심 등장인물인 '나'의 기본 배경이자 성격을
형성하는 두 가지 계기 — 분리와 무신론 — 가 소개되고, 이 자아
의 삶의 기초가 되는 비밀스러운 내면성의 구축과 타자와의 대화라
는 차원이 향후 이야기 전개 주요 내용이 될 것이다.

전체성의 파열을 일으키는 자아의 삶

레비나스에게 나의 동일자에 대한 논의가 타자성에 앞서, 타자성보
다 먼저 제시되는 결정적 이유는 다음과 같은 그의 명시적 언급 때문
이다. "무한의 관념은 타자(Autre)와 관련한 동일자(Même)의 분리를
전제한다"(23/61). 여기서 레비나스는 동일자의 분리를 "전제한다"
라는 표현을 쓰고 있다. 무한한 타자의 타자성을 말하기 위해서 우선
동일자가 전제되어야 한다는 것이다. 이것은 한편으로 타자를 동일
자에 견주어서 이해될 수 없게 만들려는 레비나스의 의도가 반영된
것이면서, 다른 한편으로 동일자 역시 온전하게 자기인 나로 만들고
자 하는 시도이다. 이것이 바로 본 장의 핵심 주제 중 하나인 "분리"

　　　　　　　　　　　　　　　1부 프롤로그와 발단

라는 계기가 타자성보다 먼저 등장하는 이유이다.

조금 더 깊이 이 주제를 짚어 보자. 레비나스의 철학에서 타자에 대한 책임은 철저히 나의 책임이고, 나의 헌신이다. 동일자와 타자 이외의 어떤 자, 또는 동일자와 타자를 묶어 주는 공동체나 제도, 기관으로 환원되지 않기 위해서는 온전히 그 책임이 **나의** 책임이 되어야 한다. 만일 나로서 주체의 자리가 명확하게 설정되지 않는다면, 우리는 다른 이에게 책임을 질 수 있는 동일자 자체를 찾을 수가 없게 된다. 그래서 레비나스의 철학을 타자성의 윤리나 책임의 윤리로 부를 수 있으려면, 그에 앞서 다른 것으로부터 전적으로 분리된 동일자가 성립되어야 한다. 만일 국가나 어떤 공동체, 일자가 동일자로서의 나보다 우선하면 어떻게 되겠는가? 그 경우 타자에 대한 책임은 나의 책임이라기보다 나를 지탱해 주는 국가나 특정 공동체, 또는 일자로서 신의 책임이 될 뿐, 오롯이 나의 책임이 되지는 못한다. 이와 더불어 분리된 동일자가 성립되지 않았을 때 일어날 수 있는 더 심각한 문제는 동일자의 성립 없이 전체성의 파열 자체가 일어나지 않는다는 점이다. 레비나스에게 '나들'은 그 개별 존재자 하나하나마다 고유한 삶의 방식과 자기만의 영역을 가진다. 하지만 국가나 신과 같은 절대자나 다른 어떤 공동체에 종속된 동일자는 독립적인 자기만의 고유한 삶을 전개할 수 없다. 이것은 앞서 우리가 살펴본 바, 레비나스가 역사에 대해 부정적인 인식을 드러냈던 그의 철학적 지향과도 부합하는 바이다. 역사의 진보나 이념에 종속된 나는 오롯이 개별적인 주체가 될 수 없다. 역사 속의 나는 나의 삶의 시간이 아닌 역사의 시간이나 진보의 시간 아래에서만 자기의 삶과 시간을 헤아릴 수 있기 때문이다. 바로 이러한 역사에 대한 비판적 통찰에서처럼, 또한 그가 역사에 대립하는 나에 대한 심판의 시간으로서 종말론을 제시한 데서 보듯 동일자는 자기만의 고유한 시간을 향유하기 위해 분리된 자로 정립되어야 한다. 나중에 레비나스의 "향유"에 대한 사유를 다루면서 다시 보겠지만, 심지어 그는 분리를 통해서 획득되는 주체의 삶의 향유라는 나의 "에고이즘"(égoïsme), 곧 자아의 자기 중심성이 **이미** "전체성의 파열"을 일으킨다고 이야기한다. "고독의 향유에 의해서 — 또는 향유의 고독에 의해서 — 성취되는 전체성의 파열은 근본적이다. 타인(Autrui)의 비판적 현전이 이 에고이즘을 문제 삼을 때라도, 그 현전은 에고이즘의 고독을 파괴하지는 않을 것이다"(91/169). 이 구절에서 확인할 수 있는 것처럼 레비나스의 타자성 윤리를 온전히 이해하기 위해서는 먼저 다른 것으로부터 분리된 동일자의 정립이 전제되어야 한다.

레비나스가 분리의 문제를 왜 그토록 중요하게 생각하는지에 대해서, 그리고 그가 어떤 철학적 동기로 다른 것에서 분리된 나라는 동일자의 성립을 『전체성과 무한』의 주요 관건으로 여겼는지는 이제 어느 정도 밝혀진 것 같다. 그러면 이제 분리라는 주제를 무신론과 더불어 다루어야 할 것이다. 본서는 앞서 언급한 대로 이 주제를 '나들'의 다원주의로 주제화하여 해당 논지에 대한 근거를 제시하는 가운데 해석할 것이다.

다원주의의 의미

이 논지를 해명하기 위해서는 먼저 통상적인 자유주의적 의미의 다원주의가 무엇인지 살펴볼 필요가 있다. 이 작업을 통해 레비나스가 의도하는 다원주의의 독특성이 더 잘 드러날 수 있을 것이다. 대체로 20세기 이후 자유주의와 민주주의가 보편화된 세계 질서 속에서 '다원주의'는 사회를 이루는 당연한 조건으로 여겨져 왔다.[1] 이러한 다원주의는 통상 자유주의 이념에 그 뿌리를 두고 있는 사회적 질서에 상응하는 개념으로 간주된다. 이를 우선 일반적인 개념적 형태로 정의하자면, 리처드 마우와 산더 흐리피운의 작업을 따라 서술적 의미와 규범적 의미로 나눌 수 있다. 여기서 "**서술적**(descriptive) 의미"의 다원주의는 "반드시 다양성을 옹호하는 수단이 아니라, 단지 다양성이 주목할 만한 가치가 있는 사실로 존재함을 **인정하는** 방식"이다. 즉 그것은 많은 기호, 취향, 입장, 가치가 공존하는 사회 현실을 인정하고, 이런 현실의 차원을 기술하는 의미에서 사용된다. 반면에, 다원화된 질서를 지금 이 사회를 사는 구성원들이 따라야 할 규범으로 간주하여, "주어진 다원성을 좋은 상황이라고 옹호하려 할 때", 우리는 이를 "**규범적**(normative) 다원주의"라고 부를 수 있다.[2] 이러한 다

---

1   김만권은 이에 대해 이렇게 진술한다. "우리들은 자유주의적 관점을 유지하는 사회는 기본적으로 다원주의를 인정한다는 것을 잘 알고 있다. 다원주의의 인정은 모든 행위자들이 동등한 판단과 행위능력을 가지고 있음을 전제하기 때문에 민주주의와도 그 맥락이 상통한다고 볼 수 있다." 김만권, 『자유주의에 관한 짧은 에세이들: 현대자유주의 정치철학 입문』(파주: 동명사, 2001), 222, 인용하면서 경어체를 평어체로 바꾸었다.

2   Richard J. Mouw and Sander Griffioen, *Pluralisms and Horizons: An Essay in Christian Public Philosophy* (Grand Rapids, MI: Wm. B. Eerdmans, 1993), 14, 26; 국역본: 『다원주의들과 지평들: 다양성의 시대를 살아가는 그리스도인의 공공철학』, 신국원 옮김(서울: 한국기독학생회출판부, 2021), 26, 29.

원주의에는 다양한 입장, 주장, 가치가 존재하는 것이 마땅하고 옳은 일이며, 이러한 많고 다양한 '것들'을 지배하는 절대적인 어떤 이념이나 사회적 규준이 상정되지 말아야 한다는 생각이 일종의 암묵적 전제처럼 깔려 있다.

이런 다원주의와 관련해서 레비나스의 논의가 가지는 흥미로운 점은, 그의 사상이 이런 식의 정형화된 다원주의들과 한편으로 일정하게 거리를 두고 있음과 동시에 어떤 지점에서는 그것들과 가까워지기도 한다는 점이다. 그런 가까움과 멂 사이에 레비나스의 고유한 다원주의가 자리한다. 그의 입장을 따르자면, 기존의 다원주의는 이념과 가치의 다수성을 전제하는 추상적 의미의 다원주의이다. 이런 식의 다원주의에는 반드시 있어야 하지만 결여되어 있거나 흐릿하게만 남겨진 것이 있는데, 그것이 다름 아닌 구체적인 삶을 살아가는 **인간 주체들**이다. 레비나스의 입장에서, 이념의 다원성은 그 자체로 부정해야 할 것이 아니며, 때로는 바람직하기도 하지만, 개별적인 한 사람, 한 사람을 그 자체로 긍정하는 다원주의가 아니다. 다시 말해 기존의 다원주의는 일반적으로 가치와 이념의 다원성에만 초점을 맞춘 나머지, 개별 인간의 인간성을 존중하고 보존하거나 그들의 정체성을 충분히 부각하지 못한다는 맹점을 안고 있다.

왜 그런가? 앞서 우리는 다원주의를 서술적 차원에서 이해할 수 있다고 했다. 이런 다원주의는 많은 수의 집단, 의견, 가치가 존재하는 사회 현실을 고려할 때 매우 당연한 생각인 것 같다. 하지만 레비나스는 이런 식의 서술적 다원주의를 마냥 긍정적으로 받아들일 수 없다고 본다. 그는 분명하게 "다원주의는 수적 다수성이 아니다"(93/172)라고 말하는데, 왜냐하면 그런 다원주의는 그저 입장들이나 가치들의 많음만을 나타내는 형식적 진술에 불과하기 때문이다. 이런 다원주의에서는 인간의 살과 피를 찾기 어려우며, 바로 이 점에서 레비나스는 단순한 서술적 의미의 다원주의와 거리를 둔다.

그런데 이런 서술적 의미의 다원주의를 조금 더 깊이 파고들면, 우리는 여기에 모종의 자유주의적 규범이 있음을 발견한다. 이는 서술적 의미의 다원주의가 그 자체로 서술적인 차원에만 머무르지 않는다는 것을 보여 주는 것 같다. 한 예로, 다원주의를 정치적 자유주의와 연결해 낸 20세기의 대표적인 정치적 자유주의자 존 롤스(John Rawls)의 사유를 살펴보자. 잘 알려진 대로, 롤스는 국가나 공동체가 준수해야 할 특정한 선이나 규범을 사회 속에 정초하기보다 사회의 모든 구성원이 함께 동의할 만한 형식적, 절차적 자유의 원리를 제시하는 데 초점을 맞추었다. 그는 한 사회가 따라야 할 교설(doctrine)은 하나일 수 없고, 이치에 맞는 다양한 교설이 존재하며, 이 교설들이 경쟁하는 가운데 일종의 중첩적 합의에 도달하는 것이 바람직한 자유주의적 사회를 이루는 첩경이라고 보았다. 말하자면, 그에게 "합당한 다원주의는 형성되는 견해들 사이에 다양하고 합당하며 포괄적인 교설들이 있다는 사실을 의미한다. 이것들은 합당한 시민들이 수용하고 있는 교설들이며, 정치적 자유주의가 역점을 두어야만 할 교설들이다".[3]

<hr>

3   John Rawls, *Political Liberalism*, Expanded Edition(New York, NY: Columbia University Press, 2005), 36-37; 국역본: 존 롤스, 『정치적 자유주의』, 장동진 옮김(파주: 동명사, 2016), 125.

이러한 롤스의 다원주의는 일견 다원성이 존재한다는 사실과
이와 관련한 포괄적 교설들을 긍정하는 데 초점을 맞추는 것처럼 보
인다. 하지만, 실상 그것은 자유주의적 다원성과 그 우월성을 사회
속에 정초해 내야 한다는 규범적 의미를 암시하고 있으며, 더 나아
가서는 바람직한 인간 주체(합당한 시민)에 대한 견해도 함축하고 있
다. 마우와 흐리피운은 이 점을 매우 적절하게 지적한다.

> 뉴하우스는 롤스적 기획의 결과를 "'무지의 장막' 뒤에서 정의를 규
> 정하는 자율적인, 뿌리 뽑힌, 탈역사화된 이성적 존재"에 불과한 공
> 적 인간의 창조라고 주장한다. 그리고 규범적 쟁점들에 대한 롤스의
> 비난은 다원주의의 이름으로 옹호되지만, 그것은 빈약한 일원론(mo-
> nism)으로 귀착된다. 규범적 쟁점들에 대한 논쟁의 분열적 영향에 대
> 항하여 생활 양식과 가치의 다원성의 평화로운 공존을 보호하는 것
> 은 사실상 참된 다원주의와는 정반대 귀결을 낳는다. 이는 진리 주장
> 을 박탈당한 사상들을 단순히 병치하는 것이며, 사람들이 실제로 고
> 백하는 이상과 가치에 대한 의도적 무관심이다.[4]

이 말은 롤스의 입장에 대한 비판적 논조와 더불어 그의 입장의
역설적 함의도 잘 나타내고 있다. 롤스가 특정한 바람직한 사회 규범

---

4   Mouw and Griffioen, *Pluralisms and Horizons*, 50; 국역본: 『다원주의들과 지평들』, 68-69.
  마우와 흐리피운이 인용한 뉴하우스의 말의 출처는 다음과 같다. Richard John Neuhaus,
  "From Providence to Privacy: Religion and the Redefinition of America," in *Unsecular America*,
  ed. Richard J. Neuhaus(Grand Rapids, MI: Wm. B. Eerdmans, 1986), 63.

이나 덕목을 내세우지는 않지만, 그는 다원주의 자체를 옹호하는 모습을 보여 준다. 이는 더 나은 삶에 대한 이상을 품은 사람들이 적극적으로 특정한 목적이나 가치를 제시하는 것을 막는다는 점에서 그의 다원주의 역시 또 다른 형태의 강한 규칙이나 가치 역할을 한다. 더군다나 롤스 자신이 정의의 원칙을 제안한 데서 보듯이, 그 역시 다원주의 사회를 전제로 하는 가운데에서 모든 이가 받아들일 수 있는 나름의 강한 원칙을 만든다. 이 점에서 그가 마냥 서술적 다원주의의 현실성 자체에만 머무는 것은 아니다. 이처럼 우리는 다원주의가 단지 다원성의 사실만이 아니라 쉽게 규범성을 내포할 수 있음을 이해할 수 있다.

그렇지만 우리는 여기서 롤스의 자유주의적 다원주의와 레비나스가 지향하는 다원주의가 서로 공유하는 요점이 있다는 사실에도 주목해야 한다. 물론 레비나스가 롤스처럼 정치적 자유주의의 원리나 사회 질서를 체계적으로 논한 것은 아니다. 하지만 롤스가 참된 자유주의는 어떤 공동체나 집단이 아닌 **"각 개인**(each person)이 (…) 평등한 기본적 자유의 가장 광범위한 체계에 대하여 평등한 권리를 가져야 한다"라고 한 것처럼,[5] 레비나스도 "자유주의의 감동적인 면"이 개인의 존재를 강조하는 데 있다고 본다. 말하자면, 자유주의는 "다른 어떤 것도 재현하지 않는 개인, 즉 바로 자기인 개인을 부각한다"(93/171)라는 점에서 레비나스의 호감을 이끌어 낸다. 『전체성과 무한』의 저자가 옹호하려는 것이 주체성이라는 것을 고려할 때, 롤

---

5 Rawls, *Political Liberalism*, 5; 국역본: 『정치적 자유주의』, 85. 강조는 필자.

스가 각 개인의 평등한 권리를 보장하려고 한 것은 이 두 철학자의 지향하는 바가 마냥 멀지 않음을 보여 준다. 다시 말해 그들은 자유로운 개인이라는 주체의 주체성을 바람직한 것으로 전제하는 것처럼 보인다. 하지만 롤스에게 빠진 것은 이 개인이 그저 형식적 차원에서만 제시된다는 것이며, 이런 점에서 레비나스는 자유주의적 다원주의를 온전히 긍정하지는 않는다.[6] 다원주의가 개인의 권리를 옹호하기 위한 규범적 지향을 내포한다면, 이 개인이 어떤 존재인지에 대한 더 상세한 논의가 필요하다. 하지만 롤스는 무지의 베일을 쓰고 있다는 가정 아래에서 존재하는 합리적 개인이나, 평등한 권리를 누려야 할 시민으로서의 개인이라는 존재만 이야기했을 뿐이다. 반면에 레비나스에게 다원주의의 질서를 갱신하려는 시도는 바로 이런 추상적 형태의 개인을 극복하는 데서 시작한다.[7]

[6] 레비나스와 자유주의의 틈을 지적한 연구로 다음 글을 보라. Victoria Tahmasebi, "Does Levinas Justify or Transcend Liberalism?: Levinas on Human Liberation," *Philosophy & Social Criticism* 36:5(2010), 523–544. 레비나스는 자유주의를 일면 긍정하지만, 주체의 책임과 제삼자를 고려함으로써 생겨나는 정의의 요구와 실천이 참된 자유주의 사회로 나가는 첩경이라고 본다는 점에서, 더 급진적인 형태의 자유주의를 추구한다고 할 것이다. 이 주제와 관련해서는 또 다른 연구가 필요할 것이므로, 여기서는 이 정도만 언급하고 차후의 과제로 남기고자 한다.

[7] 롤스와 레비나스를 비교하는 더 상세한 연구로 다음 글을 보라. Joshua Shaw, "Justice in Emmanuel Levinas and John Rawls," *International Journal of Philosophical Studies* 28:4(2020), 471–487.

무신론과 더불어 분리를 이해하기

레비나스가 이런 문제의식을 구체화하여 자신만의 다원주의를 본격적으로 논하는 첫 대목이 바로 『전체성과 무한』 1부 B이다. 여기서 레비나스는 무신론자의 분리를 통해 확보되는 주체의 정립을 다원주의의 시작점으로 설정한다. 이에 우리는 다른 무엇보다도 레비나스의 '무신론'과 '분리'에 대한 논의에 초점을 맞추어야 한다. 이는 무신론과 분리가 윤리적 형이상학의 기획을 따라 주체성과 타자성에 대한 논의를 재설정하는 작업에서 가장 근본적인 계기가 되기 때문이다.

앞서 언급했던 것처럼, 그에게 형이상학은 다른 것에 대한 욕망으로 촉발되는 것이다. 그래서 레비나스는 『전체성과 무한』의 시작을 아르튀르 랭보의 시구, "참된 삶은 부재한다"(3/26)로 시작한다. 이는 참된 것을 쫓는 욕망 자체가 형이상학적인 것을 추구하는 삶의 원천이 됨을 뜻한다. 만일 참된 것이 지금 여기에 존재한다면 나는 그것을 굳이 따로 찾아 나설 필요가 없다. 오히려 참된 것이 나에게 부재하기에, 나는 나 또는 나의 것 이외의 어떤 '다른 것'을 찾는다. 그런데 이런 찾아 나섬에서 문제가 되는 것은 '누가' 다른 것을 찾아 나서는가, 그것을 찾는 자는 어떤 존재자인가 하는 것이다. 이것이 바로 『전체성과 무한』의 논의가 주체성을 논의하는 방향에서 전개되는 이유이다.

즉 레비나스에게 참된 것과의 관계, 곧 타자와의 관계는 언제나 개별자이자 단독자인 나와의 관계로 나타나는데, 여기서 우리는 레비나스가 이렇게 다소간 강한 의미에서의 자아론적 철학을 구사하는 의도를 헤아려야 한다. 만일 타자와의 관계가 개별자인 '나'가 아닌 '우리'나 '공동체'를 매개로 형성된다면, 레비나스가 궁극적으로 제시하려고 하는 윤리적 책임은 내가 아닌 제도적 원리나 공동체의 정의로운 분배 규칙으로 대체될 수도 있다. 하지만 레비나스에게 타인의 얼굴은 항상 그 얼굴이 건네는 말에 어떤 식으로건 응답해야 하는 **나**에게 나타나며, 이 **나**야말로 윤리적 환대의 가장 기본적인 조건이자 다원주의의 요체가 된다.

이제 쟁점은 이 '나'가 대체 어떻게 성립되는가 하는 것이다. 『전체성과 무한』보다 앞서 발간된 레비나스의 주요 저술, 이를테면 『존재에서 존재자로』[8]나 『시간과 타자』[9] 등에서, 레비나스는 이미 자신을 스스로 정립하는 '자기정립 내지 홀로서기'(hypostase)로서의 주체를 제안한 바 있다.[10] 이때의 '나'는 존재자 없는 존재의 사실이

---

[8] Emmanuel Levinas, *De l'existence à l'existant* [1947](Paris: J. Vrin, 2004); 국역본: 『존재에서 존재자로』, 서동욱 옮김(서울: 민음사, 2003).

[9] Emmanuel Levinas, *Le temps et l'autre* [1948](Montpellier: Fata Morgana, 1979); 국역본: 『시간과 타자』, 강영안·강지하 옮김(서울: 문예출판사, 2024).

[10] 해당 번역어와 관련해서, hypostase(hypostasis)에 담겨진 실체의 의미도 간과되지 말아야 할 것이다. 서동욱의 다음과 같은 말은 그 용어를 더 깊이 이해하는 데 도움을 준다. "익명적 존재로부터 주체(실체로서의 주체)가 출현하는 발생적인 면모를 강조하기 위해 사람들은 'hypostase'(hypostasis)를 '홀로서기'나 '자기정립'으로 번역해 왔고, 나 역시 그 가운데 한 사람이다. 그런데 이럴 경우 놓치게 되는 것은 이 말의 액면 그대로의 뜻 '실체'가 가지는 함축이다. (…) 하이데거에게서 현존재는 내면적으로 고립된 채 스스로 존재하는, 가령 데카르트에게서 볼 수 있는 실체가 아니라, 자기 바깥에 서 있는 자(탈자태, Ekstase)이다. 현존재는 (…) 이미 세계 안의 다른 사물들이나 다른 현존재와의 관계성 속에 존재하는 자, '세계 내 존재'이다. 자기 바깥으로 나와 있어야만 세계 안에 있을 수 있다. (…) 레비나스는 현존재라는 이 현대 철학의 개념으로부터 물러나 다시 실체 개념을 부여잡고 있다. 레비나스의 사유는 실체로서의 주체의 근본 구조인 '자아(moi)는 자기(soi)이다'라는 '자기 관계성'을 중심으로 전개된다." 서동욱, 『타자철학: 현대 사상과 함께 타자를 생각하기』(서울: 반비, 2022), 331-332.

                    1부 프롤로그와 발단

우리에게 주는 공포를 극복하려는 맥락에서 등장한다. 이는 존재와 같은 어떤 익명적인 미지의 것에 종속된 채로 존재하는 '나'가 아닌, 지금 그리고 여기서, 즉 나의 시간과 나의 공간을 직접적으로 점유하는 '나'로서의 존재자를 의미한다. 이렇게 설정된 주체가 바로 『전체성과 무한』 1부 B에서부터 무신론적 분리라는 형태로 나타나기에 이른다.

이제 본격적으로 이 두 계기를 파헤쳐 보자. 우선 왜 분리인가? 타자성의 철학자가 어떤 관계성이 아닌 분리를 주장하는 것이 일견 이상해 보일 수 있다. 실제로 분리를 규정하는 레비나스의 말은 더할 나위 없이 자아론적이지만 이런 식의 규정에는 나름의 이유가 있다. "분리는 **존재자**가 스스로 자리를 잡고 자신의 운명을 스스로 취할 가능성을 가리킨다. 다시 말해 분리는 존재자가 자신의 탄생과 죽음이 보편적 역사의 시간 속에서 차지하는 위치를 통해 실재를 회계 기록처럼 규정하지 않으면서 태어나고 죽을 수 있는 가능성을 가리킨다"(26/65). 타인과의 윤리적 관계가 가능하기 위해서는, 다른 것으로부터 분리된 자아가 우선적으로 성립되어야 하는데, 여기서 분리는 자아의 삶을 미리 규정하는 모든 것으로부터 분리되는 것을 의미한다. 그 대표적인 예가 익명적 있음으로서의 존재로부터 분리인데, 이러한 분리를 통해 자아는 자기만의 고유한 인격적 삶을 영위할 수 있는 가능성을 갖게 된다.

이런 존재의 익명성 이외에도 자아를 규정하는 외적 가능성은 얼마든지 있다. 앞서 보았듯이, 레비나스는 『전체성과 무한』에서 역사로부터의 분리에 상당한 무게중심을 둔다. 실제로 인간을 규정하는 가장 일반적인 방식 가운데 하나가 인간 존재를 보편사 안에 있는 존재, 역사적 존재로 묘사하는 것이다. 이 경우 나, 그리고 나뿐만 아니라 타자 역시 역사적 의미를 부여받게 되고, 이것은 나로서의 자기를 독립적 주체로 설정할 수 없게 만든다. 이를테면 인류가 어떤 역사의 발전이나 진보 속에 있다고 할 때, 나는 그 발전이나 진보의 숙명을 다른 인간들과 함께 이루어 가야 할 자로 전락하기 쉽다. 다시 말해 나는 그저 나이기에 앞서 어떤 역사적 사명을 지닌 존재자로 사회 속에 기재되는 것이다. 이런 의미에서 레비나스는 "역사에서 자신의 의미를 길어내지 않는 탄생과 죽음의 가능성 자체"(26/65-66)를 주체에게 부과하기 위해 자아의 분리를 내세운 것이다.[11]

여기서 더 해명되어야 할 것이 있다. 왜 이 분리와 더불어 무신론이 등장하는가? 일반적으로 무신론은 신을 부정하는 이론이나 이념을 뜻한다. 하지만 레비나스는 이를 자기 철학의 맥락에서 다소 특수한 방식으로 활용한다. 그에게 무신론은 신에 대한 부정이라기보다는 신 또는 유사-신, 신적인 것으로부터의 분리를 의미한다. 그러므로 여기서 무신론이 부정하는 신을 통념적으로 그리스도교의 신만을 뜻하는 것으로 여길 필요는 없다. 오히려 이는 나를 온전히 나로 존재할 수 없게 하는 나의 모든 정초나 토대와의 연관으로부터,

---

11 "레비나스는 정신을 절대적 자기 인식에서 완성되는 것으로 보지 않고, 오히려 성서적 주제인 '망명'의 맥락에서 '역사' (…) 라고 그가 일컫는 것으로부터의 분리를 겪는 것으로 해석한다. 헤겔의 견해와는 상반되게, 정신의 운동은 역사 속에서가 아닌 역사의 구심력으로부터 멀어지는 과정에서 성취된다." Dermot Moran, *Introduction to Phenomenology*(London, UK and New York, NY: Routledge, 2000), 344.

곧 플라톤적 용어를 사용하자면 '참여'(methexis)를 통해 연관된 모든 것으로부터 분리되는 것을 뜻한다.

우리는 이 완전한 분리를 무신론으로 부를 수 있다. 그 완전함은 분리된 존재가 자신이 분리되어 나온 **존재**에 참여하지 않으면서 실존 속에서 스스로 자신을 유지하는 데 있다. 우연한 경우에 믿음으로 그 **존재**와 결합할 수는 있지만 말이다. 참여와의 단절은 이 할 수 있음에 함축되어 있다. 우리는 신 밖에서, 자기에게서 살아간다. 우리는 자아이고 에고이즘이다. 분리의 성취인 영혼 — 심적인 것의 차원 — 은 본래 무신론적이다. 이처럼 우리는 신적인 것의 부정과 긍정에 앞서는 정립을, 참여와의 단절을 무신론으로 이해한다. 이 단절에서부터 자아는 동일자로 그리고 나로 정립되는 것이다. (29-30/70-71)

이렇게 레비나스는 '분리'(séparation) 자체를 곧 무신론으로 간주한다. 사실 통념상 유대교 전통에 속한 철학자인 레비나스가 그 스스로 '무신론'을 말하는 것이 어색해 보이기도 한다. 하지만 우리는 여기서 "영의 종교(religion of the spirit)로서의 유대교는 모든 신과 관련해서 무신론"의 종교라고 한 아드리안 페프르작의 말을 염두에 두어야 한다.[12] 레비나스에게 "유일신론은" 분명 "무신론을 능가하고 통합하지만", 유신론은 "의심, 고독, 반항의 세대에 이르지 못하면 불

12 Adriaan Theodoor Peperzak, *Beyond: The Philosophy of Emmanuel Levinas* (Evanston, IL: Northwestern University Press, 1997), 22.

가능한 것이다".[13] 다시 말해 레비나스에게 유신론적 신앙은 무신론적 회의를 통과하지 않으면 불가능하다.

이런 배경 아래, 위에서 인용한 레비나스의 분리로서의 무신론을 이해해 보자. 여기서 레비나스는 형이상학적 신 현존 증명과 같은 맥락에서 유/무신론을 다루지 않는다. 오히려 그는 "신적인 것의 부정과 긍정에 앞서는 정립"의 차원에서 개별자로서의 인간 존재가 일차적으로 또는 근원적으로 다른 것으로 분리되었을 때, 비로소 동일자로서의 내가 될 수 있음을 말하고 있다. 우리는 이러한 동일자의 성립을 '무신론자-되기'라고 부를 수도 있을 것이다. 다시 말해 레비나스는 어떤 증명이나 불신앙에서 비롯하는 무신론이 아니라 동일자의 존재 방식으로서의 무신론을 제안하고 있으며, 이는 그 어떤 것으로도 환원되지 않은 채 스스로 사유하고, 존재하는 나를 수립하는 데 적합한 삶의 방식이다.

이는 레비나스가 데카르트를 거론하면서, 그가 세 번째 성찰에서 내 바깥의 무한자 관념의 도래를 말하기 전에, 첫 번째 성찰에서 스스로 생각하는 나를 먼저 정립해 낸 것에 대해 찬사를 보내는 구절을 보면 더 쉽게 이해된다. 데카르트는 분명 그의 『성찰』에서 코기토의 존재를 보존하기 위해 이 세상을 창조한 선하고 완전한 신의 관념에 의존하는 '나'를 제안했다. 하지만 그러한 의존성은 세 번째 성찰에 가서야 정립되고, 이 코기토의 철학자가 맨 먼저 한 것은 신으로부터 분리된 '생각하는 나'의 정립이다. 레비나스가 말하는 무신론도

13　Emmanuel Levinas, *Difficiel liberté* (Paris: Albin Michel, 1963), 35.

이런 데카르트의 사유의 노정과 맥을 같이 한다.

우리가 이야기했던 코기토가 **분리**를 입증한다. 우리 속에 있는 자신의 관념을 무한히 넘어서는 존재, 즉 데카르트의 용어로 말해서 **신**은, 「셋째 성찰」에 따르면 **코기토**의 명증성의 기초가 된다. 그러나 **코기토**에서 이 형이상학적 관계의 발견은 시간적 순서로는 두 번째일 따름인 철학자의 사유 진행 과정을 이룬다. '논리적' 질서와 구분되는 시간적 질서가 있을 수 있다는 것, 사유의 진행에 여러 계기가 있을 수 있다는 것, 사유의 진행이 있을 수 있다는 것, 여기에 분리가 있다. (24-25/63)

무신론자는 자신의 필요나 어떤 계기를 따라 신에게 의존할 수 있다. 하지만 그 탄생은 철저히 다른 절대적인 것으로부터 분리된 무신론의 형식을 취하며, 이것이 데카르트가 — 의도적이건 아니건 — 이미 사유했던 무신론이다.

그렇다면 이 분리는 어떻게 일어나는가? 『전체성과 무한』에서 레비나스는 분리의 구체적 발생이나 형성 과정을 세세하게 기술하지 않는다. 이것은 논증의 공백이라기보다는, 『탈출에 관해서』나 『존재에서 존재자로』 등의 저작에서 이미 분리에 대한 사유가 원초적 형태로 기술되어 있으므로, 『전체성과 무한』에서는 상대적으로 분리의 발생 또는 분리의 형성 자체를 크게 강조하지 않는다고 보는 것이 나을 것이다. 프랑수아-다비드 세바가 잘 지적한 것처럼, 레비나스의 사유 발전 "시기들"을 고려할 때, "『탈출에 관해서』부터 『존재에서 존재자로』에 이르기까지, 레비나스는 **그저 있음**(il y a)을 거쳐, 존재자(주체성)가 존재(존재 사건) 안에서 태어나는 것을 분석한다". 반면에 "『전체성과 무한』에서는 (…) 자아의 내면성이, 무한에 의해 근원적으로 균열되는 한에서 더욱 특별하게 기술될 것이다".[14]

여기서 잠시 레비나스에게 분리된 주체가 나오는 배경을 포괄적으로 이해하기 위해 이 존재자의 정립 방식을 간략하게 요약해 보자. **그저 있음**이라는 순수 존재의 경험에서 익명적 존재에 지나지 않던 내가 **여기 그리고 지금**(*hic et nunc*) 서 있는 자로 정립될 때, 분리된 주체성이 탄생한다. 특히 레비나스는 숙면을 통해 휴식을 취하고, 잠이라는 무의식을 통해 자기를 의식할 수 있는 상태에 이르는 나의 깨어남에서 자기만의 고유한 장소(여기)를 점유하고, 현재의 시간(지금)에 스스로 생각하는 나의 자기-정립을 현상학적으로 나타낸 바 있다. "잠의 부름은 자리에 눕는 행위 속에서 밀려든다. 자리에 눕는 것, 그것은 바로 존재를 장소에, 자리에 제한하는 일이다. 그 장소는 (…) 나의 기반, 하나의 **조건**이다."[15] 즉 누울 자리를 확보한 나는 수면을 취함으로써 의식을 유지할 조건을 얻는다. "그 의식의 삶에서, 의식은 언제나 자신의 자리에서 도래한다. (…) 의식은 오로지 잠 속에서 자라난다."[16] 이렇게 잠을 잔 주체는 잠에서 깨면서 현재의 순간을 만끽한다. "현재는 존재에 종속된다. (…) 자아는 숙명적으로

---

14 François-David Sebbah, *L'épreuve de la limite: Derrida, Henry, Levinas et la phénoménologie* (Paris: Presses Universitaires de France, 2001), 184. 대괄호는 필자 첨가.

15 Levinas, *De l'existence à l'existant*, 119; 국역본: 『존재에서 존재자로』, 116.

16 Levinas, *De l'existence à l'existant*, 122; 국역본: 『존재에서 존재자로』, 118.

자기에게로 회귀한다. 자아는 잠 속에서 자신을 잊을 수 있지만, 또 깨어날 것이다."[17] 또한 잠에서 깨어나는 자아는 누운 자리라는 자기만의 기반에서 깨어난 자이기 때문에, 또 바로 그런 기반 위에서 자기의 삶을 시작하기 때문에, 자신을 지금 의식하고, 생각하는 나로서 활동하는 자가 된다. 세바가 잘 말한 것처럼, "놀랍게도, 먼저 수면, 더 정확히는 잠들 가능성이 레비나스에 의해 자기성의 징후, 나아가 자기성의 조건으로서 긍정적으로 함축된다. 실제로 자기 자신이 되는 것, 자기로서 태어나는 것은 불면증이 갖는 강박적인 것으로부터 탈출할 가능성을 갖는 것이다".[18] 이렇게 불면에 시달리지 않고 잠을 자는 의식이 비로소 이제 자기의 현재로서 바로 지금의 시간을 살아가게 되는 것이다(이것은 역사로부터 분리되고, 역사로 환원되지 않는 자기의 시간이다). 요컨대, 레비나스는 장소로서의 기반과 의식과 현재의 관계를 다음과 같이 명확하게 규정한다. "우리가 의식이 아닌 자기의 정립을 탐구하기는 했지만, 우리는 의식을 발견했다. 자기의 정립, 존재자는 하나의 의식이다. (…) 현재는 자리로부터의 도래이며, 존재자에 의한 존재의 소유이다. 그리고 이 소유가 '나'를 이룬다. 의식, 자리, 현재, (…) 이것들은 이름을 붙일 수 없는 동사인 **존재**가 명사로 뒤바뀌는 사건들이다. 의식, 자리, 현재, '나'는 자기의 정립이다."[19]

17   Levinas, *De l'existence à l'existant*, 134; 국역본: 『존재에서 존재자로』, 132.

18   Sebbah, *L'épreuve de la limite*, 183.

19   Levinas, *De l'existence à l'existant*, 141–142; 국역본: 『존재에서 존재자로』, 140.

이러한 배경을 염두에 두고서 이제 다시 『전체성과 무한』의 분리와 무신론에 대한 논의로 돌아가 보자. 우선 지금까지 살펴본 자기-정립, 또는 홀로서기의 자아가 『전체성과 무한』에서는 무신론적 분리의 자아로 발전적으로 표현되었다고 보면 좋을 것이다. 그렇다면 이렇게 물을 수 있다. 이미 섬세하게 정립시킨 이러한 자아를 무신론적 분리를 통해 다시 제시한 이유는 무엇인가? 우리는 레비나스의 다음과 같은 말에서 그 이유를 찾을 수 있다. "만일 의식을 통해 존재자가 출현한다면, 존재에 대한 주체의 우월성으로서의 주체성은 아직 자유가 아니다."[20] 『존재에서 존재자로』는 주로 주체의 의식의 자리 잡기에서 주체성을 발견하는 작업이었다. 이것은 분명 핵심적인 작업이지만, 레비나스는 의식의 확보만으로 주체의 자유가 완전히 성취되지는 않는다고 본다. 그렇다면 그 자유는 어디서 완연하게 드러나는가? 그것은 다름 아닌 의식적이면서도 신체적으로, 또 경제적으로 성취하는 삶의 자유이다. 말하자면 무신론적 분리는 바로 의식을 통해 홀로 선 주체를 넘어 자유로운 삶을 제시하기 위한 레비나스의 고유한 철학적 개념이라고 할 수 있다. 레비나스는 지금 우리가 독해하고 있는 "분리와 대화" 편에서 이렇게 말한다. "분리는 향유의 심성에 의해, 에고이즘에 의해, 행복에 의해 생산되며, 거기서 **자아**는 스스로를 동일화한다"(34/77). 이런 점에서, 주체성의 기술과 관련하여 『존재에서 존재자로』와 『전체성과 무한』이 기술하는 주제는 약간 달라지는데, 크리츨리가 이를 잘 지적하고 있다. "『전체

20 Levinas, *De l'existence à l'existant*, 142; 국역본: 『존재에서 존재자로』, 141.

성과 무한』이 다루는 두 번째 주제는 분리된 자아의 현상학인데, 이것은 레비나스가 『존재에서 존재자로』에서 주체의 '홀로서기', '자기 정립'의 착수라고 부른 것이며, 『전체성과 무한』에서는 향유의 자아, 무신론, 영양 섭취, 또는 삶을 살아가기로 기술된다."[21]

이제 레비나스는 분리된 동일자로서의 나를 자유의 성취라는 측면에서 기술하는 데 초점을 맞추는데, 이 자유의 실현은 향유와 행복의 추구로 구체화된다. 다시 말해 무신론적으로 분리된 나의 자유는 향유와 행복의 삶을 추구하는 가운데 성취된다는 것이다. 그리고 이런 무신론적 분리로서의 동일자의 삶이 바로 레비나스가 궁극적으로 제시하고자 하는, '타인의 얼굴'이라는 무한의 계시를 환영하기 위한 조건이 된다. "우리의 분석은 우리 안에 있는 **무한**의 관념이라는 형식적 구조의 인도를 받는다. **무한**의 관념을 가지기 위해서는 분리된 것으로 존재해야 한다"(52/107). 여기서 "분리된 것"이 바로 지금까지 계속 논의한 무신론적으로 분리된 동일자로서의 '나'이다. 그러므로 레비나스에게 동일자와 타자의 관계는 동일자가 무신론적으로 분리된 자로 삶을 영위하는 자아의 생(生)을 기초로 해서 이루어진다.[22] "무한의 관념을 가지기 위해서는" 다른 모든 것, 특히 역사나 신적 타자나 익명적 존재, 또는 역사와 분리된 존재자로서의 무신론적 자아가 우선적으로 정립되어야만 하는 것이다.

---

21 Critchley, *The Problem with Levinas*, 94.

22 이 문제와 관련해서 강영안은 이렇게 말한다. "밖으로 나가기 위해서는 안이 형성되어 있어야 한다. 내면성이 없는 곳에는 밖으로 향한 초월이 없다. 그러므로 초월 운동은 '자기 복귀'를 전제한다." 강영안, 『타인의 얼굴: 레비나스의 철학』(서울: 문학과지성사, 2005), 124.

비밀을 간직한 '나들': 사회의 다원주의를 위한 기반

지금까지 본 장의 핵심인 분리와 무신론이라는 계기를 살펴보았다. 통념에 의하면 레비나스는 타자성의 철학자로 알려져 있고, 그러므로 그의 주저인 『전체성과 무한』을 읽을 때 혹자들은 언제 타인의 절대적 타자성에 대한 논의가 본격적으로 등장할지 기대하다가 무신론적 분리를 통한 주체의 정립에 관한 이야기가 상당히 길게 전개되는 것을 보고 의아해지기 시작한다. 하지만 우리는 여기서 레비나스에 대한 여타 논의에서 통상 하듯이 타자성에 대한 논의로 성급하게 넘어가지 말아야 한다. 일단 우리의 관심사는 레비나스가 의도한 다원주의의 시발점에 대한 것인데, 그 다원주의는 바로 무한과 관계 맺기 이전부터 정립되어 있는 분리된 '나'로부터 시작한다. 실제로 에티엔 프롱은 "레비나스의 철학을 타자의 철학으로 정의함으로서는" 우리가 그의 철학을 관통할 "길잡이를 가졌다고 주장할 수 없다"라고까지 말한다. "왜냐하면 레비나스 철학 전체는 사이의, 혹은 존재와 무한 사이의 차이와 관계 속에서 전개되기 때문이다".[23]

물론 이것이 타인과 타자성이 지금의 논의와 무관하다는 것을 뜻하지는 않는다. 레비나스는 분리된 무신론적 자아가 타자와 마주하게 되는 윤리적 주체라는 점을 분명히 하면서, 이를 타인에 대한 윤리적 책임과 연결한다. 하지만 그 전에 우리는 이렇게 윤리적으로

---

[23] Étienne Feron, *De l'idée de transcendance à la question du langage: L'itinéraire philosophique de Levinas* (Grenoble: Jérôme Millon, 1992), 6. 이런 점에서 그는 레비나스의 주체성에 대한 천착을 먼저 해명하는 것이 그의 철학을 올바로 이해하는 첩경이라고 보며, 필자도 이에 동의하면서 논의를 전개해 왔다.

응답하는 주체를 철저하게 개별화되고 분리된 주체로 정립함으로써, 이를 무한과 관계 맺는 근원적 조건이면서 또한 바람직한 다원주의의 조건으로 내놓는다는 점을 식별해 내야 한다 — 이는 그동안의 레비나스 연구에서 많이 간과된 지점이다. 우리는 이를 입증해 주는 레비나스의 다음과 같은 말을 특별히 주의해서 읽어야 한다.

> 역사의 우위성을 내세우는 것은 존재 이해를 위한 하나의 선택이지만 그 선택 안에서 내면성은 희생된다. (…) 실재적인 것은 실재적인 것의 역사적 객관성 안에서 규정되어야 할 뿐만 아니라, 역사적 시간의 연속성을 중단시키는 **비밀**로부터, 내적 지향들로부터 규정되어야만 한다. 사회의 다원주의(pluralisme)는 이러한 비밀에서 시작하기 때문에 가능하다. 사회의 다원주의가 이 비밀을 입증한다. 우리는 인간의 전체성 관념을 형성하는 것이 불가능하다는 점을 오래전부터 알고 있었다. 인간들은 내적 삶을 가지고 있기 때문이다. (28-29/69)

여기서 레비나스는 직접적으로 사회의 다원주의를 언급한다. 그는 인간들이 살아가는 사회는 다원주의적이라는 점을 긍정한다. 이것만 보면 일련의 다원주의적 자유주의의 견해와 레비나스가 맥을 같이하는 것처럼 보인다. 하지만 그에게 사회의 다원주의는 "이러한 비밀", 곧 역사를 중단시키는 자아의 내면성, 자아의 내적 삶에서 자신의 고유한 삶을 보존할 수 있는 나의 비밀에서 시작한다.

이는 사회의 다원주의가 의견이나 가치, 취향의 수적 다양성, 바람직한 사회를 이루기 위한 경쟁적이고 타당한 의견의 많음, 이런 것

들을 보장하는 이념으로서 자유에 뿌리를 두는 것이 아님을 가르쳐
주고 있다. 물론 이런 요소들이 우리 사회에서 전혀 중요하지 않은
것은 아니다. 하지만 다원주의적 사회의 기초는 다름 아닌 분리된 존
재로서 스스로 내면성의 비밀을 유지하는 '나'라는 존재자'들'이 되
어야 한다. 이런 독립적인 개별 존재자들은 역사로 환원되지도 않고,
종적으로나 사회적으로 분류된 인간 개념에 대한 정의(definition)로
도 환원되지 않는다. 왜냐하면 인간들 자체가 각각 자신만의 세계,
자신만의 행복, 자신만의 삶의 향유를 누리는 자로 존립해 있기 때
문이다. 이런 점에서 **"향유의 자아는 생물학적이지도 사회학적이지도
않다"**(92/170). 향유의 자아를 정립하는 것은 오직 "단적인 **존재자**의
고양"(92/169) 그 자체일 뿐이다. 그러므로 사회의 다원주의는 개별
화된 '나들'의 정립에서 시작하는 것이지 절대로 그 반대가 아니다.
이런 점에서 모아티의 다음과 같은 말은 매우 정확한 진술이다. "의
존성의 지연, 역사적 시간의 중단, 그리고 객관적 이성의 일시적 중
단으로서, 독립은 감각 속에서 결정되며, 이것 자체가 인간성이 그
다원성에서 출현하는 개별화의 근본 원리로 이해된다."[24]

물론 여기서 다원주의의 성립과 관련해 자신의 삶을 향유하는
자아를 너무 지나치게 강조하는 것 아닌가 하는 반론이 생길 수 있
다. 하지만 이것은 무신론적 분리를 통해 시작되는 자유의 성취, 곧
향유의 자아가 가지는 급진적 성격을 고려한다면 풀릴 수 있는 의문
이다. 우리는 위에서 레비나스가 분명히 비밀스러운 자아, 자신만의

---

24 Moati, *Événements Nocturnes*, 83.

    1부 프롤로그와 발단

내면의 삶을 누리는 자아가 참된 다원주의의 시발점이 된다고 한 자신의 논지에 더하여, 바로 이 향유하는 자아의 삶에서부터 이미 전체성의 파열이 일어난다고 한 데 주목해야 한다. "고독의 향유에 의해서 ― 또는 향유의 고독으로 ― 성취되는 전체성의 파열은 근본적이다." 심지어 "타인(Autrui)의 비판적 현전이 이 에고이즘들을 문제 삼을 때라도, 그 현전은 에고이즘의 고독을 파괴하지는 않을 것이다"(91/169). 우리는 흔히 레비나스가 무한한 타인의 얼굴의 에피파니를 통해 전체성을 극복하려고 한다고 생각한다. 하지만 그것은 향유의 고독, 내면성의 비밀을 가진 주체로부터 시작한다. 앞서 보았듯이, 역사나 국가나 전쟁의 전체성으로 환원되지 않은 것이 바로 나의 비밀스러운 자아이고, 이런 자아는 전체성의 논리나 체제에서 이탈해 있으므로 이미 전체성에는 균열이 가기 시작한다. 그러므로 삶을 향유하는 자아가 다원주의의 시발점이 된다고 한 것은 다원주의의 대립항인 전체성의 파열이 자아에서부터 시작한다고 한 레비나스의 제안을 고려할 때 전혀 억지스러운 것이 아니다. 비밀스러운 자기만의 삶을 가진 그 주체들, 나들이 자유를 누릴 때, 우리는 그것을 통해 사회의 다원주의를 이룩할 수 있다. 바이아슈의 너무나도 정확한 지적처럼, "존재를 이해할 수 있게 해 주는 것은 역사의 우위가 아니라 비밀이며, 이 비밀 없이는 다원주의가 있을 수 없다".[25]

다만 여기서 혹자에게는 내가 여기서 사용한 '나들'이라는 표현

---

25 Gérard Bailhache, *Le sujet chez Emmanuel Levinas: Fragilité et subjectivité* (Paris: Presses Universitaires de France, 1994), 72.

이 불편하게 여겨질 수도 있겠다는 생각이 든다. 이 표현 자체만 보면 레비나스가 기본적으로 반대하는 '나'라는 존재자들의 수적 집합을 의미하는 것처럼 보일 수 있기 때문이다. 하지만 나는 여기서 그런 위험을 감수하고 레비나스의 다원주의적 사유를 부각하기 위해 이 표현을 사용했다. 이것은 레비나스의 발언에 입각한 표현이다. 레비나스가 일자를 위한 타자로서의 '나'와 타자의 비대칭적 관계를 재정립하는 것을 가장 근본적인 철학적 목표로 삼지만, 이를 기반으로 삼아 그는 '나들'의 공동체 또는 사회에 관한 전망 안에서 인간의 인간성을 보존하고자 한다. 이는 고유한 '나들'의 삶에 대한 긍정 안에서만 가능하다. 특별히 『전체성과 무한』의 서문에서 제시된 종말론의 이념을 상기해 보면 이 점이 명확해진다. 다음 구절을 보자.

> 심판이라는 종말론적 이념은, (헤겔이 종말론적 심판을 부당하게 합리화했던 역사의 심판과는 반대로) 존재들이 영원성에 '앞서서', 역사의 성취에 앞서서, 시간의 만료에 앞서서(여기에도 여전히 시간은 있다), 하나의 정체성을 갖는다는 점을 함축한다. 이러한 종말론의 이념은, 존재들(êtres)이 물론 관계 속에서 존재하지만, 전체성에 의거해서가 아니라 자기(soi)에 의거해서 그러하다는 점을 함축한다. 역사를 넘쳐흐르는 존재의 이념은, 존재에 개입하는 **존재자들**(étant's)인 동시에 인격적인 **존재자들**을, 자신들의 재판에서 답변하도록 소환된, 따라서 이미 성년인 **존재자들**을 성립시킨다. 같은 이유로 그 이념은, 역사의 익명적 발언에 자신들의 입술을 빌려주는 대신, 스스로

발언할 수 있는 **존재자들**을 성립시킨다. 평화는 이렇게 발언할 수 있는 능력으로서 생성된다. (xi/10)

이 구절에서 레비나스는 단수로서의 존재, 존재자가 아니라 복수인 존재들, 존재자들에 관해 말한다. 역사의 성취나 완성으로 환원되지 않는 존재자들이 매순간 도덕적 심판을 회피하지 않으며 각기 자기로서 그 심판을 받아들이는 것이 바로 종말론의 이념이다. 이 자기들은 모두가 고유한 존재들이며, 이 존재들이 각기 고유한 정체성으로 나타나는 사회가 바로 '나들'의 다원주의 사회인 것이다. 이런 점에서 "각자 모두가 유일무이한, 나들"(les moi's, tous uniques),[26] 곧 **각 존재자들**의 정립이 다원주의의 완성은 아니지만, 다원주의의 시발점 역할은 한다는 것은 분명하다고 말할 수 있으며, 이런 관점에서 레비나스의 철학 전반과 다원주의에 대한 이해 전반을 재고찰하는 작업이 이루어져야 할 것이다. 이런 "다원주의는 나로부터 타자로 나아가는 선함 속에서 성취된다"(282-283/461).

여기서 오해를 피하고자 다시금 강조하자면, 이와 같은 레비나스의 다원주의는 분명 '나들'의 삶의 보존에서 그치는 것이 아니라 동일자와 타자 간의 윤리적 관계가 수립되는 가운데 더 충만하게 성

26 Emmanuel Levinas et Augusto Ponzio, "Deux dialogues avec Emmanuel Levinas," in *Sujet et altérité sur Emmanuel Lévinas: suivi de Deux dialogues avec Emmanuel Levinas* (Paris: L'Harmattan, 1996), 145. 이렇게 레비나스는 종종 "나들"(moi's)이라는 표현을 사용하는 데 거리낌이 없다. 다만 이때 "나들"은 내가 존재하는 것 자체가 다원주의적임을 뜻하는 것이고, 각 존재의 고유성을 말하는 것이지 단순한 수적 다수성을 말하는 것이 아니다.

취된다. 다시 말해 앞에서 인용한 것처럼, 레비나스의 "다원주의는" 결국 "타자의 근본적 타자성을 전제한다". 하지만 그렇다고 해도 "이 타자성은 내가 단순히 나에 대한 관계를 따라 **떠올리는** 타자성이 아니라, 나의 에고이즘으로부터 출발해서 **내가 마주하는** 타자성이다. (…) 내가 타인의 타자성에 접근하는 것은 나로부터 출발하는 것이지, 나와 타자(Autre)의 비교에 의한 것이 아니다"(94/172). 레비나스의 다원주의를 총체적으로 이해하기 위해서는 『전체성과 무한』에서 아버지와 아들, 그리고 우애로 이어지는 책 후반부의 논의가 다루어져야 하고, 무엇보다도 주격인 '나들'이 목적격으로서의 '나들'로 전환되는 과정과 제삼자에 대한 논의도 함께 다루어져야 하는데, 이는 『전체성과 무한』 이후의 논의까지 포괄해야 하는 방대한 과제이다. 여기서는 이를 차후의 과제로 남겨 놓도록 하자. 다만 이 비밀스러운 '나들'을 철저하게 유지하고 보존하는 데서부터 『전체성과 무한』과 그 이후 레비나스 철학에서의 다원주의에 대한 논의가 온전히 전개된다는 점만 알아 두자.[27]

---

27 차후의 과제를 전망하는 의미에서 레비나스에게서 나'들'이 목적격인 나'들'로 전환되었을 때의 다원주의의 의미가 밝혀져야 한다는 점을 언급해 두고자 한다. 존 르웰린은 이 주제에 관한 사유의 실마리를 우리에게 남겨준 바 있다. "그러므로, 인류를 구성하는 '우리'는 '나들'(I's)의 전체성이 아니라 '너들'(you's)의 명령을 받은, 목적격의 '나들'(me's)의 탈전체화된 전체성이다." John Llewelyn, *Appositions of Jacques Derrida and Emmanuel Levinas*(Bloomington, IN: Indiana University Press, 2002), 88.

레비나스의 '나들'의 다원주의의 사회-정치적 함의
: 각기 다른 '나들'의 평화

우리는 『전체성과 무한』 1부 B에 초점을 맞추면서 레비나스가 삶을 향유하고 행복을 누리려 하는 비밀스럽고 독립적이며 무신론적으로 분리된 자아의 내면성이, 사회의 다원주의의 기초라고 주장했다는 점을 확인했다. 레비나스는 자아가 그저 하나의 개념이거나 특정한 방식으로 분류된 범주가 아니라 자신의 삶을 향유하는 자유로운 개별자임을 강조한다. 그러니까 삶을 향유하고 행복을 추구하는 나는 자기만의 비밀을 가진 특수한 존재자로 개별화된 채 삶을 영위한다. 이미 다룬 것처럼, 레비나스는 오래전부터 참된 자아는 거대한 역사의 파노라마나 역사적 사건의 장소가 아닌 오직 그 자신만의 시간과 공간에서 출발하는 자라고 주장했다. 여기서 역사는 이성의 역사, 진보의 역사, 합리성이 고안한 특수한 목적을 이상으로 제시하는 역사이다. 또한 역사적 사건의 공간은 내가 인격적으로 거주하는 공간이 아니라 익명적 공간, 또는 국가나 다른 더 큰 집단을 통해 공적으로 점유된 공간이다. 이런 시간과 공간 안에서 나는 전체의 부분일 수밖에 없고, 어떤 특정한 전체의 논리에 의해 작동할 수밖에 없으며, '나들'은 상위의 중립성 아래에서만 의미를 부여받는다. 바로 이렇게 주체와 타자를 분리해 내지 않고 한데 묶는 포괄적인 상위의 중립성이야말로 다름 아닌 전체성의 특성이고, 바로 이 "전체성이 평화가 함축하고 있는 존재들의 다수성을 흡수해 버린다"(197/332).

반대로, 평화는 존재하는 것들, 존재자들의 다수성이 그 자체로 살아 있음이다. 이 점이 『전체성과 무한』 끝자락에 제시된 레비나스의 결론적 전망에서 매우 명확하게 제시된다(레비나스가 다원주의를 결론에서 내세운다는 것은 『전체성과 무한』의 핵심 주제이자 통찰 중 하나가 다원주의의 재정립이라는 점을 보여 준다).

초월 또는 선함은 다원주의로 생산된다. 존재의 다원주의는 하나의 가능한 시선 앞에 펼쳐지는 성좌의 다수성으로 생산되지 않는다. 그 경우 이미 성좌는 전체화될 것이고 실체로 변해 버릴 것이기 때문이다. 다원주의는 나로부터 타자로 나아가는 선함 속에서 성취된다. 그런 선함 속에서 타자가 절대적 타자로서 생산될 수 있다. (…) 다원성의 통일, 그것은 평화이지 다원성을 구성하는 요소들의 정합성이 아니다. 그러니까 평화는, 한 편이 승리하고 다른 편이 패배하여 전투원이 없어진 탓에 전투를 멈추는 전투의 종말과 동일시될 수 없다. 다시 말해 평화는 묘지들이나 미래의 보편적 지배력과 동일시될 수 없다. 이 평화는 **나의** 평화여야 한다. 평화는 자아로부터 출발해 **타자**로 나아가는 관계 속에, 욕망과 선함 속에 있다. 여기서 자아는 자신을 유지하는 동시에 에고이즘 없이 실존한다. (…) 진리가 말해지는 심판 앞에서 그러한 자아는 개별적 나로 남게 될 것이다. (282-283/461-462)

레비나스가 궁극적으로 의도하는 것은 존재 저편의 선함이다. 그런데 이 선함은 존재의 질서나 중립적 존재의 익명성으로 환원되지 않은 채 초월적으로 도래하며, 주체와 타자의 윤리적 관계를 통해 가능하다.

　　　　　　　　　　　　　1부 프롤로그와 발단

그런데 이것은 위에서 보듯이 "다원주의로 생산된다". 이때 다
원주의는 무신론적으로 분리된 채로 실존하는 '**나들**'의 다원성을 내
포한다 — "나들은 전체성을 형성하지 않는다"(270/441). 물론 레비
나스는, 뭇사람들에 의해 통상적으로 인정되고 그 역시 강조한 것처
럼, 분명 타인과의 형이상학적 관계에서 선함이 성취된다고 했다. 하
지만 그 선함은 "나로부터 타자로 나아가는" 운동에서만 성취되고,
이렇게 성취된 선함이 다름 아닌 평화이다. 더 나아가 이 평화는 "자
아로부터" 시작된 것이고, 그 자아가 타자와의 관계에서 성취하는
평화라는 점에서 "**나의** 평화"이다. 개별적 '나'와 나들이 타자를 향해
윤리적인 주체로서 나아가게 되는 다원주의가 참된 다원주의이며,
그 시발점은 앞서 우리가 독해한 대로, 무신론적으로 분리된 주체의
정립에 있다. 타인이 등장하더라도 "분리는 언제나 가장 중요하다
(paramount). 나는 타자에게 흡수되지도 않으며, 그 타자를 소유하지
도 않는다".[28]

혹시라도 오해가 있을까 하여 반복해서 말하건대, 여기서 자아
로부터 시작된다고 하는 말을 나의 권리에 대한 강조로 이해해서는
안 될 것이다. 자아로 시작한다는 것은 평화가 분리된 무신론자인 나
로부터 시작된다는 말이며, 평화의 궁극적 성취는 나와 타인 사이의
관계에서 이루어진다. 즉 레비나스에게 평화는 일부 자유주의 담론
에서 하듯이 나의 권리를 최우선적으로 주장하는 것을 전제로 하지

---

28 John E. Drabinski, "Elsewhere of Home," in *Between Levinas and Heidegger*, eds. John E. Dr-
abinski and Eric S. Nelson(Albany, NY: State University of New York Press, 2014), 254

않는다. 그것은 분리된 주체인 나의 삶에서 시작되지만 타인과의 윤리적 관계에서 선함을 이룰 때 성취된다. 하녹 벤-파지의 말처럼, 이는 "나로부터 출발하여 타자를 향해 나아가 에고이즘을 덜어 내게 된 윤리성에 관한, 곧 평화에 관한 다른 형태의 전언이다".[29]

이렇게 레비나스가 의도하는 다원주의의 다채로운 면모, 초월의 생산으로서의 절대적 다원주의를 온전히 다루려면 타인과의 윤리적 책임 아래에서 다시금 또 다른 방식으로 개별화되는 '나'와 '나들'을 분석해야 하며, 더 나아가 그 '나'가 타자를 자기 집으로 맞이하는 환대의 주체성으로 갱신되는 데까지 이르러야 할 것이다.[30]

[29]   Ben-Pazi, "Messianism's Contribution to Political Philosophy," 295.

[30]   여기서는 이와 관련한 실마리만 일단 언급하고자 한다. 레비나스는 『윤리와 무한』에서 필립 네모로부터 다원주의 및 사회성의 가능성에 관한 질문을 듣고서, 비밀스러운 주체들이 다시금 윤리적 책임으로 개별화되는 것에 주목해야 사회의 다원주의를 온전히 이해할 수 있다고 말한다. "이 책임은 그것이 윤리적으로 도래할 때 양도할 수 없는 책임일 터이고, 우리는 이 책임으로부터 달아날 수 없을 것이며, 따라서 이 책임은 절대적 개별화의 원리일 것입니다." Levinas, *Éthique et Infini*, 86; 국역본: 『윤리와 무한』, 90.

4강. 1부 B

"분리와 대화" 읽기 Ⅱ

앞서 우리는 『전체성과 무한』 1부 B, "분리와 대화"에서 주로 "분리"를 다루었다. 이번 장에서는 "대화"를 심층적으로 다루고자 한다. 앞서도 살펴보았지만, 레비나스를 읽어 내는 방식은 다양하다. 혹자는 윤리적 형이상학이나 윤리적 초월철학의 길, 즉 윤리의 초월적 근거를 마련하고 윤리학을 제일철학으로 설정하는 길을 제시하는 것으로 레비나스의 철학을 이해한다. 또 다른 이들은 철저히 현상학의 맥락에서, 어떻게 레비나스가 현상학을 통해서 얼굴의 윤리적 현현으로 나아가는지를 엿보는 방식으로 그의 철학 전반을 이해하고자 한다.

이런 접근 방식들은 전부 그 자체로 유의미하며 그 탐구의 길이 서로 배타적인 것도 아니다. 나는 바로 앞에서 본격적으로 제안한 '나들'의 절대적 다원주의라는 관점으로 『전체성과 무한』을 일종의 드라마로 읽어 내면서, 앞에서 언급한 여러 접근 방식을 두루 활용하고 있다. 그런데 "대화"라는 주제로 들어가면서 레비나스를 심층적으로 읽어 낼 수 있는 또 하나의 유효한 접근이 있음을 언급하고 싶은데, 그것은 다름 아닌 **언어철학**이다 — 물론 이때 언어철학은 그의 현상학적 접근 및 초월철학적 기획과 상관적인 형태로만 드러난다. 흔히 언어철학이라고 하면 일련의 언어적 개념들을 분석하고, 그 의미 체계나 언어적 의미 작동의 원리를 탐구하는 영어권의 분석적 언어철학을 떠올리기 쉽다. 물론 이런 언어적 개념 분석과 의미 명료화 및 선별의 작업은 그 자체로 유의미하며, 인간의 사유가 결코 벗어날 수 없는 언어와 언어적 기호의 논리 체계 및 그 전개 방식을 탐구한다는 점에서 매우 근본적인 철학 작업이다. 다만 레비나스와 같이 현상과 현상 너머를 사유하면서 언어로 해석할 수 없는 타자의 현현을 말하는 철학이 어떻게 언어철학으로 읽힐 수 있느냐고 물을 수 있을 것이다. 이는 분명 분석철학의 맥락에서 주로 활용되는 언어에 대한 접근과 이해를 떠올릴 때는 쉽게 상상하기 어려운 쟁점이기도 하다.

하지만 탁월한 언어철학자 중 한 사람인 윌리엄 P. 올스턴(William P. Alston)이 지적한 것처럼, 분석철학 내부에서조차도 "언어철학이 개념적 분석 활동, 즉 언어를 다루는 기초 개념들을 명료화하는 일에만 종사한다고 말하는 것은 (…) 아마 독자를 오도하는 일일 것이다".[1] 이것은 올스턴이 분석철학자들의 철학 활동을 두고 한 말이지만, 이를 언어 문제를 진지하게 다루는 철학 전통 전반에 적용해 보더라도 그리 틀린 말은 아닐 것이다. 레비나스나 다른 현상학자

---

1   William P. Alston, *Philosophy of Language*(Englewood Cliffs, NJ: Prentice Hall, 1964), 8; 국역본: 『언어 철학』, 곽강제 옮김(파주: 서광사, 2010), 33.

    1부 프롤로그와 발단

들도 분석철학과는 또 다른 방식으로 — 물론 그 분석 방식이 그리스어나 라틴어 어원 분석에 천착하는 식으로 이루어지는 경우가 많지만 — 언어적 개념 분석을 진지하게 다루고 있으며, 선-개념적이고 선-술어적 차원에서 이루어지는 근본적인 언어적 활동에도 매우 심층적으로 접근한다. 이를테면 하이데거가 "언어는 존재의 집이다"(Die Sprache ist das Haus des Seins)라고 했던 것은,[2] 시적 언어가 존재의 고유성을 불러오고, 바로 그 말에서 존재의 의미가 스스로 드러나게 됨을 보여 주기 위함이었다. 혹자는 하이데거의 저 말을 신비적인 것으로 치부할 수도 있지만, 문학적 언어의 아름다움과 심원함 속에서 삶의 더 심원한 의미가 사유되는 경우를 볼 때,[3] 우리는 그가 저 말을 그저 하나의 구호로 던진 것이 아니라 언어가 담고 있는 존재론적 힘을 — 특별히 횔덜린의 시를 분석하면서 — 나타내기 위함이었음을 이해할 수 있다.

2 Martin Heidegger, "Das Wesen der Sprache"(1957/85), in *Unterwegs zur Sprache*, Gesamtausgabe 12(Frankfurt am Main: Vittorio Klostermann, 1985), 166; 국역본: 「언어의 본질」, 『언어로의 도상에서』, 신상희 옮김(파주: 나남, 2012), 220.

3 다음과 같은 하이데거의 진술은 그의 언어와 존재의 관계에 관한 사유를 잘 반영하고 있다. "즉 말은 사물과의 관계 속에 놓여 있을 뿐 아니라, 이 말을 그때마다 각각의 사물을 존재한 존재로서 비로소 이러한 '존재함' 속으로 데려오고, 그 안에서 유지해 주고, 사물을 그 안에 머물게 하고, 어떤 하나의 사물이 존재하도록 마치 그 사물을 부양해 주는 것과 같다고 우리는 말했다. 이에 따라 말은 사물과의 관계 속에 놓여 있을 뿐 아니라, 오히려 말은 그 자체가 사물을 사물로 유지해 주고 머물게 하는 것으로 '존재한다'라고, 이렇게 머물게 하는 것으로, 즉 관계 자체(das Verhältnis selber)로 존재한다고 우리는 말했다." Heidegger, "Das Wesen der Sprache," in *Unterwegs zur Sprache*, 187-188; 국역본: 「언어의 본질」, 『언어로의 도상에서』, 250.

레비나스에게 언어의 중요성과 그 의미

이에 비해 레비나스는 윤리적 명령을 가능하게 하는 언어의 힘, 도덕적 명령을 이끌어 내는 언어의 성격에 주목한다. 리쾨르는 레비나스가 1974년 내놓은 또 하나의 대작 『존재와 달리 또는 존재성을 넘어』를 해설하면서 이렇게 말한 바 있다. "이 저작의 주요한 시도는 책임의 윤리와 존재론 사이에 수립되어야 할 관계의 운명을 양자의 언어적 운명과 연결 짓는 데 있다."[4] 리쾨르가 말한 것처럼, 그 책에서 레비나스는 현상 너머의 관계를 특징짓기 위해 말함과 말해진 것의 관계에 의존하는 독특한 언어철학을 펼친다. 그런데 이러한 레비나스의 언어철학의 전조는 이미 『전체성과 무한』에서도 나타난다. 여기서는 바로 이 레비나스의 윤리적 언어철학의 근간이 되는 대화 개념을 해명하는 것을 주된 과제로 삼는다.

지금까지 본 대로, 또 앞으로도 계속 전개될 『전체성과 무한』의 주요 논지 중 하나는 동일자의 형성과 그 삶에 관한 기술, 그리고 이 동일자가 어떻게 타자와 윤리적 관계를 맺는지를 제시하는 것이다. 이에 레비나스는 무신론적 분리를 통해 어떤 전체성의 논리로도 환원될 수 없는 동일자로서의 주체를 확립한다. 그리고 이 동일자의 확립이 주체와 타자가 관계를 맺을 수 있는 토대가 된다. 다른 말로 하

---

4   Paul Ricoeur, *Autrement: Lecture d'Autrement qu'être ou au-delà de l'essence d'Emmanuel Levinas* (Paris: Presses Univetsitatres de France, 1997), 1. 웨스트폴도 비슷한 견해를 내비친다. "그의 초월철학은 언어철학이라고 할 수 있다. 다만 그것은 오래된 언어철학도 아니고 경험적 사실의 주장을 중심으로 해서 돌아가는 철학도 아니다." Westphal, *Levinas and Kierkegaard in Dialogue*, 147.

자면 관계 맺을 주체가 없으면 관계 자체가 불가능하므로, 레비나스는 타자의 현현을 성급하게 제시하지 않고 우선 동일자의 정립을 논한다. 그렇다면 이 분리된 동일자가 타자와 관계를 맺을 때, 그 관계의 성격을 어떻게 규정할 것인가? 아마도 대화와 관련해서는 바로 다음 구절이 동일자와 타자의 관계를 쉽게 이해할 수 있게 해 주는 첩경이 될 것이다. "언어는 관계의 항들이 그 관계로부터 **자신을 방면하는** 관계, 관계의 항들이 그 관계 속에서 절대적인 것들로 남아 있는 관계이다"(35-36/80).

레비나스에게 언어는 비단 타자와 소통할 때 사용하는 소리나 문자 체계, 몸짓만을 뜻하지 않는다. 또한 그것은 관습을 따라 확정된 음성 전달이나 문자에 국한되지도 않는다. 오히려 그것은 관습적 언어 체계 이전에 상대방을 부르고, 또 그 부름에 응답하는, 부름-응답의 근원적 대화 구조를 의미한다. 이런 관점은 비단 레비나스만의 것이 아니라 다른 현상학자들에게서도 나타나는 견해이다.

한 예로 메를로-퐁티는 언어를 기존의 문화적 관습으로 보는 관점에 도전한다. 흔히 우리는 언어를 문화적으로 한 사회에 뿌리내린 의사 전달 체계의 형태로 접한다. 그래서 어린아이에게 자신의 의도를 나타내고 타인의 의도를 알아들을 수 있게 언어를 가르친다. 하지만 메를로-퐁티에 의하면 이런 식으로 언어를 규정하는 것은 언어를 회고적으로 분석하는 데 그치고 만다. 관습으로 약정된 언어에만 초점을 맞추는 것은 이미 형성된 언어만을 다루는 것이고 실제로 소통이 일어날 때 벌어지는 현상의 사건적 언어를 도외시할 수 있다. "그런데 관습들은 인간들 사이 관계의 뒤늦은 형태이고, 그것들은 그에 앞서 있어야 할 의사소통을 전제로 삼고 있으며, 또한 언어는 이러한 의사소통의 흐름 안에서 대체되어야 한다."[5]

즉 우리가 관습적으로 약정하여 사용하는 그 모든 언어 행위가 실은 그에 앞서는 어떤 원초적이고 근원적인 언어적 소통을 전제로 삼는다는 것이 메를로-퐁티의 생각이고, 다른 현상학자들도 이런 생각을 큰 틀에서 공유한다. 메를로-퐁티는 "실제로 말과 말의 의미도 의식에 의해 구성되지 않는다"라는 파격적인 주장을 하기에 이른다.[6] 즉 말은 의식의 침묵과 더불어 나타나며, "의식의 침묵이 언어를 '에워싸고 있다'".[7] 왜냐하면 우리 인간은 의식화되기 전에 이미 우리의 신체적 행동 양식을 따라 무언가를 전달하고 수용하기 때문이다. 다시 말해 이는 내가 말의 의미를 의식조차 하기 전에 이미 신체를 통해 소통이 이루어진다는 것이다. 언어적 문법을 알지 못하는 어린 아이를 생각해 보자. 그 아이가 웃고, 울고, 무언가를 다른 이에게 요구할 때, 그 아이의 이런저런 표현은 어떤 규약 이전에 그 나름 실천적으로 터득한 몸짓의 구현이다. "그 말은 결코 검사되고, 분석되고, 알려지고, 구성되지는 않았지만, 말하는 힘을 따라 (…) 나의 신체와

---

5   Maurice Merleau-Ponty, *Phénoménologie de la perception* (Paris: Éditions Gallimard, 1945), 218; 국역본: 『지각의 현상학』, 류의근 옮김(서울: 문학과지성사, 2002), 291. 메를로-퐁티의 언어 이론에 대해서는 다음 문헌들을 참조하라. 박신화, 「메를로-퐁티의 언어 이론과 철학 개념」, 『철학사상』 제51권(2014년 2월), 227-259; Stephen A. Noble, *Silence et langage: Genèse de la Phénoménologie de Merleau-Ponty au seuil de l'Ontologie* (Leiden/Boston: Brill, 2014). 노블의 책은 메를로-퐁티에게 언어 현상이 근원적으로 의식의 침묵 아래 이루어지는 전-의식적 작용이자 변증법적인 역설의 작용이라는 점을 섬세하게 강조한다.

6   Merleau-Ponty, *Phénoménologie de la perception*, 461; 국역본: 『지각의 현상학』, 602.

7   Noble, *Silence et langage*, 179.

신체 지각 및 실천의 영역과 더불어 나에게 주어진 운동의 힘에 의해 포착되고 떠맡겨진 것이다."[8] 즉 에마뉘엘 알로아가 잘 지적한 것처럼, "언어는 추상적 사유의 거울, 즉 '스스로에게 순수하고 명료한 사유의 단순한 표기'가 아니라, 살아 있는 신체의 두께 속에서의 끓어오름이다".[9] 우리는 이러한 메를로-퐁티와 같은 현상학자 덕분에 언어를 관습을 넘어선, 혹은 관습 이전의 어떤 것, 의식에 앞서는 어떤 것으로 생각할 수 있는 여지를 얻었다. 레비나스의 주체와 타자의 관계를 갱신하는 언어 역시 바로 이런 맥락에서 생각해 볼 수 있을 것이다.

메를로-퐁티의 현상학적 신체론에 입각한 언어철학과는 그 결이 분명 다르지만, 레비나스에게도 관습에 앞서는 언어의 의미화가 그의 고유한 언어적 대화 이론의 근간을 이룬다. 그는 동일자와 타자 사이의 언어, 한쪽이 다른 한쪽을 환원할 수 없는 절대적 관계에서 이루어지는 언어에 초점을 둔다. 이러한 언어는 우리가 흔히 접하는 일상적 언어나 어떤 체계, 조직, 기관이 전제된 언어는 아닐 것이다. 일상적으로 언어는 공통의 지반을 서로에게 마련해 준다. 나와 타자가 서로를 이해할 수 있게 하는 공통의 지반 말이다. 이런 지반은 현실의 체계나 조직을 떠올리면 더 명확해진다. 군대에서의 언어는 군대에 속한 일원들을 하나로 묶어 준다. 공통의 암호나 구호, 경례 등

---

8   Merleau-Ponty, *Phénoménologie de la perception*, 462; 국역본: 『지각의 현상학』, 603.

9   Emmanuel Alloa, *La résistance du sensible: Merleau-Ponty critique de la transparence*(Paris: Éditions Kimé, 2008), 56. 알로아가 인용한 말의 출처는 다음과 같다. Merleau-Ponty, *Phénoménologie de la perception*, 219; 국역본: 『지각의 현상학』, 292.

이 이에 해당한다. 교회의 언어는 교회에 속하지 않은 이들에게는 도무지 이해하기 힘든 것들로 가득하다. 빵과 포도주를 매개로 그리스도의 살과 피를 서로 나누게 된다는 것을 교회와 교회의 신앙을 공유하지 않는 이들이 어떻게 이해할 수 있겠는가? 그런데 교회의 일원들은 서로가 공유하는 신앙을 이해할 수 있는 공통의 신학적 언어를 따라 결속력을 다지면서 상호 소통을 강화한다. 하지만 레비나스의 언어는 이런 식의 소통이나 결속과도 성격을 달리한다. 이런 언어들은 그들만의 규약이나 정신으로 동일자와 타자를 연결한다. 이런 특정한 매개로 환원되는 관계에서는 동일자도, 타자도 각기 고유한 존재자로 남을 수 없고, 더 강하게는 참된 윤리적 관계도 가능하지 않다. 오히려 레비나스는 이런 식의 결속의 언어를 넘어 분리와 절대의 언어를 강조하는 경향을 보인다. 나 또는 우리의 지평으로 환원되지 않는 고유한 말 건넴 그 자체가 언어적 대화의 출발점이 된다.

그것 자체의 표현

그러면 주체와 타자가 공통의 항에 참여함으로써 생성되는 소통이 아니라 그 절대적 관계를 유지하는 가운데 이루어지는 대화의 언어란 대체 무엇일까? 그것은 탈은폐가 아닌 직접적 현시이자 매개 없는 대화, 특별히 비대칭적 대화로서의 계시에 가깝다. "계시는 대화이다"(50/103). 레비나스는 이를 우선 표현으로 간주한다. "그것 자체(καθ' αὐτό)의 현시에서는 존재가 스스로를 감추지도 않고 배반하지 않은 채 우리와 관계할 것이다. (⋯) 그것 자체의 현시는 존재가

　　　　　　　　　　　1부 프롤로그와 발단

우리에게 스스로 말하는 데서 성립한다. 우리가 존재에 대해 취할 모든 입장에서 독립하여 **스스로를 표현하는** 데서 성립한다"(37/83).

여기서 매우 중요한 레비나스의 개념들이 등장한다. 그는 "그것 자체"라는 말을 그리스어 καθ' αὐτό로 표기하여 강조하고 있는데, 이는 타자가 다른 것으로 굴절되거나 변형되지 않은 채로 그리고 어떤 매개를 거치지 않은 채로 그냥 있는 그대로 현시됨을 강조하기 위해 사용되는 말이다. 즉 타자가 절대적으로 타자로 머무르기 위해서는 바로 그것 자체로 주어지는 가운데 자신을 **표현**해야 한다. 레비나스는 그것 자체가 자신을 오롯이 노출시킨다는 의미로 **표현**(expression)이라는 말을 쓰고 있는데, 이 말이 대단히 중요하다. 이 말에 관한 레비나스의 의도를 이해하기 위해서는 레비나스가 이것과 대조적인 의미로 사용하는 표상 또는 재현(représentation)이라는 말과 표현의 의미를 함께 고찰해 보는 것이 좋다.

레비나스가 représentation으로 번역해서 사용하는 표상/재현 개념은 주로 독일어 Vorstellung이나 Repräsentation에 해당한다. 철학사적으로 오랜 내력을 가진 개념이므로 그 역사를 모두 되짚을 수는 없겠지만 가장 널리 사용되는 용례는 칸트에게서 찾을 수 있을 것이다. 칸트에게 표상은 하나의 대상을 지시하면서 그 대상을 우리 마음에 담아낸 상을 의미한다. 그러므로 표상은 인간의 인식작용과 대상을 매개해 주는 "제삼자"로서의 항이다. "한편으로는 범주, 다른 한편으로는 현상과 동종적인, 그래서 전자가 후자에 적용될 수 있게 하는 제삼자가 있어야 할 것이 분명하다. 이 매개적인 표상(diese vermittelnde Vorstellung)은 모든 경험적인 것이 없이 순수해야 하며, 한편으로 **지성적**이고 다른 한편으로 **감성적**이어야 한다. 이런 것이 **초월적 도식**의 표상이다."[10]

이처럼 일반적으로 표상 또는 재현은 칸트에게 — 비록 더 다양한 용례가 있을지라도 — 기본적으로 경험 가능한 대상 그 자체가 아니고 또 완전히 개념화된 지식도 아닌 감성과 지성을 이어 주는 도식의 표상으로 기능한다. 이 말은 표상이 내가 경험할 수 있는 존재자를 그 자체로 오롯이 보여 주는 것이 아니라는 말이다. 만일 얼굴이 표상된 것이라면, 그것은 우리의 인식작용으로 환원 가능한 어떤 것이 되고 만다. 칸트식으로 타인의 얼굴을 사유하자면, 감성적이고 지성적인 제삼자로서 표상화된 것이 얼굴이고, 이 얼굴은 인식 대상이 되기를 준비하며 기다린다. 즉 "표상적 사유가 힘을 미치는 현상과 경험의 세계는 인간 능력이 미치는 곳이고, 여기서는 낯선 타자가 들어설 공간이 따로 없다. 우리의 지성은 동일자의 도식 안으로 타자를 흡수하고 변형한다. 그 귀결은 현실 세계를 소유하는 것이다".[11]

레비나스는 이런 식의 표상에 대한 관점이 후설 현상학에도 여전히 다소간 존속해 있다고 본다. 물론 지향적 체험 안에 있는 현상이 단적으로 칸트적인 의미의 표상으로 이행하는 것은 아니다. 다시 말해 후설은 지각에 대한 표상 이론을 주장하지 않는다. 존재하는 대상의 주어짐, 곧 현상을 향하는 지향성은 가치론적 지향, 미학적 지

---

10 Kant, *Kritik der reinen Vernunft*, A138/B177; 국역본:『순수이성비판 1』, 379. 칸트의 표상적 사유에 대한 더 깊이 있는 논의는 다음 연구를 참조하라. 강영안,『칸트의 형이상학과 표상적 사유』(서울: 서강대학교 출판부, 2009).

11 강영안,『칸트의 형이상학과 표상적 사유』, 287.

향, 종교적 지향 등의 다양한 의미 지향으로 나타날 수 있다. 이때의 지향은 어떤 상을 향하는 것이 아니라 실제로 나타나는 대상을 향한다. 그러므로 대상을 상으로 만들어 마음속에 새긴다는 식의 대상에 대한 표상작용은 후설의 현상학에 어울리지 않는다. 실제로, 후설은 브렌타노의 표상 개념을 명시적으로 거부했다. 왜냐하면 대상에 대한 표상은 실제 의미의 맥락이나 지평과는 무관한, 대상에 대한 순수한 마음의 그림과 같은 것으로 전락할 소지가 있기 때문이다. 요컨대, 우리가 실질적으로 인식하는 것은 대상의 그림이므로, 이때 지향성은 결국 표상을 만들기 위한 작용에 지나지 않게 된다.[12]

---

12 지향성의 대상이 정신 안의 표상인가 실재 대상인가 하는 것을 따져 묻는 문제는 중세 철학의 논쟁점 중에 하나이다. 그러므로 이 문제에는 꽤 오래된 철학사적 논쟁의 흔적이 아로새겨져 있다. 이상섭의 논고가 이 주제를 잘 포착하고 있는데, 한 예로 그는 다음과 같이 말한다. "전체 스콜라철학을 통해 가장 다양한 견해와 이견을 불러일으킨 문제 중의 하나가 제일지향의 본질적 규정을 둘러싼 논쟁, 특히 제일지향이 정신적인 실재인지 아니면 정신 밖의 사물인가라는 논쟁인데, 이 논쟁의 발단도 아비첸나의 '지향' 개념에서 찾아볼 수 있다. 아비첸나는 지향을 '정신 안'에 있는 정신적 실재라고 말하기도 하고 다른 한편으로는 '정신 밖에' 있는 사물의 속성인 듯이 말하고 있기 때문이다. (…) 예컨대 토마스 아퀴나스의 인식된 지향(*intentio intellecta*) 개념의 성립 과정에는 아베로에스의 *intentio intellecta* 개념의 비판과 수용이 큰 몫을 차지하고 있다. (…) 헤르베우스 나탈리스는 (…) 다양하고 복잡한 함의를 갖는 '지향' 개념의 다양한 의미들을 세밀히 구분한다. (…) 헤르베우스는 지향의 의미를 크게 의지와 관련된 것과 지성의 활동과 관련된 것으로 나누고, 후자를 다시 그것을 고찰하는 두 가지 관점에서 구분한다. '인식주체의 측면에서 고찰된 지향'(*intentio ex parte intelligentis*)과 '인식대상의 측면에서 고찰된 지향'(*intentio ex parte rei intellectae*)의 구분이 그것이다. 이 구별을 통해서 헤르베우스는 인식과 관련된 지향에서 크게 '지향하는 것'과 '지향된 것'을 구분해야 할 필요성이 있음을 강조한다. 인식 주체와 관련된 지향이란 인식되어야 할 어떤 사물을 표상함으로써 지성으로 하여금 그 사물의 인식으로 이끄는 데 참여하는 일체의 것들을 가리킨다. 헤르베우스에 따르면 여기에는 지성적 인식활동(*actus intellectus*)뿐만이 아니라 가지상(*species intelligibilis*) 및 개념(*conceptus*) 등이 속하게 된다." 이상섭, 「중세 스콜라철학의 시향성, 지향의 대상 및 지향적 존재에 대한 연구」, 『철학과 현상학 연구』 제26집(2005년 8월), 167-169.

후설은 이런 난점을 해결하기 위해 전통적인 표상 개념의 한계를 넘어서고 그 의미를 심화하기 위해 객관화하는 작용(objektivierender Akt)이라는 것을 발전시킨다. 후설의 관점에서 객관화하는 작용은 대상의 이미지를 수동적으로 수용하거나 외부 세계의 모사를 시도하는 것을 넘어서 주어진 대상을 대상으로 정립하는 작용이다. 이를테면 내 앞에 고양이가 있다고 해 보자. 그런데 이 고양이는 내가 선생으로 모시고 섬기는 '폴리'라는 이름을 가진 귀여운 동물이다. 이처럼 나는 고양이를 나의 선생이자 동반자로 지향할 수 있고, 어떤 정서적 유대감과 더불어 지향할 수 있다. 다만 후설에 의하면, 그에 앞서 그 고양이를 지각하거나 판단하는 객관화하는 작용이 있어야 한다. 비객관화하는 작용은 지각이나 판단 이후에 온다. 이것이 후설이 보는 객관화하는 작용의 우위이다.[13] "즉 우리는 다음과 같이 말해도 될 것이다. **모든 지향적 체험은 객관화하는 작용이거나 그와 같은 작용을 '토대'로 갖는다.**"[14]

---

13 단 자하비가 이를 명쾌하게 설명한다. "후설이 객관화하는 작용과 비객관화하는 작용의 구분을 도입하는 것은 이러한 맥락에서이다. 첫 번째 작용 유형들은 그 자체 안에 대상에 대한 지시를 포함하는 것들이다. 그러한 작용들의 예로 지각이나 판단을 들 수 있다. 그러나 또한 미적 평가나 사랑이나 증오의 감정과 같은 지향적 작용들도 있다. 이러한 것들은 비록 대상을 지시하지만('저 꽃병이 아름답다', '나는 파리를 사랑한다'), 단지 다른 작용에 의해 정초되는 방식으로 그렇게 한다. 이들은 근저에 있는 객관화하는 작용에 의해 지지된다." Dan Zahavi, *Husserl's Phenomenology*(Stanford, CA: Stanford University Press, 2003), 149, n. 10; 국역본: 『후설의 현상학』, 박지영 옮김(파주: 한길사, 2017), 46, 각주 11.

14 Edmund Husserl, *Logische Untersuchungen. Zweiter Band: Untersuchungen zur Phänomenologie und Theorie der Erkenntnis, Erster Teil*(1901), Husserliana XIX/1, ed. Ursula Panzer(The Hague: Martinus Nijhoff, 1984), 514; 국역본: 『논리 연구 2-1: 현상학과 인식론 연구』, 이종훈 옮김(서울: 민음사, 2018), 584.

     1부 프롤로그와 발단

『전체성과 무한』의 저자는 후설의 이런 이론에 큰 관심을 두고 비판적으로 수용하는데, 무라카미 야스히코가 잘 지적한 것처럼, "레비나스에게 표상은 의미작용과 대상에 대한 직관적 충족을 아우르는 객관화하는 지향성을 의미한다".[15] 레비나스는 일찌감치 『후설 현상학에서의 직관 이론』에서 표상이 인식론적 기능을 의미하듯이, 객관화하는 작용이 전통적인 표상 개념을 극복했지만 여전히 이론적 의식의 기능을 우위에 두는 역할을 한다는 점을 지적한 바 있다.

세계를 구성하는 우리의 삶 속에 — 지각과 판단의 — 이론이 지니는 탁월한 역할에 대한 긍정은, 후설이 절대로 포기하지 않은 논지이다. 표상은 언제나 모든 행위의 기초에 남아 있을 것이다. 또한 만일 후설에게서 의지, 욕망 등과 같은 복잡한 작용의 대상이 단순한 표상의 대상과 다르게 존재한다면, 그 작용들은 이론적 대상들의 현존 방식을 다소간 여전히 간직하고 있어야 한다.[16]

이러한 논지는 『전체성과 무한』에서도 어느 정도 유지된다. "여기서 의식의 대상은 의식이 부여한 '의미', **의미부여**의 결과가 된다. (…) 표상의 대상은 그 대상의 독립성에도 불구하고 사유의 힘 아래 놓인다"(96/176). 즉 후설은 표상 작용을 객관화하는 작용 아래 놓

---

15 Yasuhiko Murakami, *Lévinas phénoménologue*(Grenoble: Éditions Jérôme Millon, 2002), 26.

16 Levinas, *La théorie de l'Intuition dans la phénoménologie de Husserl*, 99; 국역본: 『후설 현상학에서의 직관 이론』, 125.

으면서, 표상 작용 자체가 인식의 기초가 아니라 다른 여러 지향 작용의 하나에 불과하다는 점을 포착했다. 하지만 그런 진일보에도 불구하고 후설은 객관화하는 작용을 통해 이론적 의식의 우위를 재확인한다. 여기서 사용된 의미부여라는 용어는 전통 현상학에서 대상을 다루는 방식을 잘 나타낸다. 보통 의미부여는 "후설이 지향적 작용을 통해 경험이나 대상이 특정한 방식으로 구성되는 행위를 말하기 위해 자주 사용하는 용어이다".[17] 다만 여기서 의미부여가 후설에게 반드시 대상을 객관화하거나 표상하는 작용으로만 사용되는 것은 아닐 것이다. 하지만 레비나스는 후설의 의미부여나 객관화 작용 등을 조금은 협소하게 이해하면서 비판적 통찰을 제시한다. 웨스트폴은 레비나스가 비판적으로 바라보는 후설의 표상, 객관화하는 작용, 의미부여 개념의 의미를 다음과 같이 잘 정돈해서 설명한 바 있다. "지향성은 또한 표상이다. 이는 외부 대상의 정신적 모사를 의미하는 것이 아니라, 의식이 의식 너머의 대상(울타리 옆의 나무, 숫자 2, 신, 혹은 그 무엇이든)을 자신에게 현전하게 하는(혹은 그 자체 대상으로 현전하게 하는) 작용의 본질 자체를 의미한다. '표상화'에 대한 두 가지 가상의 동의어는 '주제화'와 '객관화'이다. 레비나스는 일차적으로 후설의 견해를 해명하면서 이들 동의어 중 객관화에 의존한다. 표상은 객관화하는 작용이다. 우선 이것이 의도하는 바는 표상이 의식의 작용이지 수동성이 아니라는 점이다. 이처럼 그것은 의미부여

17 Dermot Moran and Joseph Cohen, *The Husserl Dictionary* (London, UK and New York, NY: Continuum, 2012), 297-298.

와 내밀하게 결부될 것이다. 의미부여와 표상은 두 가지로 기술되는 동일한 작용을 의미한다."[18]

이런 의미부여작용에 입각한다면, 얼굴은 나의 의미부여 작용 아래에서만 나에게 주어지게 된다. 조금 더 강하게 말하자면, 타인은 현전화하는 나의 사유 능력으로 포섭되어야 나에게 나타난다. 만일 이런 식으로 얼굴이 정립된다면, 모든 것으로부터 방면된, 동일자에 의해 좌우되지 않는 절대적인 타인의 타자성을 말할 수 없을 것이다. 레비나스는 바로 이런 식으로 지향적 체험 안에 얼굴을 포섭하여 그 절대적 타자성을 상실시키지 않기 위해 표상이 아닌 표현 개념을 도입한다. 레비나스에게 표현된 것과 표현하는 자 사이에는 어떤 불일치도 없으며, 이것이 곧 언어인 얼굴의 계시를 이룬다. 결국 표현은 단지 인식의 문제가 아니라 윤리의 문제로 이해되어야 한다. 왜냐하면 타인을 나의 사유의 표상 아래 종속시킨다는 것은 타자의 신체성, 타자의 유일무이함 자체를 소거함으로써, 그 윤리적 얼굴 자체를 우선 그리고 대개 인식의 대상으로 만들기 때문이다. 이에 우리는 유리 스흐레이브르스의 다음과 같은 지적을 기억해 두어야 한다. "레비나스에게 타자에 대한 **표상**은" 실은 "타자의 초월에 대한 부정의(injustice)이다. 그것은 타자의 유일무이함과 개별성을 부정하는" 작용으로 기능한다.[19]

---

18 Merold Westphal, *Transcendence and Self-Transcendence: On God and Soul* (Bloomington, IN: Indiana University Press, 2004), 184; 국역본: 『초월과 자기-초월』, 김동규 옮김(서울: 갈무리, 2023), 395.

19 Joeri Schrijvers, *Ontotheological Turnings?: The Decentering of the Modern Subject in Recent French*

그러므로 타자에 대한 **"절대적 경험은"** 표상이나 **"탈은폐가 아니라 계시이다**. 표현된 것과 표현하는 자의 일치이다. 그러므로 그것은 타인(Autrui)의 특권적 현현, 형식 저편의 얼굴의 현시이다"(37/83). 이런 표현 개념은 어떻게 언어의 문제와 연결되는가? 레비나스에 의하면, 자신을 표현한다는 것은 이미 어떤 의미를 상대자에게 전달한다는 말이다. 그런데 우리는 여기서 표현을 목소리나 몸짓, 행동과 동일시할 수 있는데, 레비나스가 말하는 표현은 이런 일상적 의미의 언어적 표현과는 다르다. 다시 말해 "분명 우리는 언어를 행위로, 행동의 몸짓으로 생각할 수 있다. 그러나 그 경우 우리는 언어의 본질적인 측면을 빠뜨리게 된다. 그 본질적인 것이란 계시하는 자와 계시되는 것의 얼굴 속에서의 일치이다"(38/85). 얼굴은 어떤 표정으로 자신의 감정이나 요구를 전달하는 것이 아니다. 얼굴은 자기 자신을 그 자체로 직접적으로 계시한다. 이것이 바로 얼굴의 언어적 표현이며, 이 표현은 그러므로 타자가 자신을 직접적으로 제시하는 솔직하고 직선적인 대화의 언어이다. 즉 자신을 숨김없이 표현하는 얼굴에서의 대화만큼 진솔한 의미 전달은 없다. 그리고 이 대화는 타인의 얼굴이 나에게 현현할 때 이미 일어난다. 왜냐하면 얼굴의 현시가 바로 그 자체의 표현인 대화이기 때문이다. 다시 말해 얼굴의 현시 자체가 말이라면, 윤리적 대화의 시작도 얼굴의 말함에서 그 자체로 일어나고 있는 것이다. "표현의 삶은 존재자가 주제로서 자신을 노출하고 그럼으로써 스스로를 은폐하는 형식을 지우는 데서 성립한다.

Phenomenology (Albany, NY: State University of New York Press, 2011), 109.

얼굴은 말한다. 얼굴의 현시가 이미 대화이다"(37/84). 요컨대, 레비나스에게 "언어는 타자를 표상되고 사유된 존재로서 호명하는 것에 있지 않다. 그런데 바로 이것이 언어가 주체-대상 관계로 환원할 수 없는 하나의 관계인 타자(Autre)의 **계시**를 제정하는 이유이다"(45/96).

가르침으로서의 대화

이렇게 레비나스는 언어를 "표현된 것과 표현하는 자의 일치"인 "계시"라는 대화의 의미로 이해한다. 그리고 이 계시는 타인의 자기 자신에 대한 표현인 가르침으로 구체화된다. "표현은 (…) 의미작용의 근원적 사건이다. (…) 주어진 것을 받아들인다는 것은, 이미 그것을 가르침으로, 타인(Autrui)의 표현으로 받아들이는 것이다"(64/127). 또한 "타자(Autre)로서 자신을 현전하기 위해 동일자(Même)에게 적합한 형식을 파훼하는(défaire) 이 방식이 바로 의미함이다"(37/84). 그러므로 대화는 자신을 그것 자체로 표현하는 타자의 계시와 이 의미 자체에 응답하는 것이다. 이런 대화는 문법적 규칙이나 수사학적 전략을 통해 전달되고 이해되는 것이 아닌, 숨김없이 자신을 보여 주는 "솔직함" 또는 "표현의 근원적 진술함"(176/298) 가운데 일어난다.[20] 레비나스는 이 독특한 대화를 일대일의 동등한 관계 속에서 주

---

20 솔직함, 진술함, 진술성 등으로 번역되는 sincérité는 『전체성과 무한』에는 자주 나오지 않지만 『존재와 달리 또는 존재성을 넘어』에서 매우 중요한 개념으로 부상한다. 이것은 특히 레비나스의 윤리적 대화의 언어의 특성을 가리키는 말로 사용되는데, 이를테면 얼굴의 표현, 얼굴의 말함이 그 어떤 왜곡이나 굴절 없이 솔직하고, 진실하게 자신의 요구를 건네는 특징

고받는 나와 너의 상호적 대화가 아닌 일종의 위에서부터 오는 가르침, 높은 데서 낮은 데로 임하는 계시로서의 가르침이라고 본다. "그것은 가시적인 현시보다 더 직접적인 현전인 동시에, 먼 현전, 즉 타자의 현전이다. (…) 그것은 높음에서 오고 예측되지 않으며, 그래서 결국 타자의 새로움 자체를 가르치는 현전이다"(38/84-85). 즉 윌리엄 라지가 잘 말한 것처럼, 레비나스에게 "타자는 높음의 위치에서 나에게 요구한다. 만일 존중하는 의사소통의 조건인 의사소통의 평등성에 선행하는 불평등의 윤리적 공간이 존재한다면, 이러한 불평등한 관계 역시 언어에 의해 산출되어야 하는데, 이는 기술과는 다른 종류의 말이어야 한다".[21] 이 다른 종류의 말이 바로 타자의 표현인 가르침, 곧 계시이다.

요컨대, 레비나스가 말하는 대화는 나와 절대적으로 다른, 나보다 더 높은 데서 도래하는 타자의 숨김없는 표현으로서의 가르침에서 시작하며, 이 가르침에 응답하는 동일자의 답변으로 나타날 것이다. 레비나스가 이런 식으로 우리가 접하는 일반적인 대화와는 매우 다른 방식의 대화와 언어를 제안하는 것은, 동일자와 타자가 관계 맺는 방식을 존재론적이거나 인식론적이지 않은, 윤리적 관계로 정립하기를 원하기 때문이다. 레비나스에 의하면, 서양의 사유, 특히 유

을 언급할 때 해당 어휘가 사용된다. "진솔성의 의미는 말함(Dire)을 요청하듯 진솔성을 요청하는 무한의 영광으로 귀착하지 않는가?" Emmanuel Levinas, *Autrement qu'être ou au-delà de l'essence*(La Haye: Martinus Nijhoff, 1974), 183; 국역본: 『존재와 달리 또는 존재성을 넘어』, 문성원 옮김(서울: 그린비, 2021), 312.

21　William Large, "Levinas on the Problem of Language," in *The Oxford Handbook of Levinas*, ed. Michael L. Morgan(New York, NY: Oxford University Press, 2019), 750.

럽의 사유에서 존재는 언제나 생각되는 한에서의 존재이고, 이런 점에서 존재와 사유는 사실상 일치하는 것으로 간주된다. 언어 역시 사유되는 것으로서 존재하는 것을 이성과 같은 규준을 따르는 보편성의 원리 아래 적절하게 제시하기 위한 수단이 된다. 레비나스가 보기에 이런 사유 구도 속에는 어떤 윤리적 대화도 들어서지 못하며, 들어선다고 하더라도 그것은 나의 존재나 인식 이후에 고려되는 것, 부차적으로 덧붙여지는 것에 불과하게 된다고 생각하여 윤리적 대화의 근원적 성취를 제안한 것이다. 다음과 같은 레비나스의 말은 전통적인 존재론적, 인식론적 대화의 한계를 잘 나타낸다. "분리된 사유자들이 이성적으로 되는 것은, 사유한다는 그들의 인격적이고 특수한 행위들이 이 유일하고 보편적인 대화의 계기들로 나타나는 한에서이다. 사유하는 개인에게 이성이 있게 되는 것은, 그 개인이 자기를 자신의 고유한 대화 속으로 끌어들여, 사유가 사유자를 — 그 말의 어원학적 의미에서 — 이해하게 되는 한에서, 즉 포섭하게 되는 한에서이다"(44-45/95). 이처럼 전통적인 서구 철학의 맥락에서 이루어지는 이성적 대화는 일반적으로 보편적 사유와 언어를 전제한다.[22] 보편적으로 이해 가능한 문법과 의미 전달 체계 안에서 상대방

---

22 아마도 레비나스는 더 구체적으로 보자면 근대 유럽의 이성중심적 사유 경향을 염두에 두고 이런 말을 한 것으로 보인다. 다만 그는 탈근대와 같은 노골적인 언어를 사용하기보다는 이성의 타자이자 이성 저편에서 이성을 조건 짓는 무한과 타자성을 통해 근대 유럽의 보편적 이성 자체에 도전한다. 이런 점에서 레비나스의 철학은 로고스중심주의를 무력화하는 함의를 그 사유 전반에 내포하고 있다. 헨트 드 프리스는 이 점을 매우 잘 지적했다. "특히 그의 가장 초기 및 후기 작품에서, 레비나스는 절대적인 것과 무한의 본질적 애매성을 이성의 타자(양상, 요소, 차원, 또는 지평)로, 즉 이성 개념 자체의 타자로 제시할 뿐 아니라 이성의 '삶'이자 '영'으로 제시한다. 동시에 그는 이 타자를 모범을 보이기 위한 방식으로 이성

의 말을 자기가 이해할 수 있는 방식으로 번역하고 습득하는 일이 통상적인 언어적 소통의 주된 기능이다. 하지만 이런 "언어의 기능은" 자칫 "'타자'를 억압하는 데로 귀착할 것이다"(45/95). 왜냐하면 그러한 보편적 대화의 계기 안에서 타자의 언어는 공통의 체계이면서 나의 이해 체계로 환원된 말로 변형될 것이기 때문이다. 이해의 관점에서 보면, 타자의 말은 우선 이해 (불)가능한 언어로만 인식되고 해석될 뿐이다.

반면에 레비나스의 가르침의 언어는 타자가 그 자체로 자신을 표현하는 언어이다. 여기서 그것은 가르침, 저 높은 데서 오는 낯선 가르침이기에, 나의 이해와 해석 너머에서 도래한다. 레비나스는 바로 이런 경우에 비로소 윤리적 대화가 가능하다고 보는 것이다. 나중에 더 자세히 살펴보겠지만, 레비나스가 말하는 타자의 근원적인 명령, '너는 살해하지 말라'는 말은 이런 점에서 너무나도 준엄한 가르침으로 나에게 다가오며, 여기서 나는 이 명령의 언어에 응답할 책무만을 지게 된다. 즉 절대적으로 낯선 자와의 솔직한 대화가 윤리적인 방식으로 이루어지게 되는 것이다. 물론 이 응답이 구체적으로 어떻게 이루어질지는 아무도 모른다. '내가 여기 있습니다'라는 순종의 형태가 될 수도 있고, 외면이나 무시의 반응으로 이루어질 수도 있다. 하지만 어느 경우건 일종의 소통, 높은 데서 도래한 윤리적 가르침에 대한 명령과 응답의 소통이 이루어졌음에는 분명하다. 이런 점

의 저편(*au-delà*, 또는 이편*en-deçà*)으로 도입한다." Hent de Vries, *Minimal Theologies: Critiques of Secular Reason in Adorno and Levinas,* trans. Geoffrey Hale(Baltimore and London: The Johns Hopkins University Press, 2005), 32-33.

에서 레비나스가 의도하는 윤리적 "대화는 절대적으로 낯선 어떤 것
에 대한 경험이고, **순수한** '인식' 또는 '경험'이며, **놀라움의 트라우마**
(*traumatisme de l'étonnement*)이다"(46/97).

　이처럼 대화는 나의 언어 체계와 지평 속에 타자를 포섭하는 대
화가 아니다. 그 대화는 높은 데서 나에게 도달한 가르침의 언어를
체험함으로써 일어나는 경험이다. 이 대화의 경험 속에서 동일자는
그 윤리적 명령의 의미에 어떤 식으로 반응하건 트라우마를 입게 될
위험에 놓인다.[23] 한 예로, 길을 알려 달라거나 먹을 것을 또는 얼마
의 돈을 달라고 간청하는 낯선 자의 얼굴을 접했다고 해 보자. 나는
시간이 없거나 돈이 없어서, 또는 그 낯선 자의 얼굴에 대한 알 수 없
는 두려움 때문에 그 요구를 거절할 수도 있고 그 요구에 순순히 응
할 수도 있다. 거절하건 응하건 그 모든 경우에 나는 어떤 놀라움, 당
혹스러움에 처하게 된다. 그 상황이 지나고 난 후, 나는 거절했다는
사실 때문에, 또는 더 살갑게 돕지 못했다는 사실 때문에, 그 대화의

23　이런 의미에서 레비나스의 동일자, 즉 주체를 트라우마를 입은 주체, 외상을 겪는 주체로
　　보는 연구들이 있고, 이는 내가 보기에 매우 타당하다. 다만 레비나스에게서 타인으로 인
　　한 트라우마의 발생과 주체성의 재형성이라는 논지는 『전체성과 무한』 이후 더 심원하게
　　발전한다. 마이클 뉴먼이 이 논의의 핵심 구성 요소를 잘 요약한 바 있다. "그러므로 우리는
　　세 가지 과제를 가지고 있다. 첫째, 특히 트라우마와 기억할 수 없는 것의 역할에 초점을 맞
　　춘 레비나스의 주체성에 대한 설명을 따라야 한다. 둘째, 시간에 대한 해명을 통해 현상학
　　에서 윤리적 언어로 전환하는 데 있어 기억할 수 없는 것의 역할을 보여 주어야 한다. 그리
　　고 셋째, 감성의 수동성이 동시에 윤리적 책임이 되기 위해서는 주체가 타인에 의해 촉발되
　　는 방식의 트라우마적 구조 외에 다른 추가 요소가 필요한지가 고찰되어야 한다." Michael
　　Newman, "Sensibility, Trauma, and the Trace: Levinas from Phenomenology to the Immemo-
　　rial," in *The Face of the Other and the Trace of God: Essays on the Philosophy of Emmanuel Levinas*, ed.
　　Jeffrey Bloechl(New York, NY: Fordham University Press, 2000), 94–95.

경험에서 얻은 트라우마에 의해 스스로 자책하거나 아쉬워하거나 괴로워할지도 모른다. 이런 경우를 고려하면 레비나스의 대화 개념은 이례적일 수는 있지만 결코 비현실적이지는 않다.[24]

이처럼 윤리적 대화는 불편함을 초래한다(우리는 얼마나 편안하고 안온한 상태에 머무르고자 하는가! 심지어 그것을 평화나 평안이라는 말로 치장하면서 말이다). 실제로 많은 경우 내가 어떤 윤리적 책임을 지려고 한다면, 그때 윤리적 주체로서의 나는 자기의 안온한 삶이 깨지는 경험을 하게 되고, 당황스러움을 겪을 수밖에 없다. 타인을 위해 나의 시간을 들여야 하기에 내가 세운 계획은 깨지게 되고, 심지어 나의 소유마저 내주어야 하므로 나는 실제로 난처함을 겪게 된다. 그러므로 윤리는 근원적으로 당혹스러움, 놀라움, 불편함과 마주하게 하는 사건에서 비롯하는 것일지 모른다. 그리고 그런 윤리적 책임을 촉발하는 사건을 언어적 사건, 곧 타인과의 대화로 설정한 것이고, 이 대화 안에서 우리는 어떤 책략이나 수사로는 방어할 수 없는 인간의 비극과 비참함, 곤궁함에 직면하게 된다.

이어서 레비나스는 레토릭, 곧 수사학과 자신이 말하는 진솔한

---

24 물론 레비나스는 트라우마의 경험, 트라우마를 겪은 주체의 삶을 윤리적 차원에서만 그려낸다. 조금 더 넓은 현상학적 사유의 맥락에서, 우리는 이 경험을 단지 윤리적으로만 기술할 필요는 없을 것이다. 트라우마를 입은 주체의 삶에 대한 더 넓은 기술과 관련해서 다음 글을 참조하라. Rudolf Bernet, "Le sujet traumatisé," *Revue de métaphysique et de morale* 2(2000), 141-161. 이 글은 같은 저자의 다음 단행본에 재수록되었다. *Conscience et existence: Perspectives phénoménologiques*(Paris: Presses Universitaires de France, 2004), 269-293. 또한 레비나스의 대화와 소통의 현상학을 정신분석학과 연결하는 연구로 다음 글을 참조하라. Bettina Bergo, "What is Levinas doing? Phenomenology and Rhetoric of an Ethical Un-conscious," in *Perspectives on the Philosophy of Communication*, ed. Pat Arneson(West Lafayette, IN: Purdue University Press, 2007), 144-174.

윤리적 대화를 대조한다. 그에 의하면 "레토릭은" 윤리적 "대화에 저항한다(즉 교육적, 대중 선동적, 심리 유도적 미혹으로 이끈다). 레토릭은 정면에서가 아니라 비스듬히 타자(Autre)에 접근한다. (…) 레토릭은 대화로 남아 있고, 자신의 모든 계교를 통해 타인(Autrui)을 향하며, 타인의 승낙을 간청하기 때문이다. (…) 그 때문에 레토릭은 진정한 폭력, 다시 말해 부정의이다"(42/91). 소피스트의 변증술적 수사학을 염두에 둔 듯한 이 진술은 윤리적 대화와 전략적 대화술을 구별하기 위한 레비나스의 사유를 반영하고 있다. 소피스트들이 그러했듯이, 전략적 레토릭은 재판에 이기기 위해서 자신의 진실을 감추면서 궤변이나 오류를 불사하는 방식으로 전개된다. 하지만 이때 앞서 언급한 놀라움이나 윤리적 가르침은 불가능해진다. 이는 소피스트뿐 아니라 오늘날의 정치적 수사나 선동에서도 흔히 나타나는 모습이다. 그런 수사학적 전략 안에서 타인과의 관계는 중요하지 않다. 그저 정치적 승리나 유의미한 정치적 결과를 내는 일이 솔직하게 타인과 마주하는 것보다 더 우선시된다. 그리고 레토릭의 대화는 대체로 어떤 특정한 장(field) 안에서 벌어지는 일이다. 나와 타자에 앞서 미리 주어진 정치적 투쟁의 장과 전략적 맥락 속에서 주체와 타자는 이미 규정된 대화만 나눌 수 있을 뿐이다. 제프리 두디악이 잘 말한 것처럼, "선험적 의미 체계 안의 자리를 요구하는 한, 타자는 '타자'로서 접근될 수 없으며, 대화는 다소 미묘한 형태의 강압, 즉 논쟁(polemics)이 될 수밖에 없다. 전면적인 **논쟁**(polemos) 대신에, 레토릭이라는 더욱 미묘한 형태의 논쟁이 그 자리를 차지할 수 있지만, 여전히 폭력이 있는 것은 똑같다".[25] 이에 레비나스는 다음과 같이 타인과의 마주함만이 레토릭을 거부할 수 있다고 말하며, 이것이 곧 정의라고 주장한다. "레토릭이 담고 있는 심리 유도적, 대중 선동적, 교육적 미혹을 거부하는 것은 진실한 대화 속에서 타인과 대면하는 것이다. (…) **우리는 대화 속에서의 이 정면에서 말을 거는 일을 정의라고 부른다.** 존재가 자신의 고유한 빛을 비추는 절대적 **경험** 속에서 진리가 생겨난다면, 그 진리는 진실한 대화 또는 정의 속에서만 생산된다"(42-43/92).[26]

타인을 매개 없이 정면에서 마주하는 이런 대화만이 정의롭다고 할 수 있다. 그것은 타자를 동일자로 환원되지 않는 절대적인 자로 있게 하면서 불균등성, 비대칭성 안에서 서로 소통하게 한다. 다음과 같은 레비나스의 말은 이러한 대화 관계의 근원성을 가감 없이 드러낸다.

---

25 Jeffrey Dudiak, *The Intrigue of Ethics: A Reading of the Idea of Discourse in the Thought of Emmanuel Levinas* (New York, NY: Fordham University Press, 2001), 408.

26 레비나스가 정치적 현실을 너무 고려하지 않고 레토릭을 지나치게 부정적으로만 보는 것 같다는 생각도 든다. 하지만 레토릭에 대한 그의 경계심은 분명 타당하다. 심지어 현대 레토릭 이론에서도 레토릭이 레비나스가 지적한 것처럼 기만적 전략으로 흐를 위험이 있음을 인정하고 있다. "따라서 우리는 권력을 분산시키기 위해서만이 아니라 권력을 집중시키기 위해 레토릭을 이용하는 일을 경계할 필요가 있다. 레토릭은 아이디어를 지지하기 위해 사용되지만 그것을 검증할 가능성이 배제된다면, 검증되지 않은 이데올로기의 제국이 현실화될 가능성은 얼마든지 있다. (…) 이는 레토릭이 항상 윤리적인 우려를 낳는다는 점을 다시금 상기시킨다." James A. Herrick, *The History and Theory of Rhetoric*, sixth edition (Abingdon, Oxon and New York, NY: Routledge, 2018), 20-21; 국역본: 『레토릭의 역사와 이론』, 강상현 옮김(서울: 컬처룩, 2022), 62-63.

   1부 프롤로그와 발단

동일자는 타자에 대해 언제나 존재의 원주민(autochtone)이고 언제나 그 거주지에서 특권을 지닌 자이다. 타자인 자유로운 이는 또한 이방인(étranger)이다. 그 얼굴의 벌거벗음은 추위를 타며 그 벌거벗음을 수치스러워하는 몸뚱이의 벌거벗음으로 연장된다. 이 세계에서 실존 그 자체는 비참함이다. (…) 애원하고 요구하는 ── 요구하기 때문에만 애원할 수 있는데 ── 이 시선, 모든 것을 요구할 권리가 있기에 모든 것을 빼앗긴 이 시선, 그래서 주면서 우리를 알아보게 되는 (…) 이 시선이 바로 얼굴의 얼굴로서의 에피파니이다. 얼굴의 벌거벗음은 궁핍이다. 타인을 알아보는 것, 그것은 배고픔을 알아보는 것이다. 타인을 알아보는 것, 그것은 주는 것이다. 그러나 이 줌은 스승에게, 어른에게, 높음의 차원에서 '당신'(Vous)으로 다가오는 이에게 주는 것이다. (47-48/100)

여기서 우리는 한 가지 더 흥미로운 사실을 마주한다. 그것은 바로 윤리적 대화가 줌과 결부된다는 사실이다. 우리는 다시금 여기서 레비나스의 대화가 어떤 몸짓이나 표정, 목소리, 행위가 아니라 윤리적 응답임을 알 수 있고, 그 응답의 성격이 지극히 물질적이라는 사실을 확인하게 된다. 말하자면 대화는 타자에게서는 얼굴의 에피파니의 가르침이고,[27] 동일자에게서는 그렇게 표현된 것에 대한 물질

---

[27] 여기서 "에피파니"(épiphanie)라는 말의 의미를 살펴보자. 이는 그리스어 ἐπιφάνεια에서 유래한 말로, '~위에'를 의미하는 접두어 ἐπι-와 '보여 주다'를 의미하는 φαίνω의 합성어이다. 따라서 에피파니는 위로부터 나타나 보여 준다는 의미를 지니고 있다. 그리스도교 전통에서는 신인 예수 그리스도가 이 세상에 메시아로 자신을 드러내는 사건(예: 세례자 요한에게

적 줌으로 응답하는 것으로 이루어진다. 그렇게 주는 것이 물질이건 시간이건 구체적 사물이건 말이다. 타인이 애원하고, 간청하고, 요구할 때, 그 타인은 어떤 '것'을 요구한다. 반복해서 말하자면, 나의 돈과 양적으로 소유된 나의 시간, 물건 등을 요구한다. 혹자는 돈이 아닌 공감이나 마음의 소통을 요구하는 경우도 있다고 말할지 모르겠다. 하지만 그런 행위 역시 물질적 소유물처럼 나에게 있는 시간과 돈이나 나의 공간, 여가 등 나의 소유물과 무관하게 이루어지지 않는다. 이런 점에서 레비나스의 윤리적 대화는 독특한 의미에서 물질적이다. 다음 구절을 읽어 보자.

> 따라서 대화는 사물들로부터 그리고 타자들로부터 떠나온 두 존재의 비장한 대결이 아니다. 대화는 사랑이 아니다. 타인의 초월은 그의 탁월함, 그의 높음, 그의 지배권이다. 이러한 타인의 초월은 구체적인 의미에서 타인의 비참함을, 그의 고향 상실을, 낯선 이로서의 그의 권리를 포괄한다. 낯선 이의, 그리고 과부와 고아의 시선. 내가 이것을 알아볼 수 있는 것은 **오직 주거나 거부할 때뿐이다. 나는 주거나 거부**

예수가 세례를 받는 사건)을 에피파니라 일컫고, 이를 주현절(主顯節, Epiphany)이라는 절기로 지키기도 한다. 레비나스가 이런 신학적 의미를 담지는 않지만, 에피파니라는 말을 그와 같은 초월의 사건으로 이해한다. 즉 나보다 높은 타인이 내게 계시로 도래하는 것 자체가 에피파니인 것이다. 타인은 얼굴로 나에게 자신을 보여 주지만, 그것은 위로부터 내려오는 것이므로 나의 인식 지평을 초과하면서 도래한다. 따라서 레비나스 철학의 맥락에서 에피파니는 위로부터 내려오는 신적인 것의 계시처럼, 지평을 초과하는 얼굴이 현현하는 사건을 뜻한다. 에피파니의 역사적, 개념적 의미와 그 윤리적 함축에 대해서는 다음 연구를 참조하라. Sophie Grace Chappell, *Epiphanies: An Ethics of Experience* (Oxford, UK: Oxford University Press, 2022).

하는 일에 자유롭지만, 이러한 줌과 거부는 필연적으로 사물들을 매개로 삼는다. (…) 궁극적 사태는 타자와 동일자의 관계, 타자에 대한 나의 맞아들임인데, 여기서 **사물**은 우리가 세우는 것이 아니라 우리가 **주는 것**으로 나타난다. (49/102-103, 강조는 필자)

결국, 레비나스의 윤리적 대화는 분리된 동일자와 역시나 그로부터 절대적으로 분리된 타자 사이에서 불균형하게, 비대칭적으로 일어나는 마주함의 사건이다. 이 마주함 속에서 타자는 자신을 솔직하게 표현하는 가운데 무언가를 주라고 요구하며, 나는 그 무언가를 바치거나 거절하는 식으로 응답한다. 이런 행위는 우리에게 불편함과 트라우마를 일으킨다. 그러므로 레비나스에게 대화의 윤리는 너무나도 사실적인 인간의 궁핍함과 직접적으로 연결되는데, 이는 바로 이런 윤리적 의미에서의 물질적 궁핍함, 타인이 먹고, 마시고, 입을 것이 없어서 비참해진 이웃 인간의 사태에 직면하는 일이다. 이 대화는 타인을 마주함에서 일어나는 감정 또는 정서와도 일정하게 관련되지만, 단지 나의 정서적 감정으로 환원될 수 없는, 오직 나를 깨뜨리고 요동치게 하는 긴박함을 실제적으로 일으키는 소통이다. 바로 이런 직접적 대화의 의미에 주목함으로써 우리는 레비나스의 윤리에 한 발 더 다가설 수 있게 된다. 우리는 향후 여기서 그려진 윤리적 대화 이론을 그의 후기 저술에서 한층 더 심화된 형태로 마주할 수 있을 것이다. 하지만 앞으로 전개될 『전체성과 무한』의 내용에서도 해당 주제는 끊임없이 언급될 것이다. 그만큼 대화는 레비나스의 철학 전반에서 핵심적인 주제이며, 이 대화는 궁극적으로 단순한 의사소통이 아니라 궁핍한 이가 무엇인가를 요구하고, 내가 물질적으로 가진 것을 주는 일로 이해되어야 한다. 에마뉘엘 우세의 다음과 같은 말이 이 사태를 매우 잘 요약하고 있다. "이에 레비나스는 초월의 의미에 대한 이 윤리학적-현상학적 물음에서 비참함의 언어적 의미를 '나를 도우라!'로, 벌거벗음을 '나를 보호해 달라!'로, 배고픔을 '나를 먹이라!'로 해명함으로써 타자의 부름을 기술하기 시작했고, 이는 인식의 의미 자체를 총체적으로 바꾸어 놓았다."[28]

이러한 1부 B "분리와 대화"를 마무리하면서, 레비나스는 다시금 자신이 의도하는 분리의 의미를 강조하는 가운데 이 주제를 갈무리한다. 레비나스가 여기서 강조한 대화는 위에서도 강조했듯이, 얼굴 대 얼굴의 대면에서 일어나는 대화이다. 그는 이 대면에서 타인의 얼굴인 무한과 나의 관계가 성립하며, 이 관계에도 불구하고, 주체와 타자의 — 분리로서의 — 무한한 거리가 유지된다는 점을 환기한

---

[28] Emmanuel Housset, *La fragilité du sens: Husserl, Levinas, Maldiney, Chrétien* (Paris: J. Vrin, 2024), 153. 이러한 지적이 중요한 이유는 이것이 레비나스를 다른 현상학자들과 구별해 주는 지점이기도 하기 때문이다. 레비나스에게는 인식 중심의 사유를 극복하기 위해 부름의 현상학적 의미가 세심하게 다루어진다. 물론 하이데거에게 존재는 익명적 부름으로, 언어적 의미로 다가오지만, 그것이 윤리적 부름은 아니다. 사르트르에게는 부름에 관한 엄밀한 현상학적 기술이 부재하며, 타인과의 관계는 오로지 시선의 포획, 교차, 투쟁으로만 다루어지는 것처럼 보이기까지 한다. 이를테면 사르트르는 이렇게 말한다. "나는 나 자신의 가능성들의 굳어짐이자 소외로서, 나 자신의 행위 한가운데에서 타자의 시선을 포착한다. (⋯) 그리고 의심할 여지없이, 이 가능성들의 비-정립적 의식의 양상 위에서, 나는 나의 가능성들**이다**. 그러나 동시에 시선은 그 가능성들을 내게서 소외시킨다. (⋯) 실제로, 보이는 것으로 나를 포착한다는 것은 **세계 안에서** 그리고 세계로부터 보이는 것으로 나를 포착하는 것이다. 시선은 우주 속에서 나를 잘라내지 않고, 나의 상황 한가운데로 와서 나를 찾으며, 나에 대해서는 도구들과의 분해 불가능한 관계들만을 포착한다." Jean-Paul Sartre, *L'être et le néant: essai d'ontologie phénoménologique* (Paris: Éditions Gallimard, 1943), 321; 국역본: 『존재와 무: 현상학적 존재론 시론』, 변광배 옮김 (서울: 민음사, 2024), 569.

다. "무한(Infini)으로부터 분리된 존재는 그럼에도 불구하고 형이상학 안에서 무한과 관계한다. 분리의 무한한 간격을 없애 버리지 않는 관계를 통해 관계 맺는다"(52/107). 이렇게 무한하게 간격을 유지하는 이 관계를 레비나스는 "관계 없는 관계" — 절대적인 자와 맺는 관계 — 로서의 "종교"(52/108)로 명명하되, 이때의 종교를 신학의 토대 위에 서는 종교가 아닌 관계 그 자체로만 이해한다. 그리고 이 관계는 신과의 관계가 아닌 나보다 더 높은 자인 타인과 맺는 관계이며, 이 관계를 기초로 초월적인 선이 성취된다. 그리고 이 관계 위에서 새로운 의미의 다원주의도 가능할 것이다.

이때 다원주의의 시발점은, 앞서 강조했듯이, 분리된 자아, 곧 내면성의 비밀을 간직한 무신론적 자아이다. 바로 이런 "분리된 존재가 자신을 초월하는 것과 유지하는 관계들은 전체성의 토대 위에서 생산되지 않고, 체계로 결정화되지도 않는다"(53/108). 이 관계에서 동일자에 해당하는 나의 내면성과 그 삶의 방식이 나의 드라마의 중요한 한 장면을 이룰 것이다. 하지만 우리는 이를 다루기 전에『전체성과 무한』의 논의 순서를 따라 레비나스가 이해하는 정의와 진리가 무엇인지 짚어야 한다.

5강. 1부 C
"진리와 정의" 읽기

이 장에서 레비나스는 진리와 정의에 대한 이해를 갱신하려고 한다. 앞서 그는 대화 안에서 정의가 비로소 나타난다는 점을 밝혔는데, 바로 그 맥락에서 정의 자체가 무엇인지를 더 구체적으로 제시한다. 흔히 서양 전통에서 정의는 일차적으로 '각자의 몫을 각자에게 나누어 주기'(*suum cuicque tribuere*)라는 정식에서 볼 수 있듯이 공정한 분배의 문제로 이해된다. 사실 이것은 서양 정신의 가장 오래된 원천 중 하나인 『일리아스』에서도 찾아볼 수 있다. 이 서사시는 기본적으로 분배에서 비롯한 갈등의 양상에서 시작한다. 트로이 전쟁 통에 딸을 빼앗긴 사제 크뤼세스는 본디 아폴론을 섬기는 사제였다. 그는 자기 딸을 구하기 위해 재물을 들고 그리스 연합군의 수장 아가멤논을 찾아갔으나 아가멤논은 그의 제안을 매몰차게 거부했고, 크뤼세스는 자신의 분노를 아폴론에게 토로했다. 이에 아폴론은 노하여 그리스 연합군의 주둔지에 여러 날에 걸쳐 화살을 쏘았으나 아가멤논은 그런 상황 속에도 크뤼세스의 딸 크뤼세이스를 풀어 주기를 거부하고 버티다가 이내 그녀를 크뤼세스에게 돌려주겠다고 선언한다. 그런데 아가멤논은 자신에게 다른 선물이 보상되어야 한다는 부당한 주장을 하기에 이른다. 이 과정에서 그는 아킬레우스의 연인 브리세이스를 자기를 위한 전리품의 몫으로 달라고 요구했고, 아킬레우스는 분노하여 그를 당장 죽이려 했으나 이내 화를 억누르고 연합군 대열에서 이탈한다.[1] 이러한 전리품의 할당에 대한 부당한 요구에서 비롯한 갈등으로 시작하는 『일리아스』를 보더라도, 분배적 정의에 대한 요구는 적어도 서양 전통에서는 엄청난 역사와 깊이를 가진 것이라 하겠다.[2]

그런데 레비나스는 정의에 대한 관점을 근본적으로 전환하기를 요구한다. 이러저러한 방식으로 공정한 분배를 요구하거나 분배에 대한 기준을 마련하는 것은 물론 중요한 일이다. 하지만 레비나스는 여기서 다음과 같은 더 근본적인 물음을 던진다고 할 것이다. **나는 과연 정의로운가**? 물론 우리는 나 아닌 다른 것, 이를테면 국가가 어떻게 정의로울 수 있는지, 또는 공동체가 어떻게 정의로워지는지 물

---

1 "그러고는 내 몸소 그대의 막사로 가 그대의 명예의 선물인 볼이 예쁜 브리세이스를 데려 갈 것이오[아가멤논]. (…) 그 따위 명령은 나 아닌 다른 사람들에게나 내리시오. 나는 다시는 그대에게 복종하지 않을 작정이니까요[아킬레우스]." Homeros, *Ilias*, 184-185, 295-296. 인용은 다음 우리말 번역을 따랐다. 『일리아스』, 천병희 옮김(고양: 도서출판 숲, 2007), 32, 36-37. 대괄호는 필자 첨가.

2 동양 사상에서도 분배적 정의에 대한 요구가 매우 오래전부터 중요한 문제로 다루어졌다는 연구가 있다. 그 한 예로 다음 연구들을 참조하라. 안외순, 「동양 정치사상에서의 정의(justice) 개념의 재고찰: 논어(論語)를 중심으로」, 『동방학』 제44집(2021년 2월), 137-164; 정재현, 「동양에서의 사회 정의: 유가를 중심으로」, 『철학과 현실』 제88호(2011년 봄호), 60-69.

1부 프롤로그와 발단

을 수 있고, 레비나스도 이러한 물음을 절대 외면하지 않는다. 다만 그는 근본적으로 이 모든 물음은 우선 나의 정의로움을 묻는 데서 시작해야 한다고 생각한다. 이러한 접근 방식은 『전체성과 무한』만이 아니라 레비나스의 사유 전체에 걸쳐 나타나며, 특별히 그의 후기 사유로 갈수록 더 심원해진다. 다만 『전체성과 무한』에서는 이 책의 중요한 주제인 "주체성에 대한 변호"라는 관점에서, 그리고 이러한 관점을 수용한 나의 드라마라는 맥락에서 나와 정의, 정의의 심판과 나의 관계라는 문제에 더 초점을 맞춘다. 즉 이 드라마의 발단에서 등장한 나는 다른 것으로부터 분리된 무신론자이면서, 도덕적 심판을 회피할 수 없는 주체로도 등장하게 될 것이라는 점이 또 다른 꼭지로 다루어진다.

정의의 물음: 나는 정의로운가?

정의에 관한 첫 번째 물음은 다음과 같다. "정의와 진리의 관계는 어떤 것인가?"(54/110) 이것은 정의에 대한 이해의 갱신을 주체성에 대한 의문으로부터 시작하기 위해 던져진 물음이다. 또한 이것은 진리를 정의보다 우선시하는 전통 철학의 방향을 바꾸기 위한 시도이다. 말하자면 서양 철학의 전통에서 대체로 진리는 정의보다 먼저 물어져야 하고, 더 중요한 주제로 인식되어 왔다. 조금 심하게 말하면 정의는 존재와 진리의 논의에 덧붙여지는 어떤 것이었을지 모른다. 이를테면 제일철학의 지위는 언제나 형이상학이나 존재론에 돌아갔다. 근대로 넘어오면 — 근대의 모든 철학이 그렇지는 않다고 해도 — 종종 사유하는 주체의 인식작용의 근간을 파헤치는 인식론에게 제일 철학의 지위가 부여되었다.[3] 이를테면 데카르트에게 존재하는 것은 사유하는 주체의 인식 아래에서 그 존재의 정당성을 부여받는다. 밀랍의 예에서 보듯이, 불에 녹아서 형체를 알 수 없게 되어 버린 밀랍과 원래 모형을 갖춘 밀랍의 동일성을 보장하는 것은 다름 아닌 나의 사유이다. 즉 존재의 진리는 사유하는 자아가 인식하는 진리와 동일시된다. 그리고 이 과정에서 도덕, 윤리, 정의의 문제는 항상 존재와 진리 인식의 문제에 후속하는 것으로 여겨진다.

물론 근대의 사유에서 도덕과 윤리의 물음이 존재와 인식의 물음에 후속한다는 것이 윤리학의 열등함을 가리키지는 않는다. 데카

---

3 흥미롭게도, 에르만 파레는 제일철학의 흐름을 다음과 같이 세 가지 패러다임으로 제시한다. 그는 데카르트부터 후설에 이르기까지 사실상 인식론이 제일철학이었다고 보며, 이에 대항하는 세 번째 제일철학의 패러다임이 기호학이라고 주장한다. 윤리학에 관한 고려가 없는 것은 아쉽고, 인식론이 종종 형이상학적 전제를 내포하고 있음을 고려하면 파레의 주장은 다소 거칠기는 하지만, 제일철학의 패러다임 변화에 관한 그의 구분 자체는 흥미롭기에 독자들이 이를 참조하는 것은 나름 유용할 것이다. "사유는 오랫동안 존재, 실존, 실재를 모든 철학적 재구성의 선험적 대상으로 간주하며 지배되어 왔다. 서구 사유의 근대성은 바로 이러한 아리스토텔레스주의와 존재론적 패러다임에 대한 문제 제기에 있다. 근대 사상가들, 특히 칸트는 이후 존재와 실재를 인식의 대상, 즉 지적이고 이론적인 (철학적 및/또는 과학적) 활동의 대상으로 보기 시작했으며, 인식하는 **주체**와 자기반성적 **의식**이라는 선험을 도입한다. 이후, 세 번째 패러다임의 전복적인 힘은 **인식론**의 우위, 특히 데카르트에서 후설에 이르기까지 인식론을 제일철학으로 만든 두 번째 패러다임과 본질적으로 연관된 주관성의 우위에 맞서게 된다. 새로운 패러다임에서는 담론 속의 의미, 즉 **기호 기능**이 세계에 대한 모든 인식의 조건이 되며, 가장 급진적인 형태에서는 인식 주체 자체, 심지어 세계의 조건이 된다. (⋯) 이러한 세 번째 패러다임적 관점에서 비롯된 제일철학을 (⋯) 나는 대문자-**기호학**(Sémiotique)이라고 부른다." Herman Parret, "La Sémiotique comme Projet Paradigmatique dans l'Histoire de la Philosophie," in *History of Semiotics,* ed. Achim Eschbach and Jürgen Trabant(Amsterdam/Philadelphia, PA: John Benjamins Publishing Company, 1983), 379.

  1부 프롤로그와 발단

르트만 하더라도 학문 분류와 관련한 그 특유의 나무 비유에서 형이
상학을 뿌리, 줄기를 물리학 또는 자연학, 가지를 의학, 기계학, 윤리
학 같은 다른 분과 학문으로 지정한다. 이때 데카르트는 윤리학과 관
련해서 특별한 언급을 덧붙인다. "윤리학이란 다른 학문의 인식 전
체를 전제하면서, 지혜의 마지막 단계인 가장 높고 가장 완전한 도덕
(la plus haute et la plus parfaite morale)이다."[4] 여기서 우리는 이 말을 두
가지 측면에서 해석해 볼 수 있다. 한편으로 데카르트는 윤리학을 경
시하거나 중요도가 떨어지는 학문으로 보기보다는 인간 지혜가 종
국에 이르러 발견할 수 있는 궁극의 학문으로 보았다. 다른 한편으로
여전히 윤리학은 그 뿌리인 형이상학, 또는 형이상학적 인식을 전제
하지 않으면 제대로 펼쳐질 수 없는 학문이다. 전자의 측면에서 레비
나스는 데카르트의 노선을 다소간 따르는 것처럼 보이기도 한다. 하
지만 후자의 측면에서 그는 데카르트를 따르지 않을 것이다. 오히려
그는 데카르트와 같은 근대인들이 대체로 추구했던 바,[5] 진리의 형

4　René Descartes, "Lettre-préface à l'édition française des Principes"(1647), *Œuvres philosophiques*, t. III, éd. Ferdinand Alquié(Paris: Garnier, 1993), 779-780; 국역본: 「『철학의 원리』 프랑스어 판 서문 — 편지」, 『방법서설/정신지도규칙』, 이현복 옮김(서울: 문예출판사, 2022), 552.

5　스피노자와 관련해서도 유사한 이야기를 할 수 있다. 세부 사유는 데카르트와 다르지만, 스 피노자 역시 존재의 진리를 알게 되면 윤리적 지복에 이를 수 있다고 보았다. 그러므로 진 리가 정의를 전제로 삼기보다는 정의가 진리를 전제로 삼아야 한다는 공식이 성립한다. 즉 자기가 진리를 인식함으로써 인간은 윤리적 덕을 성취하게 된다. 리쾨르는 스피노자를 두 고 이렇게 말한 바 있다. "소외에서 자유와 지복으로 이끌어 준다는 점에서 철학은 윤리학 이다. 스피노자에게 이러한 전환은 자기 인식이 유일실체에 대한 인식과 부합될 때 비로소 성취된다. 하지만 이러한 사변적 과정은 소외된 개인이 전체에 대한 인식을 통해 변형되는 경우에 한해서 윤리적 의미를 가지게 된다. (…) 만일 우리가 스피노자가 사용한 의미로 '윤 리'라는 말을 사용한다면, 우리는 반성이 곧 도덕성 비판이 되기에 앞서 이미 윤리적인 것 이라고 말해야만 한다." Paul Ricoeur, *De l'interprétation: Essai sur Freud*(Paris: Éditions du Seuil,

이상학에 의존하여 도덕과 정의를 논하는 전통에서 벗어나기를 추구한다. 바로 이런 맥락에서 레비나스는 다음과 같이 유럽 사유의 현주소를 짚는다. "우리는 유럽의 사유에서 (…) 도덕적 관대함 자체를 객관적 사유의 필요성에 종속시키는 전통이 우세함을 알 수" 있으며, 따라서 이러한 전통에 속해 있는 사유하는 주체의 "자유의 자발성은 의문시되지 않는다"(55/111–112).[6]

이처럼 레비나스는 정의의 문제를 새롭게 풀기 위해 오랫동안 서양 사유에서 의문시되지 않은 진리와 자유의 우위성 문제를 검토한다. 그에 의하면, 자유는 서구 사회에서 늘 정당한 것이었으며, 이 자유는 일차적으로 앎의 자유로서 진리를 추구하기 위해 타자를, 세계를 대상화하는 것을 당연시한다. 이런 점에서 "서양에서 비판 또는 철학은 앎의 본질이다. (…) 앎은 세계를 주제로 삼을 수 있으며 그로부터 한 대상을 형성할 수 있는데, 그 이유는 앎의 실행이 앎을 떠받치는 조건 자체를 어떤 방식으로든 손으로 잡는 데서 (…) 성립하기 때문이다"(57/115). 여기서 "손으로 잡는다"(prise en mains)라는 표현은 주체의 일련의 파악작용, 곧 대상을 파악하는 인식작용, 조

1965), 53; 국역본: 『해석에 대하여: 프로이트에 대한 시론』, 김동규·박준영 옮김(고양: 인간사랑, 2020), 92–93.

6 　언제나 유럽에서는 자유를 의문시하는 정의보다는 존재와 진리가 우위에 놓이며, 이런 것들을 다루는 것이 바로 제일철학이었다. 레비나스는 이를 전복해야 했기에 제일철학의 지위나 위상 자체를 변경시키려고 했던 것이다. 이것은 비단 레비나스만의 평가가 아닌데, 이를테면 프랑수아 라뤼엘도 다음과 같은 흥미로운 진단을 남긴 바 있다. "'제일철학'에서 우위성은 역전과 무-질서로 넘어가기 쉬운 우선성, 위계 또는 지배를 의미하기도 한다. (…) '제일'이라는 용어는 언제나 (…) 존재론적으로 이해될 수 있는 것이다." François Laruelle, *Principes de la non-philosophie*(Paris: Presses Universitaires de France, 1996), 48.

금 더 강하게 표현하면, 어떤 것을 자기 힘과 능력으로 "거머쥐는 일"을 가리킨다.[7] 곧 대상을 파악하는 인식작용이 주체의 자유 실현이라는 것이다. 레비나스의 표현을 따르자면, "이때의 자유, 곧 동일자(Même)에 의한 타자(Autre)의 규정이" 인식하는 주체의 "표상의 운동 자체 또는 그 명증성의 운동 자체이다"(57/116).

레비나스는 이런 인식하는 자유, 진리를 알려는 자유에 근본적인 의문을 제기한다. 과연 이러한 인식하는 주체, 코기토가 모든 것의 시작으로, 의문시되지 않는 자발성으로 정립되는 것 자체가 옳은가? 레비나스는 이러한 코기토라는 자발적 작용의 시작, 이 "실존의 깨어남"은 내가 아닌 "타인(Autrui)에게서 온다"(58/116)라는 전복적 사유를 제기한다. 어떻게 이런 전복이 가능한가? 여기서 레비나스는 다시 데카르트에게로 돌아간다. 코기토의 인식 활동, 그리고 형이상학적 확실성에 이르기 위한 의심 작업에는 언제나 무한자에 대한 관념이 자리한다. 『제일철학에 관한 성찰』의 첫째 성찰에서는 오직 나만의 사고 실험만으로 인식의 토대가 발견되는 것처럼 보이지만 셋째 성찰에 이르면 무한자가 나의 존재를 뒷받침하고 있음이 드러난다.

그래서 나는 이제, 지금 존재하는 이 나, 이 나를 조금 후에도 존재하게끔 할 수 있는 어떤 힘을 내가 가졌는지를 나 자신에게 물어야 한다. 왜냐하면 나는 사유하는 것과 다름없으므로, 혹은 적어도 지금은 바로 사유하는 것이라는 나의 그 부분만을 다루고 있으므로, 만일 그러

---

7   강영안, 『칸트의 형이상학과 표상적 사유』, 286.

한 힘이 내 안에 있다면, 나는 의심의 여지없이 그것을 의식할 것이기 때문이다. 그러나 나는 내 안에 그러한 힘이 전혀 없다는 것을 경험하며, 바로 이것으로부터 나는 내가 나와 다른(diverso) 어떤 존재자에 의존한다는 것을 극히 명증하게 인식한다.

(…)

오히려 망설임 없이 결론내려야 하는 것은 내가 현존한다는 것, 그리고 극히 완전한 존재자, 다시 말해 신(Dieu)에 대한 어떤 관념이 내 안에 있다는 이 사실만으로부터 신 또한 현존한다는 것이 지극히 명증하게 증명된다는 것이다. (…) 그리고 사실 신이 나를 창조하면서, 장인이 자기 작품에 찍은 표지처럼, 그 관념을 내 안에 넣었다는 것은 놀라운 일이 아니다.[8]

여기서 보듯 데카르트는 나의 존재가 존재할 수 있도록, 내가 나와는 **다른** 존재자인 완전한 자이자 무한자로서 신에 의존해 있다고 주장한다. 또한 이 신에 대한 관념도 창조자이자 타자인 신에 의해 내 안에 새겨져 있음을 확증한다. 이처럼 자발적인 자유로운 주체의 균열 또는 자아 내부의 균열은 이미 데카르트에게 나타나 있었으며, 이러한 관점에 의존하여 레비나스는 자유의 정당성을 문제 삼는다.

물론 그렇다고 해서 레비나스가 데카르트의 무한자인 신의 관

---

8 René Descartes, *Meditationes de prima philosophia*(1641), in *Œuvres de Descartes*, tome VII, éds. Charles Adam & Paul Tannery(Paris: J. Vrin, 1964), 49, 51; 국역본: 『제일철학에 관한 성찰/자연의 빛에 의한 진리 탐구/프로그램에 대한 주석』, 이현복 옮김(서울: 문예출판사, 2021), 76, 78.

넘을 전적으로 수용하는 것은 아니다. 그는 이런 데카르트의 사유 형식을 빌려 나를 일깨우는, 나의 잠자고 있던 도덕적 의식을 일깨워 주는 스승으로서의 타인이 나의 자유를 문제 삼게 됨을 지적한다. "타인(Autrui)을 맞이함이란 나의 자유를 문제시하는 것이다"(58/116).[9] 그런데 왜 다른 여러 사물이나 사건도 있는데 타인만이 특권화되는가? 그것은 "오직 타인(Autrui)만이 주제화를 면한다"(58/117)라는 점 때문이다.[10] 여기서 주제화란 타자를 우리의 인식의 대상으로 대상화시키는 작용 일체를 의미할 뿐만 아니라 다른 사물을 나의 의도 아래 다루는 자유의 실제적 실행을 나타내는 말로도 사용된다.[11] 그런데 이런 주제화를 넘어서는 타자에, 내가 제어할

9　물론 그러면서도 자아가 무효화되거나 타자에 흡수되거나 하는 일을 레비나스가 의도하는 것은 결코 아니다. 김도형이 말한 것처럼, "레비나스의 윤리는 자아의 무화를 요구하지 않는다. 타자의 얼굴은 나의 소유와 권력에 저항한다. 하지만 그 저항은 나를 위협하거나 나를 무화시키는 데 있는 것이 아니라 나의 즐거운 소유를 문제 삼고 완고한 나의 자기 집착이 갖는 폭력성을 (…) 드러낸다." 김도형, 『레비나스와 정치적인 것: 타자 윤리의 정치철학적 함의』(서울: 그린비, 2018), 40.

10　이것은 너무 좁은 특권화가 아닐까? 과연 우리의 인식작용을 벗어나고, 인식에서 초과를 일으키는 것이 타인밖에 없는가? 예술 작품이나 종교적 계시는 어떻게 할 것인가? 이런 점에서 우리는 레비나스와 다르게 인식과 작용과 대상화를 벗어나는 방법이 다양할 수 있다는 점도 간과하지 말아야 한다. 이 맥락에서 마리옹도 레비나스 철학의 타인의 타자성에 대한 통찰을 받아들이면서 초과를 일으키는 현상을 다양화한다. "윤리학은 여기서 윤리보다 더 근원적, 그리고 다른 현상학에 관한 기술 내지 이 같은 현상 — 얼굴 — 에 대한 다른 기술을 가능하게 하는 현상학적 논의를 전개한다. (…) '바로 너 자신이 되라!'는 존재론적 명령이나 '너 자신을 너의 존재에 어울리는 자가 되게끔 결정하라'는 실존론적 명령, '너의 마음과 영혼과 지성을 다해 너의 하나님을 사랑하라!'는 종교적 명령, '네가 하고자 하지 않는 일은 남에게도 시키지 말라'는 도덕적 명령, 심지어 '나를 사랑해 주오'라는 에로틱한 명령으로 레비나스의 윤리적 명령을 대체할 수 있다." Marion, *De surcroît*, 142; 국역본: 『과잉에 관하여』, 208-209.

11　"주제화는 자신의 순신한 자발성 안에서 그 자신을 확신하는 자유의 실행이다"(58/117). 레비나스는 나의 대상을 향한 주제화를 자발성의 구현으로서 보면서, 이를 타자성의 윤리에

수 없는 타자에 직면함으로써 나는 당혹감을 느끼게 된다. 레비나스에 따르자면, 이런 당혹감은 주제화에서 벗어난 타인이 윤리적 요구로서 대화의 말을 건넬 때, 우리에게 수치스러운 당혹감을 일으킬 수 있다. "타인을 맞이함은 **그 사실 자체로**(*ipso facto*) 나 자신의 부정의에 관한 의식, 즉 자유가 그 자신에 대하여 느끼는 수치심이다"(58-59/117).

여기에 자신의 삶이 주는 안온함을 충만하게 느끼는 이가 있다고 가정해 보자. 먹을 것도 풍족하고, 가족과의 관계도 좋으며, 적절한 사회적 지위도 가지고 있다. 성실하고 생활 예절도 잘 갖추고 있어 소위 '예의가 바르다'거나 '인간성이 좋다'는 세간의 평을 듣고 사는 이 사람에게 누추한 옷을 입고 차비를 구걸하는 어떤 이가 나타난다. 예의 바른 이 사람은 순순히 차비를 주려다가 불현듯 어떤 생각에 사로잡힌다. '정말 이 사람이 내가 주는 돈을 차비로 쓸까? 노력하지 않고 돈을 벌려고 하는 것은 아닐까? 차는 타지 않고 술을 사 먹으려는 것은 아닐까? 돈을 주는 것은 이 사람의 자립 의지를 꺾는 일이 아닐까?' 순식간에 든 이런 생각 덕분에 그는 옷 안주머니에서 지갑을 꺼내려던 손을 바지 호주머니에 넣고서는, 도움을 청한 그 사람을 외면하고 발걸음을 돌린다.

반하는 작용으로 간주한다. 아나벨 헤르조그는 레비나스의 주제화 개념을 다음과 같이 명확하게 해명한 바 있다. "주제화는 차이를 무효화한다. 주제화는 비-윤리적, 심지어 반-윤리적이다(이것은 다음과 같은 또 다른 동어 반복으로서의 정의와 다르지 않다). 인식하기, 비교하기, 범주화하기의 작업을 관통하는 이성은 타자성으로서의 타자성을 지시할 수 없다." Annabel Herzog, *Levinas's Politics: Justice, Mercy, Universality*(Philadelphia, PA: University of Pennsylvania Press, 2020), 62.

돈을 주거나 주지 않는 일은 그 사람의 자유일 수 있다. 돈을 주지 않는 선택을 하기 위해 '인간성 좋은' 그는 돈을 요구한 이의 옷차림이나 손, 말투 등을 헤아리고자 애썼다. 그리고 그 나름의 합리적 선택을 내렸다. 그런데 여기서 한번 물어보자. 그러한 선택을 내리게 한 그의 이성적 사유는 진리에 이르렀는가? 사유의 고독 속에 그가 타자를 헤아려 규정한 일이 정말로 타자를 온전히 포착한 것인가? 설사 차비를 요구한 사람이 차비 명목으로 얻은 돈으로 그의 예상대로 술과 담배를 샀다고 한들 그의 판단은 진리에 이른 것인가? 자신의 예견과 추측이 우연히 그 사람의 일정한 행동 일부를 파악했다 한들, 그것이 곧 그 사람의 사정과 삶을 모두 파악한 것은 아니다. 온전한 헤아림은 불가능하며, 타인은 나의 인식으로 포착하기에는 너무 크고 무한하다. 이런 상황 속에서 우리는 나의 자유가 어떤 기만적 진리를 추구하지는 않았는지, 도덕적으로 무능한 의식에 빠지지는 않았는지 물을 수 있다. 그리고 이 과정에서 나의 부도덕함에 대하여, 합리성으로 가장한 나의 자발성에 따라 자유를 실천하는 일이 얼마나 허무맹랑한지를 두고 수치심을 겪을 수 있다. 요컨대, 나는 타인을 헤아렸을 뿐, 타인에 대해 그 어떤 도덕적 책임감도 나타내지 못했다는 사실만 남는다. 이런 나는 정녕 진리와 정의의 인간인가?

단순한 예시이지만, 레비나스가 거론한 자유에 대한 수치심은 바로 이렇게 나의 자유가 도덕적으로 무능하다는 사실이 폭로된 데서 비롯한 실존의 상태를 지적한 것일 수 있다. 비스커는 레비나스의 철학에서 이런 도덕적 수치심이 지니는 중요성에 대해 다음과 같이 말한다. "타자는 바로 나의 존재를 문제 삼는다. 태양 아래 나의 자리

는 갑작스레 수치스러워 해야 할 [다른 이의 것을] 찬탈함으로 나타
난다. 나는 바로 이 때문에 수치심을 느낀다. 그리고 바로 이러한 수
치심이 레비나스 윤리학의 나머지 부분이 의존하는 현상학적 모퉁
잇돌을 형성한다."[12] 물론 우리는 반드시 수치심에 빠지는 것이 아니
라 "자신을 정당화하기 위해 다른 길을 택할 수 있다. 즉 전체성 안에
서 자신을 포착하려 할 수 있다"(59/119). 이때 전체성은 어떤 자연
의 원리일 수도 있고, 체계를 정당화하는 신일 수도 있다. 철학적으
로 이 신은 헤겔이 말하는 절대자의 이념과 같은 고상한 것일 수도
있으나 범속하게 보면 그저 통속적인 자본주의의 원리나 경구일 수
도 있다. 즉 이때 나의 판단은 그저 나의 이기심이 아니라 다른 교묘
하면서도 거대한 논리에 기대어 타자의 궁핍함이나 배고픔이 아닌
나의 욕구나 욕망, 궁극적으로는 나의 자유를 정당화하는 시도이다.
다음과 같은 범속한 자기-정당화를 생각해 보자. '남을 돕건 말건 그
건 나의 의지요 자유로운 선택이지요!'

레비나스는 서양 철학 전통에서 이런 범속한 자유의 정당화가
실은 자기 자신이 타자와 직접적으로 마주하는 가운데 내리게 되는
판단이 아니라, 동일자의 힘을 정당화하는 "보편적 질서 안의 비인
격적 관계"(60/119)에서 비롯한다고 평한다. 통상 서양 철학에서 말
하는 나의 자유는 오롯이 나의 비밀성과 내면성에서 비롯하는 것이
아니다. 그것은 어떤 중립자의 매개를 거친 자유이다. 이때 자유는

---

12 Rudi Visker, "De onteigening: hoe te zwijgen na Levinas," *Tijdschrift voor Filosofie* 57:4(1995),
    652. 대괄호는 필자 첨가.

일견 이데올로기적이기까지 한 또 다른 전체성의 지배를 받는 자유이지 기실 나의 온전한 내면의 자유가 아니다.

자유주의의 문제

여기서 레비나스의 논의는 단지 이론적 자유만이 아니라 정치적 자유의 이념에 대한 비판적 통찰을 제시할 수 있다. 자유지상주의(Libertarianism)를 생각해 보자. 이런 사유의 노선에 선 사람들은 "정부가 폭력과 사취로부터 우리를 보호해야 하지만 그렇지 않은 경우라면" 개인들이 "무제한적 자유시장경제에서 경쟁하도록 내버려 두어야 한다고 주장한다".[13] 이때 자유는 어떤 자유인가? 이것은 개인이 온전히 자신의 자발성을 실현하기를 요구하는 자유인가 아니면 자유시장경제의 경쟁이라는, 소위 중립적 가치 이데올로기에 종속된 의미의 자유인가? 이것을 과연 오롯이 **나의** 자유라고 부를 수 있는가? 혹자는 개인들이 이런 자유지상주의의 자유 개념을 체화하고 이 비전을 전파하는 것이 (비인격적 형태의) 자유를 팽창하는 것이라고 주장하기까지 하는데, 레비나스의 입장에서는 이런 것이야말로 "중립자(Neutre) 안에서 자유가 소멸되는 것"(60/120)이다.

이런 극단적 자유지상주의만이 문제가 되는 것은 아니다. 존 스

---

13 Terence Ball, Richard Dagger, and Daniel I. O'Neill, *Political Ideologies and the Democratic Ideal*, 11th edition(New York, NY: Routledge, 2019), 92; 국역본: 『현대 정치사상의 파노라마: 민주주의의 이상과 정치 이념』, 정승현·강정인·김수자·문지영·오향미·홍태영 옮김(서울: 아카넷, 2019), 158. 인용한 저작의 한국어판 번역본은 원서 9판을 번역한 것이다.

튜어트 밀의 정치적 자유주의를 보자.『자유론』에서 다루어지는 자유는 기실 개인의 자유를 말하는 것처럼 보이지만 그것은 어디까지나 "사회가 개인에 대하여 정당하게 행사할 수 있는 공권력의 성질과 한계에 관한 것이다".[14] 물론 자유에 대한 이런 논의는 현대 민주주의 사회에서 매우 중요하다. 하지만 이러한 자유 개념이 자유의 전부라고 말할 수 있을까? 밀이 말하는 개인은 자유지상주의와 마찬가지로 어떤 정치적 체제 안에서의 추상적 개인이다. 그것은 실존하는 나가 아니므로, 이 나에게 타인과의 관계에서의 책임이나 타인과의 직접적 관계에서 비롯하는 윤리와 자유의 어떤 관계를 적극적으로 물을 수는 없는 노릇이다. 이 자유는 언제나 중립적인 사회적 관계망 안에서 개인의 자유에 대한 정치적 권리를 묻는 문제로 귀결된다. 그리고 타인과의 관계에서는, 그 유명한 '위해의 원리'(Harm Principle)에서 천명하듯, 타인의 권리를 침해하지 않는 한 개인의 자유를 최대한 허용하는 것이 올바른 관계의 기초가 된다.[15] 이런 입장에서는 자유를 최대한 허용하는 것이 사회 진보를 위해 유익하다는 "효용성에 호소함으로써" 그리고 "진보하는 존재인 인간의 영원한 이익"을 따

---

14 John Stuart Mill, *On Liberty,* in *The Collected Works of John Stuart Mill,* vol. 18, ed. J. M. Robson (Buffalo, NY and Toronto, ON: University of Toronto Press, 1977), 217; 국역본:『자유론』, 김형철 옮김(파주: 서광사, 1992), 17.

15 한 예로 밀은 이렇게 말한다. "비록 우리의 행위가 그들의 눈에 바보스럽거나, 기이하거나, 잘못된 것으로 보일지라도, 우리가 하는 행동이 동료들에게 해를 끼치지 않는 한에서는, 그들로부터 방해받지 아니하면서, 우리 자신의 개성에 적합한 삶의 계획을 설계하고, 초래될 결과를 감수한다는 조건에서 우리가 좋아하는 것을 행할 수 있는 자유를 요구한다." Mill, *On Liberty,* 226; 국역본:『자유론』, 33-34.

라 자유의 원리를 옹호할 뿐이다.[16] 물론 밀은 위해의 원리에 입각해서 나의 자유만큼이나 타인의 자유를 소중하게 보존하고자 하지만, 여전히 개인의 자유에 따른 소유권을 정당화하는 자유를 우선시한다. 아마도 이런 식의 나의 권리는 결정적인 차원 — 경제적 이익이나 자기 소유의 보존 — 에서 타인의 인권이나 권리보다 우선할 것이다. 그렇지 않으면, 나와 타자는 각기 개인으로 병렬되는 동등한 존재로서 각자의 권리를 주장하게 된다. 이에 타자와의 관계에서 나의 자유는 그저 타자의 권리를 해치지 않으면 괜찮다는 소박하고 소극적인 논리로 정당화될 뿐이며, 타인에 대한 책임과 헌신이 들어설 자리는 만들지 않는다. 이는 때때로 자기중심적인 효용성을 따라 타자의 이익을 침해하는 방식으로 전개될지도 모른다. 넬슨의 말처럼, "밀(Mill)이 『자유론』에서 타인에게 해를 끼치는 무조건적 자유를 제한하기 위해 '위해의 원리'를 도입한 것에서 알 수 있듯이, 소극적 자유는 타인에 대한 무관심과 무책임을 합리화하는 기능을 할 뿐만 아니라 적극적 부정의를 정당화하는 근거로도 작용할 수 있다".[17] 자유와 권리가 나와 타자에게 나란히 놓일 때, 과연 타자의 자유와 권리가 나의 그것보다 우선시될 수 있을까? 이에 비해 레비나스는 자유를 정치적 가치 개념으로만 그치게 두지 않고, 타자와의 관계에서 새로이 갱신하는 길을 가려 한다.

---

16 Ball, Dagger, and O'Neill, *Political Ideologies and the Democratic Ideal*, 81; 국역본: 『현대 정치사상의 파노라마: 민주주의의 이상과 정치 이념』, 142.

17 Eric S. Nelson, *Levinas, Adorno, and the Ethics of the Material Other* (Albany, NY: State University of New York Press, 2020), 289.

수치심을 느끼는 자유와 인간 자체를 문제 삼는 정의

이제 레비나스의 자유와 정의에 대한 물음에 더 깊이 들어가 보자. 레비나스에게 자유는 타인에 의해 의문시될 수 있는 자유, 조금 더 앞서가자면 타인에 대한 책임을 다하지 못했으므로 수치심을 갖게 됨으로써 문제시되는 자유이다. 이것은 타인에 의해 나의 자유가 제한되는 여지를 준다. 레비나스는 타인이 나의 자유를 박탈한다거나 나의 자유를 침해한다는 생각에 도전하며, 오히려 타인이 나에게 특별한 자유를 부여한다고 주장한다. 곧 "타인(Autrui)의 현전 — 특권적 타율성 — 은 자유와 충돌하지 않고 오히려 자유를 서임한다". 심지어 "자기에 대한 수치심"이 "앎의 부정"으로 생각될 필요가 없다. 앎은 타율적으로 서임된 자유 안에서 갱신되고, 이런 새로운 자유와 더불어 이성이 정의와 연결되기에 이른다. 이런 점에서 "앎은 이러한 것들의 명료화 그 자체이다. 이성의 본질은 인간에게 근거 지음과 권력을 보장하는 데 있는 것이 아니라, **인간을 문제 삼고 정의로 초대하는 데 있다**"(60-61/120).[18]

이것이 바로 레비나스가 의도하는 정의의 기초이다. 인간의 자유는 자유로운 주체의 타자에 대한 인식과 판단, 타자에 의해 아무런 방해도 받지 않음을 의미하는 것이 아니라 타인에 대해 자기 존재를 의문시할 수 있는 자유까지 포괄해야 한다. 이렇게 나의 자유를 의문시할 때 정의가 시작되며, 자유의 의미도 갱신된다. 즉 **나는 나의 무분별한 자유를 수치스러워하고, 타인으로 인해 서임된 자유로 이행한**

---

18 강조는 필자.

다. 따라서 정의는 단순히 공정한 분배의 규칙이나 국가와 사회, 그리고 그 안에서 개인의 지위를 규정하는 것만으로는 완전히 성취될 수 없다. 레비나스를 따르자면, 정의는 정의로운 분배 원리를 세우는 것에 앞서 내가 정의로운 자가 될 수 있는지를 묻고, 개인들의 자유를 이념화된 자유가 아닌 타인 앞에서 문제시되는 자유의 의미로 재고하는 과정을 거쳐야 한다. 이를 통해 주체의 삶을 쇄신하는 윤리적으로 정당화된 자유가 생겨나고, 바로 이러한 자유를 성취한 자로부터 비로소 정의가 일어난다.

바로 이런 관점에서 레비나스는 서양 철학에서 우선시되었던 진리에 대한 이해도 갱신하기에 이른다. 즉 이제부터 정의가 진리 이후에 도래하는 것이 아니고 **"진리는 정의를 전제한다"**(62/123). 어떻게 이런 말이 가능한가? 앞서 본 것처럼, 타인이 내게 다가옴으로써 나는 타인을 대상처럼 헤아리는 것이 아니라 자신의 자유를 문제 삼는 데로 나아가게 된다. 그렇게 해서 정의로의 이행이 가능하게 되는데, 레비나스는 이 과정에서 앎의 행위가 아예 배제되어 진리에 대한 물음이 완벽히 삭제된다고 주장하지는 않는다. 오히려 진리에 대한 물음이 새로운 방식으로 갱신된다. 어떻게 이런 일이 가능한가? 타인으로 인해 나의 도덕적 의식이 문제시되고, 이렇게 새로이 일깨워진 의식이 진리를 새로운 방식으로 깨닫기에 이른다. 이제 진리는 실재에 대한 인식이나 참된 판단, 소위 '사물과 지성의 일치'(adaequatio rei et intellectus) 같은 정의에 부합하는 관념이 아니다.[19] 오히려 "의미

---

19 이것은 후설도 현상학적 변형 아래 계승하는 서양 철학의 기초적인 진리관이다. 한 예로

화 또는 이해 가능성은 자기에 머무는 동일자(Même)의 동일성에서 유래하는 것이 아니라 동일자(Même)에 호소하는 타자(Autre)의 얼굴에서 유래한다. (…) 따라서 의미화는 세계를 말하거나 세계를 이해하는 타자(Autre)에게 속한다. 타자(Autre)의 언어와 지성이 세계를 주제화하는 것이다"(69-70/135).

사실 이 논증에는 레비나스의 독특한 데카르트 해석이 저변에 깔려 있다. 그는 이 맥락에서 데카르트의 저작을 꼼꼼하게 인용하지는 않지만, 데카르트가 방법적 회의를 통해 코기토를 발견하고 신에게 의지하는 논증을 마치 한 편의 이야기를 재구성하듯 새로이 펼쳐 보여 준다. 여기서 레비나스는 미리 하나의 내면적 주체성을 전제한다. 이는 기게스의 반지를 낀 채 자신은 완전히 감춘 채로 자유롭게 자기만의 삶을 누리는 주체의 삶을 뜻한다. "이 존재는 내면성의 차원에서 비롯하는 존재이고, 기게스의 운명에 적합한 존재이다. 기게스는 그를 보지 못하면서 그를 응시하는 자들을 보며, 자신은 정작

13세기 프랑스의 신학자이자 철학자인 페트루스 드 상크로 아모레의 저술에 다음과 같은 언급이 있다. "이 구절에 대해 주목해야 할 점은 보에티우스가 두 종류의 진리가 있다고 말한다는 것이다. 한 종류는 이해에 있어서 사물과 지성의 일치이다. '이해에 있어서'라고 말하는 이유는, 만일 지성이 사물을 이해하지 못한다면 그것을 인식하거나 그것과 일치할 수 없기 때문이다. 반대로, 거짓은 사물과 지성 간의 불일치이다"(Secundo notandum quod supra istum passum dicit Boethius quod duplex est veritas. Quaedam est quae est adaequatio rei et intellectus cognitione. Et dico 'cum cognitione,' quia si intellectus non cognoscaret rem, non posset apprehendere neque adaequari rei. Et per oppositum, falsitas est inadaequatione rei et intellectus). Petrus de Sancto Amore, *Sententia supra librum Praedicamentorum*, ms.(Paris: Bibliothèque Nationale de France, 1374), 15va. 이 구절은 다음 문헌에서 재인용한 것이다. Robert Andrews, "Interconnected Literal Commentaries on the Categories in the Middle Ages," in *Medieval Commentaries on Aristotle's* Categories, ed. Lloyd A. Newton(Leiden: Brill, 2008), 108.

보이지 않음을 안다"(62/123).

이러한 기게스의 삶을 레비나스는 데카르트의 사유하는 나에 상응시킨다. 생각하는 나는 곧장 얻어지는 것이 아니라 수학적 앎을 포함한 무엇인가를 생각함으로써 얻어진다. $1+1=2$와 같은 수학적 앎은 명증적으로 보이며, 이러한 앎은 아무런 방해도 받지 않은 채로 오직 내 안에서 일어나는 일이므로 순수하게 사유되는 어떤 것처럼 보인다. 하지만 데카르트가 소환한 악신은 이런 앎에 대한 사유마저 애매모호하게 만든다. 과연 이것은 참된 앎에 이르는 사유인가, 아닌가? "여기에서 데카르트에게 일어났던 개인적 모험이 아닌, 보편적 의심 가능성이 생겨난다. 이 가능성은 감각적 경험 속에서 또는 수학적 명증 속에서 생산되는 것과 같은 **환영**(*apparition*)을 이룬다"(63/124). 실제로 데카르트는 자신의 방법적 회의에서 수학적 명증성마저도 기만할 가능성을 내비친 바 있다.[20] 이렇게 되면 내가 바라보는 현상은, 현상 그 자체가 아니라 악신이 나를 기만할 가능성을 의심하는 사유작용 속에서 일종의 혼돈에 처한다. 즉 의심은 현상을 그 자체로 보지 못하게 만든다. "의심은 언제나 다시금 새로워지는 이런 애매함에서 기인하며, 그것은 현상의 환영 자체를 구성한

---

20 "게다가 심지어, 내가 다른 이들이 자신은 극히 완전히 안다고 여기는 것에서 가끔 오류를 범한다고 판단하는 것과 마찬가지로, 내가 둘과 셋을 더할 때마다, 혹은 사각형의 변을 셀 때마다, 혹은 더 쉬운 다른 어떤 것을 꾸며낼 수 있다면, 그것을 할 때마다, 내가 속게끔 만들지 않았다는 것을 나는 어디에서 아는가? 그렇지만 아마도 신은 내가 그렇게 기만당하는 것을 원치 않았을 것이다. 그는 최고로 선하다고 말해지니 말이다. 그러나 내가 항상 속게끔 나를 창조한 것이 신의 선성과 상충한다면, 내가 가끔 속는 것을 허용하는 것 또한 그 선성에 걸맞지 않은 것으로 보인다." Descartes, *Meditationes de prima philosophia, AT VII*, 21; 국역본: 『제일철학에 관한 성찰』, 40

다. (…) 그 의심은 나타나는 것의 진술함과 관련한다. 침묵하는 불분명한 이와 같은 환영 속에서 거짓이 말해진다는 듯이, 오류의 위험이 속임수로부터 비롯된다는 듯이"(63-64/125) 말이다.

이처럼 내면의 자아는 오류의 가능성 속에 처하게 된다는 점에서, 현상과 환영 사이에서 자기 존재와 사유의 확실성을 담보하지 못하고 일종의 혼돈에 처한다. 레비나스는 이를 부정과 긍정의 반복 사이에서 일어나는 혼돈, 심지어 **그저 있음**(*il y a*)의 혼미함으로 해석한다. "사실 코기토에서, 자신의 명증성을 부정하는 생각하는 주체는 비록 그 주체가 부정을 시행했던 것과는 다른 차원에서이기는 하지만, 결국 이 부정의 작업의 명증성에 이른다. (…) 이것은 우리가 다른 곳에서 긍정과 부정 너머의 **그저 있음**이라고 칭했던, 훨씬 더 깊은 심연을 향한 하강 운동이다"(65-66/128). 여기서 "부정의 작업의 명증성"이란 의심하는 주체의 사유 내용이 설사 참인지 의심스럽다고 해도, 내가 그런 의심하는 사유를 시행하고 있음은 확실함을 가리키는 데카르트의 명증적 자기-확인을 일컫는다. 하지만 레비나스는 이 사유가 여전히 온전할 수 없다고 믿는다. 데카르트는 분명 형이상학적 확실성 속에서 주체의 자리를 발견하고자 하지만, 이렇게 생각한다는 사실 자체가 명증적이라고 해도, 여전히 코기토의 자아가 오류 가능성을 오롯이 극복한 것은 아니므로, 그것은 여전히 일종의 심연에 빠져 있다는 것이다. 기게스의 반지를 낀 나는 의심을 몰아내지 못하면 여전히 그저 있음 가운데 있을 뿐이다. 데니스 킹 키넌의 지적대로, "이도 저도 아닌, **그저 있음**(*il y a*)이 있을 뿐인 이 모호한 틈새 공간에서, 이 항에 실체를 고정시킬 수 없어, 나 자체가 탈인격화

 1부 프롤로그와 발단

되고 만다".[21] 『존재에서 존재자로』의 한 대목을 보면, 이 사태가 확연하게 이해된다. "우리가 자아라고 부르는 것은 그 자체로 밤 속에 휩쓸려 버리며, 밤에 의해 침범당하고, 비인격화되고 질식되어 버린다. 모든 사물이 사라지고 자아가 사라진 뒤에도 사라질 수 없는 것이 남는다. 원하건 원하지 않건 간에, 주도권을 가지지 못한 채로 익명적으로 **누군가**(*on*)가 참여하는 순전한 존재의 사실 자체가 남는다."[22]

레비나스는 이런 혼돈의 그저 있음이 중단되지 않으면 나의 존재가 정립될 수 없을 것이라고 본다. 그리고 이 **그저 있음**의 심연을 중단시키는 사건은 적어도 데카르트에게서는 나 아닌, 타자에게서 비롯한다고 해석한다. 즉 부정과 의심의 혼돈은 선한 신의 도래와 더

---

21 Dennis King Keenan, *Death and Responsibility: The 'Work' of Levinas* (Albany, NY: State University of New York Press, 1999), 16.

22 Levinas, *De l'existence à l'existant*, 95; 국역본: 『존재에서 존재자로』, 94. 데카르트에게 과연 이런 혼돈의 상황이 상정되고 있는 것인가? 레비나스의 입장에서 해석하자면, 『성찰』의 다음과 같은 구절은 정신의 온전함이 마냥 일관되게 유지되지 않을 수 있음을 데카르트도 염두에 둔 것처럼 보인다. "… 또 이 기만자가 아무리 유능하고 교활하다고 해도 나에게 아무것도 강요할 수 없도록 굳건한 정신으로 경계할 것이다. 그러나 이것은 고된 기획이며, 나태함은 나를 일상적인 삶의 습관으로 돌려 놓는다. 그리고 꿈속에서 상상의 자유를 즐기던 수감자가 자고 있는 건 아닐까 하는 의혹이 나중에 들기 시작할 때, 깨는 것이 두려워 매혹적인 환상들과 함께 서서히 눈을 감는 것과 다르지 않게, 나는 저절로 오래된 의견들 속으로 다시 빠져들고 눈뜨는 것을 두려워한다. 평온한 안식 뒤에 고된 생시가 이어지고, 앞으로는 어떤 빛 속이 아니라, 이미 제기된 헤어날 수 없는 난제들의 어둠 속에서 지내야 하는 것은 아닐까 하면서." Descartes, *Meditationes de prima philosophia, AT VII*, 23; 국역본: 『제일철학에 관한 성찰』, 42-43. 카리에로도 이 구절을 해석하며 데카르트의 형이상학적 상황이 적어도 아직은 분명치 않은 혼돈 속에 있음을 지적한다. "… 여기 첫 번째 성찰에서는 상황이 어떻게 전개될지 명확하지 않다. (…) 우리는 우리의 기초적인 형이상학적 상황을 이해하기 어렵게 만드는 어둠 속에서 일하고 있으며, 그 어둠을 더 깊이 들여다보려고 할수록 세계와 우리 자신을 하나로 묶는 것이 무엇인지 명확하게 보지 못하며, 자세히 살펴보면 양자가 다 조각조각 와해되어 있는 것처럼 보인다." John Carriero, *Between Two Worlds: A Reading of Descartes's Meditations* (Princeton, NJ: Princeton University Press, 2009), 64.

불어 안심과 안정으로 바뀌고, 나의 존재의 명사화·실체화가 명확하게 보증된다는 것이다.

의심을 따라 나타나는 부정성 속의 자아는 참여(participation)와 단절하지만, **코기토** 속에서 **혼자 힘으로 멈춤을 발견하는 것은 아니다.** 예(*oui*)라고 말할 수 있는 것은 내가 아니라 타자이다. 타자로부터 긍정이 도래한다. 타자가 경험의 시초이다. 데카르트는 확실성을 추구하지만, 이 현기증 나는 하강의 첫 번째 단계의 변화에서 멈추어 선다. 사실 그는 무한의 관념을 가지며, 부정 뒤에 긍정이 돌아오리라고 미리 헤아릴 수 있다. 그런데 무한의 관념을 가진다는 것, 이것은 이미 타인을 맞아들였음을 뜻한다. (66/129, 강조는 필자)

이제 이렇게 도래한 타자, 나의 존재의 확실성을 보증해 주는 타자는 그저 내 존재만 보증하는 것이 아니라 나에게 어떤 제안을 한다. 이 점에서 레비나스의 타자는 데카르트의 타자보다 적극적인데, 그 타자는 나와 마주하면서 "세계를 제안하면서, 세계를 **주제화하면서** 자신을 현시한다"(69/134). 타인을 마주하기 전의 이 세계는 "비-기원적이어서 원리도 시작도 없을 것이다"(63/124).[23] 마치 데카르

---

23 『전체성과 무한』에서 "비-기원적" 또는 "무-시원적"이라는 말은 아무런 원리 없이, 원리와 시작을 기다리는 상태의 세계를 일컫는 말로 사용된다. 하지만 이 비-기원적을 일컫는 an-archique라는 말은 1961년 이후 다양한 의미로 쓰인다. 한 예로, 그것은 자발성으로서의 주체성, 다른 존재하는 것들의 의미를 부여하는 진원지이자 시발점 역할을 하는 의미부여적 주체성을 고발하고 문제시하는 말로 사용된다. 또한 그것은 타자의 말함, 타자에게서 비롯한 책임, 내가 나이기 이전에 이미 부과된 타자의 무한함이나 흔적으로서의 타자, 나의 지

트가 무한으로서의 신에게 의지하기 전에는 코기토로서의 자아가 정립되었다고 하더라도 세계와 나에 대한 완전한 확실성에 이르지 못하는 것처럼, 레비나스에게도 세계는 타인의 긍정 없이는 비-기원적인 것으로만 남아 있을 뿐이다. 그는 이를 다른 말로 "침묵의 세계"(63/124)로도 표현하는데, 이는 말을 통해 세계를 지시체로 삼을 수 없는 상태를 뜻한다. 타인과의 대화 속에서 나와 세계는 비로소 침묵과 혼돈의 상태를 벗어난다.

그런데 한 가지 더 규명되어야 할 것이 있는데, 앞서 우리는 레비나스가 주제화를 부정적인 의미에서 언급한 것을 보았다. 그래서 그가 주제화란 말을 긍정적으로 사용하는 것이 어색해 보인다. 하지만 이 맥락에서 주제화는 전혀 다른 의미인데, 이것은 내가 타자를 주제화하는 것이 아니라 타자가 나와의 대화 속에서 침묵을 깨뜨리고 세계를 주제화하는 것을 뜻한다. 나와 마주한 타자는 나를 윤리적 대화에 응답해야만 하는 자로 개별화해 낸다.[24] 또한 세계 역시 내가 사용하거나 향유하는 주위세계나 환경이 아니라 주체와 타자가 윤리적 대화를 나누는 장과 터전이 된다. 나중에 레비나스가 집의 의미를 현상학적으로 기술하는 데서 확인하겠지만, 나의 집은 세계의 먹

배를 받지 않으면서 나에게 트라우마를 일으키는 타자의 타자성을 일컫는 말로도 사용된다. 이런 용법은 『존재와 달리』 전반에서 두드러진다. 이를 잘 짚은 연구로 다음 글을 참조하라. Francis Guibal, "Commandement, anarchie, ambiguïté: La pratique philosophique de l'excès chez E. Levinas," *Archives de Philosophie* 69(avril 2006), 533–566.

24 『윤리와 무한』에 개별화의 원리에 대한 조금 더 진전된 형태의 이야기가 나온다. "이 책임은 그것이 윤리적으로 도래할 때 양도할 수 없는 책임일 터이고, 우리는 이 책임으로부터 달아날 수 없을 것이며, 따라서 이 책임은 절대적 개별화의 원리일 것입니다." Levinas, *Éthique et infini*, 86; 국역본: 『윤리와 무한』, 90.

을거리를 보관하고, 나를 회복시키고 소생시키는 나의 향유의 공간, 내일을 대비하는 공간이다. 그런데 그 집은 문을 두드리는 타자의 부름에 응답하는 순간, 환대의 공간으로 재규정된다. 이것이 바로 타자로부터 제안되는 주제화다. 말하자면, "의미는 (…) 타자가 제안하거나 타자로부터 받아들인 주제들을 통해 타자를 맞이하는 동일자(Même)에 대해, 타자(Autre)가 지니는 절대적인 과잉 안에 있다. 이때 타자(Autre)는 그렇게 주어진 기호들에서 떨어져 있지 않다. 따라서 의미작용은 세계를 말하거나 세계를 이해하는 타자(Autre)에게 속한다. 타자(Autre)의 언어와 이해가 세계를 주제화하는 것이다. 의미작용은 말(verbe)에서 출발하는데, 여기서 세계는 주제화되고 동시에 해석된다"(70/135).

이렇게 레비나스는 타자의 제안으로서의 주제화에서 새로운 의미작용이 일어난다고 주장하면서, 이것이 말에서 비롯한다고 주장한다. 그는 가르침으로서의 대화, 타자가 나에게 건네는 윤리적 가르침의 말에 관한 자신의 주장을 다시 소환한다. 이 윤리적 가르침은 어떻게 이루어지는가? 당연히 이는 대화를 통해서 이루어진다. 타인은 나의 시선에 그저 자기 얼굴을 보여 주는 데 그치지 않는다. 타인은 내게 말을 걸고 나의 자유를 문제시함으로써 나의 도덕적 의식을 일깨우고, 이런 식으로 나는 새로운 깨우침을 얻는다. 이때 진리에 대한 앎은 그 지위가 완전히 바뀐다. 앎은 대상의 파악작용이 아니라 타인이 스승의 지위에서 말을 건네고, 나는 그 말을 듣는 제자 또는 학생의 처지에서 깨달음을 얻음으로써 생기는 진리이다. 이런 식의 대화를 통한 진리 이해, 정의를 요구하는 타인의 부름이라는 가르침

　　　　　　　　　　　　　1부 프롤로그와 발단

에서 오는 진리의 성취를 레비나스는 다음과 같이 설명한다.

> 관념들의 '소통', 즉 대화의 상호성은 이미 언어의 심오한 본질을 가리고 있다. 이 본질은 나(Moi)와 타자(Autre) 간 관계의 비가역성 속에, 타자(Autre)이자 외재적인 것이라는 그 위상에 합치하는 스승의 스승됨(Maîtrise du Maître) 속에 있다. 사실 언어는 대화 상대자가 그의 대화의 시작일 때만, 결과적으로 그가 체계 저편에 머무를 때만, 그가 나와 **동일한 평면 위에** 있지 않을 때만 말해질 수 있다. 대화 상대자는 너가 아니라 당신이다. 그는 자기의 위엄 속에서 스스로를 계시한다. 따라서 외재성은 스승됨과 일치한다. 그러므로 나의 자유는 그 자유를 서임할 수 있는 스승에 의해 문제시된다. 그리하여 진리가, 자유의 주권적 행사가 가능해진다. (75/143)

나보다 더 높은 타자가 나에게 자신을 계시함으로써, 곧 내 안에 담을 수 없는 무한으로서의 타자가 나에게 자신을 계시함으로써, 나는 초과의 사태를 겪는다. 이 계시는 나의 파악작용을 넘어서는 도덕적 가르침으로 나를 새롭게 한다. 이때 비로소 나의 자유의 자발성이 의문시되고, 나의 도덕적 의식이 일깨워지는 새로운 진리의 체험, 곧 정의에 대한 요구를 통해 각성된 진리가 일어나게 된다. 결론적으로, "도덕적 의식과 욕망은 의식의 양상들이 아니라 의식의 조건이다. 구체적으로 말해서 도덕적 의식과 욕망은 타인(Autrui)을 타인의 판단[심판](Jugement)을 통해 맞아들이는 것이다"(74/142).[25] 타인의 현현에서 판단하는 자는 내가 아니라 타인이다. 나에게 현현한 타인은 스승의 지위에서 내게 묻는다. 타인의 요구를 외면하는 지금의 삶이 부끄럽지 않은지, 그런 지금의 자신이 정녕 정의로운지를 묻는 것이다. 결국 나는 타인에게 어떤 판단, 또는 더 정확하게는 심판받기에 이른다. 이 장에서 나오지는 않지만 추후 레비나스는 이 판단, 또는 심판을 다음과 같이 구체화한다. "그런데 이 비가시적 침해는 타인의 얼굴 속에서 나를 바라보고 나를 고발할 때 심판 그 자체로서 발생한다"(222/370).[26] 나중에 우리는 이 심판을 책임에 대한 요구로서, 타인 앞에 선 나에 대한 심판으로 제시하는 레비나스의 첨예한 논증을 보게 될 것이다. 지금은 이러한 타인의 판단 또는 심판이 나의 문제시되지 않은 자유를 그 자체로 고발하는 도덕적 심판으로 내게 주어짐으로써, 나의 도덕적 의식을 일깨우는 스승의 역할을 한다는 점만 재차 확인해 두자. 그리고 **가르침의 진리가 타인과의 관계에 의한 정의** — "우리는 대화 속에서의 [타인과의] 이 정면의 접근을 정

---

25 대괄호는 필자 첨가. 여기서 Jugement는 판단, 심판, 재판이라는 의미를 모두 담고 있다. 레비나스는 이 의미들을 자유롭게 오가며 자신의 논증을 전개한다. 인식론적 맥락에서는 판단에 가깝지만, 도덕적, 윤리적으로는 심판이라는 의미에 더 가까울 것이다. 『전체성과 무한』의 독자들은 이 말이 나올 때 의미의 다의성을 염두에 두어야 한다.

26 또한 레비나스는 이렇게도 말한다. "낯선 이의, 그리고 과부와 고아의 시선. 내가 이것을 알아볼 수 있는 것은 오직 주거나 거부할 때뿐이다. 나는 주거나 거부하는 데 자유롭지만, 이러한 줌과 거부는 필연적으로 사물들을 매개로 한다"(49/102). 간혹 레비나스가 '무조건적 줌'만을 강조한 것으로 오해되기도 한다. 하지만 레비나스는 타인에게 주거나 거부할 수 있는 가능성을 다 말한다. 중요한 것은 그렇게 선택하는 나의 자유가 문제시되고, 타자 앞에서의 현재 나의 선택이 윤리적 심판대 앞에 오른다는 것이다. 바로 이것이 타인 앞에 선 내게 지금 그리고 여기에서 일어나는 도덕적 심판이다.

의라고 부른다"(43/92, 대괄호는 필자 첨가) —— **를 전제하고 있음을
기억하자.**[27]

마지막으로 지금까지 다룬 '진리와 정의'라는 항목의 강해를 마
무리하기 전에 한 가지 중요한 사안을 다시 확인하자. 그것은 바로
이 진리와 정의에 대한 갱신이 전제하고 있는 바가 앞서 우리가 길게
살펴보았던 무신론적 주체, 자기만의 비밀스러운 내면성을 확보한
주체를 전제로 삼고 있다는 사실이다. 이런 주체에게 자유는 자유지
상주의나 정치적 자유주의에서 말하는 소유권을 가진 합리적 행위
자로서의 주체를 뜻하지 않는다. 심지어 그것은 칸트적 의미에서 의
지의 자유를 기반으로 삼는 도덕적 주체도 아니다. 그것은 역사로부
터도, 이념으로부터도, 실체로서 신이나 자연으로부터도 분리된 자
기의 비밀을 간직한 무신론적 주체이다. 이 단독적 주체가 정립되어
있어야만 타인의 목소리를 듣는 일도, 그 타인 앞에서 심판받는 것도
비로소 가능해진다.

레비나스는 "진리와 정의"를 다루는 이 1부 C에서 기게스의 반
지 이야기를 통해 이 비밀의 주체를 소환한다. 플라톤의 『국가』 2권
에 등장하는, 리디아의 왕 칸다울레스를 섬기는 목동 기게스 말이다.
그는 우연히 한 동굴에서 거인의 시체 손가락에 있던 반지를 빼서 자

---

27 이것은 법적인 심판이나 역사의 단죄가 아니라 수치심과 관련한다. 도덕적으로 비난받을
    만한 짓을 하고서 내게 엄습하는 것은 수치심이다. 이와 관련해서 비스커의 다음과 같은 말
    이 우리의 이해를 돕는다. "왜 당신은 나보다 우선하는가? 이것은 타자의 얼굴이 나에게 던
    지는 단순한 물음이고, 그 밑바탕에 깔린 것은 내가 수치심 가운데 답할 수밖에 없다는 것
    이다. 즉 내가 나 자신을 당연하게 여겼고, 그렇게 함으로써 나 자신을 타자 위에 두었음을
    인정해야 하는 수치심이 바탕에 깔려 있다." Visker, *The Inhuman Condition*, 287.

신의 손가락에 끼우는데, 그 반지의 흠집이 난 곳을 돌리면 그는 투명인간이 된다. 이 기게스처럼, "분리된 존재는 더는" 역사나 세계, 이념에 **참여하지** 않으며, 그러한 한 자기 자신으로부터 자신의 실존을 끌어낸다. 이 존재는 내면성의 차원에서 비롯하는 존재이고, 기게스의 운명에 적합한 존재이다"(62/123). 모아티는 이를 두고, "기게스 같은" 주체야말로 "개별화된 삶의 **비밀** 속으로 은거하면서 세계의 보편적 무대로부터 물러나, 대화에 기초한 **사회적인 것**이라는 또 다른 무대를 준비한다"라고 해석한다.[28] 이렇게 레비나스는 끊임없이 비밀스러운 나, 주체의 내면성을 확보하는 가운데 자신의 논증을 이어 간다. 잊지 말자.『전체성과 무한』의 주요 목적은 "주체성에 대한 변호"(xiv/15)이며, 이러한 변호 아래에서만 무한한 책임을 요구하는 타인의 타자성의 윤리와 사회의 절대적 다원주의의 전모도 드러날 수 있다. 이제 우리는 기게스 같은 주체의 삶이 구체적으로 무엇인지 다룰 시점에 이르렀다. 특히 레비나스는 기게스처럼 비밀의 내면성을 가진 자를 무신론자로 부르고, 그 특성을 분리로 규정하는데, 이 분리를 또한 삶으로 나타내려고 한다. 지금까지 분리를 다소 개념적 차원에서 나타냈지만, 실은 그것은 삶으로 이해되어야 하며, 이것이 자연스럽게 2부의 주요 내용이 될 것이다.

여기까지가 『전체성과 무한』이라는 나의 드라마의 프롤로그와 발단에 해당한다. 1부 A가 프롤로그였다면, 1부 B와 C는 나의 드라마에서 '나'의 존재 성격을 알려 주는 분리와 무신론 개념이 제시되

---

28 Moati, *Événements Nocturnes*, 86.

　　　　　　　　　　　　　　　　　1부 프롤로그와 발단

어 있다는 점에서 발단에 해당한다. 1부 D "분리와 절대"도 발단에 해당한다고 볼 수 있지만, 이는 2부 A와 자연스럽게 연결되는 내용으로 이루어져 있기 때문에, 나는 1부 D를 내용의 구축상 전개 부분에 포함시켰다. 프롤로그와 발단에서는 나의 드라마의 주인공인 나의 삶이 무엇인지, 그 삶의 특색이 어떠한지가 구체적으로 그려지지 않았다. 하지만 전체 이야기를 이해하는 데 너무나도 중요한 주요 기획들, 곧 레비나스가 의도하는 형이상학적 기획과 윤리적 초월의 의미, 분리, 대화, 진리, 정의 등 앞으로 전개될 이야기에 구체적으로 나타날 개념들이 예비적으로 그려졌다. 또한 '나'의 근본 성격을 이루는 분리와 무신론이 제시됨으로써 '나의 드라마'에서의 '나'가 비밀스러운 내면성을 갖춘 존재라는 점도 드러났다. 이제 이 기나긴 발단과 프롤로그를 뒤로 하고 본격적으로 전개되는 나의 드라마의 전개 자체로 들어가 보자. 지나치게 긴 프롤로그와 발단 덕분에, 피로감이 들기는 한다. 하지만 이를 견디어야 레비나스가 펼치는 이야기의 **사태 한가운데로**(*in medias res*) 들어갈 수 있기에 지금까지의 논의는 필수적인 것이었다는 사실을 위안으로 삼자.

2부 전개
: 행복한 삶을 향유하는 나

6강. 1부 D

"분리와 절대" 및 2부 A "삶으로서의 분리" 읽기

『전체성과 무한』 1부 D "분리와 절대" 부분은 1부의 핵심 가운데 하나인 동일자로서의 주체 정립을 다시금 확언하는 내용으로 이루어져 있다. 그러므로 독자들은 이 대목을 읽으면서 레비나스가 1부에서 전개한 나의 드라마의 발단 부분 내용을 정리할 수 있다. 본 해설도 1부 전체에서 전개된 레비나스의 주장을 독자들이 잘 정돈해서 이해할 수 있도록 돕는 데 우선 초점을 맞춘다. 아울러 이 대목에서 잊지 말아야 할 것은 우리가 레비나스의 『전체성과 무한』을 '나의 드라마' — 결론에서 절대적 다원주의를 전망하게 되는 이야기 — 로 읽고자 할 때 2부가 이야기의 전개에 해당한다는 점이다. 이런 점에서 1부가 이야기의 발단이고, 2부 A부터 비로소 이야기의 본격적 전개가 이루어진다고 해야겠지만, 서로 자연스럽게 연결되는 내용이 펼쳐진다는 점에서 1부 D와 2부 A를 함께 살펴보는 가운데 드라마의 전개에 진입해도 큰 무리는 없을 것이다.

절대와 타자성

앞서 계속 논의된 "동일자(Même)와 타자(Autre)는 관계 속에서 스스로를 유지하는 동시에, 그 관계로부터 스스로를 **방면하여**(s'*absolvent*) 절대적으로(absolument) 분리된 채로 머문다"(75/144). 동일자로서의 나와 타인으로서의 타자는 분명 어떤 관계, 더 정확히는 앞서도 언급했고 이후 레비나스가 더 자세히 상술할 윤리적인 형이상학적 관계를 맺지만, 그 관계는 절대적 분리를 전제로 한다. 여기서 레비나스는 사면, 방면, 석방을 뜻하는 라틴어 *absolutio*를 어원으로 삼는 프랑스어 absoudre(방면하다)와 absolument(절대적으로)라는 말을 연이어 쓴다.[1] 감옥에서 풀려난다는 것, 죄를 사해 준다는 것, 더 정확히 무죄 방면을 받았다는 것은 내가 감옥이나 죄로부터 완벽히 분리되어 자유로워졌다는 말이다. 그러므로 분리된 자인 나는 절대적으로 자유로운, 그 누구에게도 종속되지 않은 무신론자인 주체이며, 레비나스는 이런 식으로 독립된 내가 나와 절대적으로 다른 타자와 관계를 맺는 것이 참된 형이상학적 관계라고 믿는다.

레비나스에 의하면, 이러한 '절대'라는 의미에 결부된 타자, 곧 절대적 타자성이 서양 철학의 전통에서 전적으로 새로운 논의인 것은 아니다. 한편으로 서양 철학에는 신플라톤주의의 일자와 일자로부터 발출된 것에 대한 설명에서 보듯이, 일자의 타자인 존재들이 일자로부터 흘러나와 일자와 모종의 관계를 유지하다가 어떤 계기를 통해 원래 일자로 회귀하는 형태의 운동으로 묘사하는 형이상학

---

1   앞선 인용문에 쓰인 *absolvent*은 absoudre 동사의 3인칭 복수 현재형이다.

    2부 전개: 행복한 삶을 향유하는 나

의 전통이 있다. 하지만 다른 한편으로 "그리스 형이상학은 선(Bien)을 본질의 전체성으로부터 분리된 것으로 생각했다"(76/145). 이를테면 플라톤은 선 또는 좋음을 본질 또는 "존재 저편"에 있는 것으로 상정함으로써 ─ 동일자와 타자의 구체적 관계를 그려 내지는 못했지만 ─ "전체성 저편을 받아들일 수 있는 어떤 구조를 예감했다"(76/145). 또한 레비나스는 위-디오니시오스 역시 존재 아닌, 존재와 다른 비-존재를 초월적인 것으로 상정하는 독특한 사유를 보여 주었다고 예시한다. 즉 "초존재론적 개념들은 위-디오니시우스의 탁월함의 길 교설에서도 발견되는데, 여기서 신적인 것은 존재를 넘어서는 과잉을 지닌다".[2] 이런 식의 존재 저편의 좋음이나 선은 존재하는 것으로부터의 절대적 분리를 상정하고 있으며, 레비나스는 이런 철학사적 예시를 기반으로 삼아 절대적 차이와 거리 속에 있는 동일자와 타자의 관계를 고안한다.

이는 철학사적 전거에 해당하므로 더 명징한 이해를 위해서, 동일자와 타자의 분리된 거리 및 그 거리 안에서의 관계는 조금 더 (현상학적인) 실존의 차원에서 해명되어야 한다. 레비나스에 의하면, 분리된 나로서의 인간과 타자인 인간의 관계는 통상 말해지는 인간들 사이의 관계에서 비롯하는 상호 보완적 관계, 서로의 결핍을 채워 주는 보충적 관계가 아니다. 만일 결핍을 채우기 위한 관계라면, 그것은 서로에게 필요한 욕구, 흔히 말하는 애정 결핍을 해소하거나 기능

---

2   Levinas and Kearney, "Emmanuel Levinas: Ethics of the Infinite," in *Debates in Continental Philosophy*, 76.

적 도움을 통해 나의 부족한 면을 채우려는 욕구에서 이루어지는 관계가 될 것이다. 다시 말해 이러한 관계에서는 '나'와 '너'가 서로를 자신의 필요를 충족시키기 위한 존재로 설정함으로써, 각자의 결핍된 삶의 조각을 채우기 위한 대상만을 찾게 되거나 상대방을 일종의 보완물 또는 보충물로 여기기 쉽다. 만일 그렇게 된다면, 서로의 결핍된 욕구가 충족되면 서로가 서로에게 불필요한 존재가 되는 상황이 발생할 수 있으며, 더 나아가 타자를 자신의 필요를 위한 도구로 여기는 문제까지 초래할 수 있다.[3] 이 경우 인간들의 관계는 각자에게 정도의 차이는 있겠지만 일종의 사심을 충족하기 위한 것이 되고, 관계 자체에서 비롯하는 선함이 나오기란 요원해진다.

반면에, 레비나스에게 동일자와 타자의 형이상학적 "관계는 서로를 완성하는 항들, 그러니까 서로서로 결여하고 있는 항들이 아니라 스스로 충분한 항들을 연결한다. 이런 관계가" 욕구가 아닌 형이상학적 "욕망이며, 자기 소유에 이른 존재들의 삶이다"(77/146). 그렇다면 이런 스스로 충만한 존재들의 관계는 어떻게 가능한가? 흔히 우리의 일반적 삶은 유한한 존재들의 삶을 위한 투쟁으로 그려지기

3   이는 레비나스 이전에 칸트가 기본적으로 반대했던 바이기도 하다. 비록 레비나스와 칸트가 타인에 대한 존중과 법칙에 대한 존중으로 나뉘기는 하지만, 그렇다고 해도 타인을 도구나 수단으로 삼지 않으려 한다는 점에서는 맥을 같이 한다. "따라서 레비나스는 인간 존재자가 그들이 놓여 있는 도구적 맥락과는 별개로 중요하다는, 목적 그 자체로서의 인간 존재자라는 칸트의 관념을 보존하고 있다. 다만 이것은 칸트의 경우에서처럼 공유된 합리성의 대칭성에 근거한 것이 아니라 나의 (존재론적) 자유에 대한 타자의 (윤리적) 우위성의 비대칭성을 기반으로 삼는다." Steven Galt Crowell, "Kantianism and Phenomenology," in *Phenomenological Approaches to Moral Philosophy: A Handbook*, eds. John J. Drummond and Lester Embree(Dordrecht: Springer, 2002), 66.

도 하는데, 그러한 삶은 주인과 노예의 변증법에서 보듯이 서로가 서로를 향하는 인정을 향한 투쟁으로 전개되기도 한다.[4] 하지만 레비나스는 유한한 자기의 자유와 인정을 추구하는 삶을 위한 투쟁에서는 온전한 행복의 성취, 선의 실현이 불가능하다고 본다. 쉽게 말해서, 유한자가 아무리 자기의 변혁과 자기의 인정과 자유를 꿈꾼다고 하더라도 여전히 그것은 유한한 자유의 한계 안에서의 성취라는 것이다. 레비나스에 의하면, 선 또는 좋음을 현실화하기 위해서는 유한이 생성해 낼 수 없는 유한 바깥의 무한이 도래해야 한다. "달리 말해, 무한이 그 스스로 선(Bien)의 질서를 연다. (…) 무한(Infini)은 분리된 존재에게 자리를 내어 주는 수축 속에 전체성이 파고드는 것을 거부하는 가운데 생산된다. 이렇게 해서 존재 바깥의 길을 여는 관계들이 그려진다"(77/147). 유한한 한계 아래에 놓인 동일자가 스스로의 힘과 노력만으로 선의 질서를 열 수는 없으므로, 동일자는 자기와 전적으로 다른 무한한 타자와 관계를 맺음으로써 선을 성취할 수 있다.

혹자는 무한자인 타인과 마주한다고 해서 그런 일이 과연 가능하냐고 물을지도 모른다. 또한 유한한 인간 실존의 한계 안에 놓인

---

4 헤겔의 주인과 노예의 변증법이 처한 숙명을 윌리엄 데스몬드는 다음과 같은 명쾌한 언어로 잘 표현하고 있다. "인정을 위한 투쟁에서 나는 타자를 통해 인정받으려 하고, 타자는 나를 통해 인정받고자 한다. 주인은 노예에게 인정을 요구하고, 노예는 주인에게 인정받고자 한다. 이 투쟁의 정신이 폴레모스이며, 그것은 적대적이지는 않더라도 고통스럽다. 투쟁에서 양측이 서로 인정받으려고 노력하더라도 상대방을 인정하는 데는 분명 처음에 비대칭이 존재한다. 주인은 권력과 지배를 통해 비대칭을 먼저 정의하는 자이다. 신성의 비대칭성이 이러한 우월성의 의미에 국한된다면, 우리는 내재성과 초월성 사이에서, 내재적 삶 자체 내에서 복종과 반란의 불안정한 교대를 피할 수 없을 것이다. 어떻게든 우리는 이 파괴적 변증법을 넘어서야 한다." William Desmond, *Hegel's God: A Counterfeit Double?* (Aldershot, UK: Ashgate, 2003), 51.

삶이 과연 선 또는 좋음의 성취 불가능성으로 귀결되기만 하는 것인지에 대해서도 의문을 품을 수 있다. 이는 정당한 질문이고, 레비나스가 반드시 답해야 할 물음이다. 레비나스는 유한한 삶의 질서 안에 놓인 인간이 자기보존을 추구하는 삶을 단지 결핍을 보충하는 삶에 머무르는 것으로 보았다. 비록 그것이 자유로운 삶이라고 하더라도 말이다. 이는 생존을 연장하고 유지하기 위해 끊임없이 다른 것을 필요로 하는 생의 운동이다. 이러한 삶 속에서는 자기보존은 가능할지 모르나, 죽음이라는 존재의 소멸이나 생존을 위한 노동의 반복에서 비롯되는 피로와 같은 유한성의 굴레를 피할 길이 없다. 끝을 알 수 없으나 결국 끝을 향해 가는 그 삶 속에서 나의 삶은 언젠가 끝난다. 레비나스는 이런 식의 행위들로 구성된 사회가 단순히 생존을 위한 각축장에 불과하며, 결국 유한성 안에서 절대적인 것처럼 보이는 가상의 행복과 이상을 추구하다가 그것의 실현을 위한 투쟁과 폭력으로 귀결될 것을 우려했다. 더 나아가 유한성 안에서 삶을 연장하는 데 급급한 사회는 극단적인 경우 신의 나라를 이루고자 하거나 특정한 국가의 질서를 평화의 이상으로 설정하는 제국주의로 발전할지 모른다. 덜 극단적인 경우에는 각자의 이기적 욕구 실현에 충실한 사회 질서를 선으로 위장하는 방식으로 경쟁 사회를 구축하는 데 만족할 수도 있다. 이 경우 개인들의 삶 역시 — 자유지상주의 사회가 자기 욕구의 실현을 긍정하듯이 — 욕구 충족과 결핍의 보완, 삶의 연장을 위한 이기주의로 귀결될 수 있다.

하지만 무한한 타인은 이런 이기적 삶을 선하다고 긍정해 주지 않고, 전체성의 이념에 매몰된 사회가 올바르지 않음을 **나에게 가르**

쳐 준다. 즉 타인은 교과서를 들지 않은 스승, 교리나 학설을 주입하지 않는 선생, 그 도래 자체가 가르침인 스승이다. 타인이 어떤 윤리적 명령을 나에게 부여하면서 도래할 때, 나는 나의 삶을 이전과 같이 이기적으로 구축하는 것이 옳은지 고심하게 되고, 그러한 삶으로부터 떠날 수 있게 된다. 전체성의 이념에 매몰된 채로 인간을 도구화하는 사회 질서 속에서 고통받는 다른 인간은 이 질서가 올바른지, 지금의 사회 체제와 질서가 온전한지 그 자체로 나에게 묻고 있는 셈이다. 예를 들어 전쟁 와중에서도 상대방에게 붙잡혀 고초를 겪는 병사, 강제 징집으로 가족들과 헤어져 눈물을 보이는 사람들을 마주하면서 나는 체제와 질서와 거기서 비롯하는 명령이 무엇인지, 내가 이런 상황에서 무엇을 해야 하는지 자문할 수 있다. 전쟁이 일어나는 극단적 상황으로 가지 않더라도 내게 먹을 것을, 아니 동전 한 닢을 요구하는 가난한 사람의 얼굴을 직면했을 때, 그 얼굴을 외면하거나 마주할 때, 아무것도 하지 못하거나 아무것도 주지 못해 스스로 초라해져 본 경험이 있는가? 비록 아무런 일이 일어나지 않았다 하더라도 타인의 얼굴은 무한한 책임을 나에게 불러오며 나에게 수치심을 남긴다. 이런 사태 자체가 바로 타인에게서 비롯한 가르침인 것이다.

　무한은 바로 이런 것을 뜻한다. "무한은" 유한한 존재의 질서를 뛰어넘는 새로운 관계를 열기 위해, "그 자신에 닫혀 있는 것이 아니라 존재론적 외연에서 물러서, 분리된 존재에게 자리를 내어 주고", 더 나아가 "전체성 너머의 한 사회를 출발시킨다"(77/147). 이 책 서두부터 논의했듯이, 그리고 지금까지 꾸준히 강조되었던 것이 여기에서 다시 입증된다. 레비나스에게 동일자는 하나의 이념이 아니다.

그것은 독립된 자아이고, 다른 것으로부터 절대적으로 분리된 '나'이다. 그러므로 그 분리된 나가 무한인 타인과 관계 맺는다는 것은 절대적으로 다른 자들의 다원성이 실질적으로 성취되는 사건이다. 이런 다원성 안에서 새로운 선의 질서가 도래할 수 있다. 바로 이것이 레비나스의 말을 그저 뻔하디 뻔한 생활윤리나 예절 또는 예법, 도덕의 재무장 정도로 볼 수 없게 하는 요소이다. 레비나스는 이런 사회를 종교라고 부르며, 이런 사회 속에서 비로소 무한과 다수성이 양립할 수 있다고 본다. "신과 맺어지는 사회는 신에게 덧붙여진 것이 아니며, 신을 피조물에서 분리하는 간격의 사라짐도 아니다. 이러한 사회를 우리는 전체화와 대비하여 종교라고 불렀다. (⋯) 그리고 **다수성**(multiplicité)은 무한(Infini)의 완전함과 양립할 수 있다"(77/147, 강조는 필자).

즉 신적인 무한과의 관계가 동일자와 타자의 관계를 갱신하며, 사회의 다수성을 갱신한다. 그리고 이는 나와 타자의 관계만이 아니라 사회 질서의 재구축으로 이끈다. 종교, 곧 그 어원인 *religare*의 의미처럼 다시 묶이고 이어지게 된 것은 나와 타자의 관계만이 아니다. 사회 내 인간들의 상호 인간적 관계 역시 다시 묶이고, 이어진다. 그렇다면 이런 사회는 구체적으로 어떤 사회일까? 이 주제는 아주 먼 길을 돌아가야 다시 마주할 수 있는 주제일 것이며, 레비나스에 대한 더 포괄적인 연구를 통해 접근할 수 있는 주제일 것이다. 다만 레비나스의 1961년 작품에서 우리는 그 밑그림을 얻을 수 있다. 레비나스에게 바람직한 사회 질서는 동일자와 타자의 새로운 관계를 기반으로 삼는 사회이며, 어떤 이데올로기나 역사적 소명을 개인들이 따라야 할 질서로 내세우는 사회가 아니다. 이를 논하기 위해 그는 역사나 이데올로기로 환원되지 않는, 그 자체로 전체성에 균열을 내는 동일자로서의 자아로부터 논의를 시작하며, 앞서 말했듯이 동일자와 타자라는 서로 다른 존재들의 관계의 다원성, 그리고 각기 고유한 나들의 다원성, 궁극적으로는 나와 다른 아이들의 다원성을 철저하게 긍정하는 사회를 내다본다.

어쩌면 이는 이국땅 일본으로 이주하여 살 수밖에 없었던 한국인들의 삶을 섬세하게 그린 소설 『파친코』에서 탁월하게 묘사된 등장인물들의 고유한 삶의 방식과 공명하는 것 같다. 이 소설은 다음과 같은 일종의 선언과 더불어 이야기를 시작한다. "역사는 우리를 저버렸지만, 그래도 상관없다."[5] 『파친코』는 식민지 시대와 근현대를 가로지르며 전쟁과 빈곤, 사랑과 이별, 성공과 실패를 모두 겪는 각 개인들의 이야기이다. 숱한 역사적 이념과 투쟁과 반목 속에서도 사람들은 어떻게든 자신의 삶을 찾고, 살아 낸다. 그 과정에서 나타나는 삶은 나의 삶이면서, 또한 타인을 위한, 자식을 위한 삶이기도 하다. 그 삶의 형태가 어떤 것이건, 전체성과도 같은 역사는 나의 삶을 망치지 못한다. 레비나스가 『전체성과 무한』에서 그려 내고자 하는 것도 바로 그러한 나의 드라마이다. 역사가 저버린다 해도, 망하지 않는 나의 삶. 이는 무신론자로서의 분리된 자아로부터 시작하는 삶이며, 이 삶을 기술하는 것이 나의 드라마의 본격적 전개를 이룬다.

---

5 이민진, 『파친코 1』, 신승미 옮김(서울: 인플루엔셜, 2022), 15. 원문은 다음과 같다. "History has failed us, but no matter." Min Jin Lee, *Pachinko* (Boston, MA and New York, NY: Grand Central Publishing, 2017), 5.

삶으로서의 분리와 향유

분리와 무신론이라는 계기를 통해 동일자인 주체의 정립과 이 주체에 무한의 타자가 도래하게 될 것이라는 점이 밝혀졌다면, 이제 바로 무한인 타인의 얼굴에 대한 논의가 등장해야 할 것 같다. 하지만 레비나스는 그런 독자의 기대를 회피하며 다시 동일자의 삶에 대한 논의를 전개한다. 이토록 레비나스는 고집스럽게 주체성을 변호 또는 옹호하면서 나의 삶 자체를 먼저 펼쳐 내는 길을 우직하게 걷는다.

여기서 논의되는 것은 다른 것으로부터 분리된 주체의 삶의 방식 그 자체이다. 지금까지는 주체성의 정립과 그 특성 자체만이 주로 논의되었다면, 이제는 그러한 동일자인 주체가 다른 것으로부터 절대적으로 분리되어 대체 구체적으로 어떤 삶을 살아가는지, 무엇으로 자기 삶을 채우는지를 보여 주는 것이 『전체성과 무한』의 논의 방향이다. 이 점을 크게 부각해서 본다면, 제임스 멘쉬가 『전체성과 무한』을 "레비나스의 실존 분석"이라는 제목 아래 해명한 시도 역시 충분히 이해할 만하다.[6] 비록 레비나스가 하이데거와는 전적으로 다른 길을 가기는 하지만, 인간 실존의 삶의 방식을 파헤치려고 한 데는 공통점이 있다. 물론 하이데거가 존재 의미에 대한 물음을 톺아보고 그

6　하이데거의 현존재 분석과 실존론적 현상학은 "체화와 연관된 욕구와 상처 입을 가능성을 간과한다. 이로 인해 세계-내-존재의 윤리적 측면을 놓치게 된다. 즉 '과부와 고아를 돌보라'는 성서적 명령이 우위성을 지니는 세계를 드러낼 수 없다. (…) 레비나스는 이러한 실패에 대한 응답으로서, 우리의 독특성을 우리의 선택이 아닌 체화된 기능에 근거짓는 실존론적 분석을 제시한다. 하이데거의 분석과 마찬가지로, 초점은 세계-내-존재가 어떻게 존재 이해에 상응하는가에 맞추어져 있다. 그러나 레비나스에게 있어 이러한 이해는 타인과 관련하는 체화된 존재를 기반으로 삼는다." Mensch, *Levinas's Existential Analytic*, 9.

존재 의미를 이해하기 위한 예비적 분석으로 현존재의 삶의 방식을 다루고, 레비나스는 존재 물음의 지평으로 환원되지 않는 주체의 삶을 드러내면서 이 동일자가 어떻게 타자와 더불어 윤리적 도전에 직면하는지를 보여 주려고 한다는 점에서 양자는 차이를 보인다.

이제 본 장의 논의로 들어가자. 여기서 우리가 선 길목, 곧 "삶으로서의 분리"와 이를 필두로 펼쳐지는 2부 "내면성과 경제" 전반을 이해하기 위해서는 레비나스가 다음과 같이 명시한 2부의 분석 의도에 주목해야 한다.

> 동일자(Même)의 품 안에서 생산되는 관계들에 대한 분석 ── 이 책의 2부는 여기에 할애된다 ── 을 통해 실제로 기술될 것은 분리의 간격이다. (…) 분리에서, 항들의 결합은 탁월한 의미에서 분리를 유지한다. 관계에서 존재는 관계로부터 자신을 방면하며, 관계 속에서 절대적이다. 존재의 구체적 분석은, 존재를 성취하는 (그리고 존재를 분석하면서도 존재를 성취하기를 그치지 않는) 존재가 착수하는 그런 분석은, 분리를 내적 삶으로 또는 심성으로 인식하게 될 것이다. 우리는 이 점을 지적한 바 있다. 그런데 이 내면성은 다시 자기 집에서의 현존으로, 주거와 경제라고 말할 만한 것으로 나타날 것이다. (82/153-154)

이 대목에서 레비나스는 2부의 논의 방향을 명확히 밝힌다. "동일자(Même)의 품 안에서 생산되는 관계들에 대한 분석"에 2부 전체 논의가 할애되는데, 조금 더 풀어 보면, 이는 동일자의 삶에서 일어나는 삶의 방식을 기술한다는 말이다. 이때 동일자의 삶은 여전히 타자로부터 철저히 분리된 존재로 다루어진다. 그러므로 여기서 그려지는 삶은 철저히 나의 삶이고 바깥과 분리된 내면성으로서의 삶이다. 『전체성과 무한』의 부제는 "외재성에 대한 에세이"이다. 분명, 레비나스는 외재성, 나의 바깥의 타자와 그 도래의 성격을 규명할 것이다. 하지만 그 도래 이전에 동일자의 삶이 있고, 이 삶은 철저히 내 안의 삶으로, 비밀스러운 내면성으로, 오직 자기만의 삶으로 규정된다. 즉 레비나스에게서 내면성이 없이는 외재성을 말할 수 없다. 특히 이 내면성에 대한 분석은 그저 심리학적이거나 관념론적으로 인간 내면의 정신적 작용을 파헤친다는 것이 아니라 아무도 건드릴 수 없도록 확보된 자아의 삶의 방식을 현상학적으로 기술한다는 말이다. 그래서 레비나스는 나를 유지해 주는 내면성을 집으로 표현하며, 이 집을 근거지로 해서 이루어지는 삶의 방식을 "주거와 경제"로 표현하기에 이르는데, 이 모든 삶에 대한 기술이 현상학적인 방식으로 이루어진다.

이런 내면성의 삶, 분리된 무신론자의 삶은 다른 무엇보다 향유로 구체화된다. 그는 "향유가 분리 개념을 탈형식화한다"(88/163)라고까지 말한다. 이는 발단에서 분리가 개념적 계기로서, 자아의 삶의 근본 형식이자 기본 배경처럼 다루어졌다면, 이제 향유를 통해서 이 자아의 삶이 그 자체로 제시될 수 있음을 의미한다. 즉 나의 삶은 철저히 나의 행복을 위해 펼쳐지는 것이며, 여기에 다른 어떤 목적이 개입한다면 그것은 이념화된 삶이지 참된 나의 행복한 삶을 향하는 것이 아니다. 특히 이 대목에서 하이데거와의 대결이 명확하게 드러난다. 『존재와 시간』에서 하이데거는 저 유명한 망치의 예를 통해 인간 현존재의 삶이 도구적 전체성과 나의 사용성이나 유용성 안에서 이루어진다고 한 바 있다. 망치가 그저 내 눈앞의 대상으로 있다면, 그 본래적 존재 의미를 드러내지 못한다. 만일 그렇게만 존재한다면, 망치는 내 앞의 컵이나 물병과 다를 바 없다. 오히려 망치는 내가 그것을 사용하는 가운데 나와의 관계와 활동, 곧 현존재와의 행동관계(Verhalten) 안에서 그 존재 의미를 현존재와 함께 드러낸다. 하이데거의 말을 빌리자면 그것은 손-가까이-있음(Zuhandenheit) 안에서 그 의미를 드러낸다. 내가 손에 망치를 잡고 무언가 또 다른 일을 위해 못을 박을 때, 망치는 그 목적을 위해 못을 박는 용도로 사용된다. 의자를 고치기 위해 못을 박고, 그렇게 고쳐진 의자는 나의 안락함을 위해 사용된다. 이렇게 사용된 의자는 다시 내가 공부하려는 목적을 위해 사용하는 책상과 더불어 의미를 발산할 수 있다. 이렇게 한 목적은 또 다른 목적과 사태를 지시하면서 그물망처럼 엮인 주위세계와 관련을 맺는다. 이를 하이데거는 다음과 같이 표현한다.

예를 들면 망치는 이 손 가까이 있는 것 — 그래서 망치라고 불리는 것 — 을 가지고 망치질하는 데에 자신의 사용사태를 가지는데, 망치질함은 무엇인가를 고정하는 데에 자신의 사용사태를 가지며, 고정함은 폭풍우를 방비하는 데에 자신의 사용사태를 가진다. 이 방비라는 것은 현존재가 그 안으로 피난하기 위함 때문에 있는 것이니, 다시 말해서 현존재의 한 가능성 때문에 존재하는 것이다.[7]

말하자면, 하이데거에게 삶이란 현존재가 '~을 하기 위한'(um…zu) 환경세계 또는 주위세계(Umwelt)와 관계 맺으며 자신의 존재 가능성을 구현해 가는 것이다. 즉 "존재해야만 하는"(zu sein hat) 존재자로,[8] 바로 그렇게 존재하기 위한 의무를 떠맡은 자로 살아갈 숙명에 처한 현존재와 관련해서 다른 존재자는 그저 그 현존재의 존재 의미를 위한 수단-목적 구조 안에 놓인다. 요컨대 현존재는 어떤 식으로건 존재해야만 한다는 삶의 목적 아래, 다른 존재자를 자기 삶의 존재 가능성을 구현하기 위한 수단으로 소비한다.[9] 토마스 시한의 다음과 같은 말은 하이데거가 의도하는 삶의 본질적 의미를 잘 나타내

---

7   Heidegger, *Sein und Zeit*, 84; 국역본: 『존재와 시간』, 120.

8   Heidegger, *Sein und Zeit*, 276; 국역본: 『존재와 시간』, 369. 하이데거의 "존재해야만 함"에 대해서는 다음 논문을 참조하라. 박일태, 「현존재의 '존재해야 함'에 대하여: 『존재와 시간』에서 '일상적인 본래성'의 가능성」, 『철학논집』 제48집(2017년 2월), 233-260.

9   이를 나치의 작동 논리나 존재 방식과 연결할 수 있을까? 만일 그렇다면 레비나스가 하이데거에 반대하는 중요한 철학적 동기를 짐작할 수 있다. 실제로, 번스타인이 존재의 가능성으로서의 할 수 있음이 나치의 작동 방식이라고 지적한 바 있다. "나치 지도자들은 자신들의 전능함을 믿었고, '모든 것이 가능하다'고 생각했다. 나치 지도자들은 그들의 희생자들의 다원성(plurality)을 제거하려고 했다." Richard J. Bernstein, *Radical Evil: A Philosophical Interrogation*(Cambridge, UK: Polity Press, 2002), 212. 물론 나치의 작동 방식과 하이데거 철학의 직접적 연관성을 세세하게 밝히는 것은 난해한 일이고, 그의 철학에도 서구 문명의 위기와 전쟁의 공포에 대한 인식이 없는 것이 아니다. 하지만 그렇다고 해서 레비나스가 지적한 여러 문제들이 하이데거 철학 내에서 해결될 수 있는지는 의문이다. 하이데거의 위기 인식과 전쟁 및 시대의 어둠에 대한 이해와 대처를 다룬 연구로 다음 글들을 참조하라. 이진주, 「존재 망각의 세 층위」, 『철학논집』 제76집(2024년 2월), 9-49; 「하이데거의 존재론적 '악(惡)' 이해」, 『가톨릭철학』 제41호(2023년 10월), 81-129.

고 있다. "모든 살아 있는 것에는 ─ 인간만이 아니라 ─ '~존재해야 함'(Zu-sein)이라는 본질적 특성이 각인되어 있다. 이는 가능성으로서 존재해야 함과 동시에 생존을 위해 가능성으로서 자기 자신이 되어야 함을 의미한다. 생명체는 자기보존(Selbst-erhaltung)을 텔로스로 갖는다. 살아 있는 것은 생존을 추구하고, 자신의 자기유지적 자기역량이 자연적으로 소진되거나 단절될 때까지 지속적으로 살아남아야 한다는 충동을 따라 움직인다. 이는 또한 살아 있는 모든 것이 언제든 죽을 수 있음을 함의한다."[10]

레비나스는 바로 이러한 필멸성 아래에서 자기보존의 목적과 더불어 존재해야만 하는 삶을 사는 인간 현존재에게 도전한다. 하이데거와는 대조적으로 그는 이렇게 말한다. "우리가 그것으로 사는 이것은, 펜이 펜으로 쓰는 편지에 대해 수단인 것과 같은 그러한 '삶의 수단'이 아니다. 우리가 그것으로 사는 것들은" (하이데거의) 망치 같은 "연장들이 아니며 (⋯) 하이데거적 의미에서 도구들도 아니다". 오히려 삶에서 나와 관련하는 것들은 "언제나 어느 정도 ─ 그리고 망치와 바늘과 기계조차도 그러한데 ─ 이미 질서 잡히고 다듬어진 채로 '취미'(goût)에 주어지는 향유(jouissance)의 대상이다"(82/154).

즉 레비나스에게 자아의 삶은 어떤 목적성 아래 있는 것이 아니라 행복을 추구하는 것 그 자체이다. 그럼 이 경우 세계는 어떻게 되

---

10 Thomas Sheehan, *Making Sense of Heidegger: A Paradigm Shift* (London, UK and New York, NY: Rowman & Littlefield, 2015), 140.

는가? 하이데거에게 세계가 '~을 하기 위한' 현존재의 주위세계였다면, 레비나스의 세계는 향유의 장으로서, 향유를 위해 내가 누리는 것이라 할 수 있는 먹을거리로 가득한 장소 그 자체이다. 즉 인간 "존재는 세계로부터 자신을 떼어 내지만, 그 세계로부터 먹을거리를 취한다!"(88/164). 이러한 세계의 특성을 두고 레비나스는 향유의 장으로서의 세계를 "비-기원적(an-archique) — 현상들의 세계"(36/84)라고 부르기도 한다. 왜 비-기원적인가? 이런 식의 세계는 이성의 원리나 형이상학적인 최초의 원리로 파악되는 세계가 아니기 때문이다. 그것은 이성의 원리를 따라 사물과 지성의 일치 아래 놓이는 사물-세계를 벗어나 있는 현상의 주어짐/주어진 것이다. 그러므로 이 세계는 어떤 질서가 미리 잡힌 세계가 아니라 내가 향유하기에 충분한 세계로 그저 주어져 있다. 이것이 레비나스가 이런 세계에 대해서 표상의 지향성이 아닌 — 차후 등장할 — 향유의 지향성을 제기하는 동기가 된다.

그럼 이런 현상의 세계는 왜 먹을거리의 총체이며, 우리는 왜 이런 세계에서 산다고 하는 것일까? 이는 바로 향유의 행복을 위해서이다. 무언가를 먹는다고 할 때, 우리는 왜 그것을 먹는가? 먹을거리는 결국 그것**으로** 살기 위해서이다. 이는 단지 다른 것을 나의 삶의 수단으로 삼는다는 말이 아니다. 우리는 다른 일을 하려고, 삶을 유지하기 위해서만 음식을 먹는 것이 아니다. 먹는 것을 삶을 유지하는 수단으로만 보는 관점은 먹을 때 오는 포만감과 만족감을 배제한 생각이기에 삶의 전모를 나타내지 못한다. 우리는 그 자체로 삶을 즐기고자 먹을거리를 섭취한다.[11] 즉 먹는 것 자체에서 나는 즐거움과 만족을 누린다. 힘든 일을 마치고 먹는 잘 차려진 밥상, 시원한 물에서 오는 즐거움을 느껴 보지 않은 이는 없을 것이다. 하이데거에게는 바로 이러한 향유의 즐김이 없다는 것이 레비나스의 비판적 논점이다. 그런 삶은 무언가를 이루기 위한 과제의 무게만 있을 뿐 즐거움이 주는 가벼움은 없다는 것이다. 이에 관한 레비나스의 다음과 같은 말에 주목하자.

> 그 자신의 활동 자체로부터 먹을거리를 취하는 이러한 행동 방식이 바로 향유이다. (…) 분명 우리는 자기 빵을 벌어야 하며, 자기 빵을 벌기 위해서는 먹을거리를 취해야 한다. 내가 먹는 빵은 또한 내가 나의 빵을 벌고 나의 삶을 벌게 해 주는 것이기도 하다. 그러나 내가 노동하고 살기 위하여 나의 빵을 먹는다면, 나는 나의 **노동으로** 사는 것이면서 나의 **빵으로** 사는 것이다. (…) 향유는 나의 삶을 채우는 내용 모두에 대한 궁극적 의식이다. 향유는 그 내용들을 끌어안는다. (83/156)

---

[11] 여기서는 주체의 향유와 행복의 삶이라는 맥락에서 먹을거리가 다루어지지만, 실은 이것은 레비나스의 정치적, 사회적 정의와 분배 관념에도 관련이 있다. 그에게 인권은 배고픔에 허덕이지 않고 먹어야 할 권리, 먹음으로써 포만감을 느낄 권리와 연결된다. 이런 점에서 하워드 케이질의 다음과 같은 레비나스에 대한 이해는 시사하는 바가 크다. "레비나스는 전쟁 당시 유럽의 굶주림과 수용소의 굶주림을 기억하는 동시에 제3세계의 굶주림에 항의하며 제3세계의 굶주림을 기억한다. 타자가 영양을 섭취할 권리는 가장 중요한 것으로 기술된다." Howard Caygill, *Levinas and the Political*(London, UK and New York, NY: Routledge, 2002), 155.

내가 지금 하는 활동이 노동이건 먹고 마시는 일이건 그런 활동은 그 자체로 유의미하며, 나는 그것들로 지금 여기의 삶을 산다. 노동으로 살고, 먹을거리 자체로 살고, 놀이하는 것 자체로 산다. 즉 삶에서 이루어지는 일들, 삶을 채우는 모든 내용이 내 삶을 행복하게 만드는 요소이다. 그래서 레비나스는 "그 삶은 노동과 먹을거리의 삶이다. (…) 에 단지 몰두하게 만드는 내용물이 아니라, 삶을 '점유하고', 삶을 '즐겁게 하는' 내용물이며, 삶은 바로 그 내용들에 대한 향유이다"(83/156)라고 말하기에 이른다.

만일 삶을 이렇게 살아간다면, 그 "삶은 **삶에 대한 사랑**" 그 자체이며, 이 삶 앞에서 나는 "행복을 위해 위험을 감수한다"(84/157, 158). 자기가 사랑하는 것들을 지키기 위해, 자기 삶의 내용을 이루는 것들을 지키기 위해 모험하는 이들을 생각해 보자. 지키고자 하는 것이 자기의 일일 수도 있고 가족이나 반려동물일 수도 있고 어떤 물건일 수도 있다. 그런 것이 내 삶에 없을 때, 내가 그것들을 더는 누릴 수 없을 때 우리에게 불행이 펼쳐질지도 모른다는 두려움은 우리가 그런 위험을 감수하면서까지 삶을 지키도록 해 준다. 이런 점에서 분리된 무신론적 실존인 나는 기본적으로 이기적 존재요, 자기 행복을 지키기 위한 이기적 삶을 사는 데 여념이 없다. 그래서 이런 실존에는 가장 근본적으로 "삶의 에고이즘"(85/158)이 있으며, 이 이기적 향유를 추구하는 삶, 곧 나의 행복이 "나의 활동 조건"(86/160)이라 할 것이다. 또한 레비나스는 이렇게도 말한다. "… 삶이 행복이므로 삶은 개인적이다"(88/163).

  2부 전개: 행복한 삶을 향유하는 나

자아의 신체성

이제 레비나스가 말하는 자아란 행복한 삶을 추구하는 개별 존재자라는 것이 규정되었고, 그 자아의 삶의 행복은 그 자체로 세계에 있는 것들을 누리는 것이라는 점이 밝혀졌다. 이런 삶의 내용을 가지고서 삶을 즐기는 활동 자체를 레비나스는 현상학적 방식으로 구체화한다. 내가 나의 삶을 즐긴다는 것, 내가 삶에서 먹을거리를 얻고 그 먹을거리를 취하면서 포만감을 느끼는 일은 전부 어디서 일어나는가? 바로 이 지점에서 레비나스에게 신체의 현상학이 등장한다. 보통 신체의 현상학, 또는 몸의 현상학에 관해 말할 때 우리는 『지각의 현상학』의 저자인 메를로-퐁티를 그 선두에 세운다. 레비나스는 메를로-퐁티처럼 신체 문제에 깊이 천착한 결과를 내놓지는 않았지만, 자기 논의 전반에 신체성을 통해 향유의 삶이 성취된다는 점을 일관적으로 전제하는 가운데 논의를 전개한다. 이것은 비단 『전체성과 무한』만이 아니라 그의 초기 저술에서도 일관적으로 전개된다. 다만 여기서는 논의를 분산시키지 않기 위해 그의 신체에 대한 현상학적 관점만을 간략하게 소묘하고 『전체성과 무한』에서 향유의 신체성 문제에만 초점을 맞추고자 한다.

레비나스는 그의 첫 작품인 『후설 현상학에서의 직관 이론』 이후에도 꾸준히 후설에 관한 글을 내놓는다. 비록 그가 어느 시점부터 자기만의 철학 세계를 구축하려 한 탓에 후설의 모든 저술과 미간행 원고를 속속들이 탐구하지는 않았지만, 적어도 그는 자기 시대의 후설 철학의 발전을 어느 정도 이해하고 있었다. 실제로 레비나스는 「지향성과 형이상학」이라는 글에서 이미 후설의 운동감각적

(Kinästhesie) 지향성 개념에 주목하면서, "초월은 사유가 객관적 실재성이 아닌 신체적 운동을 성취함으로써 자신을 넘어서는 운동감각을 통해 일어난다"라고 일찌감치 말한 바 있다.[12] 이것은 한편으로 후설의 신체적 지향성 이론에 대한 설명이면서, 일정 부분 레비나스 자신의 신체성 이론을 전조한다. 왜냐하면 레비나스에게 신체성이 동일자의 내면성을 유지하는 활동 가운데 드러날 뿐만 아니라 궁극적으로 초월의 운동을 성취하는 계기이기 때문이다. 즉 레비나스의 초월은 초월적 의식-주체의 운동이기 전에 신체적 초월, 더 정확히는 선반성적 신체-주체의 초월이다. 독자들이 유의할 것은 이것이 앞서 우리가 살핀 상향초월에서의 초월과 다르다는 점이다. 궁극적으로 레비나스는 스승으로서의 타자, 내가 섬겨야 할 나보다 더 높은 자를 향한 운동으로 초월의 의미를 새긴다. 하지만 그 전에 우리는 분리된 자아로서 내재성 안에서의 초월을 또한 성취한다. 이것이 바로 신체-주체의 초월이다.

이 점을 더 명확하게 이해하기 위해, 그리고 이 신체성 문제가 왜 중요한지 강조하기 위해 나중에 더 상세히 논의할 주제를 조금 앞당겨 풀어내고자 한다. 레비나스는 궁극적으로 타자와의 관계를 통해 일어나는 선의 도래를, 타인과의 윤리적 관계로서의 정의로움을 찾고자 한다. 잘 알려진 대로, 이 관계는 타인의 얼굴이 내게 도래할 때, 내가 파악할 수 없는 무한인 타인의 명령을 들음으로써 윤리적

---

12 Emmanuel Levinas, "Intentionalité et métaphysique"(1959), in *En découvrant l'existence avec Husserl et Heidegger*(Paris: J. Vrin, 1949; 1967), 196.

책임으로 소환된다. 이때 주어지는 얼굴은 살과 피로 이루어진 신체적 얼굴이고, 그 얼굴을 따라 윤리적으로 행동해야 할 나 역시 신체-주체이다. 그러므로 이것은 그저 정신적 사고 실험이 아니다. 그것은 어떤 점에서 신체적 몸짓을 주고받는 일에 가깝다. 타인이 내게 말할 때 그 말은 얼굴이 하는 것이다. 그리고 굶주리고 목마른 이에게 실제로 무언가를 건네는 일 역시 나의 신체적 활동으로 하는 것이다. 즉 타인은 실질적으로 또한 물질적으로 자신을 돕기를 나에게 청하고, 나 역시 나의 물질을 내어 주어야 한다. 이 모든 일이 실질적으로 나의 몸을 일으키고 그 몸을 씀으로써 이루어진다. 그러므로 이 모든 동일자와 타자의 관계에는 신체적 활동이 이미 전제되어 있다. 이를 로버트 깁스는 다음과 같이 명료하게 표현한 바 있다. "내가 물질적으로 줄 때 내 신체가 의미를 나타낼 수 있다. 나의 신체는 나의 고유한 신체, 나의 고유한 음식 — 타인의 물질적 필요를 위해 주어진 나의 옷, 나의 침상, 나의 물질적 실재 — 을 타인의 신체를 위해 내어 주는 타자들과의 물질적 관계로 있어야 한다."[13]

따라서 당연하게도, 타자를 맞이하기 전에 성립되어 있어야 할 동일자의 삶도 이런 물질적이고 신체적인 삶이다. 이에 레비나스는 자기의 삶을 즐겁게 유지하는 향유의 삶이 나의 신체 활동에서 이루어진다는 점을 분명히 한다. 또한 이 활동은 기본적으로 나의 욕구를 충족하기 위한 활동인데 — "욕구는 동일자(Même)의 최초 운동이

---

13 Robert Gibbs, *Why Ethics?: Signs of Responsibilities* (Princeton, NJ: Princeton University Press, 2000), 51-52.

다”(88/163) — 여기서 동일자는 자기 자신으로 독립해 있는 존재이면서 타자에 의존하는 매우 역설적인 삶의 방식을 나타낸다. 동일자가 자기 삶을 행복하게 가꾸기 위해 자기 신체로 노동하고 무언가를 생산하거나 수확하기 때문이다. 이 모든 것이 독립된 자기 삶을 위한 것인데, 독립적인 행복을 위해 세계라는 타자의 여러 물질을 자기 집에 모아들여야 하는 것이다. 먹을 것, 입을 것, 더 편한 쉼을 위한 누울 자리인 침상, 소파, 의자는 모두 나 아닌 것들을 나의 것으로, 나의 신체적 노동을 통해 거두어들인 것이다. 그러므로 “행복은” 이런 삶의 소재들, 소위 “먹을거리들의 ‘타자’와의 관계 안에서 충족되며, 타자와의 **관계로 인해** 그 자체로 충족된다 — 행복은 자신의 욕구들을 충족시키는 데서 성립하는 것이지, 그 욕구들을 억누르는 데서 성립하는 것이 아니다”(90/168).

이렇게 다른 것을 추구하여 나의 욕구를 충족시키는 것이 주체의 행복한 삶인데, 그렇게 타자에 의존하는 나를 나의 동일성으로 돌아오게 하는 계기가 바로 신체이다. 이런 신체적 삶의 방식을 레비나스는 다음과 같이 표현한다.

그런데 욕구는 또한 노동의 시간이다. 이는 타자성을 내어놓은 타자와의 관계이다. (…) 욕구들은 나의 힘 안에 있으며, 욕구들은 나를 동일자(Même)로 구성하지 타자(Autre)에 의존하는 것으로 구성하지 않는다. 나의 신체는 주체가 예속 상태로 떨어지는 방식, 자신이 아닌 것에 의존하는 방식일 뿐 아니라, 소유하고 노동하며 시간을 가지는

방식, 내가 그것으로 살아야 하는 바의 타자성 자체를 극복하는 방식
이기도 하다. 신체는 자기의 소유 자체이다.

(…)

욕구(besoin)와 욕망(Désir)의 차이에 다시 주목해 보자. 욕구 속에서
나는 실재를 물어뜯을 수 있고, 타자를 동화하여 나를 만족시킬 수 있
다. 욕망(Désir) 속에서는 존재를 물어뜯거나 포만을 느낄 수 없지만,
어떠한 푯말도 없는 미래가 내 앞에 있다. 욕구가 전제하는 시간이 내
게 주어지는 것은 욕망에 의해서이다. 인간의 욕구는 이미 욕망 위
에 세워진다. 그래서 욕구는 노동을 통해 이러한 타자를 동일자로 바
꿀 시간을 가지게 된다. (…) 그러므로 노동하는 신체에게는 모든 것
이 이미 성취되어 있는 것이 아니고, 이미 행해진 것도 아니다. 이렇
듯 신체로 있다는 것은 행해진 것들 한가운데에서 시간을 가지는 것
이며, 타자 안에서 살면서도 나 자신이 되는 것이다. (89, 89-90/165,
166)

쉽지 않은 이 구절을 어떻게 이해할 것인가? 우선 욕구와 욕망
의 구별에서 논의를 시작해 보자. 칼랭과 세바가 잘 설명한 것처럼,
"욕구가 (…) 세계 안에서 제공된 실체들에 대한 소비와 향유로 추구
되는 이기적 자아를 특징짓는" 반면, "욕망은 세계의 지평을 넘어선
무한과의 관계"를 의미한다.[14] 세계에서 향유와 행복을 추구하는 나
의 삶은 기본적으로 욕구에 치중하는 삶이다. 나의 행복을 현실화하

14　Rodolphe Calin et François-David Sebbah, *Le vocabulaire de Levinas* (Paris: Ellipses, 2011), 10-11.

고 유지하기 위해서는 이 욕구를 충족하기 위해 노동하는 삶을 살아야 한다. 위 인용구에 나오듯이, "그래서 욕구는 노동을 통해 이러한 타자를 동일자로 바꿀 시간을 가지게 된다". 여기서 타자는 인간 타자를 말하는 것이 아니다. 그것은 세계 내 요소들, 물질들을 말한다. 먹을거리로 대변되는 물질들은 나의 신체적 노동을 통해 나의 소유가 된다. 또한 이 신체적 노동으로 타자를 나의 것으로 전유하면서, 나는 나의 시간이 없어 보이는 삶 속에서 나만의 시간과 공간, 그 안에서의 삶을 살 수 있게 된다. 신체적 노동이 없다면 나는 그저 타자에 둘러싸인 채로만 삶을 영위해 갈 수밖에 없다. 하지만 나의 신체적 노동을 통해 타자를 나의 생산물이자 소유물로 거두어들이면서 나는 나의 욕구를 충족하게 된다.

이런 삶을 가장 잘 묘사한 문학 작품 중 하나가 바로 프랑수아 라블레의 『팡타그뤼엘 제4서』(*Le Quart Livre: des faicts et dicts heroiques du bon Pantagruel*)이다. 이미 레비나스는 『존재에서 존재자로』에서 이 소설에 등장하는 "세계 최초의 기술 발명자"이자 "모든 기술의 스승인 가스테르"를 언급한 바 있다.[15] 다이앤 퍼피치가 잘 요약한 대로, 이 "가스테르는 자신의 이익을 타자들의 이익과 비교하는 사리사욕의 피조물은 아니지만, 이타적이거나 자연스럽게 타인을 고려하는 자도 아니다. 가스테르는 단순히 타자들을 알아채지 못한다".[16]

---

15 François Rabelais, *Le Quart Livre des faicts et dits héroïcques du bon Pantagruel*, in *Œuvres complètes*, éd. Guy Demerson (Paris: Éditions du Seuil, 1973), 734; 국역본: 『팡타그뤼엘 제4서』, 유석호 옮김 (파주: 한길사, 2006), 276.

16 Diane Perpich, *The Ethics of Emmanuel Levinas* (Stanford, CA: Stanford University Press, 2008),

　　　　　　　　　　　2부 전개: 행복한 삶을 향유하는 나

그는 한 섬의 지배자로 효율적인 통치와 자기-충족적 삶을 위해 동네 사람이나 동물들에게도 기술을 가르쳐 준다. 하지만 결국 그 행위는 모든 것을 자기 위를 채우는 먹을거리로 소비하는 신체적 운동에 불과하다. "짐승이건 사람이건 모든 것을 먹어 치운다. 그리고 모든 것은 위장(tripe, 胃臟)을 위해서!"[17] 레비나스는 이런 식의 삶의 특징을 일찌감치 인식한 바 있으며, 이미 『존재에서 존재자로』에서 그것을 다음과 같이 묘사한다. "세계는 우리의 지향들에다 세속적인 풍성한 먹을거리들을 제공하는데 여기에는 라블레식의 먹을거리도 포함된다. 세계 안에서 젊음은 욕망하는 것들로부터 기쁨을 누리며 그것들을 참지 못한다. 이런 것이 세계이다. (…) 대상은 나에게 운명 지어져 있고, 나를 위해 존재한다."[18] 바로 이런 식의 **향유함**의 충족이 에고이즘을, 즉 자아(Ego)와 동일자(Même)의 자기성을 특징짓는다"(91/168).

이처럼 나는 가스테르가 한 것처럼 나의 신체적 만족을 위해 나의 욕구의 지향적 대상들인 타자들을 나의 것으로 만들면서 여전히 내가 될 수 있다. 이것이 바로 레비나스가 생각하는 향유의 삶이다. 그런데 이러한 신체-주체로서의 나는 단지 타자를 향한 욕구를 넘어 타인에 대한 욕망을 향하기 위한 일종의 예비적 작업을 하고 있다. 왜냐하면 타인의 부름과 요구는 그 요구와 부름을 듣기 위해 준비된

98-99.

17 Rabelais, *Le Quart Livre des faicts et dits héroïcques du bon Pantagruel*, 736; 국역본: 『팡타그뤼엘 제4서』, 278.

18 Levinas, *De l'existence à l'existant*, 59; 국역본: 『존재에서 존재자로』, 62.

자를 먼저 요구하기 때문이다. 듣기 위해서는 들을 자가 있어야 한다. 그런데 이 동일자는 처음부터 형이상학적 욕망에 열려 있는 자가 아니다. 일차적으로 나는 이 관계, "먹을거리인 '타자'와 맺는 그 관계 속에서"(90/167) 삶을 열어 간다. 비록 이것이 먹을거리라는 방식으로 타자가 동일자로 환원되는 관계였지만, 타인의 도래를 통해 어느 순간 변경될 것이다. 즉 향유 안에서의 욕구 충만을 추구하는 삶은 타인의 도래 이전에 타인과 무관한 삶이었지만, 언젠가 타인의 도래를 통해 형이상학적 욕망을 추구하게 될 삶을 무의식적으로, 또는 비-의식적으로, 신체적으로 준비하고 있는 셈이다. 이 미래를 향해 이미 개방된 상태로 신체적으로 욕구하고 향유하는 자아가 살아간다. 그래서 이 이기적이기만 한 향유의 주체에 대해서 이런 말을 덧붙이는 것이 가능하게 된다. "자아는 물질적인 것을 정신적인 것과 구분하고 욕망(Désir)에 스스로를 연다. 그렇지만 노동은 이미 대화를, 결국 동일자(Même)로 환원 불가능한 타자(Autre)의 높음을, 타인(Autrui)의 현전을 요구한다"(89/165). 바이아슈가 잘 정리한 것처럼, "따라서 신체성은 본질적이다. 신체성은 자아가 세계로 표상되는 타자와 맺는 향유의 관계, 그리고 의존과 독립의 관계 속에서 스스로를 구성하는 장소이다. 또한 신체성은 욕구가 충족되었을 때 자아가 자신 안에서 일차적인 것, 즉 욕망에 자신을 여는 장소이다".[19] 타인에 대한 욕망은 이처럼 욕구하는 신체의 주체에게서만 일어난다.

19 Bailhache, *Le sujet chez Emmanuel Levinas*, 96.

　　　　　　　　　2부 전개: 행복한 삶을 향유하는 나

에고이즘의 근본성

그렇다면 타인의 현전과 더불어 주체는 지워지는가? 그렇지 않다. 타인과 더불어 윤리적 전망이 열리더라도, 무한과의 관계를 통해 새로운 미래가 열린다 해도 동일자는 여전히 동일자로 머무른다. "타인(Autrui)의 비판적 현전이 이 에고이즘을 문제 삼을 때라도, 그 현전이 에고이즘의 고독을 파괴하지는 않을 것이다"(91/169). 여전히 나는 자아의 자기 자신으로 남는다. 다만 이렇게 내면이 탄탄한 타자에 의해 나는 다른 삶으로 나아갈 수 있는 것이다. 오히려 내가 타인에 의해 동일자로 머무르지 못하고 타인에게 흡수된다면 이는 또 다른 의미에서 나를 소멸시키는 행태가 되고 어쩌면 내가 삭제되어 버린 체제, 내가 말소되는 세상, 곧 역설적으로 동일자가 파열되는 일이 될지 모른다. 그래서 레비나스는 말한다. 동일자로서의 "자아가 전체성의 파열이 구체적으로 성취되는 방식이다"(90/167). 그리고 이 자아의 "고독의 향유에 의해서 — 또는 향유의 고독으로 — 성취되는 전체성의 파열은 근본적이다"(91/169).

통념에 근거해서 말하자면, 레비나스는 타자성의 철학자이고, 타자와의 관계가 전체성을 깨뜨리는 것으로 이해된다. 물론 그것은 절대 틀린 이해가 아니다. 하지만 여기서 보듯이 향유의 고독에서, 주체의 행복을 추구하는 삶에서 이미 전체성에는 균열이 가기 시작한다. 다시 강조하건대, 타인의 개입으로도 동일자와 타자의 거리는 삭제되지 않고 각자가 삭제되는 일은 없다. 이는 『전체성과 무한』이 "주체성에 대한 변호"이자 나들의 행복한 삶에서 시작하여 이로부터 윤리적인 것으로의 전회를 꾀하는 기획이라는 점을 다시금 입증한다. 단, 이때 주체 또는 나들은 철저히 자기만의 내면성과 동일성을 확보한 나들이다. "만일" 나의 "다수성이 바깥에서 완전히 볼 수 있는 것이라면, 외재적 관점이 다수성의 궁극적 실재에 열려 있다면, 그 다수성은 개체들이 참여하는 하나의 전체성을 이루게 될 것이다"(93/171). 그러므로 레비나스에게 전체성을 파열시키고 균열을 내는 것은 그 누구도 함부로 들여다보거나 감시할 수 없는 비밀스러운 내면을 가진 — 마치 기게스의 반지를 낀 자처럼! — 자아(들)이다. 레비나스는 이렇게 전체성에 균열과 파열을 내는 자아의 삶의 특성을 존재론의 극복으로도 치환하여 표현한다. "삶의 현실은 이미 행복의 지평에 있으며 이러한 의미에서 존재론 저편에(au-delà de l'ontologie) 있다"(84/158).

바로 이런 점 때문에 레비나스는 섣불리 유대 관계나 연대를 말하지 않는다. 개별 자아에 앞서는 유대 관계, 어떤 중립적이거나 우월한 매개자에서 비롯하는 연대성은 모두 자아의 비밀스러운 내면성을 침해할 소지가 있다. 이런 점에서 레비나스가 말하는 주체와 타자의 관계는 결합과 포섭, 공동체 우위의 관계가 절대 아니다. 그런 식의 관계는 나의 자리와 타자의 자리를 모두 어떤 공동성 아래 둔다. 반면에 레비나스에게는 "자아의 비밀이 전체성의 분별/불연속을 보증한다"(90/167).

물론 이러한 비밀스러운 자아의 정립을 통해서 레비나스가 추구하는 "다원주의는" 궁극적으로 "타자의 근본적 타자성을 전제한다". 단, "이 타자성은 (…) 나의 에고이즘으로부터 출발해서 **내가 마주하는** 타자성이다"(94/172). 반복하건대, 자아들의 삶의 다원성, 각기 분리된 채로 자기만의 행복을 추구하는 삶에서부터 시작하여 각기 타자와 윤리적 관계를 맺는 선이 성취되는 것이다. 그러므로 "분리가 선함의 가능성 자체를 조건 짓는다"라고 한 트래비스 앤더슨의 말은 절대 과장이 아니다.[20] 적어도 『전체성과 무한』에서 레비나스는 타자성을 마주하기 위해서는 분리된 존재가 마치 선결 조건처럼 설정되어야 한다고 본 것이다. 레비나스의 가까운 제자였던 롤랑의 다음과 같은 말은 『전체성과 무한』에서 주체성이 어떻게 다루어지는지에 대한 — 지금 우리의 독해와 공명하는 — 한 가지 이해를 제공한다. "동일자인 자아가 『전체성과 무한』의 주체이다. 이것은 '동일성을 내용으로' 가진다는 점에서 '진정한 의미의 동일성이고, 동일화의 작업 자체'이다. 물론 고립된 주체 또는 동일성이 규정하는 자아도 타자를 타인의 얼굴 속에서 만날 것이다. 그리고 주체나 자아의 고립과 동일함은 틀림없이 이런 만남에 의해 영향을 받고 반박되며 또 전복될 것이다. **그렇지만 이런 일은 주체나 자아가 구성된 이후의 두 번째 시간에서 발생한다.**"[21]

<hr>

20 Travis T. Anderson, "The Anarchy of the Spectacle: Emmanuel Levinas on Separated Subjectivity and the Myth of Gyges," *Graduate Faculty Philosophy Journal* 20/21(1998), 331.

21 Jacques Rolland, "Postface — De l'autre homme: Le temps, la mort et le Dieu," in *Dieu, la mort et le temps,* éd. Jacques Rolland(Paris: Éditions Grasset & Fasquelle, 1993), 267; 국역본: 「편집자 후기 — 다른 인간에 대하여: 시간, 죽음 그리고 신」, 『신, 죽음 그리고 시간』, 김도영·문성원·손영창 옮김(서울: 그린비, 2013), 354-355. 나는 이런 롤랑의 이해 방식에 기본적으로는 동의하지만, 그와는 다소 다른 견지에서 주체성을 이해한다. 더 정확하게는 또 다른 이해가 여기에 보완되어야 한다고 본다. 일단 주체의 구성과 삶의 내용이 정립된 이후 타자성이 등장한다는 점은 확실하다. 또한 분명 주체성은 타자성에 의해 결국 의문시되고 반박될 것이다. 하지만 그렇다고 해서 주체성이 사라지지 않을 것이며, 여전히 주체는 주체로서 타자는 타자로서 거리를 유지한다. 주체가 타자를 향해 문을 연 채로 있지만, 주체의 자리는 여전

조금 통속적인 것처럼 보일 수 있지만, 여기서 한 편의 드라마의 사례를 통해 레비나스의 사유를 조금 더 쉽게 이해해 보자. 장애인의 삶을 다룬 드라마 중 가장 널리 사랑받은 드라마 한 편을 꼽자면, 우리는 「이상한 변호사 우영우」를 떠올릴 수 있을 것이다.[22] 이 드라마는 뛰어난 지적 능력을 가졌으나 소위 자폐 스펙트럼 장애 중 하나인 서번트 증후군으로 분류되는 장애를 가진 우영우(박은빈 분)라는 사람의 변호사 도전기를 그린다. 다른 사람들의 배려, 아버지와 친구의 도움이 필요하지만, 변호사로서 자기만의 삶을 오롯이 살려는 주인공 우영우의 모습은 영락 없는 분리와 고독의 주체, 타인과의 만남 전에 우선 자기 스스로 오롯이 주체로 정립되어야 하는 삶 자체, 자기만의 고유한 내면을 갖춘 독립적 주체의 삶을 보여 준다. 한 법무법인에 들어가서 변호사 생활을 잘하던 중, 그녀는 아버지의 동창인 법무 법인 대표의 도움이 자신의 입사 과정에 개입되었음을 인식한다. 우영우의 아버지는 장애로 인해 취업 과정에서 차별과 좌절을 겪던 자신의 딸이 그런 도움을 받아서라도 직업적 성취를 누릴 수 있기를 바란다. 그런 솔직한 심경을 토로하던 아버지에게 그녀는 이렇게 말한다. "오롯이 좌절하고 싶습니다. (⋯) 좌절해야 한다면 저 혼자

히 유지된다. 왜냐하면 레비나스는 자아의 자기성이 유지된다는 점을 명시하기 때문이다. 이때 자아는 자기-중심성에 머무르지 않고 타자를 맞이하는 관대함의 주체이지만, 이 주체가 여전히 나의 자아라는 점은 부인할 수 없다. "그러나 '타인을 위한 존재'는 보편적인 것에 빠져듦으로써 자아(Moi)를 부정하는 것이 아니다. (⋯) 초월은 한 자아의 초월이다. 하나의 자아(un moi)만이 얼굴의 명령에 응답할 수 있다"(282/459-460).

22   유인식 연출, ENA 드라마 「이상한 변호사 우영우」, 2022년 6월 29일-2022년 8월 18일, 16부작.

서, 오롯이 좌절하고 싶습니다."[23]

　이런 좌절과 실패조차 받아 안고자 하는 삶, 오롯이 자신의 몫으로 받아들인 자는 분리된 자아이고, 독립된 삶을 사는 자기이다. "분리는 사유와 내면성의 구성 자체, 즉 독립 속에 있는 한 관계의 구성 자체이다"(77/147). 행복한 삶을 위해서는 독립해야 하며, 이것이 무신론자의 삶이다. 레비나스는 타자와의 만남, 윤리적 책임은 바로 이렇게 홀로 삶을 누리고자 하는 과정에서 오는 실패와 좌절도 오롯이 감내하면서 자신의 삶을 구축하는 자아의 삶이 선행되어야 함을 시종일관 논증하고 있다. 요컨대, "~로 삶은 독립성 자체를, 향유와 그 향유의 행복이 갖는 독립성을 보여 준다"(82/154). 이 독립성은 "노동하는 (…) 등등의 일의 즐거움 또는 고통"(82/155)까지도 함축한다. 그리고 더 나아가 이 삶 자체가 이미 전체성 안에 나를 환원하는 전체화의 힘에 대한 저항이자 이 힘에 균열을 내는 작업이 된다.

　이렇게 우리가 막 진입한 본서의 제2부 "내면성과 경제"는 참된 동일자와 타자의 윤리적 관계가 가능해지는 기초 작업으로 읽혀야 한다. 또한 2부에서부터 우리는 나의 드라마에서 바로 그 '나'가 사는 삶이 구체적으로 묘사되는 장면과 마주한다. 나의 드라마의 주요 인물인 분리된 나라는 무신론자의 행복과 향유의 삶이 기술되고, 바로 여기서부터 전체성에도 균열이 일어남을 나타내고자 하는 것이 레비나스의 근본 의도라는 점을 기억하는 가운데 이제 다음 논의로 진입하자. 나의 드라마의 주인공인 나는 분리된 삶을 사는 자로, 곧 독

23　문지원, 『이상한 변호사 우영우 1』(서울: 김영사, 2022), 506.

립성 안에서 자기만의 행복을 추구하는 자로 소개되고 있다. 그리고 그 행복한 삶은 구체적으로 향유이며, 이는 표상 또는 재현적 삶과 대립한다.

7강. 2부 B

"향유와 재현" 읽기

우리는 나의 드라마, 나의 성스러운 이야기인 『전체성과 무한』이라는 드라마의 전개를 더 본격적으로 다루는 대목에 와 있다. '나' 또는 자아가 분리된 무신론자로 정립되었다고 한다면, 이 나는 대체 어떤 삶을 살며, 어떤 일을 겪게 되는가? 그리고 자기에게 닥친 일과 운명을 무신론자인 나는 어떻게 대처하고 극복해 가려고 하는가? 앞서 그는 이러한 동일자로서 나의 삶의 요체를 향유와 행복으로 규정했다. 2부 B에서는 우선 이 주제를 계속 다루면서 다음과 같은 철학적 주제에 대한 물음도 함께 등장한다. 이런 향유라는 나의 삶의 방식은 그 자체로 현상학적인 삶인가? 아니면 다른 방식의 삶인가? 다른 방식의 삶이라면 그것은 또 다른 현상학적 의미의 삶인가? 아니면 현상학 자체를 넘어서는 삶인가?

이를 제대로 짚기 위해 우선 현상학과 삶의 관계를 규명해 보자. 흔히 현상학은 삶의 의미에 대한 학문이라고까지 규정된다. 이는 아마도 현상학만큼 우리의 삶과 밀접하게 관련을 맺는 철학 분야가 많지 않기에 나온 말일 것이다. 말하자면 초창기부터 현상학은 사물로서의 세계나 전통적 의미의 인식론적 삶보다 의미로 충만한 세계의 삶을 더 근원적인 것으로 받아들였다. 후설과 하이데거가 세계를 보통 생활세계로 번역되는 삶의 세계(Lebenswelt)나 주체의 삶과의 의미연관 속에 나타나는 환경세계 내지 주위세계(Umwelt)로 제시하는 데는 바로 그런 세계에 대한 현상학적 관점이 반영되어 있다. 말하자면, 세계-내-존재인 현상학적 주체의 삶은 우리에게 어떤 의미와 더불어 주어지고 나타나는 세계와의 의미연관 속에서 전개된다. 따라서 이때의 세계는 데카르트가 말하는 연장적인 것(*res extensa*),[1] 또는 칸트가 말한 감성의 대상으로 나타나는 경험적 세계에 국한되지 않는 삶의 세계이다.[2]

레비나스의 철학도 삶의 의미에 더 밀접하게 다가서고자 하는 현상학적 사유의 의도와 맥을 같이 한다. 그가 "철학의 문제는 인간의 의미에 관한 문제로 그 유명한 '삶의 의미' (…) 에 대한 탐구로 이해된다"라고 말한 데서 보듯,[3] 그의 철학은 바로 삶의 세계에 대한

---

1 **"연장적인 것**이라는 데카르트의 물리적 세계는 이때 **사유하는 자**에 의해 표상된 세계이고, **에고 코기토**(ego cogito)라는 기준 척도로 환원된 세계이다." Joshtrom Isaac Kureethadam, *The Philosophical Roots of the Ecological Crisis: Descartes and the Modern Worldview* (Newcastle upon Tyne, UK: Cambridge Scholars Publishing, 2017), 261.

2 물론 칸트의 세계는 현상계인 경험적 세계와 사물 자체가 현존하는 초월적 의미의 세계로 구별될 수 있다. "칸트에 의하면, 현실성을 가진 모든 것의 총합으로 이해되는 세계는 실재성의 여러 차원, 가장 중요하게는 초월적 차원과 경험적 차원으로 구성된다." Anja Jauernig, *The World According to Kant: Appearances and Things in Themselves in Critical Idealism* (Oxford, UK: Oxford University Press, 2021), 355. 이 책에서는 칸트의 이론철학에서의 세계 이해를 상세하게 탐구한다.

3 Levinas, *Éthique et infini*, 17; 국역본: 『윤리와 무한』, 15.

친밀한 현상학적 접근에서부터 시작한다. 하지만 레비나스가 보기에 처음부터 삶에 대한 사랑을 추구했던 전통 현상학조차 삶의 의미의 근원에까지 오롯이 이르지는 못했다. 왜 그런가? 우선 레비나스가 비판하는 현상학적 삶의 세계가 무엇인지 알아보도록 하자. 이는 보기보다 난해한 문제인데, 왜냐하면 현상학적 삶과 세계 개념 자체가 매우 다양하고 복잡하게 제시되기 때문이다. 베르넷이 잘 지적한 것처럼, 우리는 후설로부터 "'정신세계'(*geistige Welt*), '생활세계'(*Lebenswelt*), 주위세계(*Umwelt*), '고향세계'(*Heimwelt*), '관심의 세계'(*Interessenwelt*), '보편세계'(*Allwelt*), '세계지평'(*Welthorizont*) 같은 삶의 세계의 본질을 나타내는 세계 개념만이 아니라, "세계의 무화"(*Weltvernichtung*)와 같이 앞의 개념들과는 성격이 좀 다른 세계 개념을 포함한 "수많은 '세계'라는 말의 합성어를 직접적으로 볼 수 있다".[4] 그런데 이때 후설이 말하는 세계에서의 삶은 의식적 체험 지평 안에서의 삶이라는 점에서 레비나스에게 이는 표상적 진리에 국한된 삶으로 여겨졌다. 이 맥락에서 베르넷의 말을 한 번 더 인용하자면, 후설의 "현상학적 인간학은 세계 내 인간의 삶을 연구하는데 이 세계가 지향적 경험을 통해 존재하므로 (…) 지향적이라고 불릴 수 있으며, 인간 존재자들은 그들 스스로가 그들 모두에게 공통적인 삶의 구조, 생활세계로 적절히 불릴 수 있는 구조에도 연관되어 있다". 이런 점에서 지향적인 세계의 "이 구조는 (…) 지향적 경험과 무관하

---

4   Rudolf Bernet, *La vie du sujet: Recherches sur l'interprétation de Husserl dans la phénoménologie* (Paris: Presses Universitaires de France, 1994), 93.

지 않다".[5]

　레비나스의 관점에서는 후설의 그 어떤 세계 개념을 가져오더라도 그것은 지향적 체험의 지평 안에서 말해지는 세계이다. 이 세계와 세계에 속한 모든 것은 초월적 자아의 "의식의 대상"이고, "여기서 의식의 대상은 의식이 부여한 '의미', **의미부여**의 결과가 된다"(96/176). 그러므로 이때 지향적 경험의 대상은 내가 의미부여할 수 있는 표상, 또는 재현 가능한 대상이라는 말이다. 그렇다면 여기서 문제시되는 재현 또는 표상, 다시 말해 향유와 대조되는 표상적 지향성이 전면에 등장한다는 점에서 세계 내에서 인간의 삶은 우선 세계를 재현하는 데 초점이 맞추어진 삶이다. 그런데 이런 표상적 사유에 입각한 세계 이해의 무엇이 잘못되었다는 말인가? 이 점을 이해하기 위해 잠시 표상적 사유의 핵심과 그 비판점을 검토하는 우회로를 거쳐 레비나스의 논지로 돌아가자.

표상적 사유와 근대적 주체성

20세기 유럽대륙철학의 여러 운동에서 표상적 사유에 대한 비판이 다양한 방식으로 작동한다. 표상 또는 재현될 수 없는 기호의 침입으로 말미암아 발생하는 사유의 경험을 이론화한 질 들뢰즈나 고전주의 시대의 에피스테메를 표상으로 간주한 미셸 푸코가 그 예일 것이

5　Bernet, *La vie du sujet*, 103.

　　　　　　　　　　2부 전개: 행복한 삶을 향유하는 나

다.[6] 그런데 이런 표상 또는 표상적 사유에 대한 세심한 비판은 실은 하이데거로 거슬러 올라간다. 하이데거에게 근대는 표상적이고 계산적인 합리성으로 대변되는 시대이며, 그 근거를 제공한 인물이 바로 데카르트이다. 그에게 데카르트의 코기토는 우선 세계의 존재자를 정초하는 역할을 떠맡은 근거 역할을 한다. 더 구체적으로 말해서 코기토는 다른 모든 존재자를 자기 앞에 세워(vor-stellen) 표상 또는 재현(Vorstellung)의 대상으로 만들어 버리는 사유의 모범을 보여 준다. 어떻게 이런 일이 가능한가? 하이데거가 보기에 데카르트의 코기토, 곧 '나는 생각한다'에서 생각은 그저 나의 본질적 속성을 규정함을 넘어 존재자를 규정하는 힘을 갖는데, 이때 발휘되는 것이 표상 작용의 힘이다. 따지고 보면, 나 아닌 다른 존재자들은 여러 가지 고유한 성격을 가질 수 있다. 내 앞에 있는 컴퓨터 마우스는 일견 고정된 대상으로 보이며, 또 나의 인식하는 능력 안에 포착되기를 기다리고 있는 것 같다. 하지만 하이데거식으로 생각하자면, 그것은 내가 내 손으로 사용되기를 기다리고 있는 가능-존재자로 간주될 수도 있다. 또한 조금 다른 방식으로 생각해 보면, 그 마우스는 내가 가지고 싶어 했던 소망이나 욕망의 대상일 수 있고, 다른 사람이 나에게 건네준 따뜻한 선물의 의미를 가진 어떤 것일 수 있다.

6   이와 관련해서는 들뢰즈와 푸코의 여러 저작을 참조할 수 있겠으나 특히 다음 두 작품을 참조하라. Gilles Deleuze, *Proust et les signes* (Paris: Presses Universitaires de France, 1964); Michel Foucault, *Les mots et les choses* (Paris: Éditions Gallimard, 1966). 또한 20세기 유럽대륙철학에서 비표상적 사유에 관한 연구로는 나음 책을 참소하라. 서동욱, 『차이와 타자』(서울: 문학과지성사, 2000), 특히 서문과 1장.

하지만 데카르트에게 그런 존재자의 다채로움이 모두 인식 가능한 하나의 '상', 연장된 실체로 간주될 운명에 처한 하나의 대상으로 전락하는 것처럼 보인다는 것이 하이데거의 비판이다. 이런 점에서 데카르트는 "존재자"를 내가 "연구로서의 인식"을 따라 "마음대로 다루는" 대상으로 바꾸어 버렸고,[7] 그렇게 바꾸는 과정에서 모든 존재자를 표상으로 만들 수 있는 경로를 닦았다. 하이데거에 의하면, 이 표상적 사유에서, "사유는per-ceptio, 즉 percipere와 perceptum, 표상하다와 표상된 것이라는 이중적 의미의 표상이다".[8] 여기서 지각을 뜻하는 perceptio는 capio에서 온 말로, 이는 '손을 뻗어 움켜쥔다'는 의미를 갖는다. 그러므로 대상을 내 앞에 세운다는 것은 그것을 내가 움켜쥘 수 있는 것, 내가 파악하는(grasping, begreifen) 어떤 것이 됨을 뜻한다.[9] 더 나아가 코기토에는 또 다른 함의가 있는데, 그것은

---

7 Martin Heidegger, "Die Zeit des Weltbildes"(1938), in *Holzwege*, Gesamtausgabe 5, hrsg. von Friedrich-Wilhelm von Herrmann(Frankfurt am Main: Klostermann, 1950; 2003), 87; 국역본: 「세계상의 시대」, 『숲길』, 신상희 옮김(파주: 나남, 2008), 147.

8 Martin Heidegger, *Nietzsche: Der europäische Nihilismus*(1948), Gesamtausgabe 48, hrsg. von Petra Jaeger(Frankfurt am Main: Klostermann, 1986), 217; 국역본: 『니체와 니힐리즘』, 박찬국 옮김(서울: 철학과현실사, 2000), 242.

9 "그렇다면 개념(begriff)이란 무엇을 의미하는가? 개념에 대한 라틴어 용어는 conceptus 이다. 이는 동사 capere는 잡다, 파악하다에서 파생되었다." Martin Heidegger, Zollikoner *Seminare: Protokolle-Zwiegespräche-Briefe*, hrsg. von Medard Boss(Frankfurt am Main: Vittorio Klostermann, 1987), 169. 레비나스도 개념적 파악에 대해 하이데거와 비슷한 이해를 보여준다. "그 스스로 붙잡히게 자신을 내맡기는 현전은 이해의 기회에 종속된 채로 있다. 이때 앎은 지각과 파악에 결부되어 있고, 개념(concept[한데 모아 잡다], Begriff[잡아-채다])에 이르기까지 그렇게 포착된 채로 존속한다. 개념은 포착의 구체성을 간직하거나 상기시키며, 그 종합적 작용 속에서 실제 포착 행위를 모방한다." Emmanuel Levinas, *Transcendance et intelligibilité: suivi d'un entretien*(Genève: Labor et Fides, 1984), 15.

실은 "내가 사유함을 사유함"(cogito me cogitare)이다. 곧

> '나는 어떤 것을 표상한다'는 것은 동시에 '나', 즉 표상하는 자를 (내 앞에서, 곧 나를 내 앞으로 세우면서) 표상한다. 인간의 모든 표상작용은 오해하기 쉬운 표현 방식을 따르면, '자신'을 표상하는 것이다. (…) 이는 실은 데카르트도 코기토를 내가 사유함을 사유함으로 규정할 때 대상에 대한 모든 표상작용에서 말하자면 첨가물로서 '나' 자신, 즉 표상하는 자가 표상하는 자로 표상되고 대상이 된다고 말하는 것이 아니다. (…) 표상하는 자아는 오히려 모든 '나는 표상한다'에서 훨씬 **더 본질적으로** 그리고 더 필연적으로 **함께** 표상되는 바, 표상된 것이 그것을 향해서, 그것으로 그리고 그것 **앞에** 세워지는 그러한 것으로 표상된다. (…) 즉 표상하는 자인 그가 표상된 것을 항상 자신 앞에 끌어오는 식으로 개입하는 것이다.[10]

내가 사유할 때는 내가 생각함, 내가 지금 생각하고 있다는 사실을 생각하게 되는데, 이것은 순전한 자기의식을 말하는 것이 아니다. 데카르트의 코기토에서 내가 생각함이란 다른 것을 표상하는 것을 의미하고, 그 표상작용에서 표상하는 나도 함께 사유된다. 단, 이때 사유된 나는 그저 순전하게 존재하는 것이 아니라 다른 것을 내 앞에 세우는 작업을 하고 있는 나로 존재한다. 이런 점에서 내가 나를 생

---

10   Martin Heidegger, *Nietzsche: Zweiter Band* (1961), Gesamtausgabe 6.2 (Frankfurt am Main: Vittorio Klostermann, 1997), 153-154; 국역본: 『니체 II』, 박찬국 옮김(서울: 도서출판 길, 2012), 140-141.

각한다는 것은, 표상하는 나, 기실 다른 것에 사유의 지배력을 행사하는 나를 사유함을 뜻한다. "요컨대, 의식은 본질적으로 자기의식이고, 내 자신에 대한 의식인 자기의식은 사물에 대한 의식에 첨가되는 것이 아니다. 오히려 역으로 대상의식은 그 본질에 있어 무엇보다도 자기의식이며, 오직 자기의식으로서만이 자기와 '마주 서 있는' 것으로서의 대상에 관한 의식이 가능하다."[11] 결국 이렇게 "특징지어진 표상작용에 대해 인간의 **자기**는 본질적으로 그리고 항상 근저에 놓여 있는 것으로서 존재한다. 자기는 주-체(sub-iectum)로 존재한다".[12]

　　이런 식의 주체 해석은 레비나스가 계속 강조하는 신이라는 무한의 현존, 곧 데카르트가 중요한 것으로 제시한 코기토의 무한에 대한 의존성을 아예 언급하려 하지 않는다는 점에서 온전한 해석은 아니다. 만일 이렇게 데카르트의 철학을 내가 주체가 되기를 꿈꾸는 것처럼 해석할 경우, 우리는 어쩌면 데카르트의 코기토를 아예 신적인 존재로 간주해야 할 것이다. 자콥 로고진스키가 지적한 대로 말이다.

11　강영안, 『주체는 죽었는가: 현대 철학의 포스트 모던 경향』(서울: 문예출판사, 2001), 80.

12　Heidegger, *Nietzsche: Zweiter Band*, 155; 국역본: 『니체 II』, 142. 또한 하이데거는 이 subjec-tum의 의미가 고대나 중세와 달리 근대에서 인간을 함축하는 것으로 바뀌었음을 다음과 같이 상세히 설명한다. "우리는 물론 수브옉툼(*Subjectum*)이라는 낱말이 그리스어 휘포케이메논(ὑποκείμενον)의 번역어라는 점을 이해해야 한다. 이 낱말은 모든 것을 자기에게 모아들이는 그런 근거로서, 앞에-놓여-있는 것을 말한다. 수브옉트(*Subjekt*) 개념에 놓인 이러한 형이상학적 의미는 우선은 인간에 대한 관련을 강조하고 있지 않으며, 더욱이 '나'에 대한 관련을 강조하고 있는 것도 아니다. 그러나 인간이 일차적으로 본래적인 그런 수브옉툼(주체)이 된다면, 이것은 곧 인간이 모든 존재자를 그 존재 방식과 진리방식에서 근거 짓는 그런 존재자가 된다는 것을 의미한다. 인간은 존재자로서의 존재자와 관계하는 이러한 관계의 중심이 된다. (…) 이러한 변화를 따르는 근대의 본질은 무엇인가?" Heidegger, "Die Zeit des Weltbildes," in *Holzwege*, 88; 국역본: 「세계상의 시대」, 『숲길』, 149.

"만일 내가 주체가 될 수 있다면, 나는 절대적이고 무한한 존재가 될 것이다. 곧 나는 신이 되고 말 것이다."[13] 하지만 데카르트의 코기토는 이런 식의 주체가 되려고 하거나 신의 자리를 찬탈하려 한 적은 더더구나 없다.[14]

이처럼 하이데거의 데카르트 이해는 다분히 폭력적이기까지 한 해석을 거친 것이지만,[15] 그럼에도 불구하고, 현상학과 특히 하이데거 이후의 유럽대륙철학, 현대 철학의 탈근대적(postmodern) 경향의 한 흐름은 이런 표상적 사유를 극복하는 것을 하나의 과제로 삼는다는 점에서 일정하게 하이데거의 근대성 비판을 계승한다.[16] 결국 이런 표상적 사유의 극복은 존재자를 표상하여 자기 앞에 세우는 주체

---

13 Jacob Rogozinski, "Wer bin Ich, der Ich gewiss bin, dass Ich bin?" in *Tod des Subjekts?*, hrsg. von Herta Nagl-Docekal und Helmuth Vetter(Wien: R. Oldenbourg Verlag, 1987), 97.

14 "더 나아가 데카르트의 자아가 실제로는 주체가 아니며, 데카르트가 자신들의 근대성에 속하지 않는다는 것을 다음 시대의 주요 사상가들이 깨달았을 가능성도 배제할 수 없다. 라이프니츠에서부터 후설에 이르기까지 그들은 모두 코기토에 대한 데카르트적 정립에서 그것이 더 안전한 토대 위에서 다시 시작되어야 하고 더 심층화되어야 하는 미완의, 불충분한 정당성만을 보았을 뿐이다." Rogozinski, "Wer bin Ich, der Ich gewiss bin, dass Ich bin?" in *Tod des Subjekts?*, 91. 최근 데카르트 해석 가운데는 그의 철학을 이원론적으로만 해석하는 것을 일종의 신화로 여기고, 데카르트의 자아를 현상학적이고 탈형이상적인 주체의 선구자처럼 해석한 독특한 연구도 있다. 이와 관련해서 다음 연구를 참조하라. Jean-Luc Marion, *Sur la pensée passive de Descartes*(Paris: Presses Universitaires de France, 2013). 또한 데카르트 철학에 관한 균형 잡힌 이해를 위해서 국내 연구 가운데 다음 글을 참조하라. 이무영, 「데카르트의 『성찰』에서 자아와 신 문제」, 『칸트연구』 제34집(2014년 12월), 39-76.

15 하이데거의 데카르트 해석과 이 해석에 포착되지 않는 데카르트 철학의 특성에 관한 연구로 다음 연구를 참조하라. 강영안, 『주체는 죽었는가』, 특히 2장. 또한 자콥 로고진스키의 탁월한 연구를 참조하라. Jacob Rogozinski, *Le moi et la chair: introduction à l'ego-analyse*(Paris: Éditions du Cerf, 2006); 국역본: 『자아와 살』, 이은정 옮김(서울: 도서출판 b, 2017).

16 현상학의 탈주체적 성격에 관해서는 다음 글을 보라. 박인철, 「현상학과 탈주체성: 현상학의 포스트모더니즘적 성격」, 『인문학연구』 제10호(2006년 12월), 53-80.

를 넘어서 타자성에 개방된 "탈중심화된 자기"(decentered self)를 고 안하는 과제와 연결된다.[17] 레비나스의 윤리적 주체 역시 그런 "탈중 심화된 자기"의 한 형태일 것이다.

레비나스에게 표상적/재현적 사유의 극복: 삶에 대한 사랑

레비나스도 큰 틀에서 볼 때 — 비록 그 극복의 방향은 하이데거와 크게 다르지만 — 이런 표상적 사유에 대한 비판 및 그에 연동된 주 체성의 극복이라는 사유 노선을 일정 정도는 계승한다.[18] 그는 표상 또는 재현적 사유를 극복하기 위하여 세계에서 삶을 향유하는 주체 를 내세운다. 향유하는 삶의 주체는 이 세계에 표상하는 나의 의식이 아니라 신체로 뿌리내리고 있다는 점에서 차별화되는데, 다만 이 맥 락에서 **하이데거가 데카르트를 주요 비판 대상으로 삼은 것과 달리 레 비나스는 후설을 일차적 비판 대상으로 삼는다.**[19]

이에 본격적으로 레비나스가 후설 비판을 통해 재현 또는 표상 의 사유를 어떻게 극복하려는지 살펴보자. 그에게 인간은 기본적으 로 자신의 고유한 신체로 살아가며, 이 신체-주체는 상위의 어떤 목

---

17 Westphal, *Transcendence and Self-Transcendence*, 5; 국역본: 『초월과 자기-초월』, 28.

18 물론 레비나스는 하이데거가 데카르트를 근대적 주체성의 전형으로 간주한 것에 동의하지 않을 것이다. 왜냐하면 그에게 데카르트는 무한의 외재성에 대한 사유의 원천 역할을 하기 때문이다.

19 그리고 후설을 근대적 사유를 계승한 대표적 인물로 파악하고 그를 극복하려 한다는 점 에서, 웨스트폴은 레비나스를 "'탈근대' 사상가"로 간주한다. Westphal, *Transcendence and Self-Transcendence*, 180; 국역본: 『초월과 자기-초월』, 388.

적을 위한다기보다 그 자체로 삶을 영위한다. 이것이 세계 안에 사는 주체의 삶에 대한 레비나스의 기본 요지이다. "숨 쉬기 위해서 우리는 숨을 쉬고 먹고 마시기 위해 먹고 마신다. 거주하기 위해 주거를 마련하고 호기심을 만족시키기 위해서 공부하고 산책하기 위해서 산책한다. 이 모든 일들은 살기 **위해서** 하는 것이 아니다. 이 모든 것이 곧 삶이다."[20]

이처럼 먹고, 마시고, 거주하고, 공부하고, 산책하는 신체-주체로서 세계의 물질을 향유하는 것이 나의 삶이다. 앞서도 보았지만, 이 생각은 『전체성과 무한』에서 "**삶에 대한 사랑**"으로 구체화되며, 이 사랑의 삶은 "생각하고, 먹고, 잠자고, 읽고, 노동하고, 햇볕을 쬐는 것과의 관계"(84/157)로 채워진다.[21] 그러므로 "내가 얻는 삶은 **벌거벗은** 실존이 아니며, 노동과 먹을거리의 삶이다"(83/156). 이처럼 노동하고 먹고 마시는 일로 채워지는 삶은 (그저 대상이 아니라) 행복을 주는 타자들을 향유하는 신체의 즐거움을 상정하지 않으면 이해될 수 없다. 하지만 앞서도 언급했듯이 후설 현상학에서 지향적 체험의 주체는 이런 삶을 세계 내에서 영위하기 어렵다. 즉 후설에게 지향적 체험의 환경인 생활세계 안에 속한 주체는 레비나스가 내세운

20　Levinas, *De l'existence à l'existant*, 67; 국역본: 『존재에서 존재자로』, 70.

21　흥미롭게도, 비록 전혀 다른 전통에 서 있지만, 마이클 샌델도 삶에 대해 이런 식으로 표현한 바 있다. "대부분 사람들이 살아가는 이유는 삶을 사랑하기 때문이지, 삶이 의무이기 때문이 아니다." Michael J. Sandel, *Justice: What's the Right Thing to Do?* (New York, NY: Farrar, Straus and Giroux, 2009), 114; 국역본: 『정의란 무엇인가』, 김명철 옮김, 김선욱 감수(서울: 와이즈베리, 2014), 175. 샌델은 칸트가 이런 삶의 동기에 의무감을 덧붙인다고 본다. 레비나스에게는 의무나 법칙보다 삶에 대한 사랑이 우리의 삶을 이끌어 가는 것으로 이해된다. 타인에 대한 책임도 법칙에 대한 의무는 아니다.

신체-주체라기보다는 지향하는 의식의 삶을 주안점으로 삼기 때문에, 삶에 대한 체험보다는 지성작용을 앞세우게 된다.

그렇다면 지향적인 주체의 삶, 의식의 삶의 내용은 구체적으로 무엇일까? 앞서 보았듯이, 후설이 생활세계라는 삶의 의미의 터전인 세계를 구체화했다고 하더라도 세계를 "재현" 또는 "표상"의 대상으로 삼고,[22] 주체를 신체적 삶의 활동이 아니라 의식의 활동인 재현 또는 표상작용에 우선시하는 존재자로 본다는 점에서 한계를 나타낸다. 다시 말해 그는 이 세계를 감각이나 감성에 의해 접근하기보다는 사유에 의해 규정되어야 할 운명에 처한 총체로 우선 대하는 것 같다. 즉 이런 주체의 삶은 세계를 이해하는 삶으로 우선 규정되고, 세계는 나의 개념적 파악 대상은 아닐지라도 인식론적 의미부여의 대상으로 소환된다.

하지만 잘 알려져 있듯이, 후설의 현상학은 대상을 나의 마음의 상으로 변형해 버리는 마음의 표상 이론을 거부하는 데서 그 독특한 위엄을 내포하지 않는가? 이 점에서 레비나스의 후설 비판은 잘못된 지점을 겨냥하고 있는 것이 아닐까? 실제로 마음의 표상작용을 기반으로 삼는 인식론은 우리의 인식이 실은 사태나 사물 자체가 아니라 그것들에 대한 상을 인식하는 데 머무른다고 본다. 즉 세계의 대상은 나와 완전히 이질적이므로, 내가 그것을 개념화하고 판단하기 위해서는 나의 마음속에 외부 대상을 상으로 재현 또는 표상해 내야 한다

---

22 Représentation은 재현으로도, 표상으로도 번역될 수 있으나 『전체성과 무한』의 국역본에서는 재현으로 번역되었다.

는 것이다. 하지만 이렇게 되면, 우리가 실제로 마주하는 세계는 실은 내가 아무리 다다르려고 해도 나와 관계 맺기를 회피한 채 오직 상 또는 이미지로만 주어지게 된다. 그렇게 되면 기실 우리는 우리가 늘 마주하는 세계의 대상에 대해서는 그 본질이나 그것 자체의 현전에 대해 알 수 없다는 식의 결론에 이르고 만다.

후설이 바로 이런 식의 표상주의에 도전한다는 점에서 그의 현상학은 매력적이다. 후설에 의하면, 현상학적 사유에서 성취하는 진리는 실재하는 대상에 대한 진리이다. 우리의 지향적 의식 체험은 실제로 우리에게 주어지고 나타나는 것들에 대한 체험이며, 우리는 지각적 체험을 통해 그것을 충만하게 체험할 수 있다. 내가 스마트폰 검색을 통해 가고 싶은 해외의 어떤 도시, 이를테면 파리의 사진을 찾고 그것에 대해 생각한다고 해 보자. 이 경우 나는 스마트폰 화면으로 보이는 파리의 사진들을 보고 있지만, 실은 그 사진 너머 실제 현존하는 도시인 파리를 지향하고 있다. 그리고 사진으로만 보던 파리를 실제로 방문하여 볼 때, 나는 내가 사진으로 표상한 파리에 대한 상을 실질적으로 교정하여 인식할 수 있는 지향의 충족이 일어난다. 이처럼 후설의 지향적 의식 체험은 우리가 실제 인식 작업을 할 때, 그 인식이 단지 상을 지향하거나 형성하는 데 그치는 것이 아니라 실제 대상을 욕망하고 있음을 잘 설명해 준다. 이렇게 "우리가 '의식하고' 있는 대상들은 단순히 의식 **안에서** 발견될 수 있고 그 안에서 포착될 수 있게끔 그렇게 단순히 상자 안에 있는 것같이 단적으로 거기 있는 것이 아니다. (⋯) 그것들은 객관적 지향의 다양한 형태 안에서 우리에 대해 존재하고 우리에 대해 타당한 것으로 우선 **구성된**

다".[23] 이런 점에서 후설에게 재현이나 표상은 중세나 근대 철학 일각에서 생각되는 것처럼 단순히 의식이나 마음의 상자 안에 머무는 이미지가 아니라, 현상을 의식에 주어진 유의미한 대상으로 구성하는 지향적 작용, 즉 대상을 현전화하는 작용에 가깝다. 즉 우리에게 주어지는 현상으로서 대상의 의미를 지금 그리고 여기 드러낼 때, 또는 이러저러한 방식으로 해석할 때, 우리는 그것에 대해 현상학적 의미의 재현과 표상이라는 말을 쓸 수 있다. 요컨대 후설에게 재현 또는 표상은 주체가 대상을 의식에 현전하게 하고, 지향작용의 내용을 구성하는 매개이다. 의자라는 현상이 주어지면, 의자는 그 두께나 질감, 색, 전면, 후면 등으로 다양하게 주어질 수 있다. 이때 표상작용은 이 다양한 나타남을 종합하여 동일한 의자로 통합하고 구성하여 바로 그 의자 자체로 현전하게 하는 역할을 한다. 이 점에서 표상은 전통적 의미의 이미지가 아니라 여러 나타남을 하나의 대상으로 현전화하는 작용에 근접한다.[24]

그렇다면 레비나스의 관점에서 마음 또는 지각의 표상 이론을 극복한, 후설의 내재한 표상 또는 재현 이론을 어떻게 볼 것인가? 레비나스는 후설의 재현 또는 표상 이론이 실은 현상으로서 대상의 의미를 지금 그리고 여기에 나타나게 하는 매개작용이자 현전화 작용이라는 점을 강조한다. 왜냐하면 표상이 대상을 구성하는 작용이라

23　Husserl, *Logische Untersuchungen*, 2-1, 169; 국역본: 『논리 연구 2-1』, 207.

24　후설의 표상 개념에 대한 간략하면서도 명쾌한 설명으로 다음을 참조하라. Susi Ferrarello, *Husserl's Ethics and Practical Intentionality*(London, UK: Bloomsbury, 2016), 57-61.

고 할 때, 그것은 지금 나의 의식에 대상을 나타나게 하는 것을 의미하기 때문이다. 그래서 레비나스는 말한다. "재현은 순수한 현재이다. 접선으로라도 시간과 연결되지 않는 순수한 현재라는 처지가 재현의 경이로움이다"(98/179). 또 그는 이렇게도 말한다. "재현한다는 것, 그것은 단지 '새롭게' 현전시킨다는 것이 아니라 흐르는 현행의 지각을 현재 자체로 되돌리는 것이다. (⋯) 재현한다는 것은 (⋯) 사유에 독립적으로 보이는 모든 것을 사유의 순간성으로 되돌리는 것이다. 재현이 구성적인 것은 이런 점 때문이다"(100/182).

이처럼 레비나스는 후설의 표상 또는 재현을 전통적인 의미에서 마음의 상으로서 표상이 아닌, 생생한 현실성 안에서 사태를 체험하는 의미의 현재적 구성으로서 현전화로 이해한다. 하지만 그렇다고 해도 문제가 없어지는 것은 아니다. 이 모든 과정에서 주체는 에포케, 곧 현상학적 환원을 통해 세계의 존재자를 재현 가능한 대상, 즉 노에마로 변경한다. 이때 "외재성의 의미는 노에마로 바뀔 수 있다. 이러한 것이 후설이 말한 에포케(ἐποχή)의 운동이다. (⋯) 에포케의 운동 가능성 자체가 재현을 정의한다"(98/180). 사정이 이렇다면 후설의 현상학적 주체의 삶은 대상을 현전화하는 재현이라는 구성적 작용을 수행하는 방식으로 전개될 뿐이다. 이때 우리의 신체-주체, 더 정확하게는 먹고, 마시고, 공부하고, 일하는 향유의 주체는 재현이라는 진리의 작업을 수행하는 의식의 삶으로 환원되고 만다. 다시 말해 그런 삶은 **재현들로 살아가는** 삶으로 되돌아가는 것이다"(100/183). 물론 레비나스도 후설이 표상적 삶만을 이야기하지 않았다는 것을 잘 알고 있었다. 이미 『후설 현상학에서의 직관 이론』에서 그는 이 점을 지적한 바 있다. "기쁨, 의지 등의 대상이 기쁨을 주고, 의욕하게 하는 일 등에 **앞서서** [우선] 표상되어야만 한다는 사실이 브렌타노나 후설에게서 정서적이거나 의지적인 작용에 고유한 지향성의 부정을 함축하지 않는다."[25] 레비나스가 보기에 표상 또는 재현의 지향성이 무의미한 것은 아니지만, 그럼에도 우리는 표상 또는 재현하기 전에 이미 삶을 산다. "재현이 있는 어느 곳에서나 행해지는 구성의 과정은 '~로 삶' 속에서 뒤집힌다. 내가 그것으로 사는 것은 재현된 것과 같은 방식으로 내 삶 안에 있지 않다"(101/184). 아마도 이것이 재현이나 표상보다 우위에 있는 감각적인 신체적 삶으로의 환원일 것이다.

그렇다면 레비나스는 이런 재현을 우위에 두는 이론적 삶이나 주지주의가 후설 현상학의 근본 문제점이라고 보는가? 분명 후설은 이론적 지향성을 가치론적 지향성보다 우위에 있는 것처럼 여기게 하지만, 그렇다고 이것이 존재하는 가치 지향적 대상들 자체를 부정하는 것은 아니다. 웨스트폴이 잘 지적한 것처럼, "주지주의의 오염에 관한 우려가 레비나스의 표상에 관한 우려의 핵심은 아니다".[26] 또한 에른스트 볼프가 잘 지적한 것처럼, 레비나스의 후설 비판은 1930년대에 주지주의에 초점이 맞추어져 있었으나 "1940년에 후설 현상학에서 표상의 우위성에 기초한 주지주의 비판을 상대화하는

---

25 Levinas, *La théorie de l'Intuition dans la phénoménologie de Husserl*, 92; 국역본: 『후설 현상학에서의 직관 이론』, 116. 강조와 대괄호 필자.

26 Westphal, *Transcendence and Self-Transcendence*, 185; 국역본: 『초월과 자기-초월』, 398.

데, 이는 표상 문제 전체를 의미부여의 맥락에 재위치시킴으로써 행해진다".[27] 이런 의미에서 레비나스는 후설의 표상 또는 재현에 대한 사유가 타자를 일방적으로 규정하는 동일자의 사유에 충실한 것이라는 점 때문에 후설 현상학을 비판한다. "재현의 지향적 관계에서 동일자(Même)는 타자(Autre)와 관계하지만, 그것은 타자(Autre)가 동일자(Même)를 규정하지 않는 방식에서 그렇게 하며, 타자를 규정하는 것은 언제나 동일자이다"(97/178). 이것은 앞서 언급했던 현전화로서의 재현을 떠올리면 더 쉽게 이해할 수 있다. 다음과 같은 예를 생각해 보자. 타자는 나에게 지나간 자일 수도 있고, 과거에 내게 침투한 어떤 자일 수 있다. 조금 더 극단적으로, 아니 어쩌면 매우 흔하게 마치 유령처럼 죽지 않고 떠도는 이로 타자는 내게 나타날 수 있다. 억울하게 희생당한 이들이 그렇고, 내가 성실하게 곁에 있어주지 못하여 내게 죄책감의 트라우마로 남은 이들이 그렇다. 전쟁 중 동료를 잃은 채로 고향으로 돌아간 이들의 고통을 가늠해 보자. 사실 가늠한다는 말도 어울리지 않을 것이다. 그 고통은 많은 경우 헤아릴 수 없는 트라우마로 주어질 것이므로, 이때 우리는 동일자의 지배력으로 타자를 포섭하지 못한 채 경악하거나 어찌할 바를 알지 못한 채로 있게 될지 모른다. 하지만 재현의 세계에서 이렇게 트라우마 또는 흔적처럼 남을 수 있는 타자, 그리고 이 타자에 의해 동일자가 규정될 가능성이 있을까? 레비나스가 보기에 후설의 표상 또는 재현

---

27 Ernst Wolff, "Levinas lecture de Husserl," Studia Universitatis Babeş-Bolyai – Philosophia 2 (2006), 141-142.

은 지금 그리고 여기에서 우선 다른 모든 지향적 태도에 앞서 이론적으로 현상을 정립하는 것이기 때문이다. 그러므로 "동일자(Même)에 의한 타자(Autre)의 비상호적 규정인 재현의 구조가 동일자에게는 현전해 있음이라는 사태를 뜻하며, 또 타자에게는 동일자에 현전해 있음이라는 사태를 뜻한다는 점을 기억해 두자"(98-99/180). 이러한 사유의 구도에서 타자는 동일자가 사유하는 순간에 규정되기를 예비하고 있는 존재이다. 그리고 지향적 사유가 작동하는 순간 "주어진 것의 모든 선행성은 사유의 순간성으로 환원되며, 사유와 동시적으로 현재 속에서 출현한다"(100/181). 그러므로 위에서 언급했듯이 현전화할 수 없는, 또는 현재의 순간으로 환원할 수 없을 만큼 "**놀라움의 트라우마**"(46/97)를 일으키는 외재성의 타자는 적어도 이런 사유에서는 자리하기 어렵다. 현전화하는 사유가 너무나도 안정적으로 자신의 사유 안에서 타자를 관리하고 지배한다.[28] 요컨대, 전통 현상학에서 "이성은 그 본성상 (⋯) 자신의 **의미부여**(Sinngebung)의 빛으로 세계를 채우며, 따라서 절대적으로 낯선 것, 즉 자기 자신으로부터 유래하지 않은 것처럼 보이는 어떤 것도 결코 마주치지 않는다. 이것이 바로 후설적 모나드론을 구성하는 것이다".[29]

---

28 이러한 사유에서 후설이 레비나스에게 그토록 문제시되는 이유는, 그에게 후설이 인간 인식을 기반으로 삼아 타자를 동일자 아래 두는 서양 철학의 오랜 습속의 대표자이자 후계자로 보였기 때문이다. 웨스트폴이 잘 지적한 것처럼, "우리는 레비나스가 후설을 서양 철학의 한 가지 지배적 전통의 정점으로 읽고 있다는 사실을 절대 잊지 말아야 한다. 적어도 플라톤 이후 이 전통은 인식을 보편적인 것 아래 개별적인 것을 집합시키는 일로 이해했다". Westphal, *Transcendence and Self-Transcendence*, 190; 국역본: 『초월과 자기-초월』, 409.

29 Wolff, "Levinas lecture de Husserl," 140.

그렇다면 레비나스는 전통적인 표상적 주체성이나 지각의 표상 이론만이 아니라 후설의 표상 또는 재현의 지향성, 현전화하는 사유를 극복하기 위해 곧장 타자의 절대적 타자성을 자신의 논증에서 핵심 주체로 제기하고 있는가? 그렇지 않다. 적어도 『전체성과 무한』의 레비나스는 (후설적 의미의) 이론적인 현상학적 삶과는 다른 의미로 주체의 삶을 해명하는 데 우선 초점을 맞춘다. 이 후설의 후예이자 냉엄한 후설 비판자에 의하면, 타자의 에피파니 이전에도 우리는 재현의 지향성이 전도되는 경험을 한다. 왜냐하면 우리는 재현하기에 앞서 이미 삶을 살아가고 있기 때문이다. 그 삶은 이미 나를 그 삶 자체에 잠기게 할 정도로 매혹적인 것이어서, 우리는 표상 또는 재현에 앞서 혹은 표상 또는 재현과 더불어 그러한 삶에 뿌리를 내린 신체-주체로 산다. 이런 점에서 레비나스가 후설을 깊이 존중하면서도 그의 현상학을 넘어서려고 하는 의도 이면에는, 후설이 타자를 동일자에 의해 규정하는 방식의 철학을 구사한다는 문제의식이 서려 있다. 그런데 더 중요한 것은 재현 이전에도 작동하고 있는 **"삶에 대한 사랑"**을, 곧 향유의 터전으로서의 세계에 뿌리내린 삶을 전혀 이해하지 못한 채 동일자의 삶을 재현 또는 표상의 태도로 환원하여 이해하려는 시도를 비판하는 것이 이 맥락에서 레비나스의 의도이다. 이 것은 다른 말로 하면 표상하는 주체에 대한 거부라고 해도 좋을 것이며, 현전화하는 사유의 우위성에 대한 반대라고 할 수도 있을 것이다. 우리 인간은 표상적 진리를 위해 삶을 바치기보다는, 행복과 향유를 위해 고유한 자기만의 삶을 살아가는 존재이다. 레비나스가 보기에, 삶에 대한 사랑을 전통 현상학은 제대로 포착하지 못한다.

하이데거도 사정은 비슷하다. 앞에서 레비나스의 하이데거 비판을 이미 다루었으므로, 여기서는 이를 간략하게만 짚도록 하자. 하이데거의 세계-내-존재의 삶은 현존재라는 현상학적 주체가 자기 주위세계와 도구적 연관성을 맺음으로써 삶의 의미를 발견하는 삶이다. 나는 내 주변의 것들과 도구적 관계를 맺고 거기서 드러나는 의미로 산다. 축구공은 내가 축구를 하기 위해 존재하며, 이 축구공이 자리한 운동장 역시 나의 축구공을 다루기 위한 목적 아래 놓인 놀이터이다. 그런데 여기서 가장 중요한 것이 빠져 있다. 나는 왜 축구공을 운동장에서 다루고자 하는가? 거기서 나는 축구를 통해 내 삶을 더 풍요롭게 하고 충만하게 즐기기를 원한다. 하이데거는 바로 이 점을 간과한다.

모든 대상은 경험의 보편적 범주인 향유에 주어진다. 내가 유용한-대상을 쥐는 경우에도, 내가 그것을 도구로 다루는 경우에도 그렇다. 연장을 다루고 사용하는 것, 삶의 모든 도구적 용구 집합에 의지하는 것은 (…) 향유에서 끝을 맺는다. (…) 사물들은 나의 향유를 따른다. 이것은 어쩌면 가장 진부한 확인된 사실이지만 [하이데거의] **도구성**(Zeughaftigkeit)에 대한 분석들은 이를 지우지 못한다. 소유 그 자체, 그리고 추상적 개념들과 맺는 모든 관계는 향유로 전도된다.[30] (106/191-192)

---

30 "도구성"에 대해 하이데거는 이렇게 말한다. "도구는 본질적으로 '무엇을 하기 위한 어떤 것'이다. 유용성, 기여성, 사용성, 편의성 등과 같은 '하기 위한'의 여러 상이한 방식들이 하나의 도구 전체성을 구성한다. (…) 도구는 그것의 도구성(Zeughaftigkeit)에 상응하게끔 언

　　　　　　　　　　　　　　　　　　　2부 전개: 행복한 삶을 향유하는 나

이렇게 세계에 대한 사랑과 향유 그 자체보다는 도구적 방식으로 나의 삶과 세계를 다루는 데 초점을 두는 하이데거의 현상학적 사유에 반대하여, 레비나스는 향유의 삶을 회복하는 길을 열고자 한다. 그런데 이것은 어떻게 가능한가? 여기서 레비나스는 — 현상학적으로 표현하자면 — 일종의 '~로 삶' 자체로의 환원, 더 정확하게는 요소 세계에서의 삶 자체로 환원을 시도하는 것처럼 보인다. 이런 점에서 우리는 앞서 인용했던 레비나스의 말을 다시금 곱씹어야 한다. 그는 이렇게 말한다. "재현이 있는 어느 곳에서건 행해지는 구성의 과정은 '~로 삶' 속에서 전도된다"(101/184). '~로 삶' 속에서 이미 현상학적 구성과 재현을 느끼고 향유하는 삶으로 전도시키는 작용이 그 자체로 일어난다. 우리의 삶의 지향성과 세계의 구성도 이론적 지향성이나 표상적 지향성이 아닌 "향유의 지향성"(100/183)으로, "신체적으로 연루되어 있으나" 삶의 요소에 잠겨 있으므로 "자신도 모르는 사이에 일어나며, 오직 사후적으로만 발견될 수 있는 지향적 구성"으로 수립된다.[31]

말하자면 재현으로서 의식의 삶이 향유의 삶 자체로 전환되는 일의 일어남은 재현하기 전에도 이미 세계의 요소 — 곧 대상화되

제나 다른 도구에의 귀속성**에서부터** 존재한다. 필기도구, 펜, 잉크, 종이, 책받침, 책상, 등불, 가구, 창문, 문, 방 등. (…) 가장 먼저 만나게 되는 것은 (…) 방이다. 이 방도 다시금 '네 개의 벽들 사이'에 있는 것이라는 기하학적인 공간적 의미가 아니라 도리어 거주도구로서 그렇다. 이 거주도구에서부터 '실내장식'이, 이 실내장식에서 그때마다의 '개별적인' 도구가 자신을 내보이는 것이다. 이러한 개별 도구에 앞서 이미 그때마다 하나의 도구전체성(Zeugganzheit)이 발견되어 있다." Heidegger, *Sein und Zeit*, 68-69; 국역본: 『존재와 시간』, 101.

31 Wolff, "Levinas lecture de Husserl," 142, n. 65.

지 않은 삶의 사태 그 자체 — 를 향유하는 주체의 삶이 지닌 그 특성에 기인한다 — "우리는 그 속에 잠긴다 나는 언제나 요소에 내재적이다"(104/190). 우리는 이것을 레비나스의 에포케 또는 현상학적 환원이라고 부를 수 있을 것이다. 현상학적 환원이 보통 모든 있는 것들에 대한 판단 유보 또는 괄호치기와 자연적 태도에서 현상학적이고 초월적인 태도로 변경하는 일을 의미한다면, 후설에게 이것은 모든 형이상학적 사변이나 사물에 대한 일반적 정립, 상식적 접근, 경험과학적 접근을 추구하는 태도를 모두 유보하고, 의식에 직접적으로 주어지는 것을 있는 그대로 나타내기 위한 방법적 수행과 다름 아니다.[32] 또한 하이데거와 관련해서 보자면, 이 태도변경은 존재자에서 존재로의 환원으로 이해될 수 있을 것이다.[33] 반면에 레비나스

[32] "즉 우리는 하나의 **새로운 태도**를 우리 자신에게 줄 수 있는데, 이것은 모든 경험적이고 초재적인 태도를 배제한다. (…) 우리는 경험하고, 경험 속에 살면서 경험판단을 내리며 경험이론과 경험과학을 추구하는 것이 아니라, 모든 경험작용, 경험판단, 모든 완전하거나 불완전한 경험인식을 우리의 영역 속에서 그것이 그것 자체인 **순수** 현존으로 받아들일 뿐이다. (…) 이렇게 우리가 기술한 태도는 자연적 태도와 대립하는 **현상학적 태도**라고 불린다. (…) 이렇게 현상학적 환원을 일관적이고 완전하게 수행하고, 심리적 체험에 대해 내적 기술을 수행할 때, (…) 우리는 비로소 순수 체험을 현상학적 지각의 대상으로서 획득하고, 무엇보다도 경험적 지각과의 근본적 차이 안에서 참된 현상학적 지각을 수행하게 된다." Edmund Husserl, *Grundprobleme der Phänomenologie*(*Wintersemester 1910/11*), hrsg. von Iso Kern (The Hague: Martinus Nijhoff, 1977), 52-54; 국역본:『에드문트 후설의『현상학의 근본 문제』(1910/11년 겨울학기 강의)』, 김기복 옮김(파주: 서광사, 2023), 71-73.

[33] "존재인식, 즉 존재론적 탐구는 처음에는 필연적으로 존재자에 접근하지만, 이후 **특정한 방식으로 존재자로부터 멀어져서 다시 그 존재자의 존재에로 되돌아간다.** 우리는 현상학적 방법의 근본요소를 소박하게 파악된 존재자에서 존재로 탐구의 시선을 되돌린다는 의미에서 **현상학적 환원**이라고 부르기로 한다." Martin Heidegger, *Die Grundprobleme der Phänomenologie*, Marburger Vorlesung Sommersemester 1927, Gesamtausgabe 24, hrsg. von Friedrich-Wilhelm von Herrmann(Frankfurt am Main: Vittorio Klostermann, 1975; 1989), 28-29; 국역본:『현상학의 근본문제들』, 이기상 옮김(서울: 문예출판사, 1994), 45.

2부 전개: 행복한 삶을 향유하는 나

는 지향성을 통한 재현과 표상에 준거하는 의식의 삶이 우리 삶의 근본적 의미를 드러내지 못한다는 점에서, 이 차원에서 더 깊이 파고들어 가 또 한 번 자기만의 고유한 현상학적 환원을 시도한 것이다.『전체성과 무한』의 구절을 세세하게 인용하거나 해설해 주지는 않지만, 이디스 와이스코그롯의 다음과 같은 말도 지금 내가 다루는 레비나스적 에포케 또는 환원의 핵심을 간파하고 있다. "괄호치기는 의식을 그 원초성 안에서 이해하기 위해 발명된 도구가 더 이상 아니다. 그것은 단지 인간 실존의 근본 구조이다. 따라서 레비나스는 습성화에 대한 그의 분석에서 기술적 현상학을 실행하는 것 이상의 일에 관여한다. 그는 에포케를 삶의 세계 그 자체 속으로 가져온다."[34] 즉 그는 이런 독특한 자신만의 현상학적 환원을 통해 우리의 일상적 삶을 정당화한다.[35] 알렉산더 슈넬의 멋진 표현대로, 이러한 "레비나스의 현상학은 삶에 대한 변호이다".[36]

이에 레비나스에게 현상학적 환원은, 우리의 근원적 삶 자체의 특성 — 삶에 대한 향유 또는 요소 세계에 잠김 — 으로 인해 더 근원적인 차원에서 재현적 또는 표상적 의미의 초과를 일으키는 삶으로의 태도변경으로 간주된다. 즉 레비나스에게는 환원된 의식이나 존재 의미로의 이행은 현상학적 삶을 시작하기 위한 도달점이거나

34　Wyschogrod, *Emmanuel Levinas*, 75.

35　이러한 일상적인 것에 초점을 맞추어 레비나스의 철학을 해석한 연구로 다음 책을 참조하라. Félix Perez, *En découvrant le quotidien avec Emmanuel Lévinas: Ce n'est pas moi, c'est l'être* (Paris: L'Harmattan, 2000).

36　Alexander Schnell, *En face de l'extériorité: Levinas et la question de la subjectivité* (Paris: J. Vrin, 2010), 51.

환원의 최종 결과물이 아니다. 삶 자체가 우리 삶의 현상학적 특성을 우리 스스로 마주하게끔 일대 변혁을 일으킨다. 왜 이런 의미의 넘침, 또는 의식의 지향성 안에서 충전적으로 포착되지 않는 의미의 잉여 내지 과잉이 생겨나는가? 그것은 다름 아닌 삶의 세계 자체가 지향적 의식으로 재현 또는 표상할 수 없는 의미를 함축하고 있기 때문이다. 레비나스는 이를 "먹을거리 섭취"로 나타낸다.

> 의미의 이 넘쳐흐름은 먹을거리 섭취라는 말로 포착될 수 있다. 의미의 잉여는 단순히 조건으로 사유되는 또 하나의 의미가 아니다. 그 경우 먹을거리는 한 재현된 상관물에 불과하게 될 것이다. 먹을거리는 그 먹을거리를 조건으로 생각할 법한 사유 자체를 조건 짓는다. (…) 진정한 의미에서 먹는다는 행위가 포함하는 먹을거리를 뜯음이란, 먹을거리라는 이 현실이 재현된 모든 현실에 대해 잉여적임을 드러낸다. (…) 살아 있는 존재의 신체성과 그 벌거벗고 굶주린 신체의 빈곤은 이러한 구조들의 성취이다. (…) 신체는, 모든 것에 '의미를 부여하는' 의식이 지닌 특권에 대한 영속적 이의제기이다. (101-102/185-186)

포만감을 느끼거나 굶주림에 지쳐 기진맥진한 신체가 오히려 의식의 특권을 폐기한다. 먹을거리가 주는 포만감은 어떤 경우 의식을 촉진하기도 하고, 주린 배를 움켜쥐어야 하는 신체는 우리의 의식 활동 자체를 무력하게 만들 수 있다. 고통 중에도 의식은 활동하지만, 그 의식은 지나치게 무력해진다. 이때 의식을 조건 짓는 기제는 의식 자체인가 아니면 신체의 삶인가? 레비나스가 일찌감치『시간과 타자』에서 잘 제시한 것처럼, 잠을 자지 않으면 의식은 활성화되지 않는다. 다시 말해 수면이라는 무의식적 상태가 오히려 의식을 그저 있음의 상태에 머물게 하지 않고, 그 의식의 삶을 조건 짓는다.[37] 레비나스는 바로 이런 맥락에서 구성작용의 전도가 일어남을 말하고 있다. "구성의 놀이를 중단시키는 것이 비합리적인 것의 만남은 아니다. 놀이가 방향을 바꾼다. 가난하고 벌거벗은 신체가 이 방향의 변화 자체이다"(102/187). 즉 다시금 현상학적으로 말하자면, 여기서 레비나스는 지향성의 방향 전환을 시도하고 있다.[38]

1970년대 이후 레비나스는『존재와 달리 또는 존재성을 넘어』에서 지향성의 시선으로 포섭되지 않는 타인의 명령에 대해 상세하게 나타낸 바 있다. 거기서 그는 이를 "지향성의 전도"라고까지 표현한다.[39]『전체성과 무한』에서도 그러한 식의 전도는 아니지만 지향

---

37 "잠으로 돌아갈 가능성이 없는 깨어 있음은 그저 있음의 전형적인 성격을 보여 줄 뿐 아니라 자신의 무화를 통해 자신을 주장하는 존재의 모습을 보여 준다. 깨어 있음은 무의식의 도피처가 없는 상태요, 개인의 내밀한 영역인 잠으로 되돌아갈 수 없는 상태이다." Levinas, *Le temps et l'autre*, 27; 국역본:『시간과 타자』, 47.

38 Levinas, *Autrement qu'être ou au-delà de l'essence*, 61; 국역본:『존재와 달리 또는 존재성을 넘어』, 109. 여기서 레비나스는 이렇게 말한다. "'말함의' 행위는 그 시작부터 타인(Autrui)에 대한 노출의 최상의 수동성으로서 여기에 도입되어 있을 것이다. 그것은 정확히 말해 타자의 자유로운 주도권에 대한 책임이다. 그렇게 하여, 지향성의 전도(inversion)가 이루어진다. 언제나, 성취된 사태 앞에서 그것을 떠맡기에 충분한 **정신의 현전**을 보존하는 그런 지향성의 전도 말이다." 이 말은 타인에 대하여 나의 지향성이 전도되는 것을 말한다. 그런데『전체성과 무한』에서는 이미 동일자인 주체의 세계에서의 향유라는 그 삶에서 이런 지향성의 전도가 일어남을 말하고 있다는 점에 주목해야 한다.

39 레비나스의 지향성의 전도 또는 전도된 지향성에 대한 심도 있는 연구로 다음을 참조하라. Westphal, *Transcendence and Self-Transcendence*, 177-200; 국역본:『초월과 자기-초월』, 382-431.

성의 방향 전환에 대한 사유가 등장하는 셈이다. 동일자의 신체와 신체로 거주하는 세계, 그리고 그 세계에 거주하는 동일자의 신체적 삶, 배고픔을 느끼고 헐벗을 수 있으며, 포만감을 느낄 수도 있는 그 삶이 의식의 지향작용의 구성을 전도시켜 신체적 느낌으로 향하게 한다. 다음과 같은 말은 이 주제와 관련해서 더 결정적이다. "내가 구성하는 세계가 나를 먹이고 씻긴다. 세계는 먹을거리고 '환경'이다. 외재적인 것을 목표로 하는 지향성은 자신이 구성하는 외재성에 내재하게 됨으로써 자신의 목표에서 방향을 바꾼다"(102/186).

즉 지향적 의식은 의식의 작용으로 환원되지 않는 세계에 거주함으로써 그 자체로 방향을 바꾸게 된다. 지향적 의식이 세계에 일방적으로 의미를 부여하기보다는, 동일자와 동일자가 거주하는 세계, 이 세계의 먹을거리를 향유하는 동일자의 신체적, 감각적 삶에 의해 의식 자체가 조건 지어진다. 이 조건 지어짐 안에서 생성되는 의미의 잉여로 인해 의식의 지향적 의미부여는 온전히 성취되지 못한다. 어쩌면 이는 이미 서문에서 레비나스가 발언한 바를 성취한 것이다. "사유를 대상과의 **충전성**에 머물러 있게 하는 지향성으로는 의식을 그 근본적 차원에서 정의하지 못한다"(xv/16). 이처럼 드라마의 도입부에서부터 지향성의 방향 전환, 즉 재현의 지향성에서 향유의 지향성으로의 방향 전환은 예고되어 있었다고 할 수 있다.

그렇다면 이 지향성의 방향 전환과 삶으로 말미암아 의식의 구성 또는 그렇다면 지향성의 방향 전환, 곧 구성하는 의식이 삶에 의해 뒤흔들리는 일은 언제 시작되며, 어떻게 일어나는가? 그것은 특정한 순간의 자각이나 깨달음에서 일어나는가? 아니다. 레비나스

에 의하면, 이런 삶으로의 환원은 내가 살아 있음 그 자체에서 일어
난다. "구성된 것의 조건으로의 '역전'(revirement)은 내가 눈을 뜨자
마자 성취된다. 내가 눈을 뜰 때 나는 이미 구경거리를 향유하고 있
다"(103/187). 이것이 바로 레비나스가 자신의 고유한 현상학적 근
본주의와 환원을 구현하는 모습이다. 요컨대, 레비나스에게 있어 지
향적 의식은 아무 조건 없이 재현 활동을 수행할 수 없다. 그것은 우
리의 먹고 마시며 휴식을 취하는 삶의 향유, 감각적이고 신체적인 삶
에서 일어나는 이러한 물질적 행복 추구에 의해 조건 지어지며, 바로
거기서부터 이미 의미의 초과를 겪는다. 초과된 의미는 후설적 의미
의 지향성으로는 담아낼 수 없으며, 이런 의미의 잉여와 관련해서는
그와는 전혀 다른 지향성에 초점을 맞춘 현상학적 기술이 필요할 것
이다. 그래서 장-프랑수아 쿠르틴이 잘 지적한 것처럼, 레비나스에
게 "벌거벗고 궁핍한 인간의 이 물질성에 관하여 진정으로 근본적이
고 기초적인 개념은 향유의 지향성으로서의 지향성이다".[40]

그러면 이제 의미의 과잉을 일으키는 향유의 세계를 어떻게 기
술할 것인가가 쟁점이 된다. 이것은 이미 확인한 것처럼, 재현 또는
표상의 지향성에 근거한 기술로는 가능하지 않다. 더 정확하게 말해
서, 레비나스에 의하면 향유의 세계란, 의식의 지향적 체험의 삶으로
재현할 수 있는 대상으로서의 세계가 아니라 욕구 충족의 요소로 가
득 차 있는 곳이다. "향유 속에서 사물들은, 그것들을 체계로 조직하
는 기술적 목적성에 빠지지 않는다. 사물들은 우리가 그것들을 취하

---

40 Jean-François Courtine, *Levinas: la trame logique de l'être*(Paris: Hermann, 2012), 57.

는 환경 속에서 모습을 드러낸다. (…) 사물들이 내게로 오는 출발지인 환경은 상속되지 않는 것으로, 공통의 토대나 토지로, 본질적으로 '누구도' 소유할 수 없는 것으로 남아 있다. 대지나 바다, 빛과 도시처럼, 모든 관계 또는 소유는 소유될 수 없는 것 가운데 놓인다. (…) 우리는 이것을 요소적인 것(l'élémental)"(103-104/188-189)이라고 부른다. 이 "요소적인 것"은 철학적 기원을 갖는 말이다. 일차적으로는 소크라테스 이전의 자연철학자들이 사용하는 요소에 대한 이해를 들 수 있을 것이고, 조금 더 개념적으로는 자기보다 앞서 활동한 고대철학자들의 이론을 전유한 아리스토텔레스에게서 요소 개념을 발견할 수 있다. 그는 목소리의 음절이나 물의 분할 불가능한 물 알갱이처럼 더는 나눌 수 없는 최종적 부분을 요소라고 칭한다. 단어가 아닌 음절만으로 어떤 인식이 불가능한 것처럼, "요소들은 학문적 인식의 대상이 되지 못한다".[41] 이런 점에서 레비나스의 요소 이해는 아리스

---

41   Aristoteles, *Metaphysica*, 1086b. 인용은 다음 번역본을 따랐다. 『형이상학』, 조대호 옮김(서울: 도서출판 길, 2017; 2021), 544. 또한 아리스토텔레스의 '요소'에 대한 다음과 같은 정의는 레비나스의 '요소' 또는 '요소적인 것'에 대한 기술을 이해하는 데 도움을 준다. "하지만 어떤 것들은 사물들의 실체들이 아니지만, 본성적으로 [본성에 의해] 이루어진 여러 종류의 실체들이 있는데, 그런 경우에는 바로 그 본성이 그것들의 실체로 밝혀질 것이니, 그것은 요소가 아니라 원리이다. 그에 반해 요소는 어떤 것이 해체되어 되돌아가는 것이면서 질료로서 사물에 내재하는 것인데, 예컨대 a와 b는 음절의 요소이다." Aristoteles, *Metaphysica*, 1041b; 국역본: 『형이상학』, 323. 이와 유사하게 레비나스는 "나는 이 사물들의 세계를 순수한 **요소들**로서, **지지대 없는**, 실체 없는 **성질들**로서 향유한다"(111/199, 강조는 필자). 요소 그 자체는 실체가 아니며, 성질만을 갖는다. 레비나스는 세계에서 우리가 감성적으로 체험하는 사물을 이런 요소와 같은 것으로 본다. 더 근본적으로 레비나스가 대지, 물, 공기와 같은 요소를 근원적 삶의 터전으로 언급한다는 점에서 소크라테스 이전 철학자들을 참조하고 있다고 보아야 할 것이다. 이 점에 대해서는 다음 문헌을 참조하라. Tanja Staehler and Alexander Kozin "Elemental Embodiement: From the Presocratics to Levinas via Plato," in *Phenomenological Interpretations of Ancient Philosophy*, eds. Kristian Larsen and Pål Rykkja Gilbert

토텔레스나 고대적 의미의 요소에 관한 이해와도 다소간 맥을 같이 하는데, 인식으로 파악할 수 있는, 즉 소유할 수 있는 대상이 아니라는 점에서 요소는 인식 바깥에 있다. 이에 레비나스는 아예 이러한 "요소적인 것"으로서의 세계에 대한 새로운 정의를 내리는데, 여기에는 세계를 하나의 파악 가능한 총체가 아니라 원초적인 주어짐의 상태, 곧 인식될 수 없는 성질로 보아야 한다는 레비나스 특유의 생각이 반영되어 있다. "요소는 순수한 성질로서 유한과 무한의 구분 바깥에 주어진다. 어떤 것의 한 면모가 우리에게 제공될 때 그 어떤 것의 '다른 면모'는 무엇인지를 묻는 앎의 문제는, 요소와 맺어지는 관계 속에서는 출현하지 않는다"(105/191).

이로써 레비나스가 보는 세계의 의미가 명확해졌다. 그것은 대상이 아닌 성질, 곧 요소로 가득한 세계이다. 이때 우리는 앎, 즉 인식론적 관계가 아니라 다른 방식으로 세계와 관계를 맺는다. 그렇다면 이 관계를 도대체 무엇이라고 할 수 있을까? 흔히 레비나스로부터 인식론적 관계와는 다른 윤리적 관계를 떠올리기 쉬운데, 그런 관계가 나오려면 타인의 얼굴이 도래해야 한다. 여기서 말하는 향유의 세계와의 관계는 그런 윤리적 관계와는 또 다른 관계이면서 인식론적 관계와도 다른 관계인 삶이다. 레비나스도 이 점을 분명히 한다. "그런데 요소를 실체 없는 성질로 놓은 것은, 팔다리가 잘리거나 여전히 더듬거리는 '사유'의 실존을 그러한 현상들과 상관하여 받아들이는 데로 귀착하지 않는다. 요소-속에-존재함은 확실히, 눈 멀고 귀 먹은 채 전체에 참여하는 데서 존재를 해방한다. 하지만 그것은 바깥을 향하는 사유와 구분된다"(108/195). 이처럼 "요소-속에-존재함"이란 바깥을 향하는 것이 아니라 그것은 철저히 내면성, 내재성, 곧 나의 자기성 안에서의 삶이다. 즉 그것은 인식도, 하이데거의 도구-연관성도 아닌 "요소 속에 잠김"(105/190)이다.

그렇다면 "요소-속에-존재함" 또는 "요소 속에 잠김"은 동일자가 요소와 어떤 관계를 맺음으로써 성립하는 삶의 질서이다. 이를 레비나스는 감성의 질서로 이해한다. "그것은 향유의 **방식**인 감성(sensibilité)과 관련하는 문제이다. (…) 우리가 요소의 향유에서 출발하여 그려 내는 감성은 사유의 질서에 속하는 것이 아닌 감성의 질서에, 즉 자아의 에고이즘이 진동하는 정감성(affectivité)의 질서에 속한다"(108/195-196). 철학에서는 간혹 감성마저 인식의 한 계기로 사유하기도 한다. 예를 들어 칸트는 감성을 우리에게 나타나는 현상에 공간과 시간이라는 직관을 부여함으로써 수용하는 능력으로 간주했다. 하지만 레비나스는 그렇게 인식론적으로 환원된 감성이 아니라 삶으로, 더 정확하게는 향유의 삶으로 환원된 감성이 바로 세계의 요소들과 관계를 맺는 질서라고 본다. 이 질서에서 느껴지는 것은 삶에 대한 만족감 외에 다른 것이 아니다. 물론 우리는 세계를 대하면서 불만이나 고통을 느낄 수도 있다. "한 사물의 향유는 (…) 고통받거나 즐거워하는 데서 성립한다"(106/193). 다만 궁극적으로 행복을 위해 추구하는 바는 세계에 대한 만족, 세계인 요소 속에 존재하는 가운데 느끼는 충만한 만족감이다. 요컨대, "향유는 (…) 존재의 실체적 충만함, 그 물질성과 맺는 궁극적 관계"(106/192)이다. 그래서 마치

　　　　　　　　　　　　　　2부 전개: 행복한 삶을 향유하는 나

"노동의 저주를 스포츠로 변형할 수 있는"(106/193) 것처럼, 그렇게 나의 에고이즘 안에서 변형될 수 있는 "대상들은 (…) 그 유한함 속에서 나를 **만족시킨다**"(108/196).

이런 식으로, 향유는 요소인 세계의 대상들을 나의 만족을 위해 변형할 정도로 이기적인 나의 삶이 되며, 이 삶 안에서 대상들과의 관계는 감성적 만족감으로 충만해진다. "감성은 지지대 없는 순수한 성질, 요소와 관계한다. 감성이 향유이다. 감성적 존재인 신체가 이런 존재 방식을 구체화한다"(109/197). 레비나스에게 세계의 현상은 내가 향유하고 욕구할 만한 것들로 주어진다. 그런데 이 향유의 삶은 감성적으로 주어진 것들을 느끼고 즐기는 신체-주체의 살아감 자체이다. 신체-주체는 향유의 삶을 위해 주어진 현상과 더불어 만족감을 누리면서 자기 삶을 그 자체로 영위한다. 이것은 과제도 아니고 목적도 아니다. 그런 점에서 그저 살아감 자체이며, 이런 삶을 사는 레비나스의 현상학적 주체는 감성의 주체, 감성적 신체의 주체가 된다. 여기서 이성적 인식의 주체는 사라진다기보다 바로 요소 세계에서 먹고 마시며 삶을 향유하는 이 신체-주체의 삶으로 환원된다. 그리고 이 환원은 어떤 사고 실험에 의해서가 아니라 삶 자체에서 느껴지며 발견되는 것이다. "구성이 아니라 구성된 것의 조건으로의 '역전'은 내가 눈을 뜨자마자 성취된다. 나는 이미 눈을 뜨면서부터 구경거리를 향유하는 것이다. 어떻게 보면 사유하는 존재의 중심에서 시작하는 객관화는, 대지와 접촉하자마자 중심 이탈을 드러낸다"(103/187). 더 나아가 레비나스는 내가 정초하는 세계가 아니라 나를 정초하는 "실체 없는 성질들"로서의 세계를 말한다. 이는 그러한 세계에 대한 너무나도 멋진 기술이다.

내가 서 있는 이 땅, 그리고 이 땅에서 감성적 대상들을 맞아들이거나 그 대상들을 향해 나아가는 나는 그 땅으로 충분하다. 나를 떠받쳐 주는 땅은, 땅을 떠받쳐 주는 것이 무엇인지 알려고 내가 걱정하지 않아도 나를 떠받쳐 주고 있다. 세상의 이 모퉁이, 나의 일상적 행동의 세계, 내가 돌아다니는 이 도시, 이 마을 또는 이 거리, 내가 살고 있는 이 지평에, 이런 것들이 내게 보여 주는 그 모습에 만족한다. 나는 이것들을 더 광범위한 체계 속에 정초하지 않는다. 오히려 그것들이 나를 정초한다. 나는 그것들을 사유하지 않고 그저 맞이한다. 나는 이 사물들의 세계를 순수한 요소들로서, 지지대 없는, 실체 없는 성질들로서 향유한다. (110-111/199)

레비나스에게 구성하는 나의 의식이라는 조건보다 더 근원적인 조건으로의 환원은 요소의 세계인 이 땅에서 그 자체로 일어나는 사태이다. 다시 말해 내가 먹고 마시고 숨을 내쉬는 그 요소의 세계에 머무른다는 사실 자체에서 일어난다. 즉 내가 이런 세계에서 숨을 쉬고 사는 일 자체가 의식이 아닌 신체를 촉발하고, 감성적 만족 혹은 불만족을 체험하게 하며, 이런 세계가 나를 정초한다. 이런 점에서 레비나스의 삶으로서의 환원은 능동적 자기-결단이 아니라 수동적 일어남에 가까운 것처럼 보인다. 나는 이미 생각하고 의식하기도 전에 이런 세계의 환경 속에 침잠하고 있다. 여기에는 "'끝도 없고, 시작도 없다.' 사실 요소는 전체의 면모를 갖지 않는다. 우리는 요소에

　　　　　　　　　　　　　　　　　　2부 전개: 행복한 삶을 향유하는 나

이르지 못한다. 요소의 본질에 적합한 관계는 요소를 다름 아닌 환경으로 삶의 환경으로 여기는 관계이다. 우리는 그 속에 잠긴다. 나는 언제나 요소에 내재적이다"(104/189-190). 그래서 레비나스는 요소로서의 환경 세계에서 느끼고 촉발되는 삶을 어떤 능동적 파악작용이나 반성이 아니라 "잠겨 있음"으로 나타낸다. "인간은 자신이 소유한 것에 내재한다. (…) 이런 식으로 자아는 자기 집에 있다. (…) 요소와 맺는 적합한 관계는 바로 잠겨 있다는 사실(fait de baigner)이다. 잠겨 있음의 내재성은 외재성으로 바뀌지 않는다"(105/190).

이렇게 나는 요소의 사물을 대상화하는 것이 아니라 이미 그 세계에 신체적으로 잠겨 있다. 나는 그렇게 잠겨 있는 채로 삶을 살아가는 신체의 체험을 하고 있다. 이러한 사실의 발견과 더불어 신체-주체의 삶은 감성의 향유, 감성으로 촉발된 요소들에 대한 향유로 전개된다. 이에 "향유와 재현"에서 처음에 문제시된 삶, 곧 서양 철학에서 대체로 특권화시켰던 재현적-표상적 의식의 삶이 요소에서의 삶에 의해 철저하게 반박되고 전도되었음이 확인되었다. 이제 삶에 의해 "재현이 조건 지어진다. 재현의 초월적 요구는 재현이 구성하고자 하는 삶에 의해 부단히 반박된다"(143/250).

이런 레비나스의 삶의 현상학, 더 정확히는 감성적 삶의 현상학이 비로소 재현이 아닌 먹고, 마시고, 휴식을 취하고, 행복을 추구하는 근원적인 주체의 감성적 삶, 곧 "향유의 사실"(109/197)을 온전히 볼 수 있게 한다. 이제 이런 삶을 레비나스가 구체적으로 어떻게 묘사하는지 톺아보자.

… 감성은 주어진 것에 만족하며, 스스로 만족해한다. (…) 그러므로 감성이 자양분으로 삼는 감각적인 주어진 것은 언제나 욕구를 충족 시키러 오며, 어떤 경향성에 응답한다. 감각적인 주어진 것은 그래서 언제나 어떤 욕구를 채워 주게 되며, 어떤 경향에 답한다. 애초에 굶 주림이 있었던 것이 아니다. 굶주림과 먹을거리의 동시성은 천국과 같은 향유의 최초 조건을 이룬다. (…) ~로 사는 삶 …. 이런 [삶의] 방 식을 지닌 실존이 신체이다. 이 실존은 자신의 목적(다시 말해 욕구하 는 것)으로부터 분리되지만, 그와 동시에 이미 이 목적을 향해 나아간 다. 목적의 획득에 필요한 수단을 알 필요는 없다. 그것은 목적에 의해 촉발된 행동이다. (…) 결과로 환원될 수 없는 순수한 목적성은 자신 의 생리학적 메커니즘을 알지 못하는 신체적 행동에 의해서만 생산 된다. (109-110/197-198)

감성을 통해 주어진 것을 대하는 나는 신체적 실존의 주체이다. 이때 주체에게도 하이데거와는 다른 의미의 목적이 있다. 하이데거 에게는 도구적 목적성으로 현존재가 주위세계와 연관되는 삶의 방 식을 다루었다면, 레비나스의 신체적 실존은 욕구 충족이라는 목적 을 따라 산다. 쉽게 말해서 잘 먹고, 잘 자고, 잘 쉬는 것이 그 삶의 목 적이다. 그리고 그렇게 감성의 차원에서 "나는 여기에 있다"(Je suis ici)라고 선언할 수 있다.[42] 이렇게 삶을 사는 나는 비록 감성적으로

---

[42] 하워드 케이길은 레비나스의 "나는 여기에 있다"가 지닌 고유함을 하이데거와 대조하여 설 명하는데, 그의 이해는 향유의 정치적 의도를 강조한다는 점에서 흥미롭다. "레비나스는 이 러한 **나는 여기에 있다**(*Je suis ici*)의 상태를 초기 베르그손에서 도출한 노력, 피로, 향유와 같

                    2부 전개: 행복한 삶을 향유하는 나

존재하는 자이기는 하지만, 요소 속에 그저 잠긴 채로 있는 것은 아니다. 요소 속에 잠겨만 있다면, 나는 그 안에서 적극적으로 나의 행복을 추구하는 삶보다는 그저 수동적으로 있음이라는 차원에 속하기만 할 것이기 때문이다. 즉 요소 속에 잠김에서 벗어나 그 요소를 적극적으로 소유하여 나의 행복한 삶을 위한 산물로 그것을 바꾸어 내는 삶이 삶의 향유를 위해 요구된다. 이에 레비나스는 말한다.

> 나의 감성은 여기에 있다. 나의 자리 잡음(localisation) 속에는 자리함의 느낌(sentiment)이 아니라 내 감성(sensibilité)의 자리함이 있다. 이 초월 없는 절대적 자리 잡음은 하이데거의 거기(Da)에 의한 세계와 유사하지 않다. 그것은 존재에 대한 염려도, 존재자와의 관계도 아니다. 그것은 세계에 대한 부정조차 아니다. 그것은 향유 속에서 세계에 접근할 가능성이다. (111/200)

세계에의 접근은 단지 요소 속에 잠김의 상태에 머무는 것만으로는 가능하지 않다. 이런 식의 삶은 감성적으로 자리함, 즉 내가 여기에 있음에서 만족감을 성취한다는 점에서, 여전히 '~로 사는 삶'의

은 생리학적 용어들로 기술한다. (…) 레비나스는 자신의 내재성을 하이데거의 현존재와 구별하기 위해 다음과 같이 논의를 전개한다. '여기(Ici)와 거기(Da). 거기는 초월성이고, 여기는 = 대지 위 = 탁월한 내재성이다. 하이데거는 결코 향유의 관념, 자기를 위한 것을 알지 못했다.' (…) 수용소에서의 극한의 물질적, 도덕적 결핍의 조건에서 태동하고 벼려진 관념인 향유는 유토피아적 환상으로 구상된 것이 결코 아니며, 정치적이고 실존적인 기획으로 구상되었다. 예를 들어, 방금 언급한 하이데거 비판은 힘(puissance)과 향유(jouissance) 사이의 대조로 변주된다. 레비나스에게 향유의 내재성은 '낙원적'이시 않고 이 세계에 속한 것이다." Howard Caygill, "Levinas's prison notebooks," *Radical Philosophy* 160(2010), 34.

방식 아래 있다. 다시 말해 내가 우연적으로 자리 잡는 가운데 가지는 느낌이 아니라,[43] 내가 지금 그리고 여기서 적극적으로 만족감을 성취하며 산다는 말이다. 즉 음식으로 살고, 수면으로 살고, 휴식으로 산다. 이 모든 것은 나의 잘-삶(well-being)을 위해 필요한 것들이다. 이런 요소 세계를 향유하며 자기 욕구를 충족해 가는 주체의 가장 원초적인 삶의 방식은 어떤 도구-목적의 연관 관계 안에 종속되지 않는다. 또한 궁극적으로 존재 의미에 대한 이해, 죽음에 미리 직면함으로써 현존재의 자유를 성취함과 같은 거대한 목적 아래 종속되지도 않는다. 굳이 어떤 목적을 말한다면, 레비나스의 이 주체에게 목적이 있다면, 당신의 목적이 무엇이냐고 묻는다면, 가장 근원적으로 '행복', '자기-만족'과 같은 "순진무구한 에고이스트"(innocemment égoïste, 107/194)로서의 삶을 살겠다는 답만 가능할 뿐이다.

일상적인 것을 회복하기

이것은 일견 너무나 이기적인 삶의 방식이자 소박한 삶의 방식인 것처럼 보이지만, 여기에는 매우 심원한 의미가 있다. 레비나스가 이렇게 자기 욕구를 충족시키는 삶의 근원성을 강조하고 싶어 하는 이유는 이러한 먹고, 마시고, 노동하고, 쉬는 것 등으로 채워지는 일상적 삶의 소중함을 환기하고 그 삶이 바로 나와 우리의 삶의 핵심임을 보

---

43 이를테면, 나는 나도 모르게 딱딱한 의자 모서리에 부딪혀 생기는 느낌이 곧, "자리함의 느낌"일 것이다.

  2부 전개: 행복한 삶을 향유하는 나

여 주려는 데 있다. 레비나스가 철저하게 대립각을 세우는 하이데거 역시 일상성의 철학자이다. 그는 현존재의 평균적 일상성 안에서의 삶을 다시 이해하는 데서부터 현존재 특유의 존재 방식을 이해하고자 한다. 하지만 하이데거가 실제 위계를 설정하지는 않아도, 일상적인 삶의 방식들은 비본래적인 것으로 간주된다. 반면 불안이라는 실존의 위기 상황과 익명적인 양심의 부름으로 인해 일상에서 낯설어진 자기를 발견하는 것, 그리고 그렇게 소환된 현존재가 죽음을 향한 존재로 결단하는 사태는 본래적인 것으로 설정된다. 물론 애런 시몬스와 브루스 엘리스 벤슨이 잘 지적한 것처럼, "하이데거가 비본래성을 두고 도덕적 실패나 실존론적 실패를 명명하지는 않는다"라는 점은 분명하지만, 결국 우리가 죽음에 직면해야 한다는 점을 그가 꾸준하게 지적하는 것을 고려할 때, "'본래성'(*Eigentlichkeit*)과 같은 개념이 삶에서의 최선의 길에 관한 규범적 판단을 도입하는 것처럼 보이며", 이런 점에서 현존재는 궁극적으로 "본래적 존재가 **되어야** 한다"라고도 말할 수 있다.[44] 중요한 것은 이렇게 되면 하이데거의 철학은 분명 그의 의도는 아니었으나 일상적인 것과 비일상적인 것, 혹은 비본래적인 것과 본래적인 것 사이에 최소한 암시적 차원의 위계가 발생하며, 결국 우리 삶은 낯선 본래성으로 나아가야 하는 어떤 것이 된다.

레비나스의 시도는 바로 이 흐름을 뒤집으려는 것이다. 그는 (다

44 J. Aaron Simmons and Bruce Ellis Benson, *The New Phenomenology: A Philosophical Introduction* (London/New Delhi/New York/Sydney: Bloomsbury, 2013), 204.

소간 비-종교적 의미에서) 인간이 어떤 구원을 찾는다면 그 구원은 기본적으로 일상적 삶 안에서 발견되어야 한다고 본다. 일상적 삶은 고상한 어떤 것, 높은 가치를 위해 극복되어야 할 어떤 것처럼 여겨졌다. 레비나스는 이런 일상적 삶에 대한 부정이 하이데거만이 아니라 서양 철학의 오랜 고질병이라고 생각한다. 실제로 『시간과 타자』에서 레비나스는 그러한 고질병의 연원을 파스칼에게서 찾는다.[45] 왜냐하면 파스칼은 일상의 행복을 추구하는 삶을 — 하이데거적 표현을 빌리자면 — 비본래적인 것으로 치부하는 경향이 있기 때문이다. 파스칼에 의하면 오히려 그런 행복한 삶을 갈구하는 것이 인간의 비참을 보여 주는 표징이다.

그들은 비밀스러운 본능을 지니고 있다. 이 본능으로 인해 그들은 오락이나 일거리를 밖에서 찾게 되는데 이를 정확히 말하자면 끊임없이 자각되는 불행 의식 때문이라 할 것이다. 이와 함께 또 다른 비밀스러운 본능도 지니고 있다. 흠이 없고 완전한 상태였던 우리의 최초 본성으로 말미암아, 그들은 분주한 일들이 아니라 휴식 가운데 있을 때 행복하다는 것을 깨닫게 된다. 이러한 상반된 두 본능으로 인하여 마음속으로 하나의 막연한 계획을 품는다. 자신도 모르게 영혼 깊숙이 감추어져 있는 이 계획은 분주한 일들을 만나면 휴식을 구하게 하며, 만일 그들이 당면한 몇몇 어려움을 이겨 냄으로써 안식으로 가는 문

---

45 "고독의 감정은 타인과의 대화와 집단적 작업에서 얻는 기쁨, 세계를 거주 가능한 공간으로 만드는 것들을 모두 파스칼이 말한 기분 전환이나 단순한 고독의 망각 정도로 보고 배격하도록 고발해 준다." Levinas, Le temps et l'autre, 40; 국역본: 『시간과 타자』, 67.

 2부 전개: 행복한 삶을 향유하는 나

을 열게 되면 전에는 결코 손에 넣을 수 없었던 만족을 느낄 것이라고 항상 상상하게 만든다. (…) 난관과 싸우면서 휴식을 찾다가도, 난관을 이겨 내면 휴식으로 말미암은 권태로 인하여 휴식은 견딜 수 없는 것이 된다. 그 휴식에서 벗어나 다시 소란을 구걸해야 할 정도이다.

(…)

인간의 마음은 얼마나 공허하고 오물로 가득한가.[46]

이처럼 파스칼은 휴식이나 기분 전환과 같은 일상적 삶의 안정과 만족을 등한시하며, 이를 비본질적이고 비본래적인 어떤 것으로 보는 경향이 있다.[47] 레비나스가 자신의 다른 여러 글에서 보여 주는

---

[46] Blaise Pascal, Pensées (1670), in *Œuvres complètes*, éd. Louis Lafuma (Paris: Éditions du Seuil, 1963), 136L-139B, 139L-143B. (L은 라퓌마 판을 뜻하고, B는 브랑슈빅 판을 뜻한다.); 국역본: 『팡세』, 김화영 옮김·해설(서울: 한국기독학생회출판부, 2022; 2023), 128, 134.

[47] 물론 한 걸음 더 나아가서 보면, 파스칼에게 기분 전환이나 휴식의 행복으로의 도피는 역설적으로 참된 행복을 찾지 못해 현실의 안온함만 추구하는 인간의 비참함을 보여 주는 것이다. 이러한 비참한 가운데 인간은 다시금 나의 시선을 자기 내면의 본질적인 것으로 돌릴 수 있다. 장성민은 이를 일종의 변증법적 과정으로 이해한다. "파스칼은 아우구스티누스의 입장을 따라 (…) 이 문제를 풀어낸다. 그에 따르면 타락 이전의 인간은 진정한 휴식과 본성을 소유하고 있다. 반면에 타락 이후의 인간은 도피하는 존재로서 (…) 이런 도피가 휴식 속에 있는 행복을 향한 발판이라고 믿게 되었다. 그러나 그는 자신 안에 아담의 허물이 있다는 것과 그가 생각하는 휴식은 미끼에 불과하다는 것을 잊어버린다. (…) 여기에 변증법적 과정이 발견된다. 정립은 죄가 기분 전환을 통해 타락한 존재로부터 돌아서도록 유도하는 본능으로 표시되는 인간이다. 반정립은, 동요는 헛된 것이며 행복은 휴식 안에 있다는 것을 느낄 수 있는 진정한 본성을 지닌 인간이다. 종합은 지금 그대로의 인간, 즉 이런 동요 속에서 끊임없이 진정한 안식을 희망하며 사는 인간의 등장이다. 물론 자연적 인간은 지울 수 없는 오류 속에 있으며 진정한 행복이 어디에 있는지 알지 못한다." 장성민, 『마음의 질서: 파스칼 철학의 개혁주의적 해석』(서울: 총신대학교출판부, 2008), 214-215. 이와 더불어 같은 책 7-8장 전체를 보면 휴식과 기분 선환에 대한 파스갈의 입상 전반을 잘 이해할 수 있다.

파스칼에 대한 찬사와는 별개로, 행복의 문제와 관련해서 일상적인 욕구 충족의 삶에 대한 부정적 경향과 관련해서는 이 변증가의 생각에 동의하지 않는다. 레비나스에 의하면 "파스칼적인, 키에르케고어적인, 니체적인, 하이데거적인 불안 가운데에서 우리는 추악한 부르주아처럼 처신한다. (…) 긴 하루를 채우는 일들, 우리와 동류인 인간들과의 관계를 위해 고독에서 우리를 떼어 내는 집착들의 총체를 사람들은 '추락'이니, '일상적 삶'이니, '동물성'이니, '타락'이니, '추잡한 물질주의'니, 이렇게 쓸데없이 부르고 싶어 하지만 이러한 일들은 결코 하찮은 일일 수 없다".[48]

오히려 우리는 이 일상적 삶을 보호함으로써 자신만의 삶을 영위할 수 있다. 배고프면 우선 먹어야 하고, 졸리고 피곤하면 잠을 자거나 휴식을 취해야 한다. 아무리 고상하고 뛰어난 지적 경지에 도달했다 해도 먹지 않을 수 없고 자지 않을 수 없다. 그리고 그런 기본적인 욕구 충족에서 우리는 만족감을 얻는다. 더 나아가 인간은 한 끼 식사를 그냥 허기를 채우기 위해 때우기도 하지만, 한 끼 식사에서 더할 나위 없는 즐거움을 얻기 위해 돈을 벌거나 모으고, 식당 정보를 모으고, 식당에 들어서고자 생긴 긴 줄도 마다하지 않는다. 적어도 그 순간 내게 가장 중요한 일은 내가 먹고자 하는 음식을 기어코 먹는 것이다. 레비나스는 바로 이런 순간과 현재의 일상적 삶의 소중함을 복원하고자 했다. 우리 삶은 바로 그런 것들로 이루어져 있기 때문이니 말이다. 그리고 바로 이런 점 때문에 그는 하이데거를 반대

---

48 Levinas, *Le temps et l'autre*, 41; 국역본: 『시간과 타자』, 68-69.

    2부 전개: 행복한 삶을 향유하는 나

한다. 본래적인 것을 향해 가는 인간 현존재는 배고픔을 채우고 먹는 데서 만족감을 느끼기보다는 존재 의미를 향하는 운동에 자기 삶을 걸기 때문이다. 바로 이런 점에서 레비나스가 볼 때, "하이데거에게 **현존재**는 절대 배고프지 않다"(108/195). 쿠르틴이 잘 말한 것처럼, 주린 배를 채우고, 일상을 누리고자 하는 삶을 그저 "'일상적'이라고 규정하거나 '비본래적이라고 비난하는 것'은 (…) 배고픔과 목마름의 '진솔성'을 오해하는 것이며, '자본주의적 관념론의 거짓말'에 굴복하는 것이다".[49]

이제 다시 요소들의 세계를 향유하는 주체의 삶으로 돌아가 보자. 레비나스는 욕구를 충족하며 만족감을 누리는 행복한 삶이 신체-자체의 삶의 방식이라는 것을 기술하는 것으로 그치지 않는다. 여기에 그는 시간성 안에서의 삶, 시간 안에서 동요하는 삶의 불안정성을 사유한다. 인간의 삶은 욕구를 충족시킨 채로 멈추어 있는 것이 아니기 때문이다. 향유의 주체는 자기의 만족감을 연장하기 원하며, 지금 누리고 있는 것을 더 누리거나 최소한 박탈당하고 싶어 하지 않는다. 행복감을 느끼는 많은 사람은 어떤 불안정성 또한 느낀다. '지금의 행복을 이후로도 계속 누릴 수 있을까?' '안정된 삶이 계속 이어질까?' '내가 사랑하고 좋아하는 것들이 어느 날 갑자기 없어지지는 않을까?' 레비나스는 이런 식으로 만족스러운 일상에 스며드는 불안감이나 불안정성에 대해서도 생각한다. 일상은 소중한 만큼 상실하기 쉽고, 상실하기 쉬우므로 더 소중해진다. 『일리아스』에서 가족과

---

[49] Courtine, *Levinas: la trame logique de l'être*, 59.

헤어지는 헥토르를 떠올려 보자. 헥토르가 전장에 나가기 직전 아들 아스티아낙스를 껴안으며 짓는 미소, 아내 안드로마케가 잡아 준 손은 얼마나 소중하고 따뜻한가? 전쟁은 일상을 앗아가고, 가족을 앗아간다.[50] 어쩌면 전쟁을 통해 일상을 박탈당한 경험에서 레비나스는 일상의 소중함을 더 깊이 인지한 것이 아니었을까?

비록 이런 전쟁이 아니더라도 인간은 행복의 유지 가능성과 불가능성 사이에서 갈팡질팡한다. 그래서 인간은 자신의 삶을 **계속해서** 누리고자 자기와 다른 것, 곧 타자 — 여기서는 인간 타자가 아닌 물질 — 를 소유한다. "그런데 신체는 요소 속에 잠기는 것일 뿐만 아니라 **거주하는** 것, 즉 한곳에 머무르고 소유하는 것이다 (…) 향유가 '타자'와 접촉하는 것처럼 보이는 것은, 미래가 요소 가운데 알려지고 요소를 불안정성으로 위협하는 한에서이다"(110/198). 이처럼 레비나스는 미래의 불안정성이 지금 그리고 여기 나를 일하게 하고, 타자를 모아들여 소유하게 한다고 본다. 이는 차후에 더 자세히 밝혀질 주제이므로 간략하게만 정리해 보겠다. 지금 내가 배부르게 먹을 수 있는 것은 내게 먹을 것이 있기 때문이다. 먹을거리를 계속 유지하기 위해 나는 그 먹을거리를 사거나 또 미래를 위해 저장하고 보관해야 한다. 그리고 미래를 내다보면, 나는 이렇게 저장하고 보관할 장소를 미리 마련해야 한다. 즉 내가 먼저 그 먹을거리를 소비할 공간을 점유하고 있어야 한다. 이것은 레비나스에게 자기의 집이라는

---

50 흥미롭게도 레비나스는 『전체성과 무한』 4부에서 에로스와 번식성을 통해 가족의 의미를 갱신하면서 타인의 얼굴 너머로 나아갈 전망을 제시한다.

장소로, 더 구체적으로 사고될 것이다. 즉 내가 먹을거리, 쉬기 위해 앉을 자리, 잠을 자기 위해 누울 자리가 마련되어야 내 삶이 유지된다. 지금만이 아니라 미래에도 먹을거리, 쉴 수 있는 자리, 잠을 잘 자리가 확보되어야 나의 삶의 향유는 지속된다.

이에 레비나스는 다음과 같이 말한다.

세계가 나에 대해 있다는 것은, 내가 세계를 나에 대한 존재자로 내게 재현하고 또 그 나를 다시 내게 재현한다는 것을 의미하지 않는다. 나와 나의 이 관계가 성취되는 것은, 내게 앞서는 세계 속에, 재현 불가능한 태고의 절대적인 것으로서의 세계 속에서 **내가 나를 유지할** 때이다. (…) 그런데 나는 (…) **거기서** 나를 **유지한다.** '사유한다'와 전혀 다른, 그곳에서 자신을 유지함. 나를 떠받치는 이 땅 모퉁이는 단지 나의 대상이 아니다. 그것이 대상에 대한 나의 경험을 떠받친다. 밟혀 다져진 자리는 내게 저항하는 것이 아니라 나를 떠받친다. 이 유지를 통해 맺어지는 나의 자리와의 관계는 사유와 노동에 앞선다. 신체, 자리 잡음, 자기 유지의 사실 이런 것들은 나 자신과 맺는 최초 관계의 구도이자, 내가 나와 합치를 이루는 구도이다. 이것들은 관념론적 재현과 조금도 유사하지 않다. 나는 나 자신이고, 나는 여기에 있고, 내 집에 있으며, 이것이 세계에 내재함이다. (111/199-200)

이처럼 나는 "미래의 무규정성"이 일으키는 "욕구의 불안정성"을 안정화하기 위해 우선 자기의 것을 거두어들이고 보관하며, 그 스스로 지배할 수 있는 거주 공간에 자리 잡아야 한다. 그렇게 해야 나의 삶이 유지되며, 나의 신체가 휴식을 취할 수 있다. 그렇게 휴식을 취해야만 내 정신도 돌아갈 것이다. 그리고 이 모든 일의 전제 조건은 내가 거주할 최소한의 공간, 집이 있고 그 집에 내가 머무른다는 사실이다.

레비나스는 이러한 나의 자리 잡음, 나를 유지하기 위한 거주 공간에서의 자리 잡기와 더불어 행복한 나의 삶을 영위하고, 지속시키기 위해 해야만 하는 또 다른 일이 있다고 본다. 내가 나의 삶을 충만하게 만들 요소를 보관할 장소만 있다고 해서 저절로 물질이 모이지 않는다. 물질을 누리기 위해서는 먼저 모아야 하고, 그것을 모으기 위해서는 노동이 필요하다. 노동을 통해 우리는 물질을 거두고, 소유할 수 있다. 그러므로 이제 집에 머무르는 자아는 집 바깥의 것을 자기 집 안으로 들이기 위해 노동해야 하는 운명에 처한다. 이것은 시간, 곧 미래에도 지금의 나의 삶을 유지하거나 더 나아가서는 더욱 충만하게 유지하기 위해 반드시 이루어져야 한다.[51]

레비나스는 이런 특성이 요소라는 사물과 그것에 의존함으로써

---

[51] 김선하는 레비나스에게 거주 공간으로서의 집의 의미에 관해 다음과 같이 말한다. "그러므로 집의 주인이 되는 것과 그 집에서 거주자로 사는 것은 다른 의미이다. 레비나스가 말하는 거주지로서의 집은 투자할 대상으로서의 집이 아니다. 집을 가진다는 것은 집에 거주함으로써 세계에서 한 주체로서 자기 삶을 영위한다는 것을 의미한다. 그러므로 집은 세계에서 한 개인으로 살아가기 위한 존재의 기반 같은 것이다. 따라서 집을 삶의 영위를 위해서가 아니라 경제적 이윤을 위해서 도구화하는 것은 집의 본질적 의미를 벗어나는 것이다. 아무리 자본주의가 심화된다고 해도 레비나스가 말하는 집의 의미가 퇴색되지는 않을 것이다. 고대 그리스인들이 자기 몫을 넘어서 타인들이 가져가야 할 몫까지 넘보는 것을 탐욕이라고 보았다면, 지금도 여전히 자기 이익을 위해 집의 의미를 수단화하는 것은 그러한 비판에서 자유롭지 못할 것이다." 김선하, 「레비나스 철학에서 자연, 집, 노동의 의미」, 『현대유럽철학연구』 제68집(2023년 1월), 84.

　　　　　　　　　2부 전개: 행복한 삶을 향유하는 나

행복을 추구하는 삶의 특징이라고 본다. 달리 말하자면, **행복을 추구하는 삶은 소위 경제 활동을 요구한다.**[52] 우리는 아무 목적 없이 노동하지 않는다. 돈을 벌고, 그럼으로써 무언가를 사서 그것을 나의 것으로 만든다. 더 나아가 우리는 자산을 더 늘리고자 한다. 그러기 위해서 또다시 어떤 노동을 하고, 보유 자산을 늘려 간다. 이런 모든 행위 속에는 요소를 향유하는 것만이 아니라 불안정성을 없애고자 하는 욕구가 스며들어 있다. 이것은 사람들이 흔히 기초적인 삶의 차원에 속하는 물질인 의식주에만 해당하는 데 그치지 않는다. 예술이나 고급 놀이와 같은 통상 고차원적인 문화나 재화라 불리는 것들에 대해서도 마찬가지이다. 이런 것들을 즐기기 위해서, 즉 향유하기 위해서 노동하고, 돈을 벌고, 다시 또 그렇게 벌어들인 돈으로 재화를 사서 그것을 또한 향유한다. 이것이 소유물로서의 사물과 내가 맺는 관계이다. 이런 경제적 삶에 관해 레비나스는 다음과 같이 말한다.

사물은 다른 것으로 전환할 수 있고, 돈이 될 수 있다. 사물들은 얼굴이 없다. 전환 가능하고, '실현 가능'하기에 사물들은 값을 가진다. 사물들은 돈을 재현한다. 사물들은 요소적인 것 안에 뿌리를 내리고 있다는 점 (…) 등이다. 인간이 자기네 세계의 총체에 부여하는 미학적 정향은 고차적 층위에서 향유와 요소적인 것으로의 회귀를 재현한다. 사물들의 세계는 예술을 부른다. 예술에서 존재를 향한 지적 접근

---

52 2부의 제목이 "내면성과 경제"라는 사실을 잊지 말자.

은 향유로 변한다. (…) 이 아름다움 속에서 향유의 모든 지양은 다시 향유로 돌아간다. (113-114/204)

바로 이렇게 요소적인 것의 세계는 다른 각양각색의 사물로 바뀌고, 돈으로 전환될 수 있다. 이 과정에서 나는 사물들을 재차 모으고 보관하며, 그것을 향유한다. 쉬운 예를 들어 보겠다. 나는 음식을 먹어 배부르고 만족감을 느끼는데, 바로 그 만족감을 다시 얻기 위해 일한다. 일해서 번 돈으로 나는 내가 먹어치운 것과 유사한 먹을거리를 다시 사 모아 내 집에 들여 정성스레 보관한다. 그리고 그것들은 내가 먹고 마심으로써 다시 사라진다. 이 먹는 행위에서 나는 만족감을 누리지만 다시 그 먹을거리의 사라짐을 목도하고, 미래의 불안정성을 느끼며, 또다시 노동해야 하는 상황에 부닥친다. 이처럼 "향유는 (…) 잠재적인 사라짐과 행복의 불안정성과 관계한다"(115/206). 바로 이런 시간 안에서의 사라짐과 불안정성 때문에 "향유는 노동과 소유에 도움을 청한다"(116/207).

이 대목에서 레비나스는 요소를 다소간 위협적인 것으로 묘사한다. 앞서 보았듯이, 요소는 실체 없이 성질로만 체험되는 것이고, 이러한 실체-없음의 사실은 또한 "그 원천을 내가 **소유**할 수 없다는 이 사실"(114/205)로 경험된다. 요소에만 머무르게 되면 내가 그런 요소의 세계에 있는 것들을 소유할 수 없는 채로 요소적인 것과 함께 둥둥 떠돌 뿐이다. 이때 주체는 명사적인 실체로 있을 수 없다.[53] 이

---

53 손영창의 다음과 같은 기술이 이 점을 이해하는 데 도움을 줄 것이다. "그런데 요소 혹은 요

                                        2부 전개: 행복한 삶을 향유하는 나

에 레비나스는 이러한 세계에서의 자아를 "밤처럼 연장된 신화의 신들이 지배하는 세계", 심지어 **"그저 있음"**(116/207)의 차원으로 기술한다. 적극적으로 내가 소유하고 파악할 수 없는 그것들 안에 잠김으로써 나는 익명적 차원으로 떨어질 위협에 처한다. 바로 이것이 레비나스가 실체 없는 요소를 소유하기 위해 노동과 소유의 활동을 요청하는 이유이다.[54] 즉 내가 요소 세계에 잠긴 채로만 있다면, 인간은 요소에 허우적대기만 하며 다시금 익명적인 상태에 놓일 수 있다. 나는 요소 세계에서 감성적으로 그것을 향유하지만 또한 그것을 좌지우지할 수 있어야 한다. 이런 점에서 주체는 향유의 자아이지만 또한 그 향유는 노동과 소유를 통해 이루어져야 한다.

레비나스가 제시한 주장을 정돈하는 차원에서, 우리는 그의 이런 사유를 메를로-퐁티의 세계에 대한 사유와 비교해 보면 노동과 소유의 등장에 대한 우리의 이해를 증진시킬 수 있을 것이다. 메를로-퐁티에게 세계-에의-존재인 자아는 세계 안에 있고, 세계는 또

소적 세계의 타자성에 대해 말할 때, 이 타자성의 핵심은 요소 자체가 동일성을 확보한 실체나, 표상적 대상이 아니라 그 자체로서 비규정적인 성격을 갖는다는 점이다. 즉 요소는 표상의 표면 위에 잡히지 않는 어떠한 깊이를 갖고 있다. 이런 요소는 '헤아릴 수 없는 깊이'를 갖고서 때로는 익명적인 웅웅거림이나, 중성적인 어떤 것으로서 자신을 드러낸다." 손영창, 「레비나스 사유에서 존재론적 지평의 의미와 한계」, 『대동철학』 제73집(2015년 12월), 208.

54 강영안은 이 요소의 익명성을 무신론의 특성과 대조하여 다음과 같이 잘 설명한 바 있다. "요소의 어두운 심연은 '얼굴 없는 신들'이 출현하는 장소이다. 이 어두움은 인간을 다시 익명적인 '있음'의 영역에 빠뜨린다. 그러므로 감추어진 힘에 대한 원시적 공포를 벗어나 인간이 자기 스스로의 독립성을 실현하기 위해서는 '무신론'의 위험을 감수해야 한다. 무신론은 신적인 존재와의 '분리'를 뜻한다. 이를 통해서 요소가 지닌 주술적인 힘이 상실된다. 그래서 인간은 자기 자신의 존재를 스스로 관리하고 지배하고 요소(자연)를 정복하고 싶은 충동을 갖게 된다." 강영안, 『타인의 얼굴』, 135.

한 내 안에 있다. 즉 그것들은 상호 얽힘(entrelacs)으로 존재한다. 나는 요소의 세계에 잠겨 있다는 점에서 그 세계 내에 있다. 하지만 또한 나는 노동과 소유를 통해 세계를 나의 삶의 방식을 따라 전유한다. 우선 메를로-퐁티는 이렇게 말한다. "세계는 내가 지각하는 그것이되, 세계의 이 절대적 근접성은 관찰되고 표현되자마자, 또한 불가사의하게 좁힐 수 없는 거리가 되고 만다. '자연적' 인간은 사슬의 양 끝을 쥐고 있으면서, 자신의 지각이 사물 속에 들어간다고 생각함과 **동시에** 지각이 자기의 신체 바깥에서 이루어진다고 생각한다."[55] 여기서 보듯, 나는 세계에 근접해 있으면서 세계 안에 잠식되어 있을 정도로 깊이 세계 속 존재를 체험한다. 또한 그러면서도 나는 나를 잠식하고 있는 세계를 나의 것으로 만든다. 이 점에서 "우리 각자가 사적(privé) 세계를 가지고 있다고 말할 수 있는 것"일 테다.[56] 멘쉬는 이런 식의 생각이 레비나스에게도 반영되어 있다고 본다. 즉 "레비나스의 기술에서" 나와 세계의 관계는 "메를로-퐁티적 의미

---

[55] Maurice Merleau-Ponty, *Le visible et l'invisible:suivi de notes de travail*, éd. Claude Lefort(Paris: Éditions Gallimard, 1964), 23; 국역본: 『보이는 것과 보이지 않는 것』, 남수인·최의영 옮김 (서울: 동문선, 2004), 24.

[56] Merleau-Ponty, *Le visible et l'invisible*, 25; 국역본: 『보이는 것과 보이지 않는 것』, 26. 물론 메를로-퐁티에게 나와 세계는 그렇게 애매한 상태로 얽혀 있을 뿐, 서로가 서로에게 전적인 소유물이 될 수 없다. 이를 르노 바르바라스는 다음과 같이 표현한다. "나의 신체는 세계에 의해 감싸이는 한에서만 세계를 감싸며, 즉 세계를 나타나게 하며, 그리하여 신체에 대한 세계의 나타남은 동시에 신체 내부에서의 세계 그 자체에 의한 세계의 나타남이고, 신체의 구성적 힘은 세계의 현상화하는 힘과 일치한다. 따라서 이 얽힘은 신체와 세계 사이의 존재론적 연속성, 즉 그들의 대립보다 더 깊은 공속함을 드러내며 살 개념이 포착하는 것이 바로 이 공속함이다." Renaud Barbaras, *Le désir et la distance:Introduction à une phénoménologie de la perception* (Paris: J. Vrin, 1999), 104, n. 1.

에서의 세계와의 얽힘으로 나타난다".[57] 이를테면 다음과 같은 구절을 보자. "어떻게 보면 사유하는 존재의 중심에서 시작하는 객관화는, 대지와 접촉하자마자 중심 이탈을 드러낸다. 주체가 재현된 것으로 포함하는 것은 주체의 그 활동을 떠받치고 먹이는 것이기도 하다"(103/187). 이것이 바로 세계와의 얽힘이다. 즉 세계에서 노동하고, 요소를 소유로 바꾸는 등의 활동을 통해 "나는 세계를 담고 있다. 마찬가지로 나의 활동에 먹을거리를 공급하는 세계가 나를 포함한다. 이 상호 포섭이 상호 규정이다".[58]

요컨대, 나는 사물을 인식되는 대상으로 삼기 위해 재현 또는 표상하기에 앞서 이미 내게 먹을거리를 제공하는 요소들의 총체인 세계에 잠겨 있다. 레비나스에게는 요소들의 세계에 잠김이 재현보다 더 근원적인 것이다. 다만 나는 세계 안에 잠김으로써 이 상호 규정 속에서 "밤처럼 연장된 신화의 신들이 지배하는 세계", 심지어 **그저 있음**"(116/207)에 잠겨 있게 될지 모른다. 즉 세계를 나의 세계, 메를로-퐁티의 표현을 빌려 사적 세계로 삼기 위해서는 또 다른 계기들이 필요하다. 일단 내가 세계에 잠겨 있음으로써 세계의 요소가 나를 포함할 때, 나는 이 세계의 요소를 또한 나의 것으로 삼고자 또 다른 활동을 함으로써 세계와 나 사이의 상호 규정이 일어난다. 다만 메를로-퐁티가 주체와 세계의 얽힘과 공속성을 강조하는 반면, 레비나스는 바로 이 맥락에서 세계의 요소에 관한 주체의 전유로 과감하게 나

---

57 Mensch, *Levinas's existential analytic*, 83.

58 Mensch, *Levinas's existential analytic*, 83.

아간다는 점에서 차이를 보인다.[59]

요컨대, 세계의 요소를 전유하기 위해 노동과 소유라는 계기가 레비나스에게 삶을 위한 핵심적인 활동으로 부상한다. 노동과 소유를 통해 나는 세계를 적극적으로 전유할 수 있고, 그것을 나의 소유로 사물화한다. 그러므로 이제 더 밝혀져야 할 것은 향유 자체를 넘어 향유와 더불어 제기되는 노동과 소유의 활동, 그리고 이 활동을 통해 얻은 소유물을 자기 집에 들여 그것과 함께 거주하는 경제적 활동 전반이다. 이런 점에서 "향유와 재현"의 다음 장을 이루는 2부 C "나와 의존"의 첫째 항목 제목은, 우리의 삶이 오늘의 즐거움만이 아닌 노동과 소유를 통해 오늘 이후를 함께 내다보아야 함을 알려 주는 멋진 말이다. **"즐거움과 그것의 다음날들"**(116/208).

---

59 베르넷은 메를로-퐁티의 주체-세계 관계에 관해 다음과 같이 말한다. "고유한 신체와 세계의 이러한 공속함이라는 토대 위에서만 시선은 사물을 만나고, 사물과 함께 사물이 되며, 사물이 자신에게 해 줄 말을 들을 수 있다. 『지각의 현상학』은 세계, 사물, 신체에 공통된 삶을 잘 드러내지만, 여전히 신체를 신체적 주체성의 지평 내에서 이해한다. 그렇기 때문에 자연철학은 여기서 지각하는 주체의 자연화라는 길을 택하고, 이는 다시 자연에 대한 일종의 주체화를 초래한다. 그러나 자연과 주체 사이의 대립 이전으로 거슬러 올라가면서, 메를로-퐁티는 이미 반성 철학을 세우는 대신 오히려 주체와 자연 모두에 대한 새로운 개념을 탄생시키는 주체의 계보학의 길에 접어들고 있다." Bernet, *La vie du sujet*, 183-184.

        2부 전개: 행복한 삶을 향유하는 나

8강. 2부 C

"나와 의존" 및 D "거주" 읽기

지금까지 향유를 기반으로 삼아 자기만의 고유한 삶의 행복을 추구하는 향유의 주체에 관한 기술이 주된 내용을 이루었다면, 여기서는 그 삶을 어떻게 유지할 것인가 하는 문제가 주된 쟁점으로 등장한다. 앞에서도 말했지만, 레비나스의 『전체성과 무한』은 깨어 일어나서 숨을 쉬고, 먹을거리를 먹고, 삶을 살아가는 자아에 관한 한 편의 이야기이다. 또 그 자아가 타인을 만남으로써 비로소 환대의 주체로 서게 되는 이야기, 곧 환대의 주체성에 관한 드라마이다. 하지만 환대하는 그 주체는 먼저 자기 집에서 자기 삶을 유지해 가야 한다. 문을 열어 줄 집이 있고, 그 집에서 내어 줄 것을 가진 자가 타인을 환대한다. 다소간 문제적인 쟁점이기는 하나 레비나스에게 환대의 주체성은 이러한 방식으로만 일어난다. 적어도 『전체성과 무한』에서는 말이다.

노동: 내일 일을 염려해야 하는 주체의 삶

분리된 자아로 정립된 나는 나의 정립 자체로만 만족하는 것이 아니라 이제 이렇게 정립된 삶을 유지하고 행복하게 자기의 삶을 번성시키기 위해 살아간다. 그런데 에고이즘의 자아가 아무리 자기 삶을 지배하고, 주권자처럼 살아간다고 할지라도 내가 삶 전체를 모두 통제할 수 있는 것은 아니다. 여전히 나는 시간의 흐름 속에 있고, 미래에도 지금의 삶을 최소한 유지하고, 최대한 더 낫게 만들고 싶어 하지만, "향유를 망치는 미래의 불확실성들은 향유의 독립이 의존을 포함하고 있음을 향유에 상기시킨다. 행복은 자신의 지배권의 이 균열을 은폐하는 데 이르지 못한다"(117/209).

그러므로 행복을 추구하는 인간인 분리된 자아는 미지의 미래에도 행복한 삶을 유지하기 위해 무엇인가를 해야만 하고, 그렇게 해서 삶을 안정적으로 유지해 내야 한다. 다만 미지의 미래가 기다리고 있음에도 불구하고, 레비나스는 이런 삶을 하이데거처럼 존재에 대한 염려나 불안에 귀속되는 것으로 보려 하지 않는다. 왜냐하면 알 수 없는, 불안한 미래의 도래에서 인간은 죽음의 불가능성을 내다보기보다는 여전히 행복해지려 하고, 적어도 우선은 단 하루라도 더 나은 삶을 살아 내고자, 내일은 더 낫게 살고자 애쓰는 자이기 때문이다. 이런 점에서 "삶에 대한 사랑은 존재를 사랑하는 것이 아니라 존재의 행복을 사랑하는 것이다. 사랑받는 삶, 그것은 삶의 향유 자체이고, 만족이다"(118/211).

하지만 그렇다고 해서 아무 염려 없이 살 수 있는 건 아니다. 다만 오늘의 나는 지금을 즐기라는 **"카르페 디엠"**이라는 경구를 되새기며, "'내일 일은 내일 염려할지니라'의 지배력"(119/212)을, 비록 그 말의 기원이나 함의에 대한 관심은 없더라도, 일단 믿고 따른다.[1] 어느 작가의 말처럼, 마치 지금 내가 쬐는 햇볕과 내가 마시는 공기, 오늘의 허송세월이 생의 전부라는 듯이 말이다. "지나간 시간의 햇볕은 돌이킬 수 없고 내일의 햇볕은 당길 수 없으니 지금의 햇볕을 쪼일 수밖에 없는데, 햇볕에는 지나감도 없고 다가옴도 없어서 햇볕은 늘 지금 내가 있는 자리에 온다. 햇볕은 신생(新生)하는 현재의 빛이고 지금 이 자리의 볕이다. 혀가 빠지게 일했던 세월도 돌이켜 보면 헛되어 보이는데, 햇볕을 쪼이면서 허송세월할 때 내 몸과 마음은 빛과 볕으로 가득 찬다. 나는 허송세월로 바쁘다."[2]

하지만 실제 오늘이 될 내일은 내가 생각했던 것보다 가혹할지도 모른다. 그리고 그런 가혹한 "불안정성이 향유의 행복을 방해할 수 있다"(123/218). 여러 차례 반복해서 말하지만, 행복한 삶은 일차적으로 욕구를 충족시키는 삶과 관련한다. 먹고 싶은 것을 먹고, 하고 싶은 것을 하기 위해 우리는 산다. 하지만 내가 먹고 싶은 것은 나 자신이 아니라 타자인 음식이고, 하고 싶은 것 역시 내가 아닌 다른 어떤 일이나 놀이이다. 이에 "향유의 행복은 욕구의 '악'(mal) 위에 꽃피고 그렇게 어떤 '타자'(autre)에 의존한다"(117-118/210). 여기서 말하는 타자는 인간 타자가 아니라 나의 욕구를 충족시킬 수 있는 어떤 소재나 삶의 요소를 뜻한다. 나의 삶에 대한 사랑은 철저히 나의

---

1   후자의 권고는 성서에 기록된 그리스도의 말에서 유래한다. 마태오의 복음서 6장 34절.
2   김훈, 『허송세월』(파주: 나남, 2024), 43.

내면성 안에서 이루어지지만, 그렇다고 해서 내가 타자와 무관한 삶을 사는 것은 아니다. 나는 내 내면을, 나를, 나의 행복한 삶을 번성시키고자 다른 것들을 필요로 한다.

이렇게 나와 다른 것들로서의 타자를 얻기 위해 나는 무엇을 해야 하는가? 레비나스는 이 자아의 에고이즘 안에서 이룬 행복을 지속하기 위해 노동이 필요하다고 본다. 일을 해야만 나는 현재의 안정을 내일도 누릴 수 있다. 내일 일을 내일 염려할 수 있는 여유도 오늘의 노동이 있어야 가능할 것이다. "노동(travail)이야말로, 욕구가 아니라 미래의 불확실성이 존재에 가져오는 빈곤을 극복할 수 있다"(120/213). 여기에 우리의 행복한 삶을 유지하려는 노력에 깃든 어떤 모순을 발견한다. 많은 이들이 노동에서 자아실현을 추구한다. 이는 부분적으로는 옳을 것이다. 하지만 그저 살기 위해, 조금이라도 더 나은 삶을 살거나 지금의 삶을 유지하기 위해 하고 싶지 않은 노동을 감당하는 이들이 더 많고, 또 그런 경우가 더 일반적일지도 모른다. 그리고 자기가 하고 싶은 일을 하고 있는 사람들도, 순전히 자신이 하고 싶어 하는 그 일만 해서는 살 수가 없다. 내가 원하는 직장에서 노동하는 삶을 살지만 직장 상사의 지시나 잔업, 내가 원하지 않는 명령에 시달리는 경우를 생각해 보자. 나는 내가 원하는 직종에 종사하면서도 오롯이 그 일 자체만 하는 것이 아니며, 하고 싶은 일과 하기 싫은 일을 모두 감당해야 한다. 이런 과정을 모두 거쳐야 나는 소득을 올릴 수 있고, 그 소득으로 내가 써야 할 물건을 사들일 수 있다.

이런 노동의 고단함을 고려할 때, 우리는 휴식 없이 노동을 지속할 수 없다. 이때 휴식은 육체적인 피로를 풀기 위한 것이면서 노동으로 모두 성취할 수 없는 욕구 충족을 위한 것이다. 힘든 노동 이후 얻은 음식과 물, 커피 한 잔의 여유는 무엇과도 바꿀 수 없을 만큼 소중하다. 이런 점에서 노동은 중요하나 노동 그 자체만이 삶을 이루지는 않는다. 레비나스는 타자를 얻기 위한, 내일의 불안과 불확실성을 떨쳐내기 위한 노동의 가치를 인정하면서도 노동 자체가 삶을 대체하지 않으며, 노동 자체가 안고 있는 힘겨움을 다음과 같이 기술한다.

> 그런데 노동 그 자체는 — 노동 덕분에 나는 자유롭게 살며, 삶의 불확실성에 맞서 나를 안전하게 해 주는 것이 노동이지만 — 삶의 궁극적 의미를 삶에 가져다주지 못한다. 노동 또한 내가 그것으로 사는 것이 된다. 나는 삶의 내용 전체로 산다. 미래를 보장해 주는 노동으로 살기도 하는 것이다. 내가 공기, 빛, 빵으로 사는 것처럼, 나는 나의 노동으로 산다. 욕구가 향유 저편에서 부과되는 극단적인 경우가 저주받은 노동을 선고받은 프롤레타리아트의 조건이다. 여기서는 신체적 실존의 빈곤이 피난처를 찾지도 못하고, 자기 집에서 여가를 갖지도 못한다. (120/214)

이처럼 우리는 노동으로**도** 산다. 노동 자체만이 아니라 노동과 더불어 노동을 통해 얻는 것으로 **잘** 살고자 일한다. 이때 레비나스는 우리가 다시 분리된 자아라는 점을 잊지 말아야 한다고 강조한다. 거듭 강조하지만, 레비나스에게는 분리된 자아로서의 주체만이 자기만의 비밀스러운 내면성을 확보할 수 있고, 이 내면적 삶은 바로 주체의 자기 집에서의 삶으로 구체적으로 나타난다. 바로 그러한 삶 속에서 분리된 주체의 삶의 비밀이 보존되고, 이런 집에서의 삶이 노동을 참으로 유의미하게 만든다. 미래의 불안정성이나 불확실성을 완벽히 제거할 수 없더라도, 한 주체의 노동은 자기 집에 노동을 통해 벌어들인 것을 비축할 수 있게 만들어 주고, 바로 이러한 거두어들임을 통해 나는 오늘만이 아니라 내일을 즐길 수 있다. "… 분리된 존재가 자신을 거두어들일 수 있어야 하고 재현물들을 가질 수 있어야 한다. **노동**은 이 의미작용을 통해 미래의 불확실함과 불안정성을 지배하고 **소유**를 수립하면서, 경제적 독립의 형태로 분리의 모습을 그려낸다. **거두어들임**(*recueillement*)과 **재현**은 **거주 안의 정주**로, 또는 집(Maison)으로 생산된다. 그런데 집의 내면성은 삶이 영양을 섭취하는 향유의 요소들 가운데 치외법권으로 만들어진다"(124/220).

이렇게 노동을 통해 우리는 무엇인가를 생산하거나 소유할 수 있고, 내가 거주하는 집에다가 소유한 것, 생산한 것을 거두어들여 비축한다. 내가 안정과 평안을 누리는 삶은 내가 바로 내 집에 거주하기 때문이고, 또 그 집에는 내가 먹고, 마시고, 즐길 수 있는 것들이 갖추어져 있어야 한다. 노동이 바로 이러한 향유를 가능하게 하는 것이다. "노동은 요소의 무규정적 미래를 지배하거나 **무기한** 중지시킨다. 노동은 사물들을 포착하여 존재를 이동 가능하고, 집으로 운반 가능한 것으로 다룸으로써, 예측 불가능한 미래를, 우리에 대한 존재의 지배력이 알려진 미래를 자신의 처분 아래에 둔다. 노동은 이 미래를 자신을 위해 확보해 둔다"(134/235-236).

이렇게 노동을 통해 얻은 것들과 함께 자기 집에서 거주하는 가운데, 자아는 미래를 계속 살아간다. 더 정확하게는 자기 집에서의 **"거주 안의 정주"** 가운데 그것들을 누린다. 그런데 이런 삶이 과연 윤리와 무슨 상관이 있을까? 레비나스는 현상학적으로 이러한 사태를 기술하는 가운데, 이것이 타자를 윤리적으로 맞이하는 사건에서 일종의 선-조건처럼 기능할 수 있음을 역설한다. 우선, 정주는 어떤 현상학적 의미를 갖는가? 세계에 대한 봄, 또는 시선의 주의가 그 자체로 세계를 향한 초월로 특징지어지기도 하지만, 레비나스는 오히려 집 안에서의 안온함과 정주가 봄의 사실성을 드러낸다고 본다. 내일의 삶을 가능하게 하는 "노동과 소유의 문명 전체는 자신의 분리를 실행하는 분리된 존재의 구체화로서 생겨난다. 그런데 이러한 문명은 최초의 구체화를 의식의 육화로, 정주로, 즉 집의 친밀성으로부터 출발하는 실존으로 귀착시킨다"(126/224). 계속 확인했던 것처럼, 분리된 자아의 존재는 신체적이고, 감성적 삶에서 비롯한다. 그렇다면 세계에 대한 지향적 관조 역시 그러한 삶의 바탕 위에서 이루어지는 것이지 어떤 진공 상태에서 이루어지는 것이 아니다. 레비나스는 바로 이 점을 잊을 만하면 재차 반복적으로 강조하고 있다. "세계를 관조하는 주체는 그러므로 거주의 사건을 전제한다. 요소들로부터 (즉 직접적인 향유, 그러나 이미 다음날에 대해 불안해하는 향유로부터) 물러남을, 집의 친밀성 속으로 거두어들임을 전제한다"(127/224- 225).

정주하는 삶의 여성성

이렇게 관조적 의식의 주체, 봄의 주체를 떠받치고 있는 자기 집에
거주하는 신체-주체의 삶은 여성적인 것의 현상의 특성을 보여 주는
삶이기도 하다. 이 대목에서 레비나스의 너무나도 분명한 가부장적
태도가 엿보인다. 하지만 일단 그의 논지 전개를 이해하기 위해 여기
서는 레비나스가 이해한 정주하는 삶의 방식으로서 여성적 삶의 의
미에만 초점을 맞추도록 하자. 집에 머문다는 것, 그리하여 내 삶을
향유할 수 있도록 삶을 유지하는 행위는 노동과 소유, 그리고 일을
통해 소유된 것을 집에 거두어들이는 일을 통해 계속 전개된다. 이렇
게 내일을 준비하는 삶은 곧 내 집에 나 아닌 것, 타자를 거두어들이
는 것인데, 이렇게 거두어들임을 통해 정주하는 삶이 일종의 "친밀
성의 장"을 이루면서, "환대하는 맞아들임"을 예비한다. 거두어들임
은 우선 타자를 거두어들임이다. 이 타자가 아직 인간이 아니더라도,
동물이나 식물이더라도 그것들은 타자이며, 이 맥락에서는 나 아닌
다른 것을 문을 열고 맞이하는 형식을 취한다는 데 주목해야 한다.
그러므로 이것은 타자를 나의 집에 들여서 내게 친밀한 것으로 수용
하는 작업이며, 이때 이 거두어들임은 차후 타인에 대해서는 환영 또
는 맞아들임으로 바뀐다. 레비나스에게 이 맞아들임을 성취하는 **타
자**(Autre)는 곧 **여성**이다(Femme). 여성은 거두어들임의 조건, 정주와
집(Maison)의 내면성의 조건이다"(128/227). 다시 말해 거두어들임
으로 유지되는 집에서의 삶은, 곧 문을 열고 다른 것을 들이는 삶이
다. 이런 삶의 방식이 있으므로 우리는 문 여는 삶, 타자를 안으로 들
이는 삶을 당연시하게 된다.

  　　　　　　　　　　　　　　　　　　

이에 우리는 두 가지 특징에 주목할 필요가 있다. 첫째, 레비나스에게 거주 또는 정주의 근본적 의미는, 적어도 타자를 거두어들임이라는 차원에서는 철저히 여성적인 것으로 다루어진다. 여기에는 남성이 노동을 통해 벌어 온 것이나 만들어 온 것을 집에 거주하는 여성이 들여서 보관한다는 전형적인 가부장성이 엿보인다. "거주한다는 것은 거두어들임이고, 자기를 향해 옴이며, 피난처인 자기 집으로 물러남이다. 이것은 환대, 기다림, 인간적 맞아들임에 답한다. 인간적 맞아들임, 여기서는 말이 없는 언어가 본질적 가능성으로 남아 있다. 여성적 존재의 이 침묵하는 오고 감은 자신의 발걸음으로 존재의 비밀스러운 두께를 울린다"(129/228). 여기서 "여성적 존재"는 분명 환대하고, 기다리고, 맞아들이는 자라는 철저히 수동적인 면모를 내비친다. 이런 의미에서 레비나스의 거주하고 정주하는 활동으로서의 여성적 삶에 관한 기술은 가부장성의 진부함을 벗어나지는 못한다.[3]

3   이런 레비나스의 여성성에 관한 기술에 그의 가족의 삶을 투영하는 것은 분명 지나친 이해 방식이겠지만, 또한 주목할 만한 일이기도 하다. 제2차 세계대전 후 그는 동방 이스라엘사범학교(ENIO)의 교장으로 일했다. 이때 그는 학생들을 가르치는 일만 담당한 것이 아니고 그들을 돌보는 일까지 도맡아야 했다. 이는 혼자 감당할 수 있는 일이 아니었기에 아내 라이사에게 전적으로 의존해야 했다. 라이사는 계단 하나로 학교와 분리된 집을 관리할 뿐 아니라 수리, 행정, 회계, 심지어 학생들의 식사까지 책임져야 했다. 교장인 레비나스가 노동으로 벌어들인 것을 관리하고 관리하고, 이를 생필품으로 바꾸어 학생들을 환대한 것은 바로 아내 라이사의 몫이었던 것이다. 레비나스와 학생들을 친밀하게 맞이한 이는 맞아들임과 환대를 동시에 수행한, 집에 정주하는 그녀, 라이사였다. 어쩌면 이런 가족의 삶이 레비나스의 현상학적 기술에 반영되었을지도 모를 일이다. 마리-안느 레스쿠레는 당시 레비나스 가족의 삶을 이렇게 전한다. "가족들은 학교 위층 아파트에 살았는데, 그곳은 계단 하나로 공동체와 분리되어 있을 뿐이었다. 남편과 아내의 역할 분담은 상당히 '전통적인' 것이었다. 남편은 영혼을 지도하고 종교 및 철학을 가르쳤다. 아내는 회계, 관리, 집수리와 장식

그렇다면 이런 레비나스의 여성적인 것에 대한 이해를 비단 가부장적인 것으로만 비판하고 말 것인가? 긍정적이건, 부정적이건 우리는 여기서 레비나스의 논지가 지닌 함의에 주목해야 한다. 정주하는 여성, 거두어들이고 맞이하는 가사 노동에 투신하는 여성이라는 한정된 여성성에 대한 집착이 엿보인다는 한계에도 불구하고, 레비나스가 이러한 거주와 정주의 삶을 나, 곧 한 주체의 삶으로 규정하여 논지를 전개하고 있다는 데 주목하자. 즉 레비나스에게는 노동하고 소유하는 남성도 분리된 주체로서의 자아이고, 거두어들이고 맞이하는 여성도 분리된 자아로서의 나이다. 여기서 그는 역할을 구별하기는 했지만, 이것이 실제 남성과 여성을 둘로 나눠 따로 존재하되 그 성별에 따라 역할을 분담하여 한 집에 거주하는 자들로 설정하기 위함은 아니다. 레비나스는 다음과 같이 말한다.

> 여기서 (…) 모든 집이 실제로 여성을 전제한다는 경험적 진리 또는 반-진리를 비웃음에 맞서 주장하는 일이 전혀 아니라는 점을 굳이 덧붙일 필요가 있을까? 여성적인 것은 이 책의 분석에서 내적 삶이 자리하는 지평의 주요한 지점들 중 하나로 마주치게 된 것이다. 그래서 어떤 거주지에는 '여성의 성'을 지닌 인간 존재가 없다는 경험적 사실

을 담당하며, 연맹에서 지급하는 빠듯한 예산으로 68명의 활기 넘치고 식욕이 넘치는 기숙생들에게 음식을 제공하는 일까지 도맡았다." Marie-Anne Lescourret, *Emmanuel Levinas* (Paris: Flammarion, 1994; 2006), 133-134; 『레비나스 평전』, 변광배·김모세 옮김(파주: 살림출판사, 2006), 194.

     2부 전개: 행복한 삶을 향유하는 나

이 거주에 열려 있는 여성성의 차원에는 아무런 변화도 주지 못한다. (131/231)

그러므로 남성적인 자아가 하는 노동과 소유나 여성적인 자아가 하는 기다림과 맞아들임 모두 나에게서 일어나는 일이다. 이런 점에서 레비나스의 역할 구분이 가부장적인 것은 맞지만, 역할이 구별된 두 존재를 한 집에 밀어 넣고 가부장적 가정의 삶을 강요하는 데로까지 곧장 나아가지는 않는다.[4] 다만 레비나스가 여성적인 것을 기술할 때, 그 여성적인 것이 집에서 가족을 기다리며 안온함을 제공하는 지극히 전통적인 여성, 고정 관념에 얽매인 여성의 역할을 기반으로 삼아 묘사되고 있음은 부정할 수 없다.

그러면 이제 레비나스는 이런 주체의 여성적 삶을 불러낸 다음, 어디로 가려고 하는가? 그가 처음에 제시한 형이상학적 욕망의 대상인 타자와의 만남을 드디어 제시하려는가? 그것이 의도였다면, 논의가 이렇게 복잡해질 필요가 없다. 여성적인 맞아들임은 인간이 아닌 나의 행복을 위한 요소들인 타자를 맞이함을 뜻하며, 이제 나는 노동과 소유를 통해 획득한 타자와 함께 사는 삶을 산다. 레비나스가 자

4　문성원의 다음과 같은 설명은 여성적인 것에 대한 레비나스의 기본 의도를 이해하는 데 도움을 준다. "레비나스에 따르면, 친밀함을 동반한 이와 같은 받아들임 또는 맞아들임은 여성적인 타자성의 발현이다. 물론 이것을 생물학적 여성을 가리키는 것으로 이해할 필요는 없다. 가족 구성원 각자가 거처에서 친밀함과 안온함을 느낀다면 누구나 이런 여성성에 의해 맞아들여지는 셈이다." 문성원, 『해체와 윤리: 변화와 책임의 사회철학』(서울: 그린비, 2012), 28-29. 이 진술은 그 자체로 이 맥락에서 레비나스의 여성적인 것에 대한 이해를 잘 기술하고 있다. 하지만 여전히 우리는 왜 여성적인 것의 묘사가 굳이 맞아들임이나 친밀함으로 한정되어야 하는지 되물을 수 있을 것이다.

신의 논지 전개상 기술해야 하는 사태는 바로 이 타자와 더불어 있음이다. 먹을 것, 입을 것, 놀이할 것과 집 안에서 한데 뒤엉킨다는 것은 무엇을 의미하는가?

다시, 레비나스의 신체론으로

이에 레비나스는 다음과 같이 적고 있다. "분리된 존재는 숨 쉬고 보고 느끼는 즐거움 속에서 분리된다. 즉 만족해한다. 분리된 존재가 기쁨을 누리는 터전인 **타자** — 요소들 — 는 애당초 그를 위해 있는 것도, 그에 반해 있는 것도 아니다. (…) 향유 속에서 진동하는 자아의 주권에서 특징적인 것은 환경에 잠긴다는 점, 그래서 숱한 **영향**을 받는다는 점이다"(138/241). 홀로 선 분리된 자아도 자기 집이라는 영역을 확보하고 노동을 통해 안정된 거주와 삶의 향유를 즐기지만, 타자에 의존하지 않고서는 살 수 없다. 이렇게 다른 것에 의존하면 할수록 자아는 타자에 휘둘리며, 불편한 상황에 놓이게 된다. 홀로 있고 싶지만, 그저 자기 홀로만 있을 수 없으므로 타자와 자신이 뒤엉키게 되고, 여기서 이런저런 불편한 상황이 초래된다. 홀로 있으므로 자유로워 보이지만, 그 자유는 타자에 영향을 받음으로써 제한되고, 이런 제한된 자유 속에서 주체는 여전히 자신이지만, 타자에 의존함으로써 흔들리는 경험을 하게 된 자기 자신이 된다. 이와 관련해서 레비나스는 다음과 같이 말한다.

     2부 전개: 행복한 삶을 향유하는 나

자유는 토착적 삶 속에서 작동하는 근원적 애매성의 가능성 가운데 하나로 제시된다. 이 애매성의 실존이 신체이다. 향유의 주권은 타자에 대한 의존으로 자신의 독립을 먹여 살린다. 향유의 주권은 배반의 위험을 무릅쓴다. 향유의 주권은 배반의 위험을 수반하고, 그 주권을 살게 하는 타자성은 이미 그것을 낙원에서 추방해 버린다. 삶은 신체인데, 이 신체는 자신의 충족성이 움트는 고유한 신체일 뿐만 아니라 물리적 힘들의 교차로(carrefour), 즉 신체-효과이다. 삶은 깊은 두려움으로 증언한다. 신체-주인이 신체-노예로, 건강이 병으로 이렇게 전도되는 일이 언제나 가능하다는 것 말이다. **신체로 있다는 것**, 그것은 한편으로는 **자신을 유지한다**는 것이고, 자기의 주인이라는 것이다. 그리고 다른 한편으로 그것은 땅 위에서 자신을 유지한다는 것이고, **타자** 안에 있다는 것이며, 그래서 자기 신체로 인해 불편하다는 것이다. (138/242)

나는 자유롭지만 타자 안에서, 타자와 뒤엉키는 한에서만 자유롭다. 이런 점에서 몇몇 독일 관념론자들이 제시한 무제약적 자유는 가능하지 않다. 레비나스에게 주체는 전통적인 코기토나 다른 주체성보다 훨씬 더 신체적인 주체의 특성을 가지며, 이 신체-주체는 바로 그 신체 때문에 타자들에 더 크게 영향을 받게 된다. 또한 이런 주체에게 의식은 육화된 방식으로 등장한다. 내가 "~로 산다"는 것은 신체적 존재 안에서 구체화된다. '육화된 사유'는 처음에는 세계에 작용하는 사유로서가 아니라, 욕구의 행복한 의존 속에서 자신의 독립을 획득하는 분리된 존재로서 생산된다. 신체의 애매성이 의식이다"(139/243). 우리는 나의 타자인 먹을거리를 통해 기쁨을 얻지만, 음식이 주는 쾌락에 예속되기도 하고, 이로 인해 질병과 무거운 몸을 가질 수도 있다. 이처럼 쾌락과 더불어 고통도 겪게 만드는 것이 타자와 함께하는 삶이며, 이러한 타자를 '겪음' 속에 쾌와 불쾌를 경험하는 신체가 있다. 하지만 이러한 겪음에도 불구하고 신체는 세계로부터 분리된 나의 신체로서 독립성을 유지하고자 한다는 점에서 신체의 애매성이 있다는 것인데, 이것이 왜 다시 의식으로 말해지는지가 불분명하다. 이에 나는 레비나스가 1961년 6월 6일 『전체성과 무한』의 국가박사학위 논문 심사와 관련하여 직접 작성한 텍스트에서 이해의 실마리를 발견했다. 레비나스는 신체가 세계 안에서 타자와 더불어 있지만 그것과 거리를 둔 채로 존재하려 한다고 본다. 여기서 타자로부터의 거리 두기는 의식의 힘으로 이루어진다. 논문 심사를 준비하는 노트에서 레비나스는 『전체성과 무한』 본문에 없는 말을 써 놓았다. "신체는 지금까지 (향유에서 시작하여) 분리의 방식으로 기술되어 왔다. 신체를 통해 향유가 만족을 얻고 영향을 받는다. 견디어 냄과 동시에 결과가 됨. 거주를 통해 영향은 연기된다. 거주는 의식을 출현시킨다. 신체는 **거주로부터** 의식이 된다(139면에서 언급되지 않은 내용). 의식-거주 덕분에 탈육화됨."[5] 신체는 노동의 저주 속에만 있는 것이 아니다. 또한 자아는 신체 안에서 고통과 쾌락에만

---

5   Emmanuel Levinas, "Notes de la présentation de la thèse lors de la soutenance et des réponses aux questions du jury," in *Œuvres complètes: Tome 4, Dossier Totalité et infini Textes et documents inédits*, textes établis et annotés par Dan Arbib et Danielle Cohen-Levinas, avec la collaboration de Nicolas Rault(Paris: Éditions Grasset & Fasquelle, IMEC Éditeur, 2024), 668-669.

얽매여 허우적거리기만 하는 존재가 아니다. 집에 거주함으로써 우리는 신체적 활동을 가라앉힌다. 우리는 잠시 일을 멈추고 휴식을 취하며, 단잠을 자며 의식적으로 자기 자신을 보존할 수 있다. 이러한 거주를 통해 이루어지는 탈육화는 신체의 애매성 안에서 펼쳐지는 의식을 잘 보여 준다. 나의 신체는 타자에게 영향을 받는 쾌락과 고통 속에 있으면서도 집에서의 거주와 고독 속에 독립해 있고자 하며, 이때 의식은 그런 거주와 더불어 탈육화된다. 또한 의식은 이렇게 탈육화된 상태만을 계속 유지하려는 것이 아니라, 거주를 통해 의식적으로 내일을 기획하고 노동을 준비한다. 신체는 타자에게 영향을 받으면서도 거리를 두는 이러한 애매성 안에 있으며, 또한 이 애매성 안에서 의식이 발현된다.

여기서 조금만 에둘러 가 보자. 레비나스는 나의 자유가 타자에 의존함으로써 제약적인 자유가 되어 버린 이 상황이 분명 타자에게 영향받는 신체-주체의 숙명이자 그 실존의 애매성이라고 표현했다. 즉 위에서 언급된 대로, "애매성의 실존이 신체이다". 이것은 메를로-퐁티의 현상학적 신체론에 스며들어 있는 애매성의 사유를 떠올리게 한다. 그는 자유에 대해 이렇게 말한다. "**숙명**도 이 숙명을 파괴하는 자유로운 행위도 표상되는 것이 아니며, 그것들은 애매성 안에서 체험된다."[6] 이때 애매성은 당연히 신체적 실존과 지각의 애매성이다. 신체적 실존의 자유는 한편으로 자유롭지만, 다른 한편으로 다른 것에, 세계의 타자에 예속되어 있다. 이를테면 다른 것에 의해

6　Merleau-Ponty, *Phénoménologie de la perception*, 508; 국역본: 『지각의 현상학』, 664.

일어난 신체적 고통은 내가 더는 자유롭지 않음을 의식하게 만든다. 명료한 의식도 신체적 고통으로 인해 그 명료함을 잃어버릴 수도 있다. 비록 레비나스와 달리 여전히 세계-에의-존재와 같은 하이데거적 초월 개념을 유효하게 전유하는 (적어도 『지각의 현상학』 시기의) 메를로-퐁티이지만,[7] 그 역시 레비나스처럼 자유로운 신체-주체가 그 신체적 실존 때문에 제한된 자유를 누릴 수밖에 없는 애매성의 숙명에 처해 있다는 사실을 일찌감치 고려했다. 바로 이런 숙명을 가장 잘 보여 주는 사태 중 하나가 다름 아닌 신체적 고통이다. "고통은 나를 굴복시키고 내가 해서는 안 될 말을 하게 하고, 피로는 나의 여정을 방해한다. 우리 모두 고통이나 피로를 더는 참을 수 없다고 결정하는 순간을, 그리고 즉시 견딜 수 없게 된다는 것을 알고 있다. (…) 피로가 나를 멈추게 한다."[8] 티모시 무니의 말처럼, "메를로-퐁티가 잘 깨닫고 있었듯이, 신체적 고통보다 행동의 세계에서 물러서게 하는 경험은 거의 없으며, 신체적 현전의 **애매성**을 이보다 잘 보여 주는 것도 거의 없다. 내가 칼로 손가락을 베어 손가락이 아프다거나 못을 밟아서 발이 아프다고 할 때, 나는 손가락이나 발이 고통의 원인이라고 하는 것이 아니며", 나의 대상화하는 "언어와 외적 지각은

---

7   한우섭은 이 점과 관련해서 다음과 같이 말한다. "다시 말해 지각의 현상학적 기획이 현상학적 방식에 충실할 수 있었던 것은 세계와의 상관관계라는 지각 구조의 내재성과 그 지각적 의미 구성에 있어서의 신체적 의식(암묵적 코기토)의 해석적 능동성에 있었던 것인데, 이런 상황에서 그의 지각의 현상학적 방법은 이른바 하이데거의 '내재로의 초월'의 특징을 간직한 충실한 현상학이라고 할 수 있다." 한우섭, 「메를로-퐁티의 살 존재론에 관한 소고(小考): 그 과정. 구체성과 실존성의 상호 지지관계를 통한 이해」, 『현대유럽철학연구』 제70집(2023년 7월), 424.

8   Merleau-Ponty, *Phénoménologie de la perception*, 504.

고통의 애매성을 지나쳐 버린다. 의식적 대상화를 이토록 강하게 유발하는 경험도 없지만, 그 대상화에 가장 끈질기게 저항하는 것도 바로 고통이다".[9] 이처럼, 신체는 주체의 자유를 단순하고 직접적인 방식으로 표상하지 않으며, 고통은 자유와 비-자유를 오가는 신체적 실존의 애매성을 응집하고 있다. 레비나스도 말한다. "… 나의 고통 자체 속에서 나는 내 실존을 내부로부터 끌어낸다. (…) 탁월한 인내, 순수한 수동성인 거두어들여진 존재의 고통은", 도래할 삶의 "지속에 대한 열림이자 지체"가 되고, 이렇게 능동적 자유이면서 수동성인 이 "신체의 애매성이 **의식**이다"(139/242-243).

여기서 나는 두 가지를 말하고 싶다. 이 두 위대한 현상학적 철학자들의 의도를 고려할 때 그들의 현상학적 방향 설정이 분명 서로 다르긴 하지만, 레비나스가 분리된 자아와 의식의 삶을 표상적 삶이 아니라 육화된 신체적 삶을 기반으로 삼아 형성되고 유지된다고 본 것은 메를로-퐁티와 유사하다. 이런 점에서 레비나스 역시 메를로-퐁티와 조금 다른 의미로 — 앞서도 이미 여러 차례 드러났듯이 — 신체의 현상학자란 말을 들을 만하며, 우리는 그가 철저하게 대지에 맞닿아 있는 신체-주체의 삶에 초점을 맞추고 있음을 잊으면 안 된다. 또한 그가 신체적 실존에서 비롯하는 삶과 자유의 애매성, 능동성과 수동성 사이에서 애매하게 서성이는 주체의 숙명을 메를로-퐁티처럼 잘 깨닫고 있었음도 반드시 기억해야 한다.

---

9   Timothy Mooney, *Merleau-Ponty's Phenomenology of Perception: On the Body Informed* (Cambridge, UK: Cambridge University Press, 2022), 93.

그런데 우리가 여기서 확인해야 할 또 다른 중요한 사항은 그가 메를로-퐁티와 다르게 설정한 논의 방향이다. 메를로-퐁티는 그의 고유한 현상학적 존재론의 차원에서 육화된 실존의 존재 방식 자체를 현상학적으로 더 철저하게 규명하는 데 관심을 두면서, 세계-에의-존재의 초월이라는 차원에서 이를 기술한다. 이때 초월은 주로 주체가 세계에 관여하고, 세계 내의 상황에 영향을 받으면서도, 그 상황을 변형하는 지각 주체의 운동을 표현하는 말이다. 무니가 잘 표현한 대로 "초월의 운동은 언제나 세계**에 대한** 기획투사"이며,[10] "여기서 초월은 '실존이 그 자신을 포착하고 **사실상** 상황을 변형시키는 운동'"이다.[11] 여기서 상황의 변형이란 신체-주체의 세계에의 참여를 통해 구성된 세계의 변형을 의미할 것이다. 이는 우리에게 주어진 세계에는 구성되어야 할 여지가 언제나 남아 있기 때문일 것이다. 실제로 메를로-퐁티는 "세계는 이미 구성되어 있으나 또한 완전하게 구성된 것은 결코 아니다"라고 말한 바 있다.[12] 이는 롤란트 브레이우르가 메를로-퐁티에게 "의식이 처음에는 이미 주어진 의미를 명시적으로 드러내는 기능에만 국한되는 것처럼" 보이지만, "동시에, 세계와 공간의 의미 자체가 주체의 개입을 기다리는 것처럼 나타나기

---

10 Mooney, *Merleau-Ponty's Phenomenology of Perception*, 101.

11 Mooney, *Merleau-Ponty's Phenomenology of Perception*, 219. 한 가지 유의할 것은, 메를로-퐁티는 나의 세계로의 투사를 말하면서도 나와 세계의 동시적 접촉에서 비롯하는 애매한 상호성을 강조한다. "오히려, 내가 발견하고 인식하는 것은 바로 나의 존재인 초월의 심원한 운동, 즉 나의 존재와 세계의 존재 사이의 동시적 접촉이다." Merleau-Ponty, *Phénoménologie de la perception*, 432.

12 Merleau-Ponty, *Phénoménologie de la perception*, 517; 국역본: 『지각의 현상학』, 676.

  2부 전개: 행복한 삶을 향유하는 나

도 한다. 이 애매성이 모든 표현의 역설을 특징짓는다"라고 한 것처럼,[13] 육화된 의식이 이러한 애매성 안에서 세계에의 참여와 개입을 멈추지 않기 때문이다.

이와 달리 레비나스는 이런 식으로 세계에의 참여로 나타나는 **내재성 안에서의** 초월에는 관심을 두지 않는다. 물론 이 말이 현상학의 기본 공식에 가까운 내재성 안에서의 초월과 레비나스의 철학이 서로 무관하다는 뜻은 아니다. 다만 궁극적으로 그가 의도하는 초월은 향후 전개될 윤리적 초월이며, 육화된 실존은 윤리적 초월을 전개하기 위한 예비적이지만 필수적인 조건으로서 자아의 삶을 이룬다. 이때 현상학은 분명 존재론적 차원과 맞닿아 있기는 하나 이는 윤리적 초월을 향해 가는 통로 역할을 한다. 이 맥락에서 현상학적으로 기술되는 레비나스의 주체의 삶은 세계-내-존재나 세계-에의-초월이 아닌 여전히 내면성의 독립적 실존을 유지하는 데 그 초점이 맞추어져 있다. 그리고 이 내면성은 내가 세계의 요소를 내 것으로 삼기에 내가 세계와 뒤엉키면서도, 집이라는 자기만의 거주 공간이 있기에 가능한 삶이다 — 그리고 그 집은, 차후 보겠지만, 타인에게 제공되는 사물을 저장해 두고 있는 공간으로 변형될 것이다. 즉 레비나스는 이 세계에서 거리를 두고 자기만의 집이라는 내면성을 확보함으로써 초월을 예비하는 반면, 메를로-퐁티는 세계에의 참여로서의 내

13　Roland Breeur, "Merleau-Ponty, un sujet désingularisé," *Revue Philosophique de Louvain* 96:2 (1998), 238.

재성 안에서의 초월에 더욱 몰두한다.[14] 요컨대, 메를로-퐁티가 후설이나 하이데거의 내재성 안에서의 초월 구도를 그대로 유지하면서 이를 발전시키는 반면,『전체성과 무한』의 레비나스는 타자와의 만남을 통해, 내면성에서의 세계-내적 초월이 아닌 지고의 선을 향한 상향초월로 가는 길을 열고자 한다. 내면성의 비밀의 삶은 여전히 세계 안에서 이루어지는 신체적, 감각적 향유와 관련한다는 점에서 내재적이기는 하다. 하지만, 이후 나타날 타자는 그 내면성과 내재성 너머 지고의 선을 향한다는 점에서 높음을 향한 초월이며, 이는 세계-내-존재의 초월로 환원되지 않는다. 헨트 드 프리스의 멋진 표현을 가져오자면, "내재성 안에서의 초월을 미시적으로 포위하는 것으로, 동시에 초월의 초월"이다.[15] 이것이 레비나스가 전통적인 의미의 내재성 안에서의 초월과 스스로 차별화되는 지점이다.[16]

---

14 이 점을 이해하기 위해 서동욱의 진술이 우리에게 도움을 줄 것이다. 그는 또한 메를로-퐁티와 레비나스의 차이에 대해 다음과 같이 말한다. "이런 점에서 레비나스는 메를로-퐁티와 전혀 다른 기반에 서 있다. 메를로-퐁티는 '세계라는 유일한 로고스' (…) 를 탐구하고자 했으며, 이 세계는 '나와 너 사이의 분할 불가능한 것' (…) 이었다. 나와 너 사이의 분할 불가능한 세계는 신체 또는 살로 구현되고, 그는 이런 세계를 그리스인들처럼 요소적 (…) 이라고 일컬었다. 그리스적인 '요소'란 아르케의 다른 이름이다. 메를로-퐁티가 익명적인, 공통적인, 요소적인 세계를 찾고 있다면, 레비나스는 타자라는 개념 아래에서 원리 바깥, 원리에 대한 외재성, 무(無)아르케적인 것을 찾는다." 서동욱,『타자철학』, 321. 또한 세바는 애매성이라는 맥락에서 둘의 차이를 다음과 같이 설명한다. "레비나스와 메를로-퐁티 모두 '애매성의 사상가'이지만, 애매성이 진행되는 방식에 있어서는 상반된다고 말할 수 있겠다. 메를로-퐁티의 경우, 그 철학적 글쓰기의 애매성은 지각의 지평에서의 세계의 불안정하고 불완전한 연속성, 모든 겹침을 표현하고자 하는 반면, 레비나스에게 있어서 애매성은 무한을 암시하는 깜빡임의 흔적을 의미한다고 할 수 있다. Sebbah, *Levinas*, 127.

15 de Vries, *Minimal Theologies*, 480.

16 이 주제와 관련해서 베르구가 적절한 해명을 남긴 바 있다. "레비나스는 아베카시스가 표현한 자연에 대한 인간의 내재성과 초월을 수용하면서도, (타인에 의해 가능해진 윤리적 엔텔레

            2부 전개: 행복한 삶을 향유하는 나

정리해 보자. 레비나스의 신체는 내면성을 갖춘 실체로의 주체, 주체화를 가능하게 하는 나의 실존이다. 이것은 존재 또는 존재 이해로부터 현존재의 주체성을 연역해 내는 하이데거와는 달리 레비나스가 주체의 주체화를 통해 존재와는 다른 명사적 존재자를 정립해 낸다는 말이며, 이렇게 실체화된 신체-주체는 신체로 자신을 유지하고 즐김으로써 삶을 행복으로 영위한다. 다시 말해 레비나스에게 신체는 먹을거리를 섭취하는 신체로 내가 내 삶을 유지하는 주체성이며, 노동으로 미래를 대비하고, 그 소유를 집에 가지고 돌아오는 것도 실제 이 땅에 발을 딛고 사는 신체적 주체성을 전제하지 않으면 이해될 수 없다. 바로 이 점에서 신체는 삶이며, 이것은 자기의 경제활동, 곧 집에 준거하는 나의 삶으로서의 내면성과 내재성을 성취하는 삶이다. 이 지점에서 앞서 한 번 인용했던 레비나스의 말로 돌아가서, 그 대목에서 계속 이어지는 그의 말을 덧붙여 다시 살펴보자. 이는 레비나스의 신체론에서 가장 결정적이라고 할 만한 부분이기 때문에 그럴 만한 가치가 있다.

삶은 신체인데, 이 신체는 자신의 충족성이 움트는 고유한 신체일 뿐만 아니라 물리적 힘들의 교차로(carrefour), 즉 신체-효과이다. 삶은

기로서의) 율법이 자연을 중단시킨다는 관점에서, 하이데거의 개념과 혼동될 수 있는 '초월'이라는 용어 대신 장 발에게서 차용한 '상향초월'(transascendence)이라는 용어를 사용한다." Bettina Bergo, "Ontology, Transcendence, and Immanence in Emmanuel Levinas' philosophy: Immanence and Transcendence," *Research in Phenomenology* 35(2005), 163-164. 여기서 언급된 아르망 아베카시스(Armand Abécassis, 1933-)는 모로코 출신의 프랑스-유대 철학사로, 보르도대학교 명예교수이다.

깊은 두려움으로 증언한다. 신체-주인이 신체-노예로, 건강이 병으로 이렇게 전도되는 일이 언제나 가능하다는 것 말이다. **신체로 있다는 것**, 그것은 한편으로는 **자신을 유지한다**는 것이고, 자기의 주인이라는 것이다. 그리고 다른 한편으로 그것은 땅 위에서 자신을 유지한다는 것이고, **타자** 안에 있다는 것이며, 그래서 자기 신체로 인해 불편하다는 것이다. 그러나 반복하자면, 이 불편은 순수한 의존으로 생산되지 않는다. 이 불편은 행복을, 그것을 향유하는 자의 행복을 만든다. 존속하기 위해 내 실존에 필요한 것은 내 실존을 흥미롭게 한다. 나는 이 의존에서 이 즐거운 독립으로 나아간다. (…) 자기와 다른 것 속에서 자기 집에 있다는 것, 자기 자신과 다른 것으로부터 살아가면서 자기 자신이라는 것, ~로 사는 것은 신체적 실존 안에서 구체화된다. (138-139/242-243)

앞서도 말했듯이, 나는 신체로 있기에, 다른 것과 뒤엉키면서 산다. 그리고 (인간이 아닌) 타자와의 뒤엉킴은, 마치 내가 나 자신을 유지하기 위해 음식물을 먹는 와중에 그 음식물로 인해 신체적 고통을 겪을 수도 있지만, 그런 불편함마저 삶으로 껴안은 채 행복을 추구함이라는 나의 삶에 준거한다. 이렇게 신체적 실존은 자기의 에고이즘이라는 내면성을 입증한다.

칼랭은 이런 레비나스의 신체론을 두고서 이렇게 말한다. "초월의 사상가로서 레비나스는 내재성에서 시작한다. (…) 이는 주체화가 존재 이해에 앞서며, 존재 이해로부터 일어나는 것과는 거리가 멀다는 것을 말할 뿐만 아니라 거주하는 신체의 움직임을 따라 존재론적 차이가 육화된다(différence ontologique s'incarne)는 것을 말한다."[17]
레비나스의 신체적 삶은 초월이 아닌 내재성의 삶이자 내면성의 삶
이며, 이 땅에 자리를 잡고 사는 것, 구체적으로는 이 땅에서 집에 거
주하며 타자를 소유하고 향유하는 삶으로 귀결된다. 흥미롭게도 이
는 하이데거와는 다른 의미의 존재론적 차이를 일으킨다. 하이데거
에게 존재와 존재자의 차이에서 존재론적 우위성은 익명적 존재에게
있다. 그러나 레비나스에게 존재와 존재자의 차이에서 우위성은 신
체적 존재인 나, 명사적인 의미의 나에게, 더 정확하게는 노동하고,
향유하는 나의 신체적 삶에 있다.[18] 즉 신체적 인격인 자아의 삶이 익
명적 존재보다 더 우위에 놓이는 것이다.

　아울러 여기서 상세히 다룰 수는 없겠으나 신체와 관련해서 한

17　Rodolphe Calin, "Le corps de la responsabilité: sensibilité, corporéité et subjectivité chez Levi-
　　nas," *Les études philosophiques* 78(2006/3), 305-306.

18　존재론적 차이에 입각해서 레비나스를 이해하는 시도는 디디에 프랑크가 가장 먼저 제기
　　한 해석이다. 그는 다음과 같이 말한다. "행동한다는 것은 자기-자신에 대해 뒤쳐진 현재를
　　담당하는 것이며, 이 지연이 없으면 존재자와 존재의 관계는 나타나지 않을 것이다. 자기에
　　뒤쳐진 현재로서의 피로는 결과적으로 홀로서기에 대한 기술의 가능성, 동사의 명사로의
　　변환, 존재의 존재자로의 변화, 그리고 동시에 존재론적 차이의 연역에 관한 가능성을 열
　　어 준다." Didier Franck, *Dramatique des phénomènes* (Paris: Presses Universitaires de France, 2001),
　　83. 이때 행동은 물론 신체의 행동을 지시한다. 즉 프랑크는 레비나스의 홀로서기, 또는 자
　　기정립으로서 주체의 신체적 자리잡음, 명사화를 염두에 두고 논의를 전개하면서, 레비나
　　스의 고유한 존재론적 차이의 사유가 드러남을 보여 준다. 이러한 신체와 존재론적 차이
　　의 사유는 『전체성과 무한』에도 반영되어 있다고 볼 수 있을 것이다. 이와 더불어 신체성
　　에 대한 더 깊은 이해를 위해 신체에 대한 레비나스의 초기 입장을 보려면 다음 글을 보라.
　　Cristian Ciocan, "Le problème de la corporéité chez le jeune Levinas," *Les études philosophiques*
　　105(2013/2), 201-219. 또한 후기 레비나스의 신체론에 관한 국내 문헌으로 다음 글을 참조
　　하라. 최일만, 「존재 너머의 일자로서의 주체: 신체적 주체성에 관한 레비나스의 사유」, 『현
　　상학과 현대철학』 제104집(2025년 3월), 1-31.

가지 또 중요한 것은 이 신체론이 레비나스에게는 차후 윤리적 신체로의 변경을 겪어야 한다는 점이다. 집에 거주하는 나의 신체는 내 집의 문을 두드리고 나를 도우라고 말하는, 타인에게 노출된 신체이다. 타인을 마주했을 때 나는 내 삶의 향유를 지속하기보다는 내가 가진 것을 주는 신체로 변경된다. 비록 이러한 윤리적 신체가 신체 자체에만 초점을 맞추는 방식으로 전개되지는 않지만 『전체성과 무한』 3부에서 무한한 책임과 타인과의 관계를 통해 환대의 주체성으로 이행하는 레비나스의 논의에는, 기본적으로 타인에게 나를 노출하는 가운데 나의 것을 떼어 주는 신체가 전제되어 있음을 기억해야 한다.[19] 얼굴 대 얼굴의 대면이 이미 신체적 노출을 함축한 말이 아니던가?

---

19 이 점을 강영안은 다음과 같이 잘 기술한 바 있다. "레비나스의 통찰 가운데 중요한 것은 윤리적 관계는 몸을 떠나서 존재할 수 없다는 것이다. 타인의 호소에 직면할 때 우리는 타인을 언제나 몸의 주체로 경험한다. 몸은 향유의 몸이면서 동시에 타인에 대해 노출된 몸이다. 몸 자체가 이미 '타인을 위한' 존재이고 '자신을 내어놓음'(s'offrir)이며 이런 의미에서 '고통받음'(souffrir)이다. 그러므로 향유는 무한정 지속될 수 없다. 타인의 고통을 대할 때 향유는 멈출 수 있고 포기할 수 있는 것이다. 말하자면 직선 운동인 향유는 타인의 고통에 직면할 때 윤리적 관계인 곡선 운동으로 방향을 바꾸게 된다. 윤리는 빈말로 실행되지 않는다. 언제나 몸으로 존재하는 주체를 통해 윤리가 실천된다. 내 입에 들어가던 빵을 내어 줄 수 있는 가능성이 없이는 윤리뿐만 아니라 진정한 주체성도 성립되지 않는다." 강영안, 「타인을 위한 삶은 진정 가능한가: 레비나스와 로티의 타자성 철학」, 『철학은 어디에 있는가: 삶과 텍스트 사이에서 생각하기』(파주: 한길사, 2012), 141.

머리 둘 곳 있는, 일하는 주체

이제 이 신체성에 관한 논의를 아우르는 내면성의 삶으로 돌아가자. 이미 본 것처럼, 노동과 관련해서도 레비나스는 다시금 집에 천착한다. 분명 집 바깥으로 나가는 것, 그렇게 해서 노동을 통해 나에게 필요한 요소들, 곧 타자를 집으로 들여오기 위해 수고하는 것은 일종의 하이데거나 메를로-퐁티가 추구한 세계로의 초월 같아 보이지만, 그렇게 바깥으로 나가 획득한 타자를 다시 집 안으로 거두어들임으로써, 레비나스의 자아는 여전히 세계의 내재성만이 아니라 자기 집에서의 삶으로 대변되는 내면성을 향한다. 정확하게는 내재성은 내면성에 준거해야만 가능하며, 이것이 분리와 독립의 삶을 또한 가능하게 한다. 이러한 내면성으로의 회귀와 천착을 레비나스의 다음과 같은 말이 잘 입증한다. "삶이 스스로를 상실할 위험에 놓이는 세계에 삶은 들러붙어 있다. 그리고 동시에, 이 들러붙음은 다름 아니라, 삶이 스스로를 방어하게 하고 자기 집에 있게 하는 것이다"(140/244). 레비나스에게 향유의 주체성, 집에 거주하며 노동하는 주체성은 세계로 향하고 세계에 내던져져 있는 것이 아니라 세계와 관련을 맺으면서도 언제나 거주하고 정주하는 곳으로 돌아와 자신을 유지한다는 의미를 함축한다. 이런 점에서 레비나스에게 주체의 자유는 특히 하이데거와 대립하는 방식으로 설정되는데, 그것은 세계-내-존재이자 죽음을 향한 존재인 현존재의 초월로서의 자유, 곧 죽음의 불가능성에 직면하여 현존재 자신의 가능성을 복원해 내거나 새롭게 형성하는 자유가 아니다. 그래서 레비나스는 자신이 말하는 집에 거주하며 누리는 자유가 "유한한 자유", 유한성 내에서의 자유가 아니라고 말한다. "삶을 머물게 하는, 또 삶이 자기 집에 있게 하는, 타자와 삶이 맺는 관계로서의 자유는 유한한 자유가 아니다. 그것은 잠재적으로 무가치한 자유이다. (…) 자유롭다는 것, 그것은 우리가 자유로울 수 있는 세계를 건설하는 것이다"(139/244). 그렇다면, 이 세계를 건설한다는 것은 어떻게 가능한가? 이를 가능하게 해 주는 것이 바로 지금까지 반복적으로 설명된 노동이다.

레비나스는 이 점을 — 하이데거에 반대하는 차원에서 — 더 극명하게 보여 주기 위해서 신체성과 시간성에 대한 고유한 입장을 개진한다. 메를로-퐁티처럼 육화된 실존을 말하면서도, 세계-에의-존재나 세계-내-존재의 초월에 만족하지 않는 레비나스는 참된 의미의 신체, 더 정확하게는 삶의 향유를 내일도 가능하게 해 주는 노동하는 신체도, 그 신체로 살아가는 나의 삶의 시간성도 없다고 말한다. 사실 이런 강한 비판적 주장은 좀 심한 구석이 있기도 한데, 왜냐하면 하이데거에게도 도구를 다룰 줄 아는 현존재의 '손'-가까이-있음이 분명히 주체의 존재-가능(Sein-können)을 보여 주는 현상학적 실례로 제시되기 때문이다. 이때의 '손'은 명확히 신체성을 가리킨다.

하지만 레비나스는 "신체의 신체성 전체가 손을 대신할 수 있다"(142/247)라고 '손'의 의미를 재규정하면서, 신체적 삶의 신체성과 시간성에 대한 다른 이해를 내놓는다. 반복하건대, 레비나스는 집에서의 거주가 하이데거를 자신과 구별 지으면서 레비나스 그 자신만의 독특한 자아와 자아의 삶의 본질에 대한 이해를 보여 주는 핵심 계기라고 생각한다. "삶의 불안정성을 극복하는 거주는 삶이 침몰할 위험에 놓이는 만기일을 끝없이 연기하는 것이다. 죽음에 대한 의식

     2부 전개: 행복한 삶을 향유하는 나

은 그 기한에 대한 본질적인 무지 속에서 죽음을 끝없이 미루는 의식이다. 노동하는 신체로서의 향유는 이런 최초의 연기에 자리 잡는데, 이 최초의 연기가 시간의 차원 자체를 열어 준다"(139/243). 하이데거에게 손으로서의 신체는 존재자의 존재 의미를 현존재와의 도구적 연관성을 통해 보여 줄 수 있는 실존의 기관이다. 신체적 지시-연관 아래 나와 다른 존재자들이 특정한 유의미성에 진입한다. 이런 점에서 하이데거의 현존재의 손은 나 아닌 다른 것을 너무나도 지나치게 도구적 관계 아래 놓는 것처럼 보이며, 망치를 움켜쥐는 손의 지배력을 타자에게 과도하게 행사하는 것처럼 보이기까지 한다.

그런데 흥미로운 것은 레비나스 역시 신체의 신체성을 대변하는 하나의 기관인 이 손이 파악과 지배력을 의미하는 것이라고 본다는 점이다. 다만 레비나스는 하이데거와는 또 다른 방식으로 손이 함축하는 파악하는 기능에 주목한다.

> 손은 잡고 파악하며, 존재자의 존재를 인식한다. 손이 포착하는 것은 그림자가 아니라 먹이인 까닭이다. 동시에 손은 존재자의 존재를 중단시킨다. (…) 일정 범위에서는 사물들이란 먹을 수 없는 것, 즉 연장, 사용 대상, 노동 도구, 재화 따위이다. 손이 사물을 **파악하는데**(comprendre), 이는 손이 사물을 모든 측면에서 동시에 접촉하기 때문이 아니다(손은 사물을 사방에서 만지지 않는다). 그것은 손이 더 이상 감각 기관이나 순수한 향유, 순수한 감성이 아니라, 지배이고 통치이고 처분이기 때문이다. (135/237)

"손은 이렇게 노동을 통해 요소 세계의 위협을 차단하고 미래를 예측, 통제한다."[20] 레비나스에게 왜 이렇게까지 손으로 대변되는 신체의 지배력이 강조되는가? 이 역시 자기 행복을 누리기 위한 욕구와 집의 존재 때문이다. 사물은 내가 파악하기 전까지는 나의 것이 아니다. 나는 집 바깥에서 노동하고, 생산하며, 노동하여 얻고자 하는 것을 단지 감상하는 것이 아니라 파악해야 한다. 나의 가정 경제에 그것이 필요한지, 얼마나 필요한지를 파악하여 나의 소유물로 만들어야 한다. 시장의 가판대에 널려 있는 것은 그저 사물이지 나의 소유가 아니다. 그것은 내 집에 들일 수 있는 것이 아니다. 내가 그것의 용도를 따져 재화로서의 사물을 구매하고, 또는 다른 데서 그것을 생산하여 이를 손에 들고 집에 들여놓을 때 비로소 그것은 나의 소유가 된다. "손은 내면성으로부터 비롯되어 공허 속으로 나아가 더듬는다."[21] 그렇게 더듬고, 포착한 것을 집으로 들인다. 이에 우리는 레비나스와 하이데거의 차이를 집의 유무와 집에 머무는 삶에서 찾을 수 있다. 이미 일찌감치 레비나스는 이렇게 말한 바 있다. "나는 나 자신이고, 나는 여기에, **내 집에 있다.** (…) 나의 감성은 여기에 있다. (…) 이 초월 없는 절대적 자리 잡음은 하이데거의 거기(Da)에 의한 세계 이해와 유사하지 않다. 그것은 존재에 대한 염려도, 존재자와의 관계도 아니다. (…) 그것은 **향유 속에서** 세계에 접근할 가능성이

<hr>

20 강영안, 『타인의 얼굴』, 141.

21 Levinas, "Notes de la présentation de la thèse lors de la soutenance et des réponses aux questions du jury," in *Œuvres complètes: Tome 4*, 669.

　　　　　　　　　2부 전개: 행복한 삶을 향유하는 나

다"(111/200, 강조는 필자).

　　아무리 손으로 대변되는 신체의 지배력이 강하다고 하더라도 그것은 나의 집이 있을 때 더 유의미해진다. 왜냐하면 나의 삶의 향유는 내 집을 준거점으로 삼을 때만 계획적으로 유지되기 때문이다. 다시 말해 향유는 다름 아닌 자기 집이라는 내면성을 확보한 자에게만 가능하다. 그리고 "내면성의 가장자리에 있는 집이 소유의 잠재적 탄생을 가리킨다"(137/240). 하이데거와 레비나스 모두 사물을 향한 신체적 향함을 말하지만, 하이데거에게는 그 사물을 비축하고 즐길 여유가 없다. 왜냐하면 레비나스의 관점에서 하이데거의 사유에 — 최소한 『존재와 시간』에 — 는 내가 손으로 잡은 도구를 들여 놓을 집이 없기 때문이다. 그러므로 도구는 있지만, 소유물을 저장할 저장고로서의 집, 그 소유물을 향유할 수 있는 집에 대한 인식이 하이데거에게는 없다. 이렇게 먹고, 쉬고, 즐길 수 있는 자기 집에서의 거주가 필요 없으므로, (앞서도 보았던 것처럼) **"현존재**는 결코 배고프지 않다"(108/195). 더 나아가 "『존재와 시간』에서 집은 유용한 것의 체계와 떨어져 나타나지 않는다. 그런데 염려의 이 '자기를 위해'는 상황에서 빠져나옴 없이, 거두어들임 없이, 치외법권 없이, **자기 집에 있음** 없이 성취될 수 있는가?"(144-145/251-252). 반면에 『전체성과 무한』의 집은 유용성을 넘어 향유의 삶을 가능하게 하는 내면성의 공간이 된다. 그것은 세계의 상황에서 빠져나와 자신만의 안온함을 추구할 수 있는 곳이다.

　　이처럼 레비나스에게 집은 행복한 삶을 가능하게 하는 보루이다. 이제 이 집을 둘러싸고 신체성만이 아니라 시간성이 재고찰된다.

이제 레비나스의 향유의 주체성에서 시간성의 의미를 돌아보며 지금까지의 논의를 요약해 보자. 집에서 우리는 죽음으로 앞서 달려가 보기를, 곧 죽음을 선취하여 자신의 유한한 한계를 직시함으로써 자유를 얻을 수 있다고 권고한 하이데거의 미래적 시간을 엿보기보다, 안락함과 더불어 지금 그리고 여기서 나의 삶을 존속시킨다. 그런데 이 향유는 노동을 거쳐야 한다. 노동은 타자와 나를 뒤얽히게 함으로써 나의 자유가 유한한 것처럼 보이게 하지만, 실은 노동을 통해 내일, 곧 미래에도 향유의 삶이 가능할 수 있게 된다. 노동을 통해 이루어지는 생산과 비축이 내일의 삶을 가능하게 하고, 세계와 나를 계속 분리해 낸다. 신체의 노동으로 피곤해진 나는 집에서 쉴 수 있고, 편히 잘 수 있고, 눈을 떴을 때 새로운 오늘을 맞이한다. 더 나아가 이 새로운 오늘은 어제의 노동이 있었기 때문에 내가 누릴 수 있는 또 하나의 아침이고 낮이 된다. 이렇게 노동하는 신체가 예비해 준 미래의 시간과 그 시간을 맞이하는 삶을 나타내기 위해 레비나스는 이 맥락에서 자유보다는 의지 또는 의욕이라는 말을 더 선호한다. "현재는 **당장은**(*pour le moment*) 위험에 대한 의식일 뿐이다. (⋯) 노동은 존재에서 떨어져 나온 자유가 아니라 의지를 특징짓는다. 위협당한 존재, 하지만 위협을 예방하기 위해 시간을 처분하는 존재를 특징짓는다. (⋯) 의욕함, 그것은 위험을 예방함(*prévenir*)이다. 미래(*avenir*)를 생각함(*concevoir*), 그것은 미리-옴(*pré-venir*)이다. 노동함, 그것은 자신의 실추를 지연시킴이다"(140/245). 현재 지금의 나는 삶을 즐기면서도 그 삶이 지속되지 못할 수도 있다는 불안감을 느낀다. 이것이 "위험에 대한 의식"이다. 하지만 나는 노동을 통해 미래에 도래할지

　　　　　　　　　2부 전개: 행복한 삶을 향유하는 나

모를 위험을 미리 내다보고 예방할 수 있다. 이것이 노동을 통해 미래의 시간을 살아 내는 방식이다. 하이데거와 대조해서 말하자면, 현재의 불안정성을 의식하여 미래를 대비하기 위해 노동을 통해 요소를 사물화하여 자기 것으로 삼는 레비나스의 신체-주체는 죽음으로 달려가는 자가 아니라, 죽음과 가까워지려는 삶을 불가능하게 만들지도 모를 모든 것으로부터 거리를 두려는 육화된 실존이다. 그리고 이 모든 활동의 중심에는 집이 있다. "왜냐하면" 집이 없으면 "노동의 결과를 저장할 곳이 없기 때문이다".[22] 반면에, 존재 망각을 고향 상실로 간주하여 본향을 그리워한 하이데거도 궁극적으로는 죽음이라는 미래에 집착한 나머지, 죽음을 선취하는 시간성을 강조하다가 진정한 쉼을 주는 일상의 집으로는 돌아오지 못하는 것처럼 보인다. 우리는 죽기 위해, 죽음을 반성하기 위해 살기보다는 일상의 행복을 위해 산다. 손의 지배력으로 대변되는 신체는 노동을 통해 집에 먹을 것을 들이고, 내일의 노동을 위해 휴식을 취하며 계속 삶을 향유한다. 죽음은 연기되고, 내일의 삶이 여전히 우리를 맞이한다.

소유한 것으로부터 자유로워지기 — 환대의 삶

이렇게 집에 정주하는 자아는 다른 세계로부터 물러나 분리된 채로 자기만의 비밀스러운 내면성을 구축해 낸다. 이 점을 정리하는 차원에서 칼랭의 다음과 같은 명쾌한 해명을 인용하고 싶다. "거주에

---

22 Mensch, *Levinas's existential analytic*, 107.

서 노동으로, 존재자가 세계의 무규정적 물질로부터 안정적이고 식별 가능한 사물들을 떼어 냄으로써 자기 소유를 구체적으로 완성하는 일로, 또 궁극적으로는 노동에서 표상으로, 곧 자아가 세계를 주권적으로 재현할 수 있는 가능성을 통해 세계에 대한 자신의 소유를 구체적으로 **번역해 내는**(traduit) 일로, 내면성의 모든 전-윤리적 구체화가 성취된다."[23] 그런데 흥미로운 것은 이 내면성을 유지하기 위해서 여전히 어떤 문젯거리가 나와 더불어 있게 된다는 점이다. 나는 노동을 통해 생산한 것을 집 안으로 거두어들인다. 나 자신과 함께 온 것은 나의 타자이다. 그리고 이것은 나의 소유물이다. "내가 잠기는 공간을 떠날 수 없다면, 내가 할 수 있는 것은 한 거주에서 단지 이 요소들에 접근하는 것, 사물들을 소유하는 것이다. 확실히 나는 ~로 사는 삶인 내 삶 가운데에서 나를 거두어들일 수 있다"(145/252). 같은 거주 공간 안에 나는 나로서만 있는 것이 아니라 타자, 곧 나의 소유물과 함께 있다. 그리고 노동을 통해 생산하거나 벌어들인 소유물은 역설적으로 나의 자유를 위협한다. 나는 노동으로 삶을 유지하고 미래에 대비하기 위해 소유물을 집 안으로 들이었다. 그렇다면 나의 삶을 가능하게 하는 것은 나의 소유물이 아닌가? 이 경우 나는 정

23　Rodolphe Calin, *Levinas et l'exception du soi*(Paris: Presses Universitaires de France, 2005), 128. 강조는 필자. 여기서 "재현"이라는 말을 사용한 것이 어색해 보일 수 있다. 왜냐하면 레비나스는 앞서 재현에 대해 부정적 태도를 보였기 때문이다. 하지만 여기서 재현은 사물로부터 물러나서 분리된 삶의 내면성을 유지한다는 의미이면서, 내가 소유한 것을 타인에게 주기 위한 것으로 헤아린다는 의미이다. 이런 점에서 칼랭이 사용한 표현 중, **번역해 낸다**라는 말이 유의미하다. 사물을 재현한다는 것은 나의 소유물로서의 사물에서 물러나 그것을 타인에게 주기 위한 일종의 선물로 번역해 낸다는 말이기 때문이다.

말로 분리된 자아의 자유를 누리며 향유하는 삶을 살 수 있는가? 나는 소유물에 의존한 자인 것은 아닌가? 나는 타자로부터 분리된 자가 아니라 이제 완전히 소유물인 타자에 뒤엉킨 자로 살게 된 것이 아닌가? 미래를 대비한다는 사실은 실은 소유에 집착해야 하는 삶을 고상하게 표현한 것에 불과하지 않은가?

그러면 이제 소유물에 뒤엉키게 된 나의 삶이 자유를 성취하려면 어떻게 해야 하겠는가? 그것은 이 소유물을 포기할 때, 더 정확하게는 그것을 남에게 줄 수 있을 때 가능할 것이다. 그리고 바로 이것이 타인을 맞이해야만 하는 이유를 설명해 준다. "그러나 내가 집의 맞아들임을 수립하는 소유로부터 스스로를 해방하고, 사물들을 그 자체로 바라보며, 그것들을 표상하고, 향유와 소유 모두를 거부하기 위해서는, 내가 소유한 것을 **줄** 수 있어야 한다. 오직 그럴 때만 나는 비-자아 속에서의 나의 몰입을 넘어서서 절대적으로 나 자신을 위치시킬 수 있다. 그러나 이를 위해서는 나를 문제 삼는, 타인(Autrui)의 조심성 없는 얼굴과 마주쳐야 한다"(145/253).[24]

소유물로 엉켜 버린 나의 자유는 이 소유물로부터도 자유롭게 될 때 가능해진다. 그리고 여기서 레비나스는 사물들에 대한 재현 또는 표상을 스스로 갱신해 낸다. 재현이나 표상은 이론적 삶에서 동일자가 타자를 규정하는 대표적인 방식이다. 그런데 레비나스는 여기서 향유와 소유를 거부하기 위해 사물들을 재현해야 한다고 말한다. 이 말이 조금 생소하게 들릴 수 있지만, 이때 재현 또는 표상은 레비

---

24 이 만남에서 나의 소유를 문제시하는 얼굴의 언어가 일어난다(146/253 참조).

나스에게 자신이 소유한 "사물들로부터 물러남"이라는 "새로운 사건을 함축한다"(145/252). 지금까지 줄기차게 강조했던 것처럼, 요소 세계에 그저 잠기는 것으로는 익명적 자아에서 벗어날 수 없다. 나는 분명 요소 세계에 잠김으로 말미암아 향유의 가능성에 촉발되지만, 자기 자신의 삶의 행복을 유지하기 위해서는 노동을 통해 사물들을 생산하고, 집에 거두어들이는 소유의 활동을 통해 나의 내면성을 탄탄하게 구축해야 한다. 그런데 소유에 대한 집착은 정작 소유물과 나를 분리시키지 못하는 결과를 낳을 수 있다. 재현 또는 표상은 그 전통적 의미에서 타자를 지배하거나 규정하는 동일자의 활동을 나타낸다. 레비나스는 이런 이론적 활동이 나의 삶을 근원적으로 구축하지 못한다고 보지만, 역설적으로 이 재현의 기능을 다른 방식으로 성취해야 사물로부터 물러나 분리된 자아의 삶을 펼칠 수 있다는 점에서 그런 활동을 긍정한다. 즉 나는 사물을 나에게 나의 소유물로 표상해야 한다. 그리고 나는 미래를 철저히 대비하고 지금을 향유하기 위해 그것들을 재현해야 한다. 하지만 이런 소유와 재현이나 표상은 사물에 몰두하는 나의 삶을 강화함으로써 나의 독립적 자유를 앗아간다.

그렇다면 나는 어떻게 나의 소유를 포기할 수 있는가? 어떻게 나는 사물을 다시 나에게 재현하여 그것과 분리된 자아의 삶을 살아낼 수 있는가? **그것은 나에게 먹을 것과 입을 것을 요구하는 타인이 나에게 다가올 때 가능하다.** 타인에게 나의 소유를 줄 때 나는 이제 소유한 타자로부터 해방될 수 있으며, 이렇게 갱신된 의미에서 사물을 줌을 위한 것으로 재현해 낸다. 그래서 레비나스는 말한다. "절대적으로 다른 타인(Autrui)이 소유를 마비시킨다. 타인은 얼굴 속 자신의 에피파니를 통해 이 소유에 이의를 제기한다. 타인이 나의 소유에 이의를 제기할 수 있는 것은, 그가 바깥으로부터가 아니라 높은 데서부터 내게 접근하기 때문이다. 동일자(Même)는 타자(Autre)를 제거하지 않는 한 타자를 지배할 수 없다. (…) 나는 내 집을 타인에게 열어줌으로써 내 집에 출현하는 타인을 맞아들인다"(145-146/253).

오랫동안 돌고 돌아 이제 드디어 타인의 출현이 레비나스의 논증에서 본격화되고 있다. 여기서는 나의 소유로 삼기 위한 타자를 집에 거두어들일 가능성이 타인을 맞이할 가능성이 된다. 그것은 우선 나의 삶을 향유하기 위한 행동이었지만, 먹을 것을 얻고자 문을 두드리는 타인 앞에서 나는 나의 소유물을 내어 줌으로써 그 소유물로부터 해방되기에 이른다. 타인은 그런 식으로, 나의 삶을 유지하고자 거두어들인 것을 나에게 요구할 수 있는 유일한 자이다. 소유물이 될 타자를 들이기 위해 문을 열었을 때, 그 타인은 말을 건넨다. 물을 달라고, 배를 채울 것을 달라고, 네가 가진 것을 나에게 넘기라고, 최소한 빌려달라고, 결국 일단 그것을 당신이 내게 주어야 한다고 권할 수 있다. 이 권유함 또는 명령으로 인해 나는 나의 소유로부터 해방될 수 있다.[25]

레비나스는 이러한 맥락에서 재현 또는 표상을 다시 사고하려 한다. 레비나스는 분명 신체로서의 삶을 강조했고, 지향적 태도로 사

---

[25] 인용한 말은 나눔과 베풂의 삶을 실천한 김장하 선생에 관한 기록에서 가져왔다. "버렸으면 미련 없이 버려야지. 줬으면 그만이지. 감사패 그거 뭐하려고 …." 김주완, 『줬으면 그만이지: 아름다운 부자 김장하 취재기』(창원: 피플파워, 2023), 281.

물을 바라보는 주체의 관조적 삶은 향유하는 신체의 삶에 의해 조건 지어진다고 했는데, 왜 사물의 표상 가능성을 다시 말하는가? 이것은 의식이 삶을 향유하는 감각적 신체의 삶에서 없어지는 것이 아니라 나에게 여전히 남아 있기 때문이다. 나는 신체적으로 삶을 누리고 노동하지만, 여전히 의식하는 자이다. 다만 이때 표상하는 의식은 인식론적 의미보다는 도덕적 의무의 토대 위에서 작동한다. "재현은 본질적으로 도덕적 관계를 키워 내는 세계, 즉 타인과의 관계로부터 자유를 얻는다"(146/254). 신체적 실존이라고 하더라도 의식은 없어지는 것이 아니다. 오히려 레비나스의 관점에서 우리 인간에게 "관념론은 영원한 유혹"(144/250)과도 같다. 물론 우리는 여전히 의식하는 주체일 수 있지만, 레비나스에게 그 의식은 신체적인 감각적 향유의 삶, 노동과 소유를 기반으로 삼아 조건 지어지는 것으로 간주된다. 그런데 타인과 마주하면서 나의 의식의 표상 또는 재현은 순전한 인식론적 앎이 아니라 도덕적 기반을 갖게 된다. 표상 또는 재현은 없어지는 것이 아니라 변형되는 것이다. 우리는 이제 타인의 요구에 적절하게 응답하고자 "사물들을 나에게 재현하고" 그런 다음 그것들을 타인에게 준다. 즉 얼굴은 재현할 수 있는 것이 아니라 그 자체로 자신을 표현하는 것이지만, 사물은 재현할 수 있는 것이다. 이런 점에서 "재현은" 분명 "주체 안에 삽입되어 있는 삶의 기능"인데, 다만 "삶의 현실에 후행하는 것이다".[26]

이렇게 재현 또는 표상은 삶 이전에 있는 것이 아니라 삶의 현실

26 Mensch, *Levinas's Existential Analytic*, 105-106.

  2부 전개: 행복한 삶을 향유하는 나

다음에 온다. 그것은 우리가 마주하는 도덕적 현실 다음에 온다는 말도 된다. 그러므로 재현 또는 표상은 인식으로 세계를 지배하는 근본 작용이 아니며, 무한과의 교섭을 따라 다시 이해되어야 한다. "재현은 본질적으로 도덕적 관계를 키워 내는 세계, 즉 타인과의 관계로부터 자유를 얻는다. (…) 재현은 나의 폭력에서 제공된 것이 아니라 경험적으로 나의 힘을 회피하는 것에서, 단지 이 폭력을 문제시하는 나의 가능성에서, 무한과의 교섭을 통해서 사회를 통해서 일어나는 가능성에서 시작되었다"(146-147/255). 요컨대, 레비나스에게 재현은 현실을 구성하는 것이 아니라 현실에 뒤이어 오는 것이며, 그런 점에서 향유의 삶보다 먼저 올 수 없다. 이제 집에서 노동을 통해 마련한 소유를 거두어들인 거주의 삶에서 재현 또는 표상도 다시 작동할 동력을 얻지만, 이내 그것은 타인과 마주함으로써 도덕적인 차원에서 행사될 자유의 행위와 연관될 것이다.[27]

이렇게 먼 길을 에둘러, 주체성의 정립과 그 삶의 양상을 기술한 다음, 레비나스는 내 집에 들어오는, 높은 데서 도래하는 무한인 타

---

27 그런데 구체적으로 재현이 어떻게 도덕적으로 기능할 수 있을까? 『전체성과 무한』에서는 이 점이 그리 상세하게 기술되지 않는다. 오히려 『존재와 달리 또는 존재성을 넘어』에서 재현이 도덕적 정의와 관련할 수 있다는 진술이 등장한다. 즉 타인과 마주하고, 내가 모르는 타인, 제삼자에게까지 내가 책임이 있음을 깨닫게 될 경우, 우리는 나누어야 할 것들, 곧 사물들을 나누기 위해 비교하고, 헤아리며, 재현하는 작용 일체를 회피할 수 없다. 이 경우 분명 재현은 정의를 위한 활동이 될 수 있다. "비교할 수 없는 것을 비교하는 가운데 재현, 로고스, 의식, 노동, 중립적 개념인 존재가 잠재적으로 탄생하게 될 것이다. 모든 것이 함께 있다. (…) 타자에 대한 나의 **대신함**을 조절하거나 측정하는 정의, 자기를 계산으로 재구축하는 이 정의의 질서가 생산되는 것은 재현으로부터이다. 정의가 재현의 동시성을 요구한다." Levinas, *Autrement qu'être ou au-delà de l'essence*, 202; 국역본: 『존재와 달리 또는 존재성을 넘어』, 343.

인의 얼굴을 드디어 본격적으로 자신의 논증 한복판에 놓는다. 이런 지난한 논의 과정은 무가치하거나 불필요한 것이 결코 아니다. 이는 레비나스가 분명 자신의 논증을 "주체성의 옹호" 또는 "변호"라고 특징지었고, 그래서 기본적으로 해명해야 하는 것은 주체의 삶, 드라마로 전개될 나의 삶이기 때문이다. 타인은 오로지 행복을 추구하는 주체의 삶에 개입하는 방식으로 논의의 전면에 등장한다. 그리고 그 타인은 다른 곳이 아닌 나의 내면성, 조금 말놀이를 보태자면, 나의 '내면의 성'인 집에 들어오는 자이다. 다음 구절은 레비나스가 왜 그토록 분리된 주체의 삶인 향유, 노동, 소유, 그리고 그 모든 삶이 집약되는 곳이자 내면의 성이라 부를 수도 있을 자기 집에서의 삶에 천착했는지를 잘 보여 준다. "어떤 인간적인 관계나 인간 간의 관계도 경제 바깥에서 행해질 수는 없고, 빈손이나 닫힌 집으로는 어떤 얼굴에도 접근할 수 없다. 타인에게 열린 집으로의 거두어들임 — 환대 — 은 인간적 거두어들임과 분리의 구체적이고도 최초인 사태이다"(147/255–256).

자기 집에 거주하는 자가 이 집의 문을 두드리는 타인에게 무언가를 줄 수 있다. 나의 경제적 활동을 기반으로 삼아 모아 둔 것, 거두어들인 것을 이제는 타인을 맞이함으로써 그 타인에게 줄 수 있다. 이런 점에서 타인을 맞이한다는 것은 구체적으로 내가 노동과 소유를 통해 경제적으로 확보한 것을 주는 것이다. 그러므로 그것은 타인과의 관계에서, 나의 경제적 세계에서 일어나는 윤리적 초월이지 신학적 의미의 초월이 아니다. 이 초월이 실제적인 경제적 줌, 내 집에 모아들인 것을 타인에게 내어 주는 일을 성취한다.

타인과의 관계는 세계 바깥에서 생산되지 않으며, 오히려 소유된 세계를 문제 삼는다. 타인과의 관계, 초월은 타인에게 세계를 말하는 데서 성립한다. 그런데 언어는 근원적 공통화를 성취하는데, 이 공통화는 소유와 관련되며 경제를 전제한다. (…) **지금 그리고 여기**에서 사물을 떼어 내는 단어로부터 사물이 획득하는 보편성은, 언어가 놓이는 윤리적 전망 안에서 그 신비를 상실한다. (…) 타자에게 사물을 지시하는 언어는 원초적 박탈, 최초의 줌(증여, donation)이 된다. (148-149/257)

이러한 초월, 타인과의 관계는 신비가 아니다.[28] 실제로 레비나스는 이렇게 말한다. "윤리적 관계인 얼굴 대 얼굴의 대면은 또한 우리가 신비적이라고 부를 법한 모든 관계와 대조를 이룬다"(177/299). 그러므로 신비가 아닌 이 관계는 나의 내면성을 뚫고 내 영역에 들어온 이질적 타인과의 현실적이고 경제적인 관계이며, 이 이질성이 나를 나의 향유와 행복 너머로 나아가는 자기-초월로 이끈다. 이때 일어나는 자기-초월은 결국 나의 집 문을 열어 타인을 맞이하고, 나의 것을 주는 윤리적 행위로 구체화될 것이다. "그것은 타인에게 세계를 제공하는 것이다. 초월은 타인을 봄이 아니라 근원적인 줌[증여]

---

28 보통 레비나스를 신학적으로 전유하는 과정에서 타인이나 타인과의 만남을 신비로 성급하게 규정하는 경우가 많다. 다음 연구들은 그 자체로 훌륭하지만, 레비나스에 대해서는 너무 서둘러 신비라는 수식어를 붙인다는 점에서 아쉬움을 남긴다. Michael Purcell, *Mystery and Method: The Other in Rahner and Levinas*(Milwaukee, WI: Marquette University Press, 1998), 292; 김진혁, 『환대의 신학』(서울: 한국기독학생회출판부, 2025), 178.

이다"(149/258).[29] 여기서 세계는 내가 소유한 세계일 것이고, 타인은 나의 지향적 시선을 초과하여 윤리적인 의미의 부름 또는 명령을 동반하는 자라는 점이 또한 이 구절에 함축되어 있다. 이는 레비나스의 논의 전개를 따라 차후 더 상세히 다루어질 것이다.

근본적 분리: 환대의 주체성을 위한 조건

그런데 이 지점에서 간과하지 말아야 할 레비나스의 고유한 논지가 있다. 그것은 주체의 내면성, 분리된 자아의 근원성이다. 레비나스는 내가 거주하는 세계로부터 줌을 끌어내는 타인의 초월에도 불구하

---

[29] 내가 donation을 줌[증여]으로 번역해서 표기한 것은 이 말의 애매성 때문이다. 현상학자들 사이에서도 레비나스가 이 말을 쓰면서, 현상학 너머로 나아갔다고 평하거나 여전히 현상학 내부에 머무른다고 주장하는 이들이 있다. 조슬랑 브누아가 전자의 노선에 있다. "그런데 이 개념이 현상학적인 주어짐(Gegebenheit)의 확장이나 '일반화'로 절대 통할 수 없다는 것을 우리는 곧장 알아차릴 수 있다." Jocelyn Benoist, "Apologie de la métaphysique," in *Relire Totalité et infini d'Emmanuel Levinas*, éds. Danielle Cohen-Levinas et Alexander Schnell(Paris: J. Vrin, 2015), 57. 후자의 입장을 펼치는 이로 마리옹이 있다. "얼굴은 노에시스를 따라 측정되는 노에마가 아니라 유한한 노에시스 안에서 무한한 노에마를 보여 준다. 이 긴장 또는 압축이 바로 현시의 현상학에서 계시의 현상학으로 이행하는 것을 의미한다." Jean-Luc Marion, "D'autrui à l'individu suivant Levinas," in *Figures de phénoménologie: Husserl, Heidegger, Levinas, Henry, Derrida*(Paris: J. Vrin, 2012), 82, n. 2. 또한 "우리는 이렇게 이해한다. 따라서 줌은 초월을 따라 주어지므로, 타인을 보이는 것으로 주지 않는다. (⋯) 얼굴은 바로 결코 보여지지 않는 것을 현상화하기 때문에 계시한다". Marion, "D'autrui à l'individu suivant Levinas," in *Figures de phénoménologie*, 82-83. 브누아는 전통 현상학을 기반으로 삼아 현상이 나타나고 보여지는 어떤 것으로 주어져야만 함을 강조하는 입장이고, 마리옹은 봄을 초과하는 특수하고 이례적인 현상을 포괄하는 현상 개념을 개진하는 입장이다. 흥미로운 것은 양자 모두 "그것은 타인에게 세계를 제공하는 것이다. 초월은 타인을 봄이 아니라 근원적인 줌[증여]이다"(149/258)라는 구절을 둘러싸고 레비나스를 각기 달리 해석하고 이해한다는 점이다.

2부 전개: 행복한 삶을 향유하는 나

고, 여전히 분리의 절대성이 남아 있음을 강조한다. 그는 타인 그 자체의 표현에도 불구하고, 내가 집에 틀어박힐 가능성과 집의 문을 열 가능성을 함께 언급하면서 이 분리의 근본성을 역설한다.

> 그러나 분리된 존재는 그의 에고이즘에, 다시 말해 그의 고립의 성취 자체에 틀어박힐 수 있다. 그리고 타인의 초월을 망각할 이 가능성 — 큰 탈 없이 자신의 집에서 모든 환대를(즉 모든 언어를) 몰아낼 가능성, 자아(le Moi)에게 자기 안에 틀어박힘을 허용할 뿐인 초월적 관계를 자신의 집에서 몰아낼 가능성 — 이 분리의 절대적 진리를, 분리의 철저함을 입증한다. 분리는 자신의 이면인 초월과 단지 상관적인 것은 아니다. 변증법적 방식으로 그런 것은 아니다. 분리는 긍정적 사건으로 성취된다. 무한과 맺는 관계는 자신의 거주 속으로 거두어들여진 존재의 다른 가능성으로 남겨져 있다. 집이 타인에 열릴 가능성은 닫힌 문 또는 닫힌 창문만큼이나 집의 본질에 본질적이다. (147-148/256)

이처럼 분리된 존재는 선택할 수 있다. 타인에게 응답하지 않은 채로 집의 문을 열지 않은 채로 집에 틀어박혀 내면성에 머무를 가능성이 향유의 자아에게 남아 있다. 또한 어떤 이유에서인지 이기적 자아가 타인에게 문을 열어 줄 가능성도 있다. 확실한 것은 문을 여는 일은 타인의 초월과의 만남에서 일어난다는 것이고, 분리된 주체는 타인에게 무조건적으로 흡수되고 동일화되는 자가 아니라는 점이다. 이 점에서 분리된 자아의 내면성은 없어지는 것이 아니라 타인에게 문을 열 환대의 가능성을 가진 채로 일대 변혁을 겪는다.

이 대목에서 우리는 분리된 주체가 가진 에고이즘의 성격 자체에 주목해야 한다. 주체는 타인을 환대할 수도 있지만, 여전히 주인으로서 자신의 주도권을 주장할 수 있는 자라는 점이다. 레비나스는 위에서 길게 인용한 대목에서 보듯, 이러한 적대 또는 냉대의 가능성을 절대 부인하지 않는다. 혹자는 문을 열어 주지 않는 것이 왜 적대냐고 반문할 수 있다. 하지만 추위에 떠는 배고픈 이, 주로 고아, 과부, 나그네 또는 이방인인 낯선 자로 호명되는 타자가 나의 결정을 따라 문밖에 선 채로만 있게 된다면, 그것은 그 자체로 배제이며 타자의 궁핍을 외면하는 일이므로 적대적 내지 무정한 대응의 효과를 발휘하게 된다. 최소한 응답하지 않음은 소극적 차원의 무관심 아니면 냉대로 이해될 수 있을 것이다.

물론 이후 논증에서 레비나스는 집의 문을 두드리는 타인에 대해 '아니오'라고 말하기보다 '예'라고 말하는 응답에 초점을 맞춘다. 『전체성과 무한』은 분명 환대의 주체성에 초점을 맞춘다. 다만 레비나스에게 환대의 주체성은 타인을 마주하면 자연스럽게 문을 열게 되는 주체성이 아니다. 그 주체성은 적대와 냉대도 할 수 있는, 환대를 몰아낼 가능성, 이미 인용했듯이 "초월적 관계를 자신의 집에서 몰아낼 가능성"을 가진 주체의 주체성이다. 만일 이런 가능성조차 없다면, 그 주체는 분리된 자아가 아닐 것이다. 바로 이렇게 에고이즘 속에 살아가는 주체성이 어떻게 환대의 주체성으로 이행하는지, 어떻게 '예'라는 긍정적 응답을 하게 되는지가 향후 펼쳐질 논증의 핵심이 될 것이다.

   2부 전개: 행복한 삶을 향유하는 나

그럼에도 불구하고 우리는 레비나스가 정말 고집스럽게 분리된 주체의 주체성을 먼저 확보하길 의도했음을 지금까지의 독해를 통해 충분히 이해할 수 있게 되었다. 데리다도 지적한 것처럼, 타인과의 윤리적 관계, 맞아들임으로서의 "환대는 '**근본적 분리**'를 (…) 전제한다".[30] 내면성의 주체는 타인을 거절할 수 있고, 집에 틀어박혀 자기만의 행복을 추구할 수 있을 정도로 강고하다.『전체성과 무한』은 일단 이런 주체의 내면성을 확보하는 데 초점을 맞추고 있으며, 타자의 타자성은 바로 이 주체성으로부터 이해되어야 한다. 무한으로부터 연역되는 환대의 주체성이 내면성의 변혁을 일으키지만, 그 경우에도 주체의 내면성의 고독은 사라지지 않는다. "고독의 향유에 의해서 — 또는 향유의 고독에 의해서 — 성취되는 전체성의 파열은 근본적이다. 타인(Autrui)의 비판적 현전이 이 에고이즘을 문제 삼을 때라도, 그 현전은 에고이즘의 고독을 파괴하지는 않을 것이다"(91/169). 그러므로 베이아슈가 정확하게 지적한 것처럼, "이 고독한 에고이즘은 비난받을 수 없으며 (…) 자아는 행복한 자아인 경우에만 [타자의] 가르침을 받을 수 있다".[31] 요컨대 레비나스가 계속 확증하는 것처럼, 타인의 계시의 부름이 이 자아를 에고이즘 안에만 머무르도록 놔두지는 않을 것이며, 그랬을 때 이미 보았던 것처럼 나의 집의 문은 타인의 부름에 '예'라고 말하며 열릴 수 있을 것이다. 하

---

30 Jacques Derrida, *Adieu à Emmanuel Lévinas* (Paris: Galilée, 1997), 88; 국역본: 『아듀 레비나스』, 문성원 옮김(서울: 문학과지성사, 2016), 94.

31 Bailhache, *Le sujet chez Emmanuel Levinas: Fragilité et subjectivité*, 105. 대괄호는 필자 첨가.

지만 이 경우에도, 우리는 "거주 — 집 — 가 동일자가 타인과의 관계에서 그 어떤 순간에도 소멸될 수 없는 자신의 분리를 온전히 되찾는 존재 방식"이라고 한 레비나스의 말을 끝까지 잊지 말아야 한다.[32] 분리된 존재는 타인과의 만남 이후에도 독립적인 자아로서 외재성과 관계한다. 왜냐하면 이렇게 해야 전체성으로 환원되지 않는 것은 물론, 타인과 나의 섣부른 융합이나 연합을 거부하며 타인과 나의 비대칭적 관계가 유지되기 때문이다.

다만 타인과 마주하고, 타인의 부름에 '예'라고 응답한 나의 내면성은 정의로운 내면성으로의 변혁, 에고이즘을 덜어 내고 타인에게 스스로를 여는, 곧 자기 집의 문을 연 내면성으로 변혁될 것이다. 하지만 당연하게도, 그런 방식으로 변경된 내면성도 여전히 분리된 자아의 내면성이다. 다만 이 분리된 존재는 관계없이 홀로 있는 자가 아니며, 레비나스는 분리된 자아가 어떻게 윤리적 관계 속에서 변형되는지를 보여 주려고 한다. 궁극적으로, 윤리적 관계를 통해 "자아는 자신을 유지하는 동시에 에고이즘 없이 존재한다"(283/462).[33] 이런 점에서 레비나스가 의도하는 것은 분리된 존재만이 타인을 자기에게로 흡수하거나 동일자와 융합시키지 않으면서 참된 윤리적 관

---

32 Levinas, "Résumé complet — dont a été tirée la présentation de la thèse le 6 juin 1961," in *Œuvres complètes: Tome 4, Dossier Totalité et infini Textes et documents inédits*, textes établis et annotés par Dan Arbib et Danielle Cohen-Levinas, avec la collaboration de Nicolas Rault(Paris: Éditions Grasset & Fasquelle, IMEC Éditeur, 2024), 646.

33 결론에서 다시 검토할 이 말은 다소간 문제적이다. 『전체성과 무한』에서 레비나스는 자신이 그린 나의 드라마를 해피 엔딩으로 끝내기 위해 성급하게 에고이즘 없는 나를 말한 것은 아닐까? 나는 끊임없이 타인에게 문을 열고 닫을 가능성, 바로 그 열림과 닫힘 사이에 있는 존재(being between)가 아닐까?

계를 맺을 수 있다는 것이다. 바로 그러한 "나로부터 타자로 나아가
는 선"(283/461)이 앞으로 그려질 환대의 관계이며, 더 나아가 이 관
계는 사회적 관계의 선함과 전체성 아래 종속되지 않는 절대적 다원
주의로까지 나아갈 것이다.[34]

　　이제 2부를 마무리하며, 지금까지 다룬 내용을 친숙한 형태로
곱씹고자, 그리고 다음 장으로 넘어가기 위한 징검다리를 놓기 위해
드라마 한 편을 언급하고자 한다. 많은 이들에게 널리 사랑받은 드라
마 「나의 해방일지」라는 작품은 여러 흥미로운 등장인물의 삶을 서
술하지만,[35] 그중에서도 구 씨(손석구 분)라는 작중 인물의 삶이 이
드라마를 사랑하는 이들에게 널리 회자된 바 있다. 이 구 씨라는 사
람은 소위 여러 호스트바를 관리하며 지내다 모종의 사건에 얽혀 극
중 산포라는 동네에 은신하듯 살아가는 인물이다. 이 동네에서 싱크
대 제작 업체 직원으로 살며 술에 절어 살던 구 씨는 자신이 일하는
업체의 사장 가족들과 얽혀 살면서 자연스럽게 자신의 일상을 회복
해 간다. 노동하고, 먹고, 마시고, 사람들을 만나고, 사랑을 한다. 아
마도 이 모든 일은 그 자신이 행복해지기 위한 몸부림이었을 것이다.
그의 연인이기도 한 미정의 대사에서, 미정 자신과 구 씨를 포함해
등장인물 모두의 소망인 행복을 추구하는 삶이 압축적으로 요약된

34　"초월 또는 선함은 다원주의로 생산된다. 존재의 다원주의는 하나의 가능한 시선 앞에 펼쳐
　　지는 성좌의 다수성으로 생산되지 않는다. 그 경우 이미 성좌는 전체화될 것이고 실체로 변
　　해 버릴 것이기 때문이다. 다원주의는 나로부터 타자로 나아가는 선함 속에서 성취된다. 그
　　런 선함 속에서 타자가 절대적 타자로서 생산될 수 있다"(282-283/461).

35　김석윤 연출, JTBC 드라마 「나의 해방일지」, 2022년 4월 9일-2022년 5월 29일, 16부작.

다. "우리 다, 행복했으면 좋겠어, 쨍하고 햇볕 난 것처럼. 구겨진 것 하나 없이."[36]

행복에 대한 갈구가 너무나도 명징하여 오히려 우리 마음을 먹먹하게 만드는 이런 미정의 말은 작중 구 씨가 일상의 삶을 회복하는 와중에 오롯이 체화되어 나타난다. 그는 싱크대를 만들며 땀을 흘리고, 그렇게 번 돈으로 먹고, 마시며, 자연스럽게 일상을 회복하며 사랑하는 사람을 만난다. 이렇게 자기만의 삶, 삶에 대한 행복과 향유를 체험하면서 점차 자기 삶의 의미를 찾아가는 구 씨이지만, 그 역시 과거의 이력과 완벽하게 단절할 수는 없어서 평범한 일상을 지속하지는 못하며, 다시 예전의 어둡고 희망 없는 삶, 곧 여러 호스트바를 관리하는 관리자로 돌아가게 된다.

그렇지만 과거의 삶으로 돌아갔다고 해서 그가 과거의 자기 자신과 같아지는 것은 아니었다. 그는 현재의 삶을 기획하고, 사랑을 하며, 사랑하는 사람과의 미래를 전망한다. 그런데 작품 말미에 이르러, 구 씨는 자신이 관리하는 조직에서 동고동락한 가까운 선배에게 배신을 당하고, 다시 나락으로 떨어지는 것과 같은 경험을 한다. 흔히 상상할 수 있는 것처럼, 구 씨는 배신당한 이에게 복수할 것을 결의해야 마땅할 것 같다. 하지만 더 이상 조직 아래 놓인 자가 아닌, 이미 그런 것으로부터 분리된 주체로 선 구 씨는 전혀 다른 메시지를 자신을 배신한 이에게 남긴다. "이제 아침에 일어나 맨정신일 때 우르르 찾아오는 인간들 중에 형도 있는데, 아침부터 쌍욕하게 만드는 인간들

36　박해영, 『나의 해방일지 1』(파주: 다산북스, 2023), 108.

중에 형도 있는데. 형. 환대할게. 환대할 거니까. 살아서 보자."[37]

　　이는 일상을 회복하고, 스스로 행복한 삶을 추구할 수 있게 된 그가 비로소 환대의 주체로 서게 되는 장면이다. 우리가 지금까지 보았던 레비나스가 기술한 분리의 근본성을 기반으로 삼는 무신론자로서의 주체가 윤리적 환대의 주체로 이행하는 사건이 위 대사 속에 함축적으로 녹아 있는 것처럼 보이기까지 한다. 말하자면 자기 삶을 스스로 구축하며 삶을 향유하는 자. 바로 그것이 윤리적 환대의 조건이고, 그런 자만이 환대의 주체로 이행할 수 있다.

　　그렇다면 이 환대의 주체, 윤리적 주체로의 이행은 어떻게 일어나는가? 이러한 이행 또는 변형이 3부에 이르러 본격적으로 다루어지며, 이것이 나의 드라마의 절정을 이룬다.

37　박해영, 『나의 해방일지 4』(파주: 다산북스, 2023), 243.

3부 절정 I
: 역사의 심판 너머에서 도래하는 내면성의 정의

9강. 2부 E

"현상들의 세계와 표현" 및 3부 A "얼굴과 감성" 읽기

이제 나의 드라마라는 이 이야기는 절정에 달한다. 나중에 말하겠지만, 이 절정은 배가되는 성격을 가진다. 왜냐하면 3부에서 논의되는 타인과의 관계와 이를 통해 역사 너머에서 도래하는 내면성의 정의는 유한성과 죽음 앞에서 또 다른 위기를 맞이하는 것처럼 보이기 때문이다. 타인과의 관계가 『전체성과 무한』의 이야기의 끝은 아니다. 우리는 이야기의 절정이 배가되어 나타나는 것처럼 보이는 이 드라마의 흐름을 4부에서 마주할 것이다. 하지만 그렇게 배가된다고 하더라도 레비나스의 나의 드라마에서 첫 번째 절정은 외재성, 초월과의 관계라고 부를 수 있는 얼굴과의 만남에서 나타난다. 나는 행복한 삶을 추구하는 독립된 주체로 삶을 영위하지만, 타인 앞에 섰을 때 단지 나의 집에 홀로 틀어박혀 있을 수 없는 일종의 위기에 처한다. 이 위기에 직면하여 나는 향유의 주체에서 도덕적 심판대 앞에 선 주체로 전환되는 경험을 하게 되며, 내가 타인에 대한 책임에 응답할 때, 나는 단지 에고이즘의 자아로서 삶에 머무는 것을 넘어 정의의 내면성으로의 변혁에 이르게 된다. 이것이 바로 레비나스가 서문에서 강조한 "무한과의 관계"라는, 참으로 "탁월한 경험을 성취하는"(xiii/13) 나의 드라마의 첫 번째 절정에 해당하는 장면이다.

분리된 주체에게 현현할 타인

2부 D와 3부 A를 함께 읽는 것이 일견 어색해 보이기도 한다. 하지만 2부 D가 2부 전체 내용을 요약하면서 3부를 예비하고 있기에 둘을 연속적으로 이해하는 것도 나름 이 부분의 독해에 유용할 수 있을 것이다. 이에 드라마의 절정에 해당하는 것은 3부이지만, 내용의 연결상 2부 D부터 시작하여 3부의 내용을 살펴보기로 하자.

　　2부 D "현상들의 세계와 표현"은 **"분리는 경제이다"**(149/259)라는 말로 시작한다. 이는 자아의 분리된 삶의 방식에 대한 요약이다. 역사 또는 역사적 이념이나 (신과 같은) 절대적, 사변적 최고 존재로부터, 심지어 다른 인간들로부터도 분리된 나의 삶은 이미 본 것처럼 무신론자의 삶으로 요약될 수 있으며, 무신론자의 삶의 방식은 내면성의 영역인 집 또는 가정에서 나의 행복을 보존하고 유지하는 삶이므로 경제적이다. 즉 이것은 고대적인 경제의 의미, 집 또는 가정(oikos)에서 자신만의 관리법칙(nomos) 아래 자기 삶을 통제하는 것으로서 삶을 의미한다. 그러므로 분리된 자아는 노동을 통해 요소로서 세계의 타자들에 의존하면서도, 결국 집에서 자기만의 삶을 관리하고 통솔함으로써 행복을 추구하는 경제적 실존이다.[1] "일을 하는 소유는 처음에는 타자로서 제공되는 것을 동일자(Même)로 환원해 버린다. 경제적 실존은, 그 실존이 가능케 하는 욕구의 무한한 확장에도 불구하고, (동물적 실존과 꼭 마찬가지로) 동일자 안에 머문다. 경제적 실존의 운동은 구심적이다"(150/260).[2]

　　이런 동일자로서 자아의 운동은 집에서의 삶이면서 자기의 존재와 행복을 추구하는 데 준거한다는 점에서, 그리고 그러한 삶의 베이스캠프로 자기 집에 준거한다는 점에서 철저히 나의 내면을 향한다. "마치 활동이 자신의 구상을 추구하면서, 외재성을 고려하지 않고 어떤 주의도 기울이지 않는다는 듯이 말이다. (…) 경제적 삶의 익명적 장 (…) 거기서 나는 자아중심적이며 분리된 나를 유지하고, 노동과 소유를 통해, 다양한 것 속에서 나의 동일자의 동일성(mon identité de Même)을 확인한다"(150-151/260-261). 지금까지 보았듯이, 레비나스는 이러한 분리된 주체의 삶을 기술하고 논증하는 데 상당한 공을 들였다. 보통 그가 타자성의 철학자로 명명된다는 점을 고려할 때 이런 주체의 삶에 대한 길고 지난한 해명은 이례적으로 보일

1　실제로 아리스토텔레스에게서 온 경제의 어원 oikonomia는 '가정 관리'나 '가사 관리'로 번역된다. "가족 구성원에 따라 가사 관리(oikonomia)는 여러 부분으로 나뉘는데…." Aristoteles, *Politika*, 1253b. 여기서 인용한 아리스토텔레스의 『정치학』 우리말 번역은 다음과 같다. 『정치학』, 천병희 옮김(고양: 도서출판 숲, 2009), 23. 또한 레비나스의 경제적 실존에 관해서는 다음 글을 보라. 김현중, 「경제, 타인, 그리고 제삼자: 레비나스의 생에 대한 사유를 중심으로」, 『현상학과 현대철학』 제95집(2022년 12월), 93-120.

2　여기서 "구심적"(centripète)이라는 말은 먼 곳에서 가장 가까운 중심으로 향하는 운동을 뜻한다. 집 바깥의 것, 곧 세계의 요소인 타자들이 결국 나라는 동일자의 중심에 모아진다는 뜻이다. 그리고 그 운동은 경제적이다.

정도이다. 하지만 레비나스는 이런 강건하고 행복한 자로 보이는 주체의 삶을 공들여 기술한 다음에야 비로소 다음과 같은 의문이 제기될 수 있다고 본다. 이렇게 자신을 강고하게 유지하는 동일자로서의 자아는, 과연 이런 경제적이고 내면적인 삶의 방식만으로 끝없이 자기의 동일성을 존속시킬 수 있는가?

레비나스는 항구적으로 유지될 수 있는 것처럼 보이는 동일자의 동일성이 타인과의 만남에서 비로소 위협받게 된다고 말한다. 그가 보기에 이 타인 외의 다른 것으로는 실질적 위협이 가능하지 않다. 왜냐하면 음식, 식물, 놀거리 등 다른 모든 타자는 나의 소유와 지배 아래 들어올 수 있기 때문이다. 심지어 내가 집 안에 나보다 더 고귀하게 모셔 두는 어떤 것들 — 귀중품과 같은 것들 — 역시 나를 근본적으로 깨뜨리지는 못한다. 그것 역시 나의 소유 아래 특별한 물품으로 취급받을 뿐 내 삶을 위협하지는 않는다. 그것들은 그저 내 만족감을 더 크게 유지해 낼 뿐이다.

그래서 레비나스는 여전히 나의 욕구와 상관하는 것들로는 나의 동일성이 위협받거나 흔들리지 않는다고 본다. 오직 "욕망(Désir)이 만족되지 않은 욕구와 일치하지 않으며, 그런 욕망이 만족과 불만족 저편에(au-déla) 자리한다"(154/266-267). 이렇게 욕구 충족의 저편에 자리한 욕망이 레비나스가 본서의 처음부터 제기했던 형이상학적 욕망이고, 이것이 곧 타인에 대한 욕망이다. 즉 내가 먹어 치우는 다른 먹을거리들처럼, **타인은 내가 흡수하거나 소유할 수 있는 것이 아니다.** 이런 타인에 대한 형이상학적 욕망은, 세계 안에 있는 것들에서 야기되는 욕구 충족, 나의 이기적 자아의 행복 추구를 문제시하며 도래한다는 점에서 타인의 "외재성의 에피파니가 분리된 존재의 주권적 내면성이 지닌 결함을 고발하는"(155/267) 사태를 일으킬 수 있다.

여기서 잠시 왜 타인만이 이런 고발을 일으키는 특권적 지위를 가질 수 있는지를 조금 더 구체적으로 밝혀 보자. 레비나스는 우선 그 근거를 현상의 현상성과 그 한계를 초월하는 것 사이의 구별에서 찾는다. 욕구 충족의 대상이 될 수 있는 모든 것은 나와의 지향적 체험 관계, 더 정확히는 향유의 지향성 아래에 놓인다. 인간 존재가 타자를 지향할 때, 이는 나의 삶의 만족을 위해 다른 것들을 받아들이고자 하는 형태를 취한다. 이때 다른 것들은 나의 감성 안에서 나와 향유의 관계를 맺게 된다. 이러한 체험은 전통 현상학의 인식론적 체험 양식과는 다르지만, 여전히 타자를 나의 지배 아래 두는 문제를 지닌다. 비록 다른 것을 인식론적 대상으로 삼지는 않더라도, 향유의 감성 안에서 소유의 대상으로 삼는다는 점에서 그러하다. 요컨대, 이런 식으로 현상을 받아들이는 것도 "대상이 아닌 대상(현상학적 용어로는 구성 불가능한 현상)의 문제이다".[3] 이런 식으로, "인간 존재가 내면성으로 남아 있는 한, 인간 존재는 현상적인 것에 머문다"(157-158/271). 이때 인간 존재가 현상적인 것으로 머문다는 것은 주체가 현상을 수용하는 수용자 내지는 소유자처럼 기능한다는 말에 다름 아니다. 이렇게 볼 때, 향유의 주체성이 현상으로서의 대상을 인식

3　Georg W. Bertram, "The Fundamental Idea of Emmanuel Levinas's Philosophy," in *Totality and Infinity at* 50, eds. Scott Davidson and Diane Perpich(Pittsburgh, PA: Duquesne University Press, 2012), 123.

론적 의미에 국한된 관조를 위한 대상으로 변환하는 것은 아니지만, 현상으로서의 타자를 곧 욕구 충족의 대상으로 삼으면서 나의 동일성을 유지하는 일에 포섭하는 주체성에 머무는 것은 사실이다. 이러한 주체와 상관하는 타자들은 "어느 정도로는 (…) 이미 질서 잡히고 다듬어진 채로 '미감'(goût)에 주어지는 향유의 대상이다"(82/154). 즉 레비나스에게 향유의 욕구 충족을 실현하는 대상들은 여전히 나를 즐겁게 하는 대상이며, 구체적으로 그것들은 미감을 만족시키는 대상이다.

　반면에 타인의 얼굴은 이런 현상성으로 환원되지 않고, 자신을 그 자체로 표현하는 것으로 나에게 계시된다. 욕구의 대상들은 내 집의 문을 열고 보관할 수 있는 어떤 것이지만, 타인은 그 자체로 자신을 표현하며 **말**을 건넨다. 라지가 "오직 말에서만 나에게 직면하는 개별 타자가 있을 수 있다"라고 정확하게 지적한 것처럼,[4] 타인이 그 자체로 자신을 표현한다는 것은 바로 말을 건넴으로써 타인의 타자성을 — 다른 사물로서의 타자성과는 달리 — 유일무이하게 계시한다는 말에 다름 아니며, 이 말은 레비나스에게 가르침으로서의 언어이다. 바로 "이 가르침이" 타인의 "무한의 관념을 내 안에 가져다 놓는다"(155/267). 이 말을 우리는 소유할 수 있는가? 레비나스는 적어도 이 1961년 작품에서는 이 말이 계시의 가르침이기 때문에 소유할 수 있음의 여부가 아닌 응답의 문제로 다루어져야 한다고 본다. 이것이 바로 타인의 얼굴이 고발의 효과를 낼 수 있는 이유이다.

4　Large, *Levinas' Totality and Infinity*, 78.

여기서 잠시 독자들의 이해를 돕기 위해 레비나스가 제안하는 얼굴의 무한을 처음 접하는 이들이 의아해할 수 있는 논점 두 가지를 제시해 보고자 한다. 얼굴은 분명 신체의 일부이고, 모든 이가 가진 것이다. 하지만 인간 신체, 곧 레비나스가 제시하는 윤리적 가르침을 부여하는 신체가 얼굴밖에 없는가? 시선으로 환원되지 않고, 윤리적 의미의 초월을 일으키는 것이 얼굴 외에 다른 것은 없는가? 우리는 얼굴 없이는 타인을 마주하지 못하는가? 일단 레비나스가 얼굴을 근원적인 초월의 가르침을 주는 것으로 제안하는 데는 이유가 있다. 인간에게 얼굴만큼 거의 모든 시간과 장소에서 예외 없이 자신을 완연하게 보여 주는 것은 없다. 타자가 자신을 보여 줄 때, 그 또는 그녀를 오롯이 그 자체로 표현하는 것은 얼굴이며, 이 얼굴 앞에서 나는 타인을 가장 탁월하게 **정면으로** 마주한다. 다른 신체 부분은 어떤 직접적인 마주함 없이, 즉 타인 그 자신의 인격적 현전 없이, 타인을 비인격적으로 지나치게 하는 방식으로 나타낼 수도 있다. 군 막사에 들이닥친 군대 장교나 회사를 갑자기 방문한 고위 임원 앞에 병사들이나 직원들이 일렬로 나란히 서 있는 광경을 생각해 보자. 나란히 선 그 상황에서 나는 힐끔힐끔 옆 사람을 볼 수 있지만, 이때 그들은 그저 하나의 체제나 배경 속에서 서로의 신체 일부나 상황의 기운만을 느낄 뿐이다. 이때 나는 나만의 공간에 있는 것이 아니며, 군대나 회사라는 체제의 맥락 속에, 집단이라는 조금 모호한 상황 속에 처해 있는 채로 서로의 신체를 느낄 뿐이다. 하지만 나에게 얼굴 대 얼굴로 다가오는, 그 얼굴의 유일무이한 인격성은 다른 신체보다 더 탁월한 방식으로 자신을 계시할 수 있는 것처럼 보인다. 또한 한 인간에게서 드러나는 약함과 어두움, 고단함은 그 어떤 신체적 몸짓보다 바로 그 얼굴에서 온전히 현현하는 것 같다. 이 점이 바로 레비나스가 그토록 얼굴을 강조하고, "얼굴로서의 얼굴의 에피파니가 인간성을 열어 준다"(188/316)라고 한 이유일 것이다.

하지만 한 가지 논점이 더 있다. 레비나스는 차후 이 얼굴을 더 확장한다. 얼굴이 아니더라도 우리에게는 타인의 고단함과 궁핍함, 가난이 신체를 통해 자신을 표현하는 사태를 맞이할 수 있다. 실제로 그는 『우리 사이』에 수록된 한 인터뷰에서 이렇게 말한다.

또한 제가 표현하는 방식에서 **얼굴**이라는 말이 좁은 의미로 이해되어서는 안 된다고 말해야 하겠습니다. 인간이 그 유일무이함 속에서, 벌거벗음과 필멸성의 비천함 속에서, 나에게 그에 대한 책임을, 그 책임을 위한 유일자로서의 선택을 환기시키는 ― 신의 말씀인 ― 그 호소의 주권성을 의미화할 수 있는 이 가능성은, 로댕이 조각한 한 팔의 나신(裸身)에서 올 수도 있습니다. 그로스만은 『삶과 운명』에서 이야기합니다. 모스크바의 루비얀카에는 '정치범'으로 체포된 가족이나 친구에게 편지나 소포를 전하거나 그들의 소식을 들을 수 있는 유명한 창구가 있었는데, 그 앞에 줄을 선 사람들은 각자 앞사람의 목덜미에서 그 비참함의 감정과 희망을 읽고 있었다고요.[5]

---

5   Emmanuel Levinas, "L'Autre, utopie et justice"(1988), in *Entre nous: Essais sur le penser-à-l'autre* (Paris: Éditions Grasset & Fasquelle, 1991), 262; 국역본: 「타자, 유토피아와 정의」, 『우리 사이: 타자 사유에 관한 에세이』, 김성호 옮김(서울: 그린비, 2019), 342-343.

『삶과 운명』에 등장하는 내용처럼 우리는 타인의 궁핍함과 비천함을 목덜미에서도, 또 다른 어떤 신체의 에피파니에서 읽을 수 있고, 또 거기서 어떤 가르침을 받을 수 있을 것이다.[6] 이처럼 얼굴의 에피파니는 분명 얼굴 이외의 신체에서부터도 일어날 수 있으며, 그것 역시 내게 윤리적 초월로서의 계시로 도래하는 것이 될 수 있다. 다만 그렇다고 해서 이 얼굴을 하나의 은유로 받아들이는 것은 잘못이다. 레비나스는 다른 글에서 이 얼굴이 **"어떤 은유도 없이"** 계시되는 것임을 명시한 적이 있으며,[7] 은유로 전락해 버리면 그것은 내가 마주하는 고통을 표현하는 신체 자체라기보다는 하나의 기호가 될

6   실제로 그로스만이 어떻게 말하는지 보자. 레비나스가 언급한 장면은 스탈린 치하 군 숙청 과정에서 조작된 수사로 인해 투옥된 전 남편 끄리모프를 만나기 위해 관공서에 접견 신청을 한 예브게니야 니꼴라예브나와, 그녀와 비슷한 이유로 관공서 대합실에서 대기하고 있는 사람들을 묘사한 구절이다. "인간의 등이 영혼의 상태를 그토록 통렬하게 표현할 수 있다는 것을 예브게니야 니꼴라예브나는 처음으로 깨달았다. 창구로 다가가는 사람들은 하나같이 특별한 방식으로 목을 길게 내밀었다. 그들의 추켜올린 어깨와 긴장한 견갑골이 비명을 지르고, 울고, 흐느끼는 것 같았다." Vassily Grossman, *Vie et Destin*, trad. Alexis Berelowitch et Anne Coldefy-Faucard(Paris: France-Loisirs, 1984), 644; 『삶과 운명 3』, 최선 옮김(파주: 창비, 2024), 115. 최근에 나온 번역서 덕분에 다행스럽게도 독자들은 해당 작품을 우리말로 읽을 수 있게 되었다. 또한 그로스만과 레비나스를 비교한 연구로 다음 글을 참조하라. Luc Anckaert, "Goodness without Witnesses: Vasily Grossman and Emmanuel Levinas," in *Levinas and Literature: New Directions,* ed. Michael Fagenblat and Arthur Cools(Berlin/Boston: Walter de Gruyter GmbH, 2021), 223-237. 또한 그로스만에 관해서는 레비나스에 관한 뛰어난 평전을 쓴 살로몽 말카의 작품을 참조하라. 실제로 그는 다음 책에서 그로스만과 레비나스의 연관성을 언급한다. Salomon Malka, *La vie et le destin de Vassili Grossman*(Paris: CNRS, 2008).

7   강조는 필자. 이 말은 레비나스의 「선험과 주체성」이라는 글 마지막에 등장한다. "인간은 객관적 사고로 세계에 접근하는 순간 이미 세계와 더불어 존재한다. 그러나 얼굴 대 얼굴의 대면 관계는 철학자들이 그저 단순하게 꿈꾸는 것이 아니다. (…) 이 관계는 타자를 맞이함에서 성취되며, 그 맞이함 속에서 절대적으로 현전하는 타인은 그의 얼굴로 — 어떤 은유도 없이(sans aucune métaphore) — 나와 마주한다." Emmanuel Levinas, "A priori et subjectivité"(1962), in *En découvrant l'existence avec Husserl et Heidegger*(Paris: J. Vrin, 1949; 1967), 186.

수 있으며, 타인은 이때 윤리적 가르침이 아니라 고통의 상징이나 기호처럼 맥락화된 의미로 전달될 수 있다. 그러므로 타인의 계시는 얼굴에만 국한될 필요는 없겠지만, 그것은 내게 직접적으로 타인의 신체의 에피파니여야 한다. 그것은 '기본적으로', 또 '우선 그리고 대개' 살과 피를 가진 타인이다.[8]

다시 본문의 논의로 돌아가자. 나에게 정면으로 자신을 표현하는 얼굴의 무한은 나의 의식으로는 담아낼 수 없다. 얼굴은 단순히 주어와 술어를 가지런히 배열하는 진술로 이해될 수 없으며, 나의 의식에서 흘러넘치는 방식으로 나에게 자신을 표현하고 가르침을 준다. 이런 얼굴 앞에서, 나는 그것을 완전히 파악하지 못한 채로 그 앞에 서게 된다. 타인의 얼굴을 대면함으로써 나는 이전과는 다른 나, 곧 도덕적 자아가 되기를 요구받는다. 자기 집으로 홀로 돌아가 틀어박히기보다는 타자에게 나 자신과 나의 소유를 내어 주도록 그 집의 문을 여는 자가 되길 요구받는다. 이때 '내어 준다'는 것, '나의 것을 준다'는 것은 이론적 차원의 이야기도 아니고 관념적 구호도 아니다. 그것은 실제로 내가 가진 것을 주는 구체적 행위를 의미한다. 제라르 벤수산이 잘 지적한 것처럼, "타자가 언제나 구조적으로 나보다

---

8   여기서 '기본적으로'와 '우선 그리고 대개'라는 단서를 붙인 것은 앞서 인용한 레비나스의 인터뷰에서 그가 로댕의 조각 작품의 팔을 보고서도 윤리적 책임에 대한 선택이 일어날 수도 있다고 한 것 때문이다. 다만 그런 식으로도 레비나스의 책임의 의미가 새로이 일어날 가능성을 인지하되, 이것은 예외적 가능성이라고 간주해야 한다. 왜냐하면 이런 식의 언급은 극히 드물기 때문이다. 특히 『전체성과 무한』이나 그의 대표적 저술을 기반으로 삼아 보자면, 인간은 얼굴과 마주함으로써만, 그렇지 않으면 특정한 신체로 현현하는 타인의 말 건넴을 통해서만 내게 책임이 부과된다. 드문 언급에서 비롯하는 가능성을 일반적인 가능성으로까지 확장하기란 쉬운 일이 아니다.

신에 더 가깝다고 말하는 것은 곧 나의 응답을 (레비나스가 '옷 입히기', '먹이기', '지갑 열기'라고 말하는) 필연적인 물질적 직접성 안에 기입하는 것이며, 이는 모든 형태의 '설교의 위선'을 처음부터 금지한다".[9] (우리는 실제로는 아무것도 내어 주지 않으면서 이웃에게 나의 소유를 주는 일의 성스러움을 선포하는 공허한 정치적 연설이나 설교를 들어 본 적이 있지 않은가!)

레비나스는 이런 식의 응답을 "외재적 존재로의 귀환"이라고 하면서, 바로 이로부터 "선" 또는 "선함"이 나온다고 말한다.

외재적 존재로의 귀환, 일의적 의미에서의 ─ 어떠한 다른 의미도 감추지 않는 의미에서의 ─ 존재로 귀환하는 것은 얼굴 대 얼굴의 대면의 올곧음으로 진입하는 것이다. 이것은 거울 놀이가 아니라 나의 책임이다. 다시 말해 이미 의무를 진 존재이다. 책임은 한 존재의 중력 중심을 그 존재 바깥에 놓는다. 현상적이거나 내면적인 존재의 지양은 타인의 인정을 받는 데서가 아니라 타인에게 자신의 존재를 제공하는 데서 성립한다. 자기로 있다는 것, 그것은 스스로를 표현한다는 것이다. 다시 말해 이미 타인을 섬긴다는 것이다. 표현의 바탕은

---

9   Gérard Bensussan, "Levinas et la question politique," *Noesis* [En ligne] 3(2000), 3. 레비나스는 매우 구체적이고 명시적으로 자신이 말하는 책임의 응답과 줌이 물질적인 차원에서 일어나는 일이라는 점을 명시적으로 밝힌 바 있다. 다음과 같은 그의 흥미로운 말이 하나의 예시가 될 것이다. "신의 얼굴을 향해 빈손으로 가서는 안 된다. 이는 또한 '먹을 것을 주는 것'은 너무나 위대한 일이기에, 자신이 가진 돈을 다해 신을 사랑할 때 자신의 마음을 다하고 삶을 다해 신을 사랑하는 것을 훌쩍 뛰어넘게 된다고 한 탈무드의 텍스트에도 부합한다. 아! 유대인의 유물론이여!" Emmanuel Levinas, "La pensée de Martin Buber et le judaïsme contemporain," in *Hors sujet* (Montpellier: Fata Morgana, 1987), 32-33.

선함이다. 그 자체로($\kappa\alpha\theta'$ $\alpha\dot{\upsilon}\tau\acute{o}$) 존재함, 그것이 선한 존재(être bon)
이다. (158/272)

이제 이러한 타인에게 자신을 줌이 어떻게 구체적으로 일어나
는지 살펴봐야 할 시점이다. 이제 레비나스가 무신론자인 동일자와
외재적 존재인 타자의 관계에서 일어나는 선함을 어떻게 해명하는
지 알아보자.[10]

감각을 되살리기

본격적으로 얼굴의 무한과 그 무한과 자아의 만남을 다루기 위해 레
비나스는 우선 감성과 감각에서부터 자신의 논지를 전개한다. 그런
데 왜 감성인가? 우선 이것은 다시금 레비나스가 삶에 대한 사랑으
로 대변되는 주체성이라는 환대의 조건을 재확인하기 위함이다. 향
유하는 주체의 삶이 정립되었을 때, 행복을 추구하는 자아의 에고이
즘이 먼저 성립된 경우에만 타인과의 윤리적 관계가 가능하다. 존 드
라빈스키도 잘 지적한 것처럼 "타인은 미리 형성된 주체 또는 나 앞

---

10 현상학적이면서 현상학을 넘어서 버리는 것 같은 레비나스의 논증 방식이 이후 전개되는
그의 (탈)현상학적 기술의 특징이다. 스텔라 샌포드는 이렇게 말한다. "때때로 레비나스는
윤리의 촉발적 감성을 경험적 현상으로 기술한다. 그런데 철학적으로, 윤리적 의무의 경
험에 대한 현상학적 기술은 역설적으로 현상학을 넘어서게 되는 (…) 기능적 중요성을 가
진다." Stella Sandford, "Levinas in the Realm of the Senses: Transcendence and intelligibility,"
Angelaki: Journal of the Theoretical Humanities 4:3(1999), 68.

　　　　3부 절정 I: 역사의 심판 너머에서 도래하는 내면성의 정의

에 나타난다".[11] 즉 미리 형성된 주체를 타인의 심판대 앞에 세우고, 그 심판대에서 변혁되는 내면성이 바로 주체의 변혁이자 윤리적 삶으로의 이행에 해당한다.

다음으로 더 중요한 것은 얼굴이 이런 감성과 감각을 가로지르면서, 감성의 충만인 향유의 주체성을 뒤흔들면서 현현한다는 점을 확인하기 위해서이다. 우리는 일견 타인과 마주할 때, 어떻게 그러한 타자를 만나느냐는 물음에 눈으로 본다고 말하기 쉽다. 일상적으로 우리는 적어도 낯선 이가 갑작스레 내 앞에 오면 우선 그리고 대개 놀란 눈으로 그 사람을 슬쩍 보거나, 그 사람의 옷매무새나 생김새를 재빨리 눈으로 훑는다. 이런 점에서 레비나스는 과연 타인이 시선의 대상으로 오는지를 먼저 검토하기 위해 감각, 그 가운데에서도 주로 시각에 대해 검토한다. 이에 그는 다음과 같은 물음을 던진다. "얼굴은 시각에 주어지는 것이 아닌가? 얼굴로서의 에피파니는 어떤 점에서 우리의 모든 감각적 경험을 특징짓는 관계와는 다른 관계를 표시하는가?"(161/274).

레비나스에 의하면, 이를 논증하기 위해 무엇보다 "향유로서의 감각에 대한 현상학이, 우리가 감각의 초월적 기능이라 부를 수 있을 것에 관한 연구가 필요할 것"(163/277)인데, 우리가 보았듯이 레비나스는 이 작업을 지금까지 계속 감행했다. 다만 레비나스는 여기서 한

---

11 John E. Drabinski, *Sensibility and Singularity: The Problem of Phenomenology in Levinas*(Albany, NY: State University of New York Press, 2001), 125. 또한 이와 유사한 논지를 전개하는 닐 데루의 다음 논문도 참조하라. Neal Deroo, "Re-Constituting Phenomenology: Continuity in Levinas's Account of Time and Ethics," *Dialogue* 49:2(June 2010), 223-243.

번 더 감각의 중요성과 감각 자체로 환원된 감각의 의미를 논의하면서, 타인의 얼굴이 왜 시각으로 환원될 수 없는지를 입증하려 한다.

레비나스가 보기에 전통적으로 감각은 대체로 우리 마음의 인식작용의 한 요소처럼 다루어졌다. 한 예로 칸트에게 감각 기능은 다양한 것들의 표상을 받아들이는 수용성의 기관으로 다루어진다. 그런데 이때의 감각과 감각적으로 수용된 것은 감각 그 자체가 아니라 "경험의 대상이 되기 위해서 하나로 모아지고 묶어져야 하는" 운명에 처한 기능처럼 사고된다.[12] 하지만 레비나스에게 "감각은 지각의 잔여가 아니라 하나의 고유한 기능이다".[13] 즉 나중에 다시 언급하겠지만, 감각은 인식 이전에 우리에게 삶의 향유, 쾌락을 느끼게 하는 기능으로 작동한다.

하지만 이미 언급했듯이 (특히 근대) 서양 철학에서 감각은 이런 근원적인 행복을 주는 만족감의 계기로 작동하기보다는 인식과 상관하는 것으로, 인식을 위한 수단으로 다루어졌다. 레비나스는 얼굴이 이런 인식과 감각의 연계와는 다른 방식으로 현현한다는 점을 강조하기 위해 "시각의 특권화"(163/278)의 철학사적 사례에 주목한다. 이제 이를 그 사유의 단계를 따라 짚어 본 다음 얼굴과 감각의 주제로 돌아오자.

레비나스는 "고대의 감각 개념"(163/277)을 주목하며, 이것이

---

12 강영안, 『칸트의 형이상학과 표상적 사유』, 136.

13 Emmanuel Levinas, "La réalité et son ombre"(1948), in *Les imprévus de l'histoire*(Montpellier: Fata morgana, 1994), 130.

근대에 재규정된 감각의 의미보다 더 근원적인 주체의 삶에 대한 이해로 우리를 안내해 줄 것이라고 본다. 그렇다면 그가 말하는 감각의 고대적 의미는 무엇일까? 모든 철학자의 사례를 다 검토할 수는 없기에, 대표적으로 자기 시대의 철학적 개념 파악을 정돈하고 이를 전유하는 데 탁월한 능력을 보여 준 아리스토텔레스의 감각 이해를 살펴보자.

> 모든 감각과 관련해 일반적으로 다음과 같은 사실을 파악해야 한다. 즉 감각은 질료 없이 감각적 형상들을 수용할 수 있는 것이다. (…) 감각은 색깔이나 냄새나 소리를 가진 각 사물에 의해 작용을 받지만, 이는 각자 이러저러하게 불리는 사물인 한에서 일어나는 것이 아니라 이런저런 (감각적) 성질을 갖고 있는 한에서, 그리고 정식에 따라 일어난다. (…) 감각기관은 그런 성질을 가진 능력이 놓여 있는 것이다.[14]

아리스토텔레스는 감각을, 영향을 받는 능력으로, 사물을 구성하지 않으므로 사물을 인식하는 데 미치지 못하고, 어떤 것의 성질에 영향을 받는 것으로 설명한다. 이는 레비나스가 감각과 감성을 이해하는 방식과 어느 정도 맞닿아 있다. 앞서 레비나스는 요소를 다루면서, "요소의 순수한 성질은 그 성질을 떠받칠 법한 실체에 달라붙지 않는다"(105/190)라고 말한 바 있다. 이처럼 레비나스에게 향유의

---

14 Aristoteles, *De anima*, 424a. 인용은 다음 우리말 번역본을 따랐다. 「영혼론」, 조대호 옮김, 『아리스토텔레스 선집』, 조대호·유재민·김재홍·임성진·김헌 옮김(서울: 도서출판 길, 2023), 281. "정식"은 logos의 번역이며, "감각적 형상"을 가리킨다.

세계에서 마주하는 요소는 실체 없는, 사물화되지 않는, 혹은 사물화되기 전의 성질이다. 그러므로 감각은 그 자체로만 놓고 보면 인식이 아닌 향유의 체험과 상관해서 이해되어야 한다. 말하자면 자아는 인식 이전에 자기의 오감을 통해 삶을 향유하며 만족감을 느낄 수 있다는 것이 레비나스가 감각을 이해하는 방식이다. 요컨대, "우리는 시각과 청각의 영역에서도 향유나 감각에 대해 말할 수 있다. 많이 보거나 들었을 때, 그래서 경험을 따라 드러난 대상이 순수한 감각의 향유 속에 — 또는 고통 속에 — 빠져 있을 때 그렇다. 이때 우리는 아무 지지대도 없는 성질 속에서인 듯 그 속에 잠겨서 산다. 이것이 감각 개념을 어느 정도 복권시킨다"(161-162/275).

　　이러한 레비나스의 사유는 매우 독특한 것이다. 이미 언급한 대로, 아리스토텔레스에게 감각이 일차적으로 어떤 것의 성질을 느끼고, 영향을 받는 것으로 여겨지긴 했지만, 그렇다고 그것이 그 자체로 삶의 향유의 의미로 이해된 것은 아니다. 결국 그것은 만족하는 향유의 체험으로 인정되기보다 인식과 진리로 승격되어야 하는, 인식 전 단계에 있는 경험에 해당하는 것처럼 보인다. 특히 이 과정에서 대부분 철학은 다른 감각 능력 중에서도 인식과 관련해서 사물을 명석하게 보는 능력, 곧 시각을 특권화하는 경향을 보이는데, 이 역시 인식을 우선시하는 서양 철학의 솔직한 모습이다. 이에 레비나스는 빛과 어둠에 대한 사유로 우리를 안내한다. 우리는 우선 시각을 통해, 또 촉각을 시각처럼 사용하여 밤을 감지하고, 또 대낮의 빛을 감지한다. 그리고 이것이 우리의 주체성이 감성을 통해 일깨워지는 방식을 나타내 준다. 대표적으로 "플라톤이 말했듯이 시각은 눈과 사물 바깥의 빛을 전제한다. 눈은 빛이 아니라 빛 속의 대상을 본다. 그러므로 시각은 (…) '어떤 것'과의 관계이다. (…) 촉각은 시각과 닮아 있다. 그럼에도 불구하고 시각은 (…) 대상을 받아들일 특권을 갖는다. (…) 이렇듯 시각과 촉각에서 존재는 무로부터 오는 것처럼 온다. 바로 여기에 이 감각들이 전통 철학에서 차지한 명성이 자리해 있다"(163/278-279).

조금 더 명확한 이해를 위해 플라톤의 동굴의 비유를 떠올려 보자. 동굴 안에서, 어두운 공간, 낮이 없이 밤만 지속된다고 해도 좋을 그 공간에서 인간은 사물을 있는 그대로 보지 못한다. 동굴 바깥에서 대낮의 빛을 경험할 때 비로소 사물을 있는 그대로 만나게 된다. 이 과정에서 촉각도 분명 대상을 분별하는 어떤 역할을 하겠지만, 대상의 대상성을 온전히 정립시키는 것은 그 촉각에 확실성을 부여하는 시각의 봄이다. 그러므로 인식은 바로 이 시각을 따라 낯선 것을 대상으로 정립했고, 대상의 대상성은 오로지 대낮의 빛 가운데 보는 나의 시각을 통해 명석하게 규정된다.

여기서 레비나스는 시각을 통해 존재를 존재로서 정립하는 활동에 전제된 빛에 주목한다. 내가 볼 수 있는 것은 빛을 통해서이다. 밤 또는 어둠을 밝히는 빛이 나의 봄을 지탱한다. 레비나스는 이것이 플라톤과 "아리스토텔레스로부터 하이데거에 이르는 이 시각의 도식"이라고 규정하며,[15] 플라톤이나 아리스토텔레스의 빛에 대한 이

---

15 아리스토텔레스는 빛에 대해 어떻게 말하는가? 그 역시 모든 색은 빛의 매개를 통해서만 보인다고 말한다. 최소한 감각의 차원에서 빛이 없이는 대상의 색을 전혀 구별하지 못한다. "지금은 이만큼이 분명하다. 즉 빛 속에서 보이는 것은 색깔이고 (이런 까닭에 빛 없이는 색

해가 하이데거에 이르면 존재의 열림으로 성취되었다고 해석한다. 즉 존재자의 존재 이해는 "대상이" 빛의 출현, 빛 비춤과도 같은 "열림의 빈 곳 — 이것은 대상이 아닌데 — 과 맺는 관계에 종속된다. 존재자에 대한 이해는 다름 아니라 존재자를 넘어 열림으로 가는 데서 성립한다. 특수한 존재를 이해한다는 것은 그것이 채우지 못하는 밝은 장소로부터 그것을 포착하는 것이다"(164/279).

그러면 열림을 빛과 동일시하는 레비나스의 하이데거 해석의 타당성을 검토해 보고, 왜 그가 여기서 하이데거의 빛으로서의 열림을 문제시하는지 계속 알아보자. 실제로 하이데거는 『존재와 시간』에서 빛(Licht) 또는 밝힘(Lichtung)을 통한 존재론적 이해 또는 앎에 대한 논지를 전개한 바 있다.

인간 안의 '자연적 빛'이라는 존재자적 비유의 표현은 이 존재자가 그의 '거기에' 존재하는 방식에서 존재하고 있다는 실존론적-존재론적 구조 외에 다른 어떤 것을 의미하는 것이 아니다. 이 존재자가 '밝게 빛나 있다'는 것은 그 자체에서 세계-내-존재로서 밝혀져 있음을 말하니, 어떤 다른 존재자에 의해서가 아니라 그 자신이 곧 밝힘(Lichtung)으로 존재하는 식으로 그러하다. 오직 실존론적으로 그렇

깔이 보이지 않는다. 활성태상의 투명한 것에 운동을 일으킬 수 있음, 이것이 바로 색깔이라 했으니까 말이다), 투명한 것의 현실태가 빛이다. 그리고 이에 대한 분명한 표지가 있다. 즉 누군가 색깔을 가진 사물을 눈 자체에다 댄다면, 색깔이 보이지 않을 것이다. (…) 따라서 사이에 무언가가 반드시 있어야 한다. (…) 이리하여 어떤 이유로 색깔은 필히 빛 속에서 보이는지가 언급되었다." Aristoteles, *De Anima*, 419a. 여기서의 인용은 다음 우리말 번역본을 따른다. 『영혼에 관하여』, 오지은 옮김(서울: 아카넷, 2018), 94.

게 밝혀진 존재자에게만 눈앞의 것이 빛(Licht) 속에서 접근 가능하거나 어둠 속에 은닉되어 있다.[16]

하이데거에게 인간 현존재는 "거기에"라는 공간적 차원을 안고 있는 존재이다. 그런데 이 "거기에"는 무차별적으로 현존재에게 결부된 것이 아니라 빛의 밝힘에 의해서 열어 밝혀지는 터전이다. 그렇다면 이 밝힘은 무엇이며, 현존재의 거기 있음의 존재 방식이 어떻게 밝혀진다는 말인가? 소니아 시카가 잘 지적한 대로, Lichtung, 곧 밝힘 또는 비춤이란 독일어에서 "일상적으로 숲속에서 빛이 비침과 같은 '비춤'을 의미한다. 이 경우에 빛의 은유는 (…) 열려 있는 장소에 관한 것"이며, 이때 "현존재는 존재자를 열림 또는 빛으로 들어가게 해 주는 자이다".[17] 그러므로 존재자에 대한 이해는 위 인용문에서 언급했듯, 현존재 자신이 밝힘의 공간이 되고, 다른 존재자가 그 밝힘, 곧 빛 비침의 그 장소에서 밝혀진다. 다시 말하자면 사태의 존재론적 의미가 현존재의 열어 밝힘 안에서 드러난다. 하이데거 특유의 망치 비유에서 보듯, 일종의 이해의 공간인 현존재와의 도구적 관련성 안에서 존재자들이 오롯이 그 존재 의미를 드러낸다. 이에 하이데거는 인간 현존재를 두고, **"현존재는 그의 열어 밝혀져 있음으로 존재한다"**라고 말할 수 있었다.[18]

16　Heidegger, *Sein und Zeit*, 133; 국역본: 『존재와 시간』, 185.

17　Sonia Sikka, "Clearing(Lichtung)," in *The Cambridge Heidegger Lexicon*, ed. Mark A. Wrathall (Cambridge, UK and New York, NY: Cambridge University Press, 2021), 152.

18　Heidegger, *Sein und Zeit*, 133; 국역본: 『존재와 시간』, 185.

이렇게 하이데거에게서도 빛은 봄과 관련한다. 어둠 속에 머물던 것이 현존재의 열어 밝힘으로 온전히 보인다. 그런데 흥미로운 것은 레비나스는 이런 현존재의 시각, 곧 봄을 동일자의 대상 파악을 위한 관계성의 문제로 접근한다. "시각은 시각이 가능하게 하는 **관계**를 따라 의미를 부여한다. 시각은 동일자(Même) 저편에 있는 절대적으로 다른 것, 즉 그 자체로 있는 어떠한 것도 열지 못한다. 빛은 주어진 것들 사이의 관계들을 조건 짓는다. (⋯) 그러니까 본다는 것은 언제나 지평에서 본다는 것이다"(165-166/281). 이는 다시 강조하지만, 명백히 하이데거를 염두에 둔 것으로, 이 철학자에게 현존재의 열어 밝힘은 존재자의 의미가 언제나 현존재의 이해의 지평 가운데 드러나는 것을 뜻한다. 이런 점에서 "하이데거에게, 이 가지적 빛은, 우선 먼저 현존재 자신이다".[19] 즉 존재자의 존재 이해는 현존재의 특정한 상황성, 곧 그 처해 있음과 정서 또는 기분 속에서 일어나며, 이런 점에서 "지평 안에서 포착하는 시각은 한 존재를 모든 존재 저편에서 만나는 것이 아니다"(166/281). 오로지 그 이해는 이해 지평 안에서의 앎이며, 나의 지평과 무관한 존재 이해, 내가 보는 시야를 벗어난 존재 이해는 나타날 수 없다.

바로 이 점에서 타자의 타자성은 오로지 현존재의 체험 지평의 한계 안에서 이해되며, 나의 존재 방식을 벗어난 타자가 그 자체로 나타나기란 어려워진다. 레비나스는 봄과 인식, 빛과 어둠의 존재에 입각한 서양 철학 — 플라톤부터 하이데거에 이르는 전통 — 이 타

---

19 Mensch, *Levinas's Existential Analytic*, 115.

자의 절대적 타자성을 사유하기에는 무능하며, 존재 너머의 초월을 말하기에도 무능함을 이 대목에서 확언하고 있다. 이렇게 시각에 우위를 둔 내재성의 철학, 봄과 빛을 매개로 존재와 인식을 이어 주는 모든 철학을 극복할 힘은 외재성에 대한 사유에서 비롯하며, 이 절대적 외재성은 그 자체로 초월인 타인의 얼굴에서 현현한다는 것이 레비나스의 입장이다. 앞서 언급한 대상 또는 존재자와의 관계, 빛으로 이어지는 관계는 존재와 진리의 내재성 안에서의 관계일 뿐이므로, 이런 관계로는 타인과 이 타인에게서 비롯하는 선함의 초월과 맺는 관계가 이루어질 수 없다. 달리 말하자면, 선(Bien)은 그 자체로 유의미한 것으로 등장할 수 없고, 언제나 진(Vrai)의 바탕 위에서만 사고될 뿐이다. 그러므로 "봄은 초월이 아니다"(165/281).

이러한 감각적이고 관조적인 봄에 대한 반대는 이미 『전체성과 무한』 초반부에서부터 제기된 바 있다. 서양 존재론은 언제나 타자의 타자성을 사유하는 데 실패했으며, 언제나 타자를 존재와 존재의 진리, 존재 또는 존재자의 인식이라는 구도 아래에서만 사유했다. 이것은 필연적으로 윤리의 부재, 타인의 절대적 타자성을 말하지 못하는 무능으로 이어졌다. 조금 돌아가는 것 같지만, 이 점을 상기하기 위해 레비나스의 비판적 문제의식과 전체 의도를 전해 주는 다음과 같은 그의 말을 환기해 보자(명확한 설명을 위해 임의로 각 문장 앞에 A, B, C라는 표기를 삽입했다).

A. 서양 철학은 대체로 존재론이었다. 존재 이해를 보증하는 중립적인 매개항을 통해 타자를 동일자로 환원하는 것이었다. (13/43-44)

B. 능력의 철학이며 제일철학인 존재론은 동일자를 문제 삼지 않는 부정의(injustice)의 철학이다. (17/49)

C. 윤리는 시각과 확실성 너머에서 외재성 자체의 구조를 드러낸다. 도덕은 철학의 한 분과가 아니라 제일철학이다. (281/459)

여기에 비추어 보면, 앞서 레비나스가 제시한 봄과 빛을 특권화하는 서양 철학 전반과 그 정점에 있는 하이데거에 대한 비판이 더 잘 이해될 것이다. A에서 보듯 레비나스는 서양 철학 전반이 존재론으로 전개되었다고 보면서, 존재 이해를 보증하는 중립적 매개는 타자에 그 자체로 접근하는 것을 가로막는다. 현존재는 자신의 실존론적 존재 이해를 기반으로 삼아 다른 존재자의 존재론적 의미까지 밝히는 데 힘을 쏟는다. 이에 현존재의 과제는 다른 것을 이해할 수 있는 어떤 것으로 만들면서 존재를 이해하는 것이다. 비유하자면 어두운 숲속에 있는 타자 또는 존재자를 조명하는 밝힘의 힘은 현존재에게 있다. 이런 점에서 현존재는 보는 힘, 보이게 하는 힘을 발휘하여 존재자의 존재 가능성을 열어 밝히는 능력의 철학이고, 이때 존재는 그 자체로 참(眞)이자 선(善)이며, 이 참과 선을 쫓는 현존재의 존재는 그 존재의 본래적 실존의 망각과 관련해서만 문제시될 뿐이다. 그것이 정당한지, 정의로운지, 존재 자체가 왜 선한지, 그것이 악은 아닌지를 구체적으로 문제시하지 않는다(B).[20] 존재론 중심의 사유로

---

20 존재를 사유의 중심에 둠으로써 선과 악이 적극적으로 사고되지 못하는 전통 서양 철학의 경향에 관해, 드 부르는 다음과 같이 비판한다. "서양 철학은 선과 악 사이의 구별을 존재론적 관점에서 악을 '선의 결여'(privatio boni)로 보는 잘 알려진 가르침과 연결 짓고자 한

는 이 구도가 극복될 수 없다. "시각과 확실성 너머"에서 도래하는 타인의 외재성만이 윤리를 가능하게 하며, 이로써 제일철학으로서의 도덕 또는 윤리가 가능해진다(C).

이런 의도에서 3부 A는 서양 철학에서 봄과 빛을 특권화하여, 그 봄과 빛의 자장 아래에서만 타자를 이해하려는 시도를 다시금 문제 삼으면서 새로운 논의의 문을 열었다. "얼굴과 감성"이라는 주제 아래 레비나스는 감각들에 대한 전통적인 견해를 비판적으로 검토했다. 적어도 우리는 여기서 레비나스가 의도하는 타인의 얼굴이 봄으로 특권화된 감각 경험으로 환원되지 않는다는 것을 분명히 확인한다. 그런 경험은 타인을 다시 존재론적 이해 속으로 데려온다. 그리고 이것은 더 근원적으로는 레비나스가 『전체성과 무한』의 서문에서 선취한 "밤의 사건들"의 양상이다. 지금까지 시각적 봄과 그 봄을 가능하게 하는 빛과 조명에 의존하고, 이를 칭송한 서양 철학의 한계에 대한 레비나스의 비판은 그 대척점에서 밤의 사건을 소환하고 있다. 더는 빛에 의존하지 않는 삶과 철학, 오히려 밤을 거침으로써 좋음을 향하는 관계의 도래. 이것이 레비나스가 — 모아티의 지

다. 이는 존재의 상실 또는 감소로 이해된다. 이러한 관점의 전제는 존재 자체가 선하다는 것이다. 고전적 격언에 따르면, 존재와 선은 서로 교환 가능하다(ens et bonum convertuntur). 만일 존재가 본질적으로 선하고 — 이는 필연적으로 그러해야 하는데, 모든 존재가 신 안에 근거를 두고 있기 때문이다 — 그렇다면 악은 오직 비존재의 한 형태로만 이해될 수 있다. 그러나 악이 실제로 존재한다는 사실을 고려할 때, 이는 존재의 결핍을 지닌 존재, 즉 선하지 않은 선으로 이해된다. 이는 어떤 방식으로 설명하더라도 궁색한 해결책에 불과하다." Theodore de Boer, *De God van de filosofen en de God van Pascal: Op het grensgebied van filosofie en theologie*('s-Gravenhage: Meinema, 1989), 50-51. 이 인용은 다음 글에서 재인용한 것임. Visker, *The Inhuman Condition*, 125.

적대로 ― "밤의 사건들"을 일찌감치 언급한 이유이며, 빛과 사유의 한계를 우리는 지금까지 살펴보았다. 즉 빛 비춤을 통해 이루어지는 그 어떤 "발견도 사건들의 생산을 밝혀 주지 못한다. 이 사건들은 본질적으로 밤의 사건들인 것이다. 달리 말해, 얼굴을 맞아들이고 정의를 이룩하는 것 ― 이것이 진리 그 자체의 탄생을 조건 짓는데 ― 은 탈은폐로 해석될 수 없다"(xvi/17). 즉 현존재의 열어 밝힘, 빛 비춤, 탈은폐와는 다른 존재의 사건이 밤의 사건이고, 그것은 빛을 비춘다고 하여 밝혀지거나 총체화되지 않는 밤이므로, 모아티의 말대로 그 사건은 "본질적으로 **밤의,** 전체화할 수 없는 **사건들**"이며,[21] 여기서 생산되는 것이 바로 무한으로부터 연역되는 사건들 ― 타인과의 만남, 에로스, 자식성 등 ― 이다.[22] 그리고 이러한 사건들에 대한 탐구가 이후 내용을 채울 것이다.

레비나스는 시각을 진리 인식과 존재 이해의 맥락에서만 파악했던 기존의 관점과는 달리, 감각 자체를 부정하거나 무가치한 것으로 규정하지 않는다. 또한 시각에 관해서도 인식론적이거나 존재론적인 의미에서 시각의 특권화를 넘어선 새로운 이해 방식을 모색한다. 비록 타자의 얼굴은 시각적 봄의 대상으로 주어지지 않지만, 분리된 무신론자의 삶은 이러한 감각을 통해 자신이 보고 만질 수 있는 사물들과 더불어 이루어진다. 그리고 이것이 레비나스가 감각을

---

21 Moati, *Événements Nocturnes*, 36.

22 레비나스는 『전체성과 무한』 후반부로 갈수록 에로스적인 것, 에로틱한 것을 직접적으로 밤의 사건이라고 명명한다. "**그저 있음**의 익명적인 살랑거림인 밤의 한 곁에 에로틱한 것의 밤이 펼쳐진다"(236/391).

인식의 한 기능이나 요소가 아니라 향유의 차원에서 사유한 이유이다. 레비나스에게 "감성은 지지대 없는 순수한 성질과 요소와 관계한다. 감성은 향유이다"(109/197). 즉 우리가 삶의 대상을 향유하며 느끼는 만족감은 감성적인 것이고, 이 느낌은 우리의 보고, 듣고, 만지는 감각을 따라 형성된다. 즉 레비나스가 말하는 감각 자체로 환원된 감각의 의미는 우리의 감각을 인식이 아닌 감성적 향유로 활용하는 것을 말한다. "달리 말해서 감각은 우리가 감각 속에서 객관적 성질들의 주관적 짝이 아니라 향유를 볼 때, 그 '현실성'(réalité)을 회복한다"(162/275).

이제 우리는 레비나스가 의도하는 감각(sensation)과 감성(sensibilité)의 의미를 이해할 수 있다. 그에게서 감각은 더 이상 나의 바깥에서 주어지는 것들을 표상하는 수용 기관이나 지각의 한 능력 같은 것이 아니다. 그것은 레비나스가 말한 것처럼 이 세계에서 구체적인 접촉이 일어나는 경험의 차원이며, 감성은 이 감각을 가능하게 하는 근본 조건이다. 드라빈스키가 잘 정의한 것처럼, "욕망과 향유에서 발견되는 감성의 특수한 양태들은 감성을 감각적인 것의 일반 구조의 특수한 현시로 전개하거나 탈형식화한다".[23]

하지만 이토록 우리의 독립적인 행복의 삶, 주체의 근원적인 삶의 향유의 기반이 되는 감각적 체험에 종속적인 형태로 얼굴이 나타나는 것은 아니다. 감각이 인식론적인 기능이 아니라 감각 그 자체로 환원된 방식으로 현상 세계를 향한다고 해도, 그런 감각 안에

---

23 Drabinski, *Sensibility and Singularity*, 110.

서의 "시간은 본질적 충족에, 감성의 수락에 기인한다. 곧 그것은 향유에, 그리고 무한을 염려하지 않는 유한의 만족에 기인하는 것이다"(166/281). 즉 감각, 그 가운데 시각으로는 무한의 얼굴을 보지 못한다. 분명, 우리는 얼굴을 보지만 얼굴의 초월, 무한의 명령은 내 시각으로 환원되지 않는다. 즉 레비나스가 고대적인 의미의 감각 개념에 의존해서 말했던 것처럼, 그것은 사물이 아닌 성질을 파악하거나 느끼는 것과 관련하는데, "반면에 타인의 타자성은 나와 그를 구분하는 어떤 성질에 의존하지 않는다"(168/285). 이것이 3부 A를 시작하면서 레비나스가 던진 물음, "얼굴은 시각에 주어지는 것이 아닌가?"(161/274)라고 한 물음의 답변일 것이다.

시각을 사로잡는 외관의 매혹과 얼굴의 초월

같은 맥락에서 레비나스가 제시한 외관(façade)과 얼굴(face)의 구별은 감각으로 대하는 것과 감각으로 환원되지 않는 것 사이의 차이를 이해하는 데 도움을 준다. 그는 예술 작품 중에서도 건축물을 언급하면서, 건축물이 어떤 질적 변경을 보이더라도 외관으로 우리에게 주어진다는 점을 강조한다. 즉 그것은 고정된 이미지로 보이는 것이며, 그 보이는 것에 우리는 시각적으로 만족감을 느끼고, 심지어 거기에 매료되기까지 한다. 시각적으로 구현된 형태, 곧 조형적 이미지로서의 예술은 레비나스에게서 우상으로 규정된다. 그는 「현실과 그 그림자」에서 이렇게 말한다. "이미지를 우상이라고 말하는 것은 결국 모든 이미지가 조형적(plastique)이라고 단언하는 것이며, 또 모든 예술 작품은 결국 조각상, 즉 시간의 정지, 또는 오히려 시간 자체에 대한 시간의 지연이라고 단언하는 것이다."[24]

우리가 탐구하고 있는 『전체성과 무한』 본문에서는 건축물을 조형적 이미지를 만들어 내는 조각상으로서의 예술 작품으로 간주하고 있다. 레비나스에 의하면, 건축물은 미술의 대표적인 유형이며, 최초의 미술에 해당한다. "질료의 모호함은 외관을 갖지 않는 존재의 상태를 의미할 것이다. 건축물에서 빌려 온 외관 개념은 건축술이 아마도 미술(beaux-arts) 가운데 최초의 것이라는 점을 시사한다. 그러나 그 속에서 구성되는 것은 아름다움인데, 이 아름다움의 본질은 무관심이고 차가운 찬란함이며 침묵이다"(167/283). 여기서 우리는 향유의 감성을 일으키는 데서도, ─ 적어도 예술과 관련해서 보자면 ─ 시각이 특권화됨을 알 수 있다. 우리에게 아름다움을 불러오는 것은 예술 작품의 질료로서의 소재들이 아니다. 외관으로 우리 앞에 주어지는 것이 우리를 매혹하며, 이렇게 우리의 시선은 예술 작품에 고정된다. 바로 이것이 건축물의 외관이 함축하는 예술 작품의 특징이고, 우리의 감성의 향유를 특징짓는 양상이다. "자신의 비밀을 간직하고 있는 사물이 자신의 기념비적 본질 속에, 자신의 신화 속

---

24 Levinas, "La réalité et son ombre," in *Les imprévus de l'histoire*, 138. 이것은 레비나스가 예술을 단적으로 폄훼했다기보다는, 우리를 매혹시키는 힘이야말로 예술작품이 지닌 운명임을 강조한 것으로 이해해야 한다. 한 예로 리처드 코헨은 이렇게 말한다. "레비나스는 예술(또는 과학)을 적대지도 오해하지도 않지만, 전체성을 가장하는 예술, 또는 실제적으로는 그런 예술 이론을 거부한다. 한마디로, 그는 (과학 이론으로서의 과학주의를 반대하는 것처럼) 탐미주의를 반대한다." Richard Cohen, "Levinas on Art and Aestheticism: Getting 'Reality and Its Shadow' Right," *Levinas Studies* 11(2016), 190.

에 갇힌 채로 노출되는 것은 외관을 통해서이다. 신화 속에서 사물은 찬란함으로 빛나지만 자신을 내맡기지 않는다. 외관은 마술(magie) 처럼 자신의 우아함을 통해 매혹하지만, 스스로를 계시하지는 않는 다"(167/283-284).

여기에 「현실과 그 그림자」에서부터 잉태되었고, 『전체성과 무한』에 이르는 예술에 대한 레비나스의 기본 관점, 곧 조형적 이미지로서의 우상이 예술이라는 그의 이해가 오롯이 드러나 있다. 그리고 그것은 시각으로만 주어지고, 시각을 만족시키는 향유 대상의 한계가 극단적으로 드러나 있다. 그것은 우리를 만족시키고, 매료시키지만 스스로를 계시하지 못한다. 이것은 단지 감각의 부정적 양상이라기보다는 감각의 숙명이다. 그것은 우리의 향유의 감성을 채우기 위한 봄과 느낌의 수준에서 작동할 뿐이다. 곧 코헨의 말대로, "예술은 실제로 삶의 쾌락 중 하나이다".[25] 이것은 드 프리스가 잘 지적했듯이 레비나스에게 예술은 절대로 진리가 아니며, 심지어 그 자체로 윤리적이지 않은, 비-진리와 비-윤리의 애매한 영역에 있음을 보여 준다. "또한 예술은 일반적 '도그마'가 주장하듯이, 어떤 직접적, 간접적, 또는 '변증법적' 방식으로도 진리(윤리학, 삶, 철학 등)를 확장하거나 보충하지 않는다. (…) 레비나스에게 예술은 진리의 질서 그리고 진리가 상징하는 빛, 명료성, 책임성과 정반대에 있다."[26]

---

25 Cohen, "Levinas on Art and Aestheticism," 190-191. 물론 레비나스의 예술론은 비단 이러한 쾌락을 중심으로만 이루어지지 않는다. 그는 비평의 필요성과 예술의 윤리적 기능에 대해서도 심도 있게 고찰한다. 여기서 인용한 코헨의 논문 역시 이 점을 지적하고 있다.

26 Hent de Vries, "Instances: Levinas on Art and Truth," in *Philosophy of Religion for a New Century:*

더 나아가 『전체성과 무한』에서는 다루어지지 않지만, 예술 작품이 우상과 다를 바 없고, 삶의 쾌락과 만족을 주는 것이라면, 그것은 심지어 주체의 통제를 벗어나는 것이고, 나의 시선을 어지럽히는 것 자체를 넘어 내 영혼을 사로잡거나 어지럽히는 것으로 볼 여지도 있다. 한 예로 레비나스를 부분적으로 계승하는 마리옹이 잘 지적한 것처럼, 여러 예술 가운데에서 "회화의 가시적인 효과는 (물리적 사물들에 관계된) 지각의 효과도, (나의 신체에 관계된) 정서의 효과도 아닌, (영혼에 관계된) 정념의 효과를 가진다고 말할 수 있다. 그 효과는 영혼을 진동하게 하는데, 이 진동들은 분명히 어떤 대상도, 어떤 존재자도 표상하지 않으며, 그 자체로 존재자들과 대상들의 방식으로 기술되거나 표상될 수 없다".[27] 이런 식의 진동이 심해지면, 예술 작품은 다른 향유의 사물과는 달리 오히려 주체를 익명화하는 데까지 나아갈지 모른다. 레비나스는 실제로 이렇게 말한다. 예술의 "리듬 속에 자기는 더 이상 존재하지 않으며, 자기에서 익명성으로의 이행만 있다. (⋯) 왜냐하면 자아는 떠맡음의 특권과 힘의 특권을 박탈당하기 때문이다."[28]

Essays in Honor of Eugene Thomas Long, ed. Jeremiah Hackett and Jerald Wallulis(Dordrecht: Kluwer Academic Publishers, 2004), 204.

27 Jean-Luc Marion, *Étant donné: Essai d'une phénoménologie de la donation*(Paris: Presses Universitaires de France, coll. "Quadrige," 1997; 2ᵉ éd. 2013), 85.

28 Levinas, "La réalité et son ombre," in *Les imprévus de l'histoire*, 128. 레비나스의 예술론에서 자아가 익명화되는 사건의 의미를 잘 다룬 연구로 다음 글을 참조하라. 김상록, 「예술의 윤회, 철학의 해탈: 레비나스의 「현실과 그 그림자」 독해」, 『철학사상』 제69호(2018년 8월), 263-293.

감각을 찢어 버리는 얼굴

얼굴은 이렇게 예술 작품에서 형성되는 관계, 곧 만족감을 주는 향유의 대상과도 같은 예술과의 관계나 예술에 대한 탐미 속에서 내가 아예 탈각되는 관계와는 완전히 다른 관계, 곧 초월에 준거한 윤리적 정의의 관계로 우리를 데려간다. 이 윤리적인 것으로서의 "타인과 맺는 관계만이 초월의 차원을 도입하며, 그것만이 그 용어의 감각적 의미에서의 경험, 즉 상대적이고 자아중심적인 경험과는 전적으로 다른 관계로 우리를 인도한다"(167/284). 그러면 한 가지 또 의문이 든다. 얼굴이 봄으로 환원되지는 않더라도, 설사 그렇더라도 그것은 감각과 완전히 무관하게 있다는 말인가? 뒤에 나올 말을 앞당겨 살펴보면 레비나스의 기본 논지는 다음과 같다. "무한의 이와 같은 흘러넘침, 즉 얼굴은 의식의 용어나 빛과 감각적인 것을 지시하는 메타포로는 더는 말해질 수 없다"(182/307). 정확하게 말하자면, 얼굴은 시각의 감각으로 나타나더라도 감각을 가로지르고 감각을 넘어서기 때문에, 인식이나 향유가 아니라 다른 것 — 곧 윤리적 책임으로 — 으로 우리를 부른다.

> … 새로운 차원이 얼굴의 감각 가능한 외양 속에서 열린다. (…) 얼굴이 감각 가능한 것 속에서 표현된다는 점에서 그렇다. 그러나 그것은 이미 무능이다. **왜냐하면 얼굴이 감각 가능한 것을 찢어 버리기 때문이다.** 얼굴에서 표현되는 타자성을 전적인 부정에게 가능한 유일한 '질료'를 제공한다. 나는 내 능력을 무한히 초과하는, 따라서 나의 힘에 대립되는 것이 아니라 나의 능력으로서의 능력 자체를 마비시키는 절

대적으로 독립된 존재자만 죽이고자 할 수 있다. 타인(Autrui)은 내가 죽이고자 할 수 있는 유일한 존재이다. (172/292-293, 강조는 필자)

감각을 따라 주어지지만, 곧장 감각 가능한 것을 찢어 넘으로써 감각 너머의 새로운 차원, 곧 윤리로 우리를 이끄는 계시로서의 얼굴. 이 얼굴이 이제부터 우리가 본격적으로 논의할 바이다. 지금 여기서 우선 강조되고 있는 것은 타인의 얼굴이 분명 감각 가능한 시선에 나타나는 것처럼 보이지만, 그것은 말함으로서의 계시 그 자체로, 나에게 자신을 표현하는 스승이자 가르침으로, 나의 감성이나 지성 능력 자체를 마비시키면서 내게 절대적인 명령을 부과한다는 점이다. 외관이 우리의 시선에 제한되는 것과는 달리, "얼굴 속에서 그 자신을 현시하는 타인은 어떤 식으로건 **그의 고유한 조형적 본질**을 꿰뚫고 나간다".[29] 이 점에서 레비나스의 얼굴은 봄을 넘어서는 계시, 언어, 말로서 우리에게 부과된다. 얼굴이라는 "초월적인 것이 감성과 대조를 이룬다면", 이 얼굴은 "관조의 용어로는 (…) 말해질 수 없다. 그것은 얼굴이며, 그 계시는 곧 말이다"(167/284). 요컨대, 얼굴은 봄의 감성을 넘어서는 계시의 초월이다. 더 궁극적으로는 대화의 관계, 가르침의 말인 계시를 요구한다. 즉 레비나스는 결국 봄의 현상에서 언어의 현상으로의 전환을 꾀한 것이다. 단 아르비브의 말대로, 레비나스에게 "계시되는 것은 보이는 것이 아니라 들려오는 것이다".[30]

---

29 Emmanuel Levinas, *Humanisme de l'autre homme*(Montpellier: Fata Morgana, 1972), 48.

30 Dan Arbib, "De la phénoménologie du son à la phénoménologie du visage," *Cahiers de philoso-*

우리는 레비나스에게 예술 작품은 **보통** 외관에 주목하게 만들어서 우리의 만족감을 극대화하거나 얼굴을 조형적으로만 보게 할 뿐이라는 점을 확인했다.[31] 반면에 타인은 근본적으로 대화 속에 자신을 표현하고, 나에게 응답을 요구한다는 점에서 시각으로 제한되지 않는다. 오히려, 아르비브가 잘 말한 것처럼, "『전체성과 무한』에서 감각은 향유이자 내면성이고, 초월은 감각 이외의 다른 것을 통해 성취되어야 하므로, 더 이상 소리를 빛의 타자로, 들음을 봄의 타자로 삼는 것이 아닌, **얼굴을 모든 감각의 타자로, 심지어 들음 그 자체로** 승격시키는 것이 중요한 일이 된다".[32] 얼굴은 들음 그 자체이며, 이는 봄의 감각이 아닌 또 다른 감성의 구조를 요구한다. 여전히 이를 감성이라고 부를 수 있는 것은 얼굴과의 만남이 나의 자유를 문제시하며, 타인에 귀를 기울이는 데 민감하게 반응하는 수동성이라는 감성적 차원을 열기 때문이다. 드라빈스키가 잘 지적한 것처럼, "얼굴과 얼굴의 '궁극적 상황'(ultimate situation)은 감성 안에서 일방

---

phie de l'université de Caen 49 (juillet 2012), 122.

31 여기서 "보통"이라는 말을 굵게 표시한 이유는 외관에만 주목하지 않는 예술 작품의 가능성을 레비나스가 인정하기 때문이다. 이를테면 사샤 소스노의 조각은 우리의 시선을 얼굴의 조형성 너머로 이끈다. 적어도 소스노의 작품은 얼굴을 판독 불가능한 것으로 제시함으로써, 얼굴을 우리의 시선에 제한되지 않는 방식으로 나타낸다. 레비나스의 다음 책을 참조하라. Emmanuel Levinas, *De l'oblitération* (Paris: Éditions de la Différence, 1990). 이러한 레비나스 예술론의 다차원적 측면에 주목한 연구로 다음 글을 참조하라. 서동욱, 「레비나스의 미술론」, 『미술은 철학의 눈이다』, 서동욱 엮음(서울: 문학과지성사, 2014), 79-109. 또한 레비나스의 문제의식을 이어받아 그보다 더 구체적인 방식으로 예술 작품에서 시선의 초과 문제를 다룬 것으로 마리옹의 로스코론을 들 수 있을 것이다. Marion, *De surcroît*, 82-98. 또한 마리옹의 로스코론에 대한 해명으로는 다음 글을 참조하라. 김동규, 「마리옹의 미술론」, 『미술은 철학의 눈이다』, 서동욱 엮음(서울: 문학과지성사, 2014), 207-246.

32 Arbib, "De la phénoménologie du son à la phénoménologie du visage," 119.

    3부 절정 I: 역사의 심판 너머에서 도래하는 내면성의 정의

향적 구조(one-way structure)를 유지하며, 이는 욕망과 향유의 정서적 삶의 감성이 흔들리는 지점에서 결정적인 역할을 한다".[33] 나는 듣는 자로서 타인의 부름에 민감하게 반응해야 하는 감성의 구조인 수동성의 관계 안에 놓인 것이다. 한 시인의 말처럼, 이제 나는 "온몸이 귀로 이루어진 존재가 되고 (…) 경청의 무릎으로 다가가 낯선 타자의 목소리를 듣고" 응답하는 자가 되는 것이다.[34] 그러므로 감성은 어떤 느끼는 나의 능동적 능력이 아니라 변화될 수 있음 그 자체이다. 알폰소 링기스의 말처럼, 타자와의 "접촉은 타자의 근접성을 드러낼 뿐만 아니라, **여기**를 규정하며, 접촉된 자를 여기로서 규정한다. 여기에 있음, 존재 속에서 하나의 여기로 있음은 우리의 실체 속에 외부에 의해 방향 지어지거나 배치될 수 있는 능력뿐만 아니라, 영향받고 변화될 수 있는 감성 — 지지받으면서 상처받을 수 있는 감성 — 을 전제한다. 여기에 있다는 것은 타자에게 노출되는 것이며, 고통에 노출되는 것이다".[35]

이처럼 얼굴은 우리를 일차적으로 봄 가운데 나타나지만, 나의 시각으로 환원되지 않는 언어적 부름인 명령을 부과함으로써 나에게 정서적 수동성과 윤리적 응답을 이끌어 내는 가르침 자체이다. 이것이 바로 타인의 얼굴이 계시의 성격을 가지는 이유이다. 왜냐하면, "스승"인 타인의 얼굴은 "가르침과 가르치는 자의 일치"(41/90) 자체

---

33 Drabinski, *Sensibility and Singularity*, 126.

34 나희덕, 「시인의 말」, 『시와 물질』(파주: 문학동네, 2025), 5.

35   Alphonso Lingis, "The Sensuality and the Sensitivity," in *Face to Face with Levinas*, ed. Richard Cohen(Albany, NY: State University of New York Press, 1986), 228.

인데, "가르침"은 또한 "계시"(38/86)이기 때문이다.[36] 그렇다면, 이 때 얼굴의 부름에 대한 윤리적 응답의 성격은 무엇인가? 앞서 보았듯이 향유의 타자는 나를 만족시키면서, 내가 소유할 수 있는 것이고 내 집에 들일 수 있는 것이었는데, 타인인 타자가 나의 집에 들어오면 구체적으로 어떤 일이 일어나는가? 우리는 타자를 취하여 내 것으로 삼을 수 있는데, 실은 타인도 소유하거나 지배하려고 하지 않는가? 타인을 살해함으로써 나의 힘을 보여 주려는 극단적인 폭력은 소유나 지배가 아닌가? 우리는 이런 끔찍한 살해의 사례를 얼마든지 댈 수 있다. 거기서 타인은 어떤 선의 가능성도 보여 주지 못한 채로 폭력에 제압당하는 데 그친 것이 아닌가? 타인의 얼굴에 관한 물음은 환대의 성스러움만이 아니라 이런 의문점도 함께 제기한다. 레비나스 역시 이런 의문들을 피하지 않는다.

36 "물론 우리는 언어를 행위로, 행동의 몸짓으로 생각할 수 있다. 그러나 그럴 경우 우리는 언어의 본질적인 면을 빠뜨리게 된다. 그 본질적인 것이란 계시하는 자와 계시된 것이 얼굴 속에서 일치함이다. 이런 일치는 우리에 대해 높은 곳에 놓임으로써 성취된다. (…) 즉 가르침 속에서 성취된다. 그리고 역으로, 산출된 제스처들과 행위들은 말들처럼 계시, 즉 우리가 보게 될 것처럼 가르침이 될 수 있다. 반면에 어떤 인물을 그의 행동으로부터 재구성하는 것은 이미 획득된 우리 과학의 작품이다"(38-39/85-86).

10강. 3부 B

"얼굴과 윤리" 읽기

지금까지 레비나스와 더불어 정말 많은 것들을 해명했다. 그런데 그 유명한 타인의 얼굴이 레비나스의 논증에서, 더 정확하게는 나의 드라마에서 전면에 등장하는 것은 지금부터이다. 앞서 보았듯이, 타인은 감각적인 봄 가운데 주어지지만, 자기 얼굴을 내게 보여 줌 — 더 정확하게는 표현함 — 과 동시에 감각적인 것을 찢어발기면서 자신을 그 자체로 표현한다. 향유의 대상인 감각적인 것은 나에게 소유될 수 있는 것으로 주어진다. 칼랭과 세바가 잘 지적한 대로, 적어도 『전체성과 무한』에서 레비나스는 "감각이기도 한, 이러한 느끼는 일 자체를 향유를 기반으로 삼아 파악한다. 곧 내가 향유하는 것은 대상, 다시 말해 형상을 따라 식별되는 질료는 아니지만, 요소, 실체 없는 순수 감각적 성질이다".[1] 하지만 레비나스가 재현 또는 표상의 지향

---

[1] Calin et Sebbah, *Le vocabulaire des Levinas*, 52. 세바와 칼랭이 이 대목에서 강조하듯 레비나스의 감성과 감각에 대한 이해는 『존재와 달리』에서 꽤 현격한 변형과 확장을 거치게 된다. 즉 그것은 타인과의 윤리적 대화 안에서 일깨워지는 주체가 겪는 정념, 주체의 윤리적 주체

성을 전복하는 향유의 지향성을 내세웠고, 이 지향적 체험 관계 속에서 주어지는 것들을 누리고 즐기는 삶이라는 주체의 삶의 방식을 탁월하게 보여 주는 것은 맞지만, 얼굴은 이러한 향유의 관계로는 이해되지 않으며, 바로 이 점에서 감각적 차원에 종속되지 않는다. 언어와 관련해서 말하자면, 이렇게도 표현할 수 있겠다. 감각적으로 들려오는 것, 즉 청각을 자극하는 음악이나 소리는 나에게 그 음성에 만족하는 정서를 일으키기에 충분한 것이 될 수 있다. 하지만 타인의 명령이라는 언어로 나를 부르는 타자의 가르침은 향유하는 주체의 삶과 자유를 문제시하고, 나의 도덕적 합리성을 일깨움으로써 나의 자유를 의문시하는 수동적 응답의 차원을 연다.

이렇게 레비나스에게 타인의 얼굴은 지향적 관계만이 아니라 향유의 관계에도 포섭되지 않은 채로 내게 현현한다는 점이 이 장의 시작부터 명시된다. "얼굴은 포함되기를 거부하는 데서 현전한다. 이런 의미에서 얼굴은 이해될 수 없다. 즉 포괄될 수 없다. 보거나 만질 수도 없다. 왜냐하면 시각적 또는 촉각적 감각에서 자아의 동일성이 대상의 타자성을 감싸게 되는데, 이 대상은 바로 그 순간 내용물이 되어 버리기 때문이다"(168/285).

그런데 타인의 얼굴은 구체적으로 왜 나의 파악이나 포섭, 소유를 거부할 수 있는가? 반복해서 말하지만, 그것은 얼굴이 근원적으로 무한이기 때문이다. "타인은 무한히 초월적인 자로, 무한히 낯선

화에서 일어나는 자아의 변형에 가깝다. 이것은 더 구체적으로는 상처 입을 가능성 안에서 내가 겪는 감성이다.

자로 남는다"(168/286). 여기서 주목해서 볼 말이 "낯선 자"이다. 무한은 익숙함이나 친숙함의 영역을 거부한다. 레비나스에게 익숙하다는 것이나 친숙하다는 것은 인식론적 차원에서는 표상할 수 있는 것을 뜻할 수 있고, 일상의 존재론 차원에서는 향유의 대상으로 소유될 수 있는 것, 나의 집에 들인 소유물을 뜻할 것이다. 하지만 무한은 그런 이론적 차원과 존재론적 차원을 깨뜨리는 가운데 다가오므로 낯선 이방인으로 다가온다. 즉 **이방인 또는 낯선 이가 바로 무한의 구체적 표현**이다.[2] 데카르트적 무한의 관념이 레비나스에게 유한이 담을 수 없는 무한을 형식적으로 제시했다면, 낯선 이 또는 이방인이라는 말은 우리에게 익숙한 것으로 포섭되지 않는 무한의 구체화라고 할 것이다. 이에 독자들은 레비나스의 무한에 대한 구체적 표현을

---

2   프랑스어로 étranger, 독일어로 Fremde, 영어로 stranger인 '낯선 이' 또는 '이방인'은 사실 현상학적 전통에서 오랫동안 깊이 사유된 중요한 주제이다. 대표적으로 레비나스 외에도 알프레드 슈츠의 연구를 꼽을 수 있을 것이다. 레비나스의 연구와는 그 구체적 맥락에서 차이를 보이지만, 현상학의 영역 안에서 이방인이 다루어진다는 점에서 우리는 슈츠의 연구를 주목해야 한다. 게다가 그의 연구는 레비나스보다 조금 앞서 이루어진 것이다. Alfred Schütz, "The Stranger: An Essay in Social Psychology," *American Journal of Sociology* 49:6(1944), 499-507. 실제로 깊이 파고들지는 않지만, 장 그레쉬가 레비나스와 슈츠의 연관성을 지적한 바 있다. 이 책 초반부에도 인용한 바 있는 다음 글을 참조하라. Jean Greisch, "Éthique et Ontologie: Quelques considérations 'hypocritiques'," in *Emmanuel Levinas*, 15-45 또한 실존철학의 맥락에서, 그리고 문학적 글쓰기로 이루어진 알베르 카뮈의 탐구와 기술도 빼놓을 수 없다. Albert Camus, *L'Étranger*(Paris: Éditions Gallimard, 1942); 국역본: 『이방인』, 김화영 옮김(서울: 책세상, 2023). 비교적 최근에는 리처드 카니가 이방인 개념을 적극적으로 발전시켜 이를 그의 해석학적 환대 이론 및 종교철학과 연결한 바 있다. Richard Kearney, *Anatheism: Returning to God after God*(New York, NY: Columbia University Press, 2010); 국역본: 『재신론』, 김동규 옮김(서울: 갈무리, 2021). 이방인을 둘러싼 다양한 현상학적 연구를 보고자 하는 이들은 다음 책을 참조하라. Richard Kearney and Kascha Semonovitch(eds.), *Phenomenologies of the Stranger: Between Hostility and Hospitality*(New York, NY: Fordham University Press, 2011).

찾고자 할 때, 바로 이 이방인 또는 낯선 이에 준거해야 한다. 이런 관점에서 레비나스에게서 "데카르트의 무한의 관념은, '낯선 이의 무한한 거리'에 대한 기술에서 무한의 구체화를 달성할 때까지는 또 다른 차원에서 추상적이고 형식적인 것으로 남겨져 있다"라고 한,[3] 버나스코니의 진술은 무한과 이방인 또는 낯선 이의 긴밀함과 치환 가능성을 정확히 포착하고 있다.

무한을 구별 짓기

이런 구체화와 더불어, 레비나스는 자신이 의도하는 이 무한의 성격을 이론적으로 선별하여 그 성격을 정립하는 데 심혈을 기울인다. 우선 그는 철학에서 무한을 말한 여러 인물 가운데 칸트와 헤겔을 거론한다. 레비나스에 따르면 칸트의 무한 개념은 그저 이성의 이념에 불과하다. 그가 칸트의 무한 개념과 관련해서 특정 텍스트를 아주 정확하게 지시하지는 않기 때문에, 그 비판의 성격을 명확하게 이해하기 쉽지는 않지만, 아마도 맥락상 칸트의 이성의 이념과 무한의 관계를 가리키는 것처럼 보인다. 우선 레비나스는 이렇게 말한다. "칸트의

3　Robert Bernasconi, "The Alterity of the Stranger and the Experience of the Alien," in *The Face of the Other and the Trace of God: Essays on the Philosophy of Emmanuel Levinas*, ed. Jeffrey Bloechl (New York, NY: Fordham University Press, 2000), 64. 인용한 문장에서 "낯선 이의 무한한 거리"라는 표현은 『전체성과 무한』 1부에 등장하는 말이다. 정확한 이해를 돕기 위해 전후 문장과 함께 옮겨 보면 다음과 같다. "그러나 무한의 관념을 따라 성취된 근접성에도 불구하고, 이 관념이 가리키는 비할 데 없는 관계의 복잡한 구조에도 불구하고, 낯선 이(Étranger)의 무한한 거리는 서술될 필요가 있다. 그 거리를 대상화와 형식적으로 구분하는 것으로는 충분치 않다"(21/55).

무한 개념은 이성의 이념, 즉 이성의 요구를 저 너머의 세계에 투사한 것으로 상정되는데, 이는 완성되지 않은 것으로 주어진 것을 이념적으로 완성하여 투사한 것이고, 여기서 완성되지 않은 것은 무한의 특권적 **경험**과 만나지 못하며, 이러한 만남을 통해 자신의 유한함이 지니는 한계들을 끌어내지 못한다"(170/288-289). 실제로 칸트는 이성이 경험의 한계를 넘어서려는 성격을 지닌다고 본다. 이 과정에서 이성은 경험의 유한성을 넘어서는 무조건적 전체를 지향하는데, 이때 무한의 문제와 마주하게 된다. 이를테면, 공간이나 시간의 전체에 관해 말한다고 해 보자. 만일 공간이나 시간의 "전체가 경험적으로 주어져 있다면, 그것의 내적 조건들의 계열에서 **무한하게** 거슬러 올라가는 것이 **가능하다.** 하지만 전체가 주어져 있는 것이 아니라, 경험적 배진을 통해 비로소 주어져야만 하는 것이라면, 나는 다만 계열의 더 상위의 조건들로 나아가는 것이 **무한하게 가능하다**고 말할 수 있을 뿐이다".[4] 이처럼 칸트는 무한을 경험으로 간주하지 않으며, 경험의 한계 너머로 나아가고자 하는 이성의 요구를 억제하는 가운데 무한을 이해하려 한다. 마이클 프리드먼이 잘 지적한 것처럼, "칸트가 최대로 포괄적인 절대 공간 개념을 이성의 규제적 이념으로 이해하는 것처럼, 그의 물질적 실체의 무한 분할가능성 개념은 이 경우에 대응하는 경험적 진행의 한계로서 단지 '공간의 무한소적' 이념을 요청할 뿐이다".[5] 즉 칸트의 입장에서 "무한한 객관적 공간" 같은 것

4   Kant, *Kritik der reinen Vernunft*, A514/B542; 국역본: 『순수이성비판 2』, 710.

5   Michael Friedman, *Kant's Construction of Nature: A Reading of the Metaphysical Foundations of Nat-*

은 경험의 "직관으로 제시될 수 없으며, 대신 우리는 무한한 객관적 공간을 생각할 수만 있을 뿐이다. 결과적으로 칸트는 이를 이성의 이념이라고 지칭한다".[6] 이런 점에서 칸트의 무한 개념은 레비나스가 데카르트로부터 전유한 경험 가능한 무한과는 그 성격을 달리한다. 말하자면 데카르트의 "무한의 관념은 우리의 선험적 토대에서 비롯하는 것이 아니다. 무한의 관념이야말로 탁월한 경험이다"(170/288).

헤겔은 또 어떤가? 레비나스는 헤겔에게 문제가 되는 것이 바로 무한에서의 "모든 '타자'의 배제"(170/289)라고 본다. 헤겔에게 (악무한이 아닌 참된) "무한은 (…) 무엇보다도 절대자에 대한 새로운 정의로 간주될 수 있다".[7] 이 점에서 헤겔에게 무한은 궁극적으로 절대자인 신과 다를 바 없으며, 이때 무한은 유한을 포괄하면서 자신을 새롭게 현시한다. 이를테면 그리스도교의 신은 육화, 곧 성육신을 통해 이 땅에 인간으로 내려와서 죽음을 맞이한다. 그리고 죽음 이후 부활을 통해 그 인간적 계기는 신적으로 통합되어, 다시 성령으로 인간의 역사 속에 보내진다. 즉 무한한 절대자인 신이 인간이라는 유한자를 거쳐 다시 그 안에 유한한 계기를 포함한 절대자가 되는 것이다. 피터 하지슨이 잘 설명한 대로, "사변철학은 이 '사변적인 성(聖) 금요일'(예수 수난일)을 최고 이념(절대자)의 한 계기로 인식한

---

ural Science(Cambridge, UK and New York, NY: Cambridge University Press, 2013), 535.

6   Reed Winegar, "Kant's Three Conceptions of Infinite Space," *Journal of the History of Philosophy* 60:4(2022), 657.

7   Georg W. F. Hegel, *Wissenschaft der Logik. Erster Teil: Die objektive Logik. Erster Band: Die Lehre vom Sein*(1832), Gesammelte Werke, Bd. 21, hrsg. von Friedrich Hogemann und Walter Jaeschke(Hamburg: Felix Meiner,1985), 124.

다. (…) 왜냐하면 참된 절대자 혹은 참된 무한자는 유한자를 자기 안에 포함하면서도 동시에 그것을 넘어서는 것이기 때문이다. 유한자가 (…) 사변적 성 금요일을 거쳐 자기 자신에 이르게 될 때 비로소 절대자도 참되고 무한한 주체성으로 고양되며, 이로써 절대정신의 단계에 이르게 된다".[8] 즉 헤겔은 타자를 유한하게 볼 뿐만 아니라 그것을 절대자로서의 무한이 포섭하는 대상 정도로 사유한다. 물론 타자가 그저 소멸되는 것은 아니며, 절대자의 고양 속에 보존되고 지양되기는 하지만 여전히 타자는 동일자로서의 무한에게 포섭될 운명에 처할 뿐, 동일자로 환원되지 않는 전적 타자, 내가 아닌 그 자체(καθ' αὐτό)로서의 타자일 수는 없다. 결국, 헤겔은 "무한과 관계를 유지할 수 있을, 그래서 무한을 제한하게 될 모든 '타자'를 배제해 버리는" 수준에서 타자를 사유하며, 이때 "무한은 모든 관계를 포괄할 수 있을 뿐이다"(170-171/289).

반복적으로 말하건대, 레비나스는 이런 식의 무한과는 전적으로 다른 무한의 모형을 데카르트에서 발견했다. 이 무한의 형식에 관한 논의는 앞서도 다룬 바 있으므로, 여기서는 이에 대해서 약술하고, 레비나스가 의도하는 무한, 곧 얼굴로 곧장 들어가자. 데카르트에게 자아는 『성찰』의 첫 번째 성찰에서 일인칭 현재 시점의 나의 발

---

8 Peter C. Hodgson, *Hegel and Christian Theology: A Reading of the Lectures on the Philosophy of Religion* (Oxford: Oxford University Press, 2005), 29; 국역본: 『헤겔의 종교철학』, 정진우 옮김(서울: 동연, 2022), 62. 헤겔에게 절대자, 무한, 신의 의미에 관한 짤막하면서도 정돈된 연구로는 다음 분헌을 참조하라. 백훈승, 「헤겔과 절대자」, 『범한철학』 제32집(2004년 3월), 269-289.

견으로 시작하지만, 셋째 성찰에 이르러 그 나는 나로 환원되지 않는 창조주로서의 무한, 곧 신의 관념에 의존하게 된다. 다시 말해 내가 잘못된 인식과 진리의 길로 들어서지 않기 위해서는 나를 기만하거나 속일 수도 있는 신이 아니라 선한 신이 나의 존재를 떠받쳐 주어야 한다. 이때 데카르트는 무한한 신의 관념이 내가 만들어 낸 것이 아니라 "신이 나를 창조하면서, 장인이 자기 작품에 찍은 표지처럼, 그 관념을 내 안에 넣었다는" 사실에서 비롯한다고 말한다.[9] 그러므로 그것은 외재적이며, "내가 파악하는 것이 아니라" 내 시선을 저 위로 향해 "관조하고, (…) 직관하고, 경탄하고, 경배할 것"으로서 인식 가능성 자체를 넘어선 초월적인 존재이다.[10] 레비나스의 말로 하자면, "무한의 **관념의 대상**(ideatum)이 무한의 관념(idée)을 넘어선다"(19/53). 이런 무한의 형식을 레비나스는 낯선 이 또는 이방인인 타인에게 전이시켜 구체화한다. 그에게 타인은 유한의 부정이 아니라 그 자체로 무한이며,[11] 이 무한이 실제로 감각 경험 안에서 또 감

---

9 Descartes, *Meditationes de prima philosophia, AT VII*, 51; 국역본: 『제일철학에 관한 성찰』, 78.

10 Descartes, *Meditationes de prima philosophia, AT VII*, 52; 국역본: 『제일철학에 관한 성찰』, 79.

11 데카르트도 이러한 신을 그 자체로 무한으로 이해하며, 부정성으로 무한을 이해하기를 거부한다. 이런 맥락에서 그의 다음과 같은 언급은 매우 중요하다. "따라서 그 이상 더 큰 것은 있을 수 없다고 생각할 수 있을 정도로 큰 연장을 상상할 수 없으므로 우리는 모든 가능한 것들의 크기 역시 부정(不定)하다고 할 것이다. 그리고 어떤 물체도 각각의 부분들이 더는 나누어질 수 없다고 생각될 정도로 그렇게 많은 부분들로 나누어질 수 없으므로 크기는 부정하게 나누어질 수 있다고 믿을 것이다. (…) 앞의 것들을 우리는 무한하다고 하기보다는 부정하다고 했다. 이는 무한이라는 용어를 단지 신에게만 쓰고자 하기 위함인데, 그 이유는 이러하다. 우리는 단지 신에게 있어서만 어떠한 한계도 인식하지 못할 뿐만 아니라 어떠한 한계도 존재하지 않는다는 것을 긍정적으로 인식한다." René Descartes, *Principia Philosophiæ*, in *Œuvres de Descartes*, tome VIII-1, éds. Charles Adam & Paul Tannery(Paris: J. Vrin, 1973), 15; 국역본: 『철학의 원리』, 원석영 옮김(서울: 아카넷, 2002), 27.

각 경험을 가로지르며 그것을 초과하면서 나타난다는 점이 얼굴의 특징이 되고, 데카르트적인 신의 무한과는 다른 점이 된다. 감각 경험의 수용성을 초과하며 얼굴이 현현한다는 것은 무슨 뜻인가? 이는 "얼굴이 (…) 얼굴의 에피파니 속에서, 감각적인 것, 여전히 포착 가능한 것은, 포획에 전적으로 저항하는 것으로 바뀐다"(172/291)라는 것을 의미한다.

살해의 윤리적 불가능성

이것은 얼굴이 전통적 의미의 현상학적인 지향적 체험 관계 — 그것이 향유의 지향성이건 표상의 지향성이건 간에 — 를 모두 위반하고 초과하면서 얼굴이 현현함을 뜻한다. "얼굴은 (…) 향유로나 인식으로나 그렇게 실행되는 능력과의 공통의 척도가 없는 하나의 관계로 나를 초대한다"(172/292). 즉 얼굴은 향유의 대상도 인식의 대상도 아닌, 중립항이나 매개를 부여할 수 없는 것으로 내게 주어지는데, 이것이 바로 윤리적 관계를 형성한다. 그런데 이 윤리적 관계를 논할 때, 레비나스는 곧장 선함과 책임의 관계를 말하지는 않는다. 이것은 오히려 주체인 동일자가 타자인 얼굴과의 윤리적 관계를 지나치게 소박하게 다루는 시도일 것이다. 그보다 레비나스는 내가 타자를 살해할 가능성을 가진다는 최악의 상황을 먼저 다룬다. 내가 인식할 수 없고, 파악할 수 없지만, 여전히 감각적으로 타인이 내게 다가올 때, 내가 선택할 수 있는 최악의 선택지 중 하나는 살해일 것이다. 즉 내가 파악할 수 없는 자를 맞이할 수 없을 때, 극단적으로 우리는 그 인간을 죽임으로써 내가 저항할 수 없는 것에 저항하고자 할 수 있다. 이런 점에서, "나는 내 능력들을 무한하게 초과하는, (…) 나의 능력으로서의 능력 자체를 마비시키는 절대적으로 독립된 존재자만 죽이고자 할 수 있다. 타인은 내가 죽이고자 할 수 있는 유일한 존재이다"(173/293).

이런 살해의 행동은 내가 지배할 수 없는 것을 전적으로 부정하려는 나의 능력의 표현, 어떻게 보면 소유할 수 없으므로 존재 자체를 치워 버리려고 한다는 점에서 소유와 파악의 무능함을 보여 준다. 다시 말해 일견 살해는 타자를 지배함으로써 나의 힘을 오롯이 보여 주는 것 같지만, 기실 그것은 타인과 적절하게 관계 맺을 수 없는 나 자신의 도덕적 무능함을 나타낼 뿐이다. 체제의 한계를 애써 무시한 채로 그 무능함을 가리기 위해 폭력을 행사하는 공동체를 상상해 보자. 또한 독재 국가나 폭압적 집단, 착취를 일삼는 정부나 기업을 떠올려 보자. 이런 체제나 기관들이 폭력을 일삼으며 자신이 마음대로 다룰 수 있는 구성원이라고 생각하는 인간 타자를 배제할 때마다 그들 스스로 나타내는 무능함을 생각해 보자. 문제를 해결할 능력, 대화할 능력, 타협할 능력, 가장 근원적으로 들을 귀 없음이 무능하고 부도덕한 자들의 폭력으로 역설적으로 드러나게 된다. 이런 점에서 "죽임은 지배하는 것이 아니라 무화하는 것이며, 파악을 절대적으로 단념하는 것이다"(172/292).[12]

---

[12] 그런데 흥미로운 사실은 살해와 폭력이 완전히 타인을 무화하지도 못한다는 것이다. 어떤 형태로건 타인은, 체제에 욱여넣고 싶지만 그렇게 되지 않는다는 점에서 박해자에게 더 무섭고 무거운 존재이다. 설사 타인을 살해를 통해 일단 내 눈앞에서 치워 버릴 때조차도, 타

레비나스에 의하면 타인은 이런 무화하는 작업인 살해와 폭력에 노출된 무력한 존재처럼 보이지만, 바로 그 약함 속에서 저항한다. 그리고 타인은 자신을 죽이지 말 것을, 조금 더 일반적인 형태로 말하자면 해치지 말기를 요구한다.

이 무한은 타인의 얼굴이고, 본래적 **표현**이며, '너는 살해하지 말지니라'(tu ne commettras pas de meurtre)라는 원초적 말이다. 무한은 살해에 대한 무한한 저항으로 능력을 마비시킨다. 이 저항은 지속되는 것이고 없앨 수 없는 것으로, 타인의 얼굴 속에서, 무방비한 그 눈의 완전한 벌거벗음 속에서, 아무런 방비 없이, 초월적인 것(Transcendant)이 절대적으로 열리는 벌거벗음 속에서 빛난다. 여기에는 매우 거대한 저항과 맺는 관계가 아닌, 절대적으로 **타자**(absolument Autre)인 어떤 것과의 관계가 있다. (173/294)

이미 언급했듯이, 인식이나 파악이 가능한 척도가 타자와 나의 관계에서는 주어지지 않는다. 타자와의 관계는 그 자체로 윤리적이며, 이는 죽이지 말라는 단적인 명령에서 시작한다. 물론 나 또는 하나의 집단은 실제로 타인을 살해할 수 있다. 하지만 타인을 죽임으로

인의 흔적만큼은 지워지지 않는다. 타인은 내가 통제할 수 없는 기억과 트라우마를 일으키며 여전히 내게 어떤 식으로건 다시 도래할 수 있다. 기억의 회귀로, 거부할 수 없는 트라우마로 다시 또 다시 나타나는 타인의 현현은 주체를 타인의 볼모 또는 인질로 삼을 만큼 강력하다. 비록 이 점은 『전체성과 무한』에서 두드러지게 나타나지 않지만, 이것이 바로 『존재와 달리』에서 레비나스가 발전시키는 논지이다.

말미암아 타인이 그저 '무'(無)가 되지 않는다는 것이 레비나스가 제시한 논지의 핵심이다. 다시 말해 타인의 죽음을 기정사실로 받아들이는 것은 그 죽음을 그저 '무'로만 설정하기 때문이다. 레비나스는 그런 형태의 죽음은 없으며 언제나 죽음은 나의 예측 가능성을 넘어서 있다고 본다. 아벨을 죽인 카인을 생각해 보자. 정녕 카인에게 아벨의 죽음은 '무'로만 남았는가? 적어도 그가 동생의 죽음이 '무' 그 자체가 되기를 원했지만, 살해를 통한 죽음은 끝없이 그를 쫓아다녔고, 카인에게 아벨의 존재의 자리를 탐문하기까지 한다(209/350 참조). "네 아우 아벨은 어디 있느냐?"(창세기 4:9). 버나스코니의 말대로, "그의 눈에서 비롯하는 언어에 대한 기억이 나를 괴롭힌다".[13]

살해의 폭력에 무방비로 노출되어 있지만, 죽이지 말 것을 요구하면서 내게 다가오는 타인의 얼굴은 그 자체로 그 힘없는 자로서의 비천한 모습, 내 폭력에 굴복하는 모습 그 자체로 이미 나에게 저항하고 있으며, 이 얼굴의 말을 진지하게 윤리적 명령으로 고려할 때, 나는 그 타자를 (윤리적 차원에서는) 살해할 수 없다. 바로 이런 식으로 "타인(Autrui)은 구체적으로 이 살해의 윤리적 불가능성을 통해 내게 온다"(145-146/253). 여기서 레비나스는 "윤리적 불가능성"이라는 표현을 쓰고 있다. 분명 우리 삶에서 살해는 현실적으로 일어나

---

13 Robert Bernasconi, "Levinas and Derrida: The Question of the Closure of Metaphysics," in *Face to Face with Levinas*, ed. Richard Cohen(Albany, NY: State University of New York Press, 1986), 189. 또한 가인과 아벨 이야기에 대한 레비나스의 응답을 분석한 연구로 다음 글을 참조하라. Mezgebu Feleke and Johan De Tavernier, "'Where Is Abel Your Brother?' Levinas' Response to a Psychological Reading of the Story of Cain and Abel," *Vidyajyoti Journal of Theological Reflection* 79:6(2015), 452-475.

는 사건이다. 그러므로 그의 살해에 대한 언급은 언뜻 읽으면 레비나스가 완전히 비현실적인 이야기를 하는 것처럼 오해될 수 있다. 하지만 그는 윤리적 차원에서 살해 불가능성을 말한다. 얼굴 대 얼굴로 마주하는 관계, 무한한 타자와의 관계는 대화이자 가르침이므로, 가르침을 받는 제자는 스승의 가르침에 '네'라고 답하기를 요구받게 되는 윤리적 의무와 책임의 주체로 서게 된다. "타인(Autrui)은 나와 마주하여 나를 의문시하고 무한이라는 그의 본질로 내게 **의무를 부과한다**"(181-182/306). 만일 이렇게 의무가 되는 경우라면, 우리는 윤리적 관계의 차원에서 살해의 불가능성을 말할 수 있다. 타인에 대한 의무를 부여받고, 책임을 다해야 하는 주체로 정립된 나는 자유롭게 살해를 선택할 수 없다. 그것은 윤리적으로 불가능하다.

더 나아가 레비나스는 이런 "죽임의 불가능성이 단지 부정적이고 형식적인 의미만을 갖는 것은 아니다"(174/294-295)라고 말한다. 즉 타인의 얼굴은 누군가가 살해당한다는 맥락의 죽음을 불가능하게 할 수 있다는 것이다. 고통받는 타인과 마주할 때 타인을 해하지 못하고 어떤 폭력도 행사하기를 단념한 채 나를 도우라는 명령을 받는 사태가 일어나면, 나는 살해가 아닌 책임으로 이끌릴 수 있다. 물론 이것이 필연적인 일은 아니다. 하지만 그렇다고 해서 이런 일 자체가 불가능한 것도 아니며, 이는 또한 현실적인 일이기도 하다. 물론 이때 현실적이라는 말은 윤리적 관계로 진입했을 때 일어나는 현실적 사건이라는 의미로 이해해야 할 것이다. 그렇다면 우리는 이렇게 말할 수 있을 것이다. **만일 내가 타인의 얼굴의 올곧음을 직접적으로 마주한다면, 나는 타인을 죽일 수 없다.** 실은 이것이 레비나스가 궁극적으로 주장하는 바에 가깝다. 레비나스에 의하면 살해는 타인의 얼굴을 보지 않았기 때문에, 타인을 장기판의 졸(卒), 체스판의 폰(Pawn), 바둑판에서 사석 작전 아래 버려지는 돌 정도로 **인식했기** 때문이다. 이런 식의 의미 맥락 속의 작용에서는 얼마든지 살해가 일어난다. 이 점을 레비나스는 『전체성과 무한』을 출간하기 전에 내놓은 「존재론은 기초적인 것인가?」에서 명시적으로 다룬 바 있다.

> 죽이려는 나의 할 수 있음이 실현되는 바로 그 순간에 타인은 나에게서 빠져나갔다. 나는 물론 죽이면서 목표를 달성할 수 있고, 내가 사냥하듯 또는 내가 나무나 동물을 쓰러뜨리듯 죽일 수 있지만, 그때 (…) 나는 타인을 **지평 위에서** 식별했다. 나는 타인을 마주하여 보지 않았고, 나는 그 얼굴을 마주하지도 않았다. (…) 얼굴 대 얼굴의 대면으로 타인과 관계한다는 것은 죽일 수 없다는 것이다. 이것은 또한 대화의 상황이다.[14]

즉 폭력을 일으킬 수 있는 특정한 맥락 속에서 타인을 식별하려 들 때, 나는 타인을 죽일 수 있다. 하지만 타인과 얼굴 대 얼굴을 마주하는 대면의 관계는 바로 그런 맥락을 무효화하는 소위 **"맥락 없는 의미작용"**(xii/10)을 일으킨다는 것이 레비나스가 얼굴의 살해 불가능성과 관련해서 말하고자 하는 바였을 것이다. 맥락이 없음이란 다

---

14 Emmanuel Levinas, "L'ontologie est-elle fondamentale?" (1951), in *Entre nous: Essais sur le penser-à-l'autre* (Paris: Éditions Grasset & Fasquelle, 1991), 22; 국역본: 「존재론은 기초적인 것인가?」, 『우리 사이: 타자 사유에 관한 에세이』, 김성호 옮김 (서울: 그린비, 2019), 27.

른 말로 하자면 지평을 무화하는 사태의 도래를 말한다.

요컨대, 나는 타인을 살해하기 위해 나의 지평 가운데에 포섭할 수 있다. 특수한 지평과 맥락에서는 타인의 올곧음을 그대로 마주하는 것이 아니라 왜곡과 굴절된 형태로 타인을 마주한다. 타인은 어떤 정치적 목적이나 이데올로기의 현실화를 위한 도구나 수단처럼 여겨질 수 있고, 나의 목적 앞에 놓인 방해물로 여겨질 수도 있다. 이때 자신의 목적 실현을 위해 나는 타인을 죽임으로써 타인이 일종의 무에 이르렀다고 착각하게 된다. 하지만 나와 타인의 윤리적 관계에서는 타인을 그렇게 소거시킬 수가 없다. 타인은 우리에게 윤리적 책임을 요구하므로, 그 요구를 듣는 주체는 윤리적 책임에서 자유로울 수 없으며, 타인은 나를 윤리적 심판대로 소환한다. "'너는 살해하지 말지니라'라는 말은 그 말에서 타인이 생산되는 얼굴을 그려내며, 나의 자유를 심판에 회부한다"(280/458). 정리해 보자.

레비나스는 타인에 대한 살해 불가능성을 말하면서 두 가지 차원을 염두에 두고 있는 것처럼 보인다. 원리상 윤리적 차원에서는 살해가 불가능하다는 것이 살해 또는 살인이라는 주제와 관련해서 레비나스가 설정한 방향이다. 하지만 앞서 언급했듯이, 『전체성과 무한』 이외의 그의 다른 저작을 함께 고려할 때, 여전히 그는 현실적으로도 얼굴 대 얼굴이 마주하는 윤리적 사건에서는 실질적으로 살해 자체가 불가능한 상황에 이른다고 보는 것 같다. 즉 우리가 실질적으로 타인과의 윤리적 관계로 들어서면, 현실적으로 "얼굴은 우리가 살인을 저지르지 못하게 하는 것"으로 우리에게 오히려 책임의 명령을 부과한다.[15] 바꾸어 말하자면 타인과 얼굴 대 얼굴로 마주하지 않을 때, 우리는 타인의 요구와 고통을 무시하는 대상화나 그런 식의 인식 또는 존재 지평 아래 타자를 놓음으로써 살해에 이를 수 있다. 레비나스가 한 인터뷰에서 카인에 빗대어 밝힌 얼굴에 대한 통찰은 윤리 없는 관계에서 살해가 일어난다는 그의 생각을 오롯이 확증해 준다.

> 나는 왜 얼굴의 현전에서 책임이 있음을 느껴야 하는가? 누군가 다음과 같이 말했을 때 카인이 답한 것이 있다. "네 아우 아벨은 어디 있느냐?" 그는 이렇게 답한다. "내가 내 아우를 지키는 자입니까?" 이것이 바로 얼굴이 전하는 신의 말이 알려지지 않았을 때, 다른 이미지들 사이에서 하나의 이미지로 받아들여지는 타인의 얼굴이다. 카인의 대답을 마치 그가 신을 조롱하는 것처럼, 또는 어린 소년처럼 "제가 한 것이 아니라 다른 사람이 한 것입니다"라고 대답하는 것으로 받아들여져서는 안 된다. 카인의 대답은 진실하다. 그의 대답에는 오직 윤리만이 결여되어 있을 따름이다. 거기에는 존재론만 있을 뿐이다. 나는 나이고 그는 그일 뿐이다.[16]

---

15 Levinas, *Éthique et infini*, 90; 국역본: 『윤리와 무한』, 95.

16 Emmanuel Levinas, "Philosophie, Justice et Amour"(1982), in *Entre nous: Essais sur le penser-à l'autre*(Paris: Éditions Grasset & Fasquelle, 1991), 128-129; 국역본: 「철학, 정의와 사랑」, 『우리 사이: 타자 사유에 관한 에세이』, 김성호 옮김(서울: 그린비, 2019), 170-171.

윤리적 증언으로서의 말이 지닌 합리성

이러한 사항을 고려하여, 우리는 레비나스가 계속해서 얼굴이 말을 건넨다는 논지를 전개함에 주목해야 한다. 살해의 불가능성 역시 윤리적 명령으로서의 대화 또는 가르침에서 비롯하는 것이다. 이 윤리적 언어는 하이데거가 얘기했던 존재의 익명적 부름으로서의 말 건넴이 아니라 피와 살을 가진 얼굴이 표현하는 말, 곧 위 인용문에서도 언급된 윤리적 "대화의 상황"에서 일어나는 명령과 들음이다. 다시 말해 얼굴의 "표현이라는 고유한 사건은 자기를 증언하면서 그 증언을 보증하는 데서 성립한다. 이 자기 증명은 얼굴로서만, 즉 말로서만 가능하다"(176/298).[17] 레비나스에게 자기 존재의 보증, 자기 자신의 증명은 어떤 ID 카드나 식별 가능한 지문, 개인의 DNA 유전자 지도로 입증되는 것이 아니다. 그것은 얼굴로 표현되는 말에서 입증된다. 즉 얼굴은 그 또는 그녀가 누구인지를 말해 주는 사태이고, 나에게 응답을 요구하는 사건이며, 자신을 증언하는 것이다. 즉 이때의 말은 코드화된 암호도, 의미 식별을 위한 전달체도 아니고, 증언에 가장 어울리는 것이다.

17 　여기서 증언(témoignage)은 레비나스가 훗날 발전시키는 윤리적 언어인 '말함'의 구체적 형태이자 가장 발전된 유형이라고 해도 좋을 만한 언어 양태이다. 레비나스는 윤리적 책임을 무한의 영광을 증언하는 일로 자주 표현한다. 그리고 이때의 증언은 『전체성과 무한』에서 타인의 자기-입증으로 제시되는 것과는 달리, 주체(나)의 자기-입증으로 제시된다. "저는 '내가 여기 있습니다'라고 말하는 주체가 무한을 **증언한다**(témoigne)고 말할 것입니다. 무한의 계시가 일어나는 것은 이 증언을 통해서이며, 그것의 진리는 표상이나 지각의 진리가 아닙니다. 무한의 영광이 스스로 영광스러워지는 것은 이 증언을 통해서입니다. '영광'(gloire)이라는 말은 관조(contemplation)의 언어에 속한 것이 아닙니다." Levinas, *Éthique et infini*, 113; 국역본: 『윤리와 무한』, 121.

그런데 그 증언, 곧 타인인 사람이 그 자신에 대해 하는 증언은 대체 무엇을 증언하는 것인가? 그것은 다름 아닌 도움받아야 할 존재로서의 그것 자체, 윤리적 책임을 나에게 요구하면서 "자신의 상처 입을 가능성을 증언하는" 자기-표현이다.[18] 즉 그때 타인의 말은 절대 죽여서는 안 될 만큼 당연히 윤리적 요구를 할 수 있는, 존중받아 마땅한 **높이** 있는 자로서 자신을 증언하는 말이다. 다시 말해 이 말은 말하는 "타인의 높음(Hauteur)과 비천함(Humilité)을 향한 운동"의 "힘"(174/295)으로 나에게 부과되는 증언이다. 즉 이 증언으로서의 말은 높은 데서부터 내려와 나에게 부과되는 명령이라는 점에서 높고, 그 얼굴의 헐벗고 궁핍함을 동반한 말이라는 점에서 비천하다. 이 양가성을 모두 가진 자로 타인은 자기 자신을 증언한다.[19]

이렇게 증언하는 말이 건네진다면, 그 말을 받아들이는 자의 응답이 중요해진다. 거듭 말하지만, 『전체성과 무한』은 주체성을 옹호 또는 변호하는 책이며, 이 점에서 이제 단지 타인의 표현이 말이며

---

18 Benjamin Aldes Wurgaft, *Thinking in Public: Strauss, Levinas, Arendt* (Philadelphia, PA: University of Pennsylvania Press, 2016), 129.

19 증언하는 자로서의 증인의 현상학적 의미를 가장 잘 제시한 철학자 가운데 한 사람이 마리옹이다. 그는 이렇게 말한다. "역설은 현상과 나의 종속 관계를 단지 중지시킬 뿐만 아니라, 그것을 역전시킨다. 왜냐하면 나는 이 현상을 구성할 수 있기는커녕, 오히려 자신이 현상에 의해 구성됨을 경험하기 때문이다. 그러므로 구성하는 주체의 자리에 증인이 — 구성된 증인이 — 들어선다. 증인으로 구성된 주체는 여전히 진리의 일꾼으로 남아 있지만, 자신을 진리의 생산자라고 주장할 수는 없다. 증인이라는 명칭 아래 우리가 이해해야 할 것은, 자신에게 초월적 위상을 부여했던 특성들이 박탈된 주체성이다." Marion, *Étant donné*, 355- 56. 이런 마리옹의 증언 및 증인의 자기성에 대한 논의를 레비나스의 증언이나 증인에 관한 사유와 비교하는 것은 흥미로운 작업이 될 것이다. 마리옹의 증인에 대한 조금 더 상세한 해설로는 김동규, 『장뤽 마리옹』, 7장 참조.

증언이라는 것을 밝히는 것을 넘어, 그 증언의 말을 듣고 반응하는 자의 응답이 무엇인지를 밝히는 것이 중요한 쟁점으로 떠오른다. 이 맥락에서 레비나스는 자아에게 윤리적 응답을 일으키는 이 증언의 사건이 마치 내가 타인과 마주하여 아무것도 할 수 없는 황홀경에 빠지는 반응을 일으키는 것이 아니라 일종의 이성적, 합리적 반응을 끌어낸다는 점을 강조한다.

> 윤리적 관계인 얼굴 대 얼굴의 대면은 또한 우리가 신비적이라고 부를 법한 모든 관계와 대조를 이룬다. 신비적 관계 속에서는 본래의 존재가 현시되는 사건과는 다른 사건들이 이 현시의 순수한 진실성을 전복시키거나 승화시켜 버린다. 기도가 의식과 예배가 되고 말듯, 대화는 주문이 되고 만다. 대화 상대자들은 자신들 밖에서 시작된 드라마 속의 한 역할을 수행하는 자신을 발견하게 된다. 반면에 얼굴 대 얼굴의 대면 속에는 윤리적 관계와 언어의 이성적 특성이 놓여 있다. (177/299-300)

레비나스는 주체와 타자의 관계가 비대칭적이라고 해도, 이것이 한 사람의 가련한 신자가 기도와 주문을 절대자에게 건네는 신비적 형식의 관계로 수렴되는 것은 결코 아니라고 본다. 오히려 이 관계는 이성적이다. 우리는 흔히 이성을 어떤 것을 잘 헤아려 이치에 맞게 판단하고 추리하는 힘 정도로 생각할 때가 있는데, 레비나스는 이것을 이성의 근원적 모형으로 간주하지 않는다. 여기서 대화의 관계가 이성적이라는 것은 타인이 나에게 윤리적 가르침을 주는 말의 대화를 건네고 내가 그것으로 말미암아 도덕적 의식을 일깨울 수 있다는 의미를 내포한다. 우리가 이성적이라고 할 때 어떤 깨어 있음, 의식이 밝고 명료하게 사용되는 경우를 뜻하기도 한다. 타인의 말 건넴은 무엇보다도 바로 그런 윤리적 의식으로서의 이성을 일깨우고, 바로 그 점 때문에 일종의 가르침이다. "타자(Autre)는 이성을 변증법적 운동으로 던져 버리는, 이성에 대한 스캔들이 아니라 이성적인 최초의 가르침이자 모든 가르침의 조건이다"(178/301).

이때 말하는 이성의 가르침이 무엇을 의미하는지 조금 더 구체적으로 밝혀 보자. 위에서도 말했듯이, 우리는 잘 판단하고, 잘 추리하는 것을 합리적 이성 사용으로 간주하는 경향이 있다. 하지만 타인이 주는 가르침의 말은 내게 더 정의로울 것을, 내가 더 욕심부리지 않기를, 내가 나의 것을 포기하고 나와 다른 이에게 줄 것을 가르친다. 즉 도덕적인 차원에서 보면 이렇게 윤리적으로 민감하게 생각하는 것이 더 이성적이라는 말이다. 이런 점에서 타인의 말이 이성적 가르침이라는 것은 내가 어떻게 해야 자유로운 것인지, 내가 기존에 행사한 자유가 과연 도덕적이었는지를 스스로 자문하게 만든다는 점에서 이성적이다. 어쩌면 계산적이고, 이기적인 행동을 이성적이라는 말로 위장하는 것이 기만적이고, 부조리한 짓이었음을 타인의 가르침이 일깨워 줄 수 있다는 것이다. 이런 점에서 레비나스는 이성의 의미를 윤리적인 차원에서 갱신시키는 철학적 제안을 한 것이다. 이에 그는 다음과 같이 말한다. "초월과 맺는 관계인 타인과의 관계 ─ 자신의 내재적 운명이 지닌 난폭한 자발성을 문제 삼는 타인과의 관계 ─ 는 내 안에 있지 않던 것을 내 안에 도입한다. 그러나 내 자유에 가해지는 이 행동이 바로 폭력과 우연성을 끝장내며 이런 의미에서 또한 이성을 수립한다. (…) 결국 무한은 새로운 구조의 '앎'으로 귀착한다"(178-179/302).

좀 통속적인 예이기는 하나 제임스 L. 브룩스 감독의 영화「이보다 더 좋을 순 없다」에서 주인공 멜빈 유달(잭 니콜슨 분)의 삶을 떠올려 보자.[20] 그는 성공한 베스트셀러 작가라는 점에서 자신의 이성적 능력을 잘 발휘하는 사람일 것이다. 하지만 실제 그의 일상은 고집불통과 같은 성격 탓에 타인과 잘 소통하지 못하고, 결벽증과 강박증에 휩싸여 있다. 심지어 여성을 비하하는 등 다른 이를 무시하는 경멸적 태도가 그의 몸에 베어 있다. 하지만 그가 캐롤 코넬리(헬렌 헌트 분)와 만나면서 자기의 이기적 성격을 깨뜨리고 나와 그녀에게 고백한 말은 그의 의식이 기능적 좋음이 아니라 도덕적인 좋음으로 기울어져 있음을 보여 준다. "당신은 내가 더 좋은 사람이 되고 싶게 만들어요"(You make me want to be a better man). 물론 이는 다소간 윤리보다는 에로스에 국한된 관계에서 나온 말처럼 보여서, 이 영화를 레비나스에게서의 도덕적 의미의 이성과 연결하는 것이 부자연스러워 보일지 모르겠다. 하지만 영화를 세심히 본 이들이라면, 유달이 단지 사랑하는 사람과의 에로스를 넘어 타인과 윤리적 관계를 맺는 가운데 기능적이고 직업적인 이성 사용을 넘어 도덕적 인격으로 갱신되고 있음을 분명히 알 수 있을 것이다.[21] 이를테면 코넬리와의 관

20　James L. Brooks, dir., *As Good as It Gets*(Sony Pictures, 1997).

21　또한 이 영화의 또 다른 참신함은 유달이 동물 타자를 마주하고, 그 타자를 돌보는 가운

계만이 아니라 이웃에 사는 성소수자이자 화가인 사이먼(그렉 키니어)이 강도에게 폭행당해 신체적으로나 경제적으로 어려움을 겪자 유달은 손수 운전하여 사이먼을 그의 부모님에게 데려다 주기도 하며, 머물 곳 없는 그에게 자기 집까지 내어 준다. 사이먼이 성소수자라거나 실패한 사람이라는 것은 도덕적으로 갱신되어 가는 그에게 아무런 문제가 되지 않는다. 이렇게 타인과의 만남 속에서 기능적 좋음이나 외적 조건, 정치적인 맥락은 선행 조건으로 기능하지 않는다. "맥락 없는 의미작용"으로서의 윤리적인 의미에서 선함의 관계를 추구함으로써 우리는 변화된 이성에 이르며, 이때 우리의 의식은 바로 그런 좋음의 방향, 윤리적으로 더 나은 사람이 되기 위해 자신의 이성 사용의 방향을 바꾼다. 레비나스는 바로 이런 식으로 이성 사용의 방향이 바뀌는 것이 타인의 얼굴이 표현하는 윤리적 말에서 비롯한다고 보는 것이다. 이런 점에서 타인과의 만남은 전통적인 의미와는 다른 이성의 갱신을 의미하며, 바로 그 점에서 신비나 황홀경, 합일과는 전혀 다른 것이다.

이처럼 타인의 윤리적 표현이 이성의 갱신을 일으킨다는 것을 논증한 데 이어서, 레비나스는 한 걸음 더 나아가 가르침 자체인 타

데 도덕적으로 변해 가는 모습을 묘사한 데 있다. 참고로 동물 타자에 대한 책임은 레비나스에게 완전히 결여된 것은 아니지만 제한적으로만 나타난다. 레비나스와 동물 타자의 관계 문제를 잘 해명한 글로 다음 여러 연구를 보라. Claudia Welz, "A Wandering Dog as the 'Last Kantian in Nazi Germany': Revisiting the Debate on Levinas's Supposed Antinaturalistic Humanism," *Levinas Studies* 6(2011), 65-88; 김동규, 「행운과 책임, 고양이가 주는 계시의 두 가지 의미: 레비나스와 함께 고양이를 환대하기」, 『매거진 탁 magazine tac!: 어린이와 고양이』 제3호(2022년 7월), 128-135; 김영걸, 「레비나스 대면 윤리의 동물 적용 가능성 고찰」, 『철학과 현상학 연구』 제90집(2021년 9월), 35-56.

인의 얼굴이 의미작용의 갱신 및 합리성의 새로운 의미와 관련한다고 주장한다. 이때 레비나스는 의미부여, 자아가 구성하는 것으로서의 의미라는 의미론에 제동을 건다. 왜냐하면 얼굴의 윤리적 언어에서 비롯한 의미는 동일자인 자아가 구성하는 의미가 아니기 때문이다. 이 점이 너무 중요하여 레비나스는 앞서도 여러 차례 언급했던 사안을 여기서도 반복해서 강조한다. "이 언어는 타인의 재편으로, 사유의 의도로, ~에 대한 의식으로도 환원될 수 없다"(179/303).

이 맥락에서 우리는 '유한이 무한을 담을 수 없다'(finitum non capax infiniti)는 형이상학 또는 신학의 오랜 명제를 다시금 환기할 필요가 있다. 타인의 표현으로서의 말은 무한의 언어이다. 그러므로 이 언어의 의미는 유한한 동일자의 사유 능력을 초과한다는 점에서 구성할 수 없고, 표상할 수 없는 것으로 주어진다. 그렇다면 우리는 이런 언어의 의미를 어떻게 이성적으로 대할 수 있을까? 내가 포섭하지 못하고, 구성하지 못한다고 하더라도 언어는 의미를 발할 것이고, 나는 그 색다른 차원의 의미와 어떤 관련을 맺을 것이다. 그렇다면 이때의 언어적 의미는 나에게 무엇을 제공하는가? 레비나스는 다른 것이 아닌 윤리적 의미의 언어가 내게 제공된다고 주장한다. 즉 언어는 우리의 이성의 도구가 아니라 내게 책임의 의미를 제공하는 말이며, 이 의미를 따라 도덕적 이성이 갱신된다. 이런 맥락에서 레비나스의 다음과 같은 말은 그가 의도하는 언어적 증언으로서의 대화의 의미를 이해하는 데서 핵심적이다. "의식 안의 무한의 관념은 이 의식을 넘쳐흐른다. 의식의 육화는 (⋯) 영혼에게 새로운 능력들을 제공한다. 맞아들임의, 선물을 줌의, 두 손을 꽉 채움이라는, 환대라는 능력을 제공한다"(179/303). 그리고 이 과정에서 발생하는 "**의미작용이라는 것은 구성적 자유 자체를 윤리적 관계 속에서 문제 삼는 데서 성립한다**"(181/306). 의식을 범람하는 타인의 말은 의식이 아닌 육화된 의식으로서의 신체적 반응으로 우리를 일깨운다. 그리고 이 대화적 관계에서 우리는 타인을 맞이하는 환대의 힘으로 우리 자신의 몸과 마음을 움직이기에 이른다. 이것이 내가 환원할 수 없는 대화의 의미를 의식적 구성이 아니라 육화된 의식인 신체의 답변으로 받아들이는, 도덕적 합리성이라는 의미에서의 대화 방식이다. 이렇게 레비나스는 합리성을 다른 의미에서 사용하며, 더 궁극적으로는 이성적 합리성에서 비롯하는 선이 아니라 무한의 관념에서 비롯한 도덕적 선함에서 연역된 이성을 정립하고자 한다. 타인과의 관계에서 비롯한 선함이 나의 존재를 일깨우고, 나의 계산하고 헤아리는 능력이 아니라 환대의 능력을 정립하게 만든다. 이런 점에서 카트린 샬리에가 올바르게 지적한 것처럼, "레비나스에게 선함의 합리성을 생각한다는 것은 비합리주의에 굴복한다는 것을 의미하는 것이 아니라 존재론적 합리성을 초과하여 사유한다는 뜻이며, 그런 합리성에 윤리적 의미를 부여한다는 것이다".[22]

---

[22] Catherine Chalier, *Pour une morale au-delà du savoir: Kant et Levinas*(Paris: Albin Michel, 1998), 202-203. 레비나스가 도덕적 차원의 합리성을 말한다는 점에서 우리는 자연스럽게 칸트를 떠올릴 수 있다. 여기서 둘 사이의 연관성을 자세하게 논할 수는 없으므로, 레비나스가 다음과 같이 자신의 철학이 칸트에게 실천 이성의 우위성 논제와 가까움을 직접적으로 언급했다는 점만 지적하고 넘어가기로 하자. "우리는 지평으로부터 포착된 이해와 의미를 얼굴의 의미성과 대립시킨다. (…) 그런데 우리가 이 영역에서 어렴풋이 내다보는 것은 우리가 특히 가깝게 느끼는 칸트의 실천철학에 의해 암시된 것처럼 보인다." Levinas, "L'ontologie est-elle fondamentale?," in *Entre nous*, 23; 국역본: 「존재론은 기초적인 것인가?」, 『우리 사

레비나스는 이러한 합리성, 곧 윤리적인 대화인 타자의 말, 곧 가르침을 받아 윤리적 의미를 부여받은 합리성이 인간에게 열린다면, 새로운 사회의 사회성도 수립될 것이라는 점을 강조한다.

반대로 만일 이성이 언어 속에 산다면, 만일 대면의 맞섬 속에 최초의 합리성이 빛난다면, (…) 만일 의미작용이 이성의 비인격적 구조에 의해 정의되는 것이 아니라 이성이 의미작용을 따라 정의되는 것이라면, 만일 사회성이 이런 비인격적 구조들의 출현에 앞선다면, (…) 만일 그래서 결국 사람들이 이 시선에 의해 내 책임이 소환되고 내 자유가 책임과 자기의 줌(don de soi)으로 바쳐진다는 점을 환기한다면 사회의 다원주의(pluralisme de la société)는 이성의 고양 속에서 사라지지 않을 것이며, 사회의 다원주의가 이성의 조건이 될 것이다. 이 이성(Raison)이 수립하게 될 것은 내 안의 비인격적인 것이 아니라, 향유 속에서 분리된 자로 출현하는, 사회를 가능케 하는 나-자신이다. 그런데 그의 분리는 무한이 **존재**할 수 있기 위해 — 또 무한의

이』, 29. 레비나스의 무한이나 칸트의 절대자로서의 신 모두 도덕성과 결부되며, 이는 분명 도덕적, 실천적 의미의 이성 또는 합리성과 맞닿아 있다. 강영안은 이 점을 다음과 같이 설명한다. "레비나스가 칸트에 관해 유일하게 쓴 논문도 「순수 실천 이성의 수위성」이라는 제목을 달고 있다. 존재 지평 안으로 흡수할 수 없는 존재 저 너머의 도덕 세계의 우선성 또는 이론 이성에 대한 순수 실천 이성의 수위성을 강조한 점에서 칸트와 레비나스 사이에 연속성이 있다." 이 인용에서 언급된 논고, 「순수 실천 이성의 수위성」의 서지 사항은 다음과 같다. Emmanuel Levinas, "Het primaat van de zuivere praktische rede," *Wijsgerige perspectief op maatschappij en wetenschap* 11(1971), 178-186. 해당 논문은 애초에 네덜란드 레이든대학교에서 발표된 것으로 최초 출간본 자체가 네덜란드어 번역본이다.

무한함은 '마주함'으로 성취된다 ─ 그 자체로 필수적이었다. (183-184/309-310)

이렇게 합리성의 의미를 갱신하면서도, 레비나스는 주체성과 타자성의 관계에 함축된 그들의 복수성을, 서로가 서로에게 환원되지 않는 절대적으로 다른 관계로 존재하는 자들의 다원성을 긍정하는 사회의 다원주의를 계속 이야기한다. 이때 사회의 다원주의는 레비나스에게 언제나 나로부터 출발한다. "다원주의는 나로부터 타자로 나아가는 선함 속에서 성취된다"(282-283/461). 그래서 위 인용문에서도 레비나스는 분리된 나의 존재, 향유의 주체가 무한을 맞이할 자로 먼저 필연적으로 있어야 함을 강조한 것이다. 이 대목에서 『전체성과 무한』이라는 이야기가 사회의 다원주의를 내다보는 '나의 드라마'라는 점이 다시금 드러난다. 물론 이 나는 향유하는 자로만 있는 것이 아니라 비밀스러운 내면성을 갖춤으로써, 나와 절대적으로 다른 타자를 맞이할 준비를 하게 된다. 오직 자기를 위해 준비한 집과 소유물이 있으므로 역설적으로 타인이 그 집 문을 두드릴 때 자기를 주는 일도 가능한 것이다. 이런 비대칭적인 윤리적 관계가 가능한 사회는 공통의 세계나 둘을 같은 평면 위에 세우는 이념이나 노선에 기반한 사회가 아니다. 오히려 독립된 존재자들의 다수성이 비대칭적 관계로서 존속되는 사회이다. 이러한 사회의 다원주의야말로 모든 존재들을 그 자체로 긍정하는 참된 다원주의이며, 그 다원주의는 "그런 사회를 가능케 하는 나-자신"에게서 출발한다. 이러한 나-자신은 그저 개인들이 아니라 독립된 주체로서의 나들일 것이다.

　　　　　3부 절정 I: 역사의 심판 너머에서 도래하는 내면성의 정의

그리고 그러한 "나들은 전체성을 형성하지 않는다"(270/441).[23]

이렇게 전체성을 형성하지 않는 내가 맞이할 타자와 타자들이라는 다원성, 사회의 다원주의가 이성적 소통의 조건이 될 것이다. 이때의 이성은 단지 생각하는 능력, 합리성만을 의미하는 것이 아니다. 그것은 서로 다른 자들이 윤리적인 말(logos)로 소통하는 관계이다. 멘쉬가 잘 표현한 것처럼, "이는 언어와 이성(그리스어에서 둘 다 로고스라는 동일한 단어로 지칭된다) 모두가 공유된 의미 혹은 의미작용들을 포함하기 때문이다. 그런데 의미작용을 한다는 것은 다원성(plurality)을 전제하는 것이다. [레비나스의] 의미작용은 우리가 타자성을 부정하지 않으면서 그것을 연결하는 방식이다".[24] 분리된 나와, 이 나와는 전혀 다른 타자의 소통, 이것이 다원주의적 소통 사회의 원천이다.

객관성을 일으키는 언어

이렇게 나로부터 타자로 나아가며 존재들의 독립된 인격성 자체를 긍정하는 다원주의를 형성하는 관계는 또한 언어적 관계, 대화적 관

---

23 펠뤼숑도 정치 및 평화와 관련해서 레비나스의 다원주의를 다음과 같이 설명한다. "정치의 목적은 사람들이 함께 살 수 있고, 함께 살기를 원하게 만드는 것이다. 이것은 서로를 관용하거나 서로 닮아 있지만 실제로는 서로를 바라보지도 부정하지도 않는 사람들 사이의 안정성을 추구하는 것보다 더 지난한 일이다. 따라서 다원성의 통일은 '평화이지 (⋯) 다원성을 구성하는 요소들의 정합성이 아니다'. 더 정확하게 말하자면 평화는 주체성에 기반을 두고 있으며, 나로부터 시작된다. (⋯) 레비나스는 (⋯) 이 내적 자유와 이 타인과의 관계의 진리를 도야하고 보존할 방도를 요구한다." Pelluchon, *Pour comprendre Levinas*, 228-229.

24 Mensch, *Levinas's Existential Analytic*, 125. 대괄호는 필자 첨가.

계이다. 앞서 우리가 보았듯이, 레비나스는 이 관계를 신비적이거나 신학적인 관계로 이해하지 말아야 한다고 본다. 오히려 그는 윤리적 의미가 부여된 이성과 더불어 윤리적 의미를 동반하는 타인의 명령으로서의 윤리적 언어가 객관적이라고까지 말한다. 왜 객관적인가? 전통적으로 철학에서 객관적이라고 말할 때는 여러 의미가 있다. 또한 인식론에서 객관적이라는 말을 사용할 때와 윤리학에서 같은 말을 사용할 때, 맥락상 그 의미는 다르게 사용된다.

레비나스 역시 객관성을 자기 방식대로 새롭게 규정한다. 그는 여기서 objectivité라는 말을 사용하고 있는데, (『전체성과 무한』의 시기에는 꼭 그런 것은 아니었지만) 주로 최근의 현상학에서 이 말은 objectité와 구별해서 사용된다.[25] 후자는 주체와 독립되어 그 자체로 있는 것, 곧 즉자(en soi)로서 대상의 본질이나 성격을 일컫는 대상의 대상성으로 번역되는 경우가 많다. 반면에 전자도 주관과 분리된 순수한 어떤 것을 가리킬 수 있지만, 그때의 어떤 것은 이론적 타당성을 지시하는 경우를 뜻한다. '이것은 객관적으로 참이다'라거나 '이 사태는 객관적 타당성을 갖는다'고 할 때, 우리는 나의 주관적 마음 상태나 기분과 무관하게, 특정하게 정립된 사태를 두고서 해당 용어를

---

25 이 맥락에서 objectité는 주로 독일어 Gegenständlichkeit의 번역어로 이해되고 있다. 반면에 objectivité는 독일어 Objektivität의 번역어로 사용되는 편이다. objectité의 현상학적 용례를 비롯한 다양한 철학사적 이해에 대해서는 다음 글을 참조하라. Dominique Pradelle, "Gegenstand/Object," in *Vocabulaire européen des philosophies*, éd. Barbara Cassin(Paris: Éditions du Seuil/Dictionnaires Le Robert, 2004), 480-488. 실제로 마리옹이 이런 용례를 따르는 가운데, 대상성과 객관성을 구별하는 가운데 대상성에 관한 자신의 고유한 논증을 전개한다. Marion, *Étant donné*, 67-71.

사용한다. 이때 객관적이란 형이상학적이거나 인식론적인 확실성과 타당성에 가까운 의미로 사용된다.[26] 또한 이 말은 대상과 관련해서도 여전히 사용될 수 있다. 왜냐하면 주체와 거리를 둔 대상의 독립성을 이야기할 때, 그 대상을 객관적이라고 부를 수 있다는 통념이 있기 때문이다. 모든 경우에서 공통적인 것은 주체나 주관과 거리를 둔 상태에 있는 사물이나 사태를 다룬다는 의미에서 객관적이라는 말이 사용된다는 점이다.

레비나스도 여기서 이런 용례를 다소간 염두에 두고 있는 것처럼 보인다. 다만 그것을 인식론적으로 국한시키지 않고 윤리적인 의미에서 사용한다. 실제로 오늘날 윤리적 논의 맥락에서도 객관성이라는 말은 흔히 사용된다. 그 가운데 하나로, 윤리적 사태에 대한 비인격적 판단이나 가치에 대한 중립적 고려가 객관성으로 일컬어지기도 한다. 한 예로, 다음과 같은 정의가 그런 것이다. "학자들은 이 **객관성을 비인격성으로** 부를 수도 있고, '비인격적' 또는 '중립적' 가치들과 연계된 것으로 부를 수도 있다. 그것들은 특별한 관계에 있는 사람들에게 특별한 방식으로 응답할 근거를 제공하는 '인격적인' 또는 '상대적인' 가치들에 속하는 것들과 대조를 이룬다."[27]

26　"'확실성'은 특별히 '그리스도교적 확신'을 나타내는 중세 교회의 라틴어 표현, certitudo에서 비롯한 말로, 하나는 '객관적', 다른 하나는 '주관적'이라는 말과 관련하여 형용사 확실한(certus)이라는 말의 두 가지 의미로 계승된다. '객관적인' 차원에서 확실성은 어떤 사물이나 인식과 관련해서 '의심의 여지가 없고, 고정적이고, 긍정적이고, 실재적인' 것을, 또 '주관적인' 차원에서 확실성은 개인과 관련해서 '결심이 확고하고, 단호하며, 확실하고, 진실한'이라는 의미를 나타낸다." Jean-Pierre Cléro, "Certitude," in *Vocabulaire européen des philosophies*, éd. Barbara Cassin(Paris: Éditions du Seuil / Dictionnaires Le Robert, 2004), 215.

27　Niko Kolodny, "Objectivity in Ethics," in *Encyclopedia of Philosophy*, 2nd ed., vol. 6, ed. Donald

레비나스는 이처럼 주관과 무관한 독립적인 것이면서 비인격적이고 중립적인 것을 일컬을 때 사용되는 '객관적', '객관성'이라는 말에 도전하면서 자신의 고유한 객관성을 도입한다. 먼저 흥미로운 것은 그가 전통적인 의미의 주체와 거리를 두는 것, 독립해 있는 것이라는 의미의 '객관적'이라는 말의 함의도 놓치지 않으면서 그 의미를 갱신해 낸다는 점이다. 왜냐하면 타자로부터 윤리적 의미가 대화의 언어라는 형태로, 가르침으로 주어질 때, 그것은 분리된 것, 주체와 독립해 있는 것으로 주어지는 것이기 때문이다. "객관화는 언어의 작용 자체 속에서 생산되는데, 이때 주체는 마치 자신의 존재를 위에서 내려다보는 것처럼, 마치 그것으로부터 떨어트려진 것처럼, 마치 자신이 존재하는 그 존재가 아직 완전히 자신에게 도달하지 않은 것처럼 소유된 것들로부터 떨어져 있게 된다. 이는 세계의 어떤 거리보다 더 근본적인 거리이다. 주체는 자신의 존재와 '거리를 두어야' 하며, 심지어 그가 여전히 존재 속에 있는 집을 통한 이러한 거리 두기에 대해서도 거리를 두어야 한다"(184/311).

여기서 객관화는 대상에 대해 말해지는 것이 아니라 향유의 주체에게 일어나는 사물과의 거리 두기이다. 향유의 주체는 집을 거점으로 삼아 현재를 즐길 수 있는 먹을거리를 비롯한 향유할 거리들을 소유한 존재이다. 그런데 어느 순간 주체는 이 소유로부터 따로 분리되기에 이르는데, 이 분리를 일으키는 것이 바로 타인의 언어, 곧 윤리적 가르침이다. 말하자면 윤리적 가르침을 주는 타인과 대화의 관

M. Borchert(Farmington Hills, MI: Thomson Gale, 2006), 4.

계는 나의 사물, 나의 집을 타인에게 내놓을 수 있도록 사물과 나를 떼어 놓는다. 이것이 레비나스가 말하는, 언어를 통해 사물과 나의 거리 두기를 일으키는 객관화이다. "사물을 지정함으로써, 나는 그것을 타인에게 지정한다. 지정하는 행위는 사물과의 향유 및 소유 관계를 변화시키고, 사물을 타인의 전망 속에 놓는다. (…) 객관성은 소유를 문제시할 수 있게 하는 언어에서 비롯된다"(184/310).

이는 정말 독특한 의미의 객관성이며, 철학사에서 과연 이렇게 객관성의 의미를 사용한 이가 있을까 싶기도 하다. 레비나스가 의도하는 객관성은 철저히 윤리적이다. 물론 이때의 관계는 내가 타자와 나란히 놓이는 관계가 아니라 나보다 높은 자가 부과하는 명령인 가르침을 내가 듣는, 스승과 제자의 관계를 의미하는데, 이때 스승인 타자의 윤리적 언어는 나를 사물로부터 떨어지게 만들며, 사물을 타인에게 줄 수 있게 해 준다. 요컨대, 자기의 소유물을 타인을 위한 선물로 내어 놓도록 소유물과 나의 거리를 만들어 내는 것이 레비나스가 고안한 객관성, 윤리적 언어를 통해 일어난 객관성이다. 즉 주체와 타자의 윤리적 관계, 절대적으로 다른 자들이 윤리적 관계를 맺도록 하는 명령의 언어작용이 객관성을 산출한다.

이렇게 분리, 타인을 위해 사물과 내가 거리를 둠으로써 생겨난 객관성은 결국 상호 인격적 관계에서 사물을 공유하기 위해 사물을 객관화한다는 의미를 지닌다.[28] 제프리 두디악의 설명을 도입하

28 이런 점에서 레비나스의 윤리적 객관성은 앞서 언급했던 비인격성이나 가치중립성으로서의 객관성과는 전적으로 구별된다. 그것은 오히려 상호인격적(interpersonal) 의미를 함축하는 객관성이다.

자면, "레비나스에게 객관성은 대화의 상호 인격적인 윤리적 관계의 산물이며, 이는 이 관계가 '세계-내-사물들'과 관련하기 때문인데, 여기서 (…) '세계'에 관한 묘사는 이미 그 자체로 상호 주관적 지시의 산물"이다.[29] 레비나스에게 윤리적 언어는 세계를 주체의 소유를 위해 주관적으로 파악하고 붙잡혀야 할 요소들의 총체가 아닌 공유지로서의 세계로 변형시킨다. 즉 나눔과 공유를 위해서는 사물을 나의 주관적 지배에서 벗어나게 하고, 그것을 다른 이의 것이 될 수 있게 해야 한다. 결론적으로 말해서, 타인의 가르침과 이에 대한 응답인 언어작용은 나의 사물을 이웃과 공유하거나 나눌 수 있도록 객관화한다. 이른바 나눔을 위한 객관화를 일으키는 것이 타인과의 만남에서 비롯하는 대화의 고유한 기능인 것이다. 실제로 레비나스는 정확히 이렇게 말한다. "사물을 지칭하는 말은 나와 타자들 사이에서 사물이 공유되고 있음을 입증한다. (…) 사물이 타자의 영역에 들어가게 되는 것. [이렇게] 사물은 주제가 된다. 주제화한다는 것, 그것은 말을 통해 타인(Autrui)에게 세계를 제공한다는 것이다"(184/310-311, 대괄호는 필자 첨가).

내게 책임을 부과하는 또 다른 타자들: 이웃으로서의 제삼자

그런데 앞의 인용문에서 눈여겨보아야 할 것이 있는데 그것은 바로 "타자들"(autres)이라는 표현이다. 레비나스는 이런 각기 독립된 나들

---

29 Dudiak, *The Intrigue of Ethics,*, 120.

이나 나와 절대적으로 다른 타자와 나, 곧 대화자들의 다수성을 말할 뿐 아니라 타자들의 다수성도 함께 이야기한다. 비록 이것이 『전체성과 무한』에서는 아주 깊이 다루어지지는 않고 있지만, 분명 그는 타자들을 염두에 둔다. 말하자면, 레비나스는 이렇게 독립된 나와 나의 집의 문을 두드리며 윤리적 의무를 부과하는 타자와의 관계를 타자들, 곧 이웃으로서의 제삼자와 나의 관계로 확장하기에 이른다. 사실 이 논지는 4부 "얼굴 너머"에서 더 구체적으로 논증되기 때문에, 여기서는 그 대략적인 윤곽만 그려 보기로 하자. 레비나스는 무한한 얼굴과의 윤리적 대화 안에서의 관계가 단지 나의 도덕적으로 육화된 의식과 행위를 깨어 일어나게 하거나 선함으로부터 갱신되는 주체의 주체성을 일으키는 데 그치는 것이 아니라고 본다. 더 나아가 그는 그것이 이웃과의 사회적 관계, 인류에 대한 책임의 사회성을 끌어내는 원천이 된다는 점을 강조한다. 이것은 얼굴 대 얼굴의 대면에서 동시적으로 일어나는 일인데, 바로 이 지점에서 '제삼자'가 타자와 동시적으로 결부된 타자들을 지시하는 핵심 계기로 부상한다.

제삼자(tiers)가 타인의 눈에서 나를 응시한다. 언어는 정의(justice)이다. 먼저 얼굴이 있고, 그 뒤에 얼굴이 표현하거나 현시하는 존재가 정의를 염려하게 되는 것이 아니다. 얼굴로서의 얼굴의 에피파니가 인간성을 열어 준다. 얼굴은 얼굴의 벌거벗음에서 가난한 이와 이방인의 궁핍을 내게 제시한다. 내 능력에 호소하는 이 가난과 내쫓음이 나를 겨눈다. (…) 가난한 이, 이방인은 동등한 자로 제시된다. 이 본질적 가난 속에서 그의 동등성은 **제삼자**를 지시하는 데서 성립한다.

이렇듯 제삼자는 우연한 만남에 현전하며, 타인은 그 비참함 가운데에서 제삼자에게 이미 봉사하고 있다. (…) 얼굴의 현전 — 타자의 무한 — 은 궁핍이며, 제삼자(다시 말해 우리를 응시하는 모든 인류)의 현전이고, 명령하도록 명령하는 명령이다. (188/316-317)

타인의 현전은 언제나 나를 향한다. 그래서 그것은 동일자와 타자의 관계에서 나의 자유를 문제 삼는 방식으로 일단 일어난다. 하지만 그 얼굴로서의 얼굴, 가난하고 궁핍한 타인의 '죽이지 말라', "홀로 두지 말라, 무정함에 직면하게 두지 말라는 명령"이 나에게 부과될 때,[30] 나는 오직 그 타인만이 아니라 우리 사회의 이방인과 가난한 이들, 손 내밀어 주는 이 없어 무정하고 비정함에 직면한 이들에게로 내 이목을 돌리는 데까지 이른다. 나와 마주친, 추위에 떨고 있는 남루한 타인을 향해 나는 내 지갑 속 몇 푼의 돈을, 혹은 내 몸에 걸치고 있는 옷가지를 건넨다. 이윽고 나는 이런 선물의 건넴과 환대에 그치지 않고 추위에 떨고 있는 그 타인과 동등한 처지에 있는 또 다른 이, 타자들, 곧 제삼자로서의 이웃까지 내다보게 된다. 이렇게 해서 우리는 고통받는 한 사람으로서의 타인만이 아니라 바로 그렇

---

30 "홀로 두지 말라, 무정함에 직면하게 두지 말라는 명령"이라는 표현은 레비나스가 직접 제시한 표현이다. 이는 타인에 대한 책임과 관련해서 레비나스의 구체적 제안이 담겨 있다고 할 수 있는 말이다. "저는 궁극에 가서는 타인에 대한 책임 속에 타인의 죽음에 대한 책임이 있다고 생각합니다. 타자의 시선에 대한 직시는 탁월한 노출, 죽음에의 노출이 아닐까요? 곧게 선 얼굴은 '지근거리에서' 죽음을 향하게 됩니다. 얼굴에서 요구로 말해지는 것은 분명 주고 섬기라는 부름 — 또는 **주고 섬기라**는 명령 — 을 의미하지만, 이를 포함하면서도 이를 넘어서 타인을 홀로 두지 말라는, 무정함에 직면하게 두지 말라는 명령입니다." Levinas, *Éthique et infini*, 128; 국역본: 『윤리와 무한』, 135.

게 고통을 겪고 있는 내가 알지 못하는 이웃들에게까지 관심을 두게 된다. 바로 그 관심과 책임 의식의 발현이 무한과의 관계에서 비롯된 다는 것이 레비나스의 생각이다.

조금 더 현실적 차원에서 예를 들어 보자. 가난하고, 궁핍한 타인을 마주할 때, 나는 내가 가진 것으로 어떻게든 타인을 도우려 한다. 하지만 생각해 보면, 그런 가난과 궁핍에 시달리는 이는 그 한 사람만 있는 것이 아니다. 일상이 되어 버린 가난, 전쟁, 기후 재해 속에서 내가 아는 누군가, 내 앞에 있는 누군가만이 아니라 하루아침에 집을 잃고, 가진 것을 잃고, 사랑하는 사람을 잃은 수많은 타자들이 곁에 있음을 깨닫는 데 이른다. 이 과정에서 나는 타자들을 돕기 위해 어떤 기관에 의뢰할 수도 있고, 도움이 필요한 사람들을 돕기 위해 또 다른 사람들과 연대할 수 있으며, 정부 기관의 올바른 정책과 제도 변화를 요구하는 자리까지 나아갈 수도 있다. 이러한 책임 의식을 일깨우는 무한과의 윤리적 대화가 정의로워져야 할 사회의 사회성을 내다보게 하고, 소위 더 나은 사회의 사회적 관계를 일으킬 수 있다. 이처럼 레비나스는 지금 그리고 여기 내 앞의 얼굴만이 아니라 바로 그 얼굴로부터 사회와 인류를 전망하는 도덕적 계기를 마련하고자 한다. 바로 이런 식으로 "얼굴은 나를 응시하는 눈을 통해 제삼자와 인류 전체의 현전"을, 또 "모든 인간이 형제라는"(188-189/317-318) 사회적 의미에까지 다다른다.

그런데 한 가지 유의해야 할 것은 레비나스가 이런 인류의 문제를 적어도 『전체성과 무한』에서는 여전히 '나의 드라마'라는 차원에서 다룬다. 이런 점에서 제삼자에 대한 사유는 다소 제한적이며,

1961년 작품에서 레비나스는 제삼자보다는 오히려 인류와 우애의 문제를 번식성이라는 개념으로 전개하는 데 심혈을 기울인다. "번식성이 **나의 드라마** 자체를 이룬다. 번식성 개념을 통해 획득되는 상호 주관적인 것은, 자아가 자기로 되돌아오는 비극적 자아성(égoïté)을 벗어던지는 동시에, 그럼에도 불구하고 순전히 그리고 단순히 집합적인 것으로 용해되지 않는 하나의 지평을 연다. 번식성은 다수성에 대립되는 것이 아니라 그 용어의 정확한 의미에서 다수성을 '낳는' 그런 통일을 증언한다"(251/415). 차후에 타자들인 인류의 우애, 모든 인간의 우애와 이웃과의 관계를 온전히 정립하는 계기가 ── 적어도 『전체성과 무한』에서는 ── 번식성에 관한 논의에서 다루어질 것이다. 이 번식성이 나의 드라마에서 나로부터 타자들로 이행하는 핵심 계기가 된다는 점에서, 『전체성과 무한』은 여전히 제삼자 자체를 더 집중적으로 다루지 않으며, 어쩌면 이것이 레비나스의 이 1961년 저작의 한계일지 모른다. 제삼자를 고려할 때 우리는 제삼자가 얼굴로 마주하는 타인이 아닌 이웃, 나와 타자뿐만 아니라 서로가 서로에게 절대적으로 다른 자들이 동료로 있을 수 있다는 사실 등을 함께 다룰 수 있다. 하지만 레비나스는 적어도 『전체성과 무한』에서는 그런 심층적 논의로는 들어가지 않고 나의 드라마라는 틀 안에서 제삼자를 다룬다. 이러한 타자들이라는 중요한 쟁점, 타자를 논의의 축으로 놓는 가운데 이웃으로서의 제삼자라는 쟁점을 더 세심하게 풀어 가는 것은 『존재와 달리』 및 다른 레비나스의 글에서 찾아야 할

것이다.[31]

'나'로부터 타자에게로, 또 그 너머로: 우애와 참된 다원주의

제삼자에 대한 사유를 더 깊이 다루지는 않지만, 레비나스는 인류와 동료 인간들 사이의 우애라는 쟁점을 『전체성과 무한』 후반부에서 매우 비중 있게 다룬다. 이 논의를 더 잘 이해하기 위해 다음과 같은 물음을 던져 보자. 인간들이 서로 형제거나 자매라는 것은 인간이라는 종적 동일성이나 자유, 평등, 우애와 같은 특정한 정치적 가치를 통해 더 잘 말해질 수 있는 것이 아닌가? 호모 사피엔스로서의 동질성이 과학적으로 규정된 인간성 개념으로 말미암아 인류를 잘 묶어 줄 수 있는 것이 아닐까? 민주주의적 가치나 개념들이 이미 인류애를 확장해 옴으로써 역사적으로 그 효용성을 입증하지 않았는가?

---

31 모건은 제삼자의 철학적 함의에 대해서 다음과 같이 말하는데, 이는 제삼자가 정치와 일반화, 분배 등의 문제와 관련해서 새롭게 고려해야 하는 복잡한 일들을 수반함을 잘 지적하고 있다. "레비나스의 제삼자 개념은 몇 가지 결과를 수반한다. 그중 두 가지는 다음과 같다. 제삼자는 자아와 특정한 단 한 명의 타인 사이의 관계를 넘어, 대면 관계의 다원성(plurality)을 도입한다. 이는 우리 각자가 모든 타인 한 사람 한 사람에게 책임이 있음을 의미하지만, 동시에 모든 타인 또한 자신을 책임지는 무한한 수의 자아(주체)들을 갖는다는 것을 의미하기도 한다. 이 두 가지 결과는 모두 개인과 국가가 취하는 행동에 기여하는 요인이 될 것이다. 게다가 제삼자는 일반적인 관계들을 요구함으로써 일반성이나 보편성을 도입한다. 우리가 개인적으로든 정치적으로든 우리의 인정과 도움을 필요로 하는 다수의 타인을 고려해야만 하는 순간, 우리는 다양한 방식으로 타자들을 집단화하고, 필요의 경중을 가리고(discriminate levels of need), 어떤 이들의 필요와 다른 이들의 필요를 비교하는 등의 작업을 수행해야만 할 것이다. 우리가 어떤 결정을 내리든, 혹은 어떤 정책이나 프로그램이나 규칙을 수립하든 간에, 그것들은 수혜자 집단과 행위자 집단에 대해 일반화를 행하게 될 것이다." Michael L. Morgan, *Levinas's Ethical Politics* (Bloomington, IN: Indiana University Press, 2016), 60.

레비나스는 이 모든 것이 인류의 인간성과 사회성을 말하는 데 유의미하더라도 자칫 추상화의 위험에 봉착할 수 있다고 본다. 과학적으로 증명되는 유사성은 우리가 진화의 산물로서 인간의 생물학적 유대 관계를 밝혀 줄 수는 있더라도, 우리를 연대하는 개인들로, 서로 책임을 지고, 사랑으로 대접해야 할 존재로 여기는 우리 사이의 관계까지 오롯이 열어 줄 수는 없다. 정치적 가치나 개념들도 마찬가지이다. 이를테면 자유라는 가치는 분명 온 인류에게 소중하다. 하지만 이 자유를 해석하고 적용하는 과정에서 개인들은 얼마든지 수단으로 동원될 수 있다. 시장 안에서의 자유를 강조하면, 개인들이 시장의 일원으로서 가지는 자유만이 강조될 경향이 있고, 민주주의의 가치를 구현하기 위한 필연적 조건으로서 자유를 말한다면, 자칫 정치적 차원에서만 개인의 자유를 다룰지도 모른다. 또한 특정 민족의 자유와 해방이라는 가치가 우선시되면 개인들은 나의 편인 나와 동일한 민족과, 다른 편인 이방 민족으로 구별될지 모른다. 이렇게 되면 민족의 자주적 결집이나 해방, 또는 독립이라는 지향점 안에서만 공동체 구성원의 우애만 강조되고, 이런 맥락에서 우리는 한 개인을 민족이라는 규준 아래 놓게 된다. 우리는 이런 식으로 헤아려진 우애를 긍정할 수 있는가? 이때의 우애는 모종의 배제와 제한을 전제하고 있지 않은가? 그러므로 "모든 인간이 형제라는 사실은 그들이 가진 유사성에 의해서도, 공통의 원인에 의해서도 설명되지 않는다. 인간이 공통의 원인에 의해 설명된다면, 그들은 자신에게 각인된 동일한 자국을 지시하는 메달처럼, 공통 원인의 결과가 되고 말 것이다. 다시 말해 동등함[평등함]은 타자(Autre)가 동일자(Même)에게 명령하고 책임 속에서 그에게 스스로를 계시하는 그곳에서 생산된다. 그렇지 않다면 동등함은 추상적 관념이나 단어에 불과할 것이다. 우리는 동등함을 얼굴의 한 계기인 얼굴의 맞아들임으로부터 떼어 낼 수 없다"(189/318-319).

레비나스를 따르자면, 무한인 타인의 얼굴과의 관계에서 비롯하는 동등함, 또는 평등함이 인류를 지탱한다. 우리는 공통의 중립항으로 묶이기보다 실제로 삶에서 서로를 용납하고 관대하게 맞이해 주는 환대의 관계에서 더 튼튼한 인류의 연대를 발견할 수 있다. 즉 존재론적 일치나 가치의 연합, 해결해야 할 문제 중심적 연대가 아니라 윤리적 관계에서 비롯하는 인류의 우애가 참된 다원적 사회를 보장해 준다는 것이 레비나스의 생각이고, 이런 그의 문제의식이 이웃으로서의 인류의 가능성을 내다보게 해 주었다. 바로 이런 의미에서 "얼굴로서의 얼굴의 에피파니가 인간성을 열어 준다"(188/316)라는 말이 이해되어야 할 것이다.

이런 레비나스의 생각에는 특정한 일자나 존재자, 최고 존재 또는 최고의 이념적 가치가 세계와 인간을 구성한다는 관념에 대한 불신이 자리 잡고 있다. 특히 이런 불신에는 참된 사회의 다원주의를 구성하기 위한 레비나스의 의도가 반영되어 있다. 만일 특정한 존재나 상위의 가치가 있고, 그 아래 각기 다른 개인들이 모이는 것이 되면, 개인들이 그 가치나 존재를 떠받치는 것이 되고 만다. 이 경우 개인들은 각기 고유한 자기만의 비밀을 가진 내면성의 주체도 아니고, 내면성이 성립, 유지되지 않으면 외재적 타자를 맞이할 준비도 할 수 없다. 이 경우 자아는 특정한 전체성이나 존재, 이념을 떠받치는 데 자기 삶을 소진해 버리기 쉽다. 그렇게 되면, 위에서 다룬 인류의 다원성, 동등하게, 평등하게 각기 모든 이가 고유한 존재인 사회의 다원주의가 일어날 수 없다. 다시 말해 모든 나들의 삶이 상위의 존재를 떠받치는 데 사용될 때, 그 삶은 더는 나의 행복이 아니라 추상적 가치 실현을 위해 할애될 따름이다. "존재가 **먼저 존재**하고 그다음에 분열함으로써 어떤 다양성이 자리 잡게 되는 것이 아니다. 그런 다양성에서는 모든 항들이 자신들 사이의 상호적 관계를 유지할 것이고, 그렇게 함으로써 자신들이 유래하게 되는 전체성을 인정하게 될 것이다"(190-191/321). 여기서 한 걸음 더 나아가 레비나스는 가치들에 의해 나와 타인이 소거되는 상황에 대한 깊은 우려를 다음과 같이 직접적으로 표현한다. 즉 특정한 가치나 이념을 유지하려는 전체성의 사회에서는 "모든 윤리를 정치로 데려간다. 타인과 나는 이념적 계산의 요소들로 기능하며, 이러한 계산으로부터 자신들의 실재 존재를 받아들이고, 모든 부분에서 그것들을 관통하는 이념적 필연성들의 지배 아래 서로 접근하게 된다. 타인(Autrui)과 나는 체계 안에서 계기의 역할을 수행하지, 근원의 역할을 수행하지 않는다. 정치적 사회는 한 체계가 지닌 분절들의 다수성을 표현하는 복수성으로 나타난다"(192/323).

이런 점 때문에, 다시금 레비나스는 윤리적 관계가 바로 나, 무엇보다 그런 상위의 존재나 가치로부터 분리된 무신론자인 나의 에고이즘에서 — 동시에 그 에고이즘이 (무화되는 것이 아니라) 타자에게 열리면서 — 일어나는 사건이라는 점을 강조한다. 다음 구절은 이러한 레비나스의 독특한 주장을 요약해 주는 중요한 말이다.

자아의 동일성은 자아의 에고이즘으로부터 자아에게 온다. 이 에고이즘에서 향유는 고립된 자기 충족을 성취하며, 얼굴이 그 에고이즘에게 무한 — 이로부터 이 고립된 자기 충족이 분리되는데 — 을 가르친다. 이 에고이즘은 물론 타자의 무한함에 기초하고 있다. 타자의 무한함은 분리된 존재 안에서 무한 관념으로 생산됨으로써만 성취될 수 있다. 확실히 타자는 이런 분리된 존재를 요청한다. (…) 이 나는 자신의 향유 속에서 분리된 실존이며, 다른 기슭에서 오는 얼굴과 그 목소리를 빈손으로 맞아들이지 않는 실존이다. (191/321-322)

여기서 매우 의미심장한 말이 나온다. 레비나스가 꾸준히 강조한 것처럼 에고이즘에게 무한인 타인의 얼굴이 자신을 표현하고, 여기에 반응하여 나는 에고이즘의 자기충족과 향유의 행복에서 타인을 맞이하는 환대의 주체성으로 나아간다. 그런데 이런 구도는 재차 확인되었듯이, "타자가 분리된 존재를 요청"하고, 무한이 "분리된 존재 안에서 한 관념으로 생산됨으로써만 성취될 수 있다". 즉 에고이즘의 자아가 무한으로 인해 환대의 주체성으로 변형될 수 있지만, 무한 역시 분리된 존재인 에고이즘의 자아에서만 성취된다. 즉 **자아가 무한이 성취되기 위한 조건으로 세워져 있어야 한다.**

이런 점에서 무한을 통해 열리는 사회는 항상 분리된 존재인 자아를 전제한다. 이 자아가 다른 상위의 존재가 아닌 자기만의 존재의 삶을 구축하는 경우에**만** 환대가 가능하고, 윤리적인 우애 안에서의 인간성도 열린다. 이것이 바로 『전체성과 무한』을 나들의 다원주의로 읽을 수 있는 중요한 실마리이다. 다시 말해 나와 나보다 높은 데서 내게 자신을 표현하는 비대칭적인 관계가 바람직한 사회적 관계의 기초가 된다. 이 관계에서 나는 신비적 황홀경에 휩쓸리지 않으며, 정치 체제의 부분으로 축소되지도 않는다. 오히려 타인과 관계하면서도 여전히 나는 나로 머무르며 타인과의 관계 안에서 제삼자를 내다보게 된다. 즉 여전히 나는 나로 존재하며 사회적 연대에 가담한다. 이것이 절대적 다원주의의 요체이다. 『전체성과 무한』은 내면성의 주체가 얼굴과의 대면을 통해 환대의 주체로 이행하는 과정만이 아니라, 이러한 얼굴의 윤리와 그 너머의 다원적 사회성을 궁극적 전망으로 삼고자 한다. 그리고 이런 식의 인간 존재의 다원적 다수성이 없는 사회야말로 — 레비나스가 비판하는 — 얼굴의 유일함을 삭제하는 정치가 지배하는 세상일 것이다. 물론 합리적 사유를 기반으로 삼는 모든 정치 체제가 다원성을 보장한다고 주장한다. 하지만 앞서 인용한 구절에서 보았듯이(192/323), 그런 것은 나와 타자의 관계를 기반으로 삼는 것이 아니라 그 관계 너머에서 관계를 규정하는 체계의 이념을 따라 생성된 다수성과 다원성이다.

체계와 그 이념을 따라 기능하는 존재들이 교섭하는 사회의 다원성은 체계의 완성에 봉사하는 수준에서만 유의미하다. 그러므로 절대적 존재, 다른 것과 분리된 나와 이 분리된 나에게 높은 데서 도래하는 타인과 나의 대화, 그 둘만의 절대적 차이, 그리고 그러한 자들로 이루어진 인간의 절대적 다원성은 체계적 이념의 현실화라는 목표 아래에서 힘을 잃고 만다.[32] 내가 어떤 정치적 이상을 가지

32 앞서도 한 차례 인용했지만, 나치가 바로 그런 다원성을 말살하려 했음을 번스타인이 지

고 있건, 어떤 정파적, 정치적 이념을 따르건 간에 나와 타인과의 관계에서 일어나는 윤리적 대화는 그 자체로 유의미해야 한다. 하지만 정치적 이념과 특정한 그 이념을 따른 정체성이 더 유의미한 사회 속에서, 이런 "다수성이 없는 세계 속에서 언어는 모든 사회적 의미작용을 상실하고", 심지어 "대화는 대화 상대 없이 완성되어 버린다"(192/323-324).

다원주의 사회로 포장되어 있지만, 주요 정당의 획일적인 목표와 이념이 지배하는 정치적 사회를 생각해 보자. 만일 이런 정치적 사회의 목표나 이념에 인간들이 종속되면, 윤리적 대화는 나올 수 없다. 정치적 이념의 향배 아래 진영이 결정되고, 옳고 그름이 뒤바뀌고, 내가 책임져야 할 타자가 피/아 식별 속에서 그 고유한 타자성을 무시당할 것이다. 이런 경우 "대화는 대화 상대 없이" 모종의 합의, 인간들보다 상위에 있는 어떤 중립적 명령이나 이념적 방향을 따라

적한 바 있다. "나치 지도자들은 자신들의 전능함을 믿었고, '모든 것이 가능하다'고 생각했다. 나치 지도자들은 그들의 희생자들의 다원성(plurality)을 제거하려고 했다." Bernstein, *Radical Evil*, 212. 이는 전체주의 사회의 한 가지 지향점일지 모른다. 한나 아렌트가 이 점을 다음과 같이 통찰했다. "전체 인류가 마치 한 개인인 것처럼 인간의 무한한 다원성과 차이를 조직하려고 노력하는 전체주의적 지배는, 오직 모든 개개인이 절대 변하지 않는 반응의 동일성으로 환원될 수 있을 때만 가능하다. 그래야만 이러한 반응의 묶음들 각각을 무작위로 다른 것들과 교환할 수 있게 된다." Hannah Arendt, *The Origins of Totalitarianism*(Cleveland, OH: Meridian Books, 1958; 1962), 438. 바로 이런 맥락, 곧 전체성 또는 전체주의에 대한 거부와 대항의 의미에서 아렌트와 레비나스를 비교하는 것은 흥미로운 일이 될 것이다. 이에 대해서 번스타인이 짤막하게 두 철학자를 비교하며 언급한다. Bernstein, *Radical Evil*, 212. 아렌트와 레비나스를 비교하고 연결하는 더 상세한 연구로는 다음 연구들을 참조하라. Fred Poché, *Penser avec Arendt et Lévinas: Du mal politique au respect de l'autre*(Lyon: Chronique sociale, 2003); Jacques Taminiaux, "Arendt et Levinas: convergence impossible?" in *Chroniques d'anthropologie politique*(Paris: Hermann, 2014), 137-162; Anya Topolski, *Arendt, Levinas and a Politics of Relationality*(Lanham, MD: Rowman & Littlefield, 2015).

규정되어 버린다.

이렇게 윤리적 대화를 말살할 수 있는 사회가 정치적 사회이지만, 그런 정치적 사회를 깨뜨리고, 소위 정치 이후의 정치를 일깨우는 것이 바로 독립적인 삶을 사는 분리된 존재인 나와 이 개별자에게 명령하는 타자가 만들어 내는 관계이다. 이 절대적이고 독립적이며 비대칭적인 관계가 다시 사회를 갱신하는 기초가 된다는 것이 레비나스의 생각이다. "개별적인 것과 개인적인 것은 그것들을 만들어 낸다고 하는 보편적인 것으로부터 독립된 가치를 지니며, 그것과 독립하여" 존재하는데, 이러한 개인적인 것은 정치적 이념이나 체계를 작동시킬 동력을 위해 필요한 것이 아니라 **무한이 무한으로 생산될 수 있기 위해서 필요하다**(193/325). 이 필요는 무한으로서의 타인의 요구가 실현되기 위해 독립된 나, 곧 분리된 자아가 있어야 한다는 점에서 단지 정치와 이념의 도구로서 내가 필요하다는 것과는 차이가 있다. 즉 나는 국가나 정치 결사체를 위해 필요한 존재가 아니라 사람을 위해, 다른 인간을 위해 필요한 존재가 되는 것이다. 이때 비로소 나의 자유로운 의지도 더 이상 나의 임의적 자유, 내가 하고자 하는 대로 무언가를 할 수 있는 통속적인 형태의 자유를 넘어 도덕성으로 갱신된 이성, 윤리적 언어의 대화로 말미암아 갱신된다.

의지는 자신이 의욕할 의미 속에서 이 책임을 떠맡는 데서 자유롭다. 의지는 이 책임 그 자체를 자유롭게 거부하지 못하며, 의미 있는 세계

　　3부 절정 I: 역사의 심판 너머에서 도래하는 내면성의 정의

— 타인의 얼굴이 의지를 이 세계 속으로 끌어들였는데 — 를 자유롭게 무시하지 못한다. **얼굴의 맞아들임** 속에서 **의지는 이성에 열린다.** (…) 언어는 가르치며, 사유 속에 새로움을 도입한다. 새로운 것을 사유 속으로 도입하는 것, 무한의 관념, 이것이 이성의 작업 자체이다. (194/326-327)

이처럼 얼굴은 우리의 이성을 도덕적인 것으로 갱신하고, 이런 갱신된 정신을 일으킨 언어에 복종하는 방식으로 나의 의지를 새롭게 한다.[33]

레비나스는 이런 식으로 타인의 명령에 복종하는 이성과 의지를 가진 '나'를 여전히 자아 또는 주체라고 부른다. 타인의 얼굴과의 만남이 나의 주체, 개인을 사라지게 하지 않는다. 얼굴의 무한은 나를 변형하고, 나 자신이 윤리적인 존재임을 스스로 변호하게 만든다. 타인과의 만남에서도 여전히

주체는 자신의 고유한 대화 속에서 사라지기 위해 대화로 들어가지 않는다. 주체는 [자신을] 변호하는 채로 머무른다. 합리적인 것으로의 이행은 탈개체화가 아닌데, 이는 그것이 언어이기 때문이고, 즉 얼굴 안에서 주체에게 말하는 존재에 대한 응답, 인격적 응답만을, 다

---

33 데이비드 포드의 말대로, 나의 "의지는 책임, 언어와" 도덕적 의미의 "이성에 종속된다". David F. Ford, *Self and Salvation: Being Transformed*(Cambridge, UK: Cambridge University Press, 1999), 39.

시 말해 윤리적 행위만을 용인하는 존재에 대한 응답이기 때문이다. (194-195/327, 대괄호는 필자 첨가)

무한과 관계를 맺기 위해서는 먼저 개인들이 분리된 주체로 삶을 살아야 한다. 그러한 분리를 통해 낯선 이로서의 타자와 관계를 맺게 되며, 이 관계 속에서 자기 자신을 도덕적으로 변호하는 존재로 서게 된다. 이 과정에서 나는 여전히 분리되고 독립된 존재이면서도, 향유의 주체가 아닌, 도덕적 책임에 열린 주체, 윤리적 심판에 열린 주체로 새롭게 변모하게 된다. 그리고 여기서 한 걸음 더 나아가자면 이런 독립적인 개인으로서의 주체와 타자와의 관계, 또 타자를 응시하며 주목하게 되는 제삼자와의 관계가 "우애와 대화로 나타나는 존재 안의 다수성"(191/322)에 기초한 "사회의 다원주의"(184/310)를 가능하게 한다.

서로 분리된, 하나가 아닌 다수인 존재들의 관계를 기반으로 삼아 인간들 사이의 도덕적 책임이 가능해진 사회, 바로 이 사회의 사회성에 관한 논지가 다음 장부터 마지막에 이르기까지 더욱 분명하게 드러날 것이다. 거듭 강조하지만, 이때의 다원주의적 사회는 언제나 개별자인 나의 유일무이함을 소거시키지 않는 사회이다. 즉 이 사회는 "각자 모두가 유일무이한, 나들"(les moi's, tous uniques)의 다원성,[34] 그리고 이 나들과 전적으로 다른 타자(들)의 다원성을 기초로

---

[34] Levinas et Ponzio, "Deux dialogues avec Emmanuel Levinas," in *Sujet et altérité sur Emmanuel Levinas*, 145.

삼는다. 오해되지 말아야 할 것은 이것이 결코 수적 다원성이 아니라는 점이다. 수적 다원성은 그저 양적으로 다른 존재들이 여럿이며, 가치들이 여럿이라는 기술적 의미의 다원주의만 긍정할 뿐이다. 오히려 이 다원성은 — 이 또한 오해의 소지는 있는 말이지만 — 존재의 다원성이다. 레비나스의 말을 그대로 가져오면, **"존재는 다원주의적이다. 여기서 다원적인 것은 존재자의 다수성이 아니라 바로 존재한다는 사실 자체에서 나타난다"**.[35] 사회의 존재는 나들이 존재하는 사실 자체로 이미 다원주의적이다. 내가 분리된 존재로 존재하고, 이 분리된 존재에게 절대적으로 다른 낯선 이의 존재가 도래한다는 점에서 존재는 이미 다원주의적이다. 아울러 다음 장에 나오겠지만, 이것은 나, 그리고 나와 절대적으로 다른 타자와의 관계 자체의 다원성이므로 **형이상학적 관계의 절대적 다원주의**라고도 부를 수 있다. 더 나아가 이 다원성은 나와 내가 사랑하는 이의 에로스적 관계로 존재자들이 존재할 때도 확증된다. 또한 부모와 아이의 관계에서, 그리고 절대적으로 유일무이한 다른 아이들의 존재와 삶을 통해서도 확증된다. 결국 이러한 다원성을 모두 기반으로 삼아 사회의 다원주의가 성취될 수 있을 것이다.[36] 이것이 4부에서 에로스와 번식성을 통해 분

---

35 Levinas, *Le temps et l'autre*, 63; 국역본: 『시간과 타자』, 96. 강조는 필자.

36 "내 주목적은 바로 이것이었다. 내가 특별히 하고자 했던 것은 타자성이 단순히 그리고 순전히 나의 자유와 나란히 놓인 자유를 가진 다른 존재도 있다는 사실이 아님을 보여 주는 것이었다. (⋯) 다수의 자유의 공존은 각자 하나하나의 존재는 건드리지 않는 다수성이다. 이와 같은 다수성은 하나의 일반의지로 뭉칠 수 있다. 성, 아버지의 존재, 죽음은 각 주체의 존재 자체와 관계된 이원성을 존재 안에 도입한다. 존재 자체가 둘로 늘어난다. 이로써 엘레아적인 존재 개념은 극복되었다." Levinas, *Le temps et l'autre*, 87–88; 국역본: 『시간과 타자』, 128.

명하게 입증될 것인데, 3부에서는 일단 이 다원주의가 주체성에 국한되어 논의되고 있다. 다음 장에서 다룰 3부 C, "윤리적 관계와 시간"은 아예 **"다원주의와 주체성"**(195/328)이라는 소제목으로 시작된다.

11강. 3부 C

"윤리적 관계와 시간" 읽기

다원주의에 입각한 사회적 관계

"윤리적 관계와 시간"은 3부 전체 내용을 갈무리하는 가운데 특별히 주체성의 의지와 관련된 중요한 내용을 담고 있다. 또한 이 과정에서 전쟁, 폭력, 인내, 그리고 다른 무엇보다 『전체성과 무한』 도입부터 레비나스가 예고한 타인에 대한 무한한 책임의 응답과 종말론적 심판의 의미가 명확히 규정되어 있다. 이 점에서 3부 C는 『전체성과 무한』의 첫 번째 절정이 극에 달하는 대목이라고 해도 과언이 아니다.

3부 C는 **"다원론과 주체성"**(*Le pluralisme et la subjectivité*) 또는 **"다원주의와 주체성"**이라는 주제로 시작하는데, 이는 지금까지의 논의는 물론이고, 앞으로 갈무리될 『전체성과 무한』의 항방을 규정할 핵심 키워드이다. 다시금 강조하지만, 지금 이 강해 작업 역시 이 주체성과 다원주의를 나의 드라마와 절대적 다원주의라는 명칭 아래 전개하고 있다. 레비나스가 1961년에 내놓은 도전은 다른 무엇보다도 주체성을 변호하되, 단지 주체를 분리된 나이자 환대의 주체성으로 정립하고 기술하는 데만 그치는 것이 아니라 절대적 의미의 다원주의, 이른바 존재의 절대적 다원주의를 전망하는 데까지 나아간다. 이때 자아는 이제까지 계속해서 강조했던 것처럼, 일자, 존재, 이념이나 전체성, 심지어 타자로부터도 분리되어 독립적으로 자기의 삶을 향유하고 행복을 추구하는 주체이다. 그리고 이렇게 안온한 삶을 추구하는 나의 내면성의 자유를 문제시하는, 나와 절대적으로 다른 외재성의 초월, 무한한 타인이 도래한다. 이때 얼굴로 말하는 타인은 나에 대해서는 비대칭적인 인간으로, 동일자로 환원되지 않는 절대적으로 다른 타자로서 자신을 표현한다. 그러므로 나와 타자는 그 절대적 차이 때문에, 하나의 이념 아래 묶이지 않는 존재들의 다원주의를 이미 성취한다. 그리고 주체와 타자는 정적인 의미에서 다원주의를 성취하는 것이 아니라 그들이 서로 다르게 존재한다는 사실 자체로 다원성을 이룬다. 나의 삶은 타자와 분리된 삶이면서, 나와 다른 타자의 계시와 관계를 맺는다. 이것은 인간들 사이의 다원성이지 어떤 다른 이념이나 가치라는 중립자를 매개로 한 다원주의가 아니라는 점에서 인간들의 절대적 다원주의이다.

더 나아가 레비나스에게 다원주의는 이 둘, 주체와 타자만의 다수성을 의미하는 것이 아니다. 그것은 앞서 보았듯이 타인을 마주할 때, 그 눈에서부터 곧장 나를 다른 존재들에게로 향하게 하는 타자들, 곧 이웃인 제삼자를 의도한다. 이 제삼자 역시 나의 동일성으로 환원될 수 없는 절대적으로 다른 자들이다. 4부에 가면 심지어 다른 나이면서, 나와 다른 타자로 자신의 존재를 구축할 아이들에 대한 전망이 나온다. 이때 우리는 주체와 타자가 아니라 미래의 나 아닌 나이자 타자인 나와 또 다른 존재들을 마주한다. 아이들 또한 각기 다르며 그 존재들 역시 그 자체로 고유한 존재들이므로 이때의 다원성은 여러 형제 자매들의 존재로 확장되기에 이른다. 레비나스는 바로 이렇게 각기 다른 존재들, 대칭성 안에 놓일 수 없는 각기 고유한 존재들이 긍정되는 사회의 다원주의를 전망한다는 점에서 절대적 다원주의를 향한다.

이 점과 주체성이 함께 강조되는 레비나스의 논지를 확인하기 위해 3부 C를 시작하는 첫 문단을 살펴보자.

거주와 경제처럼 구체적인 것 안에서 실현되는 분리가 떼어 내진 외재성, 절대적 외재성과의 관계를 가능하게 한다. 이러한 관계, 즉 형이상학은 얼굴 속에 나타나는 타인의 에피파니에 의해 본래적으로 실현된다. 분리는 절대적 항들 그렇지만 관계 속에 있는 항들 사이에서 깊어진다. 이 항들은 자신들이 유지하는 관계로부터 스스로 풀려난다. 항들은 그 관계가 그려 낼 법한 전체성을 위해 자신을 포기하지 않는다. 그래서 형이상학적 관계가 다수의 존재함을, 다원주의를 실현한다. (195/328)

이렇게 다원주의와 주체성을 논하면서 레비나스는 다시금 외재성을 가능하게 하는 조건으로서의 분리를 강조한다. 이것은 형이상학적 관계, 서로가 서로에게 융합되지 않으면서 거리를 유지하는 동일자와 타자의 절대적 차이의 관계가 바로 분리된 나의 삶에서 시작한다는 점을 재차 확증하는 것이다. 즉 적어도 『전체성과 무한』에서 레비나스의 논지는 단지 타자성, 타인의 얼굴을 고양하는 데만 있지 않고, 바로 이 타자의 높음과 관계하는 주체의 삶을 규명하여 거기에서 비롯하는 철학적, 사회적 의미의 다원주의를 전망하는 데 있다. 앞서 인용한 구절에 나온 대로, 이렇게 분리를 통해 유지된 거리 안에서, 상대방을 환원하지 않는 윤리적 관계가 가능해지며, 절대적으로 자신만의 자리를 점하는 주체와 타자가 있을 때, 다원주의가 현실화된다. 다시 말해 이러한 윤리적 의미의 **"형이상학적 관계가 다수의 존재함을, 다원주의를 실현한다"**(195/328, 강조는 필자).

또한 "다수성이 유지될 수 있기 위해서는 (…) 다수성 안에서 주체성이 생산되어야만 한다"(196/329-330). 여기서 주체성이 다수성 안에서 생산되어야 한다는 말은 무슨 의미인가? 이것은 위에서 언급한 대로 다수적 존재함을 가능하게 하는 형이상학적 관계 안에서 주체성이 나와야 함을 말한다. 즉 주체는 저 홀로 선 주체로 있지만, 무한과의 관계를 예비하는 가운데 사는 '나'이다. 여기서 무한과의 관계를 예비한다는 것은 내가 무한인 타자와는 전적으로 다른 장소나 공간에서 그 자신만의 삶, 곧 무신론자로 자신을 정립하고 살아가는 것 자체가 무한인 타자를 맞이하는 조건이 된다는 뜻이다. 내가 자기 집에 머무른다는 것, 내가 그 집에 머무르다가 바깥으로 나가 노동하고 노동으로 벌어들이거나 생산한 것을 집 안으로 들여올 수 있다는 것은, 나의 집이라는 내면성을 준거로 삼아 나의 삶이 향유로 구축된다는 말이다. 이렇게 나는 독립해 있는 분리된 존재이지만 고립 속에 머무르지 않으며, 이미 나와 다른 존재인 타자와의 삶이 맺어질 조건으로 나의 집에 산다. 물론 이 집은 타인의 침입과 더불어, 나보다 더

　　　　3부 절정 I: 역사의 심판 너머에서 도래하는 내면성의 정의

높은 자의 도래와 더불어 그 공간의 의미가 달라진다. 레비나스는 처음부터 내가 선 자리보다 언제나 높은 데 위치한 타자와 그 아래 자신만의 자리를 점유하는 주체성을 말했다. 이런 불균형, 더 정확하게는 "공간의 비-동질성"(non-homogénéité de l'espace, 195/328-329)이 형이상학적 관계의 핵심을 이룬다. 이 비-동질성 안에서 주체와 타자는 관계를 맺는다. 이 점에서 분리는 고립과는 다르다. 그것은 나와 분리된 나보다 더 높은 자를 맞이한다는 점에서 섬김과 명령에 대한 순복을 준비하는 삶이다. "다원주의에 관한 이러한 정초는 다원성을 구성하는 항들을 고립 속에 고정하지 않는다"(196/331).

혹자는 이러한 레비나스의 존재의 다원주의, 형이상학적 관계의 다원주의의 다원성을 수적 다수성과 혼동할 수 있다. 이 점 때문에 레비나스는 끊임없이 수적 다수성과 존재함의 다수성을 구별해야 함을 강조한다. 그에 의하면 "수적 다수성은 전체화에 무방비 상태로 남는다"(195/329). 왜냐하면 수적으로 헤아릴 수 있는 존재들은 이미 하나의 시선으로 일별할 수 있는 존재이기 때문이다. 어떤 시선, 특히나 전체화된 이념이나 체계의 시선이 다수의 존재들에게 부과될 때, 각기 차이를 빚어 내는 것들, 독립적인 것들은 그저 하나의 기준으로 헤아릴 수 있는 어떤 것으로 환원한다. 즉 어떤 표준이나 규준을 따르는 대상화로 인해 수적 다수성이 가능해지며, 이것은 전체화로 이어지기 쉽다. 이 점을 정확하게 지시하는 예로, 나는 마리옹이 제시한 프리모 레비의 사례를 가져오고 싶다. 레비는 『이것이 인간인가』에서 수적 다수성으로 헤아려지는 (고유한 존재를 잃어버린) 인간들의 비참함을 다음과 같이 기술한 바 있다. "그는 눌아흐

첸이다. 그는 자기 번호의 마지막 세 자리 숫자인 018로만 불릴 뿐이다. 인간만이 이름을 가질 가치가 있으며 눌아흐첸은 더 이상 인간이 아니라는 것을 모두 알고 있는 듯하다."[1] 마리옹은 레비의 이 증언에 관해 다음과 같이 이해한다. "프리모 레비는 숫자, 암호, 번호가 인간을 (이 경우에는 이데올로기와 인종주의로) 정의하는 데 가장 효과적인 도구가 되어 비-인간(유대인)을 낙인찍고 그 이름을 숫자, 암호, 번호 등으로 대체하여 인간의 이름을 폐기하는 순간을 완벽하게 경험하고 이를 기술했다." 이 경우 "이데올로기와 인종주의가 인간에 대한 나름의 정의를 내리고, (…) 비인간을 체포하고 심지어 몰살하는 단계로 나아갈 것이다".[2] 레비나스도 레비의 기술과 그에 대한 마리옹의 해석처럼, 수로 환원된 다수성은 한 인간의 절대성을 폐기할 것이라는 생각 아래 절대적으로 다수의 존재를 긍정하는 절대적 다원주의로서 사회의 다원주의 특성을 끊임없이 환기하는 것이다. 하지만 포로 상태의 수감 번호로 불리는 존재에서 보듯, 인간이 어떤 권력이나 체제에 종속될 때 그 존재들은 완전히 힘을 잃는다. 그러므로 "존재의 다원주의는 하나의 가능한 시선 앞에 펼쳐지는 성좌의 다수성으로 생산되지 않는다. 그 경우 성좌는 이미 전체화될 것이고 실체로 변해 버릴 것이기 때문이다"(282/461).

이 점에서 다수성 또는 다원성은 전체화의 시선이나 준거점에

---

1 Primo Levi, *Se questo è un uomo* [1947] (Torino: Einaudi, 1961), 47; 국역본: 『이것이 인간인가』, 이현경 옮김(파주: 돌베개, 2007), 60.

2 인용한 순서대로, Jean-Luc Marion, *Certitudes négatives* (Paris: Éditions Grasset & Fasquelle, 2010), 59, n.1, 59.

서 벗어나는 방식으로 사회적 관계를 형성해야 한다. 또한 그 사회적 관계는 지금까지 계속해서 해명되었던 것처럼 얼굴에 노출되는 주체성으로 시작해야 한다.

오히려 그것은 사회적 관계의 **과잉**(*surplus*)으로 설정되어야 한다. 여기서 주체성은 ~의 면전에, 이 맞아들임의 올곧음 속에 머물며, 진리에 의해 헤아려지지 않는다. 사회적 관계는 그 자체는 어떤 하나의 관계, 존재 가운데에서 생산되는 다른 관계들 중의 한 관계가 아니다. 그것은 존재의 궁극적 사건이다. 그러므로 다수성은, 전체적 반성의 불가능 속에, 자아와 비자아를 하나의 전체 속에 뒤섞어 버리는 것의 불가능성 속에 놓인 객관성을 전제한다. 이런 불가능성은 부정적인 것이 아니다(부정적인 것은 불가능성을 여전히 관조된 진리의 이상과 관련시킬 것이다). 이 불가능성은 자신의 높이로부터 나를 지배하는 타자의 에피파니가 지닌 과잉에서 비롯한다. (196/330-331)

사회적 관계는 주체성에서 시작하는데, 이때의 주체성은 무신론자의 주체성임과 동시에 바로 그 향유의 삶 덕분에 다른 것으로부터 분리되면서 동시에 타인을 향해 열려 있게 된 자아이다. 그리고 이 관계는 이론적 인식으로 타인을 헤아리는 시선이 아니라 저 높은 데서 현현하며, 이 높음보다 낮은 데 자리한 나에게 현시되는 타자와의 관계라는 점에서 시선의 초과 또는 인식에서의 과잉을 일으키는 가운데 성립한다. 이때 과잉은 나의 인식과 체험의 지평을 초과하는 것의 도래를 뜻한다. 형이상학적 관계는 나의 체험 지평, 또는 어떤 중립자 아래 이해되는 밋밋한 의미부여의 대상과 그 대상화로 환원되지 않는 의미의 초과를 일으킨다. 우리는 레비나스를 따라 이것을 윤리적 대화로서의 의미화라고 부를 수 있으며, 바로 이 대화의 관계가 나와 절대적으로 다른 타인과의 (신학적이거나 신비적인 것이 아닌) 사회적 관계의 기초가 된다.

전쟁과 폭력: 적대자를 향한 자기-초월

이렇게 하나의 항이나 이념에 포섭되지 않은 존재들 간의 관계가 바로 레비나스가 내다보는 형이상학적 의미의 절대적 다원주의의 관계이다. 그런데 레비나스는 여기서 다시 자유를 문제시하며 논의를 전개한다. 또한 이 자유와 더불어 서문에서 맹렬하게 비판한 전쟁과 폭력의 문제가 재차 대두된다. 이것은 3부에 이르러 주체와 마주하는 얼굴과 외재성의 주제를 본격적으로 거론함으로써, 레비나스 스스로 자신이 제기한 형이상학적 관계의 구체적 의미를 보여 주려는 시도이다. 이에 그는 이 자유와 의지가 어떻게 일상적인 삶의 순간들만이 아니라 전쟁과 폭력이 소용돌이치는 상황 속에서도 그 힘을 잃지 않는 윤리적 의미의 의지와 자유로 실행되는지를 기술한다. 즉 전쟁의 폭력 앞에서 그 폭력을 무화하는 것은 또 다른 역사의 심판이나 이데올로기가 아니라 바로 타인과의 관계에서 비롯하는 내면성의 정의라는 주장이 이 맥락에서 제시될 것이다. 여기서 놓치지 말아야 하는 것은 주체와 타자의 관계에서 비롯하는 평화, 종말론적 의미의 평화는 그저 안온한 상태에서 일어나는 사건이 아니라는 점이다. 그것은 레비나스에게 전쟁과 폭력의 소용돌이에도 **불구하고** 일어나는 사건이다.

우리는 이를 앞서 언급한 다원주의적 사회의 비전과 연결하여 생각해 볼 수도 있다. 보통 근대로부터 발전한 민주주의적 체제에서 다원주의적 사회란 자유를 기반으로 삼아 구성되는 것으로 말해진다. 하지만 레비나스가 보기에 이념적이거나 정치적으로 맺어진 다원적 사회는 추상적이다. 많은 경우, 자유는 의사 결정, 정치적 참여를 정당화하는 정치적 자유 정도의 제한적 의미로 이야기되고, 이때 다원주의의 정치 역시 각자가 고유한 취향이나 의견, 이념을 가진 채로 이를 공유하고 서로 합의하는 용도로 말해진다. 그런데 이것은 삶의 자유와 이 자유를 문제시하는 타인의 개입과는 거리가 있다. 민주적 체제나 질서, 이 질서 하에서 운영되는 정부와 조직, 인민으로부터 양도받은 권력과의 계약 관계 등으로 잘 수립된 하나의 사회 속에서의 자유는 이미 이 사회를 운영하기 위한 작동 원리 속에 종속된 자유이다.

우리의 자유는 특정 질서 안에서의 유한한 자유로만 가능하며, 이런 한정된 의미로 자유를 이해하는 것은 절대적 타자와의 사회적 관계에 대한 논의를 진전시키지 못한다. 이를테면 그러한 자유에 대한 논의는 언제나 조금 더 자유롭기 위해서 우리의 자유를 막는 요소를 어떻게 제거하거나 통제할 것인가를 묻는 수준에 그친다. 물론 혹자는 이런 자유 담론에도 근원적으로 인간의 의미가 담겨 있다고 반론을 펼 것이다. 실제로, 각기 그 성격은 다르지만, 국가나 정치 공동체를 형성하기 위해 사회계약의 필연성을 주장한 루소나 칸트 모두 사회의 기저에 인간들의 자유가 있음을 전제한다. 하지만 그들은 케이길의 지적처럼, "'자율성으로서의 자유', 즉 자유에 입각하여 스스로 법칙을 부여한 전체성을 확립한 다음 그 법칙에 자유로이 복종하는 자유 개념"을 내놓았다.[3] 이를테면 칸트는 도덕법칙에 대한 존중 아래, 스스로 부여한 정언명법 아래 스스로 종속되기를 주장한다. "그렇다면 의지의 자유는 자율, 다시 말해 자기 자신에게 법칙인 의지의 성질 말고 다른 무엇일 수 있겠는가?"[4] 또한 "도덕법칙은 인간들에게는 정언적으로 명하는 **명령**이다. 왜냐하면, 그 법칙은 무조건적인 것이기 때문이다. 그러한 의지가 이 법칙에 대해 가지는 관계는 책임이라는 명칭 아래의 **종속성**이다".[5] 이처럼 칸트에게 의지의 자유는 이성 자체에 근거를 둔, 이성적 행위자가 정립한 도덕법칙에 그 스스로 종속되는 다소간 탈인격화된 의미를 내포한다.[6]

이를 사회의 차원으로 확장하면 시민들은 "선험적으로 통합된, (즉 실천적 관계 속에 들어올 수 있는 모든 사람의 자의의 통합에 의거해) 절대적으로 명령하는 의지 안에 자기 자신이 포함되어 있는 경

---

3   Howard Caygill, *On Resistance: A Philosophy of Defiance* (London, UK and New York, NY: Bloomsbury Academic, 2013), 93.

4   Immanuel Kant, *Grundlegung zur Metaphysik der Sitten* (1785), in *Kants gesammelte Schriften*, Band IV, hrsg. von der Königlich Preußischen Akademie der Wissenschaften (Berlin: Georg Reimer, 1911), 447; 국역본: 『윤리형이상학 정초』, 백종현 옮김 (서울: 아카넷, 2005), 180.

5   Immanuel Kant, *Kritik der praktischen Vernunft* (1788), in *Kants gesammelte Schriften*, Band V, hrsg. von der Königlich Preußischen Akademie der Wissenschaften (Berlin: Georg Reimer, 1911), 32; 국역본: 『실천이성비판』, 백종현 옮김 (서울: 아카넷, 2003), 90.

6   칸트의 자유에 대한 더 구체적이고 포괄적인 설명으로 다음 책을 참조하라. 강영안, 『자연과 자유 사이』 (서울: 문예출판사, 2001), 특별히 8–9장.

우", 각자가 "입법을 위해 통합되어야 하는 의지가 보편적이고 실제적으로 통합되어 있는 (…) 시민 상태"에 이른다.[7] 칸트에게서는 바로 이것이 일종의 사회계약으로서의 "시민 상태"이며, 이 상태는 "자연적 상태에서 벗어나 모든 획득을 확정적으로 만들 수 있는 유일한 상태"로서 나를 포함한 각 개인에게 "강제의 권리"를 행사할 수 있게 한다.[8] 요컨대, 칸트에게 개인으로서의 도덕적 인간은 도덕법칙에 스스로 종속되는 도덕적 주체이며, 자유로운 시민다움은 스스로의 의지들이 모여 자발적으로 자연적 상태를 벗어나 공권력과 법이 작동하는 시민 상태로 진입하는 것을 말한다.[9]

이는 개별 주체이건 시민이건, 모두 법칙이나 입법에 종속된 인간을 제시하는 것처럼 보인다. 다시 말해 사회계약 같은 상태를 만들려고 하는 것은 전쟁과 같은 자연적 상태에 가까운 폭력 상태를 의지의 주체들이 입법한 법적인 권력의 통제 속에서 제어하고자 하는 시도라 할 수 있다. 루소 역시 자연 상태의 자유를 긍정하면서도 개

7   Immanuel Kant, *Die Metaphysik der Sitten* (1797), in *Kants gesammelte Schriften*, Band VI, hrsg. von der Königlich Preußischen Akademie der Wissenschaften (Berlin: Georg Reimer, 1911), 263–264; 국역본: 『도덕형이상학』, 칸트선집 7, 한국칸트학회 기획, 이충진·김수배 옮김 (파주: 한길사, 2018), 98–99.

8   Kant, *Die Metaphysik der Sitten*, 264; 국역본: 『도덕형이상학』, 99.

9   칸트의 사회계약론에 관해서는 다음 글을 참조하라. 이충진, 「칸트의 사회계약이론: 칸트 『법철학』해설 2」, 『철학』 59집 (1999년 5월), 95–117. 또한 이충진은 칸트의 시민적 자유권에 관해 다음과 같이 설명한다. "칸트에게선 자유권이 철저하게 상호 주관적 의지 관계 내지는 사회적 지배 관계의 지평에서 이해되고 있는바 칸트의 자유권 이해는 '권리주체로서의 타자의 현존 및 내가 그와 권리주체로서 관계 맺고 있음, 달리 말해서, 권리 공동체가 현존함과 내가 그것의 구성원임, 이 두 가지는 내가 권리주체로서 존재할 수 있는 전제조건이다'라는 사실을 함축한다." 이충진, 『법과 정치: 칸트 실천철학 연구』 (서울: 한성대학교출판부, 2024), 228.

인의 인격과 재산을 보호하기 위한 통치와 법의 필연성, 일반의지에 입각한 사회적 강제가 인간을 참된 자유에 이르게 한다고 본다. 그의 『사회계약론』을 보면 이런 말이 나온다. "자연 상태에서 사회 상태로의 이행은 사람에게 매우 주목할 만한 변화를 가져온다. 사람의 행위에서 본능을 정의(justice)로 바꾸어 놓고, 그때까지 빠졌던 도덕성(moralité)을 그 행동에 부여하는 것이다."[10] 이처럼 루소에게 인간은 계약에 근거한 사회 안에서 비로소 정의와 도덕성을 부여받을 수 있는 존재이다. 그런데 레비나스는 자유에 다른 방식으로 접근한다. "전체성을 구성하지 않는 관계 속에서, 전쟁 중인 존재들은 그러므로 자유에 의해 — 우리가 거기에 제한을 가정하자마자 모순적임이 드러나는 추상에 의해 — 묘사될 수 없다"(199/335). 위에서 묘사된 자유는 인간 존재가 전쟁의 순간에 어떻게 선한 의지를 작동할 수 있는지, 또는 폭력에 기울어지는지를 전혀 알려 주지 않는다. 그것은 오히려 자유로운 존재들의 권리를 보장할 추상적 입법의 정당성에 더 초점을 맞추는 것 같다. 마치 이성적 의지의 존재들이 너무나 합리적이어서 그런 자연적 폭력 상태를 막기 위해 입법 권력에 시민 스스로 들어갈 수 있는 것처럼 너무 재빨리 가정해 버리고 있는 것처럼 보이기도 한다. 그리고 이때의 자유는 이미 근본적으로 스스로를 (그 자체로 자유롭지 않은) 법적 강제 아래 놓음으로써 자기 자유

---

10   Jean-Jacques Rousseau, *Du contrat social*(1762), in *Œuvres complètes*, tome III, édition publiée sous la direction de Bernard Gagnebin et Marcel Raymond(Paris: Gallimard, 1964), Livre I, Ch. VII, 364; 국역본: 『인간불평등기원론/사회계약론/고독한 산책자의 몽상』, 최석기 옮김(서울: 동서문화사, 1978; 2007), 172.

를 유지하는 기묘한 한계에 노출되어 있다. "자유로운 부분이 자유롭지 못한 부분 속에서 방해받는다고 대꾸하는 것은 우리를 동일한 난점으로 무한정 되돌리고 만다"(198-199/334). 이런 자유는 "전쟁 중에 일어나는 무정부적 세계 속에, 즉 근원 없는 세계 속에서의 의지"(199/334)를 나타내기에는 무력하다.

이런 점에서 레비나스는 분리된 존재, 곧 무신론자의 자유는 칸트나 루소처럼 사회계약이나 권리공동체를 전제하는 자유가 아니라 일상적 차원에서 여전히 삶의 자유를 가진 이들이 전쟁과 폭력을 어떻게 마주하는지를 보여 주는 방향으로 나아간다. 왜냐하면 자유는 사회의 계약이 깨지고 폭력이 난무하는 현실적 상황에서도, 아니 그런 상황에도 불구하고 실현되어야 하기 때문이다. 그리고 바로 그런 상황에서 인간의 정의와 도덕성이 드러나야 한다.

그렇다면 레비나스는 어떻게 전쟁을 이해하며, 전쟁하는 자들의 삶을 어떻게 이해하는가? 통상 전쟁은 자유로운 힘들을 가진 적대자끼리의 충돌이자 이들의 폭력이 극한으로 이른 상태로 설명되곤 한다. 하지만, 레비나스는 여기서 한 걸음 더 나아가 전쟁의 문제를 그 심층에서부터 반성해 보기를 요청한다. 그에 의하면, "전쟁과 교류는 얼굴과 얼굴에서 나타나는 존재의 초월을 미리 전제한다"(197/331). 이 문장만 보면 다소간 놀라움이 들 수도 있다. 왜냐하면 이 말은 일견 레비나스가 기존의 자기 생각을 뒤집는 것처럼 보이기 때문이다. 얼굴의 초월은 전쟁이 아닌 평화의 전망을 열어 주는 것이 아니었던가? 타인의 얼굴은 윤리적 전망을 열어 주는 것이 아니었던가? 심지어 레비나스는 이렇게도 말한다. "전쟁의 기초가 되는 관계는 타자(Autre)와의 비대칭적 관계이다"(201/337). 타자와의 비대칭적 관계는 분리된 무신론자인 나와 나보다 높은 타인의 윤리적 관계를 말하는 것이 아닌가? 그런데 그것이 또한 전쟁의 기초가 되는 관계라는 것은 무엇을 의미하는가?

이런 진술은 통상적으로 알려진 레비나스 철학과 상반되는 것처럼 보인다. 그래서 피터 듀스는 이를 "그가 책을 여는 대목에서 했던 전쟁에 대한 설명과는 극적으로 다른" 이해라고 말하기까지 한다.[11] 그래서 언뜻 보기에 이 대목은 레비나스에 대해 우리가 가지고 있는 통념을 거스르는 진술로 가득 차 있는 것 같은 인상을 준다. 그럼에도 불구하고, 실제로 전쟁이 일어나고, 폭력이 행해지는 실상을 고려한 레비나스의 이 말은 충분히 고려할 만한 견해이며, 차근차근 읽어 보면 레비나스가 이렇게 말하는 이유를 이해할 수 있다. 다음과 같은 그의 말에 주목하자.

전쟁은 대화가 가능했던(discours a été possible) 곳에서만 생산될 수 있다. 대화가 전쟁 그 자체의 기초를 이룬다. 게다가 폭력은 단지 어떤 사물을 다루듯 타자를 다루는 것을 목표로 삼지 않는다. 이미 살해의 경계에 닿아 있는 폭력은 한정 지어지지 않은 부정에서 연유한다. 폭력은 현전만을, 그 자체로 무한한 ─ 내 힘들의 장으로 끼어듦에도

---

11 Peter Dews, *The Idea of Evil* (Malden, MA and Oxford: Blackwell, 2008), 170. 여기서 "책"은 당연히 『전체성과 무한』을 의미한다.

   3부 절정 I: 역사의 심판 너머에서 도래하는 내면성의 정의

불구하고 무한한 ── 현전만을 겨눌 수 있다. 폭력은 얼굴만을 겨냥할 수 있다. (200/337)

전쟁은 타인에 대한 극단적 폭력과 살해가 일어나는 장(場)이다. 그것은 "대화가 가능했던 곳"에서만 일어나며, 대화자인 얼굴을 겨눈다. 그런데 얼굴이 나타나고, 대화가 일어나는 그곳에서 전쟁이 어떻게 가능한가? 얼굴이 있다면, 대화가 있다면, 윤리적인 사회적 관계로 인해 평화가 유지되어야 할 것이 아닌가? 하지만 전쟁의 시작과 실행은 전쟁 없는 상황을 전제하며, 그러므로 전쟁에 앞서 대화의 상황이 있었다는 것은 당연한 말이다. 그리고 이 대화에는 항상 긍정적이고 평화로운 반응만이 오고 가는 것이 아니라 부정적 응답이 있을 수 있다. 레비나스는 전쟁의 상황이 얼굴과 초월을 전제하지만, 그것은 그러한 초월에 대해 부정성으로 답하는 것이라고 본다. 말하자면 "전쟁의 폭력과 살의를 품은 부정만이 이 응답을 침묵으로 환원하기를 추구할 수 있다"(201/338)라고 한 데서 보듯, 말하는 얼굴, 명령하는 얼굴에 대해 전쟁은 부정과 침묵으로 응답한다. 즉 말하는 타인에게 내가 답하지 않는 것, 오히려 나와 다른 타자들에게 폭력으로 답하는 것, 그것이 전쟁이다. 멘쉬가 잘 지적한 것처럼, "전쟁의 목적은 외재성과 타자로서의 타자를 제거하는 것"이며, 이를 위해 "자신이 해체하려고 하는 외재성을 전제한다".[12] 레비나스의 견해는 전쟁 이전에도 인간은 삶을 살아가며, 대화 상대자들과 서로

---

12 Mensch, *Levinas's Existential Analytic*, 132.

관계를 맺는데, 전쟁이 이 대화의 관계를 부정하려 든다는 것이다. 이런 점에서 전쟁 역시 타자의 초월을 전제하는데, 이는 내가 환대해야 하는 타인을 맞이하는 관계가 아니라 타인을 적대자로 대하는 관계를 일으킨다. 이에 "전쟁은 적대자의 초월을 전제한다. 전쟁은 인간에게 행해진다. 전쟁은 영광으로 둘러싸이고, 영광의 결과를 거두게 한다. 전쟁은 언제나 다른 곳에서 오는 현전을, 얼굴 속에 나타나는 존재를 겨눈다"(198/333).

케이길은 이 대목을 잘 이해하는 방편으로 카를 폰 클라우제비츠의 『전쟁론』과 레비나스의 전쟁에 관한 견해를 연결한다. "레비나스가 윤리로 너무 빨리 이행하는 것 같기는 하지만", 그는 다른 한편으로 "타자가 **적**이라는 클라우제비츠적 전제"를 받아들인다.[13] 실제로, 클라우제비츠는 전쟁에 대해 이렇게 말한다. "두 사람은 각자 물리적인 폭력으로 상대에게 자기의 의지를 실현하도록 강요하려 한다. 그들의 **직접적** 목적은 **적을 쓰러뜨리는 것**이고, 이를 통해 앞으로 적이 어떠한 저항도 할 수 없게 만드는 것이다. **그래서 전쟁은 우리 의지를 실현하려고 적에게 굴복을 강요하려는 폭력 행동이다.**"[14] 레비나스가 전쟁이 적대자의 초월을 전제한다고 한 것처럼, 클라우제비츠는 내가 굴복시켜야 할 적을 폭력적으로 굴복시키는 것을 전쟁이라고 본다. 이처럼 전쟁에는 일종의 자기-초월, 타자를 향한 초월이

---

13   Caygill, *On Resistance*, 93.

14   Carl von Clausewitz, *Vom Kriege* [1832] (Berlin: Ferdinand Dümmlers, 1905), 3; 국역본: 『전쟁론』, 김만수 옮김(서울: 갈무리, 2016), 59-60.

있다. "이는 전쟁에서 적들이 서로를 찾기 때문이다"(198/333). 곧 전쟁은 타자-지향적이다. 다만 이때 타자는 적이며, "적에게 우리의 의지를 강요하는 것이" 전쟁이나 전쟁에서의 폭력의 "**목적**이다. 이 목적을 확실하게 달성하려면 적이 저항하지 못하게 해야 하고, 이것이 개념상으로 전쟁 행위의 본래 목표이다".[15] 이처럼 레비나스의 전쟁 이해는 클라우제비츠의 그것과 어느 정도 어울린다. 케이길은 이를 다음과 같이 해명한다. 레비나스적인 (클라우제비츠적인) 의미의 전쟁에서 "나는 나의 적의 자아에 대해 적이고", 또한 "나는 나 자신이면서 나의 적의 적"으로서 "폭력을 공유하는 곤경 상태에서 (…) 적에게 합류한다".[16] 즉 이때 타자는 내가 윤리적으로 책임을 져야 할 존재가 아니라 그저 적일 뿐이다. 그러므로 "이러한 관계 속에서[도] 자기는 자기 자신을 넘어선 앞서 있는 타자를 향해 가고 있다. 비록 그 타자를 착취하고 무화할 뿐이기는 하지만 말이다".[17]

또한 레비나스는 이러한 전쟁을 평화와 대조하여 설명한다. 그런데 이 대조는 그저 단적인 대조가 아니라 전쟁이 평화를 말살하는 것이라는 의미를 내포한다. 이제까지 설명한 대로, 전쟁에서 타자가

---

15 Clausewitz, *Vom Kriege*, 4; 국역본: 『전쟁론』, 60. 김만수는 클라우제비츠의 전쟁에 대한 정의를 다음과 같이 잘 설명한다. "클라우제비츠의 정의에 따르면, 전쟁은 우리의 의지를 실현하려고 적에게 굴복을 강요하는 폭력 행동이다. 적에게 우리의 의지를 실현하고 관철하는 것, 적이 우리의 의지에 따르도록 하는 것이 전쟁의 목적이다. 적이 우리에게 굴복하게 하고 저항하지 못하게 하는 것, 적을 쓰러뜨리고 파괴하는 것은 전쟁의 목표이다." 김만수, 『전쟁론 강의』(서울: 갈무리, 2016), 23.

16 Caygill, *On Resistance*, 95.

17 Joseph A. Indaimo, *The Self, Ethics and Human Rights: Lacan, Levinas & Alterity* (Abingdon, Oxon and New York, NY: Routledge, 2015), 153.

적으로 상정된다는 것은 전쟁 전에 맺고 있던 윤리적 관계를 적대적 관계로 재구성한다는 것을 뜻한다. "전쟁은 평화를 전제하고, 타인의 앞선 현전을, 또 비-알레르기적인 현전을 전제한다. 전쟁은 만남의 최초 사건을 나타내지 않는다"(174/294). 여기서 평화가 전쟁에 전제되어 있다는 말은 평화가 전쟁의 기초라는 말이 아니다. 이는 전쟁이 이전의 평화를 중단시키고, 타인과의 윤리적 관계를 폭력의 관계로 바꾸는 것이라는 말이며, 전쟁이 인간들 간의 참된 관계나 근원적 만남일 수 없다는 것을 뜻한다. 다시 말해 전쟁은 이미 있어 온 관계를 해치며 평화를 중단시키려는 것이자 타인을 적으로 삼는다는 점에서, 윤리적 관계를 무효화한다. 듀스의 적절한 지적처럼, 레비나스에게 "전쟁은 단순히 니체적인 '힘에의 의지', 또는 개별화된 존재들의 맹목적 **코나투스**의 발현이 아니다. 전쟁은 **앞서 존재한** 윤리적 관계를 위반하는 것이다".[18]

　　이처럼 전쟁은 타인을 적으로 삼고, 도덕을 중지시키며, 결국 평화를 망가뜨리는 결과를 낳는 참혹한 악이다. 하지만 전쟁의 부재 상태가 곧 평화는 아니다. 레비나스에게는 전쟁의 부재 상태가 평화가 아니다. "그러나 하나의 전체성으로 통합됨을 수용할 수 있는 존재들에 의한 폭력의 배제가 평화와 같은 것은 아니다"(197/332). 평화를 위해서는 더 적극적인 선이 도래해야 한다.

18　Dews, *The Idea of Evil*, 171.

　　　　　　　3부 절정 I: 역사의 심판 너머에서 도래하는 내면성의 정의

전쟁의 소용돌이 속에서도 피어오르는 비-폭력의 평화

평화의 문제를 다루면서 레비나스는 전쟁과 폭력의 파악하기 위해, 이미 쟁점화했던 자유의 문제를 다시 경유한다. 앞서 언급했듯이 모순을 내포한 자유, 즉 절대적으로 자의적인 것처럼 보이지만, 자유롭지 못한 부분에 종속된 유한한 자유는 전쟁과 폭력을 제대로 설명하지 못한다. 이런 설명의 부재가 하이데거에게서 나타난다.

> 유한한 자유라는 개념에 의미를 부여하는 것이 바로 시간이다. 시간이 뜻하는 것은 바로, 죽을 수밖에 없는 — 폭력에 바쳐진 — 존재의 모든 실존이 죽음을 향한 존재가 아니라 '아직 아님'이라는 사실이다. 이 '아직 아님'은 죽음에 대항하는 존재 방식이다. 피할 수 없는 죽음의 다가옴 가운데에서도 죽음에 대하여 물러남이다. 전쟁의 와중에 우리는 죽음에서 멀어지는 자에게, **당장은** 완벽하게 실존하는 자에게 죽음을 가한다. 존재를 그의 죽음으로부터 분리시키는 시간의 실재, 죽음에 대하여 진지를 구축하는 존재의 실재가 이렇게 전쟁 가운데에서 인식된다. (199/335)

여기서 유한한 존재는 시간과 관련한다. 즉 레비나스는 자기 원인처럼 보이지만 자기 원인이 아닌, 어떤 형태로건 자유롭지 못한 채로 영위되는 유한한 자유의 근본적인 형태를 자기 시대의 하이데거에게서 본다. 아마도 하이데거의 죽음을 향한 존재는 시간상에서 유한한 존재를 탁월하게 기술한 것일지도 모른다. 또한 죽음에 앞질러 달려가면서 역설적으로 현존재의 자기-초월로서의 자유가 성취된다고 본 하이데거의 자유 개념은, 어떤 한계 안에서 자신의 존재 가능성을 발견하는 사유의 도식을 잘 보여 준다.

하지만 레비나스의 관점에서 인간은 죽지 않으려고 발버둥 치면서 자기를 향해 오는 죽음에서 물러나려고 하지, 하이데거가 강조했던 것처럼 지금 여기서 죽음을 선취하려고 애쓰지 않는다. 생각해 보자. 내가 죽음을 선취한다고 해서 실질적으로 죽음을 성취하고 경험할 수 있는가? 그렇지 않다. 죽음은 여전히 신비이고, 미지의 영역이자 공포의 대상으로 남는다. 여기서 레비나스와 하이데거의 극명한 차이가 다시금 나타난다. 하이데거에게 인간은 죽음을 향한 존재이며, 내가 죽음을 아직 아닌 것으로 받아들일 때 나는 여전히 현존재의 비본래적 존재 방식에 머무는 것이 된다. 오히려 내가 죽음에 직면할 때, 내가 지배할 수 없는 죽음이라는 절대적 사건 앞에 나는 겸허해지면서 나의 유한한 자유에 이르게 된다. 이처럼 하이데거에게 죽음은 예측할 수도 없고, 내가 외면할 수도 없는 것이다. 반면 레비나스에게 죽음은 내가 예측할 수 없지만, 최대한 외면하고 거부하고자 하는 어떤 것, 내가 맞서고 대항해야 하는 것이다. 이런 점에서 하이데거의 죽음은 다소간 낭만적인 반면, 레비나스에게 죽음은 처절한 것이고, 피해야 하는 것이다.

심지어 인간은 죽음의 사태가 도처에 산재한 전쟁 상황에서 죽음을 반성하기보다 일단 그 죽음에서 멀어지고자 노력할 것이다. 이 과정에서 나는 급기야 죽음에서 멀어지고자 하므로 폭력에 굴종할 수도 있다. 왜냐하면 어떤 경우에는 타자에게 폭력을 가해야 총탄이 오가는 그 절박한 와중에 갑작스레 들이닥칠 죽음으로부터 멀어질 수 있기 때문이다. 이런 점에서 **"전쟁은 자신의 죽음을 연기하는 존재가 폭력에 바쳐질 때만 생산될 수 있다"**(200/337, 강조는 필자). 말하자면, 전쟁은 나의 죽음을 지연하려고 인간이 자신을 폭력에 바칠 때 나타난다. 이때 폭력이 적으로서의 타자를 향한다는 사실에는 이론의 여지가 없을 것이다. 즉 전쟁은 적으로서의 타자를 향한 자기-초월이며, 이 자기-초월은 죽음을 연기하고 삶을 연장하려는 의지에 있다. 레비나스의 이 말은 그의 전쟁과 폭력에 대한 견해를 이해하는 데 있어 가장 중요하고 결정적인 말이다. 극단적인 경우, 우리는 내가 살기 위해서라는 미명 아래 폭력에 봉사할 수 있으며, 그렇게 우리는 적을 만들어 낸다. 이때 나는 나의 적에게 폭력을 행사하면서까지 전쟁 상황에서 버텨 내고자 인내하는 의지를 발휘하는 것이지 죽음을 향해 달려가는 것이 아니다. 모아티의 너무나도 적절한 표현대로, "이것이 곧 레비나스에게는 시간적 존재가 하이데거에게서처럼 죽음을 향한 존재가 아니라 무엇보다도 죽음에 **맞서는** 존재로 제시되는 이유이다".[19]

그런데 이 지점에서 레비나스 사유의 역동성이 또 한 번 드러나는데, 그것은 전쟁은 전쟁으로만 있는 것이 아니라 윤리의 개입 가능성에도 열려 있다. 이것은 전쟁이 그 자체로 윤리를 허락한다는 의미가 아니라 전쟁조차도 그 안에서 일어나는 대화를 막지 못하고, 오히려 대화의 사태를 전제하고 있다는 사실을 의미한다. 앞서도 인용했지만 "전쟁은 대화가 가능했던 곳에서만 생산될 수 있다"(200/337).

---

19 Moati, *Événements nocturnes*, 281.

전쟁이 있기 전에도 대화는 있었고, 전쟁도 적대자가 있어야만 가능하므로, 이 대화 가능성 자체를 부정하는 것은 아니다. 오히려 참된 대화라기보다는 전략과 전술 같은 기만적 대화가 넘쳐 나는 것이 전쟁과 정치의 소용돌이이다. 하지만 심지어 그런 전쟁의 계략이 벌어지는 중에 시시각각 발생하는 "폭력(violence)이 대화(Discours)를 중단시키는 것은 아니다. 모든 것이 냉혹하지는 않다"(216-217/362).[20]

즉 교섭이나 투쟁을 위한 대화, 적대적 대화도 언제든 윤리적 대화로 변모할 수 있다. 말하자면 레비나스는 전쟁과 폭력의 와중에도 윤리적 의미를 발휘하는 주체와 타자의 관계가 언제든지 불쑥 등장할 수 있다고 본다. 전쟁 중에도 타인에게 손을 내밀고, 적군인지 아군인지 모를 이방인을 집에 맞이하는 인간들의 관대함을 생각해 보면, 레비나스의 이런 관점은 분명 현실적이다. 인간은 전쟁에 참여하기도 하고, 폭력에 가담하지만, 또한 그런 와중에도 타인에게 도덕적 책임을 수행하며, 폭력에 반하는 행위를 할 수 있다. 이런 역설 또는 모순이 바로 나에게서 일어난다. "전쟁할 수 있는 존재들만이 평화에 이를 수 있다. (…) 전쟁 속에서 존재들은 전체성에 속하기를 거부하며, 공동성을 거부하고, 법을 거부한다. (…) 그 존재들은 스스로를 전체성을 초월하는 것으로 내세운다. 각자가 — 전체 속에서의 자리에 의해서가 아니라 자신의 **자기**(soi)에 의해서 — 자신의 동일성을 확보하면서 말이다"(197-198/332-333).

---

20 여기서 레비나스는 대화를 대문자를 사용하여 Discours로 표현했다. 이는 아마도 윤리적 의미의 대화를 나타내기 위함일 것이다.

　　이렇게 전쟁할 수 있지만, 전체성에 속하기를 거부하는 자기가 타인의 초월에 응답해야 할 위치에 서게 되며, 전쟁의 와중에도 전쟁에 저항하게 된다는 것이 레비나스의 주장이다. 사이먼 크리츨리는 이 상황을 다음과 같이 설명한다. "레비나스에게 명령은 타자의 얼굴, 실로 타자의 얼굴에서 표현된다. 그것은 평화의 상황이 아니라 내가 타자를 죽음으로 밀어 넣는 생과 사의 투쟁에서 표현된다. (…) 타자를 죽이는 순간에도, 그들은 나에게 저항할 수 있고, 심지어 그들이 죽을 때에도 나에게 반항할 수 있다."[21] 나는 이처럼 전쟁과 폭력의 소용돌이 속에 있으면서 환대의 주체성으로 거듭나기를 요구받는다. 이런 점에서 아무런 저항도 받지 않는 폭력은 없다. 왜냐하면 그런 폭력 속에서도 타자는 나에게 말을 걸고 나는 그 말에 의해 자신의 내면에서부터 뒤틀리는 경험을 할 수 있기 때문이다. 이렇게 "폭력은 붙잡을 수 있는 동시에 모든 포획에서 빠져나가는 존재만을" 향하며, 이것이 바로 레비나스가 "폭력을 겪는 존재 속에서의 이 살아 있는 모순(contradiction vivante)"(198/334)을 말한 이유이다. 왜냐하면 인간의 사회적 관계는 폭력 안에서도 그 폭력을 거부하고, 책임으로 응답하는 삶을 가능하게 하기 때문이다. 즉 "말하는 얼굴로서, 얼굴은 언제나 응답을 기다리며, 우리 관계의 종말을 연기하는 시간을 열면서, 말해진 것에 더해진다. [반면에] '전쟁의 폭력'은 이를

21　Simon Critchley, *The Faith of the Faithless*: *Experiments in Political Theology*(London, UK and New York, NY: Verso, 2012), 224-225; 국역본: 『믿음 없는 믿음의 정치: 정치와 종교에 실망한 이들을 위한 삶의 철학』, 문순표 옮김(서울: 도서출판 이후, 2015), 282.

침묵으로 환원하고, 가능한 [관계의] 시간을 끝내 버리고자 한다".[22]
이렇게 존재들은 전쟁 중에 단지 전체성 안에 있는 것이 아니라 이런
전쟁의 폭력적 관계와 윤리적 관계의 가능성에 — 역설 또는 모순
처럼 보이지만 — 함께 속해 있다.

　예를 들어 데이비드 에이어 감독의 영화「퓨리」를 보자. 이 영화
는 제2차 세계대전 말기 '퓨리'라는 이름을 단 미국의 주력 전차 셔면
을 몰며 작전을 수행하는 대원들의 삶과 죽음을 그려 냈다.[23] 이 영
화에서 대원들은 전쟁의 소용돌이 속에 인격과 양심의 말살을 두려
워하면서도 적과 대적하고, 담담히 작전을 수행하고자 한다. 영화 말
미에 대원들은 패배할 것을 뻔히 알면서도 적들로부터 보급선을 지
켜야 한다는 임무를 수행하기로 결심한다. 독일군의 지연을 막으면
서 보급선을 지켜 낼 시간을 벌지만, 단 한 대의 전차로 자신들의 목
숨을 부지하는 것은 불가능한 일이었다. 하나둘씩 대원들은 죽기에
이르고, 대장 컬리어(브래드 피트 분)는 마지막 남은 부대원 노먼(로
건 리먼 분)에게 전차 하부에 있는 해치로 탈출할 것을 명하고, 결국
전사한다. 죽고 죽이는 싸움만 있는 것 같은 냉혹한 전투에서 노먼
역시 새벽에 독일군에게 발각되는데, 여기서 놀라운 일이 벌어진다.
노먼을 발견한 독일군 병사는 빙긋 웃으면서 부서진 전차 하부에 숨
어 있던 그를 보고서도 모른 채 하며 지나가고, 노먼은 시간이 흘러
아군에게 발견되어 목숨을 부지하게 된다. 적어도 이 순간 독일군 병

22　Mensch, *Levinas's Existential Analytic*, 134. 대괄호는 필자 첨가.

23　David Ayer, dir., *Fury*(Columbia Pictures, 2014).

사는 자신에게 타인인 노먼의 얼굴을 마주하고, 그가 죽임을 당할 것을 염려한 것이 아닐까? 전쟁의 소용돌이 속, 폭력이 당연시되는 그곳에서도 그 순간 사람을 살리는 행위, 무력한 얼굴의 명령에 응답하는 일이 벌어진 것이다. 타인을 살린 독일군 병사는 적어도 그 순간 피아식별을 한 것이 아니라 나의 존재에 대한 염려가 아닌, 타인이 죽을 것을 염려하여 윤리적으로 응답하려는 자유로 선함을 성취한다. 독일군 병사는 적어도 그 순간만큼은 나치 이데올로기나 군의 명령에 복종하지 않았고, 자신이 처한 사회적, 정치적 맥락에 의존하여 행동하지 않았다. 그 순간 그는 타인의 '죽이지 말라', '너는 살해하지 말라'는 도덕적 명령에 응답한 책임적 자아로 행동한 것이다. 물론 전쟁의 폭력과 그가 속한 진영은 이런 선함을 가만두지 않을 것이고, 이런 선함이 있은 다음 그는 다시 일개 독일군으로 돌아갈 것이다. 하지만 다시 독일군의 명령에 복종하더라도 도덕적 부름에 응답한 그 순간이 무색해지는 것은 아니다. 이처럼 폭력의 소용돌이 속에서도 선은 여전히 형이상학적 관계 안에서 그 고개를 치켜든다.

이처럼 레비나스는 얼굴의 초월이 폭력이 아닌 윤리적 응답을 자유에 부과할 수 있다고 믿는다. "그러므로 자유가 타인의 초월을 설명하는 것이 아니라, 타인의 초월이 자유를 설명한다. (⋯) 초월은 부정적으로 묘사되는 것이 아니라, 살해의 폭력에 대한 얼굴의 도덕적 저항 속에서 긍정적으로 나타난다. 타인(Autrui)의 힘은 이제부터 이미 도덕적이다. 자유는, 비록 전쟁의 자유라 하더라도, 전체성 바깥에서만 나타날 수 있다. 그런데 이 '전체성 바깥'은 얼굴의 초월에 의해 열린다"(201/337). 얼굴의 초월을 따라서 나의 자유는 내 삶만을 돌보고, 폭력을 불사하면서까지 내 죽음의 시간을 연기하려는 것을 넘어 타인의 죽임당함을 염려하고, 타인이 죽지 않도록 돌보는 데 헌신하게 된다.

중요한 것은 바로 이 얼굴에 의해 열리는 초월에서 평화가 가능하다는 것이다. 분리된 나와, 이 나와는 전적으로 다른 자인 타인이 맺는 관계와 다원주의에서 평화가 꽃핀다. 폭력과 전쟁이 벌어지는 와중에도 서로 다른 이들이 맺는 윤리적 관계가 평화 자체이다. "그러니까 평화는, 한편이 승리하고 다른 편이 패배하여 전투원이 없어진 탓에 전투를 멈추는 전투의 종말과 동일시될 수 없다. 다시 말해 평화는 묘지들이나 미래의 보편적 지배력과 동일시될 수 없다. 이 평화는 나의 평화이어야 한다. 평화는 자아로부터 출발해 타자로 나아가는 관계 속에, 욕망과 선함 속에 있다"(283/462). 타자는 언제든지 폭력에 저항한다. 전시 상태건 평시 상태건 상관없이 비참하고 누추한 얼굴로 폭력에 저항한다. 다른 것으로부터 분리되어 홀로 독립해 있는 나에게 그 타자는 가난하고 비천한 얼굴로 말한다. 그리고 그 말에 응답하는 데서 평화가 출현할 수 있다. 이것이 레비나스가 말하는 윤리로 폭력을 무화하는 사태이다. 다시 말해 레비나스에게 평화는 나의 윤리적 책임을 소환하는 적극적 비-폭력인데, 동일자와 타자의 차이, 절대적으로 다른 것과 나의 관계의 다원성을 긍정하는 비-폭력이다. 그리고 이러한 비-폭력의 평화는 그저 이상적인 구호가 아니라 이 땅에서 마주하는 얼굴 대 얼굴의 관계에서 비롯한다. "절대적으로 다른 타자(Autre)가 스스로를 현시하는 얼굴은 동일자(Même)를 부정하지 않으며, 억견이나 권위, 또는 마술과 같은 초

　　　　　　　3부 절정 I: 역사의 심판 너머에서 도래하는 내면성의 정의

자연적인 것이 그렇게 하듯 동일자에게 폭력을 가하지도 않는다. 그것은 맞이하는 자의 척도에 머물며, 지상적 상태를 유지한다. 이러한 현시는 탁월한 의미의 비-폭력이다. 왜냐하면 그것은 나의 자유를 해치는 대신, 자유를 책임으로 부르고 그 책임을 수립하기 때문이다. 비-폭력, 그것은 그럼에도 동일자와 타자의 다원성을 유지한다. 비-폭력이 평화이다"(177-178/300).

이런 구도에서는 내가 더 이상 나의 의지적 요구를 타인에게 강제해서는 안 된다. 나를 타인에 대한 응답과 책임 아래 놓는다는 것은 내가 더 이상 타인의 인정을 타인의 인정을 구하는 존재이기를 그친다는 말이다. 앞서 언급한 것처럼, 전쟁은 나의 의지를 구현하기 위해 타자에게 강제적 요구를 일삼고 폭력을 자행하는 것이다. 하지만 내가 책임의 주체로 서게 되면 나는 인정의 욕구에서 해방되게 된다. 이것이 비폭력의 평화로서 전쟁에 대항하는 한 가지 길일 것이다. 블뢰클이 잘 말한 것처럼, "이로써 우리는 레비나스가 자주 주장한 진정한 평화는 타자의 얼굴에서 온다는 말의 적어도 하나의 의미에 도달하게 된다. 타자의 도래는 주체에게 충격적인 사건일 수 있지만, 그 사건은 주체에게 자유를 약속한다. 그 자유는 더 이상 자기 정당화라는 끝없는 과업에 소모되지 않으며, 불안에 시달리는 불안정 속에서 공격성으로 치닫지도 않는다".[24] 따라서 비폭력의 평화를 가져오는 타인의 명령은 타인의 삶을 보존할 뿐만 아니라 인정 투쟁에 허우적대는 나를 참으로 자유롭게 하는 삶을 가능하게 하는 것이다.

---

24 Bloechl, *Levinas on the Primacy of the Ethical*, 58.

바로 이런 의미에서 레비나스는 자유를 재차 비중 있게 다룬다.

초월과 관련하는 의지와 자유

이런 평화를 가능하게 하는 동일자와 타자의 다원성과 관련해서 또 다른 쟁점이 제기된다. 그것은 완전히 다른 의미의 자유, 특별히 자기 원인으로서의 자유나 유한한 자유와는 다른 자유의 삶을 기술하는 것이다.

레비나스는 타인의 초월을 따라 자유를 재정의하고자 한다. 타인이 나의 자유를 문제로 삼는다고 해서 나의 자유가 무의미해지는 것은 아니다. 앞서 말한 참된 평화는 자유를 무화하지 않는 관계를 기반으로 삼는다. 만일 자유 없는 평화를 말한다면, 그것 역시 레비나스가 보기에는 기만적 평화에 불과하다. 하지만 그렇다고 해서, 기존의 자유 개념을 유지할 수는 없다. 앞서 잠시 언급한 사회계약 안에서의 자유나 정치적 권리의 공동체 안에서 일어나는 자유는 주체의 삶에서 자유를 구체화하기 어렵다. 그런 자유로는 전쟁이나 폭력에도 불구하고 윤리적 책임으로 나의 자유를 실현하는 삶을 해명할 수 없다.

그렇다면 레비나스는 고유한 자유의 의미를 구체적으로 어떻게 사유하는가? 이미 다루었듯이, 참된 "자유는 (…) 전체성 바깥에서만 현시될 수 있는데, 다만 이 '전체성 바깥'은 얼굴의 초월을 따라 열린다"(201/337). 우리는 전체성에 맞서는 자유가 자발적 정신력이나 저항심과 다르다는 점에 주목해야 한다. 단지 내가 전체성에 속하지 않겠다는 자발적 결단만으로 내가 전체성을 극복할 수 있는 것이 아니다. 그것은 그저 마음의 다짐일 뿐, 실제 삶에서는 전체성에 어떤 흠집을 내기 어렵다. 오히려 외부에서 오는 타자가 내면성의 비밀을 간직한 나에게 현현할 때만 나의 참된 자유가 일어난다.

> 인격적 관계의 비대칭성이 지워지는 질서, 자아와 타자가 교류 속에서 상호 교환될 수 있는 질서, 특수한 인간, 즉 유적 인간의 개별화가 역사 안에 나타나서 나와 타자를 대신하게 되는 질서, 이런 질서 가운데 분리가 에워싸이게 된다. 분리는 이런 식의 모호함 속에서 지워지지 않는다. 분리의 자유가 어떤 구체적 형태 아래에서 상실되며, 또 그런 자유가 자신의 상실 속에서도 어떤 의미에서 유지되고 다시 출현할 수 있는지를 이제 보여 주어야 한다. (201/338)

주목해야 할 여러 핵심 논제가 위 인용문에 담겨 있다. 레비나스는 "분리의 자유"라는 표현을 쓰면서, 타인의 초월을 따라 열리는 자유가 기본적으로 분리된 무신론자의 자유임을 명시한다. 이 분리된 자아가 역사와 같은 격량 속에 휩싸일 수 있지만, 그런 혼돈의 사실에도 불구하고 여전히 분리된 자아의 자유는 유지되거나 다시 등장할 수 있다. 대체 어떻게 이런 역동적 사태가 일어나는가? 이 대목에서 레비나스는 자유의 근간이 되는 인간의 의지 문제를 거론하기 시작한다.

여기서도 레비나스는 무신론자의 의지에서부터 참된 의지에 대한 논의를 전개한다. 기본적으로 분리된 자인 나, 곧 무신론자의 의지는 "자기에 대한 자신의 소유나 자신의 안정성을 확보하는 것이다. 무신론에 해당하는 의지는 (…) 자아를 사로잡는 신을 거부하듯 타인을 거부한다"(202/339). 무신론자는 아무런 악의 없이 오직 자신만을 안정적으로 유지하기를 의욕하는 자이다. 그런데 무신론자의 의지는 이러한 타자에 대한 거부를 계속 유지할 수 있는가? 오직 자기 자신만을 고려하면 그러한 거부가 가능할지도 모르겠지만, 무신론자가 자신의 안정성을 유지하기 위해 미래를 준비하는 순간 이러한 거부는 자신도 모르는 사이에 단념된다. 무신론자의 의지는 미래를 준비하며 어떤 것을 생산한다. 무신론자는 자기의 노동이나 소유물을 직·간접적 유통 경로를 따라 타인에게 제공하고, 돈을 받는 식으로 내어 준다. 이렇게 레비나스에게 작품이나 제작물로 통칭되는 나의 생산물은 자신의 손아귀에서 미끄러지며, 타자와의 교류를 맺게 한다.

인간은 자기 삶을 유지하기 위해 실재하는 사물을 만들거나 무형의 재화를 산출한다. 이 과정에서 자신이 만들어 낸 작품 또는 제작물은 내가 아닌 다른 사람들에게 맡겨진다. 이미 앞서서도 레비나스는 다음과 같이 이러한 삶의 특성을 향유와 돈과 관련해서 언급한 바 있다. "소유권만이 향유의 순수한 성질 속에 영속성을 수립하지만, 이 영속성은 돈에 반영된 현상성 속에서 즉시 사라져 버린다. 재산, 사고파는 상품, 이런 것으로서의 사물은 귀속될 수 있고 교환될 수 있는 것으로, 따라서 돈으로 바뀔 수 있는 것으로, 돈의 익명성 속으로 흩어질 수 있는 것으로 시장에 드러난다"(136/239). 이런 식의 과정을 거치는 가운데 "타자는 내게서 내 작품을 빼앗을 수 있고, 그것을 취하거나 구입할 수 있으며, 그렇게 해서 내 행동 자체를 좌우할 수 있다. 나는 부추김에 노출된다. 작품은 내게서 처음 만들어질 때부터 이와 같은 낯선 의미부여에 복무한다"(202-203/340).

사태가 이러하다면, 타자에게 의도하지 않게 헌신하게 된 무신론자의 의지는 정말 그 자체로 자기만의 능력으로 온전히 발휘된다고 할 수 있는가? 이것은 분리된 존재인 나의 내면성의 의지가 지닌 한계를 보여 준다. "그런데 자신이 원하지 않았던 역사 속에서의 역할을 의지가 수행하는 이 방식은 내면성의 한계들을 드러낸다"(203/341). 왜냐하면 제작물은 내 손을 떠나 익명적인 사회와 역사의 손에 넘겨져 있으므로 나의 의지가 개입할 수 없는 것으로 운용되기 때문이다. 역사의 흐름 속에서 제작물은 여기저기로 팔려 가거나 다른 여러 맥락 속에 기입되면서 급기야 주체의 의지를 제약하는 것으로 기능하기까지 한다. "역사 속의 의지는 자기의 제작물로부터 해석되는 인물로 굳어지게 되며", 이에 무신론자의 "의지 자체는 타자들에게 마치 사물과도 같은 의미를 지닌 것이 된다"(203-204/342-343).

이 대목을 조금이라도 더 수월하게 이해하기 위해 좀 통속적인 예를 하나 들어 보자. 한 음악가는 앨범을 만들면서 자기만의 독창적인 음악성을 한 곡의 작품에 어렵게 녹여낸다. 그런데 대중적인 인기를 얻고, 그 인기를 기반으로 삼아 다음 앨범을 내기 위해 그 음악가는 자신이 원하지 않더라도 기획사에서 권유하는 조금 더 듣기 편한 음악을 앨범 트랙에 담을 수 있다. 결국 음악가 자신이 공을 들이고 애착을 갖는 곡이 아닌 기획사에서 권유한 다른 곡이 앨범 발표 후

인기를 얻게 되고, 음악가의 음악성은 대중이 선호하는 바로 그 곡을 통해 해석되고 평가되는 경우를 우리는 얼마든지 알고 있다. 이때 나의 의지는 익명적 시장과 역사 속에서 나 자신의 본래 의욕을 배반하는 결과를 낳는다. 이러한 레비나스의 생각은 「자아와 전체성」에서 이미 나타난 바 있다.

> 따라서 의지는 의지 자신의 원함의 완전한 의미를 쥐고 있지 않다. 비록 의지가 원함의 주체로서 자유롭다고 해도, 의지는 의지를 넘어서는 운명의 노리개이다. 타자들이 의지에게 주는 예측할 수 없는 의미를 의지는 의지의 행위를 통해 운반한다. 운명은 이 결정에 앞서지 않고 이 결정 뒤에 있다. 다시 말해 운명은 역사이다. 의지는 역사로 들어가는데, 왜냐하면 **의지는 자기 자신과 분리되면서 존재하기** 때문이다. (⋯) 이 역사의 명백한 불의는 의지에게서 의지의 행위를 빼앗을 가능성에 있다.[25]

물론 무신론자의 의지가 타자들에게 자신을 내어 주고 자신의 의욕을 단념한 채로 만족하는 데 그치지는 않을 것이다. 어떤 식으로건 의지는 자신에게 충실하게 자기 의욕을 구사하고자 애쓸 것이다. 역사에 원치 않게 내맡겨지면서도 여전히 무신론자는 자신의 내면을 지키려고 한다. "그렇지만 의지가 제작물과 분리되는 가운데, 또

---

25 Emmanuel Levinas, "Le Moi et la totalité"(1954), in *Entre nous: Essais sur le penser-à l'autre*(Paris: Éditions Grasset & Fasquelle, 1991), 41-42; 국역본: 「자아와 전체성」, 『우리 사이: 타자 사유에 관한 에세이』, 김성호 옮김(서울: 그린비, 2019), 53-54.

　　　　　3부 절정 I: 역사의 심판 너머에서 도래하는 내면성의 정의

의지가 실행되는 가운데 의지를 위협하는 가능한 배반 속에서, 의지는 이 배반을 의식하고, 그럼으로써 이 배반과 거리를 둔다. 이렇듯, 자기에 충실하기에 어떤 점에서 의지는 불가침의 것으로 남으며, 자신의 고유한 역사에서 빠져나와 스스로를 갱신한다. (…) 이렇게 해서 의지는 충실성과 배반 사이를 움직이는데, 이 동시적인 양자가 의지력의 근원성 자체를 기술한다"(207/347-348).

레비나스는 이러한 의지의 이중성 내지 양면성을 기반으로 삼아 무신론자의 의지를 이해하되, 기본적으로 이 의지가 신체로 나타난다는 점을 잊지 말아야 함을 역설한다. 왜냐하면 실제 삶에서 의지의 표현은 언제나 세계에 자리를 잡고 있는 신체를 통해서 드러나는 것이기 때문이다. 즉 레비나스가 이미 2부에서 언급했듯이, "신체로 있다는 것은 시행된 일들 가운데에서도 시간을 갖는다는 것이고, **타자** 안에서 살아가면서도 **나 자신**이 된다는 것이다"(90/166). 즉 타자에게 넘겨짐으로써 배반된 나의 의지가 그런 배반 가운데 실패하고 좌절을 겪는 것도, 그러면서도 나를 나로서 유지하는 것 모두 내가 신체로 존재함으로 말미암아 이루어진다. 다시 말해 배반의 감정을 느끼며 삶의 무게를 느끼고, 그러면서도 의지를 실행하는 것 역시 단지 그러한 사태들을 의식함을 넘어 신체로 세계를 살아가기 덕분에 일어나는 일인 것이다. 괴로울 때는 눈물을 흘리고, 그 가운데에서도 하루를 살아 내는 것은 고통을 겪고, 감정이 촉발되는 신체-주체인 체화된 존재로서의 자아가 있기에 가능한 것이다. 아울러 지금 열거한 모든 정서는 내가 의도한 것이 아니라 나에게 이질적인 사태로, 나의 의지의 배반에서 일어난 것이다.

아주 단적으로, 일상적인 차원에서 이 점을 얘기해 보자. 향유하는 주체는 먹을거리를 섭취함으로써 포만감을 느끼고, 욕구 충족으로 인한 행복감을 만끽한다. 하지만 내가 아닌 먹을거리로서의 타자들을 섭취하는 가운데 나는 신체적으로 나와 이질적인 것을 내 안에 들임으로써 다른 것에 의존하며 실존하게 된다. 이때 의존성은 단지 타자를 먹는다는 사실에서만 비롯하는 것이 아니라 그것이 내 안에 고통을 일으킬 수도 있고, 내게 질병을 줄 수도 있다는 사실에서 비롯한다. 나는 의지적으로 음식물을 섭취하지만, 내가 섭취한 것은 나의 건강하게 살려는 의지를 배반한다. 그러면서 나는 건강한 몸을 되찾고자 좋은 음식물을 찾으며, 타자를 나의 지배 가운데 둠으로써 자기 자신의 삶을 유지하는 데 충실한 삶을 살고자 한다. 이는 의지가 단지 순전히 정신력이나 마음 상태가 아니라 멘쉬의 표현대로 "체화된 의지"라는 사실을 잘 보여 준다.[26] 이렇게 레비나스에게 의지는 신체적 의지이고, "의지의 신체성은 에고이즘의 구심적 운동 속에서 타자들에게 스스로를 노출시키는 자발적 능력이라는 이 애매성으로부터 해석되어야 한다"(206/345)라는 사실을 잘 고려하자.

이런 체화된 의지를 염두에 두는 가운데 레비나스는 우리가 고통을 겪는 신체로 있음이라는 사실 탓에 삶의 의지를 위협받는 상황에 대해 반성한다. 많은 경우 "고통 속에서 의지는 병으로 망가진다. 두려움 속에서 죽음은 여전히 미래적이며, 우리로부터 떨어져 있다. 반대로 고통은 의지를 위협하는 존재의 극단적 근접성을 의지 속

---

26 Mensch, *Levinas's Existential Analytic*, 131.

3부 절정 I: 역사의 심판 너머에서 도래하는 내면성의 정의

에서 실현한다"(215/360). 신체로 있음이라는 사실 그리고 이 신체와 더불어 의지의 배반과 의지의 자기에 대한 충실성이라는 양면성이 신체-주체에게는 죽음보다 더 강하게 나를 압박하는 고통 속에서 구체적으로 체험된다. 왜냐하면 죽음은 대체로 아직 아닌 것으로 남아 있지만, 현재의 고통은 미래의 시간을 예비하려는 현재의 의지 자체를 무력하게 만들기 때문이다. 곧 이런 의미에서 "의지의 최고 시련은 죽음이 아니라 고통이다"(216/362). 하지만 의지는 이렇게 나를 지금 여기서 무력하게 만드는 고통에 저항한다. 그렇게 나는 그 고통스러운 현재의 순간을 참아 낸다. 레비나스는 이를 **"인내"** 또는 **"감내하는 수동성"**(216/361)이라고 부른다.

레비나스는 이 인내를 더 극한의 상황에 적용하는데, 유한한 자유로 명명되어 온 자유 개념을 재검토하면서 자유의 토대인 인간 의지의 근본적 본성을 다시 기술하고 있다. 그는 타자에 의해 의지가 배반당하고, 그러면서도 자기를 존속하고 삶을 살아 내는 의지, 결국 인내하는 의지를 무신론자이면서 윤리적인 자아의 의지라고 본다. 이렇게 하는 와중에 레비나스는 다시 이를 전쟁과 폭력의 상황에 적용하는데, 이는 "폭력을 겪는 존재 속에서의 이 살아 있는 모순"과 마주하는 의지를 기술하기 위함이다.

폭력이나 전쟁과 같은 극단적인 상황에서도 인간은 고통을 인내하는 의지로 감내한다. 이러한 감내하는 삶은 더 나은 삶, 또는 최소한 지금의 삶이라도 유지할 내일이 있을 것임을 암묵적으로나마 기대하기 때문에 비로소 형성된다. 전쟁의 폭력은 잔혹하다. 하지만, 비록 원치 않는 상황에서 어쩔 수 없이 벌어지기는 하나 "폭력은 인내함 속에서 용인될 수 있는 것으로 남는다"(217/362). 폭력에 꺾이지 않을 정도로, 의지는 나의 신체로 말미암아 인내라는 방식으로 실행된다. 그리고 이것이 미래를 담보한다. 그런데 이 미래는 비단 나의 삶만으로 이루어지지 않을 것이다. 그것은 내가 알지 못하는 타자와 함께 열릴 수 있다. 폭력과 전쟁은 너무나도 위협적이다. "그렇지만 인내 속에서의 의지가 **누군가에 대항하는** 삶, **누군가를 위한** 삶으로까지 옮겨 간다"(217/363).

이렇게 레비나스는 의지가 단지 나의 죽음만을 연기하는 데 이바지하는 것이 아니라 타인을 위한 염려로 새로이 드러난다는 점을 보여 주려 하면서 재차 하이데거와 대결한다. 레비나스에게 모순이 깃든 삶 속에서의 자유는, 이를테면 하이데거처럼 죽음을 향한 존재의 유한한 자유처럼 쉽게 이해될 수 있는 것이 아니다. 그가 보기에 하이데거는 삶의 치열한 하루하루를 모두 건너뛴 채 너무 빨리 죽음 — 실제 지금 딱히 경험할 수도 없는 나의 소멸 — 으로 달려가고 말았다. 죽음 이전에 삶의 고통이 있고, 이와 같은 사실은 무신론자로서 내가 행복의 자아로 정립되었음에도 불구하고 여전히 내게 들러붙어 있다. 타자에 의해 침해당한 나의 의지는 고통을 감내하면서 현실을 살아 낸다. 이러한 고통받는 나는 나의 체화된 의지와 더불어 미래를 내다본다. 즉 내가 전쟁 가운데 있고, 폭력이나 질병의 고통 가운데 있더라도 "인간의 자유는 미래에(à venir), 늘 아직 최소한인 미래에, 자신의 부자유로부터의 미래에, 의식 속에 거주한다. (…) 자유롭다는 것은 폭력의 위협 아래 자신이 떨어지는 것을 예방하기(prévenir) 위한 시간을 가짐이다"(214/358-359). 이렇게 가지는 시간이 바로 나의 인내일 것이며, 이 속에서 나의 "수동성은 안간힘을 다해 행위와 희망으로 변화한다"(216/361).[27]

　　더 나아가 타인의 초월은 바로 이런 인내와 행복을 기대하며 온 힘을 다해 현재를 견디는 치열한 삶 가운데에서 일어난다. 수동성의 인내를 행복한 순간으로 바꾸고자 하는 그런 순간에 나의 예측과 달리 타인이 내게 현현한다. 이때 나의 미래는 나의 새로운 날의 도래이자 나의 행복을 위한 삶의 도래이면서 타인이 미래인 시간으로 변화할 수 있다. 멘쉬의 멋진 표현대로, 바로 이런 방식으로 "그는 나의 미래가 된다".[28] 타인이 내게 어떤 책임을 요구할 때, 미래를 준비하던 나의 의지는 타인을 위한 삶으로 이행되는 가운데 참된 자유의 의지로 실행된다. 이것이 바로 레비나스의 의지에 대한 탐구가 당도한 지점이다. 한편으로 그는 우리의 삶의 고단함과 폭력 및 전쟁 상황에서의 삶의 의미를 설명할 수 없는 '유한한 자유'라는 자유 개념을 극복하고자 했다. 다른 한편으로 레비나스는 나의 삶과 나의 의지로 준비하는 나의 미래가 타인의 미래로 바뀔 때, 그것이 어떤 조건과 삶

27　레비나스는 이 점을 더 크게 강조하여 기술하지 않았지만, 내가 현재의 고통을 인내하며 미래를 내다본다고 할 때, 더욱 치밀하게 현상학적으로 기술해야 할 것은 희망이 아닐까? 이것이 바로 우리가 레비나스 이후 또 다른 탁월한 현상학자로 한 시대를 풍미한 장-루이 크레티앙에 주목해야 할 이유가 될 것이다. 이를테면 희망에 대해 그는 이렇게 말한다. "오도된 정념, 가상을 발생시키는 정념과는 별개로, 희망은 우리 존재의 핵심 자체를 형성한다. 이것이 우리의 인간성을 미래로 정의하고, 우리의 존재를 타자(Autre)와의 관계로 만드는 것이다." Jean-Louis Chrétien, *L'inoubliable et l'inespéré*(Paris: Desclée de Brouwer, 1991; Nouvelle édition augmentée, 2000), 159.

28　Mensch, *Levinas's Existential Analytic*, 143. 또한 나중에 다루겠지만, 부모와 사식의 관계에서 아이는 나의 미래가 된다. 이것이 『전체성과 무한』의 4부의 핵심 내용 중 하나이다.

의 방식 가운데 바뀌는 것인지를 구체적으로 보여 주고자 했다.

　요컨대 타인은 하늘에서 그저 떨어지는 것이 아니다. 레비나스에게 타인과의 만남은 지금까지 살펴본 것처럼, 주체성의 복잡다단한 삶 가운데에서, 내가 신체로 딛고 서 있는 대지의 터전과 그 터전에서 이루어지는 삶의 현장에서 이루어진다. 이때 나는 시간의 인내를 배운다. 나의 신체적 주체는 폭력의 현재 속에 순응하지도 않고 역사의 영웅이 되려고 하지도 않는다. 오직 타인의 에피파니로 인해 나의 자유를 타인을 위해 감내하는 인내의 수동성을 함축하는 의지의 변형이 이루어진다. 에마뉘엘 우세의 다음과 같은 말은 이런 레비나스의 의지의 자유를 가장 잘 이해한 언급처럼 보인다. "따라서 인내는 세계에 사로잡힌 존재의 체념도 아니고, 역사를 초월한 존재의 추상적 결단도 아니다. 오히려 그것은 폭력의 시련이 자유의 시련으로 전환될 수 있는 장소이다. 나는 현재에 복종하거나 도피하지 않으면서, 폭력의 상황 속에서도 자유로움을 유지하는 법을 배운다."[29] 실제로 레비나스는 이렇게 말한다. "이 궁극적인 수동성이 절망적으로 행위와 희망으로 전환되는 이 상태 — 그것이 바로 **'인내'**이다. 그것은 고통을 감내하는 수동성이면서 동시에 지배의 형태이다. 인내 속에서는 몰입 속에서의 이탈이 이루어진다 — 역사를 초월하여 관조하는 무감각도 아니고, 그 객관적 가시성 속에 되돌릴 수 없이 몰입하는 것도 아니다. 두 입장이 융합된다"(216/361). 전쟁과 폭력, 고

29　Emmanuel Housset, "Patience et enigme selon Emmanuel Levinas," *Discipline Filosofiche* 24:1 (2014), 61.

통의 소용돌이 속에서 형성되는 인내는 그러한 고통을 감내하는 가운데 희망과 행위로 나아가는 것이다. 아마도 레비나스에게는 이것이 지극히 현실적인 의미에서 의지의 실현이었을 것이다. 내가 고통 속에서 초연한 채로 있는 것은 자기-기만일 수 있고, 인간 자아가 아픔과 수동적 상태에서 허우적대는 채로만 있는 것도 아니다. 다시 한 번 레비나스의 의지의 인내에 관한 우세의 해명을 보자. "『전체성과 무한』의 이 페이지들에서 우리는 조용한 인내, 즉 세계로부터 거리를 두고자 하는 자의 평온한 고요함과는 정반대의 지점에 위치하고 있음을 분명히 알 수 있다. 모든 사건은 그것 자체가 하나의 위기이며, 이는 바로 현상성의 본질이기 때문에, 레비나스는 불안하고, 연약하며, 유한한 인내를 보여 줄 수 있었다. 이러한 인내는 동시에 부정을 향한 의지에 대한 최후의 저항이며, 삶을 내어 줄 수 있게 하는 몰입과 이탈의 역동적 결합이다. 증오와 그로 인해 발생하는 고통으로부터 완전히 도피하는 것은 절대적으로 불가능하다. 그럼에도 불구하고, 타인을 위해 버티는 것, 그를 위해 고통받을 가능성은 여전히 남아 있다."[30] 나는 이보다 더 해당 주제를 잘 표현한 말을 아직 보지 못했다.

역사의 법정 너머에 있는 신의 심판

여기서 레비나스는 다시 심판의 문제, 소위 역사의 심판이나 이런 의미를 덧입은 현실 세계의 심판과는 다른 종말론적 심판의 의미를 개

---

30 Housset, "Patience et enigme selon Emmanuel Levinas," 62.

입시킨다. 레비나스의 관점에서 역사의 심판이란 심판하는 자와 심판을 받는 자가 모호해진 채로 남는, 곧 유예된 의미의 심판을 가리킨다. 직접적으로 물어보자. 역사의 심판은 대체 언제 이루어지는가? 알 수 없는 종말의 때에 이루어진다면 그 심판은 사실상 신학적 의미의 심판이 되고 만다. 만일 심판이 역사의 특별한 시점에, 혹은 지금 이루어진다면, 심판하는 자를 대리할 누군가가 필요할 것인데, 통상적인 사회에서는 그 심판의 대리자 역할을 대체로 법정이 맡는다. 하지만 이때 심판은 사법적인 차원에서 어느 정도 유효하게 성취되긴 하겠지만, 이렇게 되면 역사의 심판은 사법적 요구조건 아래에서의 심판이라는 의미로 축소되고 만다. 이를테면 사법적 차원에서 증거와 증인 수집이 불가능한 일은 심판의 대상에서 벗어나게 되지 않겠는가? 사법적 체계의 공정성은 어떻게 담보할 것인가? 법적 영역이 정치적 혼돈과 뒤섞이면 온전한 심판이 가능할까? 이런 점에서 법이 매번 정의에 이르는 것은 아니며, 법이 도덕을 대체할 수 있는 것도 아니다. 역사의 심판이라는 이름으로 벌어지는 심판은 대개 이런 식으로 이루어지며, 여기에 우리의 미래를 맡길 수 있는지 우리는 의심해야 한다. 이런 식의 심판이 횡행하게 되면, "자유는 법들이 기입된 석판에 새겨진다. 자유는 제도에 의거해서만 현실에 작용할 수 있다. 자유는 법이 새겨진 석판에 아로새겨지며, 제도적 존재의 각인을 통해 존립한다. 자유는 파괴될 수 있으나 지속적인 기록인 문서에 의존하며, 그 문서를 통해 인간을 위한 자유가 인간의 영역 외부에

보존된다"(219/366).[31]

그런데 내가 아닌 법률이나 제도가 나의 자유를 보존한다면, 이 자유가 과연 주체의 자유인 것인가? 그것은 그저 법이나 제도적 문서에 종속된 자유일 것이다. 그래서 레비나스는 근원적 심판의 의미를 다시 주체의 삶과 자유로 옮기고자 한다. "심판은 심판 속에서 자신을 변호하고, 이런 변론을 통해 자신의 재판에 참여하며, 일관된 대화의 전체성 속에 사라지지 않는 의지에 대해 이루어져야 한다"(220/368). 반면에 역사는 이 의지를 죽은 의지로 만들어 버릴지 모른다. 앞서 사법적 체계로 전환된 역사의 심판을 언급했다. 법정이 마련될 때까지 연기되고, 또 법이 도덕을 모두 반영하지 못하므로 정의는 다시 연기되는 심판 말이다. 레비나스는 이것을 결국 제도로 환원된 역사로 이해한다. "인간의 자유는 인간 자신의 배반을 피해 제도들로 피신한다. 역사는 종말론이 아니다"(219/366). 또한 "객관적 심판은 이성적 제도들의 실존을 따라 선언된다. (⋯) 객관적 심판은 의지를 객관적 의미작용으로 환원하는 보편적 법들에 주체적 의지를 복종시키는 데서 성립한다. 죽음의 연기 또는 시간이 의지에 남겨둔 유예 속에서, 의지는 제도에 자신을 의탁한다. (⋯) 이로써 의지는, 마치 죽은 것처럼, 마치 자신이 유산에 의해서만 의미를 부여하는 것처럼 그렇게 현존한다"(219/366-367).

도덕성을 향한 의지이건, 정의를 향한 의지이건, 삶을 견디며 현

31　"이 지점에서 레비나스는 (⋯) 객관적 자유에 대한 헤겔의 설명으로부터 거리를 두기 시작한다. 그는 헤겔이 상정하는 주체성 개념으로 돌아가, 그것의 자율성에 관한 가정을 그 극단적 이질성의 가정으로 대체함으로써 그렇게 한다." Caygill, *Levinas and the Political*, 125.

재나 미래의 심판을 위해 의지가 자신을 제도에 맡긴다고 가정하자. 이렇게 되면 주체성의 의지, 살아 있는 나의 삶의 의지는 실은 나의 주체적 삶과는 무관하게 작동하게 되는 것일지 모른다. 왜냐하면 나의 의지는 제도의 보증 아래에서만 정당화되기 때문이다. 조금 더 강하게 말하자면, 나의 의지는 사법적, 정치적 체제에 종속된 방식으로만 긍정될 것이다. 이 경우 제도와 역사는 인내하며 내일을 예비하는 의지의 꿈틀거림을 뒷받침하기보다는, 심판의 무기력함을 확인시켜주는 계기들일지 모른다. 레비나스는 이처럼 기껏해야 역사와 법정에서 3인칭으로 호명되는 의지가 아닌, 나의 의지로서 1인칭의 의지가 작동하는 심판을 제기한다.

역사의 심판은 항상 궐석 재판으로 선고된다. 이 판단에 의지가 부재한다는 것은 의지가 오직 3인칭으로만 그곳에 나타난다는 점에 있다. 의지는 이미 그 유일무이함과 시작의 자세를 상실하고, 이미 말할 능력을 상실한 간접적 대화처럼 이 대화에 등장한다. 1인칭의 말, 즉 직접적 대화는 보편적 심판의 객관적 지혜에는, 또는 그 심판이 행하는 조사의 단순한 자료에는 무용한 것이다. 그런데 이런 직접적 대화는 바로, 더 이상 어떠한 덧붙임도 허용하지 않는 것 — 보편적 지혜의 대상 — 에 덧붙여지는 자료를 끊임없이 가져오는 데서 성립한다. 그러므로 이러한 말은 심판의 다른 말들과 뒤섞이지 않는다. 이 말은 의지를 의지의 소송에 출두시키며, 소송의 변호로 생산된다. (…) 자기와 맺는 자신의 관계에서 자신을 온전히 유지하기 위해서는, 주체

성이 변명을 넘어 자신의 심판을 의욕할 수 있어야 한다. (220/367-368)

심판이 신학적 선언이나 정치 구호로 전락하지 않고 특정 시점에서 그 심판의 효력을 발휘하고자 한다고 해도 역사라는 모호한 체제 아래 주체의 의지는 자료의 형태로만 살아 숨 쉰다. 나의 자기-변호, 의지적 변호는 서류나 자료의 형태로 대체되고, 나를 대신하는 다른 매개체 — 언론, 법적 대리인 등 — 에 힘입어서만 이루어진다. 이것이 언론을 활용한 여론전의 형태로 진행되건, 아니면 법정의 평결 형태로 진행되건 간에 나의 의지는 그렇게 특정한 자료와 매개 속에 힘을 잃는다. 이런 여러 형태의 장치에 의존한 변호 형태를 넘어서야만 내가 나의 의지로 자기에게 충실하게 된다. 그런데 이런 넘어섬은 어떻게 일어나는가? 레비나스에 의하면, 자기 의지에 충실하도록 나의 심판을 그런 역사적 문서나 제도에 맡기지 않고 내가 오롯이 감당하게 만드는 참된 의미의 소환이 필요하다. 그것이 바로 타인의 보이지 않는 명령, 나의 시선이나 제도적 매개로 환원되지 않는 비가시적 말의 건넴이다.

역사가 최종적인 판단의 권리를 갖지 않도록 하기 위해서는, 보이지 않는 것이 드러나야 한다. 역사의 심판은 필연적으로 주체성에 대해 부당하며, 불가피하게 잔혹하기 때문이다. 그러나 보이지 않는 것의 드러남은 그것이 단순히 가시적인 것으로 전환되는 것을 의미하지 않는다. 보이지 않는 것의 현현은 명증성으로 환원되지 않는다. 그것

은 주체성에게만 허락된 선함 안에서 발생하며, 주체성은 단순히 심
판의 진리에 복종하는 것이 아니라, 오히려 그 진리의 원천이 된다.
(222/370-371)

이렇게 레비나스는 역사라는 형태로 이루어지는 심판 말고, 내
가 직접 직면하게 되는 심판을 되살리고자 한다. 이 심판은 나에 의
해서, 내 안에서의 심리(審理)로 이루어지는 것이 아니라 외부의 심
판적 명령을 따라 일어난다. 이러한 심판의 사건을 일으키는 것이 바
로 윤리적 명령을 수반하는 타인의 얼굴의 현현이다. 이 얼굴의 명
령은 언제나 나에게 어떤 책임을 요구한다. 레비나스에 의하면, 가
장 근원적으로는 살해하지 말라는 명령, 더 적극적으로는 홀로 죽게
내버려두지 말라는 명령, 곧 내가 살 수 있게 먹을 것을 주고, 돌보라
는 요구가 얼굴의 보이지 않는 계시로부터 나온다. 이 책임의 요구로
나를 소환함이 심판이며, 타인이 이 심판으로 나를 부를 때마다 내
가 그 심판대에 세워지는 것 자체가 종말론적인 것이다. 서문에서 레
비나스가 이미 언급했던 것처럼, "중요한 것은 최후의 심판이 아니
라, 살아 있는 자들을 심판하는 시간의 매 순간마다 행해지는 심판이
다"(xi/10). 이러한 종말론적 심판에는 역사의 심판과 같은 유예나 연
기가 없고, 또한 알 수 없는 미지의 끝이나 목적도 없다. 다만 매 순간
제기되는 책임의 요구가 있을 뿐이다. 이러한 심판은 계속 일어날 수
있으므로, 나의 책임 역시도 자꾸만 늘어나게 할 것이다. 이 점을 레
비나스는 다음과 같이 짚어 낸다.

심판이 내게 응답하라고 독촉하는 만큼, 심판이 내게 부과된다. 진리는 독촉에 대한 이 응답 속에서 이룩된다. (…) **책임의 무한은 그 현실적 광대함을 표현하는 것이 아니라 자신이 떠맡는 데 따라 늘어나는 책임의 증대를 표현한다.** 의무들은 성취됨에 따라 커진다. 내가 나의 의무를 더 잘 성취할수록, 나는 더 적은 권리들을 갖는다. 내가 더 정당할수록 나는 더 죄가 있다. 향유 속에서 우리가 보았던 자아는, 자신의 실존이 그 둘레를 맴도는 중심을 따로 ─ 그 자체로 ─ 가지는 분리된 존재로 출현한다. 자아는 이 중력을 자신에서 비우는 가운데 자신의 특이성 속에서 확증된다. 자신을 끝없이 비우며, 자신을 비우는 바로 이 끊임없는 노력 속에서 자아가 확증되는 것이다. 우리는 이 노력을 선함이라고 부른다. 책임의 이러한 넘쳐흐름이 생산되는 우주의 한 지점의 가능성이, 아마도 이 가능성이 결국 자아를 규정할 것이다. (222/371)

여기에 레비나스가 적어도 『전체성과 무한』에서 내세우는 책임의 의미가 잘 드러나 있다. 타인의 얼굴이 내게, (향유의 주체의 삶을 고려하면) 내가 나의 삶을 보존하는 거처인 나의 집의 문을 열고 나에게 도움을 요청할 때, 나는 그 타인 앞의 심판대에 선다. 이 심판대에서 내가 선하다는 평결을 얻기 위해서는 다름 아닌 내가 타인의 요구에 책임으로 응답해야 한다. 그리고 그 요구에 적극적이고 긍정적으로 응답함으로써 책임의 의무를 다할 때마다 나의 권리는 더 작아지게 된다. 나의 집에 타인이 오래 머물수록 내가 내 집과 나의 소유물인 살림살이에 대해 주장할 수 있는 바는 더 작아지는 것과 같은 원리이다. 여전히 나는 분리된 자로 있지만, 나는 나의 집에 보관해 둔 먹을거리와 옷가지를 타인의 요구에 더 많이 응하면 응할수록 더 많이 내놓아야 하고, 이런 식으로 나는 끊임없이 내가 가진 것을 비우는 일종의 자기비움(Kenosis)을 실현한다.[32] 이렇게 자기를 비워 내며, 자기 존재의 무게를 덜어 내는, 자기를 탈중심화하는 이 모든 책임의 노력에 선함이 있다. 즉 자기비움은 타자가 요구하는 선함을 향한 나의 분투이다.[33] 그리고 이 책임의 분투에는 끝이 있을 수 없고, 욕구 충족에서 느끼는 만족감이 있을 수 없다. 욕망은 과잉이며, 선함은 나의 인식 잣대로 가늠할 수 없는 초과요 무한이다. 이 맥락에서 페프르작의 레비나스의 책임과 심판에 대해 해명한 다음과

32 자기비움으로 번역되는 케노시스(Kenosis)라는 말은 신학에서 적극적으로 활용되는 말로써, 신과 동등한 그리스도가 이 땅으로 현현한 특성을 잘 보여 주는 말이다. 예수 그리스도는 신의 자리, 곧 왕으로 있는 자이지만 자기가 가진 모든 권세나 능력이나 지위를 버리고, 낮은 자리에 온다. 왕이 아니라 마치 종처럼 자기를 낮춤으로써 말이다. 필립비인들에게 보낸 편지 2장 6-8절이 자기비움을 이해하는 데 도움을 준다. "그리스도 예수는 하느님과 본질이 같은 분이셨지만 굳이 하느님과 동등한 존재가 되려 하지 않으시고 오히려 당신의 것을 다 내어놓고 종의 신분을 취하셔서 우리와 똑같은 인간이 되셨습니다. 이렇게 인간의 모습으로 나타나 당신 자신을 낮추셔서 죽기까지, 아니, 십자가에 달려서 죽기까지 순종하셨습니다." 레비나스가 말하는 책임의 주체도 이와 유사한 자기비움의 자아이다. 하지만 레비나스의 자기비움에는 전통적 의미의 신학적 색채가 없음을 유념해야 한다. 다만 세속화된 의미의 신학, 이 땅에서 초월을 실현한다는 의미의 윤리적 신학이라고 할 수는 있을 것이다. 실제로, 레비나스는 말년에 가면 다소간 신학적 의미의 케노시스를 긍정하기에 이른다. "고통받는 인간들의 기도는, 신의 고통 혹은 '수난'(Passion)을 덜어 주는 역할을 합니다. 이것이 케노시스일까요? 적어도 제 생각에는, 이는 그것과 매우 가까운 어떤 것입니다. 제가 사용하는 '관념에 도래하는 신'(Dieu qui vient à l'idée)이라는 표현은 신의 생명을 나타냅니다. 신의 내려옴이지요." Levinas, *Transcendance et intelligibilité*, 60.

33 자기비움, 곧 케노시스의 이념을 도입하여 레비나스를 해석한 가장 심도 있는 연구로 다음 책을 참고하라. Renée D. N. van Riessen, *Man as a Place of God: Levinas' Hermeneutics of Kenosis* (Dordrecht: Springer, 2007).

같은 말이 우리의 이해를 도울 것이다. "타인의 시선과 목소리는 나의 무제한적이고 끊임없이 커지는 책임을 발견하게 하고, 그로 인해 나의 고통과 죽음의 의미를 드러냄으로써 침묵과 사려 깊음으로 참된 심판을 표현한다. 이 심판이 요구하는 선과 나의 탓이 있음에 대한 고발은 잘 정돈된 세계의 보편적 정의를 넘어 끝없는 정의로 나를 부른다."[34]

이제 나의 나됨, 자기의 자기성은 향유의 주체가 타자의 부름에 응답하여 자기 집의 문을 열고 책임의 주체로 스스로의 삶을 변호하는 것으로 입증된다. 즉 레비나스가 의도하는 종말론적 심판은 나의 선함을 입증하라는, 바로 그러한 도덕적 입증 부담을 나에게 지우는 것이다. "무한 책임으로의 부름은 주체성을 그 변증론적(apologétique) 자리 속에서 확증한다. 주체성이 지닌 내면성의 차원은 주체의 지위에서 그 존재의 지위로 자신을 데려간다. 왜냐하면 심판은 주체성을 객관적 도덕성의 질서로 편입시키거나 그 속에서 용해시키는 것이 아니라, 주체성에게 그 자체로 깊어짐의 차원을 허락하기 때문이다. '나'라고 말하는 것, 즉 변호를 추구하는 환원 불가능한 독특성을 긍정하는 것은, (…) 책임들에 대한 특권적 자리를 소유한다는 것을 의미한다. 회피할 수 없음. 이것이 자아이다"(223/372-373).

무한한 책임을 나에게 요구하는 타인의 부름은 나를 더욱 심원한 자기로 만든다. 즉 오롯이 타인의 부름에 응답하고 책임을 지는

---

34 Adriaan Peperzak, *To the Other: An Introduction to the Philosophy of Emmanuel Levinas*(West Lafayette, IN: Purdue University Press, 1993), 192.

나로 자기를 입증하고, '책임지는 자인 내가 곧 나이다!'라고 선언하게 만든다. 이때의 자기-변호는 역사나 객관성으로 불리는 어떤 체제나 체계의 평가, 학문이나 기록의 평가에 자기를 변호하는 변증이 아니라 나의 도덕성을 입증해 내는 도덕적 의식이 일깨워진 주체의 도덕적 삶을 증명하기 위한 것이다. 타인 앞에 선 자기가 책임을 회피하지 않고, 그것을 받아 내는 삶이 자아의 삶인 것이다. 향유의 삶은 이렇게 타인의 부름을 따라, 책임의 요구를 따라 책임을 회피하지 않는 주체의 삶으로 전환되기에 이른다. 이런 점에서 "욕구와 의지를 가진 주체성은 지금 그리고 이미 자신을 소유하고 있음을 주장하지만, (…) 내면성의 자원을 향하게 하는 선택으로 인해 변형된 자신을 발견한다"(223/373). 주체를 책임으로 소환하는 타인에 의해 나는 변형된다. 이것은 내면성의 단념이 아니라 내면성, 곧 자기 집, 자기가 소유하고 있는 자원을 타인을 위해 쓰도록 부른다. 내가 나의 존재 보존을 위해 쌓아 둔 소유를 타자에게 내어 주도록 타인은 바로 그렇게 나를 부른다. 이렇게 소유하는 향유의 주체에서 타인에게 나의 것을 주는 책임 주체로의 전환이 나를 선택한 타자에 의해 이루어진다. 이것이 타자로 말미암아 나의 심원함, 심층에서부터 일어나는 내 존재의 변화요, 의지의 진리이자 내면성의 정의의 수립이다. "의지의 진리는 그 진리가 심판 아래로 들어가는 데 있으며, 다만 그런 심판 아래로의 진입은, 무한한 책임으로 부름받는 내면적 삶의 새로운 방향설정 속에 있다. 정의는 유일무이함 없이는, 주체성의 유일무이함 없이는 성립할 수 없다. 이러한 정의 속에서 주체성은 형식적 이성으로서 나타나는 것이 아니라, 개별성으로 자리한다"(224/374).

레비나스에게 내면성의 정의는 대체로 서양 사상에서 말해지듯이, 각자에게 각자의 몫을 법적으로나 제도적으로 어떻게 분배하는가의 문제가 아니다.[35] 더 정확하게는 좋은 분배의 원리나 이를 위한 법적, 제도적 장치는 중요하겠으나 근원적으로 우리가 물어야 할 것은 바로 '내가 정의로운가?'이다. 조금 강하게 표현하자면, 정의의 육화 또는 주체화라고 불러도 좋을 이 요구가 바로 레비나스에게는 일차적인 정의의 원리이다. 정의는 주체성의 문제이고, 내면성의 변형을 통해 드러난다. 나에게 책임을 요구하는 타인 앞에서 나의 정의로움이 문제시되는 것, 그리고 도덕성이 일깨워지는 것이 바로 정의의 시작점이다. 바로 이런 도덕적 심판 가운데 나의, 나에게서 말미암은 정의가 세워진다. "신(Dieu)의 심판 아래 놓인다는 것은 주체성을, 법 너머로의 도덕적 지양에 불러 세워진 주체성을 고양하는 것이다. 이렇게 불려 온 주체성은 진리 안에 있다. 왜냐하면 이 주체성은 그 존재의 한계들을 지양하기 때문이다. 나를 심판하는 신의 이 심판이 동시에 나를 확증한다. 그런데 이 확증이 이루어지는 것은 바로 나의 내면성에서이며, **이 내면성의 정의가 역사의 심판보다 강하다**"(224/375, 강조는 필자).

35　서양의 정의 개념의 요점을 잘 보여 주는 로마 제국의 법학자이자 군인 울피아누스(Gnaeus Domitius Annius Ulpianus)가 제시한 고전적 정식은 다음과 같다. Juris praecepta sunt haec: honeste vivere, alterum non laedere, suum cuique tribuere. "법의 원칙은 이러하다. 명예롭게 살 것, 타인을 해치지 말 것, 각자에게 각자의 몫을 줄 것." Ulpian(Ulpianus), *Rules*, Book 1, in *The Digest of Justinian*, trans. & ed. Alan Watson (Philadelphia, PA: University of Pennsylvania Press, 1985), 2. 울피아누스의 이 경구에 관한 간결하면서도 명료한 설명으로 다음을 참조하라. Nicholas Wolterstorff, *Justice: Rights and Wrongs* (Princeton, NJ: Princeton University Press 2008), 22-26.

왜 여기서 레비나스는 굳이 오해의 소지가 다분한 "신의 심판"이라는 표현을 썼을까? 기본적으로 이 "신의 심판"은 헤겔적 의미의 역사적 심판이나 통념적 차원의 사법적 심판, 더 나아가 전통 그리스도교 신학의 신학적 의미의 심판과도 대립한다. 이 모든 것은 여전히 그 심판의 때를 도무지 알 수 없어 늘 연기되고, 유예되는 추상적 심판을 의미하는데, 사실 "신의 심판"이라는 말도 자칫 그러한 의미를 담을 것 같기에 적절하지 못한 언어 사용처럼 보이기까지 한다. 또한 적어도 현재의 맥락에서 이 표현을 사용한 의미가 분명하게 설명되고 있는 것 같지도 않다. 다만 확실한 것은 적어도 여기서 레비나스가 전통 신학이나 이성적 신학 담론에서 논의되는 전능자나 최고 존재로서의 신과 같은 것을 의도한 것은 아니라는 점이다. 그렇다면 남은 것은 레비나스가 나와 타자의 관계를 재형성하고 재설정하는 것을 뜻하는 말로 도입한 종교의 차원에서 이 "신"의 의미를 이해하는 것이다. 만일 그렇다면, 그는 타인을 신이라고 한 것일까? 하지만 레비나스가 이미 언급했듯이, 타인은 신 자체나 "신의 육화"가 아니다. "타인(Autrui)은 신의 육화가 아니라, 바로 그 얼굴을 통해서 신이 계시되는 높음의 현시이다"(51/106).

분명, 타인은 신 자체가 아니다. 하지만 타인에게서 신의 흔적은 계시된다고는 할 수 있을 것이다. 그것은 신의 직접적 현전이 아니라 신의 부재 가운데 주어진 명령을 뜻한다는 점에서 전통적인 신 관념과 다르다. "신과의 직접적 만남, 이것은 그리스도교적 개념이다. 유대인으로서 우리는 언제나 삼중체이다. 나와 너, 그리고 우리의 심연

에 있는 제삼자. 그분은 제삼자로서만 자신을 드러낸다."[36] 이 말은
비록 유대교적 신-담론을 해명하는 데서 나온 말이기에 『전체성과
무한』에서의 우리의 초점과 약간 동떨어져 있기는 하지만, 그럼에도
우리는 이 말에 기대서 이해를 증진시킬 수 있다. 레비나스에게 신은
직접적 현전의 의미로 말해지지 않는다. 신은 언제나 타인과의 관계
안에서 윤리적 의무와 명령으로 계시된다. 이 점에서 우리는 "신의
심판"이라는 말에서, "신"과 "심판"을 따로 떼어 놓고 볼 것이 아니라
하나의 어구로 해석해야 한다. 즉 레비나스에게 신의 심판은 신이 내
리는 심판이 아니라 우리가 계시로서의 명령에 책임으로 응답함으
로써 나를 입증하는 심판대 위에 선다는 의미를 함축한다. 즉 여기서
중요한 것은 "신의 심판"에서 "신"이 누구인가가 아니라 "신의 심판"이
라는 계시 자체이고, 이 계시 자체가 향해 있는 주체의 주체성이다.[37]

36 Emmanuel Levinas, "Ideology and Idealism," trans.Sanford Ames and Arthur Lesley, in *The Levinas Reader*, ed. Sean Hand(Oxford, UK: Basil Blackwell, 1989), 247. 레비나스의 이 말은 이 스라엘 니르 에치온에서 열린 '유대교와 현대 사상 하계 연구소'에서 열린 발표회 질의응답 과정에서 자콥 페투코프스키(Jakob Petuchowski)와 히브리어로 대화에서 나온 것이다. 다행 스럽게도, 히브리어로 나눈 이 대화는, 인용 문헌에 영어로 번역되어 수록되었다.

37 다음과 같은 말이 이 맥락에서 독자의 이해를 더 풍요롭게 할 것이다. "헐벗은 얼굴은 죽음 에 노출된 유일무이한 존재의 연약함이지만, 동시에 그것은 내버려두지 말기를 나에게 강 요하는 의무의 언술입니다. 이 의무가 신의 첫 번째 말씀이지요. 신학(théologie)은 나에 대 한 이웃의 얼굴에서 시작합니다. 신의 신성은 인간 안에서 작용하고요. 신이 타자의 '얼굴' 에 내려옵니다. 신을 인식하는 것은 '너는 죽이지 말라'는 그분의 명령을 듣는 것이며, 이는 살해에 대한 금지만이 아니라 타자에 대한 끊임없는 책임에 대한 요구입니다." Emmanuel Levinas, "*De l'utilité des insomnies*(Entretien avec Bertrand Révillon)," in *Les imprévus de l'histoire* (Montpellier: Fata Morgana, 1994), 202. 심지어 여기서는 레비나스가 "신학"이라는 말까지 사 용하고 있는데, 이것은 이성적 신학이 아니라 윤리에 의해서 갱신된, 존재-신론으로 환원 되지 않는 의미의 신학을 뜻한다. 즉 레비나스는 대체로 존재론에 포섭된 전통 신학 담론을 비판하지만, 윤리적 의미를 따라 갱신된 의미의 신학이 불가능하다고 생각하지는 않았다.

이러한 계시 앞에 나는 내면에서부터 갱신되어 도덕적 주체로 거듭난다. 즉 나는 (보편적 법칙이 아닌) 타인과의 관계로 빚어지는 도덕성의 진리 안에서 개별화된다. 그리고 이 개별화와 주체성의 변혁은 나를 소환하는 타인의 부름을 따라 이루어지고, 타자의 명령으로 인해 내 안에 일어나는 변혁이므로, 기본적으로 — 외재성을 따라 촉발된 — 내면의 변화이다. 즉 가난한 자, 이방인, 과부와 고아의 시선과 명령을 따라 그 명령에 의해 선택된 나는 도덕적 존재로 변화된 내면을 가지게 된다. 이런 도덕적 존재로서의 자기

> 변호의 인격적 특성은 자아가 나로서 성취되는 이 선택 속에서 유지된다. (…) 도덕성은 동등함에서 태어나지 않는다. 도덕성은 무한한 요구들, 즉 가난한 자, 이방인, 과부와 고아에 봉사하라는 요구가 우주의 한 지점으로 수렴하는 사태 속에서 발생한다. 오직 이렇게 해서, 곧 도덕성을 따라 우주 속에서 나(Moi)와 타자들(Autres)이 생산된다. (…) 주체성은 [타자의] 선택에 의해 변형된 자신을 발견한다. (223/373)

이런 식으로 자기에 대한 확증, 자기에 대한 변호가 "나의 내면성에서" 이루어진다. 반복하건대, "이 내면성의 정의가 역사의 심판보다 강하다"(224/375). 이를 의지와 연결시켜 말해 보면, 이 내면성

더 자세한 논의로 다음 글을 참조하라. 김동규, 「최근 프랑스 현상학에서 철학과 신학의 관계 설정에 관한 연구: 레비나스와 마리옹 사이」, 『신학과 철학』 41호(2022년 8월), 169-202.

에서 비롯한 의지는 더는 내가 죽는 사태가 아니라 타인을 죽이는 사
태를 염려하는 것으로 발휘된다. 이렇게 타인이 죽지 않게 타인에게
책임을 다하도록 의지가 갱신됨으로써, **내면성의 정의가 역사의 심
판보다 강하다**"(224/375, 강조는 필자)라는 말이 실현되기에 이른다.
요컨대 "이러한 구체적 확증은 개인의 주체적 경향들에 아첨하고 그
의 죽음에 대해 개인을 위로하는 데서가 아니라, 타인을 위해 존재하
는 데서 성립한다. 즉 자신을 문제로 삼는 데서, 또 **죽음보다 죽임**을
더 두려워하는 데서 성립한다"(224/373, 강조는 필자).

　　우리는 나의 죽음보다 타인을 죽임을 더 염려하는 사례를 어디
서 찾을 수 있을까? 한강의 『소년이 온다』는 제목 그대로 한 사람의
소년, 희생당하고 싶지 않았으나 희생당한 한 사람을 우선 향한다.
학살자들의 손에 죽거나 고통당한 이는 모두가 하나의 삶, 하나의 사
람이다. 그 한 사람은 계엄군에 마지막까지 저항하다 9년 형을 선고
받은 김진수이기도 하고, 사복형사에게 짓밟힌 노동자 성희 언니이
기도 하다. 그런 한 사람을 마주하는 가운데 우리는 책임을 느끼고,
타인의 죽음을 염려한다. 똑같이 폭력의 트라우마에 시달리던 선주
는 함께 노동 운동에 헌신하다가 인연이 끊긴, 광주 학살의 피해자
성희 언니를 찾는다. 그리고 투병 중인 성희 언니를 향해 그녀에게
하고 싶은 말을 조용히 새긴다. "죽지 마. 죽지 말아요."[38] 이는 트라
우마에 시달리는 나를 넘어, 생존해야만 하는 나의 의지를 넘어, 또
다른 한 인간을 위해 의지가 발현되는, 타인의 죽음을 염려하는 주체

38　한강, 『소년이 온다』(파주: 창비, 2014), 177.

성의 표현이 아닐까?

이렇게 우리는 드라마의 절정을 살펴보았다. 나는 타인과 마주하는 가운데 바로 그 타인 앞에서 역사의 법정 너머의 심판대, 이른바 도덕적 심판대에 서게 된다. 이 심판에 나를 소환한 타인은 지연된 정의가 아니라 지금 그리고 여기에서의 정의를 요구한다. 헐벗고, 굶주린 나를 죽이지 말라. 그리고 어서 와서 나를 도우라. 나를 외면하여 당신 집의 문을 닫지 말고, 나를 안으로 들이라. 그리고 먹고, 마시고, 입을 것을 좀 달라. 이 윤리적 요구 앞에 나는 무엇이라고 답할 것인가? 이 명령에 순종하여 책임을 다하는 순간, 역사의 법정과 정치적 진영으로 환원되지 않는 지금 그리고 여기서 일어나는 선, 내면성의 정의가 성취된다. 적어도 나는 그 순간 복잡다단한 정치적 현실이나 그 이름 자체도 모호한 역사의 심판보다 더 중요한 타인의 삶을 염려한다. 관념적으로나 낭만적으로 사유되는 죽음이 아니라 타인을 죽이는 사태가 일어나지 않아야 한다는 절박함 속에서 나는 윤리적으로 선한 존재로 변형된다. 이것이 에고이즘의 주체가 에고이즘에만 머물지 않고, 이타적인 주체, 환대의 주체로 서는 『전체성과 무한』의 이야기의 절정이며, 메시아적 평화의 종말론의 성취이다.[39]

---

39 강영안의 다음과 같은 말은 레비나스의 메시아적 평화의 종말론의 기본 골자에 관한 탁월한 요약이다. "레비나스의 '메시아적 평화의 종말론'은 역사의 종말, 시간의 종말을 예측하고 얘기하는 종말론이 아니다. 그것은 더구나 현재를 부정하고 신천지를 꿈꾸는 말세론이 아니다. 레비나스의 종말론은 무한자가 전체성의 틀, 전체성의 체계를 깨고, 전체성 속으로, 역사 속으로 침투해 들어와 새로운 시간, 새로운 가능성을 배태하는 종말론이다. (…) 동일성을 가진 주체, 그리하여 책임을 질 수 있는 주체의 가능성은 모든 심판, 모든 재판의 선행조건이다. 그러자면 순간을 자기의 시간으로, 자기 것으로 짊어질 수 있는, 전체의 한 부분이 아니라 절대적 개체로서 설 수 있는 주체의 등장이 있어야 한다. 시간과 역사의 정당성

이 극적인 절정을 재차 음미하기 위해 이런 내면성의 정의에 관한 레비나스의 생각을 예시를 통해 풀어낸 벤수산의 설명을 살펴보자.

레비나스에게 유일성은 주체가 자신을 선택하고 또한 거의 덮쳐 오는 것 같은 선택에 짓눌리는 것과 같은 윤리적 순간을 가리킨다. 그것은 어떤 상황, 곧 전례 없고 들어보지 못했으며 동시에 극도로 평범한 반복될 수 있는 사건을 나타낸다. 그러한 순간은 (…) 따라서 모든 제도와 정치에 앞선다는 것, 그리고 제도와 정치에 앞서면서 이것들에 영감을 줄 수 있다는 것을 의미한다. (…) 다음과 같은 하나의 사례를 들고자 하는데, 이는 다른 많은 유사한 사례도 생각나게 하는 사례이다. 누군가가 내 앞에서 한 사람을 때린다. 모든 선택과 이러저러한 평가에 앞서, 이것이 바로 내가 응답하거나 응답을 거부해야 하는 유일성의 순간인데, 바로 이 순간에는 그 누구도 나의 자리에 설 수 없다. 나는 (…) 내 목숨을 구하고자 다른 사람의 죽음을 감수하더라도 경찰을 부르는 것이 더 신중한 행위가 될 것으로 생각할 수 있다. 이에 나는 법적으로 유능하고 실제로 책임 있는 기관에 이 일을 맡길 수 있다. 이 예가 경찰의 필요성과 정당성을 결코 무효로 만들지는 않는다.

에 대한 심판 또는 재판보다, 모든 순간마다 그 순간을 자기 것으로 삼을 수 있는 책임적 주체의 성립이 선행되어야 한다. 다시 말해 심판 또는 재판은 정의(justice)를 요구한다. 그런데 정의는 '각자의 것을 각자에게'(suum cuique) 돌릴 수 있는 개체의 자기 동일성과 자기 동일성을 지닌 개체의 책임을 요구한다. 그렇지 않고서는 정의가 없고, 정의 없이는 평화가 없다. 히브리어를 빌려 표현하자면 미쉬팟(mishpat) 없이 샬롬(shalom)은 주어지지 않는다." 강영안, 「전체성과 역사를 너머 지금 여기에: 전쟁과 평화에 대한 레비나스의 정치철학」, 『철학은 어디에 있는가: 삶과 텍스트 사이에서 생각하기』(파주: 한길사, 2012), 170-171.

(…) 하지만 그 질서와 보편성이 나의 윤리적 책임을 대신할 수 없다.
경찰, 도시, 정치, 정의는 '있어야만' 하는 것들이다. 그러나 아무것도
소용없다. 얼굴의 목소리에 대한 나의 응답은 양도할 수 없는 것이며,
(…) 내가 부름받는 그 순간에 나는 대체 불가능한 자이다.[40]

벤수산이 잘 말했듯이, 누군가 죽고 다치고 있다. 하필 그 일이
내 앞에 벌어졌다. 누군가가 살려달라고 아우성친다. 정치와 제도가
이 아우성을 모두 떠맡아 주지 않는다. 이 윤리적 사태는 내게 벌어
진 것이고, 살려달라는 부름도 내게 들리는 목소리이다. 바로 이때
내가 응답하는 것이 내게 주어진 심판에 대한 응답이고, 나의 죽음보
다 죽임당하는 타인을 염려함으로써 나는 내면성의 정의, 즉 역사의
심판보다, 제도와 기관의 정의로움보다 앞서 오는 정의의 시간, 메시
아적 심판의 순간에 선함으로 응답하게 되는 것이다.

다만 이렇게 내가 정의로워지고, 타인의 선택과 나의 책임의 응
답으로 인해 내가 내면에서부터 변형되었다고 해도 문제는 남는다.
비록 타자가 있지만, 그 타자에도 불구하고, 이 세계에 나의 삶만이
있다면 그 세계 안에서의 삶은 또 어떤 끝이나 죽음의 유한성만을 되
새기게 할지 모른다. 이것은 아마도 이야기가 절정에 이른 순간 다시
금 도래하는 위기 속에서 절정이 배가되는 장면이다. 레비나스는 나
와 타인의 얼굴과의 관계가 모든 도덕성과 심판의 근원에 자리해야
함을 강조하면서도, 그것을 넘어선 또 다른 윤리적 선의 시간, "무한

40 Bensussan, "Levinas et la question politique," 8.

한 시간"이 있음을 말한다. "그러므로 진리는 선함을 조건 짓고 얼굴의 초월을 조건 짓는 무한한 시간을 궁극적 조건으로 요구한다. 자아가 삶을 이어 가는 주체성의 번식성이 신의 심판의 은밀한 차원인 주체성의 진리를 조건 짓는다"(225/376). 왜냐하면 심판은 나만이 아닌 사회와 인류 안에서도 형성되어야 하기 때문이다. 죽음조차 막을 수 없고, 죽음보다 강한 타자와의 관계는 이제 얼굴 너머의 사회적 전망을 제시한다. 이것은 우선 가족의 관계와 삶을 기반으로 삼아 전개된다. 이 가족을 통해 일어나는 번식성이 분리된 나와 내가 맞이해야 할 타자와의 관계에 이어 다원주의 사회의 전망을 열어 갈 핵심 계기가 된다.

4부 절정의 배가
: 가족을 통해 미래를 내다보기

12강. 4부 A
"사랑의 애매성" 및 B "에로스의 현상학" 읽기

앞서 우리는 무신론자인 자아가 타인의 부름을 받아 자기 집의 문을 열고, 윤리적 책임의 주체로 서게 되는지 살펴보았다. 3부에서 레비나스가 내세운 얼굴의 외재성과 초월과 관련해서, 이를 통해 주체가 어떻게 내면성의 변혁을 이룩하는지도 살폈다. 레비나스는 주체의 자유와 의지의 물음으로 돌아가 역사의 심판보다 강한 내면성의 변혁과 정의를 말하는 데 이르렀다. 다시 말해 우리는 그가 향유의 주체로부터 타인의 얼굴을 윤리적으로 마주할 때 일어나는 정의의 주체성을 옹호하는 데 진력했음을 확인했다. 즉 그는 주체성을 옹호하기 위한 나의 드라마를 작성하기 위해 쉼 없이 달려왔다.

이렇게 우리는 『전체성과 무한』을 하나의 드라마로 간주하고 읽었다. 그렇다면 이 이야기는 이제 결말로 치달아야 할 것이다. 왜냐하면 이 드라마의 주인공인 나는 역사의 심판보다 더 강한 타인과의 만남에서 일어나는 도덕성의 심판과 나의 내면의 갱신을 경험했기 때문이다. 이로써 에고이즘 안에서만 머무는 것이 아닌 에고이즘을 덜어 내고 타인을 위한 책임의 주체로 거듭나는 나의 재형성이 일어났다. 하지만 레비나스는 이 지점에서 한 번 더 이야기의 굴곡을 만들어 내고자 하며 절정을 배가하려 한다. 이는 사실 소설이나 드라마에서 드문 일은 아니다. 보통 한 번의 절정에서 위기나 갈등이 해소되는 방식으로 한 이야기가 종결되기도 하지만,『반지의 제왕』삼부작에서 보듯, 절정이 배가되는 가운데 드라마는 더 심화되는 방식으로 이야기를 펼쳐 낸다.『반지의 제왕: 두 개의 탑』에서 인간계, 특히 로한을 사수하는 인간들은 절망의 늪에 빠진 것처럼 보이지만 헬름 협곡에서 적들을 이겨 내고 다시금 희망을 본다. 하지만 이것으로 인간계가 평화를 회복한 것은 아니다. 최종적인 위기의 해소를 보여 주는 절정은『반지의 제왕: 왕의 귀환』에서 모르도르 모란논(검은 문) 앞에서 일어난 대규모 전투와 프로도에게 맡겨진 절대 반지의 파괴에서 일어난다.

이런 식의 이중 절정, 절정의 배가가 바로『전체성과 무한』에서도 나타나고 있다. 내면성의 변혁으로서의 정의에 치달은 주체는 유한한 자신의 종말과 죽음이 가시지 않았음을 깨닫고 두려워한다. 이 점을 잘 이해하기 위해 지금까지 살펴본 레비나스의 논지를 돌아보는 가운데 그의 에로스에 관한 논의로 진입하자.

주체가 직면하는 또 다른 위기

주체는 타자와의 만남으로 말미암아 내면성의 변혁을 체험하지만, 그렇다고 해서 자신을 지워 버리거나 타자와 융합하여 자신을 사라지게 하지 않는다. 여전히 주체는 분리된 주체, 독립적인 자아로 남는다. 다만 외재성의 초월을 따라 내면성의 변혁이 일어났을 뿐이다. 여전히 나는 자기 자신만의 고유한 분리된 성격을 유지하면서도 타인에게 자신의 존재 영역을 개방하는 윤리적 주체로 삶을 살게 된다. 이에 레비나스는 말한다. "타인과의 관계가 분리를 무효화하는 것은 아니다. (…) 나(Moi)와 타자(Autre)의 관계는 항들의 **비동등성** 속에서 시작한다"(229/378). 아무리 타인에게 나의 집의 문을 열고, 나의 의지가 타인을 위해 폭력을 거부하고 고통을 인내하며 책임으로 응답하는 의지로 발현된다고 해도, 또 타인의 죽음을 염려하게 되었다고 해도 레비나스에게 타인과 분리되지 않은 관계는 온당하지 않다. 나는 분리된 채로 있어야만 고유한 내면성을 유지하고, 타자 역시 나와 다른 절대적 타자로 있게 된다. 또한 나와 다른 인간들이 어떤 평면성 — 동일한 인식이나 존재의 범주나 실존의 범주 — 위에 나란히 놓이게 되면, 높음이 사라진 관계, 말하자면 내가 섬겨야 할 나보다 높은 자에 대한 존중이 아닌 일종의 교섭이나 협상의 대상이 될지 모른다. 협상 대상에게는 협상의 원칙만 지키면 될 뿐이고, 그것보다 더 무거운 책임이 내게 부과될 필요가 없다. 따라서 내가 섬겨야 할 자는 나보다 높은 데 있어야 하며, 그 점에서 나는 타인보다 아래에 있기에 양자 사이에는 비동등성이 전제된다. 바로 이런 점에서 레비나스는 분리된 나와 이런 나로부터 독립된 절대적으로 다른 자인 타인, 그리고 양자의 비동등성을 재차 확증한 것이다.

이렇게 참된 윤리적 관계는 나의 유일무이한 독특성과 타인의 유일무이한 타자성을 그 자체로 전제해야 한다. 이것이 레비나스가

의도하는 무한성 안에서의 사회적 존재의 다수성이다.[1] 즉 "비동등
성은 독특한 다수들에게서 생산되는 것이지, (…) 그 다수를 셈할 법
한 어떤 존재에서 생산되는 것이 아니다"(229/379). 수적으로 병렬될
수 없을 만큼 주체의 삶은 고유하다. 이러한 나는 타인과 만남으로써
그 고유한 삶이 타인에게 바쳐질 수 있는 영광스러운 진리, 곧 도덕성
의 진리에 가담한다. 이때 나와 타자는 절대적으로 다르다는 점에서
하나의 원리로 환원되거나 일자가 타자를 흡수하는 식의 관계가 아
닌 절대적 다원성을 유지하는 윤리적 관계 속에 놓인다.

나보다 높은 타인과의 관계, 그 관계의 비동등성 속에서 나의 자
유는 갱신되고, 새롭게 서임된다. 자신만의 비밀을 간직한 무신론자
인 나의 주체성은 타인에 의해 변혁되고 갱신된다. 그리고 이 갱신
은 곧 에고이즘의 자아가 타인에게 자신을 열고, 책임으로, 더 강하
게 말하자면 무한한 책임으로 타인을 맞이하는 환대로 이끈다. 이것
이 바로 환대의 주체성이다. 이러한 주체성은 이제 타인에 대한 윤리
적 책임에 비추어 자신의 자유를 변화된 의미로 받아들인다. 말하자
면 행복과 향유 속에 살던 내가 가난하고 외로운 타인과 마주하면서
수치심을 느끼게 되고, 그렇게 함으로써 나는 타자를 염려하는 삶으
로, 도덕적 심판대로 나아간다. "나의 자의적 자유는 나를 응시하는
눈 속에서 그 자유의 부끄러움을 읽는다. (…) 다시 말해 그것은 이미
본래적으로 타인의 심판과 관계한다. 내 자유는 타인의 심판을 초래

---

1   "존재의 본질인 외재성은, 다수적인 것을 전체화하는 논리에 대항하는 사회적 다수성의 저
     항을 의미한다"(268/438).

    4부 절정의 배가: 가족을 통해 미래를 내다보기

하지만, 그 심판은 그럼으로써 내 자유에 일종의 제한과 같은 상처를 입히지 않는다"(230/380).

　나의 에고이즘 속에서 운용되는 자유, 향유의 행복을 추구하는 자유는 타인의 궁핍하고 비천한 얼굴을 보는 가운데 부끄러움을 느끼는 자유, 자신의 존재만으로는 정당화되지 않는 자유가 된다. 다시 말해 내가 타인의 도덕적 부름 앞에 있음에도 불구하고 나만의 자유를 누리는 것이 온당한가를 묻게 되는 것이다. 이것이 레비나스가 자주 인용하는 파스칼의 말에서 함축된 의미이다. "내 것, 네 것. (⋯) '여기 햇빛이 드는 곳이 내 자리야.' 이 광경이야말로 이 세상의 모든 찬탈의 기원이자 찬탈의 이미지이다."[2] 앞서 언급한 것처럼, 여전히 분리된 주체는 분리된 채로 산다. 나는 수치심을 느낄 수 있지만, 타인 앞에서 나의 책임을 스스로 무마할 수도 있을 정도로 자유롭다. 다만 "가난한 자, 이방인, 과부와 고아의 얼굴을 지니는 동시에 나의 자유를 서임하고 정당화하도록 요청받은 스승의 얼굴"(229/378) 앞

2　Blaise Pascal, *Pensées*, in *Œuvres complètes*, 64L-295B; 국역본: 『팡세』, 76-77. 이 말과 관련해서 레비나스는 다음과 같이 해명한다. "파스칼의 이 문장에서 태양 아래 자리를 순전히 요구하는 '나'는 이미 대지를 부당하게 차지했습니다." Emmanuel Levinas et François Poirié, "Entretiens: Emmanuel Lévinas/François Poirié," in *Emmanuel Lévinas: Qui êtes-vous?*(Lyon: La Manufacture, 1987), 100; 국역본: 「대담」, 『레비나스와의 대화: 에세이와 대담』, 김영걸 옮김 (성남: 두번째테제, 2022), 127. 또한 이렇게도 말한다. "저는 결코 자살이 이웃 사랑 및 참된 인간의 삶에서 비롯한다고 가르치고 싶지 않습니다. 제가 말하고 싶은 것은, 참된 인간의 삶은 삶과 존재의 동질성으로 **만족**-된(satis-faite) 삶에 머무를 수 없다는 것, 평온한 삶에 머무를 수 없다는 것, 참된 인간의 삶은 타자로 인해 깨어나는 삶, 즉 늘 미망에서 깨어나는 삶이라는 것, 존재는 결코 ― 우리를 안심시켜 주는 수많은 전통이 말하는 것과는 반대로 ― 그 존재함의 고유한 근거가 아니라는 것, 저 유명한 존재를 보존하려는 노력(*conatus essendi*)은 모든 권리와 모든 의미의 원천이 아니라는 것입니다." Levinas, *Éthique et infini*, 131-132; 국역본: 『윤리와 무한』, 140.

에 그 자유는 심판받게 된다. 아예 자유가 없다면, 그 주체에게 어떤 심판이 가능하겠는가? 그래서 레비나스는 여전히 자유를 긍정한다. 다만 나는 타인의 얼굴에 의해 서임된 자유를 가질 뿐이고, 스승 앞에서 나의 도덕성을 심판받는 자로 서게 된다. 바로 이 심판이라는 특성 때문에 레비나스는 내가 나의 자유를 변호하고, 변증하게끔 타인이 소환한 심판대에서 나를 변호해야 하는 주체로 서게 됨을 거듭 강조한다. "대화 상대자들에게 공통적인 질서는 (…) 한 사람이 타자 앞에서 자신의 자유를 스스로 정당화하는 데서 적극적 행위를 따라, 즉 변호에 의해 수립된다. 변호는 맹목적으로 자기를 긍정하지 않고 이미 타인에게 호소한다"(229/379).

더 구체적으로 말하자면, 레비나스는 이때의 변호가 도덕적 진리 안에 내가 있음을, 타인에게 도덕적으로 책임을 다하는 자로서 '예'라고 응답하는 자로 자신을 변호하는 것으로 본다. 즉 자신이 가진 것을 고통받는 타인에게, 타인이 죽지 않을 수 있게 내어 줌으로써 자신을 변호하는 것이다. 곧 "배고픈 자를 먹이고, 벌거벗은 자를 입히고, 목마른 자에게 물을 주고, 집이 없는 자에게 안식처를 제공하는 것".[3] 이러한 레비나스의 책임을 통한 자기-변호와 관련해서 퍼피치가 우리에게 잘 정돈된 이해를 제공한다.

---

3 Levinas et Poirié, "Entretiens," in *Emmanuel Lévinas*, 99; 국역본: 「대담」, 『레비나스와의 대화』, 125.

   4부 절정의 배가: 가족을 통해 미래를 내다보기

레비나스적 의미에서 책임은 그리스적 의미에서 변론(apology)을 요구한다. 이는 자기 자신을 변호하고(giving a defense), 타자 앞에서 자신을 정당화하는 것을 의미한다. 윤리적 삶으로 부름받는 것은 (…) 경건한 사유나 종교적 감수성의 삶으로 부름받는 것이 아니다. 굶주림, 갈증, 고통, 비참함으로 상처를 입은 신체를 가진 한 타자 앞에서 자신의 삶과 자신의 세계 건립을 정당화하도록 부름받는 것이다. 분명 굶주린 이들을 먹이는 것이 레비나스의 관점에서 나의 책임이 될 것이다.[4]

이처럼 『전체성과 무한』에서 타인의 부름에 대한 나의 책임으로서의 응답과 이 응답을 통한 나의 서임된 자유에 대한 변호 또는 옹호는 결국 이 책이 주체성을 이전과는 다른 방식으로 정당화하는 내용으로 수렴됨을 입증한다. "주체성이 없으면 진리는 진술되지 않을 것이며 존재할 수도 없을 것이다. 달리 말해 (…) 주체성이 없으면 진리는 **생산될** 수 없을 것이다"(231/382). 여기서 말하는 도덕적 진리는 타인과의 관계로서의 정의가 전제된 진리이다.[5] 구체적으로 말하자면, 타인의 부름 앞에 도덕적으로 응답함으로써 발생하는 진리가 레비나스가 의도하는 진리이다. 즉 "나에 대한 그의 부름이 타인(Autrui)의 진리"이며, 이 진리를 받아들이는 "나의 응답이 바로 (나에 대한 그의 '관점이 폐기하지 못한') 그의 진리를 **생산한다**"(267/437).

4　Perpich, *The Ethics of Emmanuel Levinas*, 6.

5　"진리는 정의를 전제한다"(62/123).

이렇게 주체와 타자의 형이상학적 관계에 의해 발생하는 "내 종교적 존재 안에서, 나는 **진리 안에**(en vérité) 존재한다"(231/382).

그런데 이 주체의 주체성은 비단 저 홀로만 유지되는 것이 아니며, 나의 홀로 있음으로만 그칠 수 없다. 왜냐하면 주체는 형이상학적 관계 아래 놓이며, 타인과 관계를 맺는 가운데에서 비로소 변형되기 때문이다. 그런데 이 와중에 나는 다음과 같은 물음을 던질 수 있으며, 이 물음 속에 주체의 또 다른 위기가 함축되어 있다. **나는 타인을 만나고 나서도, 도덕적 책임을 수행하는 자로 섰으면서도 여전히 나로 있으며, 그렇다면 이 나의 삶 역시 죽음을 향해 달려가고 있다는 점에서 여전히 유한한 시간의 삶에 머무르는 것이 아닌가?** 만일 그렇다면 도덕적으로 갱신된 나의 책임적 삶, 내면성의 정의는 나의 죽음으로 멈출 것이다. 이제 우리는 하이데거가 시종일관 강조했고, 심지어 칭송하는 것처럼 보이는 죽음을 향하는 나, 또는 죽음을 선취하기 위해 결단하는 주체의 유한성으로 다시 돌아가는 것이 아닐까? 이렇게 되면 무한과의 관계 맺음과 거기서 비롯하는 새로운 삶의 시간은 한낱 꿈에 불과한 것이 아니었을까? "자아(Moi)가 모든 모험이 운명의 모험으로 되돌아오고 마는 주체로 머물게 될", 유한성의 궁극적 지평인 "불가피한 죽음이라는 최종적인 것 너머로"(258/428) 나아갈 가능성은 없을까? 이것이 바로 주체가 직면하는 또 다른 위기이다. 무한의 얼굴을 마주했지만, 여전히 나는 죽음이라는 유한한 시간 안에 있는 것이 아닌가?

이처럼 유한성을 넘어서기 위해 레비나스는 얼굴 너머에서 도래하는 또 하나의 현실을 엿본다. 그 현실은 나의 죽음으로도 멈추지 않는 무한 및 이 무한의 시간과 그 관계에서 비롯하는 존재의 다원성이 성취되는 현실이다. "따라서 우리는 얼굴에서 타인의 에피파니를 전제함과 동시에 초월하는 하나의 지평을 보여 줄 필요가 있다. **이 지평에서 자아는 죽음을 넘어서 자신을 지탱하며**, 또한 자기로의 복귀로부터 자기를 회복한다. **이러한 지평이 사랑과 번식성의 지평이다**"(231/382, 강조는 필자).[6] 또 이 "번식성은 다수성에 대립되는 것이 아니라 그 용어의 정확한 의미에서 다수성을 '낳는' 그런 통일을 증언한다"(251/415). 이런 존재의 다원성의 요체는 무엇인가? 그 핵심은 바로 자식, 유일무이한 나의 자식 및 각 가정마다 유일무이한 자식들의 다수성인데, 레비나스에게 이 자식(들)은 그저 주어지는 것이 아니라 사랑, 곧 에로스를 거쳐야만 도래할 수 있다.[7] 이에 아이와 번식성, 무한한 시간에 대한 논의로 들어가려면 레비나스가 개진하는 에로스의 의미를 먼저 파헤쳐야 한다. 다시 말해 에로스가 없으면 번식성도 없다. 요컨대, 주체의 위기는 사랑하는 사람을 만나 에로스의 관계를 거쳐야만 극복될 수 있다.

---

6 번식성(fécondité)을 생산성으로 번역하는 연구자들도 있다.

7 이와 관련해서 블뢰클은 다음과 같이 말한다. "『전체성과 무한』에서 레비나스가 성애의 경험과 본질을 인간 관계에 관한 자신의 해명 속에 온전히 통합시키고자 하면서 — 무조건적 우위성을 가져야만 하는 윤리적 관계에 그것을 종속시키기 위해 — '에로스의 현상학'을 제안한 것은 결코 무익한 일이 아니다. 레비나스에게, 소유하고 붙잡으려는 욕망은 비우고 초월하는 욕망 내에 도사리고 있는 위험한 가능성이다. 그렇지만 가장 고귀한 상태에 이르면, 그 욕망은 참된 초월의 움직임을 지지하고 확증한다. 그가 성적 욕망에 고유한 것이라고 여기는 '번식성'이야말로 새로운 타자를 존재하게 하는 것이다." Bloechl, *Levinas on the Primacy of the Ethical*, 70.

사랑의 애매성

"그러므로 믿음과 희망과 사랑, 이 세 가지는 언제까지나 남아 있을 것입니다. 이 중에서 가장 위대한 것은 사랑입니다."[8] 바울의 말에서 나타나는 바와 같이, 그리스도교 신자이건 아니건, 사랑의 위대함과 우위성을 많은 이들이 믿고 또 강조한다. 하지만 레비나스에게 사랑은, 적어도 그것이 에로스적 의미의 사랑을 가리킨다면, 타인과의 만남보다 더 근원적인 것은 아닐 것이다. 말하자면, "초월의 형이상학적 사건 — 타인의 맞아들임, 환대, 욕망과 언어 — 은, 사랑으로서 성취되지 않는다. 다만 대화의 초월은 사랑과 연결되어 있다"(232/383). 사랑에 대한 논의를 시작하면서, 레비나스는 이렇게 에로스로서의 사랑에 내포된 애매성을 지적한다. 그것은 레비나스가 『전체성과 무한』 전반에 걸쳐 입증하려고 하는 형이상학적 초월, 윤리적 의미의 초월이 아니다. 그럼에도 불구하고, 사랑은 초월과 연결되어 있다. 그렇다면 이 사랑의 애매성의 요체는 무엇일까?

사랑이 초월과 연결된다고는 하지만, 그 사랑은 내재성에 준거하는 것으로 그칠 수도 있다. 사랑은 내가 좋아하고, 선호하는 것에 나를 묶어 둘 수 있다. 어떤 사람들은 이런 정서를 사랑이 아닌 집착이나 애착이라고 구별해서 부를지도 모른다. 하지만 내가 좋아하는 것을 향하는 정서가 애착이나 집착 같은 것일지언정 애착하고 집착하는 이에게 사랑이 전혀 없다고 할 수 있을까? 다만 이러한 사랑의 성격은 설사 그것이 인간을 향하더라도 기본적으로 내재성의 차원

---

8   고린토인들에게 보낸 첫째 편지 13:13.

과 관련한다. 곧 "타인과의 관계로서의 사랑은 이 근본적 내재성으로 환원될 수 있으며, 모든 초월을 벗어던질 수 있고, 같은 본성의 존재만을, 영혼의 자매만을 찾을 수 있고, 근친상간으로 나타날 수 있다"(232/383). 여기서 레비나스는 플라톤의 『향연』에 나오는 아리스토파네스의 신화를 거론한다. 아리스토파네스에 의하면, 네 팔과 네 다리를 가지고 원통형 목에 두 얼굴을 달고 태어난 인간은 그 위세와 힘을 두려워한 제우스와 다른 신들에 의해 둘로 나눠진다. 하지만 아리스토파네스가 말하기를,

그들의 본성이 둘로 잘렸기 때문에 반쪽 각각은 자신의 나머지 반쪽을 그리워하면서 줄곧 만나려 들었네. (…) 그런데 제우스가 그들을 가엾이 여겨 다른 방도를 강구하게 되는데, 그들의 치부를 앞쪽으로 옮겨 놓았지. (…) 다음과 같은 일들을 위해서지. 즉 한편으로 남자가 여인을 만나 한데 뒤엉킴이 일어날 때는 자식을 낳아 그 종족이 계속 생겨나게 되고, (…) 바로 그래서 그토록 오래전부터 내내 서로에 대한 사랑이 인간들에게 나면서부터 들어 있게 되고, 그것은 옛 본성을 함께 모아 주며, 둘에서 하나를 만들어 내어 인간 본성을 치유하려 노력하네.[9]

이 신화의 내용에 의하면, 인간은 자기 본성으로의 회귀 본능

9 Platon, *Symposion*, 191a-d. 인용의 번역은 다음 우리말 번역본을 따른다. 『향연』, 강철웅 옮김(서울: 이제이북스, 2010), 96-97.

이 있고, 우리는 원래의 자기에서 빼앗긴 어떤 것, 그래서 지금 결여하고 있는 것을 되찾기 위해 사랑을 추구한다. 요컨대, 이러한 사랑은 잃어버린 부분을 되찾아 하나됨을 추구하는 융합이며, 서양에서는 이것이 오래된 사랑에 관한 통념 중 하나이다. 이처럼 원래의 자기에게로 회귀하는 사랑에 대한 인상은 레비나스만의 단적인 묘사가 아니라 철학사적 근거를 가진 주장이다. "사랑이란 유일한 존재의 두 반쪽이 다시 결합하는 것이라는 플라톤의 『향연』에 나오는 아리스토파네스의 신화는, 이 모험을 자기로 되돌아감이라고 해석한다. (…) 향유는 이런 해석을 정당화한다"(232/383-384).[10] 레비나스가 비록 이런 사랑을 전적으로 긍정하는 것은 아니지만, 사랑이 욕구의 충족과 충만을 갈구하는 향유의 내면성과 어느 정도 어울린다는 점에서, 아리스토파네스의 신화는 사랑의 단면을 잘 보여 준 사례로 간주될 수 있다.

사랑이 욕구 충족으로서의 향유와 맞닿아 있지만, 또한 그것은 향유의 삶을 넘어서는 초월과 결부될 수 있다. 곧 자기 삶을 향유하는 분리된 주체로서 고유한 삶을 살면서도 나와 다른 타인인 나의 연인과 사랑을 나눌 때 나는 내가 아닌 연인으로서의 타자를 향한다. 이것은 사물에 대한 사랑과는 결을 달리한다. 향유의 존재 경제 안에서 다른 사물, 곧 사물로서의 타자들은 내가 노동을 통해 소유할 수 있고, 내일의 향유를 위해 오늘 나의 집에 저장해 둘 수 있는 성격

---

10 소크라테스 또는 플라톤과 레비나스 사이의 사랑에 관한 견해 차이에 대해서는 다음 연구를 참조하라. Deborah Achtenberg, *Essential Vulnerabilities: Plato and Levinas on Relations to the Other* (Evanston, IL: Northwestern University Press, 2017), 71-81.

의 것들이다. 즉 사물에 대한 사랑은 나의 지배 아래 사물을 둠으로써 지속될 수 있다. 하지만 연인 관계는 그런 식으로 유지되지 않는다. 분명 우리는 에로스 안에서 타인을 좋아하는 가운데 어떤 쾌락을 얻는데, 그렇게 타인이 쾌락의 대상이 된다고 하더라도, 그 타자가 나의 소유물이 되지는 않는다. 이런 점에서 "사랑은 타자와의 관계로 남으면서도 욕구로 전화(轉化)한다. 그리고 이 욕구는 여전히 타자, 곧 사랑받는 이의 완전하고 초월적인 외재성을 전제한다. 그러나 사랑은 또한 사랑받는 자의 저편으로 넘어 간다. 바로 그렇기 때문에 얼굴을 통해, 얼굴의 저편에서, **아직 존재하지 않는** 것에서, 결코 충분히 미래이지 않은 미래에서, 가능성보다 더 먼 곳에서 오는 어스름한 빛이 스며 나오는 것이다"(232-233/384-385).

그런데 여기서 말하는 얼굴 너머로 나아가는 사랑은 대체 무엇일까? 이것이 바로 다름 아닌 번식성이다. 번식성 안에서 자녀의 출생과 출생 이후 이어지는 자녀의 삶은 내가 거머쥐거나 좌우할 수 없는 미래이다. 그리고 나와 동일한 다른 나이거나 나의 분신처럼 여기기도 하지만, 실은 자녀는 전적으로 나와 다른 자이고, 내가 알 수 없는 미래를 살아 낼 자이다. 이때 나는 아이를 돌봄으로써 타인인 자녀가 내가 마주하는 얼굴 너머에서 그 또는 그녀 자신의 미래를 여는데 이바지한다. 나는 자녀를 책임으로 돌보고 섬기는 가운데 그 미래에 연루되는데, 이것이 바로 내가 나의 유한성 너머를 엿보게 되는 삶의 방식이 된다. 그런데 이 자녀의 출산은 곧장 얻어지는 것이 아니라 사랑의 관계를 거쳐야 한다. 사랑은 이렇게 한편으로 내면성과 더불어 펼쳐지기도 하고, 또 그런 내면성 너머의 초월로, 곧 사랑하는 이에 대한 초월과 향후 펼쳐질 번식성의 초월로 이어지기도 한다. 이런 의미에서 사랑은 이기성과 이타성을 모두 함축하는데, 앞서 인용한 대목 일부와 그 다음 구절을 보자. "그러나 사랑은 또한 사랑받는 자의 저편으로 넘어 간다. 바로 그렇기 때문에 얼굴을 통해, 얼굴의 저편에서, **아직 존재하지 않는** 것에서, 결코 충분히 미래이지 않은 미래에서, 가능성보다 더 먼 곳에서 오는 어스름한 빛이 스며 나오는 것이다. (⋯) 사랑은 감각으로 해석되는 에로틱한 말 속에서도, 초월적인 것에 대한 욕망으로 사랑을 끌어올리는 정신적 언어에서도 진실되게 말해지지 않는다. 타인(Autrui)이 자신의 타자성을 완전히 보존하면서 욕구의 대상으로 나타날 가능성, 또는 타인(Autrui)을 향유할 가능성, 스스로를 대화의 이편과 저편에 동시에 놓을 가능성, 대화 상대자에 가닿으면서 동시에 그를 지나치는 (⋯) 육욕과 초월의 이 동시성, (⋯) 이것이 에로틱한 것의 근원성을 이룬다. 이런 의미에서 그것은 진정으로 **양의적인** 것이다"(232-233/384-385).

에로스와 애무의 현상학

레비나스는 이 에로스에 관한 현상학적 기술을 시도하면서, 맨 먼저 에로스적 지향성의 의미를 탐구한다. 과연 에로스적 지향성은 표상의 지향성이나 향유의 지향성과 어떻게 다른가? 에로스의 지향성을 독특하게 만들어 주는 성격은 무엇일까? 그것은 바로 이 에로스로서의 "사랑이 타인의 약함 가운데에서 타인을 향한다"(233/386)라는데 있다. 에로스 안에서 우리는 상대방에게 조심스러워진다. 먹을 것을 섭취하거나 단지 나의 쾌락을 위해 다른 것을 거머쥐는 것과는 다르다. 내가 사랑하는 이를 향하면서 나는 평소 나 혼자 있을 때나 친밀한 사람과 있을 때 별다른 조심성 없이 내뱉는 말조차도 가려서 하게 되며, 사랑하는 이의 정서만이 아니라 신체에 대해서도 조심스럽게 대하려고 한다. 이렇게 에로스 안에서 타인은 약함으로 지향되는 존재이다. 현상학적으로 보자면, 전통 현상학에서 이어져 온 나의 가능성으로서의 힘('나는 할 수 있다')을 따라 사유하기 어려운 현상이 바로 에로스이다. 레비나스도 이 점을 지적한다. "에로스는 '할 수 있음'으로 번역할 수 없는 관계이며, 그 상황의 의미를 그르치고자 하지 않는다면 구태여 그렇게 번역할 필요가 전혀 없는 관계이다."[11] 최소한 후설부터 리쾨르까지, 그 구체적 내용은 다르더라도 적어도 형식적으로 '나는 할 수 있다'는 현상학적 주체의 주체성을 가능-존재로 규정하는 공식과 같은 역할을 한다.[12]

하지만 에로스의 현상학에서는 이 '나는 할 수 있다'가 더는 능동적으로 기능하지 않는다. 이는 에로스의 지향적 대상으로서의 타인이 연약하기 때문에, 곧 그 고유한 "상처 입을 가능성 안에"(233/386) 있기에 그런 것이다. 에로스적 관계 안에서 나는 상처 입을 수 있는 연인에 대해 나의 능동적 힘이 아니라 타인의 상처 입을 수 있음을 염려하면서, 부드럽고 섬세하게 사랑하는 이를 대하고

11　Levinas, *Le temps et l'autre*, 80; 국역본: 『시간과 타자』, 121.

12　리쾨르가 이 점을 잘 주제화했다. 이런 식으로 현상학적 전통을 해석한 그의 다음 책을 보라. Paul Ricoeur, *À l'école de la phénoménologie*[1986](Paris: J. Vrin, 2016).

자 한다. 이것은 의지가 아니라 감성적 촉발과 연관된다. 폴 모이여아르트는 이를 다음과 같이 탁월하게 기술한다. "사랑 안에서, 우리는 사랑하는 사람의 상처 입을 가능성에 대한 충만한 공감으로, 타인을 염려하게 된다. 우리는 그저 연민으로 환원될 수 없는 방식으로 타인을 느낀다. 우리는 사랑하는 사람의 호흡 리듬, 얼굴선, 기울어진 뺨, 촉촉한 눈 깜빡임을 부드럽고 감성적으로 거치게 된다."[13] 레비나스도 분명하게 말하기를, 이러한 사랑하는 이의 신체적 몸짓이나 떨림에 서려 있는 "극단적 연약함에서, 상처 입을 가능성에서 부드러움의 방식이 성립한다"(233/386). 즉 능동적인 나의 관여나 지향적 참여가 아니라 수동적인 받아들임과 반응이 에로스의 지향적 관계에서 일어나게 된다.

이처럼 수동적 촉발과 느낌을 일으키는 에로스의 관계에서 반드시 고려되어야 하는 또 하나의 계기가 바로 신체성(위에서 모이여아르트가 기술한 것도 모두 신체와 관련한다), 그것도 사랑하는 이 앞에 완전히 노출될 수 있게끔 벌거벗는 신체의 신체성이다. 레비나스는 이를 "날것인 두께의 경계에, 한계를 벗어난 극물질성(ultramatéri-alité exorbitante)의 경계에"(233/387) 있는 것으로까지 묘사한다. 여기서 극물질성이란 대체 무엇인가? 말하자면, 이것은 육욕과 관련할 수 있는 노출되는 신체와 관련한다. 레비나스에 의하면,

---

13 Paul Moyaert, "The Phenomenology of Eros: A Reading of *Totality and Infinity*, IV. B," in *The Face of the Other and the Trace of God: Essays on the Philosophy of Emmanuel Levinas*, ed. Jeffrey Bloechl(New York, NY: Fordham University Press, 2000), 33.

극물질성은 달 풍경의 바위와 모래 더미 속에서 인간의 단순한 부재를 가리키는 것이 아니다. (…) 그것은 과도한 현전의 노출증적 벌거벗음을 가리킨다. 이는 얼굴의 솔직함보다 더 먼 곳에서 오는 것 같은 이미 속화한(profanant), 또 완전히 범속한(profane) 벌거벗음이다. **본질적으로 감추어진 것이 의미화되지 않은 채로 빛을 향해 던져진다.** (234/387)

옷가지로 감추어 두었던 속살이 타인 앞에 완연히, 에로스 안에서 드러나게 될 때, 이 신체의 극물질성은 극단적으로 물질적이므로 어떤 형태 또는 형상 안에 담길 수 없는 질료적인 것이다. 모아티가 잘 표현한 대로, "이 극물질성은 어떤 형상에 속하기에는 너무 무거워서 그 어떤 형상에도 속할 수 없다. 벌거벗음은 어떤 형상에 에워싸이기에는 너무나도 물질적이다".[14]

형상에도 담을 수 없을 정도로 물질적이라는 것은, 다르게 말하면 그것이 존재나 실체로 규정될 수 없다는 말이기도 할 것이다. 보통의 고전적인 철학적 정의를 따르자면, 실체나 존재는 형상과 질료의 결합체일 것인데, 레비나스에게 에로스의 신체는 형상화할 수 없는 것이다. 그래서 에로스의 벌거벗은 신체는 밤의 존재이며, 그때 일어나는 사랑의 속삭임이나 애무 등은 밤의 사건이 된다. 다시 말해 그것은 형상화할 수 없으므로, 직관 가능한 현상으로 나타나지 않는다. 그것은 존재나 인식의 빛 아래에서 파악될 수 있는 것이 아니다.

14　Moati, *Événements nocturnes*, 297.

이것이 위에서 길게 인용한 데서 보듯, 레비나스가 이 벌거벗은 신체를 **"의미작용 없이 빛을 향해 던져진다"**라고 한 이유이다. 어둠 속에서 나는 에로틱한 신체를 거머쥘 수 없고, 더듬거릴 수 있을 뿐이다. 그때의 더듬거림은 의미를 부여하는 작용이 아니고, 나의 만짐에, 상대방의 만짐에 자신을 보여 주는 것이므로 밤 가운데 있는 신체에 대한 접촉을 의미한다. 이렇게 노출을 통해 비밀스러운 신체를 상대에게 내보여 주었지만, 그것은 완전히 포착되기를 거부한 채 여전히 일정 부분 비밀스러운 것으로 남는다. 이것이 바로 에로스 안에서의 신체, 사랑하는 이에 의해 접촉되는 신체가 낮이나 빛이 아닌 밤의 현상인 이유이다. "밤의 삶은 수줍음(pudeur)을 극복하지 못한 채로 범속해진 수줍음을 지시한다. 비밀은 반만 나타나거나 유보된 것들과 더불어 나타나거나 혼돈 속에 나타나므로, 그것은 나타나지 않으면서 나타난다"(234/388).

이렇게 내가 접근할 수 있지만, 여전히 비밀로 남는 에로스적 신체에 대한 접근을 레비나스는 애무로 명명한다. 즉 에로스 안에서 비밀스럽게 주어지는 신체는 "애무의 만족감으로 흡수된다"(235/389). 그리고 이 애무의 대상으로 나타나는 비밀스러운 신체의 성격, 수줍어하면서도 부드럽고 상냥한 신체성을 레비나스는 여성성이라는 문제적인 표현으로 설명하려 한다. "부드러움의 표면 아래 감추어진 차원에 존재하는 이 깊이로 말미암아, 부드러움이 상냥함과 동일시될 수 없다는 점을 지나가는 길에 언급해 두자. 그렇지만 상냥함은 부드러움과 닮았다. 이 연약함이, (…) 비–의미작용의 무게가 빚어내는 동시성 또는 이 둘의 양의성을 우리는 **여성성**(féminité)이라고 부른다"(234/388).

레비나스는 이러한 여성적인 것을 성적 접촉으로서의 애무의 대상으로 상정하고, 이에 접근하려 한다. 곧 에로스 안에서 이루어지는 "애무는 감성적인 것을 초월한다"(235/389). 이는 에로스가 요소와 더불어 기본적으로 쾌락을 충족하는 데 치중하는 향유의 내면성과 맞닿아 있기는 하지만, 감성적인 것을 넘어서는 얼굴의 타자성과 다소간 근접해 있음을 보여 준다.

> 애무는 **찾고**, 애무는 파헤친다. 이것은 탈은폐의 지향성이 아니라 탐색의 지향성이다. 즉 비가시적인 것으로 나아감이다. 특정한 의미에서 애무는 사랑을 **표현하지만**, 사랑을 말하지 못하는 무능력으로 고통받는다. (…) 그러므로 애무는 그 자신의 한계보다 더 멀리 가며, 존재자 너머를 향하고, 미래까지를 노린다. 더 정확히 말해 **존재자**로서 이미 존재의 문을 두드리는 미래를 노린다. (235/389)

이처럼 에로스의 애무가 탈은폐가 아닌 탐색하는 몸짓이라는 것은 타인의 살과 피부를 찾아 헤매는 것이 결코 인식론적 포착으로 환원되지 않는 행위임을 우리에게 재차 알려 준다. "애무가 추구하는 것은 하나의 전망 속에, 그리고 포착할 수 있는 것의 빛 속에 놓이지 않는다"(235/390). 애무로 접근하는 타인의 신체는, 내가 쓰다듬기도 하고, 이러저러하게 만지고, 훑으면서도 결코 내 것으로 삼을 수 없다. 애무는 미지의 다른 존재에 대한 탐색이다. 혹자는 이런 애무 행위에서 내가 다른 존재를 정복했다거나 그 또는 그녀를 나의 존재로 삼았다는 착각에 빠질지 모른다. 하지만 내가 아무리 다른 신체를 훑고 만지더라도 그 신체가 나의 신체가 되는 것은 아니며, 하나의 개념으로 포착할 수 있는 것이 되지도 않는다. 또한 그렇다고 해서 애무의 행위에서 사랑하는 이들이 서로의 다름만 확인하는 것도 아닐 것이다. 애무하는 가운데, 적어도 이 애무가 에로스 안에서 이루어지고 있다면, 나는 내가 지향하지만 거머쥘 수 없는 한 존재에 대한 충만한 감성적 체험에 휩싸인다. 적어도 그러한 접촉의 순간에서만큼은 온몸에 흐르는 전율 속에 둘의 충만한 교감과 신체의 얽힘, 관능적인 관계가 펼쳐진다.

이러한 관능적 관계는 신체의 노출, 곧 "에로틱한 벌거벗음"(235/390)을 일으키며, 이 벌거벗음 가운데 사랑하는 이와 사랑받는 이는 부끄러워하면서도 자신의 몸을 서로에게 내어 주는 데 이른다. 이 내어 줌 가운데 사랑하는 이들은 서로 무방비 상태로 있게 되고 폭력적 위협 속에 놓이기 가장 쉬운 상태에 처하게 되지만, 적어도 사랑의 관계 안에서 그들은 폭력의 대상이 되지 않는다. 레비나스는 이를 연약함으로, 아직 존재자가 아닌 존재의 상태로 기술한다. 즉 애무를 허용하는 존재는 자기 몸을 완연히 노출시킴으로써 무방비 상태의 약함을 나에게 보여 준다는 점에서 약하다. 또한 그 존재는 자신이 스스로 시간과 공간을 점유하기보다는 상대방에게 자기 신체를 노출함으로써 자기-정립적 존재자의 지위를 유지하지 않는 자로 자신을 드러낸다는 점에서 익명적이다. 레비나스는 이런 존재를 밤의 존재로 묘사한다.

"**그저 있음**의 익명적 웅웅거림인 밤의 한편에 에로틱한 것의 밤이 펼쳐진다. (…) 애무는 인격적 개인이나 사물을 향하지 않는다. 애무는 마치 의지도 없고 심지어 저항조차 없는 비인격적 꿈속에서처럼 흩어져 버리는 한 존재 속에서 자신을 잃어버린다. 이 존재는 수동성이고, 이미 동물적이거나 유아적인 익명성이다. (…) 그러나 또한 아직 존재하지 않는 것의, 존재하지 않는 것의 현기증 나는 깊이, 한 관념이나 기획이 존재와 더불어 유지하는 혈족관계를 존재와 더불어 갖지 못하는 비-현존(non-existence)의 현기증 나는 깊이. 어떤 명목으로든 존재하는 것의 화신이라고 행세하지 못하는 비-현존의 현기증 나는 깊이이다. 애무는 '존재자'(étant)의 지위를 더 이상 갖지 않는 부드러움을 향한다. (236/391)

애무의 탐색은 사물도 인격적 개인도 아닌 미지의 것, 익명적인 것에 가까운 어떤 것을 향한다. 왜냐하면 레비나스가 보기에 애무에서 타자는 자기를 적극적으로 주장하거나 주위를 지배하는 자가 아니기 때문이다. 애무를 허락하는 이는 자기의 신체를 사랑하는 이가 스스럼없이 탐닉하도록 내어 준다. 그러므로 그렇게 사랑받는 이는 자기-정립으로서의 존재자라기보다는 사랑하는 이에게 벌거벗은 신체를 내맡기는 수동적인 자이다. 그러므로 애무로 사랑받는 이는 눈앞에 생생하게 드러나는 현전이 아닌 비-현전에 가깝다. 다시 말해 그렇게 사랑받는 자는 적극적으로 존재를 드러내지 않는 비-현전이자 그러면서도 사랑하는 이에게 자신의 몸을 완전히 노출시킴으로써 있는 자이다. 벌거벗음 속에 있으나 빛 속에 있지 않은 자에 대해 레비나스는 부드러움 속에 있는 비-현전이라는, 규정 아닌 규정을 부여한다. "부드러움은 한 **방식**, (…) 존재와 아직-존재하지-않음 사이에 머무는 방식이다"(236/391-392).

사랑받는 이는 이렇게 부드러움 속에 있으며, 사랑하는 이에게 벌거벗은 채로 자신을 내어 줌과 동시에 적극적으로 자기 신체를 주장하지 않는 또는 주장하지 못하는 상태에 놓인다. 이로써 사랑받는 이는 "상처받기 쉬운 것으로" 있게 되며, 이것이 바로 존재의 부드러움이 함축하는 "사랑받는 이(Aimée)의 본질적 약함이다"(236/392). 재차 강조하지만, 이 약함은 타자의 수동적 상태를 보여 준다. 심지어 사랑받는 이인 타인이 자신의 고유한 영역은 물론이고, 자기 신체마저 주도적으로, 능동적으로 제어하지 않는다는 점에서 이는 유아적이고 익명적이다. 갓난아이는 자기 손으로 몸을 씻거나 밥을 먹기 어렵다. 부모의 손에, 자기보다 더 성숙한 이의 손에 자기 몸을 맡기게 되고, 심지어 먹고 마시는 일까지 도움을 받는다. 마치 그런 아이처럼 사랑받는 이 역시 자신의 힘을 행사하지 않는 채로 연약한 신체를 사랑하는 이에게 줌으로써 사랑하는 이에게 무방비 상태로, 상처받을지도 모를 연약한 상태로 있게 된다.

그렇다면 이런 약한 이에게 애무로 다가가는 사랑하는 이는 어떻게 되는가? 즉 앞선 진술이 기본적으로 애무를 받는 이, 사랑받는 이의 모습을 기술한 것이라면, 에로스 안에서 애무하는 나의 자아, 사랑하는 이는 대체 어디로 가는 것일까? 그저 타인의 신체가 최종적 종착지일까? 아니면 다른 것으로까지 향하는가? 앞서 말했듯이, 애무에서 나는 어떤 인식론적 전망 속에서 타인을 포착하는 것이 아

니다. 그런 의미에서 보면, "애무는 **행동하지** 않으며, 가능한 것을 포
착하지도 못한다"(237/392).

즉 사랑하는 이인 나 역시도 어떤 지배를 하거나 적극적으로 욕
구를 충족하는 자로 있는 것이 아니다. 지배와 이해가 가능하려면 타
인에 대한 명확한 파악이나 장악이 이루어져야 하는데 나는 내가 사
랑하는 이 앞에 향락에 빠진 채로 있을 뿐이다.[15] 내가 사랑하는 타인
을 지향함으로써 탐닉하는 것은, 적어도 애무 안에서는 타인의 신체
자체이다. 바로 이때 신체를 탐닉하는 나의 애무 행위는 에로틱한 욕
망을 구현하고 있으며, 레비나스는 이를 바로 향락이라고 표현한다.
이 말이 일견 눈에 잘 들어오지 않는데, 이것은 크리츨리가 잘 짚어
낸 대로, 레비나스가 의도하는 "향락은 직접적으로, 본질적으로 성적
쾌락이다".[16] 즉 나는 타인을 향해 타인과 더불어 성적 쾌락으로 향
락에 빠진 자이다. 말하자면 나는 애무로 내 사랑을 실현하는데, 거
기서 비롯하는 "향락(volupté)은 이미 에로틱한 욕망 속에서 시작하

---

15 조금 다른 맥락이기는 하나, 레비나스 이전에도 이미 사르트르는 사랑의 관계, 특히 사디즘
과 같이 상대방을 지배하려는 시도가 실패할 수밖에 없음을 정확히 지적한다. 사디스트가
타인을 지배하려는 것은 본래 자유로운 타인을 자신의 성적 욕망을 위해 굴종시키기 위함
이다. 즉, 사디스트는 타인의 자유를 빼앗고자 한다. 하지만 타인의 자유를 박탈하게 되면,
그렇게 소유된 타인은 실상 사디스트에게 아무런 의미가 없게 된다. 상대방의 자유를 박탈
한 그 순간, 자유를 얻기 위한 자신의 폭력적 행동은 무의미해지고, 역설적으로 사디스트는
자유로부터 소외되기에 이른다. 타인을 소유하거나 소멸시켰다고 믿는 그 순간 타인은 현
전하거나 부재하는 시선 속에서 여전히 나를 짓누른다. "이렇게 사디스트의 세계 속에서 타
자의 시선이 폭발함으로써 가학증의 의미와 목적은 붕괴된다. 동시에 사디즘은 자신이 예
속시키고자 했던 것이 바로 그 자유였음을 발견하며, 또한 동시에 자신의 노력이 헛됨을 깨
닫게 된다. 우리는 다시 **응시하는-존재**에서 **응시되는-존재로** 되돌려지며, 우리는 이 순환
에서 벗어나지 못한다." Sartre, *L'être et le néant*, 477: 국역본: 『존재와 무』, 847.

16 Critchley, *The Problem with Levinas*, 114.

며 매 순간 욕망으로 남는다. 향락은 욕망을 채우기 위해 오지 않는
다. 향락이 이미 욕망 자체이다"(237/393). 그러므로 향락으로 이해
되는 성적 쾌락의 성취는 나의 에로스적 욕망의 성취이다. 그리고 이
러한 에로스적 욕망은 둘 이외의 것들은 철저히 도외시한 채 사랑하
는 이들이 서로만을 탐닉하게 하는 에고이즘을 연다.

에로스의 얼굴

이 둘의 에고이즘을 짚으면서 한 가지 반드시 밝혀져야 할 것이 있는
데, 그것은 다름 아닌 에로스 안에서의 얼굴이다. 레비나스에게 얼굴
은 타인의 타자성의 핵심과도 같은 것이다. 그렇다면 에로스 안에 있
는 타인은 어떨까? 에로스적 관계 속에 있는 타인에게도 분명 얼굴
이 있다. 기본적으로 레비나스에게 타인의 얼굴의 에피파니와 그에
따라 일어나는 윤리적 응답은 나의 도덕적 책임을 일으켜서, 나보다
더 높은 자를 섬기는 관계를 여는 형이상학적 초월을 의미한다. 그런
데 성적 쾌락 안에서 관계하는 타인의 얼굴, 내가 사랑하는 이의 얼
굴은 그런 윤리적 의미의 형이상학적 초월이 아닐 것이다. 그렇다면
이때 초월은 대체 무슨 성격을 가지는가? 여전히 레비나스는 사랑하
는 타인의 얼굴이 윤리적으로 현현하는 것은 아닐지라도, 초월의 관
계로 나와 관련되어 있다고 본다. 내가 사랑하는 이인 타인과의 관
계가 "지향성으로 환원 불가능한 존재 모형을 이룬다"(238/394)라고
한 데서 보듯, 에로스의 얼굴도 지향성 너머에 있다. 지향적 체험 관
계가 표상의 지향성을 기반으로 삼는다면 이는 사물에 대한 객관화

　　　　　　　　4부 절정의 배가: 가족을 통해 미래를 내다보기

를 가능하게 할 것이고, 또 만일 향유의 지향성을 기반으로 삼는다면 이 체험 관계는 내가 향유하는 대상에 대한 욕구 충족의 감성으로 치달을 것이다. 하지만 궁극적으로 지향성으로 환원 불가능한 에로스 안에서의 향락은 객관화나 감성의 모형을 완전히 벗어난다. 곧 그것은 향락으로서의 에로스에 대한 욕망 자체이며, 이때 얼굴도 이런 욕망 가운데 나타난다.

다시 말해 에로스 안에서의 얼굴은 윤리적 얼굴이라기보다는 나에게 호감으로 다가오는 얼굴이고, 내가 사랑하여 빠져들고 찬탄하는 얼굴로 내게 온다. 레비나스는 이를 아름다움으로 이해한다. 사랑스러운 "얼굴의 정숙함과 단정함이 아직은 밀쳐져 있으나 이미 아주 가깝고 임박한 외설적인 것의 경계에 머무는 것, 이것이 여성적 아름다움의 근원적 사건이며, 아름다움이 여성적인 것 안에서 취하는 탁월한 의미이다"(240/398). 요컨대, 사랑하는 이의 얼굴은 나에게 내가 인식할 얼굴도, 윤리적 얼굴도 아니고, 사랑으로 나를 매혹하는 아름다운 얼굴로 온다.

레비나스에 의하면, 이런 식으로 에로스로 마주하는 얼굴 역시 에로스 그 자체처럼 애매모호하다. 한편으로, 그것은 아름다움 속에서 사랑받는 얼굴로 있으면서도 여전히 사랑하는 이에게 무언가를 가르친다. 하지만 이 얼굴은 윤리로 넘어가기보다 에로스의 관계 안에 있다는 점에서 여전히 향락과 잇닿아 있다. 이런 의미에서 에로스의 얼굴은 자신을 노출함으로써 자신을 범속화하는 가운데에서도, 사랑하는 이에게 완전히 포착되는 대상이 아니라는 점 때문에 비밀 속에 머무른다.

양의성은 여성적인 것의 에피파니를 구성한다. 우선 대화 상대자, 협력자, 그리고 최고로 지적인 스승으로서의 여성적인 것이 있다. 이것은 자신이 속해 있는 남성적 문명에서 남성들을 종종 지배했을 정도이다. 동시에 문명사회의 불가침 규범으로 인해 여성의 조건에 처한 여성이 있다. 전적인 올곧음이자 솔직함인 얼굴은 자신의 여성적 에피파니 속에서는 암시와 함축들을 숨긴다. 얼굴은 어떤 정확한 의미로 나아가지 않은 채 공허 속에서 암시하며 무엇보다 모자란 것을 가리키면서, 자신의 고유한 표정 아래 몰래 웃는다. (241-242/400)

여기서 스승으로서의 여성적인 것이 가르치는 것이 무엇을 의미하는지는 드러나지 않는다. 윤리적 의미의 대화의 가르침은 아닐 것이고, 아마도 관계 속에서 여성적인 것이 남성적인 것에게 가르치는 어떤 감수성이나 삶의 지혜 등을 뜻하는 것처럼 보인다. 말하자면, 남성적인 것에서는 도무지 알 수 없는 어떤 것이 여성에 의해 가르쳐진다. 레비나스는 이런 여성적 얼굴의 에피파니, 에로스 안에서의 얼굴의 에피파니를 "계시의 폭력"(242/400)이라고까지 부르는데, 이것은 여전히 내가 의식으로 담아낼 수 없는 것, 곧 내가 듣고 복종해야 할 그 고유한 가르침과 아름다움이 얼굴에서 현현하기 때문일 것이다. 그렇다면 이 얼굴은 한편으로 가르치고, 다른 한편으로 모호함 속에 매혹적인 모습으로 나에게 다가오면서, 대체 나를 어디로 끌고 가는가? 위에서 인용한 구절 중 "무(rien)보다 모자란 것을 가리키면서"라는 말에 단서가 있다. 에로스적 얼굴에서

   4부 절정의 배가: 가족을 통해 미래를 내다보기

이 계시의 폭력은 바로 이 부재의, **아직 아닌** 것의 무보다 모자란 것의 **힘**을 표시한다. 미래보다 먼 **아직 아님**, 시간적인, 또 무 속의 단계들을 입증하는 **아직 아님**. 그리하여 **에로스**는 모든 기획투사와 역동성 너머의 황홀이며, 근원적으로 분별하지 못함이고, 속됨이다. 그것은 빛남과 의미작용으로서 **이미 실존하는** 것의 탈은폐가 아니다. **에로스**는 그래서 얼굴 너머로 나아간다. (⋯) 그것은 빛에 반발하며, 존재와 무의 놀이에 외재적인 범주이다. 그것은 가능성을 넘어서 있다. 왜냐하면 그것은 절대적으로 포착 불가능하기 때문이다. (242/400-401)

에로스의 얼굴은 내게 포착되지 않고, 인식이나 존재의 진리의 빛으로 비춘다고 해서 자신을 보여 주지 않는다. 이 점에서 다시 우리는 존재의 진리, 인식의 빛과 상반되는 것처럼 보이는 밤에 주목해야 한다. 모아티의 말처럼, "그 범속화는 (⋯) 본질적으로 빛을 발하기를 거부하는 그 밤 속에 스스로 전진한다. (⋯) [이렇게] 에로스의 범속화는 밤의 사건이다".[17] 이는 에로스가 애무에서처럼, 타인의 살을 탐색하면서도 완전히 나의 것으로 삼지 못한 채로 있기 때문이며, 또한 에로스 안에서는 나와 타자가 그러한 모호한 밤의 상태에 머무르기를 (둘만의 비밀의 순간에 머무르기 위해) 빛 가운데 있는 것보다 더 선호하기 때문이다.

그런데 여기서 레비나스는 또한 시간성을 염두에 두고 있다. 밤에 있는 것은 또 다른 날이 다가올 희망을 엿볼지 모른다. 물론 이때

---

17   Moati, *Événements nocturnes*, 298-299.

의 빛 역시 어떤 인식과 진리가 아니라 내가 모르는 시간을 의미할 것이다. 위 인용문에서 언급된 "미래보다 먼 **아직 아님**"이 사랑하는 주체와 사랑받는 타인에게 도래할 어떤 것이다. 이 점에서 얼굴은 지금 마주하는 현현의 순간을 넘어선다. 에로스가 얼굴 저편으로 나아간다는 것은 바로 이런 시간적인 의미이며, 에로스가 밤 가운데 있지만, 그저 밤에만 온전히 머무르는 것이 아니라는 것을 기억해 두자.

논의를 더 전개하기 전에 이 복잡한 논의를 정리해 보자. 레비나스에게 에로스의 얼굴은 윤리적 얼굴은 아니다. 하지만 그렇다고 그것이 빛 속에 자리하는 것도 아니다. 그것은 자신을 노출하는데, 이 노출은 빛 속에 비칠 수 있도록 자신을 노출하는 것이 아니라 쾌락에 의한 사랑의 시선에 자신을 노출한다는 점에서 신성한 상태, 범접할 수 없는 상태가 아닌 범속한 상태로 놓이는 노출이다. 곧 에로스의 얼굴은 내가 보고, 만질 수 있는 얼굴이다. 그렇게 그 얼굴은 나에게 아름다운 얼굴로서 매혹으로 다가온다. 이 매혹은 향락으로 기울어지는 것이라는 점에서 앞서 논의했던 애무의 신체와 가까운 의미로 얼굴이 다가온다. 말하자면 내가 사랑하는 자는 나에게 아름다운 매혹적인 얼굴로 다가온다는 점에서 내게 자신을 맡기는 수동성을 가지며, 바로 이 점에서 그 얼굴은 능동적이지 않다는 의미에서 적극적인 인격성을 갖추고 있지 않다. 하지만 이런 비인격적이고, 향락적인 얼굴도 에로스 안에서 상대방에게 무언가를 가르친다. 이것이 비록 윤리적 명령은 아닐지라도, 남성적인 힘이 여성적인 약함에 순종하게 하고, 자신을 내려놓게 하는, 어떤 가르침이 에로스의 얼굴에서 전해진다.

이 애매하고 모호한 매혹적인 얼굴, 그러면서 가르침을 주는 얼굴은 둘만의 관계로 나를 데려간다. 즉 사랑하는 이와 사랑받는 이가 구축하는 그들만의 관계, 둘만이 전부인 관계, 소위 비-사회적인 관계로 얼굴은 나를 데려간다. 이 비-사회적인 것 역시 어떻게 규정될 수 있는지는 알 수 없다. 적어도 그것은 제삼자가 규정하고, 포착할 어떤 것이 아니다. 서로 사랑함으로써 펼쳐 갈 미래의 비-사회로서 사회는 둘만이 구축할 시간으로 가득할 것이라는 점이 둘만의 에고이즘이라는 형태로 지시될 뿐이다.

예를 들어 보자. 사랑하는 이와 함께한다고 할 때, 그것이 착각이건 현실이건 나는 내가 사랑하는 이와 만들어 갈 둘만의 세계를 꿈꾼다. 그리고 그 시간이 어떻게 채워질지를 생각하면서 미래를 준비한다. 이 과정에서 나는 나의 집이 아닌 둘이 살아갈 집으로서의 공간을 내다보며 설렌다. 나의 음식이 아닌 사랑하는 이와 함께 먹을 맛있는 식사를 꿈꾸며 또 설렌다. 이렇게 나는 사랑하는 이와 지금보다 더 깊은 관계를 내다보게 된다. 풍요롭고 충만한 사랑의 감성으로 채워질 도래할 삶을 내다보게 되는 것이다. 이 점에서 이 얼굴 너머의 시간과 미래 역시 일단 향락과 맞닿아 있다. "향락은 자신의 고유한 굶주림으로 양육되며, 현기증 속에서, 감추어진 것이나 여성적인 것에, 비인격적인 것에 다가선다"(242/401). 여기서 향락에 굶주려 있다는 것은 에로스의 욕망에 대한 향유를 뜻할 것이며, 이때 여성적인 것은 내게 자신을 수동적이면서도 정복되지 않고 포착되지 않는 얼굴과 신체로 온다는 점에서 수동적이면서도 내게 감추어진 것으로 나와 관계할 것이다. 레비나스는 이런 식의 관계를 결국 **"둘의 에**

고이즘"(244/404)으로 요약해 낸다.

에로스의 향락은 철저히 사적인 것이고, 둘만의 시간과 삶이다. 레비나스가 말하기를, "보편화에 근본적으로 반발하는 사랑하는 이들이 향락 속에서 수립하는 관계는 사회적 관계와는 완전히 다르다. 이 관계는 제삼자를 배제하며 내밀함에 머문다. 둘만의 고독으로 닫힌 사회로, 전형적인 비-공적 관계로 머문다. 여성적인 것, 그것은 타자이다. 그것은 사회에 반발하며, 둘이 이루는 사회의 (…) 구성원이다"(242/401-402). 에로스의 얼굴에 이끌려 나와 내가 사랑하는 타인은 자기들만의 사회, 절대 공적이지 않은 관계로 맺어진 둘만의 사회를 이룬다.

하나의 사례로서 감독 박찬욱이 연출한 영화「헤어질 결심」을 살펴보자.[18] 영화 속 두 주인공인 형사 장해준(박해일 분)과 남편을 살해한 범죄 혐의자 송서래(탕웨이 분)는 사랑의 관계로 나아가면서 오직 둘만의 세계에 있게 된다. 물론 그 둘은 범죄 용의자와 수사관이라는 공적 관계에서 만났다. 하지만 에로스의 관계가 되면서 둘은 더는 그러한 공적 관계의 지배를 받지 않는다. 짧은 시간이나마 사랑에 빠져 허우적대는 와중에 그 둘은 서로를 완전히 이해하지는 못했으나 서로를 향한 향락 속에서 공적 의무나 도덕적 의식마저 상실한다. 심지어 내가 사랑하는 이가 살인을 저지른 범죄자임이 분명해졌음에도, 형사는 그 살인을 밝히기보다 살인의 증거를 인멸하고, 상대방의 부도덕함과 범죄를 숨겨 준다. 서래는 이러한 해준의 행위 속에

---

18 「헤어질 결심」, 박찬욱 감독(CJ 엔터테인먼트, 2022).

  4부 절정의 배가: 가족을 통해 미래를 내다보기

서 사랑을 느끼고 급기야 자신의 부도덕함을 숨긴 채로 오직 사랑하는 이의 기억 속에 남기 위해, 자신을 비밀로 남기기 위해 자신을 소멸시키기까지 한다. 이때 둘은 둘만의 사회 속에만 있으며, 또한 그들의 정신은 명료하게 나타나기보다는, 상대방과의 향락 속에서 혼돈 상태에서 현시된다. 더군다나 서로 사랑하는 둘은 인격적으로 완전히 자기를 주장하는 방식으로 서지 못한다. 나는 타인의 사랑을 욕망하고, 상대방인 타인은 나의 사랑을 욕망하는 가운데 그 욕망 아래에서 행동하고, 생각한다. 앞서 언급했듯이, 지금 나의 행위가 윤리적이고 도덕적인 판단을 거스르고, 공적인 사회의 규칙을 위반하는 것을 알면서도 서로만을 위한다. 그때 주변의 인물이나 정황, 사회적 규약은 그야말로 주변적인 것에 머무른다. 이 점에서 이 영화 속 주인공들은 레비나스가 말한 에로스 안에서의 둘만의 관계를 정확히 묘사한다. 이 사랑은 한편으로 지고지순해 보이지만, 또한 성적 쾌락 가운데 노출되어 있다. 영화에서 성관계 장면은 하나도 없지만, 멀리서의 관음증적 시선 아래 타인의 얼굴과 목소리, 그리고 사랑하는 감성을 탐하는 것 역시 영화의 여러 장면 속에 탁월하게 묘사되어 있다. 이렇게 지독할 정도로 상대방을 욕망하지만, 마지막까지 그 둘은 서로가 전한 말이나 존재를 정확히 인식하지 못한 채로 수동적인 방식으로 자신을 노출시킬 뿐이다. 사랑을 간직한 채 죽기로 결심한 서래의 선택은 사랑하는 이인 해준을 향해 이루어진 것이라는 점에서 수동적이다. 또한 서래를 찾아 나서지만 결코 잡히지 않는, 안개처럼 사라져 버리는 모호한 서래의 존재 아래 길을 잃은 해준은 밤 가운데 머문 상태로, 능동적으로 스스로 사태를 지배하지는 못한 채 비인격적 수동성 안에 머문다. 어쩌면 해준이 말한 자기-붕괴가 그런 수동성을 잘 나타내는 말일지 모른다. "내가 품위 있댔죠? 품위가 어디서 나오는 줄 알아요? 자부심이에요. 난 자부심 있는 경찰이었어요. 그런데 여자에 미쳐서 수사를 망쳤죠. **나는요 (…) 완전히 붕괴됐어요.**"[19]

이런 식으로 에로스 안에서의 "향락적인 자유는 타자의 얼굴이 지닌 밝음 속에 있지 않고, 모호함 속에 있다"(243/403). 또한 이 모호함 속에 둘만이 그들만의 사회를 이룬다는 점에서 이것 역시 에고이즘이다. 다만 무신론자로서 자아의 삶의 향유가 나의 에고이즘이었던 반면, "사랑은 쾌락이고 둘의 에고이즘(*égoïsme à deux*)이다"(244/404). 나는 이기적인 나의 삶의 향유에 머무르는 자였다가 윤리적인 초월에 의해 책임의 주체, 환대의 주체로 선다. 그런데 사랑하는 사람을 만나 향락에 빠지게 된 나는 다시 에고이즘으로, 단, 나만의 에고이즘이 아니라 둘만의 에고이즘으로 들어가게 된다.

결국, "사랑은 쾌락이고 둘의 에고이즘이다. 그러나 이 만족 속에서 사랑은 꼭 그만큼 자기에게서 멀어진다. 사랑은 어떤 의미작용도 명확히 밝히지 못하는 타자성의 심오함 — 노출되고 범속해진 심오함 — 위에서 현기증을 겪는다"(244/404). 레비나스가 이런 식의 에고이즘을 둘의 것으로 놓는다는 점에 특이점이 있다. 나는 타인을 지배하는 것이 아니라 사랑하려고 할 때, 어떤 명확한 의미화에 실패하여 현기증을 겪는다. 이것이 사랑의 타자성의 심오함이며, 나

---

[19] 정서경·박찬욱, 『헤어질 결심 각본』(서울: 을유문화사, 2022), 109. 강조는 필자.

   4부 절정의 배가: 가족을 통해 미래를 내다보기

와 타자가 절대 하나가 될 수 없는 이유이다. 이런 점에서 사랑은 둘의 것이다. 하지만 이 에로스가 둘의 것으로 그친다면 앞서 레비나스가 강조했던 미래는 어떻게 도래하는가? 둘 중 하나가 사라지면 — 이를테면 죽음으로 인해 사라지면 — 에로스에 대한 추억과 상념은 있겠지만 그 에로스는 둘이 실제로 향락으로 향유하던 것과는 그 성격을 달리할 것이다. 이때 에로스는 정처 없이 또 다른 타자를 찾아나설지도 모르며, 사랑의 대상만 달리한 채 또 다른 향락과 또 다른 둘의 에고이즘만 있게 될 것이다. 그리고 그것은 쾌락과 향락의 체험 속에만 머무르는 것이 아닌가?

둘의 에고이즘이 불러오는 역설: 아이와 미래

하지만 내가 사랑하는 타인을 만남으로써 둘의 에로스를 기반으로 삼아 새로운 미래가 열릴 수 있으니 그것이 바로 아이를 낳고 양육하는 일이다. 그리고 이 일을 통해 시간의 갱신이 일어난다.

타자인 동시에 나 자신인 아이와의 관계 — 아이에 대한 갈망 — 는 이미 향락 속에서 그려지며, 아이 그 자체 속에서 성취된다(그 종말 속에서 소진되지 않고 그 만족 속에서 누그러지지 않는 욕망Désir이 성취될 수 있게 되는 셈이다). 우리는 여기서 하나의 새로운 범주 앞에 선다. 존재의 문 뒤에 있는 것 앞에, 아무것도 아닌 것보다 더 모자란 것 앞에 선다 — 에로스는 이것을 그것의 부정성에서 떼어 내고 범속화한다. 이때 초점이 되는 것은 불안의 무와는 다른 무, 즉 아무

것도 아닌 것보다 더 모자란 것의 비밀 속에 묻혀 있는 미래의 무이다. (244/404)

아이를 낳는 일은 일견 고귀한 일처럼 보인다. 하지만 레비나스에 의하면 그것은 범속한, 상대방의 몸을 탐닉하는 향락의 에로스를 거쳐야 한다. 이때 번식되는 아이는 (현존재 같은) 나 자신이 아니므로 "불안의 무와 구별되고, 무의 불안과 구별되고, 소멸과도 구별되는, 존재도 비-존재도 아닌, 아직 아님이라는 무보다 모자란 것에 담긴" 것으로서, "죽음 너머의 삶"을 내다본다.[20] 그런데 이렇게 에로스에서 나온 아이는 내가 아니지만 부모인 나와 연결되어 있다. 구체적으로 말해서 이런 부모와 자식의 관계는 "철저히 타자이지만, 어떤 점에서는 나(moi)인 타자와의 관계이다. 아버지인 자신은, 소유물이 아닌" 아이의 "타자성과 관련하게 된다".[21] 더 나아가 이 관련성은 아이가 아버지와 어머니, 곧 둘의 존재와 연결되어 있다는 점에서 더더욱 독특하다. 즉 "아들은 부모 두 사람의 존재의 번식이며, 그러므로 어느 한쪽만의 단독 존재가 아니다".[22] 둘의 에고이즘이 그 둘로 환원될 수 없지만 둘 모두와 연관된 타자를 낳은 것이다.

이렇게 부모와 모두 연결된 아이는 또한 철저히 타자라는 점에서 부모 두 사람의 한정된 시간으로 국한될 수 없는, 그 소멸 너머의,

---

20 John Llewelyn, *Emmanuel Levinas: The Genealogy of Ethics* (London, UK and New York, NY: Routledge, 1995), 119.

21 Levinas, *Éthique et infini*, 72; 『윤리와 무한』, 76-77.

22 Llewelyn, *Emmanuel Levinas*, 119.

죽음 너머의 삶을 펼친다. 이처럼 아이인 타자는 나의 분신 같은 존재이지만 나는 아닌 존재로서 고유한 미래의 삶을 펼치는데, 이것이 또한 미래의 무한을 특징짓는다. 흥미로운 것은 아이라는 타자의 절대적 타자성과 아버지 또는 어머니로서의 내가 연결되어 있다는 점에서, 아이의 타자성은 아이 자신의 고유한 미래와 더불어 나의 무한한 시간을 함께 열며, 단지 내가 나의 유한한 삶에 묶여 있는 데서 벗어나게 만든다.

그런데 레비나스는 왜 이렇게까지, 아이라는 타자를 동원하면서까지 미래의 시간성을 논하려 하는가? 그것은 앞서도 지적했던 것처럼 나의 현재적 삶에만 머물러서는 유한한 시간의 굴레를 벗어나지 못할 것을 염려했기 때문이다. 벤수산의 정확한 지적처럼, "'에로스의 현상학' 전체는, 『전체성과 무한』의 일반 경제에서 요소적 향유로부터 벗어나는 것"이며,[23] 나의 에고이즘을 둘의 에고이즘으로 전개함으로써, 내가 나만의 삶을 벗어나 둘의 삶으로 이어지게 한다. 그런데 이제 에로스의 현상학은 둘만의 관계로도 머무르지 않고, 아이의 타자성이라는 미래의 시간의 장을 열도록 나를 데려간다. 이렇게 레비나스의 에로스는 그 특유의 범속함과 향락을 통해 둘만의 에고이즘을 이루는 비-사회적 관계이다. 동시에 이 에로스는 사랑하는 자들의 존재와 결부되면서도 그 둘과 전적으로 다른 아이의 타자성에 의해 열리는 미래적 시간으로 나아갈 핵심 계기로 작동한다.

---

23 Gérard Bensussan, "Fécondité d'Eros: Équivoque et dualité," in *Lire Totalité et Infini d'Emmanuel Levinas: Etudes et interprétations*, éd. Danielle Cohen-Levinas(Paris: Hermann, 2011), 106.

이 지점에서 거듭 강조되어야 하는 것은 레비나스가 향유와 행복의 에고이즘만이 아니라 윤리적 주체성, 곧 환대의 주체성까지도 나의 유한한 시간에 매이는 것은 아닐까를 염려했다는 점이다. "자아가 죽음을 넘어서 자신을 지탱하는 차원"(231/382)은, 말하자면 향유의 주체성만이 아니라 환대의 주체성에서도 필요한 것이다. 나는 궁극적으로 얼굴과 관련하면서 얼굴 저편으로까지 나아가야만 유한성에 갇히지 않는다. 레비나스의 다음과 같은 말이 바로 그런 점을 잘 나타내고 있다. "…그러니까 번식성 없이는, 자아(Moi)는 모든 모험이 운명의 모험으로 되돌아오고 마는 주체로 머물게 될 것이다. 자신의 것과는 다른 운명을 감당할 수 있는 존재가 번식성의 존재이다. 불가피한 죽음의 규정적 면을 넘어 자아가 타자로 스스로를 연장하는 아버지됨 속에서, 시간은 자신의 비연속성에 의해 늙음과 운명에 대하여 승리를 거둔다"(258/428).

이것이 바로 레비나스가 윤리적 초월에 미치지 못하지만, 향유의 주체이자 환대의 주체인 나에게 반드시 요구되는 것으로 에로스를 다룬 이유이다. 윤리와 윤리적 가르침은 성스러운 것이지만, 그것은 범속한 것을 마주해야 미래로 나아갈 수 있다.다시 말해 윤리적 대화, 무한과의 관계에서 드러나는 이 성스러움도 에로스의 향락이라는 범속한 것에 의존해야 하며, 미래는 바로 이 의존성 안에서 열린다. 한편으로 레비나스는 성스러움에 대해 이렇게 말한다. 윤리적 "언어의 형식적 구조는 타인(Autrui)이 윤리적으로 침해받을 수 없음을 알려 주며 어떠한 '신비로움'(numineux)의 기미도 없이 그의 '성스러움'(sainteté)을 알려 준다"(169/287). 다른 한편으로 레비나스

     4부 절정의 배가: 가족을 통해 미래를 내다보기

는 이 성스러움을 무한 안에 지속시킬 에로스의 범속함에 대해 이렇게 말한다. "범속화로서의 향락은 감추어진 것을 감추어진 것으로 발견한다. (…) 즉 발견된 것은 발견 속에서 자신의 신비를 상실하지 않고, 감추어진 것은 베일을 벗지 않으며, 밤은 흩어지지 않는다"(237/393).

여기서 보듯이, 윤리적 관계는 성스럽지만 신비롭지 않고, 에로스의 향락은 범속하지만 신비롭다. 성스러운 것이 분명 온전한 초월이며, 윤리적 형이상학을 성취하지만, 그 성스러운 것은 신비로운 범속함에 의존해야만 미래를 내다본다. 그리고 에로스의 범속함도, 비록 그 "성적 쾌락이 아들 생산의 목적을 지원하는 범속화"라고 해도,[24] 미래의 아이가 지닌 초월의 타자성 덕분에 오롯이 범속함에만 머무르는 것은 아니다. 이 점에서 다시금 벤수산의 말이 우리의 이해를 돕는다. "에로스의 '범속화' 운동은" 또한 "계시이다. 윤리는 계시되지만, 이는 탈주체화되는 주체가 (자기, 존재자, 가능한 것, 얼굴, 종언의) 저편의 경험으로 들어가는 범속화의 모호성 안에서 계시된다. 이 '저편'은 정확하게 말해서 에로틱한 것의 모호함이다. 에로틱한 것은 절대로 에로틱한 것으로 환원되지 않으며, (…) 에로틱한 것은 언제나 에로틱한 것 저편으로 확장된다."[25] 윤리는 타자성의 초월을 향한 것이지만, 나의 유일한 자기성에 머무르지 않기 위해 윤리에 미치지 못하는 에로스의 초월에 기댄다. 둘만의 에고이즘인 에로스

---

24 Critchley, *The Problem with Levinas*, 114.

25 Bensussan, "Fécondité d'Eros," in *Lire Totalité et Infini d'Emmanuel Levinas*, 106.

의 관계는 또한 에로스 그 자체로만 환원되지 않으면서, 또 다른 타자성으로 이행하기에 이른다. 이 역설적 관계를 간파하는 것이 에로스의 현상학과 번식성을 이해하는 첩경이 된다. 『전체성과 무한』이라는 나의 드라마는 이제 나, 그리고 나와 타자만이 아니라 나이면서 나 아닌 타자, 곧 미래를 여는 타자인 아이를 향하게 되었다. 이는 두 말할 나위 없이 에로스 덕분이다.

결론적으로 말해서, 전혀 이타적이지 않은, 둘만의 세계에 갇혀 있는 듯이 보이는 에로스가 실은 아이라는 미래의 시간을 여는 타자를 예비하는 통로 역할을 한 것이다. 이 아이를 통해 둘만으로 충분한 것처럼 보였던 연인이었던 둘은 한 가정의 부모가 되고, 아이를 돌봐야 하는 이타적 삶으로 초대받게 된다. 이것이 바로 레비나스가 제시한 에로스의 역설적 의미이다. 어쩌면 가장 이기적인 것처럼 보이는 삶의 방식, 바로 그러한 에고이즘의 삶이 없으면, 미래의 무한한 시간을 열어 주는 절대적 타자, 곧 아이와 그 아이를 돌보는 이타적인 삶도 나올 수 없다.

레비나스의 에로스론에 숨겨져 있는 그림자: 에로스의 남성성

에로스는 역설적 구조를 갖는다. 레비나스에게 에로스는 사랑하는 이들이 둘만의 세계에서 향락의 욕망을 즐기는 둘의 에고이즘으로 요약된다. 하지만 그것은 다시금 타인과의 관계를 갱신하고, 나의 유한성을 벗어나게 하는 추동력이 된다. 나는 타인과의 만남 속에서도 여전히 죽음을 두려워할 수 있다. 죽음은 윤리를 통해 극복될 수 없는 나의 실존의 한계일 수 있다. 이에 레비나스는 번식성 안에서 태어나는 아이를 통해 무한의 시간을 열려고 한다. 아이는 부모의 분신 같지만 절대로 부모인 나 자신과 같을 수 없는 타자이다. 이 아이의 시간은 나를 대신하는 시간이고, 나의 유한성을 넘어서는 무한의 절대를 향한 시간일 것이다. 나의 삶이 사라지더라도 내 아이의 삶이 무한히 펼쳐지며, 이 아이의 삶을 위해 나는 아버지로서 또는 어머니로서 책임을 지는 주체로 변형된다. 그리고 나 없이도 내가 낳은 아이가 윤리적 삶과 평화의 시간을 이끌어 갈 수 있다. 이처럼 레비나스는 가족의 의미를 갱신함으로써 나의 죽음의 유한성을 극복할 계기를 마련하고자 하며, 이 가족의 형성 역시 레비나스에게는 ― 또는 적어도 『전체성과 무한』에서는 ― 에로스를 통해서만 가능하다.

레비나스는 이렇게 에로스가 가지는 역설적 함의를 매우 섬세한 현상학적 접근을 통해 보여 주었다. 그는 곧장 아이의 삶을 논하기 전에 에로스 자체가 가지는 아름다움과 향락의 성격 자체에 진지하게 접근했다. 그리고 이를 통해 태어날 아이의 번식성과 에로스가 연결되는 지점을 놀라울 정도로 예리하게 포착한다.

하지만 우리는 여기에 내재한 그림자를 거론하지 않을 수 없는데, 나는 이를 두 가지로 제시한다. 우선 레비나스에게 에로스는 일차적으로 남성 주체가 여성에게 향하는 시선으로만 진술되는 맹점이 있다. 대표적으로 우리는 이를 그의 애무에 관한 기술에서 찾아볼 수 있는데, 앞서 보았듯이 애무는 향락의 극대화를 보여 주는 사례 가운데 하나일 것이다. 그런데 그러한 애무의 접촉에서 비롯하는 "비-의미작용의 무게가 빚어 내는 동시성 또는 이 둘의 양의성을 우리는 **여성성**이라고 부른다"(234/388)라고 한 데서 보듯, 그러한 접촉에서 만지는 이는 마치 남성인 것처럼 보이고, 만져지는 이는 여성인 것처럼 기술된다. 물론 이것이 실제 생물학적인 여성보다는 애무의 성격 자체를 기술한 것이라고 할 수도 있겠으나 그렇다면 그것이 굳이 여성성이라고 기술될 필요가 있었는지 의문이며, 더 중요한 것은 다음과 같은 구절에서 분명한 남성 주체의 시선이 엿보인다는 점이다. "애무는 **찾고**, 애무는 파헤친다. 이것은 탈은폐의 지향성이 아니라 탐색의 지향성이다. (⋯) 애무를 부추기는 욕망은 (⋯) 우리를 여성의 처녀성으로, 결코 범해지지 않은 것으로 다시 데려간다"(235/389).[26]

이런 점에서 나는 지금까지 살펴본 『전체성과 무한』 4부, 특히 에로스론에서 레비나스의 가부장적 시선과 여성에 대한 편견 어린 고정 관념이 강하게 나타난다고 생각한다. 우리가 보았듯이, 레비나스는 애무를 출산에까지 연결하는데 이렇게 보면 여성성은 남성의 성적 향락과 출산으로 특징지어지는 것처럼 보이며, 마치 그것을 위해 있는 것처럼 보이기까지 한다. "타자인 동시에 나 자신인 아이와의 관계 — 아이에 대한 갈망 — 는 이미 향락 속에서 그려지며, 아이 그 자체 속에서 성취된다"(244/404). 향락의 계기인 애무는 이처

---

26 이런 분명한 남성중심적 서술을 볼 때, 살랑스키의 다음과 같은 말은 쉽게 이해되지 않는다. "예를 들어, 애무에 대한 레비나스의 담론은 명백히 여성을 향한 남성의 애무에 의해서만 동기 부여된 것으로 보이지는 않는다." 어쩌면 그 역시 지나치게 남성의 시선에서만 레비나스를 호의적으로 이해하고 있는 것이 아닐까? Jean-Michel Salanskis, "Sur des objections à Levinas," in *L'humanité de l'homme: Levinas vivant II* (Paris: Klincksieck, 2011), 109.

럼 애무 자체로 그치지 않고, 아이에 대한 갈망으로 귀결된다. 그리고 이렇게 해야 레비나스의 의도대로, 에로스가 번식성으로 연결될 것이다. 하지만 이 과정에서 아이를 낳는 여성의 몸과 아이에 대한 수용 의사 등은 전혀 고려되지 않는다. 이 점에서 에로스와 성적 관계는 오로지 남성과 아버지의 입장에서 진술되는 것처럼 보인다. 이를 조금 더 명확하게 비판하는 크리츨리의 진술을 보자. "레비나스에게 에로스는 아버지가 언제나 (이 말의 생물학적 의미와 개념적 의미 모두에서) 자기 자식으로 (다시 말하지만, 중립적 용어가 아닌) **잉태된** 아이와의 관계에서 자신에 대한 초월을 발견하는 통로 또는 전달체이다."[27] 이렇게 레비나스는 여성의 신체를 출산의 의미에서 다소 한정적으로 다루고 있으며, 곧 여성은 남성과 짝을 지어 아이를 낳는 존재로, 번식성의 초월을 이루는 매개체로 상정되어 있다. 물론 레비나스는 다른 글에서 부모와 아이의 관계가 반드시 생물학적 혈연관계를 의미할 필요는 없다는 점을 밝힌 바 있다. "우리는 생물학적인 혈연관계 없이도 자식성을 인간 존재들 사이의 한 관계로 매우 잘 파악할 수 있습니다. 우리는 타인에 대해서도 아버지의 태도를 가질 수 있습니다."[28]

하지만 적어도 『전체성과 무한』에 한정해서 보면, 에로스는 반

---

27 Critchley, *The Problem with Levinas*, 97. 조금 더 레비나스에 호의적인 입장에서 여성성에 대한 레비나스의 이해를 다룬 또 다른 연구로는 다음 글을 참조하라. 김도형, 「레비나스와 페미니즘의 비판적 만남: 레비나스와 뤼스 이리가레의 대화 가능성과 그 한계」, 『철학논총』 제102집(2020년 10월), 75-96.

28 Levinas, *Éthique et infini*, 74; 국역본: 『윤리와 무한』, 78.

드시 아이의 출산과 연결되어야 한다. 물론 부모는 아이를 낳고 돌보는 데 그 모든 힘을 쏟을 것이고, 함께 책임을 다할 것이지만 이 과정에서 여성의 역할은 더 한정적이고, 주변적인 형태로 나타난다. 즉 레비나스에게 내가 아이라는 미래와의 만남을 내다보기 위해서는 여성과의 에로스가 필요하고, 여성의 출산이 필요하다. 레비나스가 우선적으로 남녀의 에로스 자체에 초점을 맞추어 이 현상 자체에 집중한 것은 사실이지만, 이 에로스가 번식성과 연결되기에 이르면, 여성이 단지 어머니로 국한되고, 아이를 위한 하나의 도구적 계기처럼 여겨지는 논조를 완전히 걷어 내지는 못한다.『전체성과 무한』4부 A와 B에 초점을 맞춘 탓에 앞서 인용하지 않았지만, A와 B를 기반으로 삼아 전개되는 C "번식성"의 첫 문단에 등장하는 다음과 같은 말은 바로 이러한 에로스의 남성중심적 경향을 입증하는 더 결정적인 근거가 될 것이다. "그런데 가능한 것 너머에서, 기획투사 너머에서 아이의 미래가 도래하기 위해서는, 여성인 타인(Autrui en tant que féminin)과의 만남이 필요하다"(245/406). 나의 아이를 위해 여성이 필요하다는 이 서술을 어떻게 남성중심적 경향과 분리할 수 있겠는가? 이렇게 여성은 아이의 미래를 위한, 번식을 위해 필요한 자로 기술되고 있다.

물론 레비나스가 이 대목에서 여성을 열등한 존재로 그리기 위해 이런 진술을 한 것은 아니다. 레비나스의 입장에 서서 그의 남성중심적인 현상학적 기술을 옹호하는 입장에 서는 살랑스키의 지적대로, "레비나스는 한 여성이 (…) 에로스적 의미에 접근하는 방식을 일반적인 방식에서 기술할 수 있다고 주장하지 않는다".[29] 즉 레비나스가 『전체성과 무한』에서 보여 준 에로스의 현상학은 에로스에 대한 일반화를 가능하게 하는 시도가 아니다. 그것은 나라는 주인공이 사랑을 하고, 아이를 낳는 드라마의 줄거리 구성에 들어 있는 탁월한 체험의 사례이다. 그러므로 우리의 관점을 달리한다면, 에로스에 관한 더 다양한 현상학적 기술이 있을 수 있고, 남성에 대한 여성의 에로스적 경험, 동성 간의 에로스적 경험 등에 관한 현상학적 기술도 얼마든지 있을 수 있다. 레비나스가 그런 가능성을 배제한 적은 없다. 살랑스키가 말한 것처럼, 레비나스 이후의 에로스의 현상학은 "이러한 빈 공백들을 채우려고 노력해야 할 것이다. 다른 에로스적 경험들, 예를 들어 여성의 이성애적 경험에 대해서도 레비나스의 현상학적 기술을 적용할 수 있다고 주장하는 것은 **선험적으로** 가능하다."[30]

다만 이런 지적은 그 자체로 타당하지만, 에로스의 현상학의 빈 공백을 메우는 것은 우리의 몫이지 레비나스가 실제 그런 것에 관심을 둔 것은 아니다. 우리의 현재 관심사인 『전체성과 무한』에 한정해서 보자면, (살랑스키 스스로도 인정하듯이) 여기서 "레비나스의 현상학은 명백히 남성 1인칭 관점에서 발화된다"라는 점을 잊어서는 안 된다.[31] 그러므로 레비나스의 에로스의 현상학은 남성을 주인공으로 삼은 글쓰기이며, 여성을 남성의 사랑의 대상이자 아이를 낳아 주는

---

29   Salanskis, "Sur des objections à Levinas," in *L'humanité de l'homme*, 108.

30   Salanskis, "Sur des objections à Levinas," in *L'humanité de l'homme*, 109.

31   Salanskis, "Sur des objections à Levinas," in *L'humanité de l'homme*, 108.

존재로 보게 만드는 남성중심적 시선을 분명하게 전제하고 있다.[32]
이 점에서 우리는 일견 부정적이고, 폐쇄적인 것으로 보일 수 있는
둘의 에고이즘의 역설적이고 긍정적인 함의를 밝혀 준 레비나스의
에로스의 현상학에 찬탄하면서도, 그 논의에 감추어진 남성중심적
일방성도 감지할 수 있어야 할 것이다. 이렇게 할 때 우리는 레비나
스와 더불어 그리고 레비나스를 넘어서 에로스에 대한 갱신을 시도
할 수 있을 것이다. 이를 위해 『전체성과 무한』 이후 조금 달라진 여
성적인 것에 대한 그의 이해와 더불어 후속 연구자들의 연구들을 폭
넓게 참조해야만, 레비나스를 넘어 그가 채우지 못한 공백을 채워 나
가는 에로스에 관한 더 풍요로운 현상학적 기술을 시도할 수 있을 것
이다.[33]

32 데리다가 이 지적을 하고 있으며, 레비나스를 연구하는 모든 이들은 그에 대한 이러한 비판
적 시선을 견지하는 것이 중요하다. "단지 예비적 기반으로서 주목할 점은, '에로스의 현상
학'은, 이렇게 말할 수 있다면, 우선적으로 그리고 오직 여성적인 것을 향해 있으며, 남성적
시점(視點, point de vue)으로 방향을 설정하고 있다는 것이다. 하지만 이 시점은 '본질적으로
침해 가능하면서도 침해 불가능한' 것인 '여성적인 것'이라는 빛이 없는 장소에 맹목적으로
(시점을 잃은 채) 자신을 내맡긴다. 이러한 침해 불가능한 침해 가능성, 폭력을 금지하면서
도 동시에 무방비 상태로 그 폭력에 자신을 노출시키는 존재의 상처 입을 가능성, 이것이
여성적인 것 안에서 얼굴 자체를 나타내는 것으로 보인다. 비록 여성적인 것이 '얼굴 너머
의 얼굴을 제공'하고, 거기서 에로스가 '가능한 것 저편으로 나아가는 데서 성립'하는 것이
지만 말이다." Derrida, *Adieu à Emmanuel Lévinas*, 76; 국역본: 『아듀 레비나스』, 82.

33 한 예로, 우리는 오늘날 성적 차이의 현상학이나 퀴어 현상학 등 다양한 비판적 현상학
적 탐구가 있음에 주목해야 한다. 특별히 다음과 같은 연구를 참조하라. Sara Ahmed, *Queer
Phenomenology: Orientations, Objects, Others*(Durham, NC: Duke University Press, 2006); Sara
Heinämaa, *Toward a Phenomenology of Sexual Difference: Husserl, Merleau-Ponty, Beauvoir*(Lanham,
MD: Rowman & Littlefield, 2003). 또한 레비나스와 비교적 가까운 거리에서 작업한 마리옹
의 연구도 빼놓을 수 없다. Jean-Luc Marion. *Le phénomène érotique*(Paris: Éditions Grasset &
Fasquelle, 2003).

13강. 4부 C
"번식성" 및 D "에로스 속의 주체성" 읽기

앞서 보았듯이, 에로스에는 애매성 또는 역설이 있다. 한편으로 그것은 둘만의 에고이즘이다. 세계의 삶, 또는 공적이고 사회적인 삶의 관계는 사랑하는 한 쌍의 연인이 구축한 에로스적 관계에 침투할 수 없다. 에로스 안에서 세계는 둘의 관계에 대해서는 주변적인 것에 불과하다. 세계의 존재자, 둘 이외의 다른 존재가 서로 사랑하는 두 인간 사이에 침투한다고 하더라도, 근본적인 차원에서 — 적어도 둘의 사랑이 유지된다면 — 둘을 갈라놓을 수도, 침해할 수도 없다. 하지만 에로스는 설사 의도하지 않았더라도 둘만이 아니라 또 다른 타자를 향한다. 내가 사랑하는 사람을 만나 아이를 낳는 행위는 둘의 사랑의 행위에서 비롯한 일이다. 하지만 아이의 아버지에게나 어머니에게로 환원될 수 없는 한 타자인 아이를 낳는다는 점에서 에로스는 매우 역설적이다. 다시 말해 에로스는 에고이즘의 행위이지만 동일자로 환원할 수 없는 타자에 가닿게 해 주는 현상이다. 둘의 에고이즘이 둘과는 전적으로 다른 타자를 낳는 조건이 된다는 점에서 이

에로스의 현상은 다층적이다. 이제 내가 사랑하는 타인을 만남으로써 둘의 에로스를 기반으로 삼아 아이를 낳고 돌보는 일에서 새로운 미래가 열리기에 이른다. 그리고 이 일을 통해 무한한 미래의 시간의 갱신이 일어난다.

> 타자인 동시에 나 자신인 아이와의 관계 — 아이에 대한 갈망 — 는 이미 향락 속에서 그려지며, 아이 그 자체 속에서 성취된다(그 종말 속에서 소진되지 않고 그 만족 속에서 누그러지지 않는 욕망[Désir]이 성취될 수 있게 되는 셈이다). 우리는 여기서 하나의 새로운 범주 앞에 선다. 존재의 문 뒤에 있는 것 앞에, 아무것도 아닌 것보다 더 모자란 것 — 에로스는 이것을 그것의 부정성에서 떼어 내고 범속화하는 데 — 앞에 선다. 이때 초점이 되는 것은 불안의 무와는 다른 무, 즉 아무것도 아닌 것보다 더 모자란 것의 비밀 속에 묻혀 있는 미래의 무이다. (244/404)

아이를 낳는 일은 새로운 생명의 탄생이라는 점에서 일견 고귀하며, 심지어 성스러워 보이기까지 한다. 하지만 레비나스에 의하면, 그것은 범속한, 상대방의 몸을 탐닉하는 향락의 에로스를 거쳐야 한다. 이때 번식되는 아이는 (현존재 같은) 나 자신이 아니므로 "불안의 무와 구별되고, 무의 불안과 구별되고, 소멸과도 구별되는, 존재도 비-존재도 아닌, 아직 아님이라는 무에 미치지 못하는 것에 담긴"

것으로서, "죽음 너머의 삶"을 내다본다.[1] 즉 내가 죽더라도 나의 아이는 자기만의 미래를 열어 가며, 타자의 미래는 내가 규정할 수 없는 무한의 시간으로 펼쳐진다. 물론 아이는 내가 아니고, 아이의 시간도 내 시간이 아니다. 하지만 그것은 부모인 나와 연결되어 있다. 나는 부모로서 아이와 더불어 있음으로 말미암아 아이의 무한한 시간과 관계를 맺게 되는 것이다. 이것이 바로 레비나스에게 가족의 탄생, 곧 에로스에서 아이로 이어지는 사건이다.

정리하자면 에로스는 번식성으로, 곧 아이의 탄생으로 이어진다. 다시 말해 부모와 아이로 이어지는 가족의 탄생과 그 삶의 시발점은 에로스이다. 이 에로스는 처음에는 둘만의 에고이즘이었다가 부모가 소유할 수 없는 타자인 아이를 낳는 번식성으로 이행하게 된다. 이렇게 생성된 가족은 지금 둘만의 관계를 넘어 내가 소유할 수 없는 타자의 시간, 곧 아이의 미래라는 시간을 내다보며 현재 너머로 나아가는 시간성의 특징을 함축한다.

번식성과 모성적 책임

레비나스는 에로스를 통해 아이인 타자가 일어나는 사태를 우선 번식성으로 설명한다. 내가 홀로 있는 존재였다가 아버지가 되었다고 해서 내가 사라지는 것은 아니다. 여전히 나는 동일자이고, 아버지의 동일성을 갖춘 동일자가 될 뿐이다. 이 동일자는 아이를 자신의 소중

---

1   Llewelyn, *Emmanuel Levinas*, 119.

한 보물처럼, 심하면 자신의 분신처럼 여길지 모른다. 그런데 번식성 안에서 자아는 나의 동일자에 종속된 자로 성장하는 것이 아니라 결국 나와 전적으로 다른 자로 살게 되는 자이다. 또한 중요한 것은 이 아이가 나만의 타자가 아니고, 내가 사랑하는 자의 타자이기도 하다는 점이다. 일관되게 레비나스는 주체를 아버지처럼 다루고, 아이를 자기만의 자식처럼 여기는 듯이 보이지만, 그 아이가 나만의 아이가 아니라는 점을 분명히 한다. 구체적으로 말해서, 이 관계는 "타자가 철저히 타자이지만, 어떤 점에서는 나(moi)인 타자와의 관계이다. 아버지인 자신은, 소유물이 아니면서도 자신의 것인" 아이의 "타자성과 관련하게 된다".[2] 더 나아가 이 관련성은, 아이가 한 존재가 아니라 부와 모, 곧 둘의 존재와 연결되어 있다는 점에서 더더욱 독특하다. 즉 "아들은 부모 두 사람의 존재의 번식이며, 그러므로 어느 한쪽만의 단독 존재가 아니다".[3] 다시 말해 아이는 그저 생물학적 후손인 자가 아니고, 오직 나만의 가능성이나 나만의 자식인 것이 아니다. 이 점을 레비나스는 다음과 같이 명징하게 말한다.

내 아이는 단지 내 작품이나 내 창조물이 아니다. 피그말리온처럼 내가 내 작품이 살아나는 것을 보아야 한다 해도 그렇다. 향락 속에서 갈구된 아들은 행동에 주어지지 않으며, 능력들에 부적합한 것으로 남는다. (…) 그런데 가능한 것 저편에서, 기획투사 너머에서 아이의 미

---

2   Levinas, *Éthique et infini*, 72; 국역본: 『윤리와 무한』, 76-77.

3   Llewelyn, *Emmanuel Levinas*, 119.

래가 도래하기 위해서는, 여성인 타인(Autrui)과의 만남이 필요하다. (…) 미래는 아리스토텔레스의 배아(존재보다 모자란 것, 모자란 존재)도 아니고, 존재 그 자체를 구성하지만 미래와의 관계를 주체의 능력으로 변형시켜 버리는 하이데거적인 가능성도 아니다. 내 것인 동시에 내 것이 아닌 것, 나 자신의 가능성이지만 또한 타자의, 사랑받는 이의 가능성, 이것이 나의 미래이다. (245/406)

이 구절에 잘 나타나 있듯이, 아이는 아버지인 나와 여성인 어머니의 만남에서 빚어진다. 그리고 이 둘의 미래가 바로 아이의 삶으로 빚어질 아이라는 타자가 펼칠 미래의 시간이다. 그렇다면 가족이란 무엇이겠는가? 그것은 에로스적 관계에서 사랑하는 이들이 아이를 낳고, 자녀를 기름으로써 미래의 시간과 관련하는 삶을 사는 이들로 구성된 작은 공동체이다. 아이를 가진 가족의 삶은 이제 더는 에고이즘의 삶으로 국한되지 않는다. 그 삶은 아이와 같이 사는 삶이면서, 내가 거머쥘 수 없는 삶의 시간에 나를 맡기는 삶이다. 예를 들어 보자. 아이에게 제아무리 부모의 경험, 지식, 예견을 투영한다고 하더라도 자식은 내 마음대로, 부모 마음대로 자라지 않는다. 더 나아가 아이는 아버지와 어머니의 집을 떠나 미래의 어느 때에 자기만의 삶을 또한 구축하게 될 것이다. 이처럼 아이는 아버지나 어머니와는 전적으로 다른 자이며, 나의 힘 또는 권력의 자장을 점차 벗어나는 자이다. 다시 말해 번식성은 나의 존재-가능(하이데거)이나 힘에의 의지(니체)를 넘어 나의 주체성 바깥의 존재와 초월의 관계를 성취한다. 이 초월, 곧 "아이와의 관계, 다시 말해 능력이 아닌 번식성인 타자와의 관계는 절대적 미래 또는 무한한 시간과의 관계를 수립한다"(246/407). 아이를 통해 시간은 나의 시간으로 종결되지 않을 것이다. 번식성 안에서 타자인 아이의 시간이 펼쳐질 것이고, 이 아이와의 관계는 바로 그 점에서 아이의 무한한 미래, 내가 예측하거나 손아귀에 넣을 수 없는 미래의 시간으로 이어진다. 결국 내가 나의 유한성 너머 무한을 맞이하는 삶은 바로 이렇게 아이와 관련하는 가족의 삶에서 가능해진다. 살랑스키의 다음과 같은 말은 이런 번식성의 특징을 잘 포착하고 있다. "따라서 번식성이 하는 일은 주체를 여러 가지 가능한 일에 대한 파악이라는 유한한 놀이에 던져둔 데서 구해 내는 것이다. 그것은 존재의 관점과 이 관점을 취하는 주체의 지위와 관련된 일종의 폐쇄성으로부터 주체를 구한다."[4]

혹자는 물을 수 있다. 아이도 아이의 고유한 삶이 있을 것인데, 왜 내가 계속 아이와 연결되는가? 레비나스에게 그러한 연결은 바로 책임으로 설정되며, 이 점이 번식성 및 가족과 관련한 레비나스의 가장 중요한 논점 가운데 하나이다. 논의를 첨예화하기 위해 다시 한번 묻자. 아이가 분명 나의 아이라고 하더라도, 나와 절대적으로 다른 자로서 타자라고 한다면, 나와 아이가 맺는 관계가 어떻게 무한과의 관계로 지속될 수 있겠는가? 이 관계를 이어 주는 것이 바로 윤리, 가족으로서 아이를 돌보아야 할 부모의 책임이다. 여기서 잊지 말아야 할 것은 아이에 대한 책임은 가족 안에서 이루어지는 책임이지만 아이를 소유할 권리는 없는 책임이라는 점이다. 다시 말해 로버트 깁스

---

4   Salanskis, "Horizons de *Totalite et infini*," in *Le concret et l'idéal*, 223.

    4부 절정의 배가: 가족을 통해 미래를 내다보기

가 말한 것처럼, "아이와의 관계는 나의 삶이나 나의 존재가 아니라 오히려 나의 책임과 관련한 번식성을 나타낸다".[5] 물론 내가 책임을 다하는 나의 행위를 통해 아이의 삶을 떠받쳐 준다고 하더라도, 그 아이는 내 아이지만, 자기의 삶을 사는 아이로 남는다. 이 점에서 번식성은 나의 힘과 소유를 벗어나는 특징을 여전히 가진 채로 나의 책임을 일으킨다.

그렇다면 이렇게 번식성 안에서 형성되는 가족관계에서 아이에 대한 부모의 책임은 구체적으로 무엇으로 말해질 수 있을까? 레비나스의 가족 이해에서 책임이 핵심에 위치한다면, 바로 그 책임, 더 정확하게는 책임으로 엮이는 가족의 의미가 여실히 드러나야 할 것이다. 하지만 레비나스는 그 구체적 청사진을 온전히 제시하지는 않는다. 이에 우리는 리사 건터의 해석을 따르는 가운데 번식성 안에서의 아이에 대한 부모의 책임에 관한 중요한 단서를 얻고자 한다. 건터는 레비나스가 비록 괄호 안에 넣기는 했지만, "번식성"을 해명하는 가운데 이사야 49장을 언급한 점에 주목한다. 레비나스의 언급부터 확인해 보자. "내 아이는 낯선 이(이사야 49장)이지만 그 아이는 단지 내게 속하는 것이 아니다. 왜냐하면 그는 나이기 때문이다. 그것은 자기에 낯선 나이다"(245/405-406). 위의 짤막한 문장에서는 이사야 49장에 비추어 아이가 나에게 이방인, 곧 낯선 자라는 것만 확인될

---

5   Robert Gibbs, "The Discontinuity of the Generations: Grandparents and Children," paper presented at the Brock University Conference on Love and the Family (St. Catharines, ON, Canada, 1999), 11. 다음 문헌에서 재인용함. Lisa Guenther, The Gift of the Other: Levinas and the Politics of Reproduction (Albany, NY: State University of New York Press, 2006), 78.

뿐이다. 그런데 건터는 이사야 49장이 잠시 뒤에 한 번 더 언급된다는 점에 주목하는데, 실제로 레비나스는 이렇게 말하고 있다.

> 자식은 시(poème)나 어떤 대상처럼 단지 내 작품이나 제작물이 아니며, 내 소유물은 더욱 아니다. 능력의 범주나 앎의 범주는 나와 아이의 관계를 기술하지 못한다. 자아의 번식성은 원인도 지배도 아니다. 나는 내 아이를 소유하지 못한다. 나는 내 아이이다. 아버지됨은 타인이면서 — "나는 자식을 여의고 다시 낳을 수도 없는 몸이었는데 누가 이것들을 이렇게 키워 주었을까?"(이사야 49장) — 나이기도 한 낯선 이와 맺는 관계이다. 아버지됨은 자기와 맺는 관계, 그렇지만 내가 아닌 자기와 맺는 관계이다. 이 '나는 존재한다' 속에서 존재는 더 이상 엘레아 학파의 단일성이 아니다. 존재함 그 자체 속에 다수성과 초월이 있다. 이 초월에서 나는 스스로를 탈취하지 않는다. 자식은 내가 아니기 때문이다. 그렇지만 나는 나의 자식**이다**. 자아의 번식성, 그것은 자아의 초월 자체이다. (254/421)

건터에 의하면, 이사야 49장에 대한 "이 이중의 참조는 결코 우연이 아니다. 탈무드의 학생으로서 레비나스는 경전을 가볍게 언급하지 않는다".[6] 이에 그녀는 이 이사야 49장의 진술이 시온의 아이에 대한 언급에서 비롯한 것이라는 점에 주목한다. 그렇다면 우리가 해야 할 일은 이사야 49장이 대체 무엇을 말하는지 살펴보는 것이다.

6　Guenther, *The Gift of the Other*, 90.

　　　　4부 절정의 배가: 가족을 통해 미래를 내다보기

이에 우리는 조금 길더라도 이 성서 본문을 면밀히 보아야 한다.

"'야훼께서 나를 버리셨다. 나의 주께서 나를 잊으셨다'고 너 시온은
말했었지.

여인이 자기의 젖먹이를 어찌 잊으랴! 자기가 낳은 아이를 어찌 가엾
게 여기지 않으랴! 어미는 혹시 잊을지 몰라도 나는 결코 너를 잊지
아니하리라.

너는 나의 두 손바닥에 새겨져 있고 너 시온의 성벽은 항상 나의 눈앞
에 있다.

너를 다시 일으킬 자들이 서둘러 모이니 너를 허물고 짓밟던 자들이
달아나리라.

고개를 들어 둘러보아라. 모두 너에게로 모여 오고 있다. 내가 목숨을
걸고 맹세한다." 야훼의 말씀이시다. "그들은 네 몸에 걸친 패물과 같
으리니 네가 신부처럼 아름다우리라.

짓밟혀 쑥밭이 되고 폐허가 되었던 땅이, 이제는 비좁아 사람들이 살
수 없게 되어 너를 괴롭히던 자들이 모두 물러가리라.

여읜 줄로 알았던 자식들이 돌아와, 이 곳은 살기 좁으니 자리를 넓혀
달라고 떼쓰는 소리를 네 귀로 들으며,

너는 속으로 이렇게 생각하리라. '이것들을 누가 나에게 낳아 주었을
까? 나는 자식을 여의고 다시 낳을 수도 없는 몸이었는데 누가 이것들

을 이렇게 키워 주었을까? 나 혼자만 살아남았었는데 이것들이 다 어디에서 왔을까?'"[7]

여기서 시온은 야훼의 아이를 의미한다. 처음으로 주목해야 할 것은 야훼가 자신을 "여인", 곧 어머니인 여성으로 간주한다는 점이다. 즉 레비나스에게 번식성 안에서의 타자, 아이와의 관계에서의 책임은 부성과 모성을 모두 동반하는 것이 된다. 실제 우리는 앞서 레비나스가 "아이의 미래가 도래하기 위해서는, 여성인 타인(Autrui)과의 만남"(245/406)이 있어야 함을 명시했음을 확인했다. 여기서 한 걸음 더 나아가 그는 직접적으로 어머니됨, 곧 모성 역시 아이와의 관계에서 필수적이라는 점을 암시하고 있는 것이다. 실제로 레비나스는 모성을 다음과 같이 중요하게 언급한다. 유년기의 "자식은 아직 아버지 속에서 존속하는 실존으로 실존하는 것이다. 자식은 '자립하지' 못한 채 존재한다. 그는 자신의 존재를 타자에게 맡기고, 그 결과로 자신의 존재를 즐긴다. 이러한 실존 양태는 자신을 보호해 주는 부모의 실존에 본질적으로 기대는 유년기로 생산된다. 이 의존을 설명하기 위해 여기에 모성(maternité) 개념이 도입되어야 한다"(255/423).

바로 이 모성이 이사야 49장에 언급되어 있다. "여인이 자기의 젖먹이를 어찌 잊으랴! 자기가 낳은 아이를 어찌 가엾게 여기지 않으랴!"(이사야 49:15) 아이는 처음부터 성인이 되어 내게 나타나지

7　이사야 49:14~21.

않는다. 갓난아이에서부터 유년기를 거쳐 점차 성장하며, 이때 부모는 아이의 미래를 기대한다. 아이의 미래에 자신의 기대와 욕망을 투영할 수는 있지만, 그렇다고 해서 아이의 미래를 잠식하지는 못한다. 중요한 것은 예측할 수 없는 아이의 더 나은 미래를 위해, 나의 아이가 잘 자랄 수 있도록 돌보는 것이다. 이 돌봄의 핵심에 어머니의 자리가 있으며, 이때 레비나스가 말하는 책임은 모성적 돌봄에 가깝다. 즉 가족 안에서 부모의 책임은 돌봄인 것이다. 건터는 이 대목을 다음과 같이 정리한다. "이 구절에서 신은 자신을 자식을 잊지 못하는 수유하는 어머니(nursing mother)에 비유한다. (…) 그런데 이 구절의 의미는 신의 기억이 수유 중인 자식에 대한 어머니의 기억을 뛰어넘는다는 것이다. (…) 신의 무한한 기억은 시온 성벽의 거룩함을 회복시켜 시온의 몸을 재건한다. (…) 이 기억은 과거를 회복하고 더 나은 미래에 대한 희망을 가져다준다."[8]

건터의 말처럼, 아이에게는 돌봄이 필요하다. 그리고 이것은 미래까지 내다본다. 말하자면 레비나스가 언급한 이사야 구절의 의미는 신이 자신을 어머니로 간주하여 시온을 돌보는 자로 상정하며, 이 돌봄이 실은 현재적인 것을 넘어 더 나은 미래에 대한 전망까지 담고 있다는 것이다. 실제로 해당 구절에서 신은 무너진 시온의 땅이 장차 회복될 것이라고 약속한다. 아이의 돌봄은 회복에 대한, 더 나은 미래에 대한 약속으로 연결되고 있다.

그런데 유의해야 할 것이 있다. 우리는 신이 아니다. 아이의 아

---

8   Guenther, *The Gift of the Other*, 91.

버지이거나 어머니인 나는 인간이지 신이 아니다. 이 점에서 성서의 인용은 적절하면서도 또한 우리 인간 존재와 신의 간극을 보여 주는 것 같다. 그러므로 건터에 의하면, 우리는 신의 신실한 약속과 더불어 시온에 초점을 맞추어야 한다. 다시 말해 신은 시온을 재형성하고자 하는데, 이때 재형성된 시온의 모습에 주목해야 한다는 것이다.

위 구절에서 신이 전망하는 시온의 모습은 적대자들을 물리치고 단지 잘 사는 것이 아니라 "여윈 줄로 알았던 자식들이 돌아와, 이곳은 살기 좁으니 자리를 넓혀 달라고 떼쓰는 소리"(이사야 49:20)가 울려 퍼지는 곳이다. 즉 이 구절의 독특성은 시온을, 아이를 돌보는 어머니처럼 간주하고 있다는 데 있다. 신이 회복을 약속한 시온의 땅은 자식들을 돌보아야 하는 책임의 실천이 일어나야 할 땅이 되는 것이다. 즉 "시온에게 신은 『전체성과 무한』에서의 '여성적 타자'와 같은 존재가 된다. 여성적 타자인 신은 문 앞에 당도한 낯선 이들을 맞이할 능력을 주는데, 이는 내가 현재 가지고 있는 환대의 자원 그 이상을 베풀기를 명령하는 것이다". 이제 "시온은 (…) 소박한 에고이즘으로 시작하지 않는다. (…) 오히려 시온은 소유의 순간을 거치지 않고 주어짐(givenness)에서 줌(giving)으로 전환한다. (…) 시온의 회복은 동시에 낯익은 이방인들을 환영하는 것이다. 여기, 거주와 환대 사이에는 남성적 에고이즘이 개입할 그 어떤 순간도 존재하지 않는다".[9]

즉 이사야 49장은 한편으로 신의 모성적 돌봄을 이야기하지만, 이 돌봄이 신의 행위로 그치는 것이 아니라 시온이 자신의 아이들에

---

9   Guenther, *The Gift of the Other*, 92.

게 행해야 하는 책임으로 언급된다. 신이 약속하고 전망하는 것은 바로 그렇게 돌보는 자로 시온이 회복되는 것이다. 이렇게 회복된 시온은 더는 남성적 힘의 주체가 아니라 환대의 주체성을 발현하는 부모와도 같은 자로 정립된다.

이런 점에서 레비나스가 말하고자 하는 바는, 번식성 안에서의 아이에 대한 책임이 모성적 돌봄에 가깝다는 것이다. 이것은 레비나스가 이 맥락에서 필수적으로 모성을 도입했다는 사실에서도 확인되며, 이 모성에 대한 요청이 이사야 49장에서의 모성적 환대와 돌봄과 연결될 수 있다는 점에서도 확인된다. 즉 이 돌봄에 근거해서 아이의 미래가 열린다는 점이 건터의 해석을 통해 얻을 수 있는 통찰이며, 우리는 이를 가족의 위대한 의미로 이해할 수 있다. 그러므로 레비나스에게 가족 안에서 부모의 책임은 아이에 대한 지속적인 돌봄인 것이다. 즉 "자아의 초월 자체"인 "자아의 번식성"은 에로스 안에서 타자인 아이를 낳음으로써 가족을 형성한다. 그리고 이 번식성은 모성과 부성을 모두 함축한 나 또는 가족의 아이에 대한 책임과 돌봄에서 오롯이 그 의미를 성취한다.[10]

10　『존재와 달리』에서는 모성적 책임이 한층 더 크게 강조된다. 한 예로 레비나스는 이렇게 말한다. "보호와 가림이 없는 상태를 나타내는 영점 이전에, 감성은 비-현상에 의한 촉발이다. 이는 원인이 개입하기 전, 타자가 나타나기 전에 타자의 타자성에 의해 기소됨이다. 이는 자기 자신에게 기대지 않는 전-근원적 상태, 핍박받는 자의 불안정. 어디에 있는가? 어떻게 있는가? 고통의 고뇌에 찬 차원들 속에서의 몸부림이며, 이편의 예상치 못한 차원들이다. 자기 자신으로부터 뿌리 뽑힘, 무(無)보다 못한 상태, 부정적인 것에서의 거부, 즉 무의 뒤편, 모성, 동일자 안에서 타자를 임신하는 것이 그런 것이다. 박해받는 자의 불안정은 단순히 모성의 변형, 즉 잉태하거나 잉태했던 것들로 인해 상처받은 '모태의 신음'의 변형에 불과한 것이 아닐까? 모성 안에서 타자들에 대한 대속까지, 고통받음까지 나아간다." Levinas, *Autrement qu'être ou au-delà de l'essence*, 95; 국역본: 『존재와 달리 또는 존재성을 넘

에로스와 번식성을 통해 유한한 나의 가능성을 벗어나기

특별히 레비나스는 이런 번식성을 통해 주체성이 다시금 변경되는 것을 드라마의 새로운 지평을 열어 주는 사건이라고 본다. 레비나스에 의하면, 인간이 자기 자신을 존재자로 정립하는 것은 시간과 공간을 적극적으로 점유하는 나로, 홀로선 나로 나를 정립할 때이다. 이때 나는 신체적 주체이면서 시간을 적극적으로 경험하고 살아 내는 자가 된다. 『전체성과 무한』에서 이 주체는 자기 집에서 먹고, 자고, 쉬고, 내일을 준비할 수 있는 자로서 자기의 시간성과 공간성을 모두 성취하는 자, 곧 향유의 자아로 이해된다. 이러한 자아가 나의 집의 문을 두드리는 타자의 목소리에 응답하고, 문을 열어 자기가 가진 것을 줄 수 있다. 하지만 향유의 주체에서 윤리적 주체로 거듭나는 것만으로 『전체성과 무한』에서의 나의 드라마가 완료되는 것은 아니다. 내가 스스로 나를 에고이즘의 자아로 정립하고, 그런 나를 부르는 타인의 요구에 응답함으로써 윤리적 주체로 이행했다고 하더라도, 나의 삶이 윤리적 무한 안에 변함없이 머무르는 것은 아니다. 나는 여전히 불안과 죽음의 공포에 시달릴 수 있는 자이다. 이를 레비나스는 다음과 같이 기술한다.

<hr>

어』, 165. 신시아 코는 이러한 레비나스 철학의 특성과 일종의 진화를 잘 짚어 낸다. "『존재와 달리』에서 레비나스는 『전체성과 무한』을 구조화하는 목적론적 이야기를 해체한다. 그 결과 후기 저작에서 모성의 개념은 주체로서 우리의 '뒤늦음', 곧 책임의 경계를 확립할 수 있는 안정된 이야기를 재구성할 수 없음에 정확히 주목하게 하는 데 사용된다. (⋯)『존재와 달리』에서 여성성은 더 이상 선형적 윤리 이야기에서의 도구적 기능을 하지 않는다." Cynthia D. Coe, "Levinas, Feminism, and Temporality," in *The Oxford Handbook of Levinas*, ed. Michael L. Morgan(New York, NY: Oxford University Press, 2019), 732.

에로스적 관계 속에 자리를 잡는 데서 비롯하는 주체성의 특징적 역전, 남성적이고 영웅적인 자아의 역전이 있다. 이 남성적이고 영웅적인 자아는 자신을 정립하는 가운데 **그저 있음**의 익명성을 중단시켰고, 빛을 여는 존재 방식을 규정했던 자이다. 빛 속에서는 자아의 가능성의 놀이가 행해지고, 이 놀이 속에서 자아라는 형태로 존재에서의 기원이 생산된다. 존재는 여기서 하나의 전체성의 규정으로서가 아니라 끊임없는 재시작으로, 따라서 무한한 것으로 생산된다. 그러나 주체 안에서 이루어지는 기원의 생산은 능력을 농락하는 노화와 죽음의 생산이다. 자아는 자기에게로 돌아와 자신을 동일자(Même)로 발견하며, 그 모든 재시작에도 불구하고 돌이킬 수 없는 운명을 그리며 고독하게 쓰러진다. (248/411)

이 진술을 레비나스의 이전 철학과 관련해서 볼 때 우리의 이해는 배가된다. 그는 『시간과 타자』에서 홀로서기 내지 자기정립(hypostase)으로서의 주체를 제시한 바 있고, 이것이 바로 존재의 익명성을 넘어 자신의 삶을 오롯이 떠맡은 자아의 의미라고 규정한 바있다. 세바의 말을 빌리자면, "나는 **그저 있음**(il y a)으로부터 나 자신을 떼어 냄으로써, 즉 그 있음을 규정하고 그리하여 그것을 밀도 있게 만듦으로써 진정으로 하나의 자기가 된다. 이러한 운동 속에서 나는 순수 내재성의 지점, 초기 레비나스가 말하는 홀로서기(hypostase)로, '자기 자신에게 못 박힌 자아'로 태어난다."[11] 『전체성과 무한』에

11 Sebbah, *L'epreuve de la limite*, 182.

서 이는 무신론자인 분리된 자아, 향유의 자아로 확장되어 기술된다. 그리고 이 향유의 자아는 타인과의 관계 안에서 책임의 자아와 정의의 심판대에 선 주체가 된다. 그런데 레비나스는 적어도 이 대목에서 "남성적이고 영웅적인 자아의 역전"은 에로스적 관계에서 가능하다고 본다. 에로스가 없다면, 내가 나의 존재의 일반 경제를 유지하고, 더 나아가 타인으로 인해 내 집의 문을 활짝 열고 나의 경제적 자원을 타인을 위해 주는 주체로 선다고 하더라도, 여전히 자아는 동일자로 돌아갈 뿐이다. 물론 그때의 자아가 고립된, 고독한 자아와 같지는 않을 것이다. 분명 그 자아는 에고이즘을 덜어 낸 타인을 위한 존재로 이행한 나이기는 할 것이다.

하지만 나의 집의 문을 타인에게 연 나는 여전히 나 자신의 삶으로 회귀할 나이다. 레비나스가 위에서 말했듯이, "주체 안에서 이루어지는 기원의 생산은 권능을 비웃는 노화와 죽음의 생산"이며, "자아는 자기에게로 돌아와 자신을 동일자(Même)로 발견하는" 데 그친다. 이 지독한 자기성의 고독을 깨뜨리는 것은 결국 에로스에서만 가능하다. "**에로스**가 이 막힘으로부터 벗어나게 하고, 자아가 자기로 회귀하는 것을 멈추게 한다"(248/411). 즉 에로스 안에서의 관계가 나만의 삶이 아닌 내가 사랑하는 이의 삶을 내다보고 또한 미래를 새로 기획하게 함으로써 노화와 죽음의 생산을 그치게 한다. 물론 나는 늙고, 죽을 것이다. 하지만 에로스에서 빚어지는 번식성, 아이의 탄생은 단지 나의 노화와 죽음으로 내 삶이 마무리되는 것을 넘어서게 해 준다. 왜냐하면 나의 삶은 나만의 삶이 아니라 나의 것이 아니지만 나의 것이기도 한 삶, 곧 아이라는 타인의 삶으로 인해 새로

　　　　4부 절정의 배가: 가족을 통해 미래를 내다보기

운 전망을 갖게 되기 때문이다. "내 것인 동시에 내 것이 아닌 것, 나 자신의 가능성이지만 또한 타자(Autre)의, 사랑받는 이(Aimé)의 가능성, 이것이 나의 미래이다"(245/406), 이는 『시간과 타자』에서부터 레비나스가 내다본 미래를 향한 전망이고, 그것이 1961년에야 비로소 완연하게 성취되고 있다. 1948년에 이미 레비나스는 이렇게 말한 바 있다. "'홀로서기'와 더불어 시작하는 나의 자기로의 복귀는 에로스를 통해 열리는 미래의 전망 덕분에 용서의 여지를 얻게 된다. 이 용서는 [애초에] 불가능한 홀로서기의 폐기가 아니고 아들을 통해서 실현되는 것이다."[12]

폐기되는 것이 아니라 미래의 시간에 열린 나의 삶이 바로 에로스에서부터 꿈틀댄다. 그리고 그 에로스적 관계는 사랑하는 자인 나와 사랑받는 자인 타자가 함께하는 둘의 세계이다. 이 둘의 세계는 아이를 통해 또 다른 타자의 가능성이라는 미래를 열어 가게 된다. 이렇게 내가 나만이 아니라 타인에게로 이행되는, 유한한 시간에서 시간의 무한으로 이행하는 나의 특성을 레비나스는 초월실체화(transsubstantiation)라는 말로 표현한다. 이것은 내가 동일한 나 자신으로 돌아가는 자기동일화의 운동과는 다른 움직임을 나타낸 말이다. 요컨대 나는 나의 사랑을 받는 이와의 에로스적 관계에서 둘만의

12 Levinas, *Le temps et l'autre*, 86; 국역본: 『시간과 타자』, 126. 또한 같은 책에서 이렇게도 말하고 있다. "어떻게 해야 자아는 나의 현재 속에 머물러 있거나 자신에게 운명적으로 되돌아오지 않은 채 네 안에서 나로 남을 수 있을까? 어떻게 자아는 자신에게 타자가 될 수 있을까? 그 유일한 방법은 바로 아버지가 되는 것이다." Levinas, *Le temps et l'autre*, 85; 국역본: 『시간과 타자』, 125.

향락적 관계를 만들지만, 이는 연인 간의 단순한 결합 너머의 존재를 끌어낸다. 그리고 이때 나로부터 벗어나 있는 또 다른 가능성에 나를 옮겨 놓기 때문에 초월실체화이다. 이렇게 레비나스에게 에로스는 둘만의 에고이즘으로 그치는 것이 아니라 아이를 낳는 단계로 이해된다. 그리고 "아이를 낳는 것은 에로스적 관계의 구조에 내재한 요소이다".[13] 나의 미래는 앞서 다루었던 아이에 대한 책임적 주체로 나를 변경시킴으로써, 나의 것이면서 나의 것이 아닌 아이와 관련한 윤리적 미래로 전향된다. 이에 레비나스는 다음과 같이 말한다. 에로스와 번식성의 "초월실체화"에서 비롯하는

> '실체들의 저편'은 자아를 확증하기 위한 능력에 제공되는 것이 아니다. 그러나 이것은 비인격적인, 중립적인, 익명적인, 인격 이하나 인격 이상의 존재 안에서 생산되지도 않는다. 이 미래는 여전히 인격적 개인을, 그렇지만 미래가 그로부터 해방되는 인격적 개인을 지시한다. 이 미래는 아이이고, 어떤 의미에서는 나의 것이며, 더 정확히 말하자면 나이다. 하지만 나 자신은 아니다. 이 미래는 내 과거로 다시 떨어져 내 과거와 결합하여 어떤 운명을 그려 내지 않는다. (249/413)

에로스와 번식성을 따라 나는 나만의 삶으로 그치는 것이 아니라 나의 것이지만 전혀 내가 아닌 삶을 열어 감으로써 새로운 미래를

---

13 Kelly Oliver, "Fatherhood and the Promise of Ethics," *Diacritics* 27:1 (Spring 1997), 49.

연다. 설사 내가 죽음에 치달을지라도 나와 다른 세대의 삶이 여전히 지속됨으로써 무한한 시간으로 나아가게 된다. 또한 내가 이렇게 부모로서 아이에 대한 책임의 주체로 재정립된다고 할지언정 내가 사라지는 것은 아니다. 다만 나는 초월실체화라는 말에서 보듯, 나의 존재를 넘어 타자의 존재의 시간에 참여함으로써 나를 초월한 타자의 미래에 동참하게 된다. 이 점에서 나는 고립된 자아나 에로스를 넘어 일종의 집단성에 들어간다. 그리고 이 다원주의적 집단성 또는 사회성은 가족 안에서 성취된다.

레비나스와 더불어 가족의 의미를 다시 생각하기

여기서 잠시 이러한 가족의 의미에 대해 비판적으로 반성해 보자. 레비나스의 번식성과 모성적 책임에 대한 강조 — 이를 아이에 대한 돌봄 윤리 혹은 가족 윤리라고 해도 좋을 것이다 — 에는 분명한 의의와 한계가 있다. 에로스를 거쳐 번식성으로 이행하는 이러한 논증의 진전은 필연적으로 가족의 근원성을 동반한다. 우선 이는 헤겔의 국가와 대결하고자 하는 레비나스의 핵심 전략으로 작동한다는 점에서, 다음으로 넘어가기 전 그의 가족의 의미를 조금 더 고찰하는 것은 충분히 유의미한 일이다.

레비나스는 분명 『전체성과 무한』에서 가부장적이라고 할 만한 여러 언급을 하는데, 이러한 가부장성은 에로스를 거쳐 나온 나의 자아가 기본적으로 아버지로 설정된다는 점에 기인한다. 또한 이러한 가부장성은 에로스의 뒤를 잇는 번식성과 자식성의 맥락에서도 당연히 유지된다. 하지만 그렇다고 해서 레비나스가 의도하는 가족의 구성원인 나의 주체성이 오롯이 남성적 주체성으로만 설정되는 것은 아니라는 점을 알 수 있다. 남성인 아버지에게도 모성은 필요하며, 아이를 위해서는 분명 돌봄으로서의 모성이 필요하다. 레비나스는 부단하게 남성적 힘을 비판하면서 모성적 주체성이 내 안에 있어야 함을 분명하게 명시하며, 바로 그런 점에서 어머니됨이 아이에 대한 돌봄과 책임의 핵심 요소임을 밝혔다. 레비나스에게 에로스가 남성 주체의 시선에서 그려지는 것은 사실이다. 하지만 아이를 돌보는 책임의 주체로 구성된 가족관계에서는 모성과 부성이 교차하여 나타날 수 있는 가능성이 그의 가족론에 내재해 있다. 즉 레비나스의 윤리를 가족 윤리로 받아들인다면, 윤리적 책임의 주체는 모성과 부성을 가로지르는 환대의 주체가 된다.

이 점에서 레비나스의 가족 이해는, 적어도 가족 안에서 책임을 져야 할 자, 부모로서 존재하는 자가 가져야 할 태도나 부모의 역할이 무엇인가 하는 주제와 관련해서 중요한 한 가지 의미를 함축한다. 그것은 다름 아닌 아이에 대한 책임이다. 아이에 대한 무한 책임을 설정하는 것은 전통적인 가족 이미지를 전제하는 것처럼 보인다. 하지만 이것은 분명 전통적인 가족관계에서 부모가 가지는 일종의 규정성이나 이미지를 넘어서는 의미도 내포한다. 많은 경우 자식에 대해 아버지와 어머니가 된다고 할 때, 사람들은 생물학적 의미를 떠올린다. 남녀의 결합을 통해 배아가 태아가 되고, 한 가정에서 자식이 태어난다는 것은 아리스토텔레스부터 이어져 온 가족의 생물학적 성격, 부모됨의 생물학적 성격을 오롯이 보여 주는 것처럼 보인다.

하지만 레비나스는 앞서도 언급했듯이, 자신이 말하는 아버지와 아이의 관계가 단지 생물학적 혈연관계로 충족되는 것이 아니라는 점을 계속 명시했다. 에로스의 성적 결합을 생물학적이라고 할 수 있을지 모르지만, 우리가 보았듯이 레비나스에게 에로스는 생물학적인 것보다는 현상학적으로 환원된 에로스로 다루어졌다.[14] 그리고 에로스 안에서 탄생한 아이는 나에게서 유래하면서도 나의 존재가 아니며, 타자성의 초월이라는 맥락에서 이해되어야 한다는 점이 계속 강조된다. 바로 이 점에서 생물학적인 것 너머의 어떤 것이 들어올 여지가 생긴다.

레비나스는 분명 다른 글에서 "생물학적 혈연관계 없이도 자식성(filialité)을 인간 존재들 사이의 한 관계로 매우 잘 파악할 수 있다"라고도 말한 바 있다.[15] 『전체성과 무한』에서도 아이는 배아에서 태아로, 또 갓난아이와 성인으로 이어지는 생물학적 목적론보다는 윤리적 초월의 관계를 따라 고찰된다. 이런 식으로 그는 가족의 구성에서 혈연관계에만 집착하는 태도를 넘어서려 한다. 물론 이 1961년 작품에 한정해서 보자면, 에로스의 성적 향락이 아이로 이어지는 것으로 기술된다는 점에서, 가족 구성을 혈연 또는 혈통관계에 근거해서 설명하려는 경향이 없다고는 할 수 없다. 다만 이런 레비나스의 경향에도 불구하고, 그가 오직 혈연이나 혈통만으로 참된 가족이 구

14　나는 에로스적 환원(réduction érotique)이라는 말을 마리옹에게서 빌려 왔다. Jean-Luc Marion, *Au lieu de soi: L'approche de Saint Augustin*(Paris: Presses Universitaires de France, 2008), 88.

15　Levinas, *Éthique et infini*, 74; 국역본: 『윤리와 무한』, 78.

성되고, 유지된다고 보지 않는다는 점도 고려되어야 한다.[16]

앞서 보았듯이 특히 레비나스는 아이와의 관계를 말할 때 시간성, 무엇보다 미래의 시간성을 언급한다. 아이는 지금 그리고 여기서 나의 분신처럼 여겨질 수 있지만, 그러한 존재로 국한된 채로 살지 않는다. 아이는 미래의 시간을 내다보며 자라 간다. 그 속에서 나는 부성적이고 모성적인 형태, 특히 이사야 49장에 대한 그의 언급을 고려하자면 모성적인 돌봄이라는,[17] 번식성 안에서의 돌봄으로 구체화된 책임적 주체로서의 부모로 아이와 관계를 맺는다. 즉 레비나스에게 부모됨이란, 그리고 (아이가 포함된) 가족을 가족답게 만들어 주는 것은 혈연이 아닌 책임이다. 우리가 건터의 해석에 합류하면서

---

16 거듭 강조하자면, 『전체성과 무한』 이후 그의 철학은 가족을 혈연관계에 국한하려 하지 않는 경향이 강해진다. 물론 그러한 시도가 얼마나 섬세하고 효과적으로 수행되었는가는 별도로 검토해야 할 쟁점일 것이다.

17 레비나스의 모성에 관한 김혜령의 비판도 눈여겨보아야 한다. "하지만 문제는 레비나스가 모성을 상처받기 쉬움으로 정의하고 자신의 대속적 윤리학이라는 대의(大義) 안에 삽입하는 순간, 엄마로서 '상처받기'를 제대로 감내하지 못한 채 아이 앞에서 자신의 존재와 삶의 우위를 수없이 갈등하는 '못난' 여성들에게 모성은 영광이 아니라 좌절로 각인된다는 점이다." 김혜령, 「레비나스의 윤리학 속에 나타나는 망각과 과장의 모성」, 『해석학연구』 제30집(2012년 9월), 257. 다만 『존재와 달리』에서 레비나스의 '모성'이 오롯이 여성에게만 부과된 윤리적 감성으로 기술되지 않는다는 점만큼은 염두에 두어야 한다. 살랑스키의 다음과 같은 말은 이 주제를 이해하는 데 큰 도움을 준다. "여기서 모성의 경험은 우리가 윤리를 이해하기 위해 언제든 꺼내 볼 수 있는 인간성의 유산과도 같다. 그리고 확실히 여성들에 관한 현상학적 매개는 여기서 유용하게 작동하지만, 그것이 모성적 헌신의 구체적 경험을 여성이라는 존재론적 하위 집합에 고정하지는 않는다." Salanskis, "Sur des objections à Levinas," in *L'humanité de l'homme*, 110. 레비나스가 모성을 여성적 경험을 따라 이해하는 점에 대해서는 해당 주제에 관한 기술적(descriptive) 차원에서 비판을 제기할 수 있다. 하지만 모성이 남성과 무관한 것은 아니며, 남성과 여성 모두를 가로지르는 전-근원적인 윤리적 특성으로 모성이 작동한다는 점을 이해해야 한다. 그럼에도 불구하고, 이것은 『존재와 달리』에 이르러서야 부각되는 논쟁점이며, 우리가 본 것처럼 『전체성과 무한』에서는 남성과 여성, 아버지와 어머니의 구별이 조금 더 뚜렷하게 나타난다.

중요하게 확인한 것은 레비나스가 아이의 타자성에서 내다보는 것이 바로 이 미래이며, 이 미래는 유일무이한 자로서 아이 스스로 열어 가는 것이 아니라는 점이다. 아이의 미래가 아이의 것이지만, 나역시 나를 넘어 초월의 시간에 가담할 수 있는 것은 내가 돌봄의 책임으로 그 시간에 함께하기 때문이다. 나는 아이와의 관계에서 단지 늙어 가기만 할 뿐이 아니라 나의 아이에게서 삶의 젊음, 또는 새롭고 더 새로워질 삶을 체험한다. 이렇게 아이와 함께하는 삶에서 비롯하는 나의 변화에 관한 세바의 기술은 이 주제에 대한 우리의 이해를 돕는다. "나는 나가 되기 위해 그저 있음의 무규정성으로부터 벗어나야 하지만, (…) 내 아들에 의해 그것으로부터 해방되어야만 한다. 동시에, 나는 타자의 부름, 곧 내 아들의 부름에 응답함으로써 이제 본래적인 방식으로 나 자신이 된다."[18] 즉 나는 단순히 내가 아니라 나의 아이를 신실하게 돌봄으로써 내가 되며, 바로 그렇게 내가 된 존재가 다름 아닌 부모로서의 나이다. 아이의 성장에 나도 가담하며 젊은이가 되어 가는 아이의 시간에 나의 시간 역시 기입된다. 그렇게 나는 늙어 가면서 젊은 시간을 산다.

그러므로 나는 순전한 에고이즘의 나로 머물 수 없다. 나는 바로 아이에게 더 나은 미래를 선사하려는 돌봄을 통해 나를 더 타자에게 신실하고 충실한 자로 만든다. 물론 그렇다고 해서 아이가 나에게 신실한 것은 아니다. 아이는 부모의 말을 어기기도 하고, 부모가 정한

---

18 François-David Sebbah, "Levinas: Father/Son/Mother/Daughter," *Studia Phaenomenologica* 6(2006), 265.

규준에서 잘 벗어나기도 한다. 그렇지만 그러한 신실하지 않음은 주고받음의 상호성이 아니라 아이의 절대적 타자성을 입증해 주며, 나는 아이의 신실하지 않음으로 역설적으로 아이에게 더 신실해진다. 이렇게 나를 초월한 타자인 아이의 시간에서 나의 죽음으로만 국한되지 않는, 무한의 시간이 열리며, 이 시간은 나의 부모로서의 돌봄과 책임을 통해 열린다.

반복해서 말하자면, 내가 책임지고 돌보아야 할 아이는 나를 젊어지게 만든다. 나의 생물학적 나이가 아무리 많더라도, 내가 얼마나 늙었더라도 아이의 시간을 통해 나는 다른 시간을 내다보게 된다. 이것은 아이를 통해 내 시간이 아닌 다른 자의 시간이 있음을, 그것이 미래로 열리고 있음을 보게 된다는 말이다. 이는 나의 생물학적 젊어짐을 의미하는 것이 아니라 나와 불연속적인 다른 시간, 타자의 시간의 미래가 나의 책임적 돌봄과 더불어 열린다는 말이다. 나의 삶은 죽음으로 향하더라도 나의 아이의 삶, 다른 세대의 삶을 내다본다. 나는 양육과 돌봄으로 그 세대의 삶에 이바지한다. 나의 섬김을 통해 나를 초월한 타인의 시간, 초월의 시간이 열리게 되는 것이다. 이렇게 다른 자, 타인인 아이, 다른 세대의 시간을 여는 것, 이것이 부모됨의 핵심이다. "번식성은 늙음을 생산하지 않고서 역사를 지속시킨다. 무한한 시간은 늙어 가는 주체에게 영원한 삶을 가져다주지 않는다. 아이의 고갈될 수 없는 젊음들로 구획되는 세대들의 불연속성을 거쳐 가는 것이 **더 나은 것이다**"(246/408).

바로 이런 식으로 부모는 번식성 안에서의 아이에 대한 책임을 통해 선 또는 선함을 성취한다. "이 덕택에 우리는 주체의 불가피한 늙음 속에서 이루어질 가능한 것의 단순한 갱신을 넘어설 수 있다. 타인을 위함인 초월, 얼굴에 대해 상관적인 선함은, 선함의 선함이라는 더 깊은 관계를 정초한다. 번식성을 낳는 번식성이 선함을 성취한다"(247/409). 이처럼 번식성은 선함과 관련한다. 사랑하는 이들이 만나 에로스 안에서 낳은 아이, 꼭 생물학적인 것이 아니더라도 여러 방식으로 얻게 된 아이라는 타인에 대한 돌봄과 헌신에서 선함이 성취되는 것이다. 그러므로 **레비나스에게 참된 가족이란 생물학적 유대만으로 이루어지지 않고, 책임과 돌봄의 관계에서 비로소 성취되며, 또 그 가족은 선함을 향해 나아간다.**

이런 유의미함에도 불구하고, 오늘날의 시각에서 레비나스의 가족 이론에 던질 수 있는 여러 비판적 논점이 있다. 나는 여기서 정상성이라는 개념을 도입하려고 하는데, 우선 레비나스에게 가족 안에서 아이를 돌보는 주체는 시종일관 부모로 서술된다는 점에 주목하자. 그 맥락에서 아이는 돌봄을 받을 대상으로만 이해되고, 부모는 아이를 돌보아야 할 책임 주체로만 상정된다. 이것은 전통적인 가족 관념을 그대로 투영한 것으로서 부모는 아이를 지도하는 가운데, 아이의 미래를 준비해야 할 책임이 있는 자가 되고, 돌봄을 받는 아이는 과도하게 수동적인 존재로만 상정된다. 이러한 가족 구성은 너무나도 전형적이고 전통적인데, 왜냐하면 레비나스에게 양육자와 돌봄을 받아야 할 아이로 이루어진 가정이 마치 가장 이상적이고, 정상적인 가정인 것처럼 ― 적어도 『전체성과 무한』에서는 ― 간주되는 것 같기 때문이다. 보통 아이가 돌봄을 받게 되는 것이 우선 그리고 대개 가족 안에서 벌어지는 일이지만, 그러한 아이가 너무나도 과도하게 수동적으로 돌봄을 받는 자로 길러진다면, 부모와 아이 간의 민주적 대화의 관계는 설 자리가 없는 것처럼 보이기도 한다. 실제로, 레비나스는 부모와 아이의 관계를 지금까지 언급한 돌봄과 돌봄 받는 관계, 조금 심하게는 명령하는 부모와 복종하는 아이 사이의 경직된 양육 관계로 이해하고 있다. "또 자식이 자신의 단일성을 아버지의 선택에 빚지고 있기 때문에, 그는 양육될 수 있고 명령받을 수 있으며 복종할 수 있는 것이다"(256/424).

이런 식의 정상성에 대한 천착 또는 집착은 이미 레비나스가 에로스를 강조할 때 나타나는 바이기도 하다.[19] 그에게 아이는 언제나 에로스를 거쳐서 나오는 것이다. 그런데 부모와 아이의 관계가 반드시 남녀 간의 에로스나 심지어 동성 간의 에로스로만 생성되는 것은 아니다. 자발적 미혼모나 미혼부의 경우처럼, 아이를 입양하거나 다른 여러 방법으로 정자를 자신의 신체에 수용하여 아이를 낳고, 부모가 되는 사람들도 얼마든지 있다. 이렇게 만들어진 가족관계는 에로스를 기반으로 삼고 있는가? 그것은 반드시 사랑하는 나와 나의 사랑을 받는 사람 간의 에로스에서 생성되었다고 할 수 있을까? 설사 여기에 에로스가 작동한다고 하더라도 이것이 레비나스의 에로스는

---

19 여기서 나는 가족의 정상성이나 정상 가족이라는 말을 캐롤라인 노울스의 정의에 의존하여 사용했다. "'정상' 가족은 때로는 직접적으로 언급되기도 하지만, 대부분은 위험성이라는 심리사회적 병리의 틈새에 암묵적인 것으로 자리 잡고 있다. 여기서 정상 가족은 위험성의 경계를 획정하는, 말해지지 않은 표준이다. (⋯) 정상 가족은 위험한 가족이 아닌 것이다. 즉 가난하지 않고, 복지 감시의 대상이 아니며, 한부모 형태가 아니고, 흑인이 아니며, 정신병리가 없는 가족이다." Caroline Knowles, *Family Boundaries: The Invention of Normality and Dangerousness* (Toronto, ON: University of Toronto Press, 1996), 73-74.

아닐 것이다. 레비나스가 1961년 작품에서 기술한 에로스론과 번식성은 이런 새로운 형태의 가족 현상을 제대로 설명하지 못하는 난점을 가진다.

거듭 강조하건대, 레비나스의 가족 이해는 분명 유의미한 여러 요소를 가지고 있다. 오늘날 가족이나 가족 관련 법에서 우리는 여전히 윤리적 책임보다 생물학적으로나 법적으로 부여된 '친권'이 우선성을 가지는 것을 흔히 보게 된다. 이를 통해 부모의 권한과 아이의 지위와 관련해서, 생물학적 관계성을 따라 한쪽이 다른 쪽에 대해 예속적인 형태로 복속되는 사례는 여전히 일어나고 있는 일이다. 돌봄의 책임을 떠맡지 않더라도 부모라는 법적, 생물학적 권위는 유지되고, 심지어 이것이 미래 세대의, 자식의 삶을 가로막는 사례가 우리 귀에 들려온다. 혈연관계에서 비롯한 부모의 권한만이 우선시되고, 아이에 대한 책임은 도외시되는 이 현실에서 레비나스는 책임으로 맺어진 가족관계로 우리의 주의를 환기한다. 혹자는 돌봄과 책임이 혹시라도 일으킬지 모르는 어떤 보상 심리, 부모가 아이에게 가지는 또 다른 우월성이나 자기 욕구의 투영을 지적할 수도 있다. 하지만 레비나스의 윤리적 책임의 작동은 그런 것과는 거리가 멀다. 그가 도스토옙스키를 원용하면서 말했듯이, "'우리는 모든 것에 대해 모든 이 앞에서 모두에 대해 죄가 있고, 나는 다른 이들보다 더 죄가 많다.' 이는 실제로 나의 것인 이런저런 죄책 때문이 아니며, 혹은 내가 범했을 잘못 때문이 아니다. 다만 다른 모든 이들에 대해 응답하고, 다른 이들 안의 모든 것에 응답하고, 심지어 그들의 책임에까지 응답하는 총체적 책임이 나에게 있기 때문이다. 나라는 것(le moi)에는 언제

나 다른 모든 이들보다 책임이 한층 더 있다".[20] 이것은 부모에 대해
서도, 번식성과 관련해서도 마찬가지이다. 레비나스에게 가족은 선
함의 관계 안에 있는 것이며, 윤리적 책임이 아버지와 아이의 관계를
선함으로 성취하는 핵심 동력이 된다. 가족의 삶의 본질은 바로 책임
이며, 그것은 생물학적 유대가 아니라 주체와 타자의 윤리적 관계에
서 비롯한다.

부모의 철학 또는 어른의 철학, 그리고 비극의 부재

이렇게 『전체성과 무한』에서, 특히 4부에서 절정에 치닫는 레비나스
가 보여 주는 나의 드라마는 성인 또는 어른인 인간 주체의 드라마
라는 것이다. 물론 레비나스는 『전체성과 무한』에서 "자식성"이라는
항목을 따로 설정하여 어른이 아닌 아이, 부모의 돌봄을 받는 아이
의 의미를 기술하고자 한다. 그럼에도 불구하고, 그것은 철저히 어른
의 에로스와 번식성을 거쳐서 서술될 뿐이다. 여기에는 앞서 언급했
던 장점과 약점이 모두 드러난다. 레비나스가 그리는 성인 부모는 아
버지의 입장에서 서술되고 있지만, 모성과 부성을 모두 놓치지 않으
려 한다는 점에서 나름 균형 잡힌 태도로 가족을 바라보려 한다. 또
한 그는 생물학적 혈연관계만을 부모-자식관계의 근본으로 삼지도
않는다. 또한 나의 아이는 분명 나의 삶의 헌신을 요구하는 나의 것
이지만, 그 존재는 또한 절대적으로 타인으로 다루고 있다는 점에서

20 Levinas, *Éthique et infini*, 105; 국역본: 『윤리와 무한』, 112-113.

　　　　　　　　4부 절정의 배가: 가족을 통해 미래를 내다보기

부모-자식관계를 소유로 파악하지 않으려고도 한다. 무엇보다 부모의 부모성을 확증하는 것은 생물학이나 존재론이 아니라 책임의 윤리이다. 이 점에서 레비나스는 가족의 근간이 오히려 윤리적 책임에 있음을 환기해 준다.

하지만 이때 책임은 어디까지나 일방적이고 부모의 것이다. 바로 이런 점에서 레비나스의 철학은 성인 또는 어른의 철학이다. 아이는 과연 어떤 존재인가? 아이는 책임 주체로 어떻게 설 수 있을까? 만일 가족관계를 제외하고, 에로스와 부모의 존재를 제외하고 『전체성과 무한』을 읽는다면, 우리는 거기서 성인/아이의 구별 없이 어떤 한 인간 존재가 에고이즘의 주체에서 윤리적 주체로 이행하는 드라마를 발견할 수 있을지 모른다. 하지만 에로스와 아버지, 어머니의 존재가 아이의 존재에 필수적으로 선행되는 한, 이 논리는 철저히 성인인 어른의 시각에서만 유효하고 유의미하다. 물론 이러한 관점만으로도 우리는 가족의 의미를 다시 생각하게 하는 중요한 통찰을 얻을 수는 있다. 그렇지만 아이란 무엇이며, 아이에게는 어떤 책임이 있는가 하는, 아이를 중점적으로 생각하는 철학을 레비나스로부터 찾을 수는 없다. 그러므로 에로스와 번식성과 관련한 레비나스의 철학은 철저히 어른의 철학이며 아이의 철학이 아니다. 이것은 아이와 그 주체성을 이해하기 위해 우리에게 레비나스가 가 보지 않은 아이의 현상학에 도달할 필요가 있음을 알려 준다.

이와 관련해서 『전체성과 무한』 시기의 레비나스가 고려하지 않은 중요한 또 다른 쟁점 한 가지를 제시하며 이 장을 마무리하고 싶다. 에고이즘의 주체가 타인을 마주함으로써 자신의 문을 열고 책임의 주체가 되었으나 유한성의 폭풍이 여전히 자신의 삶에 운명처럼 들이닥침을 나는 곧 알게 된다. 이에 나는 사랑하는 사람을 만남으로써 고립된 나의 삶을 탈피하기에 이르고, 아이를 낳아 가족을 이룸으로써 나의 유한성으로 그치지 않는 무한한 미래를 내다본다. 살랑스키의 말처럼, "우리는 『전체성과 무한』을 인간 경험에 대한 장편 소설로, 행복하고 선한 인간 경험에 대한 교훈적 소설(roman édifiant)로 읽을 수 있다. 이 소설은 향유, 삶에 대한 자기 충족에서 시작하고, 거주와 노동을 통해 세계에 이치에 맞게 거주하는 일을 거쳐, 얼굴과의 만남이라는 모든 것에 의미를 부여하는 절정의 에피소드에 도달한다. **뒤이어 주인공은 사랑의 행복을 알고 아이라는 축복을 얻는다**".[21] 그런데 만일 아이가 사라진다면, 사랑하는 이가 사라진다면, 레비나스의 드라마는 성립될 수 있는가? 그것은 해피 엔딩이 아니라 도무지 견딜 수 없고, 감내할 수 없는 비극으로 치닫는 것이 아닐까?

오스트리아 빈의 벨베데레 궁 미술관에서 전시하고 있는 에곤 실레(Egon Schiele)의 명작 『가족』(1918)을 떠올려 보자. 이 그림에는 에곤 실레 자신과 자신의 아내 에디트, 그리고 아직 태어나지 않은 아이가 함께 묘사되어 있다. 당시 에디트가 아이를 출산한 것은 아니고, 실레와 더불어 미래를 함께할 아이를 밴 상태였다. 아마도 에곤 실레와 에디트는 에로스 안에서 잉태한 자기들의 아이와 함께 이룰 미래의 행복한 가정을 꿈꾸었을 것이고, 에곤 실레는 그러한 미래의

21　Salanskis, "Horizons de *Totalité et infini*," in *Le concret et l'ideal*, 219-220. 강조는 필자.

희망을 그림으로 표현했을 것이다. 하지만 비극의 아난케(Ἀνάγκη, 필연)는 얼마나 잔인한가? 당시 스페인 독감이 유행했고, 에디트는 이 그림이 그려진 바로 그해 전염병을 피하지 못하고 임신 6개월인 채로 사망했다. 남편 역시 아내를 잃은 지 3일 만에 사랑하는 이의 뒤를 따른다. 에곤 실레의 직접적 사인은 아내와 마찬가지로 독감이었다. 하지만 아내도, 아이도 없는 삶의 미래에 대한 불안과 두려움이 병마와 싸울 얼마 남지 않은 힘마저 앗아 간 것은 아니었을까? 이런 비극에 대해『전체성과 무한』이 해 줄 수 있는 말은 무엇일까? 다음 장에서 우리는 이러한 난맥을 다시 언급할 것이며, 그럼에도 불구하고 외면할 수 없는 레비나스 철학의 의의에 대해서도 짚을 것이다.

14강. 4부 E

"초월과 번식성", F "자식성과 형제애",
그리고 G "시간의 무한" 읽기

이제 4부의 막바지에 이르렀다. 여기서 레비나스는 앞서 다룬 에로스와 번식성, 부모와 자녀의 관계 등을 다시 언급하면서 이를 다소 확장하고 심화하는 방식으로 논의를 마무리한다. 절정 이후의 마무리는 급격하게 감정을 소진시키는 방식으로 이루어지지 않는다. 이 이야기의 절정에서 일어나는 희열은 이제 사회와 인류를 내다본다. 우애 속에서의 연대가 바로 이 대목에서 드러나는데, 이는 일종의 유토피아에 대한 갈망처럼 보이기까지 한다.

초월과 번식성

우선 "초월과 번식성" 편을 보자. 이 대목은 초월을 번식성과 직접적으로 연결하면서 번식성이야말로 참된 초월이라는 것, 유한한 존재의 한계 너머로 나아가는 초월의 운동이라는 점을 확증한다. 여기서 레비나스는 다시금 하이데거를 염두에 두고 논의를 전개하는데, 그에 따르면 이 독일 철학자, 그리고 이 독일 철학자로 대변되는 초월 관념은 언제나 자기의 한계, 나의 실존의 한계 안에서만 다루어지는 특징을 갖는다. 한 예로 우리는 세계-내-존재로서 죽음을 향함을 초월로 간주할 수 있다. 하이데거는 이를 '할 수 있음', 곧 능력으로 전유해 낸다. 다시 말해 그에게 죽음은 끝이 아니라 다시-시작과도 같은 것이다. 나는 죽음에 앞서 달려감으로써 지금의 나를 더 생생하게 보존하고 갱신한다. 이런 점에서 죽음으로의 초월은 다시금 나의 유한성 안에서의 자유를 강화하는 것, 나의 '할 수 있음'이라는 능력의 차원에서 사유된다. 이런 점에서 죽음을 선취한다고 하더라도, 그 선취적 결단성의 주체는 다시 자기에게로 돌아오므로 "주체는 스스로를 초월하지 않는다"(251/416).

이에 비해 레비나스는 "초월을 정초하는 존재 개념을 의식과 능력 바깥에서 찾아왔다"(253/419). 그리고 이 초월의 결정적 전개는 나와 아이의 관계에서 확증된다.

아버지됨은 자기와 맺는 관계, 그렇지만 내가 아닌 자기와 맺는 관계이다. 이 '나는 존재한다' 속에서 존재는 더 이상 엘레아 학파의 단일성이 아니다. 존재함 그 자체 안에 다수성과 초월이 있다. 이 초월에서 나는 스스로를 그대로 데려가는 것이 아니다. 왜냐하면 자식은 내가 아니기 때문이다. 그렇지만 나는 나의 자식**이다**. 자아의 번식성, 그것이 자아의 초월 자체이다. (254/421)

　내가 아버지가 된다는 것은 분명 여전히 내가 나로서의 동일성을 포기하지 않음을 의미한다. 하지만 흥미로운 점은 그것이 내가 다시 또 같은 내가 된다는 것, 즉 A=A라는 동일률의 성취에 그치지 않는다는 것이다. 아버지가 된다는 것은 내가 책임져야 할 한 존재와의 관계 안에 들어섬을 의미한다. 이런 점에서 내가 아버지, 또는 부모가 될 때 나는 나를 있는 그대로 계속 유지하는 것이 아니다. 나는 이미 아버지로서 누군가의, 더 정확히는 나의 아이의, 나의 아이에 의한, 나의 아이를 위한 존재로 변화한다. 이 점에서 매우 특이하게도 부모는 그 자체로 다수성, 또는 다원성을 내포하고 있다. 나는 나이면서도, 나 홀로 존재하는 자가 아니라 자녀와의 관계 속에 존재한다. 그러므로 부모로서 나는 이미 나를 초월한 자녀와의 관계 속에 있으므로 그 자체로 초월을 이룬 자로 존재하는 것이다.

　이 맥락에서 다소 오해의 소지가 있는 "그렇지만 나는 나의 자식이다"라는 말이 더 세심하게 이해되어야 한다. 이는 내가 나의 자녀와 같은 사람이거나 자녀가 또 다른 나로서의 존재라는 뜻이 아니다. 오히려 레비나스에게 자녀는 나에게 낯선 자, 이방인이다. 하지만 자식이 나의 집에 들이닥치는 타인과 같은 낯선 이는 아니다. 왜냐하면 자녀는, 레비나스가 묘사한 바와 같이 집 안에 머무는 여성이 내게 친숙한 것처럼 여전히 내게 친숙한 존재이기 때문이다. 다만 나의 예측이나 관리를 비켜 간다는 점에서 자식은 낯설다. 이 친숙함과 낯섦이 함께하는 기묘한 존재가 바로 아이이며, 이런 점에서 아이는 나의 아이이고, 나는 아이의 아버지로서 (또는 어머니로서) 자녀가 동반된 동일성을 가진 내가 된다는 점에서 "나는 나의 자식이다"라고까지 표현되는 것이다. 이 복잡한 동일성이 바로 아버지가 된 나의 동일성인 것이다.

자식성과 우애의 연대

이 복잡해진 동일성 안에서, 즉 아이를 통해 내가 단적인 동일자로 머무르는데 그치지 않고, 자신의 유한성을 초월함으로써 나는 나의 감옥에서 해방된다. "나는 부성에서 자기 자신으로부터 해방되지만, 그렇다고 해서 나이기를 그치는 것은 아니다. 왜냐하면 나는 그의 아들(fils)**이기** 때문이다"(255/422). 특별히 여기서 한 걸음 더 나아가 레비나스는 아버지와 아들 사이에 설정되는 특이한 관계의 함의를 다음과 같이 설명한다. "아버지됨의 상관물인 자식됨, 아버지-자식의 관계는 단절의 관계와 의존의 관계를 동시에 가리킨다. (…) 아버지는 그의 자식**이며**, 자식은 아직은 아버지 속에 **존속하는** 존재로 존재하는 것이다. 자식은 '자립하지' 못한 채로 **존재한다.** 그는 자신의 존재를 타자에게 맡기고, 그 결과로 자신의 존재를 즐긴다"(255/422-423).

아버지인 나는 아이와 관련되지만, 여전히 아이와 분리된 방식으로 관계를 맺는다. 여기서 레비나스는 유년기의 아이와 아이 아버지의 모습을 기술하고 있는데, 앞서 언급했듯이 우리는 아이가 아버지인 나에게 절대적으로 외적이고 낯선 존재라기보다는 친숙하면서도 낯선 존재라는 사실을 알 수 있다. 아버지와 자녀는 같은 집에 산다. 아버지는 자녀를 단순히 지배하거나 자기 소유로 삼지 못한다.

이때 아버지는 아이를 지도하지만 아이를 소유하지 못하며, 오히려 아이에게 자신의 것을 내어 주면서까지, 또 자기를 포기하면서까지 섬기기도 해야 한다는 점에서 자녀를 섬기는 이가 된다. 즉 자녀는 자기 집 안에 있는 친숙하지만 낯선 존재로, 나에게 오히려 책임을 요구하는 자로서 아버지보다 우위에 선다. 이런 점에서 아버지와 자녀의 관계는 의존적이면서도, 여전히 자녀와 아버지는 다르며, 아이가 나의 동일성으로 환원될 수 없다는 점에서 분리되어 있다.

이 지점에서 레비나스는 아버지에게 의존해 있으면서 분리된 자식의 자식성을 기술하는 방향으로 나아간다. 아버지가 나에게 친숙하면서도 낯선 아이에게 자기의 삶을 헌신적으로 바치는 자로 있다면, 자식은 대체 어떻게 존재하는가? 레비나스는 이렇게 말한다. "자아는 부성적 **에로스**의 나로부터 자신의 유일성을 얻는다. 아버지는 단순히 아들의 원인인 것이 아니다. 아버지의 아들**이 된다**는 것은 그의 자식 안에서 '나'가 되는 것, 그 안에 실체적으로 존재하는 것을 의미하지만, 그렇다고 그 안에서 동일하게 자신을 유지하는 것을 뜻하지는 않는다"(255–256/423).

아이는 대부분의 경우 주변의 도움 없이 독립해서 살지는 못한다. 아이는 부모와 구별되고, 그들과는 전적으로 다른 자이지만 그들의 도움 안에서만 산다. 여전히 유년기 아이를 일차적으로 상정하고 있는 것처럼 보이는 이 진술 속에서 아이는 오롯이 자기가 아니라 아버지의 자식으로서의 자기로 있는 자로 묘사된다. 이 점에서 『전체성과 무한』 2부에서 주로 기술된 향유의 주체성과 아이의 주체성은 그 결을 달리한다. 아이는 아이만의 주체성, 곧 아버지의 아이라는 주체성을 갖는다. 그러므로 "자식으로서 그의 자아는 향유가 아니라 선택(élection)에서 시작한다. 그는 자기에게 하나뿐인데, 왜냐하면 그는 자신의 아버지에게 하나뿐이기 때문이다. 바로 이것이 아이인 그가 '자립하여' 존재할 수 없는 이유이다"(256/424).

이 맥락에서 핵심적인 것은 자식으로서의 타자가 향유의 주체가 아니라 선택된 주체라는 점이다. 레비나스에게 향유는 성인에게 해당하는 것이고, 아이는 여전히 돌봄을 받아야 할 선택된 자로 기술된다. 이는 레비나스 스스로 잘 설명한 대로, 창조 관념을 통해 더 잘 이해될 수 있을 것이다. "창조자와 피조물의 자유와 대립하는 것은, 창조가 인과성과 혼동될 때뿐이다. 초월의 — 결합 그리고 번식성의 — 관계인 창조는 오히려 하나뿐인 존재의 자리와 선택된 그의 자기성을 조건짓는다"(256/424). 인과성에서 부모와 자식의 관계를 말한다면, 자식은 부모의 에로스의 결과가 되고, 원인에 종속될 것이다. 하지만 창조는 다르다. 성서의 창조 관념을 살펴보자. 신이 아담과 하와를 창조했을 때, 신과 인간의 관계는 원인과 결과의 관계로 환원되지 않는다. 피조물인 아담과 하와의 자유는 창조자와 대립하지 않는다. 물론 그들의 자유가 창조자의 뜻을 거스를 수야 있지만, 자유 자체는 전혀 소멸하지 않는다. 처음 살던 동산에서 쫓겨나더라도 여전히 그들은 자유의 존재이다. 신이 인간 존재를 만들어 냈다고 해도, 인간들은 각자 고유한 존재로 살아가며 그들만의 삶을 영위한다. 마찬가지로 부모가 아이를 낳고, 아이는 부모에 의해 선택된 자라고 하더라도 이것은 초월의 관계, 인과적이지 않은 가족의 결합 관계로 이해되어야 한다. 내가 낳았다고 해도, 나는 아이의 미래를 나

    4부 절정의 배가: 가족을 통해 미래를 내다보기

의 과거나 현재의 기억이나 경험으로 기획해서 투사할 수 없다. 아이의 미래는 아이(들)의 것이고, 나는 아이(들)에게 책임이 있지만, 내가 그 미래를 거머쥘 수 없다.[1]

이 점에서 레비나스의 창조는 신플라톤주의의 발출(emanation)로서의 창조와 혼동되지 말아야 한다. 일자에서 발출된 존재들은 여전히 일자로의 회귀를 갈망한다. 하지만 레비나스의 (유대교적 관념이 반영된) 창조는 발출이 아니라 나와 전적으로 다른 자를 탄생시키고 선택하는 의미를 함축한다는 점에서 독특하다. 부모는 아이를 낳았지만 그 관계는 초월의 관계이다. 가족으로 결합되어 있지만 아이는 부모와 전적으로 다른 자로 있고, 부모에 의해 선택되었지만 부모에게 종속되지 않는다. 이미 앞서 『전체성과 무한』에서 레비나스

---

1 그런데 엄밀하게 보면 신의 인간 창조와 탄생, 선택 등의 관념과 인간의 인간에 대한 선택이나 창조를 동일시할 수 있는지 의문이다. 건터는 레비나스 철학의 일관성 문제를 지적하며 이 점을 날카롭게 비판하고 있다. "아버지와 어머니 없이는 아들이 분리된, 고독한 존재자로서 출현할 수 없었을 것이다. (딸도 마찬가지이지만, 레비나스는 딸에 대해서는 전혀 언급하지 않는다.) 그러나 이 외견상 평범한 사실은 레비나스의 논증에 심각한 철학적 결과를 가져온다. 이는 자녀로서의 개별적 존재자가 (⋯) **무로부터** 출현할 때가 실제로는 아예 없었음을 시사한다. 부모는 자녀의 바로 그 탄생에 연루되어 있다. 우리는 바로 그 홀로서기에 연루되어 있다고 말할 수 있지만, 이는 개인이 **무로부터** 창조되는 홀로서기 또는 '첫 번째 탄생'과 타자에 대한 응답으로 자아를 특이화하는 두 번째 또는 '잠재적' 탄생 사이에서 이전에 설정된 구분을 포기할 때만 가능하다. 앞선 레비나스의 홀로서기 설명에서 보면, 홀로서기(첫 번째 탄생)를 통해 이미 개별화된 경우에만 절대적 타인과의 만남(두 번째 탄생)에서 특이한 존재가 될 수 있는 것처럼 보였다. 즉, 개별화와 특이화는 이렇게 깔끔하게 분리되었고, 순차적으로 일어나는 것처럼 보였다. 그러나 아들의 탄생과 함께, 아버지는 자신의 분리된 홀로서기의 주체라는 부담에서 용서받거나 해방되는 동시에 자기 자녀의 새로운 홀로서기에 참여한다. 아들이 아버지**에게서** 태어나고 따라서 이미 다른 특이한 존재자와의 관계 속에서 존재자로서 출현한다면, 어떻게 아들의 홀로서기가 **무로부터의** 창조일 수 있겠는가?" Lisa Guenther, "'Nameless Singularity': Levinas on Individuation and Ethical Singularity," *Epoché: A Journal for the History of Philosophy* 14:1 (2009), 175.

는 분리를 논하면서 창조에 대해 이렇게 말한 바 있다. "유일신론이 내세운 창조 관념의 위대한 힘은 그것이 **무로부터의**(ex *nihilo*) 창조라는 점에 있다. (…) 이는 창조로 말미암아 분리되어 창조된 존재가 아버지에게서 유래했을 뿐 아니라 아버지와 절대적으로 다르기 때문이다. 자식됨 그 자체가 자아의 운명에 본질적인 것으로 나타나는 것은 인간이 **무로부터의 창조**라는 이 기억을 유지하는 한에서이다"(35/79). 이처럼 아이는 아버지에게 유래했고, 또 부모에게 의존하지만, 부모와는 전적으로 다르다. 이렇게 너무나도 친숙하지만, 심지어 출생과 유래, 성장 이력을 모두 알지만, 그러한 이력을 단지 아는 것만으로는 충족되지 않는, 절대적으로 다른 친숙하면서도 낯선 자와 맺는 관계가 부모와 자식이 맺는 관계이며, 이로써 그 관계는 인식론적 초월을 성취하고 있다.

그런데 이 지점에서 레비나스는 하나뿐인 아이의 존재들과 이 아이들이 있는 세계의 다수성으로 넘어간다. 이때 아이들 또는 자식들은 단지 수적 복수성을 의미하는 것이 아니라 각자의 고유성을 의미하며, 이것이 바로 형제애 또는 우애(fraternité)로서의 인류의 연대를 지시한다.[2]

---

2 fraternité는 우리말 번역본에서 형제애로 번역되며, 이는 타당한 번역이다. 후술하겠지만, 레비나스가 아이를 말할 때, 그는 일단 딸이 아닌 아들을 염두에 두고 있기 때문이다. 하지만 나는 여기서 fraternité가 안고 있는 연대의 의미, 우리가 흔히 자유, 평등, 우애(Liberté, Égalité, Fraternité)로 번역하는 프랑스 혁명의 정신의 연장선에서 우애로 번역한다. 물론 레비나스가 프랑스 혁명의 정신을 여기서 직접 지시하는 것은 아니지만, 분명 그는 미래의 시간과 더불어 도래하는 아이들의 삶에서의 얼굴 대 얼굴의 연대를 기대하며 이 말을 쓰고 있다. 그래서 나는 여기서 형제애라는 번역어의 타당성을 긍정하면서도, 그 말의 역사적, 정치적 함의를 담아내기 위해 우애라는 번역어를 사용하고자 한다.

그래서 또한 하나뿐인 아이는 선택된 자로서 하나뿐인 동시에 하나뿐이지 않다. 아버지됨은 무수한 미래로서 생산되고, 낳아진 나는 세계에 하나뿐인 동시에 여러 형제 가운데의 형제로 존재한다. 나는 나이고 선택되었다. 그러나 다른 선택된 자들, 동등한 자들 가운데에서가 아니라면 나는 대체 어디서 선택될 수 있는가. 나로서의 자아는 그래서 윤리적으로 타자의 얼굴을 향하게 된다. 우애는 나의 선출과 평등이 동시에 성취되는 얼굴과의 관계 자체이다. (256/424)

단번에 이해하기 어려운 이 구절을 어떻게 이해해야 할까? 어떻게 아이는 형제에 속하고, 우애를 이루는가? 또 우애가 왜 굳이 얼굴과의 관계를 성취하는가? 조금 더 이해를 용이하게 하기 위해 이 대목에 대한 멘쉬의 말을 살펴보자. "우애로의 이행은 모든 아이가 (…) 에로스적 사랑 안에서 유일무이한 존재로 선택된다는 사실에서 비롯한다. 각각은 수적으로 표현할 수 없는 단수이다. 아담처럼, 각자는 세계가 자신을 위해 창조되었다고 말할 수 있다. 왜냐하면 각자가 유일무이하게 세계를 현존하게 하기 때문이다. 이러한 유일무이함은 각자가 다른 아이들과의 타자성의 관계를 유지한다는 것을 의미한다. 다시 말해 그들의 관계는 얼굴과 얼굴을 마주하는 것을 포함한다."[3] 레비나스에게 모든 아이는 정도의 차이는 있을지라도 에로스적 사랑 안에서 일어난 유일무이한 존재이다. 즉 모건의 말처럼 이런 우애로 엮이는 관계에서는 "단 한 명의 타자가 아니라 무한한 수

---

3   Mensch, *Levinas's Existential Analytic*, 167.

의 제삼자들이 있다. 각자는 나의 타자이면서 동시에 그 자체로 자기 또는 주체이다".[4] 그러므로 각자가 주체로서, (수적인 의미가 아닌 그 자체로 독립된) 나'들'로서 하나의 틀에 속박되지 않은 채로 아이들은 자기만의 고유한 세계를 향유할 자유를 가진다. 즉 모든 아이는 각자가 부모에게 선택된 자이며, 그렇게 선택된 자들 사이에서 맺어지는 우애의 관계 속에 있다. 우애는 개별자들의 고유한, 유일무이한 자기성에 기초한다. 이 자기의 자기성은 하나의 거대한 이념이나 역사적 전망 안에 포섭되지 않고, 타자성 안에서 얼굴 대 얼굴을 마주할 때 성취된다는 것이 레비나스의 이해이다. 반복해서 확증하건대, 아이들의 유일무이함은 어디서 오는가? 그것은 각자가 각기 자기의 가족, 에로스로 나를 낳아 준 부모에게 선택되었다는 사실에서 비롯한다. 세바의 말을 빌리자면, "우애는 선택과 헤아릴 수 없는 다수성의 동시성을 기술하는 유일한 관계로 나타난다. (⋯) 만약 내가 아들이라면, 나는 제삼자가 등장하기 전, 정의와 정치의 요구가 있기 **전에** 이미 형제들의 다수성과 말하자면 '근원적인' 관계를 맺고 있는 것이다.[5] 모든 아이들은 각기 유일한 자로 선택되었으며, 가족 안에서, 사회 안에서 선택받은 소중한(sacred) 이들로 자신을 나타낸다. 그리고 그 아이들은 헤아릴 수 없는 다수로 펼쳐질 것이다. 마치 성서에서, "나는 너에게 더욱 복을 주어 네 자손이 하늘의 별과 바닷가의 모

4　Michael L. Morgan, "I, You, We: Community and Fraternity in Buber, Rosenzweig, and Levi-nas," *Levinas Studies* 14(2020), 181.

5　François-David Sebbah, "La fraternité selon Levinas," *Les Cahiers Philosophiques de Strasbourg* 14 (automne 2002), 54-55.

래같이 불어나게 하리라"라고 한 것처럼,[6] 미래의 시간에는 헤아릴 수 없이 많은 아이가 있을 것이며, 이는 복된 선택의 결실이다. 즉 아이의 다수성은 복된 희망의 미래를 가리킨다. 이때 희망과 복은 단지 많은 재산이나 소유를 가질 것이라는 지극히 통속적인 의미를 넘어선다. 레비나스가 말하듯이, 이 희망은 내가 얼굴을 마주하는 타인은 물론이고, 우애로 맺어진 아이들의 미래까지 염려하는 도덕적 전망이다. 이에 앞서 길게 인용한 레비나스의 말의 끝자락을 다시금 되새겨 보자. "우애는 나의 선출과 평등이 동시에 성취되는 얼굴과의 관계 자체이다"(256/424). 이렇게 셀 수 없는 후손, 곧 아이들, 각기 고유한 존재로 선택된 아이들의 우애의 얽힘(intrigue)이야말로 레비나스가 기대하는 참된 복이자 미래에 열릴 희망의 연대이다.

이렇게 우애의 연대라는 분명 아름답고도 새로운 전망이 레비나스에게 있기는 하지만, 여기에는 어떤 모호함과 문제점이 내재해 있다. 크리츨리가 지적한 것처럼, 『전체성과 무한』에는 레비나스의 "해피 엔딩"에 대한 집착 또는 천착이 있다.[7] 그러다 보니 레비나스는 자녀가 부모의 돌봄을 받아 잘 성장할 것이라는 기대를 이 대목에 담고 있다. 자녀는 올바르게 자라나, 미래에 새로운 세대를 열어 갈 것이라는 기대 말이다.

하지만 현실에서는 돌봄받지 못하는 자녀가 있고, 부모 없는 자

---

6   창세기 22:17. 세바는 우애와 관련해서 레비나스가 "성서의 논지"를 이어받았다고 주장한다. Sebbah, "La fraternité selon Levinas," 54.

7   Critchley, *The Problem with Levinas*, 108.

녀도 있다. 모든 가정이 제대로 기능하는 것도 아니고, 레비나스가 부모-자녀 관계와 비견하는 스승-제자의 관계 역시 항상 아름답게 구축되지는 않는다. 사고나 참사를 통해 자녀를 잃은 부모도 존재하고, 갑과 을의 위계적 관계 속에서 스승-제자 관계가 깨져 버린 사태도 있다. 이는 단지 특수한 사례라고만 할 수 없는, 심한 경우 고통과 트라우마를 안겨 주는 사태이다. 레비나스가 그리는 에로스 안에서 태어나고 돌봄으로 길러진 자녀들의 연대인 형제애 또는 우애에는 여러 불상사로 인해 비틀릴 수 있는 부모-아이 관계에 대한 고려가 전혀 없다. 비극에 가까운 예외적 현상, 이례적 현상에 관한 기술과 고찰이 있어야만 우리는 타자성과 미래의 예측 불가능한 여러 차원을 다룰 수 있을 것인데, 적어도 『전체성과 무한』에서는 그런 것에 대한 언급이 전혀 없다.

실제로 최근 프랑스 현상학에서는 기존의 현상학적 고찰에서 다루어지지 않은 비극적 현상을 다루어야 한다는 문제의식과 도전이 일어나고 있다. 대표적으로 에마뉘엘 팔크는 그간 현상학자들이 다루지 못한 현상, 전통 현상학의 규범성 바깥에 자리하여 충분히 기술되지 않았던 여분의 현상 또는 바깥의 현상(hors phénomène), 추가적으로 다루어져야 할 현상이 있다고 보는데, 그 현상에 포함되는 것 중 하나가 "아이의 죽음"이다.[8] 아이의 죽음을 경험한 나는 대체 어떻게 미래를 그려 볼 수 있을까? 나의 사랑을 기반으로 삼은 어떤 후

8   Emmanuel Falque, *Hors phénomène: Essai aux confins de la phénoménalité*(Paris: Hermann Éditeurs, 2021), §3.

    4부 절정의 배가: 가족을 통해 미래를 내다보기

손이나 후예를 아이로 일컬으며 그 의미를 확장한다고 하더라도 나의 아이, 또는 나의 아이와도 같은 누군가의 죽음은 미래를 소거해 버리는 것 같은 충격을 줄 수 있다. 그런데 레비나스는 이런 미래에 대해서는 전혀 고려하지 않는 것 같다.

또한 에로스에서 비롯한 아이가 어떻게 우애로 곧장 연결되는가 하는 문제에 대해서도 더 많은 고찰이 필요한데, 레비나스의 진술은 일정한 모호함을 남긴다. 모든 아이가 에로스에서 비롯했고, 그러므로 모든 아이는 귀하다. 그리고 분명 얼굴 대 얼굴의 관계에서 책임의 연대와 우애를 형성할 수도 있을 것이다. 하지만 또 다른 한편 그 아이들이 모두 귀하고, 유일무이하므로 부모는 자신의 유일무이한 아이부터 **우선** 보호해야 할 것이다. 이러한 우선성 또는 우위성을 경험한 아이가 어떻게 다른 아이와 동등하게 여겨질 수 있으며, 이 아이들이 자라 또 어떻게 평등성과 우애를 형성할 수 있는가? 레비나스는 말한다. "우애는 나의 선출과 평등이 동시에 성취되는 얼굴과의 관계 자체이다. 자아의 자기성 자체는 특권과 종속으로 드러난다. 왜냐하면 자아의 선출은 다른 선택된 자들 가운데 놓는 것이 아니라 바로 그들 면전에 놓아 그들에게 봉사하게 하는 것이기 때문이다"(256/424-425). 하지만 혈연관계이건 아니건 형제와 자매, 동료 인간들이 다른 동료 인간을 여러 이유로 적대시하고 혐오할 가능성은 상존한다. 물론 레비나스는 향유의 주체가 타인의 부름에 소환되어 심판받을 처지에 놓이고, 환대의 주체로 내면성의 변혁을 이루는 주체의 삶의 변화를 나름 잘 기술했다. 하지만 아이들, 형제들, 자매들, 동료 인간들이 어떻게 우애의 연대를 이룰 것인가 하는 것은 또 다른 문제이고, 이는 공동체에 대한 기술이 함께 이루어져야 이해 가능한 주제가 아닐까? 이런 난점 때문에 베르구는 레비나스가 제시하는 우애의 평등을 일종의 "이상화된" 관계에 불과하다고 비판한다. "선출된 형제들의 관계는 동일자-타자 관계의 패러다임으로서, 적으로서의 형제들과 같은 형태는 배제하고 있다. 여기서 자식의 관계는 '우리'로 이상화되고, 이 우리 속에서 '나'는 타자들을 섬긴다. 그런데 왜 갑자기 유일무이하면서도 타자들과 동등한 이가 타자들을 섬긴다고 해야 할까?"[9] 설사 이런 이상화가 가능하다고 하더라도, 이 이상화를 가능하게 하는 근거가 더 풍부하게 제시되어야 할 것인데, 이 맥락에서 레비나스는 우애와 평등, 책임의 연대를 연결 짓는 작업을 섬세하게 보여 주지는 않았다. 그렇다면 이것은 단지 유토피아적인 전망으로 그치는 것은 아닐까?[10]

또 다른 문제로서 레비나스에게 우애는 여전히 형제애에 가

9   Bettina Bergo, *Levinas Between Ethics and Politics: For the Beauty that Adorns the Earth* (Pittsburgh, PA: Duquesne University Press, 2003), 128.

10   어쩌면 이는 이상화나 일종의 유토피아를 향한 갈망이 함축할 수밖에 없는 필연적 성격일지 모른다. 이상이나 유토피아가 지금 그리고 여기에서 오롯이 정립할 수 있는 세밀한 청사진 같은 것이라면 그것은 유토피아가 아닐 것이다. 유토피아 자체가 'ou-'(οὐ-), 곧 '없는' 또는 '존재하지 않는'다는 것과 'topos'(τόπος), 곧 '장소'의 결합이다. 즉 그것은 어디에도 없는 장소이다. 레비나스에게는 유토피아에 대한 갈망이 엿보인다. 그리고 그것은 지금은 없지만 아이 또는 자기 다음 세대의 우애를 통해 죽음과 유한성을 극복하는 것이다. "유토피아의 무는 죽음의 무가 아니다. 블로흐에게서 본래적인 미래를 여는 것은 죽음이 아니다. 반대로 본래적인 미래 속에서 죽음이 이해되어야 한다. 아직 존재하지 않는 것을 실현하고자 하는 희망으로서의 유토피아의 미래. 아직 그 자신에게 낯선 인간 주체의 희망." Emmanuel Levinas, "Lecture de Bloch (suite) (30 avril 1976)," in *Dieu, la mort et le temps*, édité par Jacques Rolland (Paris: Éditions Grasset & Fasquelle, 1993), 115; 국역본: 「블로흐 강의(계속)」, 『신, 죽음 그리고 시간』, 김도영·문성원·손영창 옮김 (서울: 그린비, 2013), 148-149.

깝다는 점, 다시 말해 아들들의 연대에 가깝다는 점을 지적하지 않을 수 없다. 앞서 인용했던 대목을 한 번 더 인용해 보겠다. "나는 부성에서 자기 자신으로부터 해방되지만, 그렇다고 해서 나이기를 그치는 것은 아니다. 왜냐하면 나는 그의 아들(fils)**이기** 때문이다"(255/422). 일차적으로 아버지됨은 아들을 통해 성취되는 것이지 딸(fille)을 통해 성취되지 않는다. 여기서 내가 해설을 하며 자식이나 아이를 언급할 때, 자식이나 아이로 번역한 것도 레비나스의 관점에 갇히지 않고자 하는 의지의 표현일 뿐이지 레비나스가 원래 사용한 말과는 거리가 있다. 그는 아이를 가리킬 때, 자식이라고 번역될 수 있지만 대체로 남자 아이를 가리키는 fils나 특정 성별로 환원되지 않는 enfant라는 표현을 쓴다. fille, 곧 딸이라는 말은 아예 등장하지 않는다. 따라서 이리가레가 "[아이는] 자연에 몸을 맡기고, 오직 수정되어 태어날 뿐이다 — 바로 그녀 안에서 (⋯) (그런데 왜 그녀의 다른 자기는 딸이 아니라 아들인가?)"라고 반문한 것도 무리가 아니다.[11] 이런 점에서 레비나스의 여성이 배제된 형제애로서의 우애론은 기실 아들의 "아버지가 이제 무한한 주인 또는 무한의 주인이 되는",[12] 남성을 위한 "남성의 판타지"[13]라고 비판받을 수 있다. 즉 레비나스가 열고자 하는 나의 주체로 제한되지 않는 무한의 시간은, 데리다의 지

11　Luce Irigaray, "Fécondité de la caresse, lecture de Lévinas, *Totalité et Infini*, section IV, B, 'Phénoménologie de l'éros,'" in *Éthique de la différence sexuelle* (Paris: Éditions de Minuit, 1984), 183.

12　Derrida, *Adieu à Emmanuel Lévinas*, 165-166; 국역본: 『아듀 레비나스』, 178.

13　Critchley, *The Problem with Levinas*, 112.

적처럼 "아버지-아들 관계의 무한한 시간"에 불과한 것이 아니었을
까?[14]

그럼에도 불구하고, 미래인 아이의 무한한 시간

그러면 우리는 이렇게 결함이 많은, 특히 레비나스가 살던 시절뿐만
아니라 오늘날의 관점에서 바라볼 때 더 증폭되는 문제점을 안고 있
는 레비나스의 에로스, 번식성, 자식성, 그리고 이를 기반으로 삼은
연대에서 무슨 의미를 얻을 수 있을까? 우선 나는 레비나스가 말한
아들(fils)에 대한 논의를 받아들일 때, 이를 그 역시 자주 사용하는
아이(enfant)로 대체할 필요가 있다고 본다. 또한 아이 또는 자녀를
레비나스가 혈연관계나 생물학적 이해를 넘어서 ― 비록 그러한
이해의 시도가 『전체성과 무한』에서 다소 불만족스럽게 이루어진다
고 해도 ― 이해하려고 한다는 점을 십분 활용할 필요가 있다.

　만일 그렇게 할 수 있다면, 더 구체적으로 말해서, 우리가 레비
나스의 아이에 대한 논의를 아들만의 것이 아니라 아이 전체로 확장
할 수 있다면 적극적으로 그의 이론을 전유할 가능성을 찾을 수 있
다. 우리는 우리 시대의 경쟁 중심적 논리보다는 우애를 강조하는 전
망을 모색해야 한다. 이는 이전의 여러 연대 개념, 이를테면 국가 공
동체나 민족 공동체의 연대를 넘어선 인간적 관계를 함의할 수 있다.
일단 레비나스에게 아이를 통한 미래의 우애에 대한 기대는 기본적

14　Derrida, *Adieu à Emmanuel Lévinas*, 166; 국역본: 『아듀 레비나스』, 178.

으로 가족 단위를 고려하여 전개된다. 실제로 그는 이렇게 말한다. "제삼자로 인해 우리는 (…) 대면의 맞섬을 포괄하고 에로스적인 것이 사회적 삶에 이르게 하며, 가족의 구조 그 자체를 포괄하는 모든 의미화와 정숙함에 이르게 한다. 그런데 에로스적인 것과 이것을 연결하는 가족은, 자아가 그 속에서 사라지는 것이 아니라 선함을 향해 약속받고 선함으로 부름받게 되는 이런 삶에, 승리의 무한한 시간을 보증한다"(257/427). 혹자는 가족주의가 가지는 전형적 문제를 들어 레비나스의 이런 생각을 낡은 것으로 치부할지도 모르겠고, 그런 비판 역시 타당한 면이 있을 것이다.

하지만 레비나스가 에로스와 가족을 기반으로 삼는 아이와 내 아이가 아닌 다른 아이들로서의 제삼자가 여는 미래를 기대한 것은, 이 자체가 헤겔적 국가주의에 대한 반대를 함축한다는 점에서 유의미하다. 크리츨리가 잘 비교한 것처럼 "헤겔이 가족에서 시작하여 국가로 끝을 맺는다면, 레비나스는 국가 폭력을 전체화하는 데서 시작하여 가족으로 끝을 맺는다".[15] 국가는 가족도 전체의 발전을 위한 대상으로 주제화할 수 있다. 이런 주제화가 극단에 이르면 인구는 관리되어야 하고, 아이는 국가의 유지를 위해 출산되어야 한다. 한 예로 국가가 아이의 출산을 위해 온갖 혜택을 제시하는 것은 일면 좋은 일일 수 있다. 그러나 이런 식의 접근에는 자칫 아이가 국가의 발전

---

15 다만 크리츨리는 이 문장 바로 뒤에 다음과 같은 말을 덧붙인다. "…나는 가족이 그렇게 경이로운 것이라고 확신하지 않는다." Simon Critchley, "Five Problems in Levinas's View of Politics and the Sketch of a Solution to Them," in *Radicalizing Levinas*, eds. Peter Atterton and Peter Calarco(Albany, NY: State University of New York Press, 2010), 43.

을 위해 있어야 하는 존재라는 전제가 숨어 있을 수 있다. 이때 아이
는 에로스에서 비롯하는 것이 아니라 국가 경쟁력과 같은 공동체의
요구나 필요에서 비롯하는 존재가 된다.

레비나스가 제시한 대로, 에로스의 구체화인 가족 안에서 아이
의 돌봄과 그렇게 유일무이한 존재로 각 가정에서 양육될 아이는 국
가라는 매개에 앞서 서로와 서로에게 긴밀하면서도 유일무이한 자
로서 엮여 있고, 얼굴 대 얼굴의 관계를 예비하며, 그렇게 미래를 열
어 갈 존재로 성장할 것이다. 이것은 국가나 이데올로기의 체제를 유
지하기 위한 선물이 아니라 에로스의 예기치 않은 결실이다. 국가나
공동체의 번영이라는 미명 아래, 미래에 대한 단순한 대비책이나 인
적 자원이라는 관점으로 아이를 바라보는 견해를 넘어서는, 아이를
통한 우애의 주요한 한 가지 함의가 여기에 있다. 말하자면, 가족은
국가를 위해 존재하는 것이 아니라 그 자체로 아이의 삶의 기반이다.
살랑스키의 다음과 같은 말은 국가보다 더 중요한 사회의 기초이자
작은 사회 그 자체로 작동하는 가족의 의미를 잘 포착하고 있다. "우
리가 알고 있는 해방과 사회 정의의 정치 전통과 견주어 볼 때, 여기
에는 많은 이들을 놀라게 할 수 있는 일종의 대항-강조점(contre-ac-
centuation)과 결부된 중요한 혁신이 있다. 실제로 가족은 더 이상 세
계의 자유주의적이고 평등주의적인 변혁의 기획과 부딪히게 되는
권위주의적이고 보수적인 단위가 아니다. 오히려 가족은 의미의 지
평이 떠오르는 바로 그 발생지로 나타난다."[16]

16 Salanskis, "Horizons de *Totalité et infini*," in *Le concret et l'idéal*, 235.

     4부 절정의 배가: 가족을 통해 미래를 내다보기

어떻게 이런 일이 가능한가? 나는 굳이 나의 아이만이 아니라 미래 세대의 아이를 위해 더 나은 미래를 예비하는 정치나 환경 보호, 섬김의 활동을 통해 무한의 시간으로 나아갈 수 있다. 아이 세대가 더 평화롭게 살 수 있도록 하는 어떤 결심과 새로운 행동이 아이를 돌보며 나올 수 있다. 예를 들어 보자. 불행하게도 지금은 전쟁의 시대이다. 우크라이나와 러시아 간의 전쟁이 있고, 이스라엘과 하마스 세력 간의 전쟁이 있다. 한반도 역시 전쟁의 공포에서 자유롭지 않다. 그런데 신비로운 것은 그 전쟁의 격변 안에서도 태어나는 삶의 신비, 아이의 탄생이 있다는 사실이다. 2023년 10월 팔레스타인 무장단체 하마스는 이스라엘을 공격하여 수많은 삶을 빼앗았다. 연이어 이스라엘은 팔레스타인 가자 지구에 보복 공습을 감행했고, 힘의 우위를 바탕으로 무차별 공격을 감행하고 있다. 이런 비극의 무대 속에서도 누군가는 아이를 낳는다. 가자 지구 주민 주마나 에마드는 공습 전 임신 상태였고, 전쟁의 격변 중에 아이를 낳았다. 자신의 생존을 우선시하는 와중에도 그녀는 아이의 출산을 걱정했고, 기필코 아이를 낳고자 했으며, 결국 아이를 낳았다. 그녀는 말한다. "무슨 일이 있어도 아기를 낳아야겠다는 생각뿐이었습니다. (…) 딸은 전쟁과 죽음으로 가득한 이 삶에서 제게 희망입니다."[17]

바로 이 희망을 열어 가는 것이 미래의 무한한 시간으로 나아가는 일이며, 그 시작은 가족이다. 레비나스에게 아이를 통한 미래의

---

17 Dalia Haider, 「폭발과 총격, 정전 속에 가자지구에서 아이를 낳는다는 것」, 『BBC 코리아』, 2023년 10월 27일. https://www.bbc.com/korean/articles/c3gl378n9d1o(최종 접속일: 2026년 1월 18일).

연대는 나의 능력, 유한한 나의 힘에 국한하여 미래를 전망하는 담론을 넘어선다. 우리는 미래가 절대 내가 내 손아귀에 넣을 수 있는 것이 아님에도 미래를 나의 예측 가능성 안에 두려고 한다. 심지어 죽음마저 불로장생을 가능케 하는 약물이나 생명 연장을 위한 기술적 시도로 극복할 수 있는 것처럼 기만하기도 한다. 하지만 그 모든 시도는 죽음 앞에서의 좌절이나 두려움의 표현일지 모르며, 또는 나의 능력, 나의 할 수 있음으로 미래를 나의 지배 경제 아래 두려는 시도에 다름 아니다. 또한 이 모든 시도는 역설적으로 내가 지배할 수 없는 미래에 대한 무력하지만 무력하지 않은 척하는 힘의 현시일지 모른다. 이런 **"힘**에 의한 무한화는"** 실은 유한성의 또 다른 표현일 것이며, 더 나아가 그것은 그 "힘의 주체로의 귀환으로 제한된다. 힘은 규정적인 것을 만들어 내는 가운데 주체를 **늙어 가게** 한다. **존재가 무한하게 생산되는 시간은 가능한 것 저편으로 나아간다**"(258/427). 아이가 펼쳐 가는 미래는 무한한 시간, 내 힘과 능력으로 파악할 수 없는 시간을 열어 가며, 여기에 내가 연루될 때 나 역시 그 무한에 속하게 된다. 가족은 미래로 걸어가는 아이에 대한 나의 책임과 돌봄으로 무한의 시간에 연루되며, 그것은 국가나 정치 공동체가 부여하는 사회의 비전보다 더 강한 삶의 희망이 될 수 있다.

　이렇게 나는 생물학적으로 죽음에 맞닿아 있지만, 나의 아이를 통해, 다른 아이들을 통해 미래의 희망을 말할 수 있으며, 살아 있는 동안 미래로 향하고 있다. 그뿐만 아니라 결국 내가 늙고 죽어도 내가 무한의 시간에 참여한 흔적과 무한한 아이의 미래, 아이 세대, 미래 세대의 시간 속에 참여한 분투는 여전히 미래에 존속할 것이다.

그렇게 해서 "참된 시간성, 규정적인 것이 규정적이지 않은 시간성은 (…) 미래의 한계 지어지지 않은 무한 앞에서 이렇게 상실된 기회들을 더 이상 아쉬워하지 않을 가능성을 전제한다. (…) 자아는 이런 의미에서의 시간, 곧 여러 막으로 된 **드라마**이다"(258/427-428, 강조는 필자). 세바에 의하면, 여기서 레비나스의 "성서적 논지"가 두드러진다. 나의 유일무이한 아이, 그리고 각 가정에 속한 유일무이한 아이들은 "헤아릴 수 없는 자식들로서, 무한이 또한 그 흔적을 남기고 있다".[18] 다시 말해 내가 마주한 한 사람의 타인의 얼굴이 무한으로 자신을 계시한다면, 미래의 헤아릴 수 없는 아이들에게는 무한의 흔적이 서려 있다. 내가 나의 아이의 미래, 그리고 나의 아이처럼 유일무이한 아이들의 미래에 책임으로 관여될 때, 나는 무한의 흔적과 관련하게 되는 것이다.

이처럼 나의 드라마는 내가 그 막을 열고 내가 그 막을 또한 내릴 수 있는 나의 주도권에 속한 것이 아니다. 나의 시간성, 드라마적 시간성은 아이를 통해 이어질 수 있다. 물론 이제 드라마를 이어 가는 것은 내가 아니며, 무한한 아이의 미래가 또 다른 장면으로 펼쳐질 것이다. 하지만 그 무대에서도 나는 나의 것이 아닌 아이들의 기억과 흔적으로 소환될 것이며, 그것으로 나는 내게서 상실되는 삶의 기회를 아쉬워하지 않을 가능성을 가질 수 있다. 그렇게 나의 미래의 시간은 (폐쇄된) 주체성이 아닌 타자들의 삶에서 열린다. 그 시간은 나의 시간의 연장이 아니고, 무한의 흔적이 남겨진 불연속적 시간에

---

18 Sebbah, "La fraternité selon Levinas," 54.

해당하며, 이 불연속성이 나의 유한한 운명을 넘어설 수 있게 해 준다. "다수성과 불연속성 — 즉 번식성 — 없이는, 자아(Moi)는 모든 모험이 운명의 모험으로 돌아갈 수밖에 없는 주체로 남게 될 것이다. 자신의 운명 외에 다른 운명을 가질 수 있는 존재는 번식적 존재이다. 피할 수 없는 죽음의 확정성을 가로질러 자아가 타자(Autre) 안에서 연장되는 부성(paternité) 안에서, 시간은 그 불연속성을 통해 늙음과 운명에 대해 승리하게 된다"(258/428). 국가의 이데올로기나 역사의 기록에 영웅이 아닌 나의 삶은 새겨지지 않는다. 하지만 가족 안에서 길러진 아이의 미래 속에 부모인 나들의 삶은 여전히 기입되어 있을 것이다.

용서의 미래

레비나스는 이 불연속성을 용서의 미래와도 연결한다. 나의 삶과 내가 사는 시대에 여러 맺힌 것이 있을 수 있다. 전쟁과 폭력으로 희생된 사람들과 여기서 빚어진 현재의 오명, 얼룩, 비극, 비참이 나의 시대에 서려 있다. 그런데 나는 그 맺힌 것을 풀어낼 수 있는가? 그것은 어려운 일이고, 나의 시대에 모든 것을 해결하려 하는 시도는 또 다른 오만한 무리수를 불러올 수 있다. 그렇다면 그것을 국가에 맡길 것인가? 국가는 나의 눈물, 개별자들의 괴로움과 고통을 모두 헤아리지 못한다. 국가보다 단위가 작은 공동체도 마찬가지이다. 국가와 공동체가 무엇을 해결하려는 노력은 좋은 것이지만, 특정한 정치적 상황과 맥락 속에서 개인들의 비참함은 나중에 해결되어야 할 어떤 것으로 미루어지는 일이 비일비재하다.

이런 상황 속에서 용서는 나의 몫이기도 하지만, 아이들이 펼쳐 갈 미래이기도 하며, 어쩌면 전자보다 후자가 더 근원적인 것일 수 있다는 것이 레비나스의 생각이다.

번식성의 비연속적 시간은 절대적 젊음과 재시작을 가능하게 해 준다. 재시작된 관계를 과거를 향한 자유로운 (…) 복귀 속에, 또 자유로운 해석과 자유로운 선택 속에, 완전히 용서된 것으로서의 실존 속에 재시작하도록 놓으면서 말이다. 순간의 이러한 재시작은, 즉 번식성의 시간이 죽지 않을 수 없는 존재이자 늙어 가는 존재의 변화에 대해 거두는 이 승리는, **시간의 작품 자체인 용서**이다. (259/429, 강조는 필자)

참된 용서란 무엇인가? 용서가 올바로 이루어졌다면, 그렇게 해서 어떤 회복이 일어난다면, 우리가 기대할 수 있는 것은 무엇인가? 온갖 잘못과 그 잘못에서 비롯한 상처와 분노, 복수심, 눈물과 고통의 세월은 용서 이후 어떻게 되는 것인가? 레비나스에게 참된 용서를 보증하는 것은 바로 새로운 시작이다. 이 모든 맺힌 것을 풀어냈음을 확증하는 것은 바로 새로운 시작의 열림이다. 레비나스는 맺힌 것과 아픈 것을 풀어낸 후 새로운 삶의 시작이 가능해지는 것은 나의 시대, 부모의 세대가 아니라 다음 세대의 시간에서라고 보는 것 같다. 멘쉬는 이를 다음과 같이 설명한다. "또 다른 차원에서 그 몸짓은 세대 사슬의 불연속성을 포함한다. 왜냐하면 한 세대는 자신들의 결정의 결과에 갇힐 수 있기 때문이다. 스스로에게 맺은 약속을 지키면서, 그 세대는 특정한 길을 추구하도록 스스로를 속박하며, 이는 역사의 얽힘 속에 놓인 그들의 운명이 될 수 있다. 개인의 경우도 마찬가지로서, 개인의 행위 역시 그를 가둘 수 있다.”[19] **“시간의 작품 자체인 용서”**라는 말은 매우 의미심장하다. 보통 우리는 용서를 나 또는 내가 속한 공동체가 해야 하거나 받아 내야 하는 어떤 것으로 생각하는 경향이 있다. 하지만 레비나스는 이를 번식성 안에서 열리는 미래 시간의 작품으로 본다.

그런데 이때 번식성은 미래인 자식들만을 이야기하는 것도 아니고, 나 또는 부모의 소유를 말하는 것은 더더욱 아니다. 번식성은 분명 나 또는 나의 가족의 에로스에서 비롯한 일이고, 나의 돌봄과 더불어 일어나지만 나의 시간을 넘어선 미래, 미래 세대를 함축한다. 이 점에서 멘쉬의 말대로, 레비나스가 “세대 간 용서의 가능성”을 열었다는 데 주목하는 것이 옳겠다.[20] 다만 여기서 “세대 간”이란 세대가 이어진다는 점에서는 연속적일지 몰라도 그 질적 내용에 있어서는 비연속적이고, 단절적이다. 새로운 시작은 나의 세대, 부모 세대가 오롯이 성취할 수 있는 것이 아니다. 왜냐하면 용서가 나의 세대의 전유물이라면 그것은 나의 재현과 능력에 종속될 수도 있기 때문이다. 하지만 자식 자체가 이미 나의 손아귀를 벗어났다고 한다면 그때의 시간, 용서의 시간은 이미 나의 권역을 벗어난 것이 된다. 이런

19　Mensch, *Levinas's Existential Analytic*, 169.

20　James R. Mensch, “Levinas on Temporality and the Other,” in *The Oxford Handbook of Levinas*, ed. Michael L. Morgan(New York, NY: Oxford University Press, 2019), 354.

점에서 용서는 기성 세대인 나와 연루되었지만, 나와 다른 타자의 미래를 품은 번식성을 통해 세대 간 이루어진다.

현재 세대에 맺힌 것이 미래 세대에게는 다르게 받아들여질 수 있고, 다른 방식으로 풀릴 수 있다. 이 점에서 영토 간 분쟁, 가해와 피해의 역사, 증오와 복수의 연쇄는 지금 나의 세대가 아니라 미래 세대의 시간에서 비로소 풀릴 수 있다는 것이 레비나스의 전망이 아닐까? 그래서 용서는 나의 작업 자체가 아니라 미래에 방점이 찍힌 시간의 작품이며, 세대를 걸쳐 이어지는 사태에 관한 것이지만, 세대 간 기억을 차별화하는 작업이기도 하다. 이 용서에 대한 더 구체적인 레비나스의 언급을 보자. 빼놓을 수 없는 말들의 연속이라 길게 인용하는 것을 용서하기를 바란다.

그 직접적 의미에서 용서는 잘못을 범했다는 도덕적 현상과 관련된다. 용서의 역설은 소급과 관련한다. 그리고 통상적인 시간의 관점에서 보면 용서는 사태들의 자연적 질서가 전도됨을, 시간의 가역성을 나타낸다. 이것은 여러 측면을 지닌다. 용서는 흘러간 순간을 지시한다. 그것은 흘러간 순간에 잘못을 범한 주체에게, 마치 그 순간이 흘러가지 않은 듯이, 마치 그 주체가 잘못을 범하지 않은 듯이 존재하기를 허락해 준다. 용서는 망각보다 훨씬 더 강한 의미에서 능동적으로 ── 망각은 망각된 사건의 실재성에는 관계하지 않는다 ── 과거에 작용하며, 사건을 모종의 방식으로 되풀이하여 그것을 순화시킨다. 용서는 용서된 과거를 순화된 현재에 보존하는 데 반해, 망각은 과거와의 관계를 없애 버린다. 용서받은 존재는 무고한 존재가 아니다. 그

차이는 무고함을 용서 위에 두게 해 주지 않는다. 그 차이는 용서에 행
복의 한 과잉을, 화해의 낯선 **행복을, 행복한 죄**(*felix culpa*)를 식별하
게 해 준다. 이것은 우리를 더 이상 놀라게 하지 않는 일상적 경험에서
주어진다. (259/429)

레비나스는 용서를 일차적으로 도덕적 현상으로 본다. 누군가
에게 잘못을 범하는 일이 있고, 이때 용서해야 할 자와 용서받아야
할 자가 일어난다. 또한 그것은 과거의 시간과 분명 관련한다. 용서
의 사건은 잘못을 범한 주체가 과거에 범한 잘못을 다시 직면하게 하
며, 용서받아야 할 주체가 **마치** 과거에 잘못을 범하지 않은 것**처럼**
살 수 있게 해 준다. 레비나스는 이러한 일련의 용서의 효과가 망각
과는 다르다는 점을 분명히 한다. 망각은 자칫 그저 잊는 것에 불과
할 텐데, 그것은 과거를 가리키지 않으며, 마치 과거가 없었던 것처
럼 사는 것에 불과하다. 하지만 용서는 과거를 분명히 지시하면서도
과거의 사슬에서 풀려나고, 용서받은 자가 또 용서한 자가 "화해의
낯선 행복"을 곧 **"행복한 죄"**(*felix culpa*)를 체험하는 일상으로 돌아가
게 하는 일상적 회복을 일으키는 사태이다.[21]

---

21 felix culpa(행복한 죄 또는 복된 탓)라는 표현은 죄를 인지하고 회개함으로써 역설적으로 회
복과 구원의 체험에 이르는 죄의 역설적 효과를 일컫는 말로, 아우구스티누스 등 여러 교부
들의 텍스트에서 발견되며, 『로마 미사 경본』의 주님 부활 대축일 파스카 성야 찬송가 가사
중 정확히 다음과 같은 말로 기재되어 있다. O felix culpa, quæ talem ac tantum méruit habére
Redemptórem(오, 복된 탓이어라! 그 탓으로 위대한 구세주를 얻게 되었네). 카푸토는 레비나
스가 이 용서를 행복한 죄와 연결 짓는 데서 그리스도교의 이야기에 합류하고 있다고 본다.
즉 구원은 용서받아야 할 자에게 온다. 물론 이 구원이 레비나스에게 종교적 의미의 내세의
구원이나 말세의 구원을 의미하는 것은 아니지만, 윤리적 책임은 어떤 죄에 대한 용서, 속

     4부 절정의 배가: 가족을 통해 미래를 내다보기

이러한 갱신과 다시 시작함은 나의 결단이나 나의 의식에 달린 일이 아니다. 용서가 이 일을 가능하게 하므로 용서 자체가 시간을 갱신시킨다. 그런데 이 용서 자체도 지금 내가 거머쥐고, 내가 할 수 있는 일이 아니라 타자에 의존해서 할 수 있는 일이며, 세대를 거치는 가운데 기대할 수 있는 일이다. 나 또는 나의 세대의 증오나 복수심 때문에 하지 못하는 용서, 맺힌 것이 너무 커서 차마 할 수 없는 용서가 미래의 아이 세대에게서 아마도 가능해질 수 있다는 점에서 용서는 어렵고도 지연될 수밖에 없는 일이다. 이에 시간은 내가 구성하는 것이 아니며, "용서를 시간 그 자체를 구성하는 것으로"(259/429) 볼 수밖에 없는 일이 일어난다. 왜냐하면 용서가 과거를 지시하는 가운데, 과거의 잘못을 없던 일처럼 만들어 줄 것이며, 증오에 매인 현재를 화해의 일상으로 돌려줄 것이기 때문이다. 그리고 나의 늙음과 죽음 안에서는 이루어질 수 없는 그 일이 미래 세대에서는 가능할 수 있으므로, 용서의 "시간의 심오한 작업은 이 과거와 관련하여, 그의 아버지와 단절하는 주체에게 주어진다"(260/430).

왜 아버지로부터 단절된 주체인가? 아버지로부터 단절된 주체만이 시간의 새로운 시작을 경험할 수 있기 때문이다. 용서를 통해,

죄의 의미처럼 여겨질 수 있음을 뜻한다는 점에서 그 역시 그리스도교의 용서-구원의 역설을 어느 정도 전유하고 있다고는 볼 수 있을 것이다. "레비나스는 이 핵심적인 그리스도교의 이야기를 (⋯) 용서의 모형으로 주저 없이 끌어온다. 이 모형에 의하면, 에덴동산의 순수함보다 구원을 받은 인류에게, 율법에 대한 확고한 충심보다 용서받은 잘못에 더 높은 은총이 있다. 이는 마치 상처 입은 조직이 상처 입지 않은 살보다 더 강한 것과도 같다. 이것이 바로 회심한 죄인들이 열성적인 성인이 되는 이유이기도 하다." John D. Caputo, *Weakness of God: A Theology of the Event*(Bloomington, IN: Indiana University Press, 2006), 231.

화해를 통해 과거의 원한 감정에 얽매이지 않는 시간은 다음 세대의 몫이다. 그리고 그다음 세대의 아이는 아버지와 전적으로 분리된 타자이지만 아버지에게 의존하는 타자이다. 나는 내가 다스리거나 지배할 수 없는 아이의 미래가 열어 줄 용서와 화해로 인해 시간의 갱신을 경험할 뿐이다. 곧 주도권은 나에게 있지 않고, 나의 운명에 속하지 않은 타자에게 있으며, 이것이 시간의 신비이고, 용서의 가능성이다. 모아티는 이러한 번식성의 미래에서 용서와 화해의 가능성이 내게 어떤 영향을 미치는지를 다음과 같이 적절하게 설명한다.

세대는 과거의 확정적 특성을 사면한다. 우리가 저지른 잘못들은 더 이상 회복 불가능한 것이 아니라, 번식성의 불연속적 시간의 작용 속에서 용서받는다. 저질러진 일은 자아가 더 이상 자신의 잘못과 선택에 구속되지 않는 존재의 갱신을 통해 속죄되고, 회복되며, 용서받는다. 이러한 갱신이 곧 용서이다. 이는 번식성이 우리를 유일한 운명으로부터 해방시키고, 아버지가 아들 안에서 타자로 존재할 수 있게 하기 때문인데, 이런 번식성은 회복 불가능한 것을 회복시키고, 돌이킬 수 없던 것을 돌이킬 수 있게 만든다. 또한 그것은 과거와의 새로운 관계를 창조하는데, 이 관계 속에서 과거는 더 이상 확정적이지 않다. 그 결과 아버지는 더 이상 돌이킬 수 없이 자신의 운명에 구속되어 늙어 가지 않게 된다. (…) 용서 덕분에, 번식성의 시간이 성취하는 존재

    4부 절정의 배가: 가족을 통해 미래를 내다보기

의 회복을 통해, 저질러진 일은 더 이상 돌이킬 수 없는 제약으로 존재자를 짓누르지 않는다.[22]

나는 얽매여 있다. 하지만 자식은 그렇지 않을 수 있다. 아들은 아버지의 타자이지만, 이제 미래 세대인 아들 안에 아버지도 타자로 나타날 것이다. 아버지나 어머니, 과거 세대가 가진 아픔과 상처가 그 아픔과 상처에 얽매이지 않은 미래 자식들의 우애 속에서 변화될 수 있다. 만일 그렇다면, 나는 나의 운명 속에서 늙어 가는 것이 아니라 자식들의 우애의 연대 속에서 계속 존재할 것이며, 이 존재는 그저 늙어 사라진 것이 아니라 용서의 시간 안에 갱신된 존재자가 되는 것이다.

이런 결론은 지나치게 아름답기만 한 것처럼 보이기도 한다. 나의 원한이 자식 세대에도 여전히 반복되는 일, 학살당한 이들의 후손인 이스라엘이 홀로코스트의 피해자라거나 순결한 존재라는 방어막 뒤에 숨어서 새로이 발생시킨 원한이 대를 이어 확대, 재생산되는 것을 우리는 목도하고 있지 않는가?[23] 물론 이때 이스라엘의 세대 간

---

22 Moati, *Événements nocturnes*, 315.

23 레비나스가 생존해 있던 시기에도 종종 나타나던 이스라엘의 이런 태도에 그는 다음과 같이 일갈한 바 있다. "모든 상황에서 하느님이 우리와 함께한다고 말하기 위해 '홀로코스트'를 내세우는 것은 가해자들의 허리띠에 새겨진 '우리와 함께하시는 하느님'(Gott mit uns)이라는 경구만큼이나 혐오스럽습니다." Emmanuel Lévinas et Alain Finkielkraut, "Israël: éthique et politique," *entretien avec Shlomo Malka, Les Nouveaux Cahiers* 71 (hiver 1982-1983), 3. 이 대담 기사는 1982년 9월 28일에 송출된 라디오 대담(Radio-Communauté)을 옮겨 실은 것이다. 이는 사브라와 샤틸라의 비극 직후, 슐로모 말카가 레비나스와 알랭 핑켈크로트를 초청하여 '이스라엘과 유대교 윤리'라는 주제로 대담을 나눈 것이다. 이런 발언을 보면 항간에 잘

전승은 민족과 국가 차원에 속해 있고, 레비나스가 의도하는 번식성은 에로스의 가정에서 비롯한다는 차이가 있다. 하지만 아버지의 원한이 아들에게서도 전승될 가능성을 레비나스가 고려하지 않는다는 점에서, 여전히 이 드라마는 해피 엔딩만을 쫓고 있는 것처럼 보인다.

물론 그렇다고 해서 이 이야기가 무의미한 것은 아니다. 가해자의 사과와 피해자의 용서를 일구기 위해 진력하는 인권운동가나 활동가들, 고통스러운 폭력의 기억을 안고 사는 살아 있는 증인들은 시간의 흐름 속에서 이렇게 말한다. "내게 시간이 얼마 없다." 그리고 그들은 부탁한다. "미래는 다음 세대의 몫이다."[24] 나의 시간만 고려하면 이 시간은 끝이 나고, 나의 운명도 죽음을 거스르지 못한다. 하지만 화해와 용서의 꿈이 미래 세대에 자란다면, 그들의 삶은 미래 세대에게도 여전히 타자로서 출현할 것이다. 바로 이때 우리는 미래의 메시아적 유토피아와 희망을 꿈꿀 수 있다.[25] 또한 그 어렵고 지

못 알려져 있듯이, 이스라엘과 팔레스타인 관계에서 레비나스가 이스라엘의 편을 들었다는 견해는 그야말로 단견임을 알 수 있다.

24 일본 위안부 피해자이자 인권운동가 이용수씨가 이런 말을 한 바 있다. "제게 남은 시간은 별로 없다." 이것은 자신이 처한 운명에 대한 솔직한 고백일 것이다. 또한 이런 당부를 잊지 않는다. "피해자들의 의지와 무관하게 역사의 소용돌이 속에서 무력하게 당해야 했던 우리들의 아픔이 다시 반복되지 않도록, 그리고 미래 우리의 후손들이 가해자이거나 피해자가 되지 않기를 바란다." 이는 자신이 좌우할 수 없으나 소망할 수 있는, 자기와 다른 미래 아이들의 화해와 용서를 기대한 말이 아니겠는가? 강재구, 「[전문] 이용수 할머니 2차 기자 회견문 "그동안 일궈온 투쟁 성과 훼손되면 안된다"」, 『한겨레』, 2020년 5월 25일, https://www.hani.co.kr/arti/society/society_general/946389.html(최종 접속일: 2024년 4월 15일).

25 윤대선은 이렇게 말한다. "즉 『전체성과 무한』은 인간 자신을 메시아라고 일컬으며 분리의 삶 속에서 새로운 메시아주의의 도래, 즉 삶의 축복과 승리가 신적인 무한성을 성취하며 인간 자신이 이 세상에 하나의 유토피아를 완성해 나갈 수 있는 길을 열어 두고 있다." 윤대선, 「레비나스의 『전체성과 무한』에 나타난 무한의 읽기와 초월성: 분리의 경제와 생산성

　　　　　　4부 절정의 배가: 가족을 통해 미래를 내다보기

난한 용서가 이루어질 때, 우리는 더 나은 삶을 얻을 수 있다. 이 가능성을 언급하며, 레비나스도 4부를 마무리한다.

인간에게서 행복과 함께 지속되는 복된 영원을 꿈꾸는 것은 단순한 망상이 아니다. 진리는 무한한 시간이자 동시에 진리가 봉인할 수 있을 시간, 완성된 시간을 요구한다. 시간의 완성은 죽음이 아니라 메시아적 시간이다. 이 메시아적 시간에서 영속적인 것이 영원으로 바뀐다. 메시아적 승리는 순수한 승리이다. 메시아적 승리는 악의 복수에 대비한다. 무한한 시간으로는 이 악의 복귀를 저지할 수 없다. 이러한 영원성이야말로 시간의 새로운 구조 또는 메시아적 의식의 극단적 각성이 아니겠는가? 그러나 이 문제는 이 책의 범위를 넘어선다. (261/432)

선의 성취는 단지 얼굴 대 얼굴의 만남 속에서 일어나는 나의 책임의 실현이라는 윤리적 대화에만 국한되지 않는다. 레비나스는 유한한 시간을 넘어, 얼굴 저편의 미래의 타자성에서 현실화될 메시아적 선의 희망을 말하기 위해 에로스, 번식성, 우애, 용서의 시간에 관한 논의를 길게 끌어 왔다. 물론, 그 메시아적 시간이 무엇인지, 그 승리가 구체적으로 무엇인지에 대해서는 말을 아낀다. 이는 해당 논의가 또 다른 철학적 쟁점으로서 전개되어야 할 복잡한 것이기 때문이기도 하지만, 어쩌면 그것이 철학을 넘어선 신학적 논의가 되어야 할

을 중심으로」,『동서철학연구』제108호(2023년 6월), 243.

지도 모르기 때문일 것이다. 만일 그렇다면, 우리는 메시아적 희망과 유토피아를 논의하기 위해 다른 철학자나 신학자의 텍스트를 살펴보거나, 레비나스 안에서 그것들을 찾는다면 그의 유대교 텍스트를 살펴야 할 것이다.[26] 그래서 이것은 『전체성과 무한』의 논의를 넘어서는 모험이다. 다만 여기서는 참된 메시아주의에 대해 그가 다른 책에서 말한 한 가지 통찰을 언급하는 것으로 만족하기로 하자. "모든 인간은 메시아이다. (…) 따라서 메시아주의는 역사를 중단시키는 한 인간의 도래에 대한 확신이 아니다. 그것은 모든 이들의 고통을 감당할 수 있는 나의 힘이다. 그것은 이 힘과 나의 보편적 책임을 인식하는 순간이다."[27]

이 짤막한 말에 메시아적 의식과 메시아적 시간에 대한 레비나스의 통찰이 요약되어 있다. 메시아는 지금 흐르는 시간이나 역사를 중단시키는 신적 존재가 아니다. 그런 신을 기다리기 때문에 현재의 정의는 늘 지연되는 것이다.[28] 메시아는 모든 인간, 특히 **나**이다. 타인의 고통을 감당하는 이가 바로 메시아이며, 그렇게 타인을 위한 책

---

26 레비나스에게서 메시아와 유토피아의 의미를 가장 잘 해명한 연구 중 하나로 다음 문헌을 참조하라. Catherine Chalier, *Lévinas: l'utopie de l'humain*(Paris: Albin Michel, 1993).

27 Emmanuel Levinas, *Difficile liberté*(Paris: Albin Michel, 1963), 120.

28 이런 식의 메시아와 관련해서 김진영은 다음과 같이 말한다. "우리는 메시아가 언제 오나 항상 기다리면서도 메시아가 오지 않는다고 한탄합니다. 그러나 메시아는 오지 않는 것이 아니라, 메시아가 내 앞으로 지나가고 있음에도 내가 알아보지 못하는 것입니다. 역사의 천사는 매일 지나가고 있습니다. 우리는 역사의 천사가 난쟁이 꼽추일지도 모른다는 생각을 하지 못합니다. 우리가 후광을 가진 존재를 기다리고 있는 한, 메시아는 매일 오지만 매일 쫓겨나고 맙니다." 김진영, 『희망은 과거에서 온다: 김진영의 벤야민 강의실』(서울: 포스트카드, 2019), 353.

임에 대한 의식이 일깨워질 때, 우리는 메시아적 의식을 스스로 깨우치며, 바로 그 순간에 메시아적 시간이 열리기 시작한다. 아마도 『전체성과 무한』은 내가 메시아가 되는, 메시아적 각성의 사건과 순간을 — 신학에 대한 의존 없이 — 드라마적으로 펼쳐낸 것이라 해도 좋을 것이다. 그리고 그 메시아적 시간은 나로부터 시작하지만 절대 나만의 시간이 아니며, 불연속성 가운데 세대를 거쳐 일어나는 시간이다. 이런 점에서 "용서는 '시간의 가역성'과 일치한다".[29] 되돌릴 수 없을 것 같았던 것이 새로운 세대가 동반하는 시간을 통해 회복의 시간으로 재구성된다. 이런 의미에서 회복을 이루는 시간이며, 되돌릴 수 없는 것을 새로운 방식으로 새로운 세대와 더불어 되돌리는 것이 메시아적인 시간의 중요한 한 측면이다. 그리고 이렇게 다른 세대를 거쳐야만 나는 운명이나 숙명을 넘어 메시아적 시간에 참여할 수 있다.

사람의 아이들

할리우드의 명장 알폰소 쿠아론이 메가폰을 잡은 「칠드런 오브 맨」만큼 아이들의 시간에서 도래할 새로운 미래에 대한 기대와 어른 세대의 책임을 잘 담아낸 작품을 찾기란 쉽지 않을 것이다.[30] 서기 2027년 전 지구적 '불임'이라는 재앙이 도래한 상황 속에서 인류는 파멸을 향해 간다. 이 세상에서의 삶을 이어 갈 세대가 없는데 어떻

---

29 Moati, *Évenements nocturnes*, 315.

30 Alfonso Cuarón, dir., *Children of Men* (Universal Pictures, 2006).

게 삶이 지속되겠는가? 온 세상에 만연한 고령화로 인해 복지 체제는 완전히 무너졌고, 사람들을 통제하기 위해 군대가 동원된다. 주인공인 테오(클라이브 오웬 분)는 전 부인이자 반군 단체 지도자인 줄리안(줄리안 무어 분)으로부터 흑인 불법 이민자 소녀 키(클레어 홉 애쉬티 분)를 안전하게 항구로 데려다 달라는 부탁을 받는다. 테오는 그저 돈이 필요해서 키를 목적지까지 데려다주겠다고 했지만, 그녀가 임신한 것을 알고 헌신적으로 그녀를 보호한다. 더군다나 키는 테오와 신뢰를 쌓은 가운데 자신이 가고자 하는 곳이 인간 멸종을 막고자 하는 과학자 집단의 '인류 재건 프로젝트'의 기지인 내일호(TOMORROW)라는 사실을 고백한다. 이에 테오는 반군과 정부군의 대립과 전투가 펼쳐지는 아수라장을 뚫고 그녀를 안전하게 배에 태우고자 사력을 다한다. 배를 탈 수 있는 곳까지 도착했다가 납치를 당하는 등 온갖 고초를 겪는 와중에 키는 때가 되어 반군과 정부군의 전투가 치열하게 펼쳐지는 한 시가지의 폐허가 된 건물에서 아이를 출산한다. 아이를 출산하고 더는 도망갈 곳도 없는 극단의 상황에서 키는 아이를 안고 테오와 함께 건물 계단을 내려간다. 막다른 골목에 몰린 반군을 척결하던 정부군 병사들은 아이를 보며 순간적으로나마 전투 태세를 멈춘다. 어떤 군인은 성호를 긋고, 아이를 본 민간인들 역시 경외감을 표한다. 아이가 없고, 미래가 없을 줄만 알았던 그 시대에 아이가 존재할 수 있음을 보고 그들은 순간적으로나마 싸울 의지를 내려놓은 채 미래가 있을 수도 있다는 희망을 본 것이었을까? 테오는 키와 아이를 내일호에 태우려다 끝내 사망하지만, 희망을 머금고 숨을 거둔다. 키와 아이는 무사히 내일호에 발견되면서 영

  4부 절정의 배가: 가족을 통해 미래를 내다보기

화는 끝을 맺는다. 엔딩 크레딧이 올라간 뒤 다음과 같은 말이 **아이들의 웃음 소리와 더불어** 화면을 채운다. "Shantih Shantih Shantih"(평화 평화 평화).[31] 마치 레비나스가 번식성을 다루면서 인용한 이사야 49장 20절, 곧 "여읜 줄로 알았던 자식들이 돌아와, 이 곳은 살기 좁으니 자리를 넓혀 달라고 떼쓰는 소리"가 현실화된 것인 양….

레비나스가 내다본 아이들을 통해 우애와 평화의 연대를 확보하려는 의도는 이런 것이 아니었을까? 비록 그가 아이의 상실과 같은 현실적 문제에 대해서는 언급이 없고, 아이를 통한 미래를 일방적인 해피 엔딩으로 그려 내려는 것처럼 보이지만, 그는 미래 없는 익명적 삶의 혼돈을 그 누구 못지않게 깊이 체험한 가운데 글을 썼을 것이다. 그것이 고립된 삶의 익명성이건, 전쟁의 폐허건 간에 말이다. 이런 어두운 현실을 뚫고 도래할 미래는 오직 자신만이 아니라 각 사람에 대해 에로스로 얻어지고, 책임으로 길러진 아이들과 함께 올 것이다. 이런 미래의 시간 안에서 아이들에 대한 헌신과 책임이 궁극적으로 평화와 우애의 사회를 내다보게 하는 첩경임을 『전체성과 무한』 4부를 통해 말하고자 한 것이 아니었을까? 이 과정에서 나는 지금 그리고 여기에서 내가 마주하는 타인의 얼굴의 무한과 더불어 나의 죽음에도 불구하고 지속할 희망의 세대, 바로 **"사람의 아이들"**에 대한 책임을 떠맡음으로써,[32] 비로소 무한한 시간의 승리를,

---

31 샨티(Shantih)는 산스크리트어로 평화를 의미한다.

32 "사람의 아이들"이라는 표현은 영화 「칠드런 오브 맨」의 원작 소설인 필리스 도로시 제임스의 *The Children of Men*의 우리말 번역본 제목에서 가져온 것이다. Phyllis Dorothy James, *The Children of Men* (Toronto, ON: Knopf Canada, 1992); 국역본: 『사람의 아이들』, 이주혜 옮

메시아적 승리를 전망한다.

> 얼굴과의 관계는 타자가 순차적으로 모든 다른 이들과 연대하는 것
> 으로 나타나는 우애 안에서 사회적 질서를 (…) 구성한다. 다만 에로
> 스와 에로스를 접합하는 가족은 자아가 그 속에서 사라지는 것이 아
> 니라 선함을 향한 약속을 받고 부름을 받는 이러한 삶에 (…) 승리의
> 무한한 시간을 보증한다. (257/425)

이처럼 얼굴과의 관계는 우애 안에서 사회적 질서를 이루게 되며, 우애와 우애의 기반이 되는 에로스와 연결된 가족이 국가보다 더 강하고 선하다고 믿는 "나는 **번식성을 따라** 진리가 말해지기 위해 꼭 있어야 할 무한한 시간을 부여잡는다"(261/432). 그러므로 번식성을 따라서, 나의 자식과 각기 고유한 에로스의 산물인 아이들의 연대 안에서, 미래를 열어 갈 아이들에게 책임지는 어른으로 연결됨으로써 나는 무한한 시간을 살 수 있게 되는 것이다. 테오가 숨을 거두기까지 온 힘을 다해 아이를 지켜 줌으로써 미래에 가닿았던 것처럼.

김(서울: 아작, 2019).

15강.

결말과 남겨진 문제들

다원주의의 전망

이제 레비나스의 '나'의 드라마의 결말, 해피 엔딩으로서의 대단원의 막이 내리는 지점에 이르렀다. 여러 막으로 된 '나'의 드라마는 형이상학적 초월의 문법을 따라 사유를 전개하는 가운데 분리로서의 주체와, 향유와 행복을 추구하는 주체의 삶의 방식을 논한다. 비밀스러운 자기만의 고유한 내면성을 확보한 주체의 삶이 이 전체성에 균열을 내고, 단독적으로 내게 계시의 가르침을 주는 타인과의 만남에서 이 주체는 무한한 책임으로까지 나아가는 환대의 주체성으로 변형된다. 타인의 부름에 응답하는, 외재성에 의해 정립되는 환대의 주체성과 그 내면성의 정의는 다시금 유한한 자기 삶의 한계에 직면하고 고심하지만, 사랑하는 사람과의 만남, 곧 향유의 주체의 에고이즘과는 또 다른 둘의 에고이즘 안에서 전기(轉機)를 마련한다. 역설적으로 나는 둘만의 에고이즘인 에로스를 계기로 삼아 또 다른 타자인 아이의 출산을 통해 나의 죽음 너머의 미래로 나아갈 길을 걸을 수 있

게 된다. 나의 아이와 아이가 마주할 다른 아이들이 열어 갈 미래에
나 역시 연루됨으로써 나는 무한의 시간에 닿게 되며, 시간의 영원,
선함의 종말론적 승리를 내다보게 된다. 이 승리와 더불어 얻어지는
것은 무엇인가? 그것은 단지 나만의 삶의 메시아적 승리의 성취가
아니라 사회의 참된 다원주의의 비전일 것이다. 이것이 바로 대단원
의 막이 내림과 동시에 레비나스가 내다보는 드라마의 결론적 전망
이다.

이에 사회의 다원주의를 제시하는 레비나스의 전망을 앞서 전
개한 그의 드라마를 요약하는 가운데 살펴보기로 하자.

왜 사회인가? 이 드라마는 기본적으로 나의 드라마이고, 레비나
스가 처음에 밝혔듯이 주체성에 대한 변호가 아니었는가? 레비나스
는 결론의 도입부에서 이렇게 말한다. "오히려 이 책에서 존재의 논
리적 틀로 기술한 것은, 용기에서 용기의 용적을 넘어서는 내용의 현
전, 사회적 관계, 무한의 관념이다"(265/433). 여기서 레비나스는 사
회적 관계와 무한의 관념을 동일선상에 놓고 있다. 이는 주체성에 대
한 변호와 '나'의 드라마를 펼치는 것이 이 책의 주요 내용이 아니었
다고 말하는 것이 아니다. 레비나스 본인이 의도하는 형이상학적 관
계인 무한과의 관계를 펼치고, 무한의 시간을 욕망하는 '나'의 드라
마는 또한 사회적 관계에 관한 전망이 이 이야기의 종착점이라고 봐
야 할 것이다. 레비나스가 처음부터 말했듯이 형이상학적 욕망은 타
자를 향한 욕망이었고, 여기서 타자는 또한 무한이다. 이 무한으로부
터 연역된 주체성을 다룰 때, '나'는 우선 다른 것으로부터 분리된 무
신론자로 등장하고, 이 무신론자의 삶인 향유를 추구하는 삶은 지극

히 비밀스러운 내면성을 구축하지만, 역설적으로 이미 그 삶에서 타자와의 만남을 준비하는 일이 나도 모르게 일어난다. 레비나스에게 자기의 내면성을 갖추고, 오늘과 내일을 사는 '나'의 존재 경제의 준거는 자기 집에 사는 자로 그려진다. 이 집은 내가 노동으로 거두어들이고, 나의 소유로서 관리하는 타자를 비축할 수 있으며, 내가 휴식을 취하고, 또 다른 하루를 살 수 있게 해 주는 내면성의 터전이다. 그런데 이런 삶은 소유물로서의 타자와는 다른 성격을 가지는 타인으로서의 타자에게 문을 열고, 타자를 맞이하는 삶을 준비하게 된다. 소유물을 맞이하는 삶, 그리고 그러한 비축을 위해 문을 여는 행위 모두 타자를 맞이하는 일과 관련된다. 차이가 있다면 나의 지배와 경제적 관리술의 지배 너머에 타인의 계시가 있다는 것이다. 문을 여는 행위는 늘상 일어나는 일로서 나와 내 집에서 일어나는 일상적인 일이다. 나의 삶을 행복하게 영위하기 위해, 이 삶을 지속하기 위해 문을 열고 다른 것을 내 영역 안에 들인다. 그런데 타인이 내 집 문을 열고 들어오는 순간 그 또는 그녀는 내가 가진 것을 주기를 요구할 수 있다. 이 요구 속에 나의 책임과 섬김이 있고, 나는 나의 소유물에 종속된 자가 아니라 그 소유에서 해방되어 나의 소유를 주는 자유를 경험하는 책임의 주체가 된다. 이 점에서 나는 이미 분리된 상태에서도 타자와의 관계를 예비함으로써 무한과 관련하게 되며, 사회적 관계로 들어서게 된다. "이 관계는 얼굴 대 얼굴의 대면 속에서 나(Moi)로부터 타자(Autre)에게로 **성취된다**"(265/434). 즉 타자에게 열려 있고, 타자와 윤리적 관계를 맺는 자아의 삶 자체가 사회적 관계의 기초로 설정된다. 에른스트 볼프는 이 점을 다음과 같이 잘 포착한 바 있다. 레비나스에게 사회적 관계나 "정치의 첫 번째 사실은 더 이상 모든 이들의 법에 대한 복종이나 자유로운 동의일 수 없으며 사회성은 더 이상 자율성에 기초하지 않을 것이다. 오히려 반대로, 사람들 사이의 관계의 첫 번째 사실은 자아의 절대적 **타율성**일 것이다".[1]

이러한 사회성의 성취는 레비나스의 표현을 그대로 쓰자면, 정치보다 더 근원적인 형이상학적 차원에서 "존재의 외재성"(271/443)을 기반으로 삼는다. 레비나스가 서구 존재론 전체를 비판하지만, 『전체성과 무한』 곳곳에서 — 그의 후기 저서 『존재와 달리』와는 다르게 — 존재라는 말을 쓰는 일에 거리낌이 없다. 물론 이때 존재라는 말은 파르메니데스의 동일자로서의 존재나 플로티노스의 일자로서의 존재, 스피노자의 자연으로서의 유일실체, 하이데거의 실존론적, 현상학적으로 발견되는 존재의 진리 같은 것이 아니다. 그가 「힘들과 기원들」에서 일별했듯이, 이때 존재는 "존재 사건과 존재론을 분리하고, 존재 사건과 진리를 분리하는 문제"와 연관된 존재,[2] 외재성인 무한으로부터 연역되는 분리된 주체의 정립과 타인을 향하는 존재 사건이라고 할 때의 존재일 것이다. 말하자면 이는 나의 존재가 동사가 아닌 명사로서의 실체로 정립되고, 이로부터 무한으로 나아가는 윤리가 성취되는 존재 사건에 결부된 존재이다. 즉 외재성을 마주하기 위한 분리된 자아의 정립, 그리고 이 내면성의 자아와

---

1   Ernst Wolff, *De l'éthique à la justice: Langage et politique dans la philosophie de Lévinas* (Dordrecht: Springer, 2007), 161.

2   Levinas, "Pouvoirs et origines," in *Œuvres complètes: Tome 2*, 134.

    4부 절정의 배가: 가족을 통해 미래를 내다보기

무한한 얼굴의 타자의 마주함이 존재 사건의 성취이다. 이때 우리는 얼굴 대 얼굴이 일으키는 존재의 진리를 경험한다. 실제로 레비나스는 이렇게 말한다. "존재의 진리는 시각을 **일그러뜨리는**, 그런데 바로 이렇게 함으로써 외재성으로 하여금 스스로 말하게 하는 (…) 그런 주관적 장 속에 놓인 존재이다. 상호 주관적 공간의 이 휘어짐은 거리를 상승 쪽으로 굴절시킨다. 이것은 존재를 왜곡하는 것이 아니라 오히려 존재의 진리를 가능케 할 따름이다"(267/436). 레비나스는 하이데거에게서 많이 발견되는 "존재의 진리"라는 표현을 가감 없이 사용하지만, 그 의미는 존재의 부름에 몰두했던 이 독일 철학자의 그것과 사뭇 다르다. 레비나스에게 "존재의 진리"는 어디까지나 나의 시선의 포섭 가능성을 비켜 가고, 오히려 그것을 일그러뜨림으로로써 내 시선이 아닌 나의 들음에 도래하는 말로서의 외재성 자체이다. 주체와 타자의 관계는 나보다 더 높은 데서 도래하는 자와 마주하면서 초월의 관계로 변형된다. 만일 그렇다면 이때의 진리는 소위 현존재의 진리이거나 중립자로서의 비인격적 일자의 발출이 아니다. 그것은 바로 타인으로부터 도래한, 타인이 나에게 가르쳐 준 진리로서 존재의 외재성의 진리이다. "타인으로서의 인간은 바깥으로부터 우리에게 이른다. 분리된 ─ 또는 신성한 ─ 얼굴로 말이다. 타인의 외재성, 다시 말해 나에 대한 그의 부름이 그의 진리이다"(267/437).

중요한 것은 레비나스가 이러한 존재의 진리를 다시금 다원주의 및 사회와 연결한다는 점이다. 즉 레비나스에 의하면, 존재의 외재성인 존재의 진리가 일어나는 "얼굴 대 얼굴의 대면은" 가르침을 주는 "새로운 대화자와 직면하는" 것을 말하며, 이런 식의 관계가 다름 아닌 "사회의 다원주의를 가능하게 한다"(267/437).

나의 드라마에서 사회의 다원주의로

그러면 이때 다원주의, 정확히 말해서 "사회의 다원주의"란 무엇인가? 우선 "존재의 본질인 외재성은, 다수적인 것을 전체화하는 논리에 대한 사회적 다수성의 저항을 의미한다"(268/438). 애초부터 분리된 주체의 삶은, 또한 역시나 분리된 고유한 타인과의 관계를 준비하고, 또 그 관계로 들어선다는 점에서 이미 다원적이다. 이 다원성은 서로가 서로에게 환원되거나 융합을 향하지 않는다. 국가라는 중립자나 국가주의라는 전체화하는 논리에 포섭되는 나와 타자는 국민이나 민족으로 묶이게 된다. 과거를 돌이켜 보면 바로 그런 논리가 극에 달했을 때, 전체주의와 홀로코스트가 일어났음을 우리는 잘 알고 있으며, 지금까지 다룬 『전체성과 무한』은 바로 전체주의와 홀로코스트에 대한 철학적 응답이었다.[3] 그런 폭력적 논리에 대항하여 레비나스가 의도하는 것은, 국가와 같은 항목보다 더 근원적인, 가장 근원적인 관계의 설정이고, 이것이 다름 아닌 무신론자와 무한과의 관계이다. "얼굴 대 얼굴 속에서 자아는 (⋯) 체계에 속한 자신의 자리를 따라 정의되는 사물의 자리도 가지지 않는다"(270/441). 그 대신 자아의 자리는 초월의 관계에 놓이며, 자아로부터 타자로 나아가

3　레비나스에게서 국가주의와 홀로코스트에 대한 응답이 어떻게 이루어지는지를 명료하게 요약한 글로 다음 연구를 참조하라. Didier Pollefeyt, "The Violence of Being. The Holocaust in the Philosophy of Emmanuel Levinas," *Problemos*[Supplement](2022), 85-94.

형이상학적 관계를 성취하고, 결국에는 번식성 안에서 사회의 다원주의를 이룬다. 즉 레비나스는 전체성에 대항하여 무신론자인 자아, 이 자아와 타자의 윤리적 시간, 에로스로 시작하는 가족 안에서의 번식성과 우애에서 비롯하는 사회의 다원주의로까지 나아간 것이다.

물론 이 모든 것에서 주체와 타자의 형이상학적 관계가 기반이 된다. 레비나스는 결론의 한 대목에서 이렇게 말한다.

> 형이상학 또는 타자와의 관계는 섬김(service)으로, 그리고 환대(hos-pitalité)로 성취된다. 타인의 얼굴이 우리를 제삼자와 관계 맺게 함으로써 나와 타인의 형이상학적 관계는 우리라는 형식 속에 흘러 들어가고, 보편성의 원천인 하나의 국가, 제도, 법을 열망한다. 하지만 그 자체로 방치된 정치는 자기 안에 폭정을 품고 있다. 정치는 자아와 타자를 어그러뜨린다. 왜냐하면 그것은 보편적 규범을 따라 자아와 타자를 심판하고, 그렇게 하여 그들을 궐석 재판으로 심판하기 때문이다. (276/451)

이처럼 형이상학적 관계는 다른 것이 아니라 섬김과 환대이고, 이는 곧 "모든 계약에 앞선 타인에 대한 의무"로 바꾸어 부를 수 있는,[4] 사회계약에 앞서는 사회적 관계 그 자체이다. 레비나스가 이 관계를 신학이 아닌 종교라고 했던 것은 이것이 신과 인간의 관계가 아

4　Levinas, "L'Autre, utopie et justice," in *Entre nous*, 264; 국역본: 「타자, 유토피아와 정의」, 『우리 사이』, 345.

니라 인간 대 인간으로, 비대칭적인 자아와 타자가 윤리적 매듭으로 묶이기 때문이다. 그러므로 이때 섬김은 신을 향한 의식이 아니라 인간에게 책임을 다하고, 환대의 문을 여는 것이다. 바로 이 관계가 국가, 제도, 법이라는 보편적 형식으로 개인들을 묶어 내는 모든 관계보다 더 강하고 근원적이다. 왜냐하면 레비나스가 말했듯이 보편적 법칙이나 제도로 묶이는 관계는 일종의 궐석 재판, 곧 당사자 없이 내려지는 심판, 또 달리 말하자면 얼굴 없이 벌어지는 재판과 같기 때문이다. 바로 이 점에서 레비나스가 의도하는 사회적 관계의 근간은 국가에 대한 충성이나 애국, 정치 — 설사 이것이 나름 진보적이고 정의로운 헌신이라고 하더라도 — 에 대한 헌신, 준법정신의 준수 같은 것이 아니다. 이러한 것들의 의의를 레비나스가 부정하지는 않지만, 그는 이런 것들이 사회적 관계의 중심에 올 때 개인들을 망가뜨릴 것을 염려한다. 레비나스가 계속 강조한 비대칭적인, "비-상호성에서의 인격적 개인은 표현 속에서 자신을 유일한 자로 현시한다. 정의는 말할 권리이고, 종교의 전망이 열리는 곳은 아마 여기일 것이다. 종교는 정치적 삶에서 멀어진다"(274/448).

혹자에게는 이 말이 의아하게 들릴 수도 있다. 이것은 너무 반정치적인 말이 아닌가? 하지만 레비나스는 궁극적으로 정치 자체를 아예 부정하기보다는 윤리 이후의 정치를 말하고자 하는 것으로 보인다. 즉 정치는 타자와의 만남 이후 비로소 깨어 일어날 수 있다. 새로운 도덕적 관계로서의 종교를 통해 오히려 정치가 거듭날 계기가 생긴다. 단순한 제도나 분배적 정의로 환원되지 않는 정치 말이다. 정의로운 제도에도 불구하고 소외되는 이들은 얼마든지 생겨난다. 타

  4부 절정의 배가: 가족을 통해 미래를 내다보기

자의 고통과 배고픔에 직면하지 못한 채로 만들어지는 정치와 제도
적 실천은 인간에게 아무런 활력을 주지 못한 채로 공허한 메아리처
럼 울려 퍼질지 모른다. 그러므로 레비나스에게 참된 인권의 향상은
단지 제도가 아니라 내가 타인을 직면함으로써 내 안에 타인이 들어
오는 것이다.[5] 인권의 정치나 법은 바로 이렇게 내게 타인이 들어오
는 데서 시작하는 것이지 제도 이후에만 세워지는 것이 아니다. 조
제프 코엔, 스테판 아비브, 라파엘 자구리-오를리가 잘 짚은 것처럼,
"정치적인 것 내부의 정치적인 것을 넘어서, 법에 대한 전혀 다른 사
유가 정식화된다. 법의 타자로부터 오면서도 법 안에서 작동하는 정
의는, 법의 실효성의 조건이 아니라 타자에게 주어지는 끊임없는 응
답으로부터 법을 각성시킨다. 이로써 정의는 법이 명령할 수 있는 것
을 넘어서 법을 고지한다. 그러므로 이는 '인권'(droits de l'homme)이
'타자의 권리'(droits d'autrui)로 변형되는 것이 아니라, 인간 안에 타

5   이것이 나중에 레비나스에게는 영을 불어넣음(inspiration)이라는 형태로 발전한다. 『윤리와
    무한』에서 그는 이렇게 말한다. "저는 『존재와 달리 또는 존재성을 넘어』에서 이렇게 쓴 바
    있습니다. '주체, 혹은 동일자가 타자를 위해 있는 한 동일자 안의 타자는 어떤 주제도, 어떤
    현재도 가능하지 않은 무한을 증언한다. 여기서 근접성의 차이는 근접성이 더 가까워질 정
    도로 흡수된다. 그리고 그 차이는 바로 이 흡수를 통해서 영광스럽게 자신을 드러내고(s'ac-
    cuse) 언제나 한층 더 나를 비난한다(m'accuse). 여기서 동일자는 동일함을 지니면서 타자에
    대해 점점 책임을 지는데, 영감^{영을 불어넣음}(inspiration)과 정신 현상(psychisme) 안에서 마침내
    동일자가 타자로 뒤바뀌는 비일상적이고 통시적인 뒤바뀜과 동시에 발생하는 속죄 속에서,
    볼모^{인질}로서 대리^{대속}하기까지 책임을 진다.' 저는 타자나 무한이 주체성 안에서 자신을 현
    시하는 이 방식이 바로 '영감^{영을 불어넣음}'의 현상이며, 결과적으로 정신적 요소를, 곧 정신 현
    상에서 바로 영적인 것(le pneumatique)을 정의한다고 말하고 싶습니다." Levinas, *Éthique et
    infini*, 114; 국역본: 『윤리와 무한』, 122-123. 레비나스가 인용한 『존재와 달리』의 면수는
    다음과 같다. Levinas, *Autrement qu'être ou au-delà de l'essence*, 186-187; 국역본: 『존재와 달리
    또는 존재성을 넘어』, 317.

자의 씨를 뿌리는 것이다".[6]

　비록『전체성과 무한』에서는 아직 이런 레비나스의 사유가 영글어진 형태로 드러나지 않기 때문에, 작품 자체로만 보면 반정치적이라는 평을 들을 수 있다. 하지만 포괄적인 차원에서 레비나스의 정치는 바로 이런 식으로 나중에 오는 것이며, 주체와 타자가 새로 묶이는 관계로서의 종교로서 사회적 관계가 윤리적 정치를 형성해 낼 수 있다.[7] 이런 변혁을 이끌어 내는 관계는 비대칭적인 인간들, 자아와 타자가 대화의 관계, 가르침의 명령을 듣고 이에 응답하는 관계이다. 이런 비대칭적 대화가 타자를 동일자의 부정이 아닌 절대적 타자로 존중하게 하며, 주체와 타자의 비-알레르기적 관계를 가능하게 하고, 참된 절대적 다원주의의 길을 연다. 결국, 단독자로 타자 앞에

6　Joseph Cohen, Stéphane Habib, Raphaël Zagury-Orly, "Emmanuel Levinas: la Métaphysique radicale," *Les Temps Modernes* 664(2011/3), 179.

7　『전체성과 무한』은 이런 점에서 다소간 반정치적이라는 말을 들을 소지가 있다. 물론 반정치적이라는 말이 갖는 그 무게감 때문에, 이 표현이 그에 대한 평가로 공정하게 보이지 않는 것도 사실이다. 하지만 적어도 그가 자기가 쓴 한 텍스트의 제목으로 잡은 "정치는 나중에!"(Politique après!)라는 말은 정치에 관한 그의 기본 시각을 잘 보여 준다. Emmanuel Levinas, *L'au-delà du verset: lectures et discours talmudiques*(Paris: Éditions de Minuit, 1982), 221. 이 제목에 주목하게 된 것은 이 제목에 대한 벤수산의 언급 덕분이다. Bensussan, "Levinas et la question politique," 9, n. 1. 하지만 후기로 갈수록 레비나스는 정치의 필요성을 적극적으로, 또 긍정적으로 언급한다. 한 인터뷰에서 레비나스가 제삼자로 인해 더욱 절실해지는 정치의 필요성에 대해 언급한 말을 보자. "이는 내가 사랑으로 처음 만나게 된 이에게 다가가면서도 이웃이기도 한 제삼자에게는 사랑으로 대하지 않을 위험을 감내하기 때문입니다. 이에 그들을 판단하고, 비교해야 합니다. 비교할 수 없는 이들, 모두가 유일무이한 이들을 비교하는 데 동의해야 합니다. 그들을 하나의 유에 묶어 두지는 않되 그들의 유일무이함을 유(genre) 속에 끌어들일 수 있어야 합니다! 국가가 필요하고, 일반 법률이 필요하며, 우리의 결정을 수행할 제도가 필요합니다. 정치와 정의의 모든 작업이 필요합니다." Levinas et Ponzio, "Deux dialogues avec Emmanuel Levinas," in *Sujet et altérité sur Emmanuel Levinas*, 145.

서 도덕적 명령을 수행하고, 도덕적 심판에 붙여지는 것, 그것이 사회의 다원주의를 보장하는 가장 기본적인 계기가 된다. "존재를 욕망으로 또 선함으로 정립하는 것은 의식의 포획이 이미 언어임을, 언어의 본질이 '선'임을, 또한 언어의 본질이 우정이고 환대임을 긍정하는 것이다. 타자(Autre)는 헤겔이 바랐던 것처럼 동일자(Même)의 부정이 아니다. 동일자(Même)와 타자(Autre)로 분열하는 근본적 사태는 동일자(Même)가 타자(Autre)와 맺는 비알레르기적 관계이다. 초월 또는 선함은 다원주의로 생산된다"(282/461).

이러한 사회의 다원주의가 현실화되는 것이 곧 평화라고 해도 그리 틀린 말은 아닐 것이다. 이 다원주의에서는 한 국가가 다른 국가를 파멸로 이끌고, 전쟁의 승리를 평화로 선전하는 기만 속에서 이루어지지 않는다. 패잔병에게 총부리를 겨눈 채로 전쟁 없는 상태를 평화롭다고 기만하는 것도 아니다. 군인들의 희생, 노동자의 희생, 힘없고 약한 소수자들을 치워 버린 상태를 평화로운 상태로 간주하고 착각하는 것도 아니다. 소란스러운 아이들을 쫓아내고, 아예 출입 자체를 금지한 카페는 조용한 상점일 수는 있겠으나 진정 평화로운 곳이라고 할 것인가? 특정한 존재를 배제하거나 파멸시킨 채로 유지되는 사회는 정말 평화로운가? 한 전체를 위해 소수를, 한 사람을 해하는 것을 당연시하는 그 사회는 참으로 평화로운 사회가 아닐 것이다. 레비나스가 말하는 초월과 선함이 다원주의로 생산된 그 사회란 인격들이, 곧 내가 나의 신분이나 지위와 무관하게 도덕적으로 존중받는 환대의 형이상학적 관계 속에 있는 곳이어야 한다. 그래서 레비나스는 말한다.

다원성의 통일, 그것은 평화이지 다원성을 구성하는 요소들의 정합성이 아니다. 그러니까 평화는, 한 편이 승리하고 다른 편이 패배하여 전투원이 없어진 탓에 전투를 멈추는 전투의 종말과 동일시될 수 없다. 다시 말해 평화는 묘지들이나 미래의 보편적 지배력과 동일시될 수 없다. 이 평화는 **나의** 평화여야 한다. 평화는 자아로부터 출발해 **타자**로 나아가는 관계 속에, 욕망과 선함 속에 있다. 여기서 자아는 자신을 유지하는 동시에 에고이즘 없이 실존한다. (…) 진리가 말해지는 심판 앞에서 그러한 자아는 개별적 나로 남게 될 것이다. (282-283/461-462)

레비나스는 기만적 평화라는 이름 아래, 어떤 정치적 승리의 기치 아래 한 개인의 인격을 억누르는 것은 참된 평화가 아니라고 본다. 특정한 정치적, 이념적 정합성으로는 사회의 평화가 도래하지 않는다. 평화는 반드시 "**나의** 평화여야" 하고, 그것은 나로부터 출발하여 나와 마주한 타인과의 관계에서, 둘의 다수성이 사라지지 않는 선함의 관계 속에서 성취된다.

여기까지만 보면, 레비나스가 다수성을 주체와 타자의 관계로 한정하는 것처럼 보일 것이다. 하지만 앞서 살폈듯이, 자아는 타인과의 관계에도 불구하고 유한성에 머무를지 모른다. 선함이 유한한 나의 인생과 운명으로 마감한다면, 그때 평화와 선함은 무한에 가닿지 못한 채로 다시 유한한 존재의 논리 속에 갇혀야 할 것이다. 이에 레비나스가 제기하는 것은 국가보다 더 근원적인 가족과 가족의 에로스 안에서 태어나고 자라는 아이와 아이들의 번식성이다. 이 번식성 안에서 나오는 유일무이한 다수의 아이들이 사회의 다원주의를 지속하게 하고, 내가 이들과 책임으로 관계 맺음으로써 행복한 미래가 전망될 수 있다.

자신의 자아가 이렇게 자신의 번식성의 무한한 시간 속에 자신의 주체적 도덕성을 자리매김함으로써 진리 앞에 자신을 정립하는 이 상황 — 에로티시즘의 순간과 아버지됨의 무한이 결합된 이 상황 — 은 가족의 경이로움 속에서 구체화된다. 가족은 단지 동물성을 합리적으로 정비한 결과로 생겨나는 것이 아니다. 가족은 단순히 국가의 익명적 보편성을 향하는 하나의 단계를 가리키는 것도 아니다. 가족은, 국가가 가족에게 어떤 틀을 남겨 둘지라도, 국가 바깥에서 스스로를 동일화한다. 인간적 시간의 원천인 가족은 주체성이 말을 보존함으로써 하나의 심판 아래 자신을 두게 해 준다. 이것은 국가가 플라톤에게서처럼 가족을 몰아내거나 헤겔에게서처럼 적절한 때에 사라지게 할 목적으로 가족을 처분하게 하지 못하는 불가피한 형이상학적 구조이다. 번식성의 생물학적 구조는 생물학적 사태로 국한되지 않는다. 번식성의 생물학적 사태 속에서 번식성의 선들(lineaments)은 일반적으로 인간 대 인간의 관계로, 또 자아(Moi)와 자기(soi)의 관계로 그려지는데, 번식성이 선들은 국가에 수단으로 종속되지 않으며, 더는 국가의 축소된 모형을 표상하지 않는 현실의 선들로서 그 구조는 국가의 구성적 구조를 닮아 있는 것이 아니다. (283/462-463)

자아는 에로스 안에서 사랑하는 이를 만나 아이를 낳는 번식성의 초월로 나아감으로써 유한성을 넘어 무한한 시간에 가닿는다. 그런데 이것은 단지 가족관계 안에 들어섬으로써 자동적으로 얻어지는 시간이 아니다. 레비나스가 분명하게 말하고 있듯이, "무한한 시간 속에 자신의 주체적 도덕성을 자리매김함으로써" 나는 가족의 일원, 더 구체적으로는 아이에게 책임이 있는 아버지로 삶을 이어 간다. 이렇게 가족의 번식성 안에 도덕적 주체로 자리매김한 자아만이 무한한 시간을 내다본다. 바로 이 점에서 번식성의 생물학적 구조는 제한되지 않고, 선함의 발생을 일으키는 윤리적 돌봄과 책임의 장소가 된다. 아이의 탄생과 성장은 그 자체로 새로운 미래를 향해 나아가며 용서의 시간을 열어 가는 길이다. 이 시간을 살기 위해 부모 또는 부모 세대는 자식을 돌보고, 이 돌봄 가운데 자란 아이들은 각기 고유한 존재들로서 연대와 평화를 꾀한다. 이것이 국가보다 (도덕적으로) 더 강하고, 개별화된 주체의 주체성을 보존하며, 영웅적 개인에게 의존하지 않는 사회의 사회성, 다원주의의 사회성을 구축한다. 위 인용문에서도 언급했듯이 이는 국가의 관리 감독 체제 아래 놓이거나 국가 발전에 이바지하는 소집단으로 간주되는 가족 이해를 뛰어넘는다. 에로스를 기반으로 삼은 가족이 전체성을 의도하는 국가보다 더 선하고 강하다. 그리고 이렇게 가족을 기반으로 삼을 때 우리는 체제에 종속된 주체들, 인적 자원이나 국가의 자산과 같은 모호하고 익명적인 전체성의 이념으로 환원되는 주체들의 수적 다수성만을 긍정하는 다원주의를 벗어날 수 있다. 국가로 환원되지 않는 에로스의 가족이 각기 도덕적 주체로 개별화된 "나들" ― "나들은 전체성을 형성하지 않는다"(270/441) ― 과 나와 다른 "타인"과 "타자들", 무엇보다도 나의 아이와 각기 고유한 가정에서 자란 선택된 아이들이 우애와 연대를 형성하는 사회의 다원주의를 가능하게 한다. 이렇게 해서 "타인이 모든 타자들의 연대로 각각 나타나는 이 우애 안에서 얼굴과 맺는 관계가 사회적 질서를 구성한다"(257/425). 결국 사회의 절대적 다원주의는 나의 드라마를 통해 전개된 고유한 내면성을 확보한 자아에서 시작하여 우애 안에서의 타자들의 연대로 성취되는 사회적 질서이며, 이것이『전체성과 무한』이라는 나의 드라마가 결론적으로 내놓은 새로운 의미의 다원주의이다.

해피 엔딩 이후에도 지워지지 않는 상처와 트라우마

이렇게 해피 엔딩으로 막을 내리는 이야기. 내가 무신론자로서 내면성의 비밀을 확보하고 자기 집을 터전으로 삼아 행복한 삶을 누리다, 타인과 윤리적 관계를 맺음으로 말미암아 무한과의 형이상학적 관계를 열게 되는 이야기. 결국에는 사랑하는 사람을 만나 아이를 낳고 무한한 시간에 가닿는 이 행복한 이야기 다음에는 무엇이 올까? 물론『전체성과 무한』이 행복하기만 한 인간의 삶을 그저 아름답게만 기술한 데 그치는 드라마인 것은 아니다. 이 책은 전쟁의 폐허를 딛고, 전쟁과 정치의 소용돌이에도 불구하고 지울 수 없는 인간의 인간성과 그런 인간성이 살아 있는 다원주의 사회를 내다본다는 점에서 통속적인 해피 엔딩이라고만 볼 수 없다. 레비나스의 드라마는 분명 비극과 전쟁에 대한 깊은 고찰, 전체성의 폭력에 대한 깊은 고찰 속에 얻어진 결말을 지향한다는 점에서 통속적인 해피 엔딩의 드라마와는 다르다.

아리스토텔레스가 지적했듯이 모든 사람은 (일단) 행복을 추구한다. 하지만 나의 견고한 자기성에도 불구하고 행복만을 추구할 수 없는 자가 인간이다. 왜냐하면 인간에게는 인간 사회의 실재적 비극인 상처와 트라우마가 있기 때문이다. 로고진스키가 잘 지적한 것처럼 ― 그리고 나 역시 동의하는 바이지만 ― 상처와 트라우마가 레비나스를 『전체성과 무한』 이후의 작업으로의 변환을 추동한다. "나와 타자의 줄거리(intrigue)는 더 이상 제자와 스승, 아들과 아버지의 관계에서 출발해 사유되지 않을 것이다. 그 대신 박해, 강박, 트라우마의 시련을 통해 사유될 것이다. 그리고 이 줄거리가 펼쳐지는 무대, 만남의 장소는 더 이상 동일하지도 않을 것이다. 무한한 분리와 외재성 대신, 우리는 타자가 **동일자-안에서의-타자**로 나타나는 내밀한 뒤얽힘에 직면하게 될 것이다."[8]

여기서 로고진스키가 언급한 박해, 강박, 트라우마 모두 『존재와 달리』를 수놓는 핵심 개념들이다. 한 대목만 예로 들어 보자. "의식이 솟아오르는 것은 이미, 강박의 우선적인 이 관계를 바탕에 두고서이다. 어떤 의식도 이 관계를 없앨 수 없다. (…) 강박은 의식이 아니다. 강박을 떠맡으려는 의식을 강박이 뒤엎어 버림에도 불구하고, 강박은 의식의 종류도 의식의 양상도 아니다."[9] 의식은 타인을 지향

---

8   Jacob Rogozinski, "De la caresse à la blessure: outrance de Levinas," *Temps modernes* 664(2011), 124.

9   Levinas, *Autrement qu'être ou au-delà de l'essence*, 110; 국역본: 『존재와 달리 또는 존재성을 넘어』, 190.

적 체험 관계 속에 관리해 내려고 할 수 있지만, 강박은 단정하게 의식화할 수 있는 것이 아니다. 내게 가까이 있는, 근접해 있는 이웃은 나에게 책임에 대한 강박으로서의 부담을 지우며 도래한다.『전체성과 무한』에서 보듯, 아이와 아이들의 무한한 시간에 내가 가닿는다고 할지라도 미래의 나는 비단 행복하기만 한 시간이 아니라 나에게 강박과 트라우마로 남는 시간을 겪어야 한다. 이 점에서 **동일자-안에서의-타자**는 내 안에 주제화되지 않은 타자, 개념이 아닌 흔적과 감성으로 나를 부르는 타자, 트라우마로 내게 아로새겨진 타자를 뜻한다.[10]

그러면 이때 주체성은 어떻게 작동하는가? 책임의 빚이 있는 나는 타인에 책임으로 응답해야 하고, 이 응답은 나를 타인에게 전적으로 노출하고 바침으로써, 심지어 내가 상하고 찢기는 고통을 감내하면서까지 이루어져야 하는 일종의 속죄 행위이다. 그리고 이 속죄 행위를 추동하는 것이 다름 아닌 **"동일자에게 영감을 주는 타자"**인 타자에 의해 기입된 강박과 트라우마이며, 이런 것들은 나를 그저 "타자에 의해" 상처 입은 자로 머물게 하지 않고, "타자를 위한" 자로, "타인에게 주기 위해 빵을 뜯어낼 때처럼", 그렇게 "타자를-위한-동일자"로 살도록 이끈다.[11]

10　베르구의 말대로, "레비나스에게 이것은 주체성이 항상 처음부터 주관적으로 조건지어진 전-인지적 차원을 수반한다는 것을 뜻한다. (…) 동일자-안에서의-타자는 주제에 앞서는 '투여'를 표현한다(…나는 내 안의 이 타자를 언제 **처음** 경험했는지 모른다)." Bergo, "Emmanuel Levinas," *The Stanford Encyclopedia of Philosophy*(Fall 2019 Edition); 국역본:『에마뉘엘 레비니스』, 77-78.

11　Levinas, *Autrement qu'être ou au-delà de l'essence*, 81; 국역본:『존재와 달리 또는 존재성을 넘

타인에 의한 이 감내함은 '타인에 의함'이 이미 '타인을 위함'인 경우에만 절대적 인내가 된다. 이 전이가 (…) 주체성 자체이다. '뺨을 때리는 자에게 뺨을 내미는 것 그리고 치욕을 실컷 당하는 것' (…) 은 어떤 마술과 같은 덕성을 끌어내는 것이 아니다. 오히려 그것은 박해의 트라우마 가운데에서, (…) 고통받음으로부터 타인을 위한 속죄로 옮겨 가는 것이다. 박해는 주체의 주체성과 주체의 상처받기 쉬움에 덧붙여지기 위해 오는 것이 아니다. 박해는 회귀의 운동 자체이다. 호흡처럼 **동일자 안에서의 타자**인 주체성은 '자기를 위한' 모든 긍정에 대한 문제 제기이고, 이 회귀 자체에서 다시 태어나는 모든 에고이즘에 대한 문제 제기이다(이 문제 제기는 궁지에 몰리는 것이 아니다!). 주체의 주체성은 책임 또는 문제시-되는-존재이다. 그것은 뺨을 때리는 자에게 내미는 뺨처럼 공격에 전적으로 노출되는 것이다.[12]

책임지는 윤리적 응답의 근원은 타인에게서 비롯한다. 타인에 의해 내가 나의 뺨을 내밀고, 모욕과 박해받기를 감내하면서까지 내가 책임의 주체로 서게 되는 것은 나의 결단이 아니라 타인이 나를 문제 삼는 일 자체에서 비롯한다. 이 문제화 덕분에 나는 타인의 공격과도 같은 요구에도 불구하고 그 박해를 감내함으로써 타인에게 속죄한다.

어』, 143.

12 Levinas, *Autrement qu'être ou au-delà de l'essence*, 141-142; 국역본: 『존재와 달리 또는 존재성을 넘어』, 241-242.

로고진스키가 지적하듯이, 마치 "과장법" 내지는 **"과장법의 과장법"**과도 같은 이런 어조가 유독『존재와 달리 또는 존재성을 넘어』에서 두드러진다.[13] 물론『전체성과 무한』에서 타인에 대한 "무한한 책임"(222, 223/371, 374)에 대한 언급이 있으며, 이는 분명 과장법으로까지 불릴 만한 어마어마한 윤리적 요구라 할 만하다.『존재와 달리』에서는 그러한 요구로 인해 강박이나 트라우마에 시달리는 주체성에 관해 이야기하는데, 우리는 어째서 이렇게까지 과장된 방향으로 나아가는지 묻지 않을 수 없다. 여러 이유가 있겠으나 이는 레비나스가 1961년과 1974년 사이에 해피 엔딩만을 이야기할 수 없게 만드는 폭력의 의미를 더 깊이 고찰했을 것이라는 점에서 이런 사유의 변형에 관한 실마리를 찾을 수 있다. 레비나스는 그의 1974년 저작에서 이렇게 말한 바 있다.

> 인질로서의 주체성. 이런 생각은 내가 자기에 현존하는 것이 철학의 시작이나 완성이라고 보는 견지를 뒤엎는다. 내가 기원일 — 또는 기억을 통한 기원의 회복일 — 동일자 안에서의 이러한 일치, 이 현존은 처음부터 타자에 의해 해체된다. 자기에 기반한 주체는 말 없는 고발로 인해 당혹스러워한다. (…) 주체의 정립은 이미 탈-정립이다.

---

13 Rogozinski, "De la caresse à la blessure," 123. 로고진스키가 사용한 **"과장법의 과장법"**이라는 표현은, 레비나스의 이전 작품 역시 과장법이 있있는데,『존재와 달리』에서 그 과장법을 배가했다는 의미를 담고 있다.

그것은 **자기 존재를 보존하려는 성향**이 아니라, 곧바로 박해 자체의
폭력을 속죄하는 인질의 대속이다.[14]

　　이제 레비나스에게 주체는 탈-정립, 곧 자기의 굳건한 기초를
잃어버린 채로 타인에게 속박된 자로 말해진다. 타인은 내가 집의 문
을 열고 환대할 것을 요구했다. 『전체성과 무한』에서 설정된 환대의
주체성은, 이제 타인의 힘없는 얼굴에서 비롯하는 강한 요구에 굴종
하는 인질로서의 주체성으로 이행한다. 타인은 단지 부드럽게, 힘없
이, 빈궁하고 초라하게만 나에게 요구하지 않는다. 그러한 무력한 요
구 속에서 타인의 얼굴은 나에게 트라우마와 강박을 일으키는 폭력
으로 작동한다. 내가 고통을 받더라도, 내 영역이 완전히 침탈당하더
라도 나에게는 책임이 있고, 이 책임으로 인해 타인의 짐을 대신 짊
어져야 하기에 타인에게 붙들린 인질이 된다. 『전체성과 무한』에서
제시된 무한한 책임은 내가 타인에게 인질이 되고, 박해, 강박, 트라
우마를 일으키는 얼굴의 폭력, "선의 폭력"에 시달리면서까지,[15] 내
가 고통을 감내하는 것으로 『존재와 달리』에서 더 구체적으로 제시
되었다고 할 수 있을 것이다.[16]

14　Levinas, *Autrement qu'être ou au-delà de l'essence*, 163; 국역본: 『존재와 달리 또는 존재성을 넘
어』, 278.

15　"이 명령은 너무 강압적이어서 이 애원하는 얼굴은 궁극적으로 나를 강박으로 괴롭힐 수
있다. 그러므로 나를 — 문자 그대로 — **박해하는**(per-sécute) 것은 선의 폭력이다." Rogoz-
inski, "De la caresse à la blessure," 125.

16　비록 이 책에서 다룰 수 있는 문제는 아니지만, 레비나스가 자신의 타자성의 철학을 더욱
극단으로 밀어붙여 속죄와 대속의 주체성을 제시한 것에 대해서 문제를 제기할 수도 있을

이런 점에서 『전체성과 무한』과 『존재와 달리』는 연속선상에 놓일 수 있지만, 전자에서 펼쳐진 해피 엔딩으로 치닫는 나의 드라마는, 후자에서 더는 선형적으로 구성될 수 없는 것이 된다. 오히려 타인의 얼굴은 나의 드라마를 해체하면서까지 등장하는 폭력을 동반하며, 선함은 바로 이런 식의 폭력마저 동반할 정도로 강력한 고통과 속죄의 행위를 거쳐야만 성취되는 것이다. 실제로 레비나스는 이미 1960년대에 이런 "선의 폭력"이 근원적인 것임을 언급한 바 있다. "토라가 말하는 가르침은 선택의 결과로서 인간 존재에게 올 수 없는 것이다. 사후적이지 않은 한, 선택의 자유를 가능하게 하려고 받아들여야 하는 것은 선택될 수 있는 것이 아니었을 것이다. **태초에 폭력이 있었다**".[17]

이처럼 폭력은 근원적이다. 선함을 성취한다는 것은 결코 아름답기만 한 것이 아니며, 나의 고통과 수고와 인내를 요구한다. 이런

것이다. 이와 관련해서 우리는 — 비록 전부 동의할 수는 없지만 — 베르넷의 레비나스에 대한 문제 제기를 진지하게 생각해 볼 필요가 있는데, 이러한 물음들은 비단 레비나스의 철학만이 아니라 타자의 타자성과 관련한 문제 자체를 더 깊이 생각해 보게 한다는 점에서 유의미하다. "타자의 얼굴은 언제나 나에게 트라우마의 방식으로, 타자를 위해 내 삶을 희생하라고 명령해야 하는 것인가? 타자에게 그만큼 요구할 권리가 있는가? 신 — 타자의 얼굴에 흔적을 남기는 분 — 은 그(lui)를 위해 또 그분(Lui)을 위해 죄 많은 나의 존재를 포기하라고 명령하는 것일까? 더 나아가 내가 타자에게 주어야 하는 선물이 왜 내 삶의 희생이어야 하는가? 내가 타자를 대신하는 것 대신에 나 자신의 (상징적) 대체물을 사용하면 안 되는가? 왜 나의 경향성은 비윤리적이고 삶의 쾌락이 죄가 되어야 하는가? 난민을 돕기 위해 나 자신이 집 없는 사람이 되고 반드시 망명자가 되어야 하는가? 그렇다면 나에게 요구할 수 있는 데에는 아무 제한이 없다는 말인가? Rudolf Bernet, "Deux interprétations de la vulnérabilité de la peau(Husserl et Levinas)," *Revue Philosophique de Louvain* 95:3(1997), 455.

17 Emmanuel Levinas, *Quatre lectures talmudiques*(Paris: Éditions de Minuit, 1968; 2018), 82. 강조는 필자.

고통과 인내를 끌어내게끔 타인은 나에게 강박과 트라우마를 일으키는 부담을 지우며, 이것이 나의 직선적 드라마를 해체할 정도로 강력하게 작동한다. 그리고 이 폭력은 내가 받아들일 것을 선택할 것인가 말 것인가를 결정하는 자유와 비-자유 사이의 서성임에 앞선다. 통속적인 심리학적 차원에서 생각해 보더라도 이는 쉽게 이해될 수 있다. 트라우마를 내가 선택할 수 있다면, 그것이 과연 트라우마이겠는가? 트라우마에서 비롯하는 각종 증상은 그 상처를 내가 좌우할 수 없다는 사실을 입증한다.[18] 바로 이 점이 『전체성과 무한』의 해피엔딩으로는 도무지 설명되지 않는 부분이며, 레비나스가 생애 후반부에 전력을 다해 사유를 펼친 주제 중 하나가 바로 이런 선함의 폭력과 주체의 탈중심화에 대한 과장이다. 그런데 왜 레비나스는 다소간 종교적으로까지 보이는 속죄나 대속 같은 어휘를 쓰면서까지 책임의 주체를 인질이라는 극한의 형태로 내몰았을까?[19] 정치한 답변을 위해서는 또 한 편의 글이 필요할 것이기에 여기서는 그 동기만

18　루드 벨튼은 이렇게 말한다. "레비나스에게 폭력은 자유와 비자유에 앞서는 동의를 상기시키는 형태의 계시적인 것으로 이해되어야 한다. 다시 말해 자유는 우리 자신의 선택을 설명할 수 있는 궁극적인 가능성으로 이해되지 않는다." Ruud Welten, "In the Beginning was Violence: Emmanuel Levinas on Religion and Violence," *Continental Philosophy Review* 53(2020), 362.

19　레비나스가 말한 속죄의 의미에 대해서 니콜라스 드 워렌은 다음과 같이 말한 바 있다. "속죄는 트라우마의 '전이' 또는 '통과', 다시 말해 '극복 과정'이라고 할 수 있습니다. 이는 원초적인 만남이 실패하는 장면으로 되돌아가면서, 주체가 앞으로 나아가고, 기다리지 않고 걸어가며 메시아적 미래를 향해 가게 한다. 대속에서 주체화의 예속을 완성하는 중재의 형태로서의 속죄는 변증법적이지도 않고 아포리아적이지도 않다." 다음 글을 참조하라. Nicolas de Warren, "Expiation without Blood: An Essay on Substitution and the Trauma of Goodness in Levinas," *Levinas Studies* 14(January 2020), 45.

추정적 차원에서 언급하고자 한다. 『존재와 달리』는 다음과 같은 먼저 간 이들을 향한 헌사로 시작한다. "국가사회주의자들에 의해 살해된 600만 명 중 가장 가까웠던 이들을 추모하며, 그리고 타인에 대한 증오, 반유대주의와 같은 방식으로 희생된 모든 종파와 모든 열방의 수백, 수천만 사람들을 추모하며."

여기서 우리는 이미 희생된 이들로서의 타인에 대한 기억, 내가 나의 의식으로 지배할 수 없는 타인에 대한 트라우마가 있음을 본다. 레비나스의 동기는 바로 이것이다. "그의 죽을 수밖에 없음이 내 책임이고 내가 살아남은 것이 내 죄인 듯한",[20] 바로 그 트라우마의 감각이 『전체성과 무한』 이후의 레비나스를 놓아주지 않았던 것이다. 『전체성과 무한』도 그런 특성을 함축하지 않는 것은 아니지만, 『존재와 달리』에서 이런 경향이 더욱 짙어지며, 이런 점에서 그에게는 철학적 작업 자체가 일종의 속죄 행위였을지 모른다. 망각할 수 없는 전체주의와 홀로코스트에 대한 기억과 살아남은 자의 슬픔. 이런 기억과 슬픔이 그의 생애 전반을 잠식했으며, 점점 더 강력하게 그의 작업 동기로 작용했다고 해도 과언은 아닐 것이다. 비교적 최근에 출간된 레비나스의 기록은 살아남은 자의 슬픔을 오롯이 나타내고 있

---

20 Levinas, *Autrement qu'être ou au-delà de l'essence*, 115; 국역본: 『존재와 달리 또는 존재성을 넘어』, 198. 또한 레비나스의 철학을 살아남은 자의 윤리로 해석한 다음 글을 참조하라. 세바는 레비나스의 철학은 살아남은 자의 윤리로 해석하면서 다음과 같이 말한다. "결국, 레비나스의 궁극적 가르침은 (…) 다음과 같이 결정화되었다. 살아남은 자의 **죄책감**에 대한 **생생한** 경험이 (…) 윤리적 경험, '육욕 없는 사랑'의 시험을 완성한다." François-David Sebbah, *L'éthique du survivant: Levinas, une philosophie de la débâcle* (Nanterre: Presses Universitaires de Paris Nanterre, 2018), 54.

다. "나는 루앙 대성당이나 심지어 예루살렘 신전이 손상되거나 파
괴된 세계에서도 살아갈 수 있다고 생각하며, 나무도 다리도 집도 없
는 유배지나 사막에서도 인간적으로 살아갈 수 있다고 생각한다. 그
러나 죽음의 수용소 이후에, 혹은 한국전쟁 중 영화관에서 본 영상에
서 몽골족 특징을 가진 한 아이가 폐허 속을 헤매며 우는 여동생의
손을 잡고 이끌고 가는 모습을 본 이후로는 산다는 것 자체가 어려운
일이라고 생각한다."[21]

21   Levinas, "Notes de la présentation de la thèse lors de la soutenance et des réponses aux ques-
      tions du jury," in *Œuvres complètes: Tome 4*, 660-661.

참고문헌

국내문헌

강영안. 「레비나스 철학에서 주체성과 타자: 후설의 자아론적 철학에 대한 레비나스의 대응」. 『철학과 현상학 연구』 제4집(1990년 11월), 243-263.

______. 『자연과 자유 사이』. 서울: 문예출판사, 2001.

______. 「전체성과 역사를 너머 지금 여기에: 전쟁과 평화에 대한 레비나스의 정치철학」. 『철학은 어디에 있는가: 삶과 텍스트 사이에서 생각하기』, 149-178. 파주: 한길사, 2012.

______. 『주체는 죽었는가: 현대 철학의 포스트 모던 경향』. 서울: 문예출판사, 2001.

______. 「칸트와 레비나스: '포스트모던 칸트'로서의 레비나스」. 『포스트모던 칸트』. 한국칸트학회 엮음, 81-109. 서울: 문학과지성사, 2006.

______. 『칸트의 형이상학과 표상적 사유』. 서울: 서강대학교 출판부, 2009.

______. 「타인을 위한 삶은 진정 가능한가: 레비나스와 로티의 타자성 철학」. 『철학은 어디에 있는가: 삶과 텍스트 사이에서 생각하기』, 123-148. 파주: 한길사, 2012.

______. 『타인의 얼굴: 레비나스의 철학』. 서울: 문학과지성사, 2005.

김도형. 『레비나스와 정치적인 것: 타자 윤리의 정치철학적 함의』. 서울: 그린비, 2018.

______. 「레비나스와 페미니즘의 비판적 만남: 레비나스와 뤼스 이리가레의 대화 가능성과 그 한계」. 『철학논총』 제102집(2020/10), 75-96.

김동규. 「둘만의 에고이즘: 『전체성과 무한』에서 에로스의 역설적 의미」. 『횡단인문학』 제17호(2024년 6월), 203-238.

______. 「레비나스에게 가족의 의미: 『전체성과 무한』 4부 C "번식성" 및 D "에로스 속의 주체성"에 대한 한 가지 해석」. 『가족과 커뮤니티』 제10호 (2024년 8월), 269-291

______. 「마리옹의 미술론」. 『미술은 철학의 눈이다』. 서동욱 엮음, 207-246. 서울: 문학과지성사, 2014.

______. 『선물과 신비: 장-뤽 마리옹의 신-담론』. 서울: 서강대학교출판부, 2015.

______. 『장뤽 마리옹』. 서울: 커뮤니케이션북스, 2025.

______. 「『전체성과 무한』에서 '나(들)'의 다원주의」. 『人文學研究』 제36집 (2021년 12월), 201-224.

______. 「최근 프랑스 현상학에서 철학과 신학의 관계 설정에 관한 연구: 레비나스와 마리옹 사이」. 『신학과 철학』 41호(2022년 8월), 169-202.

______. 「행운과 책임, 고양이가 주는 계시의 두 가지 의미: 레비나스와 함께 고양이를 환대하기」. 『매거진 탁 magazine tac!: 어린이와 고양이』 제3호 (2022년 7월),128-135.

김만권. 『자유주의에 관한 짧은 에세이들: 현대자유주의 정치철학 입문』. 파주: 동명사, 2001.

김만수. 『전쟁론 강의』. 서울: 갈무리, 2016.

김상록. 「예술의 윤회, 철학의 해탈: 레비나스의 「현실과 그 그림자」 독해」. 『철학사상』 제69호(2018년 8월), 263-293.

김상봉. 『아리스토텔레스의 신학 1: 아리스토텔레스 『형이상학』 제12권에 대한 번역과 주석』. 서울: 도서출판 길, 2025.

김선하. 「레비나스 철학에서 자연, 집, 노동의 의미」. 『현대유럽철학연구』 제 68집(2023년 1월), 61-89.

김애령. 『주체와 타자 사이: 여성, 타자의 은유』. 서울: 그린비, 2012.

김영걸. 「레비나스 대면 윤리의 동물 적용 가능성 고찰」. 『철학과 현상학 연구』 제90집(2021년 9월), 35-56.

______ . 「레비나스: 무한의 관념과 가르침의 의미」. 『철학논고』 제5집 (2022년 12월), 61-86.

______ . 『우리는 박해자를 위해서도 책임질 수 있는가?: 레비나스가 답하다』. 서울: 어문학사, 2022.

김정현. 「타자의 철학자와 자문화 중심주의」. 『레비나스 철학의 맥락들』. 김정현 엮음, 186-229. 서울: 그린비, 2017.

김주완. 『줬으면 그만이지: 아름다운 부자 김장하 취재기』. 창원: 피플파워, 2023.

김진영. 『희망은 과거에서 온다: 김진영의 벤야민 강의실』. 서울: 포스트카드, 2019.

김진혁. 『환대의 신학』. 서울: 한국기독학생회출판부, 2025.

김헌중. 「경제, 타인, 그리고 제삼자: 레비나스의 생에 대한 사유를 중심으로」. 『현상학과 현대철학』 제95집(2022년 12월), 93-120.

김혜령. 「레비나스의 윤리학 속에 나타나는 망각과 과장의 모성」. 『해석학연구』 제30집(2012년 9월), 229-265.

김홍중. 『마음의 사회학』. 파주: 문학동네, 2009.

김훈, 『허송세월』. 파주: 나남, 2024.

나희덕, 「시인의 말」. 『시와 물질』. 파주: 문학동네, 2025.

문성원. 『타자와 욕망: 에마뉘엘 레비나스의 『전체성과 무한』 읽기와 쓰기』. 서울: 현암사, 2017.

______ . 『해체와 윤리: 변화와 책임의 사회철학』. 서울: 그린비, 2012.

문지원. 『이상한 변호사 우영우 1』. 서울: 김영사, 2022.

박신화. 「메를로-퐁티의 언어 이론과 철학 개념」. 『철학사상』 제51권 (2014년 2월), 227-259.

박인철. 「현상학과 탈주체성: 현상학의 포스트모더니즘적 성격」. 『인문학연구』 제10호(2006년 12월), 53-80.

박일태. 「현존재의 '존재해야 함'에 대하여: 『존재와 시간』에서 '일상적인 본래성'의 가능성」. 『철학논집』 제48집(2017년 2월), 233-260.

박해영.『나의 해방일지 1』. 파주: 다산북스, 2023.

______.『나의 해방일지 4』. 파주: 다산북스, 2023.

백훈승.「헤겔과 절대자」.『범한철학』제32집 제1호(2004년 3월), 269-289.

서동욱.「레비나스의 미술론」.『미술은 철학의 눈이다』. 서동욱 엮음, 79-
    109. 서울: 문학과지성사, 2014.

______.『차이와 타자』. 서울: 문학과지성사, 2000.

______.『타자철학: 현대 사상과 함께 타자를 생각하기』. 서울: 반비, 2022.

설민.「레비나스와 얼굴의 현상학」.『철학』제151집(2022년 5월), 85-112.

손봉호.「레비나스의 철학」.『현대정신과 기독교적 지성』. 서울: 성광문화사,
    1978, 152-167.

손영창.「레비나스 사유에서 존재론적 지평의 의미와 한계」.『대동철학』제
    73집(2015년 12월), 197-221.

심상우.「존재와 해석: 레비나스에게서 존재론의 의미」.『해석학연구』제
    29집(2012년 3월), 53-80.

안외순.「동양 정치사상에서의 정의(justice) 개념의 재고찰: 논어(論語)를 중
    심으로」.『동방학』제44집(2021년 2월), 137-164.

윤대선.「레비나스의『전체성과 무한』에 나타난 무한의 읽기와 초월성: 분리
    의 경제와 생산성을 중심으로」.『동서철학연구』제108호(2023년 6월),
    217-248.

이남인.「현상학적 환원과 현상학의 미래: "현상학적 환원의 현상학"을 위한
    하나의 기여」.『현상학과 현대철학』제54집(2012년 9월), 89-121.

이무영.「데카르트의『성찰』에서 자아와 신 문제」.『칸트연구』제34집
    (2014년 12월), 39-76.

이상섭.「중세 스콜라철학의 지향성, 지향의 대상 및 지향적 존재에 대한 연
    구」.『철학과 현상학 연구』제26집(2005년 8월), 159-206.

이유택.「하이데거의 전통윤리학 비판과 근원윤리학의 이념」.『현대유럽철
    학연구』제13호(2006년 1월), 129-155.

이진주.「존재 망각의 세 층위」.『철학논집』제76집(2024년 2월), 9-49.

______.「하이데거의 존재론적 '악(惡)' 이해」.『가톨릭철학』제41호(2023년
    10월), 81-129.

이충진, 『법과 정치: 칸트 실천철학 연구』. 서울: 한성대학교출판부, 2024.

______ . 「칸트의 사회 계약이론: 칸트 『법철학』 해설 2」. 『철학』 제59집 (1999년 5월), 95-117.

장성민. 『마음의 질서: 파스칼 철학의 개혁주의적 해석』. 서울: 총신대학교출판부, 2008.

정서경 · 박찬욱. 『헤어질 결심 각본』. 서울: 을유문화사, 2022.

정재현. 「동양에서의 사회 정의」. 『철학과 현실』 제88호(2011년 봄호), 60-69.

최동민. 「헤겔의 전쟁론과 영구평화의 문제」. 『동서사상』 제9집(2010년 8월), 231-256.

최우석. 「칸트와 후설의 '초월성' 비교: 후설의 초월론적 현상학의 개방성의 가능성」, 『철학논총』 제88집(2017년 4월), 295-319.

최일만. 「존재 너머의 일자로서의 주체: 신체적 주체성에 관한 레비나스의 사유」. 『현상학과 현대철학』 제104집(2025년 3월), 1-31.

한강. 『소년이 온다』. 파주: 창비, 2014.

외국문헌

Achtenberg, Deborah. *Essential Vulnerabilities: Plato and Levinas on Relations to the Other*. Evanston, IL: Northwestern University Press, 2017.

Ahmed, Sara. *Queer Phenomenology: Orientations, Objects, Others*. Durham, NC: Duke University Press, 2006.

Alloa, Emmanuel. *La résistance du sensible: Merleau-Ponty critique de la transparence*. Paris: Éditions Kimé, 2008.

Alston, William P. *Philosophy of Language*. Englewood Cliffs, NJ: Prentice Hall, 1964. 국역본: 『언어 철학』. 곽강제 옮김. 파주: 서광사, 2010.

Amore, Petrus de Sancto. *Sententia supra librum Praedicamentorum, ms.* 13rb-34rb. Paris: Bibliothèque Nationale de France, n.a. lat. 1374.

Anckaert, Luc. *A Critique of Infinity: Rosenzweig and Levinas*. Leuven: Peeters, 2006.

______ . "Goodness without Witnesses: Vasily Grossman and Emmanuel Levinas." In *Levinas and Literature: New Directions.* Edited by Michael Fagenblat and Arthur Cools, 223-237. Berlin/Boston: Walter de Gruyter GmbH, 2021.

Anderson, Travis T. "The Anarchy of the Spectacle: Emmanuel Levinas on Separated Subjectivity and the Myth of Gyges." *Graduate Faculty Philosophy Journal* 20/21 (1998), 321-334.

Andrews, Robert. "Interconnected Literal Commentaries on the Categories in the Middle Ages." In *Medieval Commentaries on Aristotle's Categories.* Edited by Lloyd A. Newton, 99-118. Leiden, NL: Brill, NV, 2008.

Arbib, Dan. "De la phénoménologie du son à la phénoménologie du visage." *Cahiers de philosophie de l'université de Caen* 49 (juillet 2012), 101-124.

Arendt, Hannah. *The Origins of Totalitarianism.* Cleveland, OH: Meridian Books, 1958; 1962.

Aristoteles. *De anima.* 국역본: 『영혼에 관하여』. 오지은 옮김. 서울: 아카넷, 2018; 「영혼론」. 조대호 옮김. 『아리스토텔레스 선집』. 조대호·유재민·김재홍·임성진·김헌 옮김, 243-300. 서울: 도서출판 길, 2023.

______. *Metaphysica.* 영역본: Metaphysica. In *The Works of Aristotle.* Vol. VIII. Translated into English under the Editorship of W. D. Ross and J. A. Smith. Second edition. Oxford, UK: Clarendon Press, 1928. 국역본: 『형이상학』. 조대호 옮김. 서울: 도서출판 길, 2017; 2021.

______. *Politics.* Translated by Ernest Barker. Revised and with an Introduction and Notes by R. F. Stalley. New York, NY and Oxford, UK: Oxford University Press, 1995. 국역본: 『정치학』. 천병희 옮김. 서울: 숲, 2009.

Bailhache, Gérard. *Le sujet chez Emmanuel Levinas: Fragilité et subjectivité.* Paris: Presses Universitaires de France, 1994.

Ball, Terence, Dagger, Richard and O'Neill, Daniel I. *Political Ideologies and the Democratic Ideal.* 11th edition. New York, NY: Routledge, 2019. 국역본: 『현대 정치사상의 파노라마: 민주주의의 이상과 정치 이념』. 정승현·강정인·김수자·문지영·오향미·홍태영 옮김. 서울: 아카넷, 2019.

Barbaras, Renaud. *Le désir et la distance: Introduction à une phénoménologie de la perception.* Paris: J. Vrin, 1999.

Barth, Karl. *Der Römerbrief 1922*. Zweite Fassung. Zürich: Theologischer Verlag Zürich, 2005. 국역본:『로마서』. 손성현 옮김 · 신준호 감수. 서울: 복있는 사람, 2017.

Benjamin, Walter. "Über den Begriff der Geschichte"(1942). In *Gesammelte Schriften*. Bd. I-2. Herausgegeben von Rolf Tiedemann und Hermann Schweppenhäuser, 691-706. Frankfurt am Main: Suhrkamp, 1974. 국역본:「역사의 개념에 대하여」.『역사의 개념에 대하여/폭력비판을 위하여/초현실주의 외』. 최성만 옮김, 327-350. 서울: 길, 2008.

Benoist, Jocelyn. "Apologie de la métaphysique." In *Relire Totalité et infini d'Emmanuel Levinas*. Sous la direction de Danielle Cohen-Levinas et Alexander Schnell, 45-59. Paris: J. Vrin, 2015.

Ben-Pazi, Hanoch. "Messianism's Contribution to Political Philosophy: Peace and War in Levinas's Totality and Infinity." *International Journal for Philosophy of Religion* 81:3(2017), 291-313.

Bensussan, Gérard. "Fécondité d'Eros: Équivoque et dualité." In *Lire Totalité et Infini d'Emmanuel Levinas*. Textes réunis et présentés par Danielle Cohen-Levinas, 91-106. Paris: Hermann Éditeurs, 2011.

______. "Levinas et la question politique." *Noesis* [En ligne] 3(2000), 1-11.

Bergo, Bettina. "'And God Created Woman': Questions of Justice and Ontology." *Levinas Studies* 12(2018), 83-118.

______. "Emmanuel Levinas." *The Stanford Encyclopedia of Philosophy* (Fall 2019 Edition). Edited by Edward N. Zalta, URL=⟨https://plato.stanford.edu/archives/fall2019/entries/levinas/⟩. 국역본:『에마뉘엘 레비나스』. 김동규 옮김. 서울: 도서출판 에라스무스, 2023.

______. "Ontology, Transcendence, and Immanence in Emmanuel Levinas' philosophy: Immanence and Transcendence." *Research in Phenomenology* 35(2005), 141-177.

______. "What is Levinas doing? Phenomenology and Rhetoric of an Ethical Un-conscious." In *Perspectives on the Philosophy of Communication*. Edited by Pat Arneson, 144-174. West Lafayette, IN: Purdue University Press, 2007.

Bernasconi, Robert. "Levinas and Derrida: The Question of the Closure of Metaphysics." In *Face to Face with Levinas*. Edited by Richard Cohen, 181–202. Albany, NY: State University of New York Press, 1986.

______. "Rereading Totality and Infinity." In *The Question of the Other: Essays on Contemporary Continental Philosophy*. Edited by Arleen B. Dallery and Charles E. Scott, 23–34. Albany, NY: State University of New York Press, 1989.

______. "The Alterity of the Stranger and the Experience of the Alien." In *The Face of the Other and the Trace of God: Essays on the Philosophy of Emmanuel Levinas*. Edited by Jeffrey Bloechl, 62–89. New York, NY: Fordham University Press, 2000.

______. "Who is my Neighbor Who is the Other?: Questioning 'the generosity of Western Thought.'" In *Emmanuel Levinas: Critical Assessments of Leading Philosophers*. Edited by Claire E. Katz and Lara Trout, 5–30. London and New York, NY: Routledge, 2005.

Bernet, Rudolf. *Conscience et existence: Perspectives phénoménologiques*. Paris: Presses Universitaires de France, 2004.

______. "Deux interprétations de la vulnérabilité de la peau (Husserl et Levinas)." *Revue Philosophique de Louvain* 95:3 (1997), 437–456.

______. "Gadamer on the Subject's Participation in the Game of Truth." *The Review of Metaphysics* 58 (June 2005), 785–814.

______. *La vie du sujet: Recherches sur l'interprétation de Husserl dans la phénoménologie*. Paris: Presses Universitaires de France, 1994.

______. "Le sujet traumatisé." *Revue de métaphysique et de morale* 2 (2000), 141–161.

Bernstein, Richard J. *Radical Evil: A Philosophical Interrogation*. Cambridge, UK: Polity Press, 2002.

Bertram, Georg W. "The Fundamental Idea of Emmanuel Levinas's Philosophy." In *Totality and Infinity at 50*. Edited by Scott Davidson and Diane Perpich, 105–125. Pittsburgh, PA: Duquesne University Press, 2012.

Bloechl, Jeffrey. *Levinas on the Primacy of the Ethical: Philosophy as Prophecy*. Evanston, IL: Northwestern University Press, 2022.

Boer, Theodore de. "An Ethical Transcendental Philosophy." In *Face to Face with Levinas*. Edited by Richard Cohen, 83–115. Albany, NY: State University of New York Press, 1986.

______. *De God van de filosofen en de God van Pascal: Op het grensgebied van filosofie en theologie*. 's-Gravenhage: Meinema, 1989.

______. *The Rationality of Transcendence: Studies in the Philosophy of Emmanuel Levinas*. Amsterdam: J. C. Gieben, 1997.

Breeur, Roland. "Merleau-Ponty, un sujet désingularisé." *Revue Philosophique de Louvain* 96:2 (1998), 232–253.

Buck-Morss, Susan. *Hegel, Haiti, and Universal History*. Pittsburgh, PA: University of Pittsburgh Press, 2009. 국역본:『헤겔, 아이티, 보편사』. 김성호 옮김. 파주: 문학동네, 2012.

Burggraeve, Roger. "Affected by the Face of the Other: Levinasian Movement from the Exteriority to the Interiority of the Infinite." In *Emmanuel Levinas: Prophetic Inspiration and Philosophy* (atti del convegno internazionale per il centenario della nascita, Roma 24–27 maggio 2006). Edited by Irene Kajon, Emilio Baccarini, Francesca Brezzi, Joëlle Hansel, 273–307. Firenze: Giuntina, 2008.

______. "De Immanentie van Gods Transcendentie. De Uitdaging van Levinas' Ethisch Denken naar-God-toe." *Tijdschrift voor Theologie* 47:3 (2009), 260–280.

______. "The Bible Gives to Thought: Levinas on the Possibility and Proper Nature of Biblical Thinking." In *The Face of the Other and the Trace of God: Essays on the Philosophy of Emmanuel Levinas*. Edited by Jeffrey Bloechl, 155–183. New York, NY: Fordham University Press, 2000.

______. *The Wisdom of Love in the Service of Love: Emmanuel Levinas on Justice, Peace, and Human Rights*. Translated by Jeffrey Bloechl. Milwaukee, WI: Marquette University Press, 2002.

Calin, Rodolphe. "Le corps de la responsabilité: sensibilité, corporéité et subjectivité chez Levinas." *Les études philosophiques* 78 (2006/3), 297–318.

______. *Levinas et l'exception du soi*. Paris: Presses Universitaires de France, 2005.

Calin, Rodolphe et Sebbah, François-David. *Le vocabulaire de Levinas*. Paris: Ellipses, 2011.

Camus, Albert. *L'Étranger*. Paris: Éditions Gallimard, 1942. 국역본:『이방인』. 김화영 옮김. 서울: 책세상, 2023.

Caputo, John D. *Weakness of God: A Theology of the Event*. Bloomington, IN: Indiana University Press, 2006.

Carriero, John. *Between Two Worlds: A Reading of Descartes's Meditations*. Princeton, NJ: Princeton University Press, 2009.

Caygill, Howard. *Levinas and the Political*. London, UK and New York, NY: Routledge, 2002.

______. "Levinas's prison notebooks." *Radical Philosophy* 160(2010), 27-35.

______. *On Resistance: A Philosophy of Defiance*. London, UK and New York, NY: Bloomsbury Academic, 2013.

Chalier, Catherine. *Lévinas: l'utopie de l'humain*. Paris: Albin Michel, 1993.

______. *Pour une morale au-delà du savoir: Kant et Levinas*. Paris: Albin Michel, 1998.

Chappell, Sophie Grace. *Epiphanies: An Ethics of Experience*. Oxford, UK: Oxford University Press, 2022.

Chrétien, Jean-Louis. *L'inoubliable et l'inespéré*. Paris: Desclée de Brouwer, 1991; Nouvelle édition augmentée, 2000.

Ciocan, Cristian. "Le problème de la corporéité chez le jeune Levinas." *Les études philosophiques* 105(2013/2), 201-219.

Clausewitz, Carl von. *Vom Kriege*(1832). Berlin: Ferdinand Dümmlers, 1905. 국역본:『전쟁론』. 김만수 옮김. 서울: 갈무리, 2016.

Cléro, Jean-Pierre. "Certitude." In *Vocabulaire européen des philosophies*. Sous la drirection de Barbara Cassin, 215-216. Paris: Éditions du Seuil/Dictionnaires Le Robert, 2004.

Coe, Cynthia D. "Levinas, Feminism, and Temporality." In *The Oxford Handbook of Levinas*. Edited by Michael L. Morgan, 731-748. New York, NY: Oxford University Press, 2019.

______. *Levinas and the Trauma of Responsibility: The Ethical Significance of Time.* Bloomington, IN: Indiana University Press, 2018.

Cohen, Joseph, Habib, Stéphane, et Zagury-Orly, Raphaël. "Emmanuel Levinas: la Métaphysique radicale." *Les Temps Modernes* 664(2011/3), 170−193.

Cohen, Richard. *Elevations: The Height of the Good in Rosenzweig and Levinas.* Chicago, IL: University of Chicago Press, 1994.

______. "Levinas on Art and Aestheticism: Getting 'Reality and Its Shadow' Right." *Levinas Studies* 11(2016), 149−194.

______. *Out of Control: Confrontations between Spinoza and Levinas.* Albany, NY: State University of New York Press, 2016.

Cohen-Levinas, Danielle. "La caresse et la guerre: Critique de la Totalité chez Rosenzweig et Levinas." In *Lire Totalité et Infini d'Emmanuel Levinas: Études et interprétations.* Sous la direction de Danielle Cohen-Levinas, 73−89. Paris: Hermann, 2011.

Courtine, Jean-François. *Levinas: la trame logique de l'être.* Paris: Hermann, 2012.

Critchley, Simon. "Five Problems in Levinas's View of Politics and the Sketch of a Solution to Them." In *Radicalizing Levinas.* Edited by Peter Atterton and Peter Calarco, 41−53. Albany, NY: State University of New York Press, 2010.

______. *The Faith of the Faithless: Experiments in Political Theology.* London, UK and New York, NY: Verso, 2012. 국역본: 『믿음 없는 믿음의 정치: 정치와 종교에 실망한 이들을 위한 삶의 철학』. 문순표 옮김. 서울: 도서출판 이후, 2015.

______. *The Problem with Levinas.* Edited by Alexis Dianda. Oxford, UK: Oxford University Press, 2015.

Critchley, Simon and Schürmann, Reiner. *On Heidegger's Being and Time.* Edited by Steven Levine. London, UK and New York, NY: Routledge, 2008.

Crowell, Steven Galt. "Kantianism and Phenomenology." In *Phenomenological Approaches to Moral Philosophy: A Handbook.* Edited by John J. Drummond and Lester Embree, 47−67. Dordrecht: Springer, 2002.

Dastur, Françoise. "Levinas and Heidegger: Ethics or Ontology?" In *Between Levinas and Heidegger*. Edited by John E. Drabinski and Eric S. Nelson, 175-206. Albany, NY: State University of New York Press, 2014.

Deleuze, Gilles. *Proust et les signes*. Paris: Presses Universitaires de France, 1964. 국역본:『프루스트와 기호들』. 서동욱·이충민 옮김. 서울: 민음사, 2004.

DeRoo, Neal. "Re-Constituting Phenomenology: Continuity in Levinas's Account of Time and Ethics." *Dialogue* 49:2(June 2010), 223-243.

Derrida, Jacques. *Adieu à Emmanuel Lévinas*. Paris: Galilée, 1997. 국역본:『아듀 레비나스』. 문성원 옮김. 서울: 문학과지성사, 2016.

______. "Derrida avec Lévinas: entre lui et moi dans l'affection et la confiance partagée(Entretien réalisé par Alain David)." *Magazine Littéraire* 419(avril 2003), 30-34.

______. "La différance"(1968). In *Marges de la Philosophie*, 19-29. Paris: Éditions de Minuit, 1972.

______. "Violence et métaphysique: Essai sur la pensée d'Emmanuel Levinas" (1963). In *L'écriture et la différence*, 117-228. Paris: Éditions du Seuil, 1967. 국역본:「폭력과 형이상학」.『글쓰기와 차이』. 남수인 옮김, 129-246. 서울: 동문선, 2001.

Descartes, René. "Lettre-préface à l'édition française des Principes"(1647). In *Œuvres philosophique*. Tome III. Édité par Ferdinand Alquié, 103-146. Paris: Garnier, 1993. 국역본:「『철학의 원리』 프랑스어판 서문 편지」.『방법서설/정신지도규칙』. 이현복 옮김, 311-331. 서울: 문예출판사, 2022.

______. *Meditationes de prima philosophia*(1641). In *Œuvres de Descartes*. Tome VII. Édité par Charles Adam & Paul Tannery. Paris: J. Vrin, 1964. 국역본:『제일철학에 관한 성찰/자연의 빛에 의한 진리 탐구/프로그램에 대한 주석』. 이현복 옮김. 서울: 문예출판사, 2021.

______. *Principia Philosophiæ*(1644). In *Œuvres de Descartes*, Tome VIII-1. Édité par Charles Adam & Paul Tannery. Paris: J. Vrin, 1973. 국역본:『철학의 원리』. 원석영 옮김. 서울: 아카넷, 2002.

Desmond, William. *Hegel's God: A Counterfeit Double?* Aldershot, UK: Ashgate, 2003.

Detering, Heinrich. "'Das Ich wird zum Wortspiel': Nietzsche, Ibsen, Strindberg und das Drama der Abstraktion." In *Widersprüche: Zur frühen Nietzsche-Rezeption*. Herausgegeben von Andreas Schirmer und Rüdiger Schmidt, 79–101. Weimar: Hermann Böhlaus Nachfolger, 2000.

Dews, Peter. *The Idea of Evil*. Malden, MA and Oxford, UK: Blackwell, 2008.

Drabinski, John E. "Elsewhere of Home." In *Between Levinas and Heidegger*. Edited by John E. Drabinski and Eric S. Nelson, 245–260. Albany, NY: State University of New York Press, 2014.

______. *Sensibility and Singularity: The Problem of Phenomenology in Levinas*. Albany, NY: State University of New York Press, 2001.

Dudiak, Jeffrey. *The Intrigue of Ethics: A Reading of the Idea of Discourse in the Thought of Emmanuel Levinas*. New York, NY: Fordham University Press, 2001.

Fagenblat, Michael. "The Genesis of Totality and Infinity: The Secret Drama." In *Levinas and Literature: New Directions*. Edited by Michael Fagenblat & Arthur Cools, 93–116. Berlin/Boston: Walter de Gruyter GmbH, 2021.

Feron, Étienne. *De l'idée de transcendance à la question du langage: L'itinéraire philosophique de Levinas*. Grenoble: Jérôme Millon, 1999.

Ferrarello, Susi. *Husserl's Ethics and Practical Intentionality*. London, UK: Bloomsbury, 2016.

Floyd, Gregory. *Heidegger's Polemos: From Being to Politics*. New Haven, CT: Yale University Press, 2000.

Ford, David F. *Self and Salvation: Being Transformed*. Cambridge, UK: Cambridge University Press, 1999.

Franck, Didier. *Dramatique des phénomènes*. Paris: Presses Universitaires de France, 2001.

______. *L'un-pour-l'autre: Levinas et la signification*. Paris: Presses Universitaires de France, 2008.

Friedman, Michael. *Kant's Construction of Nature: A Reading of the Metaphysical Foundations of Natural Science*. Cambridge, UK and New York, NY: Cambridge University Press, 2013.

Gibbs, Robert. *Correlations in Rosenzweig and Levinas*. Princeton, NJ: Princeton University Press, 1992.

______. "The Discontinuity of the Generations: Grandparents and Children." Paper presented at the Brock University Conference on Love and the Family. St. Catharines, ON, Canada, 1999.

______. *Why Ethics?: Signs of Responsibilities*. Princeton, NJ: Princeton University Press, 2000.

Gonzalez, Francisco J. "Levinas Questioning Plato on Eros and Maieutics." In *Levinas and Ancients*. Edited by Brian Schroeder and Silvia Benso, 40-61. Bloomington, IN: Indiana University Press, 2008.

Greisch, Jean. "Éthique et Ontologie: Quelques considérations 'hypocritiques'." In *Emmanuel Levinas: L'éthique comme philosophie première*, Colloque de Cerisy-la-Salle. Sous la direction de Jean Greisch et Jacques Rolland, 15-45. Paris: Éditions du Cerf, 1993.

Grossman, Vassily. *Vie et Destin*. Traduit du russe par Alexis Berelowitch avec la collaboration de Anne Coldefy-Faucard. Paris: France-Loisirs, 1984. 국역본: 『삶과 운명 3』. 최선 옮김. 파주: 창비, 2024.

Guenther, Lisa. "'Nameless Singularity': Levinas on Individuation and Ethical Singularity." *Epoché: A Journal for the History of Philosophy* 14:1(2009), 167-187.

______. *The Gift of the Other: Levinas and the Politics of Reproduction*. Albany, NY: State University of New York Press, 2006.

Guibal, Francis. "Commandement, anarchie, ambiguïté: La pratique philosophique de l'excès chez E. Levinas." *Archives de Philosophie* 69(avril 2006), 533-566.

Habib, Stéphane. *Levinas et Rosenzweig: Philosophies de la Révélation*. Paris: Presses Universitaires de France, 2005.

Hegel, Georg W. F. *Phänomenologie des Geistes*(1807). Gesammelte Werke. Band 9. Herausgegeben von Wolfgang Bonsiepen und Reinhard Heede. Hamburg: Felix Meiner, 1980. 국역본:『정신현상학 1』. 김준수 옮김. 서울: 아카넷,

2022.

______ . *Grundlinien der Philosophie des Rechts*(1821). Gesammelte Werke. Band 14/1. Herausgegeben von Klaus Grotsch und Elisabeth Weisser-Lohmann. Hamburg: Felix Meiner, 2009. 국역본:『법철학(베를린, 1821년)』. 서정혁 옮김. 서울: 지식을만드는지식, 2020.

______ . *Wissenschaft der Logik. Erster Teil: Die objektive Logik. Erster Band: Die Lehre vom Sein*(1832). Gesammelte Werke. Band 21. Herausgegeben von Friedrich Hogemann und Walter Jaeschke. Hamburg: Felix Meiner, Verlag, 1985.

______ . *Wissenschaft der Logik. Zweiter Band: Die subjektive Logik oder die Lehre vom Begriff*(1816). Gesammelte Werke. Band 12. Herausgegeben von Friedrich Hogemann und Walter Jaeschke. Hamburg: Felix Meiner, 1981.

Heidegger, Martin. "Brief über den Humanismus"(1946). In *Wegmarken, Gesamtausgabe* 9. Herausgegeben von Friedrich-Wilhelm von Herrmann, 313-364. Frankfurt am Main: Klostermann, 1976. 국역본:「휴머니즘 서간」.『이정표 2』. 이선일 옮김, 123-182. 파주: 한길사, 2005.

______ . "Das Wesen der Sprache"(1957/1958). In *Unterwegs zur Sprache. Gesamtausgabe* 12. Herausgegeben von Friedrich-Wilhelm von Herrmann, 147-204. Frankfurt am Main: Vittorio Klostermann, 1985. 국역본:「언어의 본질」.『언어로의 도상에서』. 신상희 옮김, 209-300. 파주: 나남, 2012.

______ . *Die Grundprobleme der Phänomenologie*. Marburger Vorlesung Sommersemester 1927. Gesamtausgabe 24. Herausgegeben von Friedrich-Wilhelm von Herrmann. Frankfurt am Main: Vittorio Klostermann, 1975; 1989. 국역본:『현상학의 근본문제들』. 이기상 옮김. 서울: 문예출판사, 1994.

______ . "Die Zeit des Weltbildes"(1938). In *Holzwege*. Herausgegeben von Friedrich-Wilhelm von Herrmann, 75-113. Frankfurt am Main: Vittorio Klostermann, 1950; 2003. 국역본:「세계상의 시대」.『숲길』. 신상희 옮김, 129-180. 파주: 나남, 2008.

______ . *Einführung in die Metaphysik*(Sommersemester 1935). Gesamtausgabe 40. Herausgegeben von Petra Jaeger. Frankfurt am Main: Vittorio Klostermann, 1983. 국역본:『하이데거의 형이상학 입문』. 박휘근 옮김. 서울: 그린비, 2023.

______. *Nietzsche: Der europäische Nihilismus*(1948). Gesamtausgabe 48. Herausgegeben von Petra Jaeger. Frankfurt am Main: Vittorio Klostermann, 1986. 국역본:『니체와 니힐리즘』. 박찬국 옮김. 서울: 철학과현실사, 2000.

______. *Nietzsche: Zweiter Band*(1961). Gesamtausgabe 6.2. Frankfurt am Main: Vittorio Klostermann, 1997. 국역본:『니체 II』. 박찬국 옮김. 서울: 도서출판 길, 2012.

______. *Sein und Zeit*. Tübingen: Max Niemeyer Verlag, 1927; 2006. 국역본:『존재와 시간』. 이기상 옮김. 서울: 까치출판사, 1998.

______. *Zollikoner Seminare: Protokolle-Zwiegespräche-Briefe*. Herausgegeben von Medard Boss. Frankfurt am Main: Vittorio Klostermann, 1987.

Heinämaa, Sara. *Toward a Phenomenology of Sexual Difference: Husserl, Merleau-Ponty, Beauvoir*. Lanham, MD: Rowman & Littlefield, 2003.

Heraclitus (Herakleitos). "F22." In *The First Philosophers: The Presocratics and Sophists*. Translated by Robin Waterfield. New York, NY and Oxford, UK: Oxford University Press, 2009. 국역본:『소크라테스 이전 철학자들의 단편 선집』. 김인곤·강철웅·김재홍·김주일·양호영·이기백·이정호·주은영 옮김. 서울: 아카넷, 2005.

Herrick, James A. *The History and Theory of Rhetoric*. Sixth edition. Abingdon, Oxon and New York, NY: Routledge, 2018. 국역본:『레토릭의 역사와 이론』. 강상현 옮김. 서울: 컬처룩, 2022.

Herzog, Annabel. *Levinas's Politics: Justice, Mercy, Universality*. Philadelphia, PA: University of Pennsylvania Press, 2020.

Hindrichs, Gunnar. *Abseits des Krieges: Ein philosophischer Essay*. München: C.H. Beck, 2024. 국역본:『철학은 왜 전쟁을 부정하는가: 전쟁에 관한 열 가지 철학적 고찰』. 이승희 옮김. 서울: 두리반, 2025.

Hodgson, Peter C. *Hegel and Christian Theology: A Reading of the Lectures on the Philosophy of Religion*. Oxford, UK: Oxford University Press, 2005. 국역본:『헤겔의 종교철학』. 정진우 옮김. 서울: 동연, 2022.

Homeros, *Ilias*. 국역본:『일리아스』. 천병희 옮김. 고양: 도서출판 숲, 2007.

Housset, Emmanuel. *La fragilité du sens: Husserl, Levinas, Maldiney, Chrétien*. Paris: J. Vrin, 2024.

______. "Patience et énigme selon Emmanuel Levinas." *Discipline Filosofiche* 24:1 (2014), 49-73.

Husserl, Edmund. *Die Idee der Phänomenologie: Fünf Vorlesungen*. Husserliana II. Herausgegeben von Walter Biemel. Den Haag: Martinus Nijhoff, 1973. 국역본:『현상학의 이념』. 박지영 옮김. 서울: 필로소픽, 2020.

______. *Grundprobleme der Phänomenologie(Wintersemester 1910/11)*. Herausgegeben von Iso Kern. The Hague: Martinus Nijhoff, 1977. 국역본:『에드문트 후설의『현상학의 근본 문제』(1910/11년 겨울학기 강의)』. 김기복 옮김. 파주: 서광사, 2023.

______. *Logische Untersuchungen. Zweiter Band: Untersuchungen zur Phänomenologie und Theorie der Erkenntnis, Erster Teil*(1901). Husserliana XIX/1. Herausgegeben von Ursula Panzer. The Hague: Martinus Nijhoff, 1984. 국역본:『논리 연구 2-1: 현상학과 인식론 연구』. 이종훈 옮김. 서울: 민음사, 2018.

Indaimo, Joseph A. *The Self, Ethics and Human Rights: Lacan, Levinas & Alterity*. Abingdon, Oxon and New York, NY: Routledge, 2015.

Irigaray, Luce. "Fécondité de la caresse, lecture de Lévinas, *Totalité et infini*, section IV, B, 'Phénoménologie de l'éros.'" In *Éthique de la différence sexuelle*, 173-199. Paris: Éditions de Minuit, 1984.

______. "Questions à Emmanuel Levinas: la divinité de l'amour," *Critique* 522 (1990), 911-920.

James, Phyllis Dorothy. *The Children of Men*. Toronto, ON: Knopf Canada, 1992. 국역본:『사람의 아이들』. 이주혜 옮김. 서울: 아작, 2019.

Jauernig, Anja. *The World According to Kant: Appearances and Things in Themselves in Critical Idealism*. Oxford, UK: Oxford University Press, 2021.

Kant, Immanuel. *Die Metaphysik der Sitten*(1797). In *Kants gesammelte Schriften*. Band VI. Herausgegeben von der Königlich Preußischen Akademie der Wissenschaften, 230-493. Berlin: Georg Reimer, 1914. 국역본:『도덕형이상학』. 칸트선집 7. 한국칸트학회 기획. 이충진·김수배 옮김. 파주: 한길사,

2018.

______ . *Grundlegung zur Metaphysik der Sitten* (1785). In *Kants gesammelte Schriften*. Band IV. Herausgegeben von der Königlich Preußischen Akademie der Wissenschaften, 385-463. Berlin: Georg Reimer, 1911. 국역본:『윤리형이상학 정초』. 백종현 옮김. 서울: 아카넷, 2005.

______ . *Kritik der praktischen Vernunft* (1788). In *Kants gesammelte Schriften*. Band V. Herausgegeben von der Königlich Preußischen Akademie der Wissenschaften, 1-163. Berlin: Georg Reimer, 1911. 국역본:『실천이성비판』. 백종현 옮김. 서울: 아카넷, 2003.

______ . *Kritik der reinen Vernunft* (1781/1787). In *Kants gesammelte Schriften*. Band III & IV. Herausgegeben von der Königlich Preußischen Akademie der Wissenschaften. Berlin: Georg Reimer, 1911. 국역본:『순수이성비판 1』, 백종현 옮김. 서울: 아카넷, 2006.

Kearney, Richard. *Anatheism: Returning to God after God*. New York, NY: Columbia University Press, 2010. 국역본:『재신론』. 김동규 옮김. 서울: 갈무리, 2021.

Kearney, Richard and Semonovitch, Kascha (eds.). *Phenomenologies of the Stranger: Between Hostility and Hospitality*. New York, NY: Fordham University Press, 2011.

Keenan, Dennis King. *Death and Responsibility: The 'Work' of Levinas*. Albany, NY: State University of New York Press, 1999.

Knowles, Caroline. *Family Boundaries: The Invention of Normality and Dangerousness*. Toronto, ON: University of Toronto Press, 1996.

Kojève, Alexandre. *Introduction à la lecture de Hegel*. Réunies et publiées par Raymond Queneau. Paris: Éditions Gallimard, 1947; 1968.

Kolodny, Niko. "Objectivity in Ethics." In *Encyclopedia of Philosophy*. Second edition. Volume 7. Edited by Donald M. Borchert, 3-7. Farmington Hills, MI: Thomson Gale, 2006.

Kureethadam, Joshtrom Isaac. *The Philosophical Roots of the Ecological Crisis: Descartes and the Modern Worldview*. Newcastle upon Tyne, UK: Cambridge Scholars Publishing, 2017.

Large, William. "Levinas on the Problem of Language." In *The Oxford Handbook of Levinas*. Edited by Michael L. Morgan, 749-767. New York, NY: Oxford University Press, 2019.

______. *Levinas' Totality and Infinity: A Reader's Guide*. London: Bloomsbury Academic, 2015.

Laruelle, François. *Principes de la non-philosophie*. Paris: Presses Universitaires de France, 1996.

Lavigne, Jean-François. "L'idée de l'infini: Descartes dans la pensée d'Emmanuel Lévinas." *Revue de Métaphysique et de Morale* 92:1 (1987), 54-66.

Lee, Min Jin. *Pachinko*. Boston, MA and New York, NY: Grand Central Publishing, 2017. 국역본: 이민진, 『파친코 1』. 신승미 옮김. 서울: 인플루엔셜, 2022.

Lescourret, Marie-Anne. *Emmanuel Levinas*. Paris: Flammarion, 1994; 2006. 국역본:『레비나스 평전』. 변광배 · 김모세 옮김. 파주: 살림출판사, 2006.

Levi, Primo. *Se questo è un uomo* (1947). Torino: Einaudi, 1961. 국역본:『이것이 인간인가』. 이현경 옮김. 파주: 돌베개, 2007.

Levinas, Emmanuel. "A priori et subjectivité" (1962). In *En découvrant l'existence avec Husserl et Heidegger*, 179-186. Paris: J. Vrin, 1949; 1967.

______. *Autrement qu'être ou Au-delà de l'essence*. La Haye: Martinus Nijhoff, 1974. 국역본:『존재와 달리 또는 존재성을 넘어』. 문성원 옮김. 서울: 그린비, 2021.

______. *De l'existence à l'existant* (1947). Paris: J. Vrin, 2004. 국역본:『존재에서 존재자로』. 서동욱 옮김. 서울: 민음사, 2003.

______. *Difficile liberté*. Paris: Albin Michel, 1963.

______. "Énigme et phénomène" (1965). In *En découvrant l'existence avec Husserl et Heidegger*, 203-216. Paris: J. Vrin, 1949; 1967.

______. "Et Dieu créa la femme." In *Du Sacré au Saint*, 122-148. Paris: Éditions de Minuit, 1977.

______. *Éthique comme philosophie première* (1982). Préfacé et annoté par Jacques Rolland. Paris: Éditions Payot & Rivages, 1998; 2015.

______. *Éthique et infini: Dialogues avec Philippe Nemo*. Paris: Fayard, 1982. 국역본:『윤리와 무한』. 김동규 옮김. 고양: 도서출판 100.

______. "Het primaat van de zuivere praktische rede." *Wijsgerige perspectief op maatschappij en wetenschap* 11(1971), 178-186.

______. *Humanisme de l'autre homme*. Montpellier: Fata Morgana, 1972.

______. "Ideology and Idealism." Translated by Sanford Ames and Arthur Lesley In *The Levinas Reader*. Edited by Sean Hand, 235-248. Oxford, UK: Basil Blackwell, 1989.

______. "Intentionalité et métaphysique"(1959). In *En découvrant l'existence avec Husserl et Heidegger*, 137-144. Paris: J. Vrin, 1949; 1967.

______. "La Bible et les Grecs"(1986). In *À l'heure des nations*, 155-157. Paris: Éditions de Minuit, 1988.

______. "La pensée de l'être et la question de l'autre"(1978). In *De Dieu qui vient à l'idée*, 173-188. Paris: J. Vrin, 1982; deuxième édition revue et augmentée, 1986.

______. "La pensée de Martin Buber et le judaïsme contemporain." In *Hors sujet*, 15-33. Montpellier: Fata Morgana, 1987.

______. "La philosophie de Franz Rosenzweig(Préface à Système et Révélation de Stéphane Mosès)." In *À l'heure des nations,* 175-185. Paris: Éditions de Minuit, 1988.

______. "La réalité et son ombre"(1948). In *Les imprévus de l'histoire*, 123-148. Montpellier: Fata morgana, 1994.

______. "La trace de l'autre"(1963). In *En découvrant l'existence avec Husserl et Heidegger*, 187-202. Paris: J. Vrin, 1949; 1967.

______. *L'au-delà du verset: lectures et discours talmudiques*. Paris: Éditions de Minuit, 1982.

______. "L'Autre, utopie et justice"(1988). In *Entre nous: Essais sur le penser-à-l'autre*, 253-264. Paris: Éditions Grasset & Fasquelle, 1991. 국역본:「타자, 유토피아와 정의」.『우리 사이: 타자 사유에 관한 에세이』. 김성호 옮김, 329-345. 서울: 그린비, 2019.

______ . "Lecture de Bloch(suite)(30 avril 1976)." In *Dieu, la mort et le temps. Édité par Jacques Rolland*, 113-116. Paris: Éditions Grasset & Fasquelle, 1993. 국역본:「블로흐 강의(계속)」.『신, 죽음 그리고 시간』. 김도영·문성원·손영창 옮김, 146-150. 서울: 그린비, 2013.

______ . "Le Moi et la totalité"(1954). In *Entre nous: Essais sur le penser-à l'autre*, 25-52. Paris: Éditions Grasset & Fasquelle, 1991. 국역본:「자아와 전체성」.『우리 사이: 타자 사유에 관한 에세이』. 김성호 옮김, 30-68. 서울: 그린비, 2019.

______ . *Le temps et l'autre*(1948). Montpellier: Fata Morgana, 1979. 국역본:『시간과 타자』. 강영안·강지하 옮김. 서울: 문예출판사, 2024.

______ . "L'ontologie est-elle fondamentale?"(1951). In *Entre nous: Essais sur le penser-à l'autre*, 13-24. Paris: Éditions Grasset & Fasquelle, 1991. 국역본:「존재론은 기초적인 것인가?」.『우리 사이』. 김성호 옮김, 14-29. 서울: 그린비, 2019.

______ . "Notes de la présentation de la thèse lors de la soutenance et des réponses aux questions du jury." In *Œuvres complètes: Tome 4. Dossier Totalité et infini Textes et documents inédits*. Textes établis et annotés par Dan Arbib et Danielle Cohen-Levinas. Avec la collaboration de Nicolas Rault, 653-702. Paris: Éditions Grasset & Fasquelle, IMEC Éditeur, 2024.

______ . "Philosophie, Justice et Amour"(1982). In *Entre nous: Essais sur le penser-à l'autre*, 121-139. Paris: Éditions Grasset & Fasquelle, 1991. 국역본:「철학, 정의와 사랑」.『우리 사이: 타자 사유에 관한 에세이』. 김성호 옮김, 159-188. 서울: 그린비, 2019.

______ . "Philosophie et transcendance"(1989). In *Altérité et transcendance*, 27-56. Montpellier: Fata Morgana, 1995. 국역본:「철학과 초월」.『타자성과 초월』, 김도형·문성원 옮김, 26-61. 서울: 그린비, 2020.

______ . "Pluralisme et transcendance." In *Proceedings of the Tenth International Congress of Philosophy*. Vol. 1(Amsterdam, August 1948). Edited by E. W. Beth, H. J. Pos, and J. H. A. Hollack, 381-383. Amsterdam: North-Holland, 1949.

______ . "Pouvoirs et origines"(1949). In *Œuvres complètes: Tome 2, Parole et silence et autres conférences inédites au Collège philosophique*. Publié sous la responsabilité de Rodolphe Calin et de Catherine Chalier, 105-150. Paris: Éditions Grasset & Fasquelle, IMEC Éditeur, 2009.

________. Quatre lectures talmudiques. Paris: Éditions de Minuit, 1968; 2018.

________. "Questions et réponses"(1977). In *De Dieu qui vient à l'idée*, 128-157. Paris: J. Vrin, 1982; deuxième édition revue et augmentée, 1986.

________. *Quelques réflexions sur la philosophie de l'hitlérisme*(1934). Paris: Éditions Payot & Rivages, 1997.

________. "Résumé complet-dont a été tirée la présentation de la thèse le 6 juin 1961." In *Œuvres complètes: Tome 4. Dossier Totalité et infini Textes et documents inédits.* Textes établis et annotés par Dan Arbib et Danielle Cohen-Levinas. Avec la collaboration de Nicolas Rault, 637-646. Paris: Éditions Grasset & Fasquelle, IMEC Éditeur, 2024.

________. *Théorie de l'intuition dans la phénoménologie de Husserl*. Paris: Alcan, 1930; J. Vrin, cinquième édition, 1984. 국역본: 『후설 현상학에서의 직관 이론』. 김동규 옮김. 서울: 그린비, 2014.

________. *Totalité et infini: essai sur l'extériorité*. Phaenomenologica 8. La Haye: Martinus Nijhoff, 1961; deuxième édition, 1965. 국역본: 『전체성과 무한: 외재성에 대한 에세이』, 김도형·문성원·손영창 옮김. 서울: 그린비, 2018.

________. "*Totalité et infini*: Préface à l'édition allemande"(1987). In *Entre nous: Essais sur le penser-à l'autre*, 249-252. Paris: Éditions Grasset & Fasquelle, 1991. 국역본: 「『전체성과 무한』 독일어판 서문」. 『우리 사이: 타자 사유에 관한 에세이』. 김성호 옮김, 323-328. 서울: 그린비, 2019.

________. "Transcendance et hauteur"(1962). In *Cahiers de l'Herne: Lévinas*, dirigé par Catherine Chalier et Miguel Abensour, 97-112. Paris: L'Herne, 1991.

________. *Transcendance et intelligibilité: suivi d'un entretien*. Genève: Labor et Fides, 1984.

Levinas, Emmanuel and Kearney, Richard. "Emmanuel Levinas: Ethics of the Infinite." In *Debates in Continental Philosophy: Conversations with Contemporary Thinkers*. Edited by Richard Kearney, 65-84. New York, NY: Fordham

University Press, 2004.

Levinas, Emmanuel et Poirié, François. "Entretiens: Emmanuel Lévinas/François Poirié." In *Emmanuel Lévinas: Qui êtes-vous?*, 61-136. Lyon: La Manufacture, 1987. 국역본: 「대담」. 『레비나스와의 대화: 에세이와 대담』. 김영걸 옮김, 63-188. 성남: 두번째테제, 2022.

Levinas, Emmanuel et Ponzio, Augusto. "Deux dialogues avec Emmanuel Levinas." In *Sujet et altérité sur Emmanuel Levinas: suivi de Deux dialogues avec Emmanuel Levinas*, 143-151. Paris: L'Harmattan, 1996.

Lingis, Alphonso. "The Sensuality and the Sensitivity." In *Face to Face with Levinas*. Edited by Richard Cohen. 219-230. Albany, NY: State University of New York Press, 1986.

Llewelyn, John. *Appositions of Jacques Derrida and Emmanuel Levinas*. Bloomington, IN: Indiana University Press, 2002.

______. *Emmanuel Levinas: The Genealogy of Ethics*. London, UK and New York, NY: Routledge, 1995.

Malka, Salomon. *La vie et le destin de Vassili Grossman*. Paris: CNRS, 2008.

Marion, Jean-Luc. "A Long Road to Escape." *Levinas Studies* 13(2019), 3-10.

______. *Au lieu de soi: L'approche de Saint Augustin*. Paris: Presses Universitaires de France, 2008.

______. *Certitudes négatives*. Paris: Éditions Grasset & Fasquelle, 2010.

______. "D'autrui à l'individu." In *Positivité et transcendance: suivi de Lévinas et la phénoménologie*, Sous la direction de Jean-Luc Marion, 287-308. Paris: Presses Universitaires de France, 2000.

______. *De surcroît: Études sur les phénomènes saturés*. Paris: Presses Universitaires de France, 2001. 국역본: 『과잉에 관하여』. 김동규 옮김. 서울: 그린비, 2020.

______. *Étant donné: Essai d'une phénoménologie de la donation*. Paris: Presses Universitaires de France, coll. "Quadrige," 1997; 2e éd. 2013.

______. "La voix sans nom: Hommage-à partir-de Levinas." *Rue Descartes* 19 (1998), 11-25.

________. *Le phénomène érotique*. Paris: Éditions Grasset & Fasquelle, 2003.

________. *Sur la pensée passive de Descartes*. Paris: Presses Universitaires de France, 2013.

Mensch, James R. "Levinas on Temporality and the Other." In *The Oxford Handbook of Levinas*. Edited by Michael L. Morgan, 343–359. New York, NY: Oxford University Press, 2019.

________. *Levinas's Existential Analytic: A Commentary on Totality and Infinity*. Evanston, IL: Northwestern University Press, 2015.

________. *Selfhood and Appearing: The Intertwining*. Leiden: Brill, 2018.

Merleau-Ponty, Maurice. *Le visible et l'invisible: suivi de notes de travail*. Édité par Claude Lefort. Paris: Éditions Gallimard, 1964. 국역본:『보이는 것과 보이지 않는 것』. 남수인 · 최의영 옮김. 서울: 동문선, 2004.

________. *Phénoménologie de la perception*. Paris: Éditions Gallimard, 1945. 국역본:『지각의 현상학』. 류의근 옮김. 서울: 문학과지성사, 2002.

Mezgebu, Feleke and Tavernier, Johan De. "'Where Is Abel Your Brother?' Levinas' Response to a Psychological Reading of the Story of Cain and Abel." *Vidyajyoti Journal of Theological Reflection* 79:6(2015), 452–475.

Mill, John Stuart. *On Liberty*. In *The Collected Works of John Stuart Mill*. Volume 18. Edited J. M. Robson. Buffalo, NY and Toronto, ON: University of Toronto Press, 1977. 국역본:『자유론』. 김형철 옮김. 파주: 서광사, 1992.

Moati, Raoul. *Événements nocturnes: Essai sur Totalité et infini*. Paris: Hermann, 2012.

Mooney, Timothy. *Merleau-Ponty's Phenomenology of Perception: On the Body Informed*. Cambridge, UK: Cambridge University Press, 2022.

Moore, Adrian W. "Aspects of the Infinite in Kant." *Mind* 97(1988), 205–223.

Moran, Dermot. *Introduction to Phenomenology*. London, UK and New York, NY: Routledge, 2000.

Moran, Dermot and Cohen, Joseph. *The Husserl Dictionary*. London, UK and New York, NY: Continuum, 2012.

Morgan, Michael L. "I, You, We: Community and Fraternity in Buber, Rosenzweig, and Levinas." *Levinas Studies* 14(2020), 165–185.

______. *Levinas's Ethical Politics*. Bloomington, IN: Indiana University Press, 2016.

______. "Plato, Levinas, and Transcendence." *Levinas Studies* 13(2019), 85–102.

Mosès, Stéphane. "Levinas lecteur de Derrida." *Cités* 25(2006/1), 77–85.

Mouw, Richard J. and Griffioen, Sander. *Pluralisms and Horizons: An Essay in Christian Public Philosophy*. Grand Rapids, MI: Wm. B. Eerdmans, 1993. 국역본: 『다원주의들과 지평들: 다양성의 시대를 살아가는 그리스도인의 공공철학』. 신국원 옮김. 서울: 한국기독학생회출판부, 2021.

Moyaert, Paul. "The Phenomenology of Eros: A Reading of *Totality and Infinity*, IV. B." In *The Face of the Other and the Trace of God: Essays on the Philosophy of Emmanuel Levinas*. Edited by Jeffrey Bloechl, 30–42. New York, NY: Fordham University Press, 2000.

Murakami, Yasuhiko. *Lévinas phénoménologue*. Grenoble: Éditions Jérôme Millon, 2002.

Nelson, Eric S. *Levinas, Adorno, and the Ethics of the Material Other*. Albany, NY: State University of New York Press, 2020.

Neuhaus, Richard John. "From Providence to Privacy: Religion and the Redefinition of America." In *Unsecular America*. Edited by Richard J. Neuhaus, 52–66. Grand Rapids, MI: Wm. B. Eerdmans, 1986.

Newman, Michael. "Sensibility, Trauma, and the Trace: Levinas from Phenomenology to the Immemorial." In *The Face of the Other and the Trace of God: Essays on the Philosophy of Emmanuel Levinas*. Edited by Jeffrey Bloechl, 90–129. New York, NY: Fordham University Press, 2000.

Nietzsche, Friedrich W. *Der Fall Wagner* (1888). In *Kritische Studienausgabe*. Band 6. Herausgegeben von Giorgio Colli und Mazzino Montinari, 9–53. München: Deutscher Taschenbuch Verlag/Berlin: Walter de Gruyter, Neuausgabe 1999. 국역본: 『바그너의 경우/니체 대 바그너』. 이상엽 옮김, 7–81. 서울: 세창출판사, 2020.

Nightingale, Andrea. *Philosophy and Religion in Plato's Dialogues*. Cambridge, UK: Cambridge University Press, 2021.

Noble, Stephen A. *Silence et langage: Genèse de la Phénoménologie de Merleau-Ponty au seuil de l'Ontologie*. Leiden/Boston: Brill, 2014.

Oliver, Kelly. "Fatherhood and the Promise of Ethics." *Diacritics* 27:1 (Spring 1997), 45–57.

Parret, Herman. "La Sémiotique comme Projet Paradigmatique dans l'Histoire de la Philosophie." In *History of Semiotics*. Edited by Achim Eschbach and Jürgen Trabant, 371–386. Amsterdam/Philadelphia, PA: John Benjamins Publishing Company, 1983.

Pascal, Blaise. *Pensées*(1670). In *Œuvres complètes*. Édité par Louis Lafuma. Paris: Éditions du Seuil, 1963. 국역본:『팡세』. 김화영 옮김. 서울: 한국기독학생회출판부, 2022; 2023.

Pelluchon, Corine. *Pour comprendre Levinas: Un philosophe pour notre temps*. Paris: Éditions du Seuil, 2020.

Peperzak, Adriaan Theodoor. *Beyond: The Philosophy of Emmanuel Levinas*. Evanston, IL: Northwestern University Press, 1997.

______ . *Das Endliche und das Unendliche in Hegels Denken: Hegel-Kongress* In *Padua und Montegrotto*. Herausgegeben von Francesca Menegoni und Luca Illetterati, Stuttgart: Klett-Cotta Verlag, 2004.

______ . *To the Other: An Introduction to the Philosophy of Emmanuel Levinas*. West Lafayette, IN: Purdue University Press, 1993.

Perez, Félix. *En découvrant le quotidien avec Emmanuel Lévinas: Ce n'est pas moi, c'est l'être*. Paris: L'Harmattan, 2000.

Perpich, Diane. *The Ethics of Emmanuel Levinas*. Stanford, CA: Stanford University Press, 2008.

Platon. *Politeia*. 국역본:『국가(政體)』, 박종현 역주. 서울: 서광사, 1997; 2005.

______ . *Symposion*. 국역본:『향연』. 강철웅 옮김. 서울: 이제이북스, 2010.

Poché, Fred. *Penser avec Arendt et Lévinas: Du mal politique au respect de l'autre*. Lyon: Chronique sociale, 2003.

Pöggeler, Otto. *Der Denkweg Martin Heideggers*. Pfullingen: Verlag Günther Ne-

ske, 1963; 1983. 국역본: 『하이데거 사유의 길』. 이기상·이말숙 옮김. 서
울: 문예출판사, 1993.

Pollefeyt, Didier. "The Violence of Being. The Holocaust in the Philosophy of
Emmanuel Levinas." *Problemos*. [Supplement] (2022), 85-94.

Pradelle, Dominique. "Gegenstand/Object." In *Vocabulaire européen des philoso-
phies*. Sous la direction de Barbara Cassin, 480-488. Paris: Éditions du Seuil
/ Dictionnaires Le Robert, 2004.

______. "Y a-t-il une phénoménologie de la signifiance éthique?" In *Emmanuel
Levinas et les territoires de la pensée*. Sous la direction de Danielle Cohen-Levi-
nas et Bruno Clément, 73-98. Paris: Presses Universitaires de France, 2007.

Rabelais, François. *Le Quart Livre des faicts et dits héroïcques du bon Pantagruel*.
In *Œuvres complètes*, Édité par Guy Demerson, 559-773. Paris: Éditions
du Seuil, 1973. 국역본: 『팡타그뤼엘 제4서』. 유석호 옮김. 파주: 한길사,
2006.

Rawls, John. *Political Liberalism*. Expanded Edition. New York, NY: Columbia
University Press, 2005. 국역본: 존 롤스, 『정치적 자유주의』. 장동진 옮김.
파주: 동명사, 2016.

Rey, Jean-François. "Le maître absolu: Hegel et Hobbes dans la pensée d'Emman-
uel Levinas." *Revue internationale de philosophie* 235(2006/1), 75-89.

Ricoeur, Paul. *À l'école de la phénoménologie* [1986]. Paris: J. Vrin, 2016.

______. *Autrement: Lecture d'Autrement qu'être ou Au-delà de l'essence d'Emmanuel
Levinas*. Paris: Presses Universitaires de France, 1997.

______. *De l'interprétation: Essai sur Freud*. Paris: Éditions du Seuil, 1965. 국역
본: 『해석에 대하여: 프로이트에 대한 시론』. 김동규·박준영 옮김. 고양:
인간사랑, 2020.

______. *Soi-même comme un autre*. Paris: Éditions du Seuil, 1990. 국역본: 『타자
로서 자기 자신』. 김웅권 옮김. 서울: 동문선, 2006.

Rimbaud, Arthur. *Une Saison en enfer*. Bruxelles: Alliance typographique. M. J.
Poot et Compagnie, 1873. 국역본: 『지옥에서 보낸 한철』. 김현 옮김. 황현
산 해설. 서울: 민음사, 1974; 『지옥에서 한 철/투시자의 편지』, 곽민석 옮
김. 서울: 지식을만드는지식, 2023.

Rogozinski, Jacob. "De la caresse à la blessure: outrance de Levinas." *Temps modernes* 664(2011), 119-136.

______. *Le mot et la chair: introduction à l'ego-analyse*. Paris: Éditions du Cerf, 2006. 국역본:『자아와 살』. 이은정 옮김. 서울: 도서출판 b, 2017.

______. "Wer bin Ich, der Ich gewiss bin, dass Ich bin?" In *Tod des Subjekts?* Herausgegeben von Herta Nagl-Docekal und Helmuth Vetter, 86-107. Wien: R. Oldenbourg Verlag, 1987.

Rohlf, Michael. "Idea(Idee)." In *The Cambridge Kant Lexicon*. Edited by Julian Wuerth, 224-227. Cambridge, UK and New York, NY: Cambridge University Press, 2021.

Rolland, Jacques. "Postface-De l'autre homme: Le temps, la mort et le Dieu." In *Dieu, la mort et le temps*. Édité par Jacques Rolland, 255-273. Paris: Éditions Grasset & Fasquelle, 1993. 국역본:「편집자 후기-다른 인간에 대하여: 시간, 죽음 그리고 신」.『신, 죽음 그리고 시간』. 김도영·문성원·손영창 옮김, 340-363. 서울: 그린비, 2013.

______. "Sortir de l'être par une nouvelle voie," In Emmanuel Levinas, *De l'évasion*(1935). Introduit et annoté par Jacques Rolland, 9-64. Montpellier: Fata Morgana, 1982.

Rosenzweig, Franz. *Der Stern der Erlösung*(1921). Frankfurt am Main: Suhrkamp, 2018.

______. *Hegel und der Staat*(1920). Herausgegeben von Frank Lachmann. Berlin: Suhrkamp, 2010; 2021.

Roth, Michael S. *Knowing and History: Appropriations of Hegel in Twentieth-Century France*. Ithaca, NY: Cornell University Press, 1988.

Rousseau, Jean-Jacques. *Du contrat social*(1762). In *Œuvres complètes*. Tome III. Édition publiée sous la direction de Bernard Gagnebin et Marcel Raymond. Paris: Gallimard, 1964. 국역본:『인간불평등기원론/사회계약론/고독한 산책자의 몽상』. 최석기 옮김. 서울: 동서문화사, 1978; 2007.

Salanskis, Jean-Michel. "Horizons de *Totalité et infini*." In *Le concret et l'idéal: Levinas vivant III*, 219-239. Paris: Klincksieck, 2015.

______. "Levinas contre l'historicisme." In *Le concret et l'idéal: Levinas vivant III*,

165-187. Paris: Klincksieck, 2015.

______. "Sur des objections à Levinas." In *L'humanité de l'homme: Levinas vivant II*, 101-123. Paris: Klincksieck, 2011.

______. "The Early Levinas and Heidegger." *Levinas Studies* 5(2010), 43-64.

Sandel, Michael J. *Justice: What's the Right Thing to Do?* New York, NY: Farrar, Straus and Giroux, 2009. 국역본: 『정의란 무엇인가』. 김명철 옮김. 김선욱 감수. 서울: 와이즈베리, 2014.

Sandford, Stella. "Levinas in the Realm of the Senses: Transcendence and intelligibility." *Angelaki: Journal of the Theoretical Humanities* 4:3(1999), 61-73.

______. "Writing as a Man: Levinas and the Phenomenology of Eros," *Radical Philosophy* 87(January/February 1998), 6-17.

Santos, Reinan Ramos dos. *Être soi-même avec les autres: Ipséité et altérité chez Heidegger*. Paris: L'Harmattan, 2023.

Sartre, Jean-Paul. *L'être et le néant: essai d'ontologie phénoménologique*. Paris: Éditions Gallimard, 1943. 국역본: 『존재와 무: 현상학적 존재론 시론』. 변광배 옮김. 서울: 민음사, 2024.

Schalow, Frank. "Freedom, Finitude, and the Practical Self: The Other Side of Heidegger's Appropriation of Kant." In *Heidegger and Practical Philosophy*. Edited by François Raffoul and David Pettigrew, 29-40. Albany, NY: State University of New York Press, 2002.

Schmitt, Carl. *Der Begriff des Politischen*. Berlin: Duncker & Humblot, 19. 국역본: 『정치적인 것의 개념: 서문과 세 개의 계론을 수록한 1932년 판』. 김효전·정태호 옮김. 서울: 살림, 2012.

Schnell, Alexander. *De l'existence ouverte au monde fini: Heidegger* 1925-1930. Paris: J. Vrin, 2005.

______. *En face de l'extériorité: Levinas et la question de la subjectivité*. Paris: J. Vrin, 2010.

Schrijvers, Joeri. *Ontotheological Turnings?: The Decentering of the Modern Subject in Recent French Phenomenology*. Albany, NY: State University of New York Press, 2011.

Schütz, Alfred. "The Stranger: An Essay in Social Psychology." *American Journal of Sociology* 49:6(1944), 499–507.

Sebbah, François-David. "French Phenomenology." Translated by Robert J. Hudson. In *A Companion to Phenomenology and Existentialism*. Edited by Hubert L. Dreyfus and Mark A. Wrathall, 48–67. Malden, MA: Blackwell Publishing, 2006.

______. "La fraternité selon Lévinas." *Les Cahiers Philosophiques de Strasbourg* 14 (automne 2002), 45–55.

______. *L'épreuve de la limite: Derrida, Henry, Levinas et la phénoménologie*. Paris: Presses Universitaires de France, 2001.

______. *L'éthique du survivant: Levinas, une philosophie de la débâcle*. Nanterre: Presses Universitaires de Paris Nanterre, 2018.

______. *Lévinas: ambiguïtés de l'altérité*. Paris: Les Belles Lettres, 2000.

______. "Levinas: Father/Son/Mother/Daughter." *Studia Phaenomenologica* 6(2006), 261–273.

Shaw, Joshua. "Justice in Emmanuel Levinas and John Rawls." *International Journal of Philosophical Studies* 28:4(2020), 471–487.

Sheehan, Thomas. *Making Sense of Heidegger: A Paradigm Shift*. London, UK and New York, NY: Rowman & Littlefield, 2015.

Sheil, Patrick. *Kierkegaard and Levinas: The Subjunctive Mood*. London, UK and New York, NY: Routledge, 2017.

Sikka, Sonia. "Clearing(Lichtung)" In *The Cambridge Heidegger Lexicon*. Edited by Mark A. Wrathall, 152–159. Cambridge, UK and New York, NY: Cambridge University Press, 2021.

Simmons, J. Aaron and Benson, Bruce Ellis. *The New Phenomenology: A Philosophical Introduction*. London/New Delhi/New York/Sydney: Bloomsbury, 2013.

Simmons, J. Aaron and Wood, David(eds.). *Kierkegaard and Levinas: Ethics, Politics, and Religion. Bloington,* IN: Indiana University Press, 2008.

Smith, William H. "Neither Close nor Strange: Levinas, Hospitality, and Genocide." In *Phenomenologies of the Stranger: Between Hostility and Hospitality*. Edited by Richard Kearney and Kascha Semonovitch, 242-257. New York, NY: Fordham University Press, 2011.

Staehler, Tanja and Kozin, Alexander. "Elemental Embodiment: From the Presocratics to Levinas via Plato." In *Phenomenological Interpretations of Ancient Philosophy*. Edited by Kristian Larsen and Pål Rykkja Gilbert, 326-334. Leiden: Brill, 2021.

Tahmasebi, Victoria. "Does Levinas Justify or Transcend Liberalism?: Levinas on Human Liberation." *Philosophy & Social Criticism* 36:5(2010), 523-544.

Taminiaux, Jacques. "Arendt et Levinas: convergence impossible?" In *Chroniques d'anthropologie politique*, 137-162. Paris: Hermann, 2014.

______. "Lévinas and Heidegger: A Post-Heideggerian Approach to Phenomenological Issues." *Journal of Chinese Philosophy* 35:1(December 2008), 31-46.

______. "The Presence of *Being and Time in Totality and Infinity*." In *Levinas in Jerusalem: Phenomenology, Ethics, Politics, Aesthetics*. Edited by Joëlle Hansel, 3-22. Dordrecht: Springer, 2008.

Taubes, Jacob. *Die politische Theologie des Paulus*. Herausgegeben von Aleida Assmann und Jan Assmann. München/Paderborn: Wilhelm Fink Verlag, 1993. 국역본: 『바울의 정치신학』. 조효원 옮김. 서울: 그린비, 2012.

Taylor, Charles. *Hegel*. Cambridge, UK: Cambridge University Press, 1975. 국역본: 『헤겔』. 정대성 옮김. 서울: 그린비, 2014.

Topolski, Anya. *Arendt, Levinas and a Politics of Relationality*. Lanham, MD: Rowman & Littlefield, 2015.

Tracy, David. "God as Infinite: Ethical implications." In *God and the Moral Life, Edited by Myriam Renaud and Joshua Daniel*, 135-156. London, UK and New York, NY: Routledge, 2018.

Ulpian(Ulpianus). *Rules*. Book 1. In *The Digest of Justinian*. Translated and Edited by Alan Watson. Philadelphia, PA: University of Pennsylvania Press, 1985.

van Riessen, Renée D. N. *Man as a Place of God: Levinas' Hermeneutics of Kenosis*. Dordrecht: Springer, 2007.

Verene, Donald Phillip. "Hegel's Account of War." In *Hegel's Political Philosophy Problems and Perspectives*. Edited by Z. A. Pelczynski. Cambridge, UK: Cambridge University Press, 1971.

Visker, Rudi. "De onteigening: hoe te zwijgen na Levinas." *Tijdschrift voor Filosofie* 57:4(1995), 631–666.

______. *The Inhuman Condition: Looking for Difference after Levinas and Heidegger*. Dordrecht/Boston/London: Kluwer Academic Publisher, 2004.

Vries, Hent de. "Instances: Levinas on Art and Truth." In *Philosophy of Religion for a New Century: Essays in Honor of Eugene Thomas Long*. Edited by Jeremiah Hackett and Jerald Wallulis, 187–210. Dordrecht: Kluwer Academic Publishers, 2004.

______. *Minimal Theologies: Critiques of Secular Reason in Adorno and Levinas*. Translated by Geoffrey Hale. Baltimore and London: The Johns Hopkins University Press, 2005.

Wahl, Jean. *Existence humaine et transcendance*. Neuchâtel: Éditions de la Baconnière, 1944.

______. *Traité de Métaphysique*. Paris: Payot, 1957.

Waldenfels, Bernhard. "Levinas and the Face of the Other." In *The Cambridge Companion to Levinas*. Edited by Simon Critchley and Robert Bernasconi, 63–81. Cambridge, UK: Cambridge University Press, 2002.

Welten, Ruud. "In the Beginning was Violence: Emmanuel Levinas on Religion and Violence." *Continental Philosophy Review* 53(2020), 355–370.

Warren, Nicolas de. "Expiation without Blood: An Essay on Substitution and the Trauma of Goodness in Levinas." *Levinas Studies* 14(January 2020), 19–80.

Welz, Claudia. "A Wandering Dog as the 'Last Kantian in Nazi Germany': Revisiting the Debate on Levinas's Supposed Antinaturalistic Humanism." *Levinas Studies* 6(2011), 65–88.

Welz, Claudia and Verstrynge, Karl(eds.). *Despite Oneself: Subjectivity and Its Secret in Kierkegaard and Levinas*. London: Turnshare, 2008.

Westphal, Merold. *History and Truth in Hegel's Phenomenology*. Bloomington,

IN: Indiana University Press, 1998.

______ . *Levinas and Kierkegaard in Dialogue*. Bloomington, IN: Indiana University Press, 2008.

______ . *Transcendence and Self-Transcendence: On God and Soul*. Bloomington, IN: Indiana University Press, 2004. 국역본:『초월과 자기-초월』. 김동규 옮김. 서울: 갈무리, 2023.

______ . *Whose Community? Which Interpretation?: Philosophical Hermeneutics for the Church*. Grand Rapids, MI: Baker Academic, 2009. 국역본:『교회를 위한 철학적 해석학: 누구의 공동체? 어떤 해석?』. 김동규 옮김. 고양: 도서출판 100, 2019.

Winegar, Reed. "Kant's Three Conceptions of Infinite Space." *Journal of the History of Philosophy* 60:4(2022), 635-659.

Wolff, Ernst. *De l'éthique à la justice: Langage et politique dans la philosophie de Lévinas*. Dordrecht: Springer, 2007.

______ . "Levinas lecteur de Husserl." *Studia Universitatis Babeş-Bolyai - Philosophia* 2(2006), 127-144.

Wolterstorff, Nicholas. *Justice: Rights and Wrongs*. Princeton, NJ: Princeton University Press, 2008.

Wurgaft, Benjamin Aldes. *Thinking in Public: Strauss, Levinas, Arendt*. PA: University of Pennsylvania Press, 2016.

Wyschogrod, Edith. *Emmanuel Levinas: The Problem of Ethical Metaphysics*. New York, NY: Fordham University Press, 1974; 2000.

Zahavi, Dan. *Husserl's Phenomenology*. Stanford, CA: Stanford University Press, 2003. 국역본:『후설의 현상학』. 박지영 옮김. 파주: 한길사, 2017.

기사

강재구. 「[전문] 이용수 할머니 2차 기자회견문 "그동안 일궈온 투쟁 성과 훼손되면 안된다"」.『한겨레』. 2020년 5월 25일. https://www.hani.co.kr/arti/society/society_general/946389.html(최종 접속일: 2024년 4`월 15일).

김훈. 「[김훈 기고] 참사 10년… '세월호'는 지금도 기울어져 있다」.『한겨레』, 2024년 4월 4일. https://www.hani.co.kr/arti/society/society_general/1134618.html(최종 접속일: 2026년 1월 18일).

Haider, Dalia. 「폭발과 총격, 정전 속에 가자지구에서 아이를 낳는다는 것」. 『BBC 코리아』. 2023년 10월 27일. https://www.bbc.com/korean/articles/c3gl378n9d1o(최종 접속일: 2026년 1월 18일).

성서

성서공동번역위원회 편찬. 『공동번역 성서』. 서울: 대한성서공회, 1977; 1999.

영화 및 드라마

김석윤 연출. 「나의 해방일지」. JTBC. 2022년 4월 9일 – 2022년 5월 29일 방영.

박찬욱 감독. 「헤어질 결심」. CJ ENM, 2022.

유인식 연출. 「이상한 변호사 우영우」. ENA. 2022년 6월 29일 – 2022년 8월 18일 방영.

Ayer, David, dir. *Fury*. Columbia Pictures, 2014.

Bay, Michael, dir. *The Rock*. Hollywood Pictures, 1996.

Brooks, James L., dir. *As Good as It Gets*. Sony Pictures, 1997.

Cuarón, Alfonso, dir. *Children of Men*. Universal Pictures, 2006.

찾아보기

개념어

[ㄱ]

남성(성) 104, 341−343, 550, 552,
　　562−568, 580−581, 583−584,
　　588, 590, 615

내면성 18, 45, 47, 73, 75−76, 141,
　　151, 155, 158, 174, 177, 179−
　　181, 185, 217, 230, 23 6, 245−
　　247, 261−262, 270, 278, 281,
　　312, 336−338, 340, 351−355,
　　357, 360−361, 363−364, 366,
　　370−373, 375−376, 383−384,
　　387, 395, 414, 442, 455, 458,
　　466, 468, 472, 493, 495, 511−
　　513, 516−520, 525−527, 532,
　　536−537, 543, 613, 637, 639−
　　640, 651

내재성 60, 132, 141, 153, 155, 255,
　　270, 312, 315, 317, 348, 351−
　　355, 357, 403, 534−535, 583

노동 106, 256, 267−268, 272−274,
　　276, 293, 313−318, 325−332,
　　334, 336−344, 346−347, 353,
　　355, 357−360, 362−364, 366,
　　368−370, 377, 384−385, 468,
　　494, 517, 536, 598

노출 148, 197, 204, 307, 356, 410,
　　415, 427−428, 450, 471, 477,
　　495, 498, 515, 540−542, 544−
　　545, 549, 552, 555−556, 568,
　　653−654

높음/높이 125, 129−130, 136, 141,
　　206, 213−214, 276, 352, 434,
　　468, 471, 514, 527

[ㄷ]

다수성 19, 77, 96, 131, 162, 183,
　　185−186, 258, 278, 377, 442,

　　449, 452, 456, 458−459, 462−
　　463, 466, 468−471, 528, 533,
　　576, 602−603, 608, 610−611,
　　622, 642, 648, 650

다양성 19, 161, 179, 456

다원성 77−78, 96, 161−162, 164−
　　165, 180, 186−187, 258−259,
　　264, 278, 442−443, 453, 456,
　　458−459, 462−463, 466−467,
　　469−470, 490−492, 528, 533,
　　603, 642, 648

다원주의 18−21, 23, 34, 67, 74−
　　78, 95−96, 107−108, 156−
　　157, 160−168, 178−189, 217,
　　246, 251, 278, 377, 441−443,
　　455−459, 462−470, 472−473,
　　490, 521, 587, 637−638, 641−
　　643, 646−647, 649−651

단일성 576, 594, 602

담론 39, 93, 116, 187, 222, 473,
　　514−515, 564, 620

대면 62, 135, 137−138, 141, 149,
　　212, 216, 356, 371, 391−393,
　　430, 435, 441, 449, 453, 458,
　　617, 639, 641

대상성 136, 399, 444

대속 581, 590, 645, 656, 658

대칭성 254, 467

대화 17, 19, 23, 62, 100, 120, 137−
　　139, 142−143, 150−152, 155,
　　189, 193, 195−196, 204−216,
　　219, 228, 241−244, 246−247,
　　276, 298, 320, 413−414, 417,
　　426, 429−430, 433, 435−436,
　　439−441, 443, 446, 448−449,
　　451, 458−462, 472, 478−480,

먹을거리 266−269, 272, 274−276,
293, 306, 308, 316, 324−325,
328, 331, 333, 346, 353, 386,
446, 498, 510

메시아적 518, 520, 630−633, 636,
638, 658

메시아주의 630, 632

명령 18, 65, 86−87, 91−93, 138,
154, 184, 192, 208−209, 220,
227, 257, 260, 270, 280, 307,
336, 367, 372, 408, 413, 415,
418, 427−429, 431, 433−434,
447, 450, 454, 459−461, 469,
474, 479, 487, 489, 491, 507−
508, 514−516, 518, 552, 580,
594, 645−647, 656−657

명증성 173, 225, 238, 507

모성 578−582, 587−588, 590, 596

목적격 184

무규정성 325, 591

무신론 95, 112, 158, 160, 167, 169,
170−173, 176−178, 180, 185,
187, 192, 217, 221, 245−247,
252, 259−260, 262, 268, 281,
283, 329, 379, 384, 394, 456,
468, 471, 477−478, 493−497,
499−500, 525, 528, 556, 584,
638, 642−643, 651

무한의 관념 65−66, 68, 84, 141,
153, 155, 158, 177, 240, 388,
419−420, 422, 424, 439−440,
461, 638

문학 14, 191, 274, 419

물질성 309, 312

미학 102, 198, 327

민주주의 37, 161, 453−454, 473

[ㅂ]

박해 426, 581, 652, 654, 656

반성 130, 222−223, 315, 332, 363,
453, 471, 477, 484, 498

방법 41, 78−82, 85−89, 97, 100,
105, 112, 227, 236−237

번식성 19, 51, 76−77, 104−105,
107, 324, 452, 463, 521, 533,
537−538, 560, 562−563, 565−
566, 571−576, 578, 581−582,
584, 586−587, 590, 592−593,
596−597, 601−602, 606, 616,
622−625, 628, 630−631, 635−
636, 643, 648−650

범주 77, 97, 99, 107, 132, 185, 197,
228, 302, 527, 551, 557, 570,
576

법 41,476, 504−507, 513−514,
518−519, 595, 640, 643−646

변증법 53, 60, 126, 194, 255, 321,
373, 410, 436, 658

변호 17, 48, 67, 78, 121, 141, 157,
221, 246, 260, 277, 305, 370,
434, 461−462, 505−507, 511−
512, 516, 530−531, 638

보편성 126, 151, 207, 371, 453,
520, 643, 649

본래성 124, 133, 319

부정성 122, 124, 130, 240, 424,
479, 557, 570

분리된 존재 103−104, 157, 177,
217, 246, 255, 257, 262, 279,
338−339, 344−345, 373, 376,
387, 457, 460, 463, 468, 477,
495, 509

분석철학 190

불가능성 256, 334, 428−431, 433,
    471
불면 175
불안 67, 255, 319, 322−323, 334,
    337, 339, 491, 503, 557−558,
    570, 582, 599
비가역성 243
비극 46, 106−107, 210, 452, 596,
    598−599, 612, 619, 622, 629,
    615−652
비대칭성 212, 254−255, 493
빛 20, 77, 82, 95, 103, 107, 212,
    226, 300, 310, 335, 337, 398−
    406, 410, 412, 414, 427, 537−
    538, 541−543, 545, 551−552,
    568, 583

[ㅅ]

사랑 77, 103, 106, 117−118, 124,
    200, 214, 227, 259, 268, 285,
    292−293, 301, 323, 334−335,
    377−378, 393−394, 437, 451,
    454, 463, 533−549, 552−557,
    559, 562, 567, 569−570, 572−
    573, 584−585, 593−594, 598−
    599, 609, 612, 637, 646, 649,
    651, 659
사용사태 263
사회계약 473, 475−477, 492, 643
상관관계 79, 88, 134, 348
상향초월 125−128, 131, 140−141,
    153, 270, 352−353
살 124, 147−148, 163, 271, 330,
    392, 433, 543, 551
살해 35, 138, 208, 416, 425−433,
    478−479, 489, 508, 515, 554,

659
상처 입을 가능성 260, 418, 434,
    539−540, 568
생물학 180, 343, 454, 564−565,
    572, 588−589, 592−593, 595−
    597, 616, 620, 649−650
선물 220, 287, 364, 439, 447, 450,
    618, 657
성서 59, 64, 170, 260, 335, 577,
    580, 606, 610−611, 621
성스러움 393, 416, 560−561
세계 내 존재 133−134, 168, 260,
    284, 302, 351, 357−358, 400,
    602
소유 119−120, 143, 154, 175, 187,
    198, 210, 214, 227, 233, 245,
    254, 272−274, 302, 310−311,
    315, 317, 324, 326, 327−332,
    338−340, 342−343, 353, 355,
    360−361, 364−372, 385−388,
    392−393, 416−419, 426, 442,
    446−448, 494, 509, 511−512,
    533, 536−537, 547, 558, 571−
    572, 574−576, 580, 597, 604−
    605, 611, 624, 639
소통 152, 193−194, 196, 206, 208,
    210, 212, 214−216, 243, 437,
    443
수동성 202, 209, 307, 349, 414−
    415, 499, 501−502, 545, 552,
    556
수용성 396, 425
수치심 228−230, 234, 245, 257,
    528−529
승리 38, 49, 186, 211, 490, 560,
    617, 622−623, 630−631, 635−

295−297, 300−301, 307, 348,
375, 389, 391, 418, 432, 450−
451, 478−480, 482, 514−515,
541, 545−546, 638
현존재 13, 70, 81, 83, 133−136,
147−149, 168, 260−261, 263−
266, 302, 316−319, 322, 353,,
357−359, 361, 401, 404, 406,
483−484, 558, 570, 641
혈연 565, 589, 590, 595, 596, 613,
616
형이상학 12−13, 23, 80, 91−92,
94, 99, 112−121, 124−125,
127−129, 135−137, 142, 146,
150−151, 153, 155, 157, 167,
172−173, 187, 189, 221−223,
225, 238−239, 247, 252−254,
266, 276, 290, 304, 343, 386,
439, 445, 463, 467−469, 471−
472, 489, 532, 534, 548, 561,
637−638, 640, 643, 647, 649,
651
형제애 608, 612, 614−615
홀로서기 168, 176−177, 355, 583,
585, 607
홀로코스트 629, 642, 659
환대 18, 48, 69, 72−73, 76, 104,
108−109, 158, 168, 188, 242,
333, 340−341, 356, 363, 373−
375, 377, 379, 394, 416, 419,
439−440, 450, 455, 457−458,
465, 480, 487, 518, 528, 534,
556, 560, 580−581, 588, 613,
637, 643−644, 647, 656
흔적 94, 128, 199, 240, 299, 352,
427, 514, 620−621, 653, 657

희극 106−107
희망 321, 378, 390, 501−503, 526,
534, 551, 579, 599, 611, 614,
619, 620, 630−632, 634−635
힘에의 의지 482

[인명]

[ㄱ]

강영안 8, 14 168, 177, 198, 225,
290−291, 329, 356, 360, 396,
441, 474, 518−519
강지하 168
강철웅 39, 117, 535
곤잘레스, 프란시스코 J. (Gonza-
lez, Francisco J.) 118
곽강제 190,
곽민석 116,
그로스만, 바실리 (Grossman,
Vassily) 390−391
김도형 22, 132, 227, 565
김동규 34, 81−82, 84, 89, 203,
224, 414, 419, 434, 438, 516
김만수 480−481
김상록 411
김상봉 114
김선하 326
김성호 39
김수배 475
김애령 663
김영걸 50, 74, 141, 438, 529
김인곤 39
김재홍 39, 397
김정현 63, 64